KB217625

엑스포지멘터리

신명기

Deuteronomy

엑스포지멘터리 신명기

초판 1쇄 발행 2014년 1월 10일
개정판 1쇄 발행 2020년 8월 20일

지은이 송병현

펴낸곳 도서출판 이엠
등록번호 제25100-2015-000063
주소 서울시 구로구 공원로 3번지
전화 070-8832-4671
E-mail empublisher@gmail.com

내용 및 세미나 문의 스타선교회: 02-520-0877 / EMail: starofkorea@gmail.com / www.star123.kr
Copyright © 송병현, 2020, *Print in Korea.*
ISBN 979-11-956324-7-3 93230

※ 본서에서 사용한 『성경전서 개역개정판』의 저작권은 재단법인 대한성서공회 소유이며
재단법인 대한성서공회의 허락을 받고 사용하였습니다.
※ 이 책의 전부 또는 일부 내용을 재사용하려면 사전에 저작권자와 도서출판 이엠의 동의를 받아야 합니다.
※ 가격은 표지 뒷면에 있습니다.

「이 도서의 국립중앙도서관 출판시 도서목록(CIP)은 서지정보유통지원시스템 홈페이지(http://seoji.nl.go.kr)와 국가자료공동목록시스템(http://www.nl.go.kr/kolisnet)에서 이용하실 수 있습니다. (CIP제어번호:CIP2015000753)」

엑스포지멘터리

신명기

Deuteronomy

| 송병현 지음 |

EXPOSItory comMENTARY

EM Exposi Mentary

한국 교회를 위한 하나의 희망

저의 서재에는 성경 본문 연구에 관한 많은 책이 있습니다. 그중에는 주석서들도 있고 강해서들도 있습니다. 그러나 그중에 송병현 교수가 시도한 이런 책은 없습니다. 엑스포지멘터리, 듣기만 해도 가슴이 뛰는 책입니다. 설교자와 진지한 성경학도 모두에게 꿈의 책이 아닐 수 없습니다. 이런 책이 좀 더 일찍 나올 수 있었다면 한국 교회가 어떠했을까를 생각해 봅니다. 저는 이 책을 꼼꼼히 읽어 보면서 가슴 깊은 곳에서 큰 자긍심을 느꼈습니다.

이 책은 지금까지 복음주의 교회가 쌓아 온 모든 학문적 업적을 망라하고 있을 뿐만 아니라 한국 교회 강단이 목말라하는 모든 실용적 갈망에 해답을 던져 줍니다. 이 책에서는 실제로 활용할 수 있는 충실한 신학적 정보가 일목요연하게 제시됩니다. 그러면서도 또한 위트와 감탄을 자아내는 감동적인 적용들도 제공됩니다. 얼마나 큰 축복이며 얼마나 신나는 일이며 얼마나 큰 은총인지요. 저의 사역에 좀 더 일찍 이런 학문적 효과를 활용하지 못한 것이 아쉽기만 합니다. 진실로 한국 교회의 내일을 위해 너무나 소중한 기여라고 생각합니다.

일찍이 한국 교회 1세대를 위해 박윤선 목사님과 이상근 목사님의 기여가 컸습니다. 그러나 이제 한국 교회는 새 시대의 리더십을 열어야 하는 교차로에 서 있습니다. 저는 송병현 교수가 이런 시점을 위해 준비된 선물이라고 생각합니다. 진지한 강해 설교를 시도하고자 하는 모든 이와 진지한 성경 강의를 준비하고자 하는 모든 성경공부 지도자에게 어떤 대가를 지불하고서라도 우선 이 책을 소장하고 성경을 연구하는 책상 가까운 곳에 두라고 권면하고 싶습니다. 앞으로 계속 출판될 책들이 참으로 기다려집니다.

한국 교회는 다행스럽게 말씀과 더불어 그 기초를 놓을 수 있었습니다. 이제는 그 말씀으로 어떻게 미래의 집을 지을 것인가를 고민하고 있습니다. 이 〈엑스포지멘터리 시리즈〉는 분명한 하나의 해답, 하나의 희망입니다. 이 책과 함께 성숙의 길을 걸어갈 한국 교회의 미래가 벌써 성급하게 기다려집니다. 더 나아가 한국 교회 역사의 성과물 중의 하나인 이 책이 다른 열방에도 나누어졌으면 합니다. 이제 우리는 복음에 빚진 자로서 열방을 학문적으로도 섬겨야 하기 때문입니다. 이 책을 한국 교회에 허락하신 우리 주님께 감사와 찬양을 드립니다.

이동원(지구촌교회 원로목사)

총체적 변화를 가져다 줄 영적 선물

교회사를 돌이켜 볼 때, 교회가 위기에 처해 있었다면 결국 강단에서 하나님의 말씀이 제대로 선포되지 못한 데서 그 근본 원인을 찾을 수 있습니다. 영적 분별력이 있는 사람이라면 모두 이에 대해 동의할 것입니다. 사회가 아무리 암울할지라도 강단에서 선포되는 말씀이 살아 있는 한, 교회는 교회로서의 기능이 약화되지 않고 오히려 사회를 선도하고 국민들의 가슴에 희망을 안겨 주었습니다. 백 년 전 영적 부흥이 일어났던 한국의 초대교회가 그 좋은 예입니다. 이러한 영적 부흥은 살아 있는 하나님의 말씀이 강단에서 영적 권위를 가지고 "하나님께서 이렇게 말씀하셨다"라고 선포되었을 때 나타났던 현상입니다.

오늘날에는 날이 갈수록 강단에서 선포되는 말씀이 약화되거나 축소되고 있습니다. 이런 상황 속에서 출간되는 송병현 교수의 〈엑스포지멘터리 시리즈〉는 한국 교회와 전 세계에 흩어진 7백만 한인 디아스포라에게 주는 커다란 영적 선물이 아닐 수 없습니다. 이 시리즈는 하나님의 말씀을 쉽게 이해할 수 있도록 풀이한 것으로, 목회자와 선교사는 물론이고 평신도들의 경건생활과 사역에도 큰 도움이 될 것입니다. 무엇보다도 저는 이 시리즈가 강단에서 원 저자이신 성령님의 의도대로 하나님 나라 복음이 선포되게 하여 믿는 이들에게 총체적 변화(total transformation)를 다시 경험할 수 있는 계기를 마련해 주리라 확신합니다.

송병현 교수는 지금까지 구약학계에서 토의된 학설 중 본문을 석의

하는 데 불필요한 내용들은 걸러내는 한편, 철저하게 원 저자가 전하고자 하는 메시지를 현대인들이 가장 잘 이해할 수 있도록 전하고자 부단히 애를 썼습니다. 이 시리즈를 이용하는 모든 이에게 저자의 이런 수고와 노력에 걸맞은 하나님의 축복과 기쁨과 능력이 함께하실 것을 기대하면서 이 시리즈를 적극 추천합니다.

이태웅(GMTC 초대 원장, 글로벌리더십포커스 원장)

주석과 강해의 적절한 조화를 이뤄낸 시리즈

한국 교회는 성경 전체를 속독하는 '성경통독' 운동과 매일 짧은 본문을 읽는 '말씀 묵상(QT)' 운동이 세계 어느 나라 교회보다 활성화 되어 있습니다. 얼마나 감사한 일인지 모릅니다. 그러나 상대적으로 책별 성경연구는 심각하게 결핍되어 있는 것이 사실입니다. 때때로 교회 지도자들 중에도 성경해석의 기본이 제대로 갖춰 있지 않아 성경 저자가 말하려는 의도와 상관없이 본문을 인용해서 자신이 하고 싶은 말을 하는 분들이 적지 않음을 보고 충격을 받은 일도 있습니다. 앞으로 한국 교회가 풀어야 할 과제가 '진정한 말씀의 회복'이라면 이를 위해 가장 중요한 것은 바른 말씀의 세계로 인도해 줄 좋은 주석서와 강해서를 만나는 일일 것입니다.

좋은 주석서는 지금까지 축적된 다른 성경학자들의 연구 결과가 잘 정돈되어 있을 뿐 아니라 저자의 새로운 영적 · 신학적 통찰이 번뜩이는 책이어야 합니다. 또한 좋은 강해서는 자기 견해를 독자들에게 강요하는(impose) 책이 아니라, 철저한 본문 석의 과정을 거친 후에 추출되는 신학적 · 실제적 교훈을 잘 드러내는(expose) 책이어야 합니다. 또한 독자가 성경의 교훈을 자기 상황에 적용할 수 있도록 안내해 주는 인문학적 · 사회과학적 연구가 배어 있는 책이어야 할 것이며, 글의 표현이 현학적이지 않은, 독자들에게 친절한 저술이어야 할 것입니다.

그러나 솔직히 말씀드리면, 저는 서점에서 한국인 저자의 주석서나 강해서를 만나면 한참을 망설이다가 내려놓게 됩니다. 또 주석서를 시리즈로 사는 것은 어리석은 행동이라는 말을 신학교 교수들에게 들은 뒤로 여간해서 시리즈로 책을 사지 않습니다. 이는 아마도 풍성한 말씀의 보고(寶庫) 가운데로 이끌어 주는 만족스러운 주석서를 아직까지 발견하지 못했기 때문일 것입니다. 그러나 제가 처음으로 시리즈로 산 한국인 저자의 책이 있는데, 바로 송병현 교수의 〈엑스포지멘터리 시리즈〉입니다.

송병현 교수의 〈엑스포지멘터리 시리즈〉야말로 제가 가졌던 좋은 주석서와 강해서에 대한 모든 염원을 실현해 내고 있습니다. 이 주석서는 분명 한국 교회 목회자들과 평신도 성경 교사들의 고민을 해결해 줄 하나님의 값진 선물입니다. 지금까지 없었던, 주석서와 강해서의 적절한 조화를 이뤄낸 신개념의 해설주석이라는 점도 매우 신선하게 다가옵니다. 또한 쉽고 친절한 글이면서도 우물 깊은 곳에서 퍼 올린 생수와 같은 깊이가 느껴집니다. 이 같은 주석 시리즈가 한국에서 나왔다는 사실에 저는 감격하지 않을 수 없습니다. 이 땅에서 말씀으로 세상에 도전하고자 하는 모든 목회자와 평신도에게 이 주석 시리즈를 적극 추천합니다.

이승장(예수마을교회 목사, 성서한국 공동대표)

시리즈 서문

"50세까지는 좋은 선생이 되려고 노력하고, 그 후에는 좋은 저자가 되려고 노력해라." 이 말은 내가 시카고 근교에 있는 트리니티 복음주의 신학교(Trinity Evangelical Divinity School)에서 박사과정을 시작할 즘에 지금은 고인이 되신 스승 맥코미스키(Thomas E. McComiskey)와 아처(Gleason L. Archer) 두 교수님께서 주신 조언이었다. 너무 일찍 책을 쓰면 훗날 아쉬움이 많이 남는다며 하신 말씀이었다. 박사학위를 받고 1997년에 한국에 들어와 신대원에서 가르치기 시작하면서 나는 이 조언을 마음에 새겼다. 사실 이 조언과 상관없이 당시에 내가 당장 책을 출판한다는 일은 불가능한 일이었다. 중학교에 다니던 70년대 중반에 캐나다에 이민을 갔다가 20여 년 만에 귀국하여 우리말로 강의하는 일 자체가 나에게는 매우 큰 도전이었으며, 책을 출판하는 일은 사치로 느껴졌기 때문이다.

세월이 지나 어느덧 나는 선생님들이 말씀하신 50을 눈앞에 두었다. 1997년에 귀국한 후 지난 10여 년 동안 나는 구약 전체의 강의안을 만드는 일을 목표로 삼았다. 나 자신에게 동기를 부여하기 위하여 내가 몸담은 신대원의 학생들에게 매학기 새로운 구약 강해 과목을 개설해 주었다. 감사한 것은 지혜문헌을 제외하고 본문 관찰을 중심으로 한 구약 모든 책의 강의안을 13년 만에 완성할 수 있었다는 점이다. 앞으로 수년에 걸쳐 이 강의안들을 대폭 수정하여 매년 두세 권씩 책으로 출판하려 한다. 지혜문헌은 잠시 미루어 두었다. 시편 1권(1-41편)에 관한 강의안을 만든 적이 있었는데, 본문 관찰과 주해는 얼마든 할 수 있었지만, 무언가 아쉬움이 남았다. 삶의 연륜이 가미되지 않은 데서 비롯된 부족함이었다. 그래서 나는 지혜문헌에 대한 주석은 60을 바라볼 때쯤 집필하기로 작정했다. 삶을 조금 더 경험한 후로 미루어 놓은 것이다. 아마도 이 시리즈가 완성될 때쯤이면, 자연스럽게 지혜문헌에 관한 책들을 출판할 때가 되지 않을까 싶다.

이 시리즈는 설교를 하고 성경공부를 인도해야 하는 목회자들과 평신도 지도자들을 마음에 두고 집필한 책들이다. 나는 이 시리즈의 성격을 엑스포지멘터리(Exposimentary)라고 부르고 싶다. 엑스포지멘터리('해설주석')라는 단어는 내가 만들어 낸 용어로 해설/설명을 뜻하는 엑스포지터리(expository)라는 단어와 주석을 뜻하는 코멘터리(commentary)를 합성한 것이다. 대체로 엑스포지터리는 본문과 별 연관성이 없는 주제와 묵상으로 치우치기 쉽고 코멘터리는 필요 이상으로 논쟁적이고 기술적일 수 있다는 한계를 의식해, 이러한 상황을 의도적으로 피하고 가르치는 사역에 조금이나마 실제적으로 도움이 되는 교재를 써 내려가려고 만들어 낸 개념이다. 나는 본문의 다양한 요소와 이슈들에 대하여 정확하게 석의하면서도 전후 문맥과 책 전체의 문형(literary shape)을 최대한 고려하여 텍스트의 의미를 설명하고 우리의 삶과 연결하려고 노력했다. 또한 히브리어 사용은 최소화했다.

이 시리즈를 내놓으면서 감사할 사람이 참 많다. 먼저, 지난 25년 동안 내 인생의 동반자가 되어 아낌없는 후원과 격려를 해주었던 아내 임우민에게 감사한다. 아내를 생각할 때마다 참으로 현숙한 여인을(cf. 잠 31:10-31) 배필로 주신 하나님께 감사할 뿐이다. 아빠의 사역을 기도와 격려로 도와준 지혜, 은혜, 한빛에게도 고마운 마음을 표한다. 평생 기도와 후원을 아끼지 않는 친가와 처가, 친지들에게도 감사하다는 말을 전하고 싶다. 항상 옆에서 돕고 격려해 준 평생 친구 장병환 · 윤인옥, 박선철 · 송주연 부부들에게도 고마움을 표하며, 시카고 유학 시절에 큰 힘이 되어주셨던 이선구 장로 · 최화자 권사님 부부에게도 이 자리를 빌려 평생 빚진 마음을 표하고 싶다. 우리 가족이 20여 년 만에 귀국하여 정착할 수 있도록 배려를 아끼지 않으신 백석학원 설립자 장종현 목사님께도 감사를 전한다. 우리 부부의 영원한 담임 목자이신 이동원 목사님께도 고마움을 표하고 싶다. 마지막으로 이 시리즈를 출판할 수 있게 해준 국제제자훈련원 편집장님 외 모든 분에게도 감사를 전한다.

- 2009년 겨울 방배동에서

감사의 글

엑스포지멘터리 신명기를 허락해주신 하나님께 감사 드립니다. 스타선 교회의 사역에 물심양면으로 헌신하여 오늘도 하나님의 말씀이 온 세상에 선포되는 일에 기쁜 마음으로 동참하시는 김성남, 김형국, 백영걸, 조선호, 정진성, 장병환, 이명순, 임우민, 정채훈, 이진옥, 강숙희 이사님들께 감사의 마음을 전하고 싶습니다. 이사님들의 헌신이 있기에 세상은 조금 더 살맛 나는 곳이 되고 있습니다.

- 2013년 가을 햇살이 풍성한 방배동에서

선별된 약어표

개역	개역성경
개정	개역성경개정판
공동	공동번역
새번역	표준새번역 개정판
현대	현대인의 성경
아가페	아가페 쉬운성경
BHK	Biblica Hebraica Kittel
BHS	Biblica Hebraica Stuttgartensia
ESV	English Standard Version
CSB	Nashville: Broadman & Holman, Christian Standard Bible
KJV	King James Version
LXX	칠십인역(Septuaginta)
MT	마소라 사본
NAB	New American Bible
NAS	New American Standard Bible
NEB	New English Bible
NIV	New International Version
NRS	New Revised Standard Version
TNK	Jewish Publication Society Bible
TNIV	Today's New International Version

AAR	American Academy of Religion
AB	Anchor Bible
ABD	The Anchor Bible Dictionary
ABRL	Anchor Bible Reference Library
ACCS	Ancient Christian Commentary on Scripture
AJSL	American Journal of Semitic Languages and Literature
ANET	J. B. Pritchard, ed., The Ancient Near Eastern Texts Relating to the Old Testament. 3rd. ed. Princeton: Princeton University Press, 1969.
ANETS	Ancient Near Eastern Texts and Studies
AOTC	Abingdon Old Testament Commentary
ASORDS	American Schools of Oriental Research Dissertation Series
BA	Biblical Archaeologist
BAR	Biblical Archaeology Review
BASOR	Bulletin of the American Schools of Oriental Research
BBR	Bulletin for Biblical Research
BCBC	Believers Church Bible Commentary
BDB	F. Brown, S. R. Driver & C. A. Briggs, A Hebrew and English Lexicon of the Old Testament. Oxford: Clarendon Press, 1907.
BETL	Bibliotheca Ephemeridum Theoloicarum Lovaniensium
BibOr	Biblia et Orientalia
BibSac	Bibliotheca Sacra
BibInt	Biblical Interpretation
BJRL	Bulletin of the John Rylands Library
BJS	Brown Judaic Studies
BLS	Bible and Literature Series

BN	Biblische Notizen
BO	Berit Olam: Studies in Hebrew Narrative & Poetry
BR	Bible Review
BRS	The Biblical Relevancy Series
BSC	Bible Student Commentary
BT	The Bible Today
BV	Biblical Viewpoint
BTCB	Brazos Theological Commentary on the Bible
BZAW	Beihefte zur Zeitschrift für die alttestamentliche
CAD	Chicago Assyrian Dictionary
CBC	Cambridge Bible Commentary
CBSC	Cambridge Bible for Schools and Colleges
CBQ	Catholic Biblical Quarterly
CBQMS	Catholic Biblical Quarterly Monograph Series
CB	Communicator's Bible
CHANE	Culture and History of the Ancient Near East
DSB	Daily Study Bible
EBC	Expositor's Bible Commentary
ECC	Eerdmans Critical Commentary
EncJud	Encyclopedia Judaica
EvQ	Evangelical Quarterly
ET	Expository Times
ETL	Ephemerides Theologicae Lovanienses
FOTL	Forms of Old Testament Literature
GCA	Gratz College Annual of Jewish Studies
GKC	E. Kautszch and A. E. Cowley, Gesenius' Hebrew Grammar. Second English edition. Oxford: Clarendon Press, 1910.

GTJ	Grace Theological Journal
HALOT	L. Koehler and W. Baumgartner, The Hebrew and Aramaic Lexicon of the Old Testament. Trans. by M. E. J. Richardson. Leiden: E. J. Brill, 1994-2000.
HBT	Horizon in Biblical Theology
HSM	Harvard Semitic Monographs
HOTC	Holman Old Testament Commentary
HUCA	Hebrew Union College Annual
IB	Interpreter's Bible
ICC	International Critical Commentary
IDB	Interpreter's Dictionary of the Bible
ISBE	G. W. Bromiley (ed.), The International Standard Bible Encyclopedia. 4 vols. Grand Rapids: 1979-1988.
ITC	International Theological Commentary
J-M	P. Joüon-T. Muraoka, A Grammar of Biblical Hebrew. Part One: Orthography and Phonetics. Part Two: Morphology. Part Three: Syntax. Subsidia Biblica 14/I-II. Rome: Editrice Pontificio Istituto Biblico, 1991.
JAAR	Journal of the American Academy of Religion
JANES	Journal of Ancient Near Eastern Society
JNES	Journal of Near Eastern Studies
JBL	Journal of Biblical Literature
JBQ	Jewish Bible Quarterly
JJS	Journal of Jewish Studies
JSJ	Journal for the Study of Judaism
JNES	Journal of Near Eastern Studies
JSOT	Journal for the Study of the Old Testament

JSOTSup Journal for the Study of the Old Testament Supplement Series
JPSTC JPS Torah Commentary
LCBI Literary Currents in Biblical Interpretation
MOT Mastering the Old Testament
MSG Mercer Student Guide
NAC New American Commentary
NCB New Century Bible
NCBC New Century Bible Commentary
NEAEHL E. Stern (ed.), The New Encyclopedia of Archaeological Excavations in the Holy Land. 4 vols. Jerusalem: Israel Exploration Society & Carta, 1993.
NIB New Interpreter's Bible
NIBC The New International Biblical Commentary
NICOT New International Commentary on the Old Testament
NIDOTTE W. A. Van Gemeren, ed., The New International Dictionary of Old Testament Theology and Exegesis. Grand Rapids: Zondervan, 1996.
NIVAC New International Version Application Commentary
OBC Oxford Bible Commentary
Or Orientalia
OTA Old Testament Abstracts
OTE Old Testament Essays
OTG Old Testament Guides
OTL Old Testament Library
OTM Old Testament Message
OTS Old Testament Series

OTWAS	Ou-Testamentiese Werkgemeenskap in Suid-Afrika
PBC	People's Bible Commentary
PEQ	Palestine Exploration Quarterly
PSB	Princeton Seminary Bulletin
RevExp	Review and Expositor
RTR	Reformed Theological Review
SBJT	Southern Baptist Journal of Theology
SBLDS	Society of Biblical Literature Dissertation Series
SBLMS	Society of Biblical Literature Monograph Series
SBLSymS	Society of Biblical Literature Symposium Series
SHBC	Smyth & Helwys Bible Commentary
SJOT	Scandinavian Journal of the Old Testament
SJT	Scottish Journal of Theology
SSN	Studia Semitica Neerlandica
TBC	Torch Bible Commentary
TynBul	Tyndale Bulletin
TD	Theology Digest
TDOT	G. J. Botterweck and H. Ringgren (eds.), Theological Dictionary of the Old Testament. Vol. I-. Grand Rapids: Eerdmans, 1974-.
THAT	Theologisches Handwörterbuch zum Alten Testament. 2 vols. Munich: Chr. Kaiser, 1971-1976.
TJ	Trinity Journal
TOTC	Tyndale Old Testament Commentaries
TS	Theological Studies
TUGOS	Transactions of the Glasgow University Oriental Society
TWAT	Theologisches Wörterbuch zum Alten Testament. Stuttgart:

	W. Kohlhammer, 1970-.
TWBC	The Westminster Bible Companion
TWOT	R. L. Harris, G. L. Archer, Jr., and B. K. Waltke (eds.), Theological Wordbook of the Old Testament, 2 vols. Chicago: Moody, 1980.
TZ	Theologische Zeitschrift
UBT	Understanding Biblical Themes
VT	Vetus Testament
VTSup	Vetus Testament Supplement Series
W-O	B. K. Waltke and M. O'Connor, An Introduction to Biblical Hebrew Syntax. Winona Lake: Eisenbrauns, 1990.
WB	Westminster Bible Companion
WBC	Word Biblical Commentary
WCS	Welwyn Commentary Series
WEC	Wycliffe Exegetical Commentary
WJT	The Westminster Theological Journal
ZAW	Zeitschrift für die Alttestamentliche Wissenschaft

선별된 참고문헌

(Select Bibliography)

Abba, R. "Priests and Levites in Deuternomy." VT 27 (1977): pp.257-267.

Aharoni, Y. *Land of the Bible: A Historical Geography*. Rev. ed. Philadelphia: Westminster, 1979.

Barker, P. A. T*he Triumph of Grace in Deuteronomy: Faithless Israel, Faithful Yahweh in Deuteronomy*. Waynesboro, GA: Paternoster, 2004.

Bergey, R. "The Song of Moses (Deuteronomy 32.1-43) and Isaianic Prophecies: A Case of Early Intertextuality?" JSOT 28 (2003): pp. 33-53.

Biddle, M. E. *Deuteronomy*. SMBC. Macon, GA: Smyth & Helwys, 2003.

Block, D. I. *Deuteronomy*. NIVAC. Grand Rapids: Zondervan, 2012.

________. *The Gospel According to Moses: Theological and Ethical Reflection on the Book of Deuteronomy*. Eugene, OR: Cascade, 2012.

________. *How I Love Your Torah, O LORD! Studies in the Book of Deuteronomy*. Eugene, OR: Cascade, 2011.

Braulik, G. *The Theology of Deuteronomy: Collected Essays of Georg Braulik, O. S. B.* Trans. by U. Lindblad. Bibal Collected Essays 2. N. Richmond Hills, TX: Bibal, 1994.

________. *Die deuternomischen Gesetze und der Dekalog*. Stuttgart:

Katholisches Bibelwerk, 1991.

Brown, R. *The Message of Deuteronomy*. BST. Downers Grove, Ill.: InterVarsity Press, 1993.

Brueggemann, W. *Deuteronomy*. AOTC. Nashville: Abingdon Press, 2001.

Cairns, I. *Word and Presence: A Commentary on Deuteronomy*. ITC. Grand Rapids: Eerdmans, 1992.

Calvin, J. *Commentaries on the Four Last Books of Moses*. Trans. by Charles William Bingham. Grand Rapids: Eerdmans, 1950.

Carpenter, E. "Deuteronomy" in *Genesis, Exodus, Leviticus, Numbers, Deuteronomy*. ZIBBC vol. 1. Grand Rapids: Zondervan, 2009.

Cassuto, U. A *Commentary on the Book of Exodus*. Jerusalem: Magnes, 1967.

Christensen, D. L. *Deuteronomy 1:1-21:9*. Rev. ed. WBC. Nashville, TN: Nelson, 2001.

______. *Deuteronomy 21:10-34:12*. WBC. Nashville, TN: Nelson, 2002.

Craigie, P. C. *The Book of Deuteronomy*. NICOT. Grand Rapids: Eerdmans, 1976.

Crüsemann, F. *The Torah: Theology and Social History of Old Testament Law*. Trans. by A. W. Mahnke. Minneapolis: Fortress, 1996.

Day, J. Molech: *A God of Human Sacrifice in the Old Testament*. Cambridge: Cambridge University Press, 1989.

DeRouchie, J. S. *A Call to Covenant Love: Text Grammar and Literary Structure in Deuteronomy 5-11*. Gorgias Dissertations 30. Picataway, NJ: Gorgias, 2007.

Dillard R.; T. Longman. *An Introduction to the Old Testament*. Grand Rapids: Zondervan, 1994.

Driver, S. R. *A Critical and Exegetical Commentary on Deuteronomy*.

ICC. Edinburgh: T & T Clark, 1902.

Duke, R. K. “The Portion of the Levite: Another Reading of Deuteronomy 18:6-8.” JBL 106 (1987): 193-201.

Eslinger, L. “Watering Egypt (Deuteronomy XI 10-11).” VT 37 (1987): pp. 85-90.

Fernando, A. *Deuteronomy: Loving Obedience to a Loving God.* Preaching the Word. Wheaton, Ill.: Crossway, 2012.

Firmage, E. “The Biblical Dietary Laws and the Concept of Holiness.” pp. 177-208 in *Studies in the Pentateuch*. Ed. by J. A. Emerton. Leiden: Brill, 1990.

Grisanti, M. A. “Deuteronomy.” Pp. 457-814 in *The Expositor's Bible Commentary*, vol. 2. Revised Edition. Ed. by Tremper Longman & David E. Garland. Grand Rapids: Zondervan, 2012.

Hall, G. H. *The College Press NIV Commentary: Deuteronomy*. Joplin, MO: The College Press Publishing, 2000.

Harman, A. *Deuteronomy: The Commands of a Covenant God*. Rossshire, Great Britain: Christian Focus, 2001.

Heider, G. C. *The Cult of Molech: A Reassessment*. JSOTSS. Sheffield: JOST Press, 1985.

Hill, A. E. “The Ebal Ceremony as Hebrew Land Grant.” JETS 31 (1988): 399-406.

Houston, W. *Purity and Monotheism: Clean And Unclean Animals in Biblical Law*. JSOTSS. Sheffield: JSOT Press, 1993.

Kalland, E. “Deuteronomy.” pp. 3-235 in *The Expositor's Bible Commentary*, vol. 3. Ed. by Frank E. Gaebelein. Grand Rapids: Zondervan, 1992.

Kaufman, S. “The Structure of the Deuteronomic Law.” Maarav 1 (1979):

pp. 105-158.

Keil, C. F. *The Fifth Book of Moses. In vol. 3 of Commentary on the Old Testament*. Repr. Grand Rapids: Eerdmans, 1981.

Kitchen, K. A. *On the Reliability of the Old Testament*. Grand Rapids: Eerdmans, 2003.

Knoppers, G. "Rethinking the Relationship Between Deuteronomy and the Deuteronomic History." CBQ 63 (2002): 393-415.

Lenchak, T. A. "Choose Life!": A Rhetorical-Critical Investigation of Deuteronomy 28, 69-30, 20. Analecta biblica. Rome: Pontifical Biblical Institute, 1993.

Levinson, B. M. *Deuteronomy and the Hermeneutics of Legal Innovation*. Oxford: Oxford University Press, 1998.

Lewis, T. *Cults of the Dead in Ancient Israel and Ugarit*. Atlanta, GA: Scholars, 1989.

Lienhard, S. J. *Exodus, Leviticus, Numbers, Deuteronomy. Ancient Christian Commentary on Scripture. Old Testament*. Downers Grove, Ill.: InterVarsity Press, 2001.

Lundbom, J. R. *Deuteronomy: A Commentary*. Grand Rapids: Eerdmans, 2013.

MacDonald, N. *Deuteronomy and the Meaning of Monotheism*. Forschung zum Alten Testament 2/1. Tübingen: Mohr, 2003.

Mann, T. W. *Deuteronomy* TWBC. Louisville, KY: Westminster John Knox Press, 1995.

Mayes, A. D. H. *Deuteronomy*. NCB. Grand Rapids: Eerdmans, 1981.

McBride, S. D. "Polity of the People of God: The Book of Deuteronomy." Interpretation 41 (1987): pp. 229-244.

McCarthy, D. J. *Treaty and Covenant: A Study in the Form in the Ancient*

Oriental Documents and in the Old Testament. 2nd ed. Rome: Pontifical Biblical Institute, 1978.

McConville, J. G. *Deuteronomy*. AOTC. Downers Grove, Ill.: InterVarsity Press, 2002.

_______. *Grace in the End: A Study in Deuteronomic Theology*. Grand Rapids: Zondervan, 1993.

______. *Law and Theology in Deuteronomy*. Sheffield: JSOT Press, 1984.

McConville, J. G.; J. G. Millar. *Time and Place in Deuteronomy*. JSOTSS. Sheffield: Sheffield Academic, 1984.

McIntosh, D. *Deuteronomy*. HOTC. Nashville: Broadman & Holman, 2002.

Merrill, E. H. *Deuteronomy*. NAC. Nashville: Broadman & Holman, 1994.

Milgrom, J. *Leviticus 1-16*. AB. New York: Doubleday, 1991.

______. *Leviticus 17-22*. AB. New York: Doubleday, 2000.

Millar, J. G. *Now Choose Life: Theology and Ethics in Deuteronomy*. Grand Rapids: Eerdmans, 1998.

Miller, P. D. *Deuteronomy*. Interpretation. Louisville, KY: Westminster John Knox Press, 1990.

_______. "'Moses My Servant': The Deuteronomic Portrait of Moses." Interpretation 41 (1987): pp. 245-255.

Moskala, J. "Categorization and Evaluation of Different Kinds of Interpretation of the Laws of Clean and Unclean Animals in Leviticus 11." BR 46 (2001): pp. 5-41.

Nelson, R. *Deuteronomy*. OTL. Louisville, KY: Westminster John Knox Press, 2002.

Nicol, G. "Watering Egypt (Deuteronomy xi 10-11) Again." VT 38

(1988): pp. 347-348.

Nicholson, E. W. *Deuteronomy and Tradition: Literary and Historical Problems in the Book of Deuteronomy*. Minneapolis: Fortress, 1967.

Niehaus, J. "The Central Sanctuary: Where and When?" TynBul 43 (1992): pp. 5-20.

Olsen, D. T. *Deuteronomy and the Death of Moses: A Theological Reading*. OBT. Minneapolis: Fortress, 1994.

Owens, J. E. *Deuteronomy*. NCBC. Collegeville, MN: Liturgical Press, 2011.

Patrick, D. *Old Testament Law*. Atlanta: John Knox Press, 1985.

Payne, D. F. *Deuteronomy*. DSB. Louisville, KY: Westminster John Knox Press, 1985.

Phillips, A. *Deuteronomy*. CBC. Cambridge: Cambridge University Press, 1973.

Polzin, R. *Moses and the Deuteronomist: A Literary Study of the Deuteronmistic History*. New York: Seabury, 1980.

Pressler, C. *The View of Women Found in the Deuternomic Family Laws*. Berlin and New York: de Gruyter, 1993.

Provan, I.; V. Long; T. Longman. *A Biblical History of Israel*. Louisville, KY: Westminster John Knox Press, 2003.

Rad, G. von. *Deuteronomy: A Commentary*. OTL. Philadelphia: Westminster, 1966.

Ridderbos, J. *Deuteronomy*. BSC. Trans. by Ed. M. van der Maas. Grand Rapids: Zondervan, 1984.

Rofé, A. *Deuteronomy: Issues and Interpretation*. Edinburgh: T & T Clark, 2001.

Roth, M. *Law Collections from Mesopotamia and Asia Minor*. Atlanta: Scholars, 1997.

Shea, W. "The Date of the Exodus." pp. 236-255 in *Giving the Sense: Understanding and Using Old Testament Historical Texts*. Ed. by D. Howard and M. A. Grisanti. Grand Rapids: Kregel, 2003.

Slanski, K. E. *The Babylonian Entitlement narûs [kudurrus]: A Study in their Form and Function*. Boston: American Schools of Oriental Research, 2003.

Sonnet, J-P. *The Book within the Book: Writing in Deuteronomy*. Leiden: Brill, 1997.

Sprinkle, J. "The Rationale of the Laws of Clean and Unclean in the Old Testament" JETS 43 (2000): pp. 645-654.

Thompson, J. A. *Deuteronomy: An Introduction and Commentary*. TOTC. Downers Grove, Ill.: InterVarsity Press, 1974.

Tigay, J. *Deuteronomy*. JPSTC. Philadelphia: Jewish Publication Society, 1996.

Turner, K. J. *The Death of Deaths in the Death of Israel: Deuteronomy's Theology of Exile*. Eugene, OR: Wipf & Stock, 2011.

Vogt, P. *Deuteronomic Theology and Significance of Torah: A Reappraisal*. Winnona Lake, Ind.: Eisenbrauns, 2006.

Walton, J. H.; M. B. Mathews. *Genesis—Deuteronomy. IVP Bible Background Commentary*. Downers Grove, Ill.: InterVarsity Press, 1997.

Watts, J. W. Reading Law: The Rhetorical Shaping of the Pentateuch. Biblical Seminar. Sheffield: Sheffield Academic Press, 1999.

Weinfeld, M. *Deuteronomy 1-11: A New Translation with Introduction and Commentary*. AB. New York: Doubleday, 1991.

________. *Deuteronomy and Deuteronomic School*. 1972; rep. Winnona Lake, Ind.: Eisenbrauns, 1992.

Welch, A. C. *The Code of Deuteronomy*: A New Theory of Its Origin. London: T. & T. Clarke, 1924.

Wenham, G. J. "Deuteronomy and the Central Sanctuary." TynBul 22 (1971): pp. 103-118.

Whybray, R. N. *The Meaning of the Pentateuch: A Methodological Study*. JSOTSS. Sheffield: JSOT Press, 1987.

Willis, T. M. *The Elders of the City: A Study of the Elders-Laws in Deuteronomy*. Atlanta: Scholars Press, 2001.

Woods, E. J. *Deuteronomy*. TOTC. Downers Grove, Ill.: InterVarsity Press, 2011.

Work, T. *Deuteronomy*. BTCB. Grand Rapids: Brazos Press, 2009.

Wright, C. J. H. *Deuteronomy*. NIBC. Peabody, MC: Hendrickson, 1996.

________. *The Mission of God's People: A Biblical Theology of the Church's Mission*. Grand Rapids: Zondervan, 2010.

차례

신명기

이스라엘아 들으라 우리 하나님 여호와는 오직 유일한 여호와이시니 너는 마음을 다하고 뜻을 다하고 힘을 다하여 네 하나님 여호와를 사랑하라 오늘 내가 네게 명하는 이 말씀을 너는 마음에 새기고 네 자녀에게 부지런히 가르치며 집에 앉았을 때에든지 길을 갈 때에든지 누워 있을 때에든지 일어날 때에든지 이 말씀을 강론할 것이며 너는 또 그것을 네 손목에 매어 기호를 삼으며 네 미간에 붙여 표로 삼고 또 네 집 문설주와 바깥 문에 기록할지니라(6:4-9)

여수룬이여 하나님 같은 이가 없도다
그가 너를 도우시려고 하늘을 타고
궁창에서 위엄을 나타내시는도다
영원하신 하나님이 네 처소가 되시니
그의 영원하신 팔이 네 아래에 있도다
그가 네 앞에서 대적을 쫓으시며 멸하라 하시도다
이스라엘이 안전히 거하며
야곱의 샘은 곡식과 새 포도주의 땅에 홀로 있나니
곧 그의 하늘이 이슬을 내리는 곳에로다
이스라엘이여 너는 행복한 사람이로다
여호와의 구원을 너 같이 얻은 백성이 누구냐
그는 너를 돕는 방패시요 네 영광의 칼이시로다
네 대적이 네게 복종하리니
네가 그들의 높은 곳을 밟으리로다(33:26-29)

1. 소개

우리에게 신명기(申命記)라는 이름으로 전해져 온 구약 성경의 다섯 번째 책의 영어 이름은 Deuteronomy(lit., "두 번째 법"; second law)이며, 신명기라는 이름은 칠십인역(LXX)이 신명기 17:18에 등장하는 "이 율법서의 등사본"(מִשְׁנֵה הַתּוֹרָה הַזֹּאת; "a copy of this law"; cf. 수 8:32)이라는 히브리어 문구를 "두 번째 율법"으로 잘못 이해하여 "τὸ δευτερονόμιον τοῦτο"(lit., "this second law")로 번역하고 책의 이름으로 사용한 데서 비롯되었다(cf. Lundbom; Tigay).

신명기의 히브리어 이름은 이 책을 시작하는 두 단어에서 유래되어 "엘레 하드바림"(אֵלֶּה הַדְּבָרִים; lit., "이는 선포한 말씀이니라"; these are the words)이라고 불려왔다(Craigie). 이 타이틀은 신명기의 전반적인 성향을 잘 드러낸다. 즉 이 문구는 훗날 선지자들이 하나님께로부터 받은 말씀을 이스라엘 백성들에게 선포할 때 자주 사용했던 표현이다. 신명기가 예언서적인 성향을 띠고 있음을 암시해 주는 것이다(Wright; cf. Craigie). 오늘날 유태인들은 이 책을 보통 "세페르 드바림"(סֵפֶר דְּבָרִים; lit., "말씀의 책"; book of words)이라고 부른다(Tigay).

신명기가 이따금 출애굽기-민수기에 기록되지 않은 율법과 규례를 언급하는 독창성을 지니고 있기는 하지만, 이런 이유로 이 책이 마치 오경의 다른 책들의 내용과는 무관한 제2 율법(viz., 새로운 율법)을 제시하고 있다고 간주하는 것은 설득력이 없다(McConville). 오경의 다른 책들에 대한 신명기의 의존도가 매우 높기 때문이다. 신명기의 독특함과 매력이 바로 이 점에 있기도 하다. 모세는 신명기를 통해 지금까지 자신이 출애굽기-민수기에서 선포했던 내용을 무시하지 않으면서, 동시에 새로운 내용과 설명을 더하여 반복으로 야기될 수 있는 지루함을 최소화하고 있다. 또한 신명기는 출애굽기-민수기에 기록되지 않은 율법을 추가하여 매우 포괄적인 프레젠테이션을 한다. 이처럼 신명기는 구약의 책들 중 율법의 정신과 취지를 가장 체계적으로, 그리고 적절하게 강조하고 있어 "구약의 맥박"(heartbeat of the Old Testament)이라는 별명을 얻기도 하였다(Wright).

구약은 하나님의 백성 이스라엘 민족의 과거에 대해 많은 정보와 교훈을 제공한다. 그러나 성경은 그들의 역사를 정리하는 것에서 끝나지 않는다. 과거의 일을 거울삼아 현재를 조명할 뿐만 아니라 심지어 미래를 예고하기도 한다. 이 책도 예외는 아니다. 신명기는 이스라엘의 과거와 현재뿐만 아니라 그들의 미래에 관한 책이기도 한 것이다.

신명기는 이미 모세가 출애굽기-민수기를 통해 선포한 율법과 규례를 재차 정리하고 확인한다는 차원에서 볼 때 과거에 대한 책이라 할 수 있다. 이스라엘은 이집트를 떠난 직후 시내 산에서 하나님과 언약을 맺었을 때뿐만 아니라 이후 40년 동안의 광야 생활 중에서도 간간이 모세를 통해 다양한 율법과 규례를 받았다. 그리고 이스라엘이 드디어 40년의 광야 생활을 마치고 모압 평지에 모여 가나안 정복을 준비하고 있는 시점에서 모세가 지난날의 역사, 특히 지난 40년 동안의 실패한 역사를 회고하며 이스라엘을 권면하고 그 내용을 기록한 책이 바로 신명기다. 책 안에는 이스라엘의 실패한 지난날과 가나안에 입성한 지 오래되지 않아 하나님을 배신할 것이라는 어두운 기대감이 배어있어(cf. 32장) 독자들을 안타깝게 하기도 한다.

모세가 출애굽 사건과 광야 생활을 회상하며 신명기를 진행하는 것은 가나안 입성을 앞둔 이스라엘 백성에게 자신들의 과거에 대하여 알려 주기 위함이다. 그러나 이 일에 단순히 이스라엘에게 그들의 역사에 대한 지식을 전달하기 위한 목적만 있는 것은 아니다. 어떤 면에서 보면 현재는 과거의 산물이다. 오늘을 사는 우리가 누구인가는 우리는 어디서 왔는가 하는 문제, 곧 우리의 뿌리의 문제와 직접적으로 연관된다. 그러므로 모세가 이 책에서 심혈을 기울여 이스라엘의 역사와 하나님이 그들의 선조들에게 주신 약속과 말씀을 회상하고 강조하는 것은 가나안 정복을 앞두고 있는 이스라엘의 현재와 미래에 영향을 끼치기 위함인 것이다.

모세가 이스라엘의 실패한 역사를 회고함으로써 강조하고자 하는 가장 기본적인 점은 이스라엘이 가나안 입성을 앞둔 시점까지 온 것은 전적으로 여호와 하나님의 은혜와 긍휼 덕분이라는 것이다. 그들의 선조는 하나님께로부터 큰 축복을 약속 받고도 그 축복을 위험에 빠뜨리기 일쑤였으며, 특히 지난 40년은 이러한 인간의 한계를 다시 한 번 적나라하게 드러냈던 시간이었다. 모세는 신명기에서 이스라엘 백성이 곧 가나안 땅을 정복하게 될 것임을 기정사실화하고 말씀을 선포한다. 그러나 인간의 죄와 불순종은 상식과 합리성을 초월하기 때문에 완전히 마음을 놓을 수 없는 상황이다. 가나안 입성을 눈앞에 둔 마지막 순간에도 이스라엘이 또다시 가나안 정복에 실패할 가능성은 도사리고 있었기 때문이다.

이스라엘은 어떻게 성공적으로 가나안을 정복할 수 있을 것인가? 조상들의 연이은 실패가 하나님의 말씀에 대한 불순종에서 비롯되었던 점을 감안할 때, 그들이 가나안 정복을 성공적으로 마칠 수 있는 유일한 길은 자신들의 능력과 결정에 따라 진군하지 않고 전적으로 하나님께 의존하며 그분의 명령에 따르는 것이다. 모압 평지에 모여 있는 새 세대는 지난 세대의 실패를 거울삼아 자신들에게 맡겨진 사명을 성공적으로 감당해야 하는데 그들의 유일한 성공 비결은 여호와께 전적으로 순종하는 것이다.

하나님을 향한 무조건적이고 절대적인 순종은, 이스라엘이 당면한 과제들을 성공적으로 해결할 수 있도록 할 뿐만 아니라 가나안 땅에서의 미래를 보장할 수 있게 한다. 이스라엘이 가나안 땅을 얻기 위해 수많은 전쟁을 해야 하는 것은 사실이지만, 여호수아를 포함한 성경 저자들은 가나안 정복을 회고하며 이스라엘이 가나안 땅을 스스로 싸워 쟁취한 것이 아니라 하나님께로부터 선물로 받았다는 점을 거듭 강조한다. 하나님은 성전(聖戰)을 통해 가나안 사람들을 물리치시고 그들이 거하던 땅을 이스라엘에게 내려주실 것이다. 이스라엘은 이 과정에서 하나님의 성전에 동참하는 영광을 누리게 될 것이나, 궁극적으로 이스라엘에게 가나안 땅을 주실 분은 하나님이시다. 그렇다면 이스라엘이 지속적으로 가나안 땅에 거하며 땅의 열매를 즐길 수 있는 길은 그 땅을 그들에게 선물로 주시는 하나님께 순종하는 것 외에는 방법이 없다.

그래서 모세는 신명기를 통해 거듭 순종을 권면한다. 출애굽 이후 이스라엘의 지난 40년간의 광야 생활은 이스라엘의 미래에 대한 모세의 불안감을 가중시키기에 충분했다. 특히 이방인들과의 접촉이 거의 없었던 상태에서 이스라엘이 스스로 망하는 반역의 길을 선택했던 점을 생각하면, 앞으로 가나안에 입성하여 많은 이방인들을 접하게 될 이스라엘의 미래는 그리 밝다고 볼 수 없기 때문이었다. 그래서 모세는 심혈을 기울여 다시는 반역의 길을 가지 않도록 이스라엘을 설득한다. 이스라엘에게 순종의 길을 가도록 설득하는 모세의 노력은 그가 신명기에서 사용하고 있는 스피치의 스타일이 설득과 호소를 바탕으로 하고 있는 설교라는 점에서도 역력히 드러난다(McConville). 이스라엘의 미래는 그들이 하나님께 순종하는가, 하지 않는가로 결정되기 때문이다.

그렇다면 이스라엘이 어떻게 사는 것이 하나님께 순종하는 것인가? 모세는 신명기 안에서 이 문제를 세세히 논한다. 신명기는 이스라엘의 하나님 여호와가 누구고, 어떤 분이신가를 정의하는 계시적 기능에서 멈추지 않는다. 이 책은 더 나아가 이스라엘이 이 세상에서 하나님의 백성으로 살아가는 것이 무엇을 의미하는가를 정의해 주는 규범들을 제시한다. 모세는 "이것 혹은 저것"(either/or) 유형의 가르침을 통해 이스라엘에게 생명의 길과 죽음의 길을 제시한다.

문제는 이스라엘이 앞으로 이 언약 헌장을 지키며 살아갈 수 있느냐는 것이다. 이 질문에 대한 저자의 답은 상당히 부정적이다. 물론 언약 백성은 최선을 다하여 순종하며 살려고 노력해야 한다(6:4-9). 저자는 하나님의 말씀을 마음에 새기고 골수에 새기라고까지 한다(11:18-20). 그럼에도 불구하고 그는 인간 스스로의 노력으로는 이러한 순종을 지속할 수 없다는 것을 잘 알고 있다. 그래서 그는 아주 먼 훗날, 이스라엘이 순종에 실패하여 타국으로 끌려간 후에야 하나님이 백성들에게 마음의 할례를 행하실 것을 기대한다(30:6). 하나님이 이 할례를 행하신 후에야 비로소 사람들은 마음을 다하고 정성을 다하여 하나님을 사랑할 수 있게 될 것이다(30:7).

신명기가 이스라엘 백성이 준수하려고 노력했던 언약 헌장이라는 점은 오늘을 살아가는 우리에게도 시사하는 바가 크다. 이미 수천 년의 세월이 흘렀고, 우리가 처한 역사적, 사회적 정황이 모압 평지에서 모세의 강론을 듣던 이스라엘 백성과는 사뭇 다르지만, 신명기에 기록된 율법의 정신과 원리 대부분은 아직도 유효할 뿐만 아니라 각 성도의 삶과 그가 속한 믿음 공동체가 어떠해야 하는가에 대하여 많은 교훈을 제시한다. 이러한 관점에서 신명기는 우리에게 이스라엘 역사를 연구하는 데 도움이 되는 고전(古典)의 차원을 넘어 삶의 방향과 태도를 좌우하는 규범적인 하나님의 말씀이라 할 수 있다.

2. 저자

유태인의 전승인 탈무드는 모세의 죽음을 언급하는 책의 마지막 8절을 제외하고는 모두 모세가 저작한 것이라 한다(B. Bat. 14b-15a).[1] 전통적으로 기독교와 유태교 학자들 대부분도 모세가 이 책 전부 혹은 대부분(viz., 그의 죽음에 대한 언급을 제외한 대부분)을 문서로 남겼다고 주장했다

1 이후 랍비들은 모세의 죽음을 언급하고 있는 마지막 8절은 여호수아가 저작한 것이라고 주장했다(cf. Lundbom).

(Harrison; Dillard & Longman; cf. Tigay).[2] 그러나 비평학이 활성화 되면서 모세의 저작권에 대해 많은 문제가 제기되었고 대부분의 진보 성향의 학자들이 더 이상 전통적인 견해를 받아들이지 않게 되었다. 전통적인 견해가 무너지자 여러 가지 추측이 제시되었으며, 학자들은 한 사람이 아닌 여러 사람으로 형성된 그룹이 신명기를 제작한 것이라는 주장을 내놓았다. 저작권에 대한 다양한 학설 중 학자들의 지지를 가장 많이 받은 학설 네 가지는 다음과 같다.

첫째, 신명기는 선지자들(특히 북왕국 이스라엘에서 활동하던 선지자들)이 저작한 것이다(cf. Welch). 이 학설을 대표하는 사람은 니콜슨(E. W. Nicholson)이며 그는 신명기의 내용이 선지자들의 가르침과 매우 비슷한 부분이 많다는 사실을 근거로 이 학설을 제시했다(cf. Wright; Fohrer). 니콜슨은 특히 호세아서와 신명기는 매우 밀접하게 연결되었다고 하여 "신명기 저자는 이 북왕국 선지자[호세아]의 영적 후예였다"라고까지 했다. 만일 신명기와 호세아서가 서로 밀접한 관계가 있다면, 학자들은 왜 신명기가 호세아서에 영향을 끼친 것이 아니라, 오히려 호세아서가 신명기에 영향력을 행사했다는 결론을 내린 것일까? 비평학자들 대부분이 선지자 시대에는 오경이 존재하지 않았으며, 오경은 훗날 저작된 것이라고 믿었기 때문이다. 그러나 이들의 입장을 입증할 만한 어떠한 역사적 증거는 없다. 그들의 논리를 살펴보면 많은 경우에 순환논리법이 적용되고 있음을 알 수 있다.

둘째, 레위계 제사장들이 신명기를 저작했다. 이 학설은 폰라트(G. von Rad)가 대표한다. 그는 신명기가 레위 지파들을 자주 언급한다는 점에 근거하여(cf. 18:1-8; 27:9-26; 31:9-13, 24-29) 이 학설을 제시했다. 폰라트는 또한 신명기가 오래된 전승을 보존하고 있으며, 이러한 전승을 포로후기 이스라엘 사회에서 권위 있게 해석하여 제시할 수 있는 사람들도

---

2 오경의 저작권과 모세의 역할에 대하여는 필자의 『엑스포지멘터리 창세기』의 서론 혹은 『엑스포지멘터리 모세오경 개론』을 참조하라.

레위 사람들뿐이라는 점을 근거로 삼았다(cf. 느 8:7-8). 그는 신명기가 지니고 있는 '설득적/설교적 성향'이 바로 레위 사람들이 자신들이 물려받은 전승을 새로이 해석하여 청중들을 설득하려고 한 노력의 결과라고 했다. 그러나 문제는 역시 첫 번째 설과 같이 신명기가 모세 시대부터 존재한 문서가 아니라 포로기 이후에 저작된 것이라는 전제다. 또한 오경이 모세 시대에 함께 집필된 작품이기에 신명기가 오경의 다른 책들과 밀접한 연관성이 있고, 모세가 가나안 정복을 앞둔 시점에서 지난 40년간 하나님이 주신 율법을 다시 한 번 체계적으로 정리하여 백성들이 이 율법을 잘 지키도록 권면하는 노력의 결과라고 보아도 별 문제가 없다.

셋째, 신명기는 남왕국 유다의 지혜자들과 서기관들에 의하여 저작되었다. 바인펠트(M. Weinfeld)가 이 학설의 대표적인 학자다(cf. Lohfink). 신명기가 고대 근동의 계약서와 동일한 양식을 취하는 것은 이 책을 집필한 사람들이 법적 문서들을 접하는 서기관들이었기 때문이다. 학자들은 군주 국가가 속국들과 관계를 맺을 때 사용했던 계약 양식이 대부분 그대로 신명기에 반영되어 있다고 한다. 그러나 이 책에 반영된 계약 양식과 사용된 용어가 어느 시대에 어느 민족이 사용하던 것과 가장 비슷한가에 대해서는 다소 이견이 있다. 신명기와 연관성이 있는 고대근동 계약은 주전 7-8세기에 아시리아 제국이 속국들과 맺은 정치적 조약(political treaty)이라는 주장이 있으며(Frankena; Weinfeld; Brueggemann), 주전 13-14세기의 헷 족속 계약이라는 주장도 있다(Kline; Kitchen; Craigie; Grisanti; cf. Baltzer).

만일 신명기가 고대근동에서 사용되었던 정치적 조약 양식을 답습하고 있다면, 이 두 계약 중 어느 쪽을 답습하고 있는가에 대한 결론은 곧 책의 저작 연대를 가늠하는 데 직접적인 영향을 미친다. 만일 아시리아 제국의 계약을 반영하고 있다면, 신명기의 저작 혹은 최종 편집 연대가 주전 7세기 이전이 될 수 없다. 반면에 헷 족속 계약을 반영하고 있다면, 이 책이 우리가 전통적으로 이해하고 있는 모세 시대에 저작되었다고 결론지을 수 있다. 만일 모세가 이집트 왕궁에서 40년을 거하며 법문서 활용과 작성법을 포함한 다양한 훈련을 받았다는 사실을 인정한다면 이 같은 결론은 더욱더 설득력을 얻는다.

신명기가 주전 7세기의 아시리아와 아람 사람들의 계약 양식을 반영하고 있다고 주장하는 사람들이 제시하는 가장 큰 증거는 헷 족속 계약에는 축복과 저주가 매우 간략하게 나오는 반면, 신명기에 기록된 축복과 저주는 매우 세부적이고 장엄하게 펼쳐져 있다는 점이다(Weinfeld). 그러나 헷 족속 계약과 신명기는 차이점보다는 공통점이 훨씬 더 많으며, 헷 족속 계약과 아시리아 제국이 사용했던 계약 양식이 서로 차별화 될 만큼 많은 차이를 지니고 있는가에 대하여 상당수의 학자들의 반응은 부정적이다(cf. Craigie; Kitchen; Grisanti). 그뿐만 아니라 성경이 고대의 계약 양식을 사용했다 하더라도 그 양식을 기계적으로 따를 필요는 없다. 경우에 따라서는 창의적으로 적절한 변화를 주어 사용할 수 있었다는 점을 인정해야 한다. 그러므로 어느 계약 양식에 가까우냐에 따라 저작 연도를 추측하는 것에는 한계가 있는 것이다.

넷째, 신명기는 '신명기적 사가'(Deuteronomistic historian)에 의하여 주전 6-7세기경 최종적으로 저작/편집되었다. 신명기적 사가와 연관된 '신명기적 역사'(Deuternomistic History)가 무엇을 뜻하는지를 먼저 생각해 보자. 이 학설은 노트(Martin Noth)가 1943년에 처음으로 제시했다.[3] 그는 정경 중 신명기부터 열왕기하까지가 문체적-신학적으로 통일성을 지니고 있다고 했다. 노트는 그 이유를 이 책들(신-왕하)이 한 사람에 의해서 550년경에 바빌론에서 집필되었기 때문이라고 했다(cf. Whybray). 포로기 시대에 바빌론에서 신명기를 집필했다는 이 저자가 '신명기적 사가'로 불리는 것은 그가 신명기로부터 많은 신학적 영향을 받았기 때

3 여기에 제시된 내용은 Martin Noth, *The Deuternomistic History*. 2nd English Edition. JSOTSS (Sheffield: Sheffield Academic Press, 2002)를 바탕으로 한 것이다.

문이다. 그는 이스라엘의 멸망은 여호와의 무능력 때문에 일어난 일이 아니라 이스라엘의 죄 때문에 초래된 결과라는 사실을 밝히기 위하여, 이미 오래전부터 전수되어 오던 광범위한 자료들을 토대로 '신명기-여호수아-사사기-사무엘서-열왕기'를 저작했다. 노트의 후예들은 그의 학설을 한 단계 더 발전시켜 신명기적 역사/전통(DH)은 문서설의 E(하나님주의 문서; 주전 850년경에 북왕국에서 시작되었다고 주장함)가 저작될 즈음에 시작된 전통이라고 한다.

노트가 증거로 제시한 것들은 다음과 같다. 첫째, 신명기적 전통(DH)은 중요한 자리에 성경의 주요 인물들의 입을 빌려 연설들과 논평을 삽입함으로써 자신의 주장을 발전시켜 간다. 여호수아의 연설(수 22장), 여호수아의 고별 설교(수 23장), 사무엘의 설교(삼상 12장), 솔로몬의 기도(왕상 8장)등이 바로 그 예다. 저자는 이러한 인물들의 설교를 직접 작성함으로써 이스라엘의 역사를 회고하는 동시에 이 백성이 어떻게 살아가야 하는가를 가르친다. 저자는 가끔 자신의 논평도 삽입한다. 가나안 정복이 일단락된 시점에서 종합적인 평가를 한 것(수 12장)과, 왕정 시대의 비극적인 결말에 대하여 언급하고 있는 열왕기하 17:7-23은 모두 그의 설교며, 수사학적이고 교훈적인 틀(rhetorical parenthetic framework)을 제공해 준다. 이처럼 설교와 논평을 중간 중간에 삽입하는 현상은 신명기적 사가의 역사 자료의 범위를 벗어나서는 찾아보기 힘들다. 둘째, 신명기부터 열왕기하에 이르는 신명기적 전통(DH)의 저서들은 놀라운 언어적 통일성(linguistic uniformity)을 갖고 있다. 셋째, 신명기적 사가의 역사에 일관된 연대기(consistent chronological sequence)가 있다. 넷째, 신명기적 사가의 역사 안에 일관된 역사 신학을 볼 수 있다.

그렇다면 신명기적 사가는 무엇 때문에 이 장엄한 작품을 집필하게 되었을까? 그는 주전 722년에 있었던 사마리아 함락, 주전 586년에 있었던 예루살렘 함락에 대하여 신학적인 답을 찾으려고 노력했다. 하나님의 선민이 살고 여호와의 임재의 상징인 성전이 있는 예루살렘이 왜 적군에 의하여 파괴되었는가? 여호와의 처소인 시온 성은 결코 망하지 않는다고 주장했던 시온 사상은 어떻게 된 것인가? 노트(Noth)는 신명기적 사가가 찾은 답은 이스라엘이 하나님 앞에서 계속 마음을 강퍅하게 하여 이방 신들을 좇았던 데에 있다고 했다. 신명기적 사가의 전통은 요단 강 저편에서 모세가 이스라엘 민족에게 마지막으로 전하는 '율법 복습'에서 시작하여 가나안 정복으로 이어지며 훗날 통일 왕국, 분열 왕국 시대로 연결된다.

이 사가에 의하여 최종적으로 기록된 사건은 주전 597년에 바빌론으로 끌려가 37년 동안 감옥에서 생활하다가 주전 561년에 자유인이 된 여호야긴의 이야기다. 이 때가 주전 560년이다. 그러므로 빨라도 주전 550년경에 신명기적 사가가 이 작품들을 집필했을 것이라고 추정하는 것이다. 저자는 이스라엘의 역사를 조명하는 과정에서 왕들의 죄에 특별한 관심을 쏟았다. 노트의 후예들은 한 걸음 더 나아가 신명기적 전통은 북왕국이 함락되자 남왕국 사람들 중 이 사상에 동조하는 자들에 의하여 이어졌다고 주장했다. 그리고 이 전통은 100년 후인 주전 621년(요시야의 지시에 의하여 성전 보수 공사 중 힐기야 제사장이 성전에서 여호와의 율법을 발견하였던 때)에 있었던 요시야 왕의 대대적인 종교개혁에 신학적 발판을 마련해 주었다고 한다. 이러한 관점에서 신명기 12-26장의 역할이 강조된다.

노트에 의하면 이 신명기적 사가의 신학은 다음과 같은 요소를 포함한다. 첫째, 여호와 언약의 은혜로움이다. 신명기적 사가는 이스라엘이 여호와와의 언약에 순종함으로써 누릴 수 있는 축복을 매우 강조했다. 그러므로 매우 강도 높은 윤리적 생활과 종교적 순종을 요구하는 설교와 권면을 했던 것이다. 둘째, 우상숭배의 사악함과 분산화 된 종교(decentralized religion)다. 신명기적 사가는 이스라엘 종교의 분산화와 우상숭배를 매우 강하게 비판했기 때문에 정치인들과 큰 갈등을 빚었으며 결국 완전히 대립하는 결과를 초래했다. 셋째, 불가피한 상과 벌이다. 순종은 축복, 불순종은 저주와 심판을 자초한다. 요시야의 종교개혁이 실패하자 이 사상은 많은 전통들을 종합해서 언약에의 순종과 불순종에서 오는 축복과 저주의 관점에서 북왕국의 왕들을 평가하는 데 사용되었다. 이러한 노력이 신명기-열왕기에 기재되었다. 넷째, 근본적으로 모세를 통해서 받은 언약준수의 중요성이다. 하나님과의 언약을 잘 이행하는 것만이 이스라엘의 살길이라는 것이 신명기적 사가의 주장이다. 그러므로 신명기적 사가의 역사가 바빌론 포로 생활 중에 최종적으로 개정, 정리된 것으로 생각된다.

노트의 이러한 학설에 대해 우리는 어떠한 평가를 내릴 수 있는가? 첫째, 노트의 학설은 모세오경에서 신명기를 분리시키는 것을 전제로 한다. 그래서 그의 학설을 따르는 자들은 대체로 모세오(5)경이 아니라 모세사(4)경을 주장한다. 신명기는 창세기-민수기와 관련 없는 책이라는 것이다. 그러나 모세오경에서 신명기를 떼어내면 오경은 미완성품에 불과하다. 이미 출애굽기-레위기를 통해 선포된 율법을 강론하는 신명기는 여호수아-열왕기하보다는 오경에 더 어울리는 책이다. 둘째, 노트가 주장한 것처럼 신명기적 성향이 여호수아서-열왕기하에서 발견되는 것이 사실이다. 그러나 이 역사가의 손길이 어디서나 동일하게 나타나는 것은 아니다(Childs). 여호수아서-열왕기하를 한 사람의 작품으로 보기에는 너무나도 많은 다양성이 존재한다는 것이 대부분 학자들의 평가다. 셋째, 노트는 신명기적 사가의 매우 비관적인 생각('왜 여호와의 선민이 바빌론으로 끌려와야만 했는가?')이 이 책들을 저작하게 한 동기라고 한다. 그러나 그의 주장은 큰 지지를 받지 못했다. 신명기적 사가의 역사에 대한 '비관'이 이처럼 장엄한 책들을 저작하게 한 동기로는 너무 빈약하다는 것이 학자들의 결론이다.

넷째, 대부분의 비평학자들은 노트의 주장을 수용하면서도 현저한 견해 차이를 유지한다. 독일의 즈멘드 학파(Smend School)는 신명기적 전승 안에 신명기적 사가(DtrH), 선지자적 성격이 강한 편집자(DtrP),

율법적 성격이 강한 편집자(DtrN) 등 최소한 삼중 편집을 주장한다. 반면에 미국의 크로스 학파(Cross School)는 신명기적 전승의 이중 편집(Dtr1, Dtr2)을 주장한다. 즉, 노트의 주장을 전반적으로 수용하는 비평학계마저도 세부 사항에 대하여는 심각한 견해 차이를 보이고 있는 것이다. 이러한 대립은 그의 학설에 무언가 석연치 않은 문제가 있음을 암시한다. 다섯째, 노트가 증거로 제시한 '일관된 연대'는 사실상 매우 선택적이고 자의적이라는 것이 보편화된 평가다. 예를 들면 성경의 연대를 모두 합치면 출애굽부터 성전 건축까지 540년이지 그의 주장처럼 480년이 아니다. 모든 것을 감안할 때 우리가 노트의 학설에 대하여 내릴 수 있는 잠정적인 결론은 그의 학설이 하나의 설득력 있는 가정(假定)으로는 가능하지만 사실로 받아들여지기에는 아직도 많은 문제들을 지니고 있다는 것이다.

전통적으로 교회는 신명기 전체가 이스라엘을 이집트에서 인도해 냈던 모세에 의하여 저작된 것이고 저작 시기는 대략 주전 15 혹은 13세기였다는 입장을 고수해왔다. 우리는 이러한 관점을 그대로 유지하기에는 어려움이 많다는 점을 인정해야 한다. 예를 들면 신명기의 마지막 부분에 기록되어 있는 모세의 죽음과 장례에 관한 이야기 등 일부 내용은 훗날 누군가에 의하여 추가되거나 편집되었던 것이 확실하다. 특히 모세의 시신이 대략 어느 지역에 안치되었는지는 알지만, 정확히 어디에 묻혔는지에 대하여 "오늘까지 그의 묻힌 곳을 아는 자가 없느니라"(신 34:6)라는 말씀은 모세 사후 상당한 세월이 흐른 다음에 이 말씀이 첨부되었다는 점을 시사한다.

책이 종종 언급하는 "오늘/이 날"(הַיּוֹם הַזֶּה), 즉 신명기의 최종적 편집 시기를 추측하는 일은 매우 어렵다. 이처럼 신명기의 개정 시기를 논하는 것은 매우 어려운 일이나, 책의 기본적인 골격과 내용은 모세에게서 유래된 것으로 보아도 별 문제가 없다(Block; Shea; Grisanti; Dillard & Longman; Harrison: cf. Polzin; McConville). 이러한 전통적인 입장을 수정하기 위해서는 학자들의 추측이 아니라 결정적이고 설득력 있는 증거와 논리가 제시되어야 한다. 그러한 증거와 자료가 제시되지 않는 한 신명기의 저작 시기에 대해 보수적인 견해를 고수하는 것은 당연하다.

3. 역사적 정황

책의 저자와 저작 시기가 지속적으로 논란이 되고 있지만, 책이 전제하고 있는 시대적 배경은 가나안 입성을 눈앞에 둔 시점이라는 것은 논란의 여지가 없다. 쉽게 알 수 있다. 이스라엘은 하나님의 도우심으로 430년의 노예 생활을 마치고 이집트를 극적으로 탈출했다. 그 후 시내 산에 1년을 머물면서 하나님과 언약을 맺어 그의 백성이 되었고, 하나님은 율법을 언약 조항으로 그의 백성에게 주셨다.

이스라엘은 1년 만에 시내 산을 떠나 가나안을 향해 힘찬 행진을 시작했다. 드디어 약속의 땅에서 그리 멀지 않은 가데스 바네아에 진을 치고 가나안 땅이 어떠한가 알아보기 위하여 각 지파를 대표하는 12명의 정탐꾼을 40일 동안 보내 약속의 땅을 두루 살펴보도록 했다. 이들의 보고는 가나안이 정말로 "젖과 꿀이 흐르는 땅"이라는 것이었다. 그러나 정탐꾼들은 그 땅 거주민들은 거인 족이라 이스라엘이 절대 이길 수 없다며 탄식했다. 여호수아와 갈렙이 여호와를 의지하면 그들은 "우리의 밥"이라고 호소해 보았지만, 정탐꾼들의 보고에 이미 동요된 백성들은 들으려 하지 않고 하나님을 원망하는 죄를 저질렀다.

이스라엘에 대하여 분노하시고 실망하신 하나님은 그들의 가나안 입성을 거부하셨다. 그리고 12정탐꾼이 가나안을 탐사하느라 보낸 40일을, 하루에 1년으로 계산하여 40년 동안 광야를 떠돌게 하셨다. 이스라엘이 광야에서 방황하는 동안 출애굽 1세대는 모두 죽었다. 이 때 이스라엘이 어떤 경로에 따라 이동했으며, 그들의 40년 광야 생활이 어떠했는가에 대하여 우리는 별로 아는 바가 없다. 이 시대를 회고하고 있는 민수기가 이 때 일어났던 사건들 몇 건만 언급할 뿐 자세한 정보를 제공하지 않기 때문이다.

광야 생활 40년이 끝나갈 무렵에 아론과 미리암도 죽었고 이스라엘은 광야에서 태어난 출애굽 2세대들이 중심이 된 새 백성이 되어 있었다. 그들은 가나안에 입성하기 위하여 모압 평지 싯딤(lit, 아카시아 숲)에 도착했다. 이들은 전(前) 세대가 이집트를 떠나온 이유가 가나안 입성을 위해서였지만, 불순종으로 인해 입성을 거부당했으며, 자신들이 드디어 전 세대의 꿈을 이루게 되었다는 사실에 대하여 매우 고무되어 있었다. 그러나 그들은 또한 '우리는 과연 잘 할 수 있을까?'라는 생각으로 다소 불안해 하고 있다. 이런 역사적 상황에서 모세는 이 출애굽 2세대들이 요단 강을 건너기 전에 다시 한 번 율법 순종의 중요성을 강조한다.

4. 목적

모세는 가나안에 입성하지 못하고 곧 죽게 된다. 이러한 상황에서 그는 요단 강을 건너 가나안으로 입성할 백성에게 마지막으로 율법을 강론하며 순종을 호소한다. 신명기는 모세의 마지막 권면이자 고별 설교인 것이다. 모세는 설교에서 백성들에게 그들의 삶을 율법 묵상과 실천으로 채울 것을 중점적으로 권면한다. 그러나 모세는 이스라엘에게 맹목적이고 기계적인 순종을 요구하지 않는다. 그는 무엇보다도 율법의 취지와 정신을 생각하며 순종할 것을 강조한다.

하나님이 시내 산에서 율법을 주신 지 어느덧 40년이 되었다. 지난 세월 동안 백성들이 율법을 어떤 자세로 대했는가를 생각해 보니 그들에게 율법은 하나님이 지어주신 짐이 되어 있었다. 율법대로 사는 삶이 하나님 백성이 준수해야 할 의무감에서 비롯된 것이지 결코 행복해지기 위해서 기쁜 마음으로 자원해서 하는 것이 아니었던 것이다. 이스라엘은 율법을 받은 지 불과 40년 만에 어느새 율법주의에 빠져 버렸다. 모세는 이스라엘의 이 같은 현실을 감지하고는 위기감을 느낀다. 주의 백성이 이런 식으로 율법을 준수하면 그들은 결코 행복해질 수 없을 뿐만 아니라, 하나님도 기뻐하실 리 없기 때문이다. 그래서 그는 깊은 묵상 끝에 가나안 입성을 앞둔 세대에게 율법을 강론한다. 마치 사도 요한이 예수님의 죽음과 부활에 대하여 많은 세월 동안 묵상한 끝에 요한복음을 저작한 것처럼 말이다(Block).

모세는 새로운 율법과 이미 주신 율법에 어떻게 순종해야 할 것인가에 대한 강론을 통해 율법의 근본적인 취지를 다시 한 번 상기시킨다. 율법은 백성들의 삶을 행복하고 윤택하게 하기 위해서 주어진 것이지 그들을 억압하고 그들에게 짐을 지우기 위하여 주신 것이 아니기 때문이다. 만일 이 율법 정신을 망각하게 되면 율법이 사람을 위해 있게 되는 것이 아니라, 사람이 율법을 위해 있게 된다. 이것이 율법주의다. 하나님은 백성들이 율법에 순종하는 삶을 살길 원하시지만, 그의 백성이 율법주의의 늪에 빠지는 것은 기뻐하지 않으시기 때문이다.

율법은 하나님의 백성으로 이 세상을 살아가는 것이 무엇을 뜻하는가를 정의할 뿐만 아니라 이스라엘 공동체와 그 공동체에 속한 사람들의 삶과 죽음을 결정한다. 공동체와 각 개인의 운명이 율법에 의하여 결정된다는 것은 이스라엘 공동체와 공동체에 속한 각 개인의 운명이 필연적으로 하나로 묶여 있다는 것을 뜻한다. 각 개인이 건전할 때 공동체도 건전하게 될 것이며, 공동체가 건강하지 못하면 각 개인도 대가를 치러야 한다. 개인적인 경건과 윤리에 관한 율법들은 하늘나라의 시민으로서 각 개인이 준수해야 할 사항들이며, 대인관계와 공동체에 관한 규정들은 개인들의 연합으로 이루어진 공동체의 경건과 순수성을 보존하기 위하여 주어진 것들이다. 그래서 신명기는 공동체의 신앙과 질서를 좀먹거나 오염시킬 수 있는 자들을 과감하게 처단하라고 한다. 설령 이적과 징조를 행하는 예언자라 할지라도 공동체에 속한 사람들을 하나님께로부터 멀어지게 하면 처형해야 하며(13:1-5), 가장 친한 친척이라 할지라도 우상을 숭배하자고 유혹하면 재판에 회부하여 사형에 처하도록 하여야 한다(13:6-9). 경우에 따라서는 자신이 낳은 아들까지 죽이라고 한다(21:18-21).

이와 같이 잔인하다고 생각될 수 있을 만큼 강력한 규정을 담고 있는 신명기의 율법은 이스라엘이 준수해야 할 언약 헌장이며(cf. Wright), 이 헌장에 따라 살아가는 것이 바로 하나님께 순종하는 것이다. 신명기는 언약 헌장인 율법에 따라 살면 삶이 풍요로워지고 행복하게 살 것이라고 한다. 실제로 시편 119편은 율법은 꿀송이보다 달고 율법을 따라 살아가는 것은 어두운 밤에 길을 비추어 주는 등불을 따라가는 것과 같이 복된 것이라고 한다. 그러나 현실은 그렇지 않은 것 같다. 때로 율법대로 사는 것이 우리를 매우 불편하게 하기 때문이다. 그래서 율법이 우리의 발목에 채워진 족쇄처럼 느껴지기도 하고, 우리를 짓누르는 짐으로 여겨지게도 된다.

모세는 그 이유에 대하여 율법의 취지/정신을 망각하고 율법을 지키려 하기 때문이라고 한다. 하나님은 이스라엘이 이집트를 출발하기 전부터 율법을 주셨고, 시내 산에서는 참으로 다양하고 많은 율법을 주셨다. 하나님이 이스라엘에게 많은 율법을 주신 것은 백성들의 자유를 제한하는 족쇄를 채우거나 갖가지 책임과 의무를 짐으로 지우기 위해서가 아니다. 오히려 건강한 풍요로움과 누림을 주기 위해서 율법을 주셨다. 그러나 이스라엘이 율법의 취지는 생각하지 않은 채 율법이 요구하는 강령을 기계적으로 실천하려고 하다 보니 율법은 그들에게 짐이 되고 족쇄가 되어 갔던 것이다.

신명기는 율법의 정신과 취지를 강조함으로써 이 같은 문제를 해결하고자 한다. 몇 가지 예를 들어 생각해 보자. 첫째, 모세는 모든 수확의 십일조는 하나님께 거룩한 것이라며 하나님께 드리라고 했다(레 27:30-32). 그 외에는 어떠한 지시나 규례가 없다. 그러므로 레위기에 기록된 십일조 규례는 성도의 의무를 법률적으로 정의하고 있을 뿐이다. 반면 신명기는 십일조를 주님께 바칠 때면 친지들을 데리고 와서 주님 앞에서 함께 먹으라고 한다. 만일 먼 곳에 살면 돈으로 환산하여 성소 근처에 와서 그곳에서 본인이 원하는 짐승 등으로 바꾸어 하나님 앞에서 사랑하는 자들과 함께 먹으라고 한다. 또한 매 3년에는 십일조를 성소에 들여놓지 말고 자기가 사는 성읍에 들여놓아 가난한 자들과 레위 사람들을 먹이라고 한다(신 14:22-29). 신명기는 십일조 율법의 근본적인 취지는 하나님이 축복해 주신 풍요로움에 대하여 친지들과 함께 감사하며 누리는 것에 있음을 알려 준다. 더 나아가 신명기는 이 기쁨과 풍요로움을 주변에 있는 가난한 자들과 함께 나누라는 것이다. 이렇게 함으로써 십일조는 우리 주변에 있는 모든 사람들에게도 창조주의 축복이 임하게 하는 데 목적이 있는 것이다.

둘째, 출애굽기 34:19은 모든 짐승의 첫배는 하나님께 속한 것이므로 하나님께 바쳐야 한다고 한다(cf. 출 13:2, 12, 15). 이 규정에는 어떠한 부연 설명도 없다. 그러므로 우리는 제사장들과 레위 사람들만이 이 짐승을 먹을 수 있을 것으로 추측한다. 이에 대해 신명기는 짐승의 첫배를 드리는 자가 이 짐승을 하나님 앞에서(viz., 성전/성막에서) 먹을 것과, 만일 짐승에 흠이 있으면 그냥 사는 곳에서 잡아먹으라고 한다(신 12:6-21; 14:23). 흠이 있는 짐승을 온전한 것으로 대체하여 바칠 필요도 없다. 역시 이 율법의 취지는 하나님의 축복으로 태어난 첫 짐승을 누리고 즐기는 것에 있음을 강조한다. 창조주께서 주신 축복을 누리고 기뻐하는 것이 이 율법의 정신인 것이다.

셋째, 율법은 남자들 중 20세 이상인 사람들을 모두 징병하도록 한다(cf. 레 27장; 민 1장). 그러나 신명기는 이에 대하여 수많은 예외 규정을 둔다. 신명기 20장은 군대에 징집하면 새집을 건축하고 낙성식을 거행하지 못한 사람(5절), 포도원을 만들고 그 과실을 먹지 못한 사람(6절), 약혼만 하고 아직 결혼을 하지 못한 사람(7절) 등을 모두 집으로 돌려 보내라고 한다. 이 같은 예외 규정에서 다시 한 번 강조되는 것 역시 "누림/즐김"이다. 율법을 지키는 일이 주의 백성의 행복권을 침해해서는 안 된다는 것이다. 왜냐하면 율법은 주의 백성의 행복을 보장하고 증대시키는 것을 목적으로 하고 있기 때문에, 만일 율법 적용에 있어 그들의 행복권을 침해하는 일이 생긴다면 주의 백성들을 행복과 평안의 누림으로 축복하시고자 하는 하나님의 목적에 위배되는 일이기 때문이다. 율법은 이처럼 백성들이 삶을 누리고 즐기도록 주어진 것이다.

안타깝게도 이스라엘은 율법을 자신들이 지고 가야 할 멍에로 만들어 버렸다. 그래서 죽음을 앞둔 모세는 가나안 입성을 앞둔 시점에서 출애굽 2세대들을 모아 놓고 잊혀져 버린 율법의 정신과 취지에 대해 강론한다. 그는 신명기를 통해 율법의 목적과 정신을 강조하며 법의 취지를 상기시키고자 했다. 모세의 율법의 취지에 대한 이해를 간략히 요약하면 율법이 사람을 위해서 있는 것이지, 사람이 율법을 위해서 있는 것이 아니라는 것이다. 율법은 사람들이 행복해질 수 있는 길을 안내하는 것이지, 그들의 삶을 억압하는 것이 아니다. 또한 율법은 문자적인 해석과 적용보다는 인간미와 융통성을 바탕으로 한 순종을 요구한다.[4] 예수님이 "안식일이 사람을 위하여 있는 것이요 사람이 안식일을 위하여 있는 것이 아니다"(막 2:27)라고 하신 말씀도 신명기의 메시지와 맥을 같이한다. 그래서 일부 학자들은 신명기를 신약의 복음서에 빗대어 말한다(cf. Block).

---

4 구약을 살펴보면 모세 율법은 절대적이고 영구적인, 곧 '돌에 새겨진 영구불변한' 것이 아니다. 이스라엘이 처한 상황에 따라 어느 정도의 융통성과 개정을 허락한다. 그래서 역대기를 살펴보면 다윗이 레위 사람들에 대한 율법을 대폭 수정하는 것을 보게 된다. 모세가 율법을 통해 규정한 레위 사람들의 역할이 법궤와 성막 기구들을 운반하는 일이었는데, 법궤가 영구적으로 성전에 안치됨으로 인하여 더 이상 레위 사람들이 할 일이 없어진 것에 대한 대처 방안이었다. 다윗은 이 레위 사람들을 찬양대, 성전 문지기, 창고 관리인 등으로 재배치하는 율법을 제정했다.

5. 신명기와 오경

신명기는 분명 오경의 다른 책들과 매우 다른 성향을 보인다. 출애굽기-레위기가 모세가 시내 산에서 받은 율법을 기록하고 있는 법전이라면, 신명기는 이 책들 안에 기록되어 있는 율법들을 설교식으로 강론하는 성향을 갖고 있기 때문이다(Grisanti). 그럼에도 불구하고 신명기는 이 책들과 유기적이고 역동적인 관계를 유지한다. 무엇보다도 이 책의 역사적-율법적 배경이 되고 있는 출애굽 사건과 40년의 광야 생활이 출애굽기-민수기에 기록되어 있기 때문이다. 이집트에서 있었던 일과 그곳을 떠나 시내 산에서 머무는 동안 있었던 일은 출애굽기-레위기에 모두 기록되어 있다. 민수기는 시내 산을 떠난 후 이스라엘의 40년 여정을 회고한다. 민수기가 끝나갈 무렵, 이스라엘은 드디어 요단 강 건너로 여리고 성이 보이는 모압 평지에 도착했다.

신명기의 지리적 배경이 되는 곳이 바로 이 모압 평지다. 모세는 가나안에 입성하기 위하여 이곳에 모인 이스라엘 백성들에게 그들이 이곳까지 오게 된 역사적 정황을 설명한다. 이어서 그는 지금까지 하나님이 주신 율법을 회고하며, 새로 정착하게 될 땅에서 하나님의 말씀에 순종하며 신실하게 살 것을 권면한다. 권면이 끝나자 모세는 여호수아를 후계자로 세우고 죽음을 맞이한다. 그의 죽음은 그와 출애굽 1세대의 시대가 막을 내리고 있음을 상징하기도 한다. 드디어 출애굽기에서 시작되었던 여정에 마침표를 찍게 된 것이다.

이와 같이 신명기는 모세 오경의 여러 책들에 기록된 율법의 일부와 다른 책들에 기록되지 않은 것들을 추가하기도 하여 재차 이스라엘에 제시한다. 이 과정에서 신명기는 다음과 같은 독자성을 보인다. 첫째, 출애굽기-민수기에 기록된 율법들 중 상당 부분이 신명기에서는 언급되지 않는다. 예를 들면 아이를 출산한 산모에 대한 규례(레 12장), 문둥병 및 각종 피부병과 곰팡이(레 13-14장), 부정한 남자와 여자(레 15장),

희년(레 25:8-13), 붉은 암송아지의 재(민 19장), 남자가 딸만 남기고 죽었을 때 상속 문제(민 36장) 등은 아예 신명기에서 언급되지도 않는다. 신명기에 다시 언급되지 않는 규례들은 다른 율법책에서 상대적으로 자세하게 기록된 것들이다. 다른 책들에서 이미 상세하게 기록된 것들에 대하여는 모세가 더 이상 더할 것이 없었기 때문일 것이다.

둘째, 신명기는 출애굽기-민수기에 언급되지 않은 율법을 추가하고 있다. 전쟁(20장; 23:9-14), 왕권(17:14-20), 이혼과 재혼(24:1-4), 예배 처소(12:1-28) 등에 관한 율법은 다른 율법책에 등장하지 않는 것들이다. 오직 하나님이 선택하신 한 곳에서만 예배를 드리라는 규례는 신명기 율법이 지니고 있는 매우 독특한 면모 중 하나다. 솔로몬이 예루살렘 성전을 건축한 후에는 그 성전이 유일한 예배 처소가 되었지만, 신명기는 예루살렘을 지명하지 않는다. 이스라엘의 역사를 살펴보면 하나님의 처소인 장막 혹은 법궤가 예루살렘 성전이 완성될 때까지 세겜, 실로, 벧엘, 기브온 등에 있었던 것으로 추정된다.

이 규정은 정기적인 예배를 드리는 곳을 제한하는 것이지, 특별한 상황에서 한시적으로 혹은 한 번 드리는 예배의 장소를 제한하는 것은 아니다. 신명기 자체도 이스라엘에게 가나안에 입성하면 곧장 에발 산으로 올라가 그곳에 제단을 세우라고 한다(27:4-6). 바알 선지자들과 싸웠던 엘리야는 이미 오래 전에 이스라엘 사람들이 그곳에 쌓았던 허물어진 제단을 정비하여 그곳에서 하나님께 예물을 드렸다. 이러한 역사적 사실들이 한 곳에서만 예배를 드리라고 하는 신명기의 규례는 정기적으로 예배를 드리는 장소에 관한 것임을 시사한다.

셋째, 신명기는 이미 다른 율법책에 기록된 사건이나 율법에 대하여 추가 설명한다. 민수기 20장에 의하면 모세와 아론은 므리바에서 바위에게 명령하여 물을 내게 하라는 하나님의 말씀을 따르지 않고 지팡이로 바위를 내리친 죄로 인하여 가나안 땅에 들어갈 수 없는 심판을 받았다(민 20:12). 신명기도 이 사실을 확인한다(신 32:51). 동시에 신명기는 더욱이 모세가 가데스 바네아에서 백성들의 요구를 받아들여 가나안에 정탐꾼을 보낸 일 때문에도 가나안에 들어갈 수 없었다는 설명을 더한다(1:37). 신명기 저자는 정탐꾼을 보낸 일이 이스라엘의 불신에서 비롯된 것이며, 하나님은 백성들의 이러한 불신을 허용한 모세에게도 책임을 물어 그로 가나안 땅에 들어가지 못하게 하셨다고 말한다.

반면 민수기에는 마치 하나님이 정탐꾼을 보내신 것처럼 묘사되어 있다(민 13:1). 신명기와 민수기를 종합해 볼 때 아마도 다음과 같은 일이 있었던 것으로 추정된다. 가데스 바네아에 도착한 이스라엘에게 모세는 곧장 가나안 땅으로 올라가 취할 것을 주문했고, 이에 대해 백성들은 먼저 정탐꾼을 보내 상황을 파악해 보자고 했다. 모세는 이러한 백성들의 요청이 불신에서 비롯된 것이 아니라 호기심과 궁금증에서 비롯된 것으로 간주하여 좋게 여겼고, 하나님께 백성들의 요구를 아뢰었다. 백성들의 심중을 잘 아시는 하나님은 그냥 허락하셨다. 허락하신 후에도 약속의 땅으로 올라가지 않을 사람들이기에, 허락하지 않으면 더욱더 올라가기를 꺼려할 것임을 아셨기 때문이다. 그래서 하나님은 불신하는 이스라엘에게 마지막으로—혹시 젖과 꿀이 흐르는 땅을 직접 보면 마음이 바뀌어 가나안으로 입성하고자 하는 마음이 생기지 않을까 하는 마음에서— 기회를 주신 것이다.

민수기는 이러한 절차를 생략하고 단순히 정탐꾼을 보내라는 하나님의 지시를 기록하고 있을 뿐이다. 반면 신명기는 민수기에 기록된 정탐꾼 사건에 어떤 경위로 그들을 보내게 되었는가를 추가 설명한다. 율법에 대하여 추가적으로 설명하는 예로는 십일조와 첫 소산 예물에 대한 규례를 들 수 있다. 다른 율법책들은 예배자들이 이 예물을 성소에 들여 놓을 것만을 전제한다(레 27:30-31; 민 18:21-26). 반면 신명기는 첫 소산 예물과 매 3년마다 드리는 십일조를 성소에 들여 놓는 예배자들은 먼저 제사장에게(26:3), 그 다음 제단 앞에 서서 하나님께 직접 드릴 고백(26:5-10)과 기도(26:13-15)를 드릴 것을 제시한다.

넷째, 신명기는 다른 율법책에 기록된 내용을 확대하여 설명한다. 대표적인 예가 십일조와 첫 소산에 대한 규례다. 다른 율법책들은 예배자가 이 예물들을 먹을 수 있다는 말을 하지 않는다. 반면 신명기 저자는 예배자들에게 이 예물들을 성소에 가서 온 친지들과 사회적으로 소외된 자들을 초청해서 하나님 앞에서 함께 먹으라고 한다(14:22-27; 15:19-20). 첫 소산 예물의 경우 짐승에게 흠이 있어 제물로 사용할 수 없는 경우 그 짐승을 사는 곳에서 그냥 잡아 먹으라고 한다. 좋은 짐승으로 대체하여 성소에 들여 놓을 필요도 없다(15:21-22). 십일조의 경우 다른 율법책에 기록되지 않은 사항을 추가한다. 매 3년째 되는 해의 십일조는 성소로 가져오지 말고 자신이 사는 성안의 가난하고 소외된 이웃을 위한 구제헌금으로 사용하라고 한다(14:28-29).

그렇다면 신명기 안에서 보이는 이러한 융통성은 다른 율법책에 기록된 것들과 긴장 관계를 형성하는 것인가? 그렇게 볼 필요는 없다. 각 가정이 드리는 일 년 치 십일조를 간단하게 계산하더라도 온 가족이 한 달 동안 먹을 수 있는 양식보다 많다. 친지들을 초청한다 해도 이 많은 양의 곡식을 하루 사이에 먹는다는 것은 불가능하다. 그러므로 십일조의 대부분은 다른 율법책들이 전제하는 것처럼 제사장들과 레위 사람들의 몫이었다. 다만 신명기가 강조하고자 하는 것은 이런 예물을 드릴 때, 드리는 자에게도 하나님께로부터 받은 풍성함을 온 가족들과 함께 하나님 앞에서 누릴 수 있는 기회를 주어야 한다는 것이다.

신명기가 확대 해석하는 현상의 또 다른 예로 레위 사람과 제사장을 들 수 있다. 신명기는 분명 이 둘을 구분한다. 그래서 햇곡식 예물은 제사장에게 가져가라고 한다(26:1-10). 모세는 자신이 선포한 율법을 기록한 책을 레위 사람들에게 주면서 법궤 옆에 두라고 한다(31:24-26). 그러나 일반적으로는 제사장과 레위 사람을 구분하지 않고 하나로 취급하여 "레위 자손 제사장"(הַכֹּהֲנִים בְּנֵי לֵוִי)이라는 말을 사용한다. 원래는 레위 사람들 중에서도 아론의 자손들만 제사장이 될 수 있었는데, 신명기 저자는 이 둘을 하나로 간주함으로써(cf. 31:9, 25) 차이를 최소화하고 있다. 아론의 자손들만 제사장이 될 수 있다는 규례(출 29:9)가 확대되어 모든 레위 사람이 제사장이 될 수 있다고 하는 것이다(Tigay; McConville; Craigie). 그래서 모든 레위 사람이 제사장으로 간주된다.

신명기는 다른 책들에서 시작된 몇몇 이야기에 종지부를 찍는 역할을 한다. 예를 들면 출애굽과 광야 생활 40년 동안 이스라엘을 인도했던 모세가 신명기에서 죽음을 맞는다(신 34장). 또한 이미 민수기에서 예고되었던 여호수아의 리더십 승계가 신명기에 와서야 실현된다(신 31:1-8). 그러므로 오경에서 신명기를 제외시킨다면 오경은 완전할 수 없으며, 출애굽기에서 시작된 이스라엘의 이야기가 이렇다 할 결말도 없이 곧장 여호수아서로 건너뛰게 된다. 신명기는 이스라엘 이야기의 다음 단계(viz., 가나안 정복)가 시작되기 전에 지금까지 오경 안에서 전개, 진행되어왔던 여러 사건과 이야기의 결말을 짓고 있다. 그러므로 신명기가 민수기와 여호수아서 사이의 두 달의 공백 기간을 배경으로 하고 있어 시간적으로 큰 공백을 메우는 것은 아니지만, 신명기는 여러 사건들의 전개와 신학적 전개 차원에서 모세오경과 이스라엘의 역사서들 사이에 꼭 필요한 다리 역할을 하고 있는 중간 단계로 간주되어야 한다.

6. 신명기와 그 외 정경

신명기를 포함한 율법책이 이스라엘 역사를 평가하는 잣대가 됨은 당연한 일이다. 하나님이 자신의 백성에게 요구하시는 것은 그분을 향한 믿음이요 주신 계명과 말씀에 대한 순종이기 때문이다. 그러므로 구약의 역사서들은 이스라엘이 얼마나 오경을 통해 주어진 하나님의 말씀대로 살았는가를 평가하는 책들이다. 신명기가 역사서들 중에서도 열왕기에 미친 영향은 실로 대단하다. 열왕기가 이스라엘의 역사에서 가장 길고 결정적이었던 시기를 정리하면서 이스라엘의 운명을 백성들의 율법을 준수하려는 노력 여부와 연관짓다 보니 초래된 자연스러운 결과라고 할 수 있다.

그러나 다른 율법책들보다도 유독 신명기가 열왕기에 큰 영향을 주었던 것으로 생각되는 이유는 다른 율법책들에서는 그다지 강조되지 않았지만, 신명기에서 매우 강조되는 지침들이 열왕기에서도 역시 강조되고 있기 때문이다. 예를 들면 예배는 꼭 한 곳에서만 드리라는 신명기 12장의 가르침은 열왕기 전체에 매우 큰 영향을 미쳤을 뿐만 아니라 심지어 유다의 모든 왕들을 평가하는 기준이 되었다. 열왕기 저자는 여호사밧처럼 매우 훌륭한 업적을 남긴 왕마저 "그러나 산당은 제거하지 않았더라"(viz., "한 곳에서만 예배를 드리라는 하나님의 명령을 따르지 않았더라")라는 오점을 남겼다고 평가한다(왕상 22:43). 예루살렘을 기점으로 여호와 종교의 중앙화를 이루는 일에 실패했다는 뜻이다. 그러나 신명기가 이스라엘이 예배를 중앙화하는 작업에서 제거해야 할 산당 그리고 세워야 할 성전, 또는 성전의 터전이 될 예루살렘에 대하여 한 번도 언급하지 않았다는 점은 이 이슈에 대하여 신중한 결론을 내릴 것을 요구한다(Grisanti).

이스라엘이 남왕국 유다와 북왕국 이스라엘로 분열된 후 북왕국 이스라엘의 첫 왕이었던 여로보암이 지은 죄 역시 예배는 한 곳에서만 드리라는 신명기의 명령을 거역한 행위다. 여로보암은 왕이 되자마자 벧엘과 단에 금송아지를 세워놓고 백성들로 하여금 그곳에서 여호와께 예배를 드리도록 했다. 이유는 자신이 통치하고 있는 북왕국 백성들이 솔로몬이 예루살렘에 성전을 세운 후로는 모든 일상의 예배가 예루살렘에서만 드려져야 한다는 신명기의 명령을 따르기 위해서는 남왕국 유다의 수도인 예루살렘에 드나들어야 하는데, 만약 백성들의 예루살렘 출입을 금하지 않으면 자신이 엄청난 정치적 대가를 치르게 될 것이라는 불안감 때문이었다(왕상 12:25-30).

북왕국 이스라엘에 시므리라는 왕이 있었다. 그는 겨우 1주일 동안 나라를 통치했던 사람이었다. 그런데도 열왕기 저자는 그가 "여호와 보시기에 악을 행하였다"고 평가한다(왕상 16:19). 아합이 속했던 북왕국의 오므리 왕조의 창시자 오므리는 이스라엘의 왕들 중 주변 국가들에 가장 잘 알려졌던 사람이었으며, 그에 대한 고고학적인 자료도 그 어느 왕보다 많이 남아 있다. 이스라엘의 왕들 중 가장 많은 정치적 업적을 남겼던 유능한 사람이었던 것이다. 그러나 열왕기 저자는 그를 매우 간략하게, 그리고 부정적인 관점에서 묘사한다(왕상 16:25-26). 열왕기 저자는 왕들의 정치적 혹은 경제적 업적에는 별 관심이 없었던 것이다. 저자가 왕들을 평가하면서 사용하는 유일한 기준은 여호와를 향한 믿음과 순종이다. 대부분 학자들은 열왕기 저자의 이러한 관점이 신명기 17:14-20에 기록된 왕에 대한 규례에서 비롯된 것이라고 결론짓는다.

신명기 28장에는 이스라엘의 순종과 불순종이 초래할 축복과 저주가 나열되어 있다. 열왕기를 살펴보면 신명기 28장이 언급하는 모든 저주가 이스라엘에 임했음을 알 수 있다. 질병(신 28:21-22; 왕하 6장; cf. 삼하 24장), 가뭄(신 28:23-24; 왕상 17-18장), 인육을 먹음(신 28:53-57; 왕하 6:24-30), 약속의 땅에서의 추방과 패배(신 28:36-37; 왕하 17:24-32; 25:18-24). 열왕기 저자에게 이스라엘이 아시리아로 끌려가고 유다가 바빌론으로 잡혀간 것은 이미 오래 전에 신명기가 경고한 것의 성취일 뿐이었다. 이 외에도 신명기 18:9-22에 기록되어 있는 선지자에 대한 규례가 열왕기에 묘사된 선지자들의 행보와 직접적인 연관이 있다고 많은 학자들은 결론을 내린다(cf. 왕상 13:1-2, 5, 21, 26, 32; 15:29; 왕하 1:17; 7:1; 9:26, 36; 10:17).

이와 같이 신명기는 열왕기의 신학과 통찰력에 지대한 영향을 미쳤다. 그렇다면 열왕기 저자가 율법책들 중 유독 신명기의 가르침을 자신의 책에 많이 반영한 이유는 무엇일까? 많은 사람들은 그 이유를 열왕기하 22:8-23:25에 기록된 요시야의 종교개혁에서 찾으려 한다. 요시야는 어렸을 때부터 하나님을 사모한 사람으로서, 유다의 왕이 된 후 성전 보수와 종교개혁을 단행했다. 성전을 보수하던 중 힐기야 제사장이 오랫동안 잊혀졌던 율법책을 발견했는데 이 책이 바로 신명기라는 것이다. 이때가 주전 621년쯤 된다.[5] 진보적 학자들은 한 걸음 더 나아가 이 율법책은 성전에 소장되었던 것을 힐기야 제사장이 발견한 것이 아니라 그가 요시야의 종교개혁을 돕기 위하여 당시에 조작한 것이라고 주장한다.[6] 일종의 '거룩한 사기극'이라는 것이다(Wellhausen; cf. Driver; Harrison). 이 일이 있은 후로 신명기는 이스라엘의 역사를 판가름하는 기준이 되었으며, 이러한 현상이 이스라엘이 포로로 끌려간 이야기를 담고 있는 열왕기에 다분히 반영되었다는 것이다.

재미있는 가설이기는 하지만, 이러한 가설을 뒷받침할 만한 역사적 증거는 없다. 힐기야가 발견한 책이 그가 조작한 것이라는 그 어떠한 역사적 자료나 증거도 없을 뿐만 아니라 그가 발견한 책이 신명기라는 것도 추측일 뿐이다. 열왕기가 신명기 28장에 선포된 언약적 저주가 이스라엘에 임했다고 기록하고 있지만, 언약적 저주는 단지 신명기 28장뿐만 아니라 레위기 26장에도 상세히 기록되어 있다. 게다가 요시야가 단행한 종교개혁뿐만 아니라, 이미 그보다 앞서서 종교개혁을 단행했던 여호사밧(왕상 22:42-49), 아마샤(왕하 14:6), 히스기야(왕하 18:3-8) 등이 모두 신명기를 의식하고 있음을 암시하는 듯하다. 또한 요시야가 단행하는 개혁 중에는 신명기가 언급하지 않은 요소들도 반영하고 있다(Grisanti). 그러므로 열왕기가 신명기의 영향을 많이 받았다는 것은 부인할 수 없는 사실이지만, 마치 신명기만 열왕기에 영향을 미친 것으로 단정하는 것은 바람직하지 않다. 율법책 모두가 열왕기에 지대한 영향

5 신명기가 요시야 시대에 성전에서 발견된 율법책이라는 주장은 1805년에 데베테(de Wette)에 의하여 처음 제시되었다(Lundbom).

6 벨하우젠(Wellhausen)은 처음 신명기 12-26장이 저작되었으며, 주전 622경에 요시야의 종교개혁을 돕고자 한 선지자가 집필한 것이라고 했다. 일부 학자들은 예레미야가 이 부분을 저작했다고 주장한다(cf. Harrison; Block).

을 미쳤기 때문이다. 율법, 특히 신명기가 열왕기 같은 역사서와 밀접하게 연관되어 있는 것은 당연하다. 왜냐하면 율법이 선포된 후 율법은 이스라엘의 역사를 조명하고 평가하는 잣대가 되었기 때문이다. 이스라엘 남 · 북 왕국의 종말을 다루고 있는 열왕기는 이 자매 국가들의 멸망 이유를 설명하면서 이들이 율법대로 살지 않았으므로 그렇게 된 것이라고 회고한다.

신명기는 신약에서도 자주 인용되는 책이며 예수님이 특별히 자주 인용하신 구약 책이다(Block). 신약 저자들은 최소한 80회 이상 신명기를 직접 인용하거나 간접적으로 언급한다. 실제로 신약에서 요한복음, 골로새서, 데살로니가전서, 디모데후서, 베드로전 · 후서를 제외하고는 모든 책들이 신명기를 인용한다. 여호와께서 명령하신 것에 더하거나 빼서는 안 된다는 말씀(신 4:2)과 계시록을 통해 선포된 예언에서 빼거나 더하면 안 된다는 말씀은 거의 흡사하다(계 22:18-19). "너희는 그[하나님]의 음성이나 모습을 본적이 없다"는 요한복음 5:37 말씀은 "너희가 그[하나님의] 말소리만 듣고 형상은 보지 못하였느니라"(신 4:12)를 연상케 한다. 사람을 나무에 매달아 처형하는 일은(신 21:22) 사도행전 5:30에서 예수님의 죽음과 연관된다. 이 외에도 신약이 신명기를 인용하거나 가르침의 바탕으로 삼는 곳이 매우 많지만, 그 중 가장 인상적인 것은 예수님이 신명기 6:4-5의 쉐마(shema)를 지적하면서 이것이 율법의 골자라고 선언하신 일이다(마 22:37). 신명기는 예수님의 가르침은 물론이고 신약의 가르침과 밀접하게 연관되어 있는 것이다.

7. 메시지와 이슈

신명기는 매우 다양한 신학적 메시지와 주제를 전개하여 발전시키고 있는 신학적 보고(寶庫)이다(Craigie). 신명기의 주요 신학적 주제에는 합당한 예배, 정의로운 경제제도, 합리적인 공권력, 신실한 전쟁, 가정 생활에서의 질서 등이 포함되며(Brueggemann), 이 모든 주제는 '언약적 윤리'(covenantal ethics)라는 테마로 묶일 수 있다. 세상에서 유일하게 여호와 하나님과 언약을 맺은 이스라엘은 그들이 하나님과 맺은 언약에 따라 이 모든 사항을 준수할 의무가 있다. 신명기는 이스라엘이 언약의 조항인 율법을 문자적으로 준수하는 것만큼이나 중요시할 것이 율법의 정신을 존중하며 살아가는 것이라고 선언한다. 그래서 신명기는 율법에 추가 설명을 더할 뿐만 아니라 설교 양식을 사용하여 율법의 정신/의도를 부각시키는 것이다. 하나님이 이스라엘과 언약을 맺으시고 율법을 주신 목적은 무엇인가? 이스라엘이 하나된 마음으로 오직 한 분이신 여호와를 한 믿음을 가지고 섬기는 것이다. 그뿐만 아니라 신명기는 하나 됨이 이스라엘의 정체성과 사역의 중심이라는 점도 강조한다(Hawk).

(1) 한 분이신 하나님(One God)

성경의 모든 책이 다신주의(多神主義)를 배척하고 오직 이스라엘의 하나님 여호와만이 유일한 신이라는 점을 선언하지만, 신명기는 이 주제를 특별히 더 확고히 선포한다(Tigay). 여호와는 "신의 신이시며 주의 주"이실 뿐만 아니라(10:17), 유일한 참 신이시다(5:23). 이스라엘의 하나님은 정의로우시고 자비로우시며, 공평한 법을 주신 분이시다(4:8). 그분은 신실하시며 약속하신 것을 지키시는 분이시다(7:8-9; 32:4). 여호와는 또한 오직 참 신만이 할 수 있는 일들을 행하셨다(4:32-40). 그러므로 신명기는 유일신주의를 여러 대안 중 하나라고 하지 않는다. 그래서 첫 계명에서 하나님은 "너희는 여러 신들 중 한 신만 섬겨야 한다"라고 하지 않고 "나는 너희를 구원한 여호와다. 너희는 나 외에 어떠한 신도 두지 말라"라고 명령하신다(5:6-7; cf. 6:4). 한 분이신 하나님이 가장 심각하게 생각하시는 죄는 우상숭배와 이러한 종교들과 연관된 예식들이다

(7:25; 27:15; 12:31; 16:22; 18:9-12; 23:18).

신명기는 여호와만을 섬기는 유일신주의만이 유일한 참(眞)종교라고 선언하기에 다른 신(들)을 숭배하는 타종교인들에게는 안된 말이지만, 그들은 신이 아닌 것들의 농간에 놀아나고 있는 것이다(cf. 4:19). 그들이 주장하는 것처럼 여러 신들 중 하나를 숭배한다면 그래도 조금은 낫겠지만, 신명기는 오직 여호와를 섬기는 것만이 합당하고 유일한 종교라고 선언한다. 세상에 존재하는 나머지 '신들'은 모두 생명도, 능력도 없는 물체들에 불과하다. 신명기가 다른 율법책들보다 더 많이 하나님의 초월성을 강조하고자 함에는(cf. Tigay) 이와 같이 이방신들과의 차별성을 드러내고자 함도 한몫 한다.

유일하신 하나님이 이스라엘을 택하신 가장 기본적인 이유는 그들을 축복하시기 위해서다. 신명기에서는 '선택하다'는 뜻을 가진 동사들이 31차례 사용되는데 이중 상당수가 하나님이 이스라엘을 특별히 택하셨다는 의미로 사용된다(cf. Sherwood). 신명기는 이스라엘을 택하신 하나님이 그들을 축복하시고 율법을 주실 뿐만 아니라 그들이 살 만한 땅과 성읍도 주실 것이라고 선언한다. 이러한 메시지는 책에서 사용되는 단어들의 높은 빈도수에서도 역력히 드러난다. "언약"(בְּרִית)(27회); "땅"(אֶרֶץ)(197회); "성읍"(עִיר)(57회); "축복하다"(ברך)(39회); "주다"(נתן)(176회)(cf. Sherwood).

그러나 하나님이 복을 내리시기 위하여 이스라엘을 택하시고 그들과 언약을 맺으셨다는 것이 이스라엘의 앞길이 항상 순조롭고 풍요로울 것이라는 의미는 아니다. 관계를 맺는다는 것은 양면성을 지닌다. 이스라엘이 하나님을 잘 섬기고 말씀에 순종하면 많은 복을 누리겠지만(7:13-14; 8:18; 12:7; 14:24, 29; 16:10, 15; 23:20; 26:19; 28:9, 12; 29:13 등), 불순종하면 그들의 형편은 아예 하나님과 언약을 맺지 않은 사람들보다 더 큰 어려움을 당하게 된다(4:27; 6:15; 7:4; 11:17; 12:30; 28:20, 24, 45, 48, 51, 59, 61, 64; 30:3 등). 이스라엘이 하나님과 맺은 언약에 의하면 하나님께는 그들이 순종하면 축복을 내리셔야 하고, 그들이 불순종하면 저주를 내리셔야 할 의무가 있기 때문이다.

그러므로 한 분이신 하나님 여호와께서 이스라엘을 자신의 백성으로 취하셨다는 것은, 이스라엘은 그분의 부르심에 합당한 삶을 살아야 한다는 것을 의미한다. 하나님이 자신의 백성들에게 내려주신 율법을 살펴보면 도덕과 윤리적인 요구가 매우 높은 삶임을 알 수 있다. 유일하신 하나님을 믿는 자들에게는 그분의 요구에 부합하는 매우 도덕적이고 윤리적인 삶을 살아야 하는 의무가 있는 것이다. 그래서 쉐마는 유일하신 하나님을 믿는 자가 온 마음과 정성과 힘을 다하여 그 유일하신 하나님만을 사랑하는 것은 매우 자연스러운 반응이라고 선언한다(6:5).

(2) 한 백성(One People)

하나님이 이스라엘을 자신의 백성으로 택하신 일은 이미 오래 전부터 계획된 일이었다. 하나님이 만민 중에 유일하게 이스라엘을 택하셨다는 사실은 그들을 감동시키기에 충분했다. 특별히 선택 받을 만한 일을 한 적도 없고, 고작 이집트의 노예들에 불과했는데(cf. 5:6), 하나님이 일방적인 은혜를 베푸셔서 이들을 세상 다른 민족들로부터 구분하셨으니 얼마나 감격했겠는가! 그러나 이러한 감격은 새로운 책임과 의무를 의미했다. 이스라엘은 더 이상 옛날 방식에 따라 살 수는 없다. 선택 받은 순간부터는 완전히 새로운 질서와 가치관에 따라 선민(選民)답게 살아감으로써 하나님의 선택이 잘못되지 않았음을 세상에 보여 주어야 했다(cf. 5:6-15). 선민 헌장으로서 신명기는 이스라엘에게 이 새로운 질서와 가치관을 정의해 주고 있다. 그러므로 신명기에서 열방은 이스라엘을 괴롭히고 대적하는 나라들일 뿐만 아니라 이스라엘의 변화된 삶을 지켜보는 증인 역할도 감당해야 했다.

여호와의 특별한 선택을 받은 이스라엘은 열방에 모범이 될 뿐만 아니라 복의 통로가 되어야 했다(cf. 창 12:1-3). 어떻게 열방에게 축복의 통로가 될 수 있단 말인가? 출애굽기 19:4-6은 이스라엘이 세상 가운데 제사장의 나라로 우뚝 서야 한다고 한다. 즉, 이스라엘이 제사장의 나라가 되어 열방을 하나님께 인도해 올 때 축복의 통로가 되는 것이다. 이 일을 위하여 이스라엘은 세상의 빛이 되어야 한다(cf. 사 42:6). 하나님의 백성이 된다는 것은 세상을 향한 여러 가지 책임과 사명을 동반했던 것이다.

이스라엘은 이 사명을 다하기 위하여 하나님 앞에 서 있다. 유일하신 하나님의 유일한 백성인 이스라엘은 열방과 차별화되는 삶을 살아야 한다. 신명기는 바로 이 하나님의 백성에게 세상에서 유일하게 사는 법을 제시하는 언약 헌장이다. 세상에서 하나님과 언약을 맺은 백성으로는 이스라엘이 유일하다. 온 이스라엘은 한 마음이 되어 하나님의 언약 헌장을 받들어야 한다.

(3) 한 믿음(One Faith)

유일하신 하나님이 이스라엘에게 원하시는 것은 그분에 대한 절대적인 충성과 믿음이다(6:4-5). 이스라엘이 하나님과 시내 산에서 언약을 맺은 일은 이러한 충성을 약속한 것을 뜻한다. 그러므로 이스라엘은 우상들을 숭배해서는 안 된다. 이런 것들은 하나님이 이방인들에게 숭배하라고 주신 것들이기에(4:19) 하나님의 언약 백성들은 오직 그분만 신뢰하고 의지해야 한다. 이스라엘은 여호와 외에는 그 어떤 것에게도 마음을 주어서는 안 되며 이때까지 주신 하나님의 모든 계명에 따라 살아가야 한다.

누구든지 우상을 숭배하거나 다른 사람에게 우상을 숭배하도록 권유하는 자는 죽임을 당할 수도 있다. 심지어 종교 지도자들뿐만 아니라(13:1-5) 가장 가까운 친족이나 가장 친한 친구가 비밀리 유혹하더라도 그 비밀을 폭로하고 그를 법정에 회부하여 처형하라고 한다(13:6-9). 만일 이스라엘 공동체가 우상을 숭배한다면, 그들은 망할 것은 물론이요 인질이 되어 타국으로 끌려갈 것을 감수해야 한다(4:25-28; 7:1-4; 11:16-17; 20:16-18; 28:15-68). 이처럼 신명기는 구약의 그 어느 책보다도 가장 강력한 말로 우상숭배를 금하고 있다(Tigay). 그들에게는 오직 여호와만이 있을 뿐이다.

그렇다면 여호와가 어떤 분이시기에 이스라엘은 그분만 섬기고 그의 말씀대로 살아가야 하는가? 신명기에 묘사된 하나님은 이스라엘의 역사에 갑자기 개입하신 분이 아니다. 그들에게 믿음을 요구하시는 여호와는 오래 전부터 이스라엘과 깊은 연관을 짓고 있었던 분이시다. 하나님은 이미 오래 전에 이스라엘의 조상들에게 땅을 약속하셨으며(1:11, 21; 4:31; 6:3, 10, 18, 23; 7:8, 12, 13; 8:1, 18; 9:5 등), 이 백성에게 마음을 두신 분이시다(7:7; 10:15). 하나님은 이스라엘의 조상을 사랑하셨으며(4:37; 10:15), 그들의 자손들을 택하셨다(4:37; 7:6, 7; 10:15; 12:5; 14:2). 그래서 하나님은 이스라엘을 이집트에서 끌어 내셨으며(4:37; 5:6, 15; 6:12, 21, 23 등), 이들을 위하여 기적을 베푸시고 행하셨다(4:34; 6:22; 7:19; 8:3, 16; 11:3, 4; 26:8; 29:3). 여호와께서는 이 모든 일들을 통해 이스라엘을 대속하시고 구원하셨다(7:8; 9:26; 13:5; 15:15; 21:8; 24:18). 이러한 점을 감안하면 이스라엘이 다른 신들에게 한눈 팔지 않고 오직 여호와만 믿는 것은 별로 어려운 일이 아니다. 이와 같은 역사적 정황에서 하나님이 이들에게 충성을 요구하시는 것은 당연하기 때문이다.

하나님이 이스라엘에 기대하시는 믿음은 새로운 것이 아니다. 이미 시내 산에서 시작된 요구의 연속선상에 있다. 신명기에 기록된 율법은 대부분 6-26장에서 발견되는데 이 섹션에 포함된 율법 중에는 오경 다른 곳에서는 언급되지 않은 새로운 것들도 있다. 이러한 상황에서 백성들이 이때까지 선포된 모든 율법을 잘 준수하겠다고 맹세하는 것은(26:16-19), 신명기가 시내 산에서 시작된 하나님과 이스라엘 사이의 언약 체결을 완성하고 있음을 뜻한다(Mann). 그렇다면 하나님이 백성에게 요구하시는 믿음은 어떤 것인가? 하나님은 이스라엘이 오직 여호와만을 두려워하여, 그분의 길만을 걸으며, 몸과 마음을 바쳐 오직 그분만을 사랑하기를 원하신다(6:5; 10:12). 하나님이 요구하시는 믿음은 곧 순종이기에 하나님을 믿는다는 것은 곧 삶의 자세와 방식에서 실천적인 열매를 맺어야 한다.

아울러 신명기 저자는 여호와 종교의 가장 핵심 중 하나가 기쁜 마음으로 신앙생활에 임하여 하나님의 축복을 온 공동체가 함께 누리는 것이라고 한다. 그래서 그는 십일조와 첫 소산 예물을 여러 사람들을 초청하여 하나님 앞에서 기쁜 마음으로 함께 먹으라고 한다(14:22-29; 15:19-23). 신명기에 기록된 여러 가지 율법이 이웃에 대한 사랑과 인도적인 차원에서 비롯된 배려로 가득하다는 점도 하나님의 축복을 이웃과 함께 누려야 한다는 율법의 정신을 반영하고 있다. 예를 들면 전쟁에 내보내는 사람들 중에 새로 집을 지은 사람, 과수원을 새로이 시작한 사람, 결혼을 앞두고 있거나 새로 결혼한 사람 등은 제외시키라고 한다(20:5-7).

종을 부리고 내보낼 때에는 빈손으로 내보내지 말고 그 사람이 자립할 수 있도록 충분한 물질을 주어서 내보내라고 한다(15:12-14). 전쟁 노예라 할지라도 함부로 취급해서는 안 되며 여자 노예를 아내로 맞이할 경우, 만일 여자가 싫어지면 자유인으로 내보낼 수는 있지만, 그 여자를 노예로 팔 수 없다고 하는 규례 역시 이런 점을 고려한 것이라 할 수 있다(21:10-14). 종교생활에서 하나님을 향한 마음과 이웃을 향한 심적 배려가 가장 중요하다는 점을 강조하기 위하여 신명기는 그 어떤 율법책보다도 '마음'이라는 단어를 가장 많이 사용한다. 출애굽기는 32차례, 레위기는 2차례, 민수기는 단 1차례 사용하는 단어를 신명기는 무려 46차례나 사용하고 있다. 출애굽기-민수기를 합한 것보다 훨씬 더 많은 횟수다.

8. 통일성과 구조

신명기에 대한 가장 기본적인 견해는 이 책은 모세가 선포한 스피치 혹은 설교문 몇 개로 구성되어 있다는 주장이다. 신명기가 설교문으로 이해되는 것에는 다음과 같은 근거들이 제시된다(Miller). (1) "오늘날/이날"이라는 표현이 자주 사용된다는 점, (2) 고백과 선언에서 "우리"라는 표현이 자주 사용된다는 점, (3) 2인칭 "너희"라는 말이 강조형으로 자주 사용된다는 점, (4) 귀담아 들으라는 권면이 반복된다는 점, (5) 호격형이 많이 사용된다는 점, (6) 순간적인 결단을 강요하기 위하여 과거를 회상하도록 자주 권면하고 있다는 점, (7) 적절한 반응을 유도하기 위하여 경고와 약속이 지속적으로 선포된다는 점, (8) 마음과 생각에 호소한다는 점, (9) 예화를 사용하여 포인트를 제시한다는 점(cf. 19:5와 출 21:12-14).

만일 신명기가 모세가 선포한 설교 혹은 스피치들로 구성되어 있다면, 우리는 과연 몇 개의 스피치를 신명기 안에서 발견하여야 하는가? 대부분 주석가들이 신명기는 세 개의 스피치(1:1-4:40; 4:44-29:1; 29:2-32:47)와 모세의 죽음, 여호수아에게 전수된 리더십을 주제로 하고 있는 결론 부분으로 구성되어 있다고 결론 짓는다(Brueggemann). 학자들이 신명기에서 세 개의 스피치를 보는 것에는 책 안에서 1:1-5; 4:44-49; 29:1; 33:1 등 네 개의 유사한 편집적 서문(editorial superscription)을 관찰했기 때문이다(Miller). 물론 마지막 서문(33:1)은 모세의 스피치와 상관이 없기 때문에 세 개의 스피치를 논하게 된 것이다. 이 네 서문은 각자 뒤따르는 섹션의 주요 내용과 성향을 요약적으로 제시한다(McBride). 특히 이 세 스피치 중 율법을 다루고 있는 두 번째 것(4:44-29:1)이 가장 중요한 것으로 여겨져 학자들의 집중적인 조명을 받아왔다. 폰라트(von Rad)는 이 섹션을 고대 근동 언약의 구조와 비교하여 다음과 같은 공통점을 제시하였다.

이스라엘을 향한 여호와의 선행(善行)에 대한 역사적 서론(5-11장)
이스라엘을 위한 여호와의 규례와 율례(12-25장)
서로에 대한 충성 확인/맹세(26:16-19)
언약적 축복과 저주(27-28장)

이와 같은 내용을 더 발전시켜 신명기를 고대 근동의 계약 구조와 더 밀접하게 연관시키는 것이 많은 학자들의 연구 과제가 되었다(Baltzer; McCarthy; Weinfeld; cf. Grisanti). 이 중 바인펠트는 신명기에서 다음과 같은 세부적인 고대 근동 계약 요소들을 발견했다.

서문	1:1–6a; 5:6a
역사적 서론	1:6b–3:29; 5; 9:7–10:11
충성 맹세	4:1–23; 6:4–7:20; 10:12–22
언약 조항	12–26
증인 부름	4:26; 30:19; 31:28
축복과 저주	28
저주 선언	29:9–28
문서 저장	10:1–5; 31:24–26
정기적 읽기	31:9–13
복사본과 사본	17:18–19; 31:25–26

비록 신명기가 고대 근동의 계약과 유사한 점을 많이 갖고 있는 것은 사실이지만, 책 전체의 통일성과 짜임새를 더하는 구조를 파악하는 것은 별개 문제다. 왜냐하면 바로 위에 제시된 바인펠트의 연구에서 보듯이 계약 요소들이 체계적이고 순서적으로 등장하는 것이 아니라 책의 여러 부분에 산발적으로 흩어져 있기 때문이다. 학자들이 제시한 책의 구조들 중 몇 가지 예를 살펴보자.

일부 학자들은 주제에 따라 신명기 본문 순서를 재정리하여 주석을 써 나간다. 대표적인 예가 밀러(Miller)다. 그는 자신의 주석에서 5:1-5, 22-33; 6:1-3을 하나로, 12:1-32; 14:22-29; 15:19-16:17을 하나로, 20; 21:10-14; 23:9-14; 24:5를 또 하나로 묶어 주해함으로 신명기가 제시한 본문의 순서를 현저히 바꾸어 버렸다. 이러한 행위는 신명기가 어떠한 일관성을 두고 저작되거나 편집되었다는 것을 부인하는 것이며, 책의 흐름과 통일성을 무시하기 때문에 바람직한 방법이 못 된다.

클레멘츠(Clements)는 신명기의 구조를 다음과 같이 제시한다. 이 제안을 수용하는 데 가장 큰 문제는 자연스러운 모세의 세 스피치들의 범위와 한계를(1:1-4:40; 4:44-29:1; 29:2-32:47) 무시해 버렸다는 점이다. 책의 구조를 파악할 때 부득이한 이유가 없다면 이와 같은 표시들은 존중되어야 한다.

Ⅰ. 이스라엘 이야기의 시작(1:1-3:29)
Ⅱ. 하나님의 계명(4:1-11:32)
Ⅲ. 신명기적 율법(12:1-26:19)
Ⅳ. 맺는 말(27:1-30:20)
Ⅴ. 부록(31:1-34:12)

신명기를 하나의 노래로 간주하는 크리스텐슨(Christensen)은 신명기의 구조를 다음과 같이 제시한다. 그뿐만 아니라 그는 거의 모든 섹션에서 교차대구법적 구조를 제시한다. 문제는 그의 제안이 항상 설득력이 있어 보이지 않는다는 점이다. 그가 책 전체의 구조에 대하여 제시한 것에서도 안쪽 프레임들이 논리적인 대칭을 이루고 있다고 생각되지 않는다. 그뿐만 아니라 클레멘츠의 제안처럼 모세의 스피치들의 범위를 무시하고 있다.

A. 바깥쪽 프레임: 과거를 돌아보며(1-3장)
B. 안쪽 프레임: 열렬한 설교(4-11장)
C. 중심부: 언약의 세부 사항(12-26장)
B'. 안쪽 프레임: 언약 체결식(27-30장)
A'. 바깥쪽 프레임: 미래를 향하여(31-34장)

신명기의 주요 섹션의 구조를 십계명에 연관시키려는 노력도 있다. 대표적인 예가 카프만(Kaufmann), 브라우릭(Braulik), 맥콘빌(McConville)이며, 월톤(Walton)도 그와 비슷한 제안을 내놓았다. 다음 도표를 살펴보라. 괄호 밖에 있는 성구는 10계명을 언급하는 것들이며 괄호 안에 표기된 성구들은 실제로 이 계명들이 강해된/설명된 신명기 섹션들이라는 것이다.

주제	하나님	인간
권위	제 1계명 5:7 (6–11장)	제 5계명 5:16 (16:18–17:13)
위엄	제 2계명 5:8–10 (12:1–32)	제 6–8계명 5:17–19 6th : (19:1–21:23) 7th : (22:1–23:14) 8th : (23:15–24:7)
헌신	제 3계명 5:11 (13:1–14:21)	제 9계명 5:20 (24:8–16)
권리와 특권	제 4계명 5:12–15 (14:22–16:17)	제 10계명 5:21 (24:17–26:15)

더 나아가 런드봄(Lundbom)은 다음과 같이 상세한 분석을 제시했다.

십계명	신명기
1계명: 여호와 앞에 다른 신을 두지 말라(5:7) 2계명: 여호와의 우상을 만들지 말라(5:8-10) 3계명: 하나님의 이름을 망령되게 일컫지 말라(5:11)	다른 신을 좇지 말라(13:2-19[1-18])
4계명: 안식일을 거룩하게 지키라(5:12-15)	거룩한 백성을 위한 정한 음식과 부정한 음식(14:1-21) 십일조와 예물(14:22-15:23) 종교 절기들(16:1-17)
5계명: 부모를 공경하라(5:16)	재판관, 재판 등에 관한 금지사항(16:18-17:13)
6계명: 살인하지 말라(5:17)	살인과 도피성(19:1-13) 위증(19:15-21) 전쟁규범(20:1-20) 범인을 알 수 없는 살인(21:1-9) 전쟁에서 끌려온 여자(21:10-14) 패륜아(21:18-21) 매달린 시체(21:22-23) 잃어버린 물건(21:1-3) 곤경에 처한 짐승(22:4) 성과 의복(22:5) 어미 새와 알(22:6-7) 지붕과 난간(22:8) 섞임(22:9-12)
7계명: 간음하지 말라(5:18)	정숙하지 못한 신부(22:13-21) 결혼한 여자와의 성관계(22:22) 약혼한 여자와의 성관계(22:23-27) 처녀와의 성관계(22:28-29) 아버지의 아내와의 성관계(23:1[22:30]) 정결과 깨끗함(23:2-25[1-14]) 도망친 노예(23:16-27[24-25]) 신전매춘(23:18-19[17-18])
8계명: 도적질하지 말라(5:19)	이자(23:20-21[19-20]) 서원(23:22-24[21-23]) 곡식 훔침(23:25-26[24-25]) 재혼(24:1-4) 저당/담보(24:6) 인신매매/유괴(24:7) 저당/담보(24:10-13) 유급 종(24:14-15) 가난한 자의 담보(24:17-18) 가난한 자의 추수(24:19-22)
9계명: 거짓 증언하지 말라(5:20)	법정의 결정과 징벌(25:1-3)
10계명: 이웃의 물건을 탐하지 말라(5:21)	계대 결혼(25:5-10) 싸움을 말리는 아내(25:11-12) 바른 저울과 되(25:13-16)

신명기의 전체적인 구조를 십계명과 연관시켜 마치 신명기가 십계명을 강해하는 책으로 이해하는 것이 신선하며 매우 큰 가능성을 지니고 있다. 신명기의 높은 윤리적 요구를 이해하는 데 많은 도움을 준다. 그

러나 위 도표에서 보듯이 일부 주제들은 십계명의 순서와 별로 상관이 없는 듯 보인다. 그러므로 저자가 이와 같은 구조를 마음에 두고 신명기를 저작했는지에 대해서는 더욱더 심도 있게 연구가 되어야 할 것이다. 또한 책의 구조를 제시함에 있어서 모세의 세 스피치의 범위와 한계를(1:1-4:43; 4:44-28:69[29:1]; 29:1[29:2]-32:47) 최대한으로 존중하는 것이 바람직하다(cf. Craigie; Tigay). 반면에 십계명과 연관시키면 각 스피치의 범위가 쉽게 무너져 내린다. 각 스피치가 자체적인 통일성과 응집력을 지니고 있는 독립적인 설교이기 때문에 이들의 범위와 한계선은 존중되어야 한다.

Ⅰ. 첫 번째 스피치: 하나님과 역사(1:1-4:43)

1장. 서문(1:1-5)

2장. 보호: 시내 산에서 모압 평지까지(1:6-3:29)

1. 호렙 산에서(1:6-18)
2. 가데스 바네아에서(1:19-46)
3. 에돔, 모압, 암몬을 지나(2:1-25)
4. 요단 동편 정복(2:26-3:11)
5. 요단 동편 땅 분배(3:12-20)
6. 요단 강 도하 준비(3:21-29)

3장. 율법: 하나님의 은혜(4:1-40)

1. 율법의 완전함(4:1-4)
2. 율법의 결과(4:5-8)
3. 율법의 근원(4:9-14)
4. 율법의 골자(4:15-24)
5. 율법의 양면성(4:25-31)
6. 율법의 목적(4:32-40)

4장. 말문(4:41-43)

Ⅱ. 두 번째 스피치: 여호와의 율법(4:44-28:69[29:1])

1장. 서문(4:44-49)

2장. 율법의 전반적인 내용(5:1-11:32)

1. 십계명(5:1-6:3)
2. 하나님 사랑과 삶(6:4-25)
3. 선택의 축복과 요구(7:1-26)
4. 온전히 하나님만 의지(8:1-20)
5. 자만과 반역에 대한 경고(9:1-10:11)
6. 오직 여호와께 충성(10:12-11:32)

3장. 구체적 율법(12:1-26:19)

1. 예배와 예배장소(12:1-16:17)
2. 리더십(16:18-18:22)
3. 생명을 존중하는 정의 실현(19:1-22:8)
4. 구분과 순결에 관한 율법(22:9-23:19[18])
5. 사회 질서에 관한 율법(23:20[19]-25:19)
6. 예식에 관한 율법(26:1-15)
7. 결론적인 권면(26:16-19)

4장. 축복과 저주(27:1-29:1[28:69])

1. 언약 갱신(27:1-26)
2. 언약적 축복과 저주(28:1-29:1[28:69])

Ⅲ. 세 번째 스피치: 마지막 권면(29:2[1]-30:20)

1장. 언약에 신실할 것(29:2-29[1-28])

1. 역사적 회고(29:2-9[1-8])
2. 언약 갱신의 범위와 중요성(29:10-15[9-14])
3. 언약 배신의 결과(29:16-28[15-27])
4. 신실한 삶에 대한 권면(29:29[28])

2장. 이스라엘 앞에 놓인 선택(30:1-20)

1. 회개와 회복(30:1-10)

2. 율법의 접근성(30:11-14)

3. 생명의 길과 죽음의 길(30:15-20)

Ⅳ. 맺는 말: 리더십 계승(31:1-34:12)

1장. 여호수아 임명과 율법 보존(31:1-29)

1. 여호수아의 리더십 계승(31:1-8)

2. 정기적인 율법 낭독(31:9-13)

3. 모세와 여호수아에 대한 마지막 지시(31:14-23)

4. 열방에 대한 경고 녹취록(31:24-29)

2장. 모세의 노래(31:30-32:44)

1. 서문(31:30)

2. 증인 부름(32:1-3)

3. 은혜와 배은망덕(32:4-6)

4. 언약 백성 보호(32:7-14)

5. 백성에 대한 여호와의 비난(32:15-18)

6. 백성에 대한 심판 결정(32:19-25)

7. 언약 백성에 대한 심판 재고(32:26-35)

8. 이스라엘과 여호와(32:36-44)

3장. 임박한 모세의 죽음(32:45-52)

4장. 모세의 축복(33:1-29)

1. 서문: 역사적 회고(33:1-5)

2. 지파별 축복(33:6-25)

3. 말문(33:26-29)

5장. 모세의 죽음과 여호수아의 리더십(34:1-9)

6장. 결론(34:10-12)

Ⅰ. 첫번째 스피치: 하나님의 역사
(1:1-4:43)

모세의 세 스피치를 중심으로 구성된 신명기에서 그의 첫 번째 스피치를 형성하고 있는 이 섹션은 책 전체의 역사적 정황을 회고하는 역할을 한다. 서문(1:1-5)으로 시작하여 말문(4:42-43)으로 마무리되는 본 텍스트는 하나님의 은혜를 두 가지 차원에서 기념한다. (1) 율법을 받은 후 시내 산을 떠난 이스라엘의 광야 40년 여정 중 함께 하시면서 그들을 보호하고 인도하신 하나님(1:6-3:29), (2) 가데스 바네아에서의 반역에도 불구하고 아직도 이스라엘을 사랑하시어 시내 산에서 주신 율법이 아직도 유효하다고 하시는 여호와(4:1-40). 그러므로 모세는 가나안 입성을 앞둔 출애굽 2세들에게 이처럼 무한히 자비로우신 하나님께 배은망덕해서는 안 된다는 사실을 호소한다. 모세가 이 같은 하나님의 은혜에 근거하여 이스라엘에게 하나님의 말씀에 순종하라고 권면하는 것이 두 섹션의 공통적인 중심주제다(Tigay).

모세는 또한 이 스피치를 통해 4:44-28:68에서 강론될 율법의 역사적 배경을 설명한다. 모세는 하나님을 믿지 못하고 순종하지 않으면 파멸에 치달을 것이요, 여호와를 믿고 순종하면 가나안 정복과 정착에 성공할 것이라고 단언한다. 본 텍스트는 다음과 같은 구조를 지녔다.

A. 서문(1:1-5)

B. 보호: 시내 산에서 모압 평지까지(1:6-3:29)

B'. 은혜: 하나님의 율법(4:1-40)

A'. 말문(4:41-43)

1장. 서문(1:1-5)

1 이는 모세가 요단 저쪽 숩 맞은편의 아라바 광야 곧 바란과 도벨과 라반과 하세롯과
디사합 사이에서 이스라엘 무리에게 선포한 말씀이니라 2 호렙 산에서 세일 산을 지
나 가데스 바네아까지 열 하룻길이었더라 3 마흔째 해 열한째 달 그 달 첫째 날에 모
세가 이스라엘 자손에게 여호와께서 그들을 위하여 자기에게 주신 명령을 다 알렸으
나 4 그 때는 모세가 헤스본에 거주하는 아모리 왕 시혼을 쳐죽이고 에드레이에서 아
스다롯에 거주하는 바산 왕 옥을 쳐죽인 후라 5 모세가 요단 저쪽 모압 땅에서 이 율
법을 설명하기 시작하였더라 일렀으되

신명기를 시작하는 이 섹션은 책의 성향과 시대적 정황에 대한 정보를 제공하며, 고대 근동 계약 양식에서 '머리말'에 해당하는 부분이다(Craigie; McConville). 제공된 정보에 의하면 신명기는 모세가 모압 평지에서 가나안 정복을 앞둔 이스라엘에게 지난 40년 동안 하나님이 이스라엘에게 주신 율법에 대해 가르치고 설명한 것을 기록한 책이다.

많은 주석가들이 신명기 1:1-5이 여러 사람의 손에 의하여 저작되었다고 한다. 그러나 이 섹션이 다음과 같은 교차대구법적 구조를 보인다는 점은 이 텍스트가 매우 정교한 통일성을 지녔음을 시사한다(Tigay; cf. Lundbom). 이러한 구조는 모세가 선포한 말씀을 이스라엘의 역사, 지리와 연계하는 것과 모세의 스피치, 하나님의 명령, 율법을 동일시하는 것 등 두 가지 목적을 달성케 한다(McConville).[7]

A. 모세가 말씀을 선포한 곳—"요단 강 저편에서"(1절)
　B. 첫 번째 메시지의 첫 번째 주제 예고(2절)
　　C. 모세가 말씀을 선포하기 시작한 때(3절)
　B'. 첫 번째 메시지의 두 번째 주제 예고(4절)
A'. 모세가 말씀을 선포한 곳—"요단 강 저편에서"(5절)

모세는 이 서문을 통해 다음과 같은 정보를 제공한다. 첫째, 신명기는 모세를 통해 선포된 하나님의 말씀이다(1, 5절). 메시지의 역사적 정황을 소개하는 책의 처음 몇 마디와 모세의 죽음을 회고하고 있는 부분을 제외하면, 신명기는 모세의 스피치로 구성되어 있다. 신명기는 모세의 고별사로 생각될 수도 있는 것이다(Tigay). 그는 이 고별사를 통해 지나간 40년의 이스라엘의 역사를 회고할 뿐만 아니라 그들이 앞으로 어떻게 살아가야 하는가를 권면한다. 책의 이러한 성향은 내레이터의 신분을 밝히지 않고 이야기가 진행되는 오경의 다른 책들과 비교했을 때, 매우 독특하다고 할 수 있다.

신명기의 메시지는 분명 모세가 선포한 것이지만, 결코 그가 지어낸 것이 아니다. 저자는 메시지가 모세의 음성을 통해 선포되었지만, "모세는 주님께서 이스라엘 자손에게 말하라고 명하신 것을 전했을 뿐"이라고 한다(3절). 하나님이 모세를 통해 말씀하셨다는 것이 이 섹션의 중심 포인트다(McConville). 일부 학자들은 성경이 결코 하나님의 말씀이라고 주장하지 않는다고 단언하는데, 이러한 처사는 신명기의 중심적

7 장소를 중심으로 본문을 분석해도 다음과 같이 교차대구법적 구조를 보인다(Grisanti).
A. 모세의 말이다
　B. 요단 동쪽 광야
　　C. 가데스 바네아
　　　D. 모세가 율법을 강론한 때—40년 11월 1일
　　C′. 시혼과 옥
　B′. 요단 동쪽 모압 영토
A′. 모세가 율법을 강론하기 시작하다

인 선언을 무시하는 행위에 불과하다(Christensen).

모세가 대변인이 되어 하나님의 말씀을 선포하였는데, 그의 사역은 단순히 하나님께로부터 받은 계시를 백성들에게 되풀이하는 것에 머무르지 않았다. 모세는 하나님의 율법을 백성들에게 설명해 주었다(5절). 저자는 모세가 백성들에게 가르친 율법을 "이 율법"(הַתּוֹרָה הַזֹּאת) 이라고 한다. 모세가 신명기 안에서 자주 사용하는 말이다(4:8, 44; 27:26; 28:58; 31:9, 11, 24). "율법"에 지시대명사 "이"(הַזֹּאת; this)가 붙은 것은 당시 율법 전체 혹은 상당한 부분이 이미 이스라엘 공동체 안에서 권위 있는 문서/자료로 자리매김을 하고 있었음을 시사한다(cf. 28:58; 31:9; Brueggemann). 또한 "이 율법"은 하나님이 주신 모든 율법을 가리키는 총체성을 의미하기도 한다(Craigie; McConville).

히브리어 동사 '설명하다'(באר)가 때로는 '기록하다/새기다'라는 뜻을 지니지만(신 27:8; 합 2:2), 본문에서는 이해를 돕기 위하여 '강론하다/풀이하다'는 뜻으로 사용되었다(HALOT; Grisanti; Tigay). 모세는 출애굽기—레위기에서 이스라엘에게 '율법을 주는 자'(law giver)로서의 역할을 했다. 저자는 이 책에서 모세와 연관하여 이 동사('설명하다')를 사용함으로써 그의 기본적인 역할이 신명기에서는 강론자/설교자임을 암시한다(Block). 모세는 선지자적인 열정, 신적(神的)인 권위, 설교자의 명확함 등을 가지고 백성들을 가르치며 설득했던 것이다(cf. 4:5, 14; 5:31; 6:1; 31:19). 그래서 주석가들은 신명기를 '설교' 혹은 '설교된 율법'이라고 부른다(McConville; Brueggemann; Craigie; Wright).

기독교 사역자들의 가장 기본적인 사명은 성도들에게 하나님의 말씀에 순종하며 살게 하는 것이다. 그런데 만일 성도들이 말씀을 이해하지 못한다면 어떻게 순종하는 삶을 추구할 수 있겠는가? 그러므로 사역자들은 성도들에게 순종의 삶을 요구하기 전에 먼저 말씀을 잘 설명하여 그들이 충분히 이해할 수 있도록 해야 한다. 주변에서 종종 다른 일에 정신이 팔려 말씀을 묵상하고 가르치는 일에 충분한 시간을 투자하지 않는 사역자들을 목격한다. 무엇이 우선인지를 잘 모르는 처사다. 사역자들은 제일 먼저 말씀을 제대로 강해하고 가르치는 일에 열정을 쏟아야 한다.

모세의 하나님의 대변인으로서의 중요성은 5절에서도 강조된다. 하나님의 계시는 여호와→이스라엘의 두 단계가 아니라 여호와→모세→이스라엘의 세 단계를 거쳤다. 우리는 오늘날도 하나님이 말씀하고 계신다는 사실을 고백한다. 그분은 그리스도인을 통해 세상을 향해 말씀을 선포하신다는 것도 안다. 즉, 오늘날은 우리가 모세의 역할을 감당하는 것이다. 우리는 모세처럼 하나님의 신실한 대변인이 되도록 노력해야 한다.

둘째, 신명기가 선포된 장소는 요단 강 동편 광야였다(1-2절). 본문은 모세가 말씀을 선포한 곳이 "요단 강 저편〔건너편〕"(בְּעֵבֶר הַיַּרְדֵּן)이라고 한다. 물론 성경에서 이 문구는 요단 강 동편을 뜻하는데, 중요한 것은 이런 표현이 이 책의 저자/편집자가 이미 요단 강을 건너 강 서편〔이편〕에서 사건을 회고하고 있음을 시사한다는 점이다(Rashi; von Rad). 모세는 강을 건너지 못하고 죽었다는 점을 감안할 때, 신명기가 분명 모세의 스피치를 중심으로 구성되어 있지만, 책의 전체적인 편집 혹은 최소한 이 서론만큼은 훗날 다른 사람의 손에서 비롯되었음을 의미한다.

이스라엘은 이때 요단 강 동편 모압 사람들의 땅에 거하고 있었던 것은 확실한데, 나머지 지리에 대한 세부적인 정보는 확실하지가 않다(cf. Lundbom). 아라바 광야(בַּמִּדְבָּר בָּעֲרָבָה)는 대체로 요단 강 하류에서 시작하여 사해, 그리고 아카바만(Gulf of Aqaba)에 이르는 긴 계곡을 뜻한다(McConville; Craigie; Tigay). 숩(סוּף), 바란(פָּארָן), 도벨(תֹּפֶל), 라반(לָבָן), 하세롯(חֲצֵרֹת), 디사합(דִי זָהָב) 등의 정확한 위치에 대하여는 추측이 난무할 뿐이다(cf. Noth; Mayes; Christensen; Craigie). 이들 중 바란, 하세롯과 라반은 이스라엘이 광야 생활 중 잠시 머물렀던 장소들의 이름이기도 하다(민 10:12; 11:35; 12:16; 33:17, 20).

이 장소들이 현재 이스라엘이 머물고 있는 모압 영토와 시내 반도 사이에 있던 곳들(Tigay), 혹은 시내 산과 가데스 바네아 사이에 위치한 곳들(Kalland; Merrill; Block)이라 해서 신명기는 모세가 모압 평지에서 뿐만 아니라, 광야생활 40년 동안 선포했던 메시지를 총망라해서 정리해 놓은 것이라고 해석하는 주석가들도 있다(Tigay). 그러나 본문은 이 성읍들이 이스라엘이 요단 강을 건너기 위하여 모여 있던 모압 땅 안에 위치했던 것을 전제한다. 그러므로 비록 이 성읍들의 정확한 위치를 알 수는 없지만, 이 장소들이 이스라엘의 광야 생활과는 무관한 곳들이며 모압 땅 안에 속해 있는 지역들로 간주하는 것이 바람직하다(Ridderbos; McConville; Brueggemann; Craigie). 고대 근동에서 여러 성읍들이 같은 이름으로 불리는 것은 흔히 볼 수 있던 일이었다. 성경에서 도벨, 디사합 등은 이곳에만 등장하는 지역 이름들이다.

셋째, 이스라엘은 약속의 땅 경계선에 와 있다. 그들은 지금 모압 땅에 와 있지만, 이곳에 머물 생각은 없다. 잠시 후면 그들은 강을 건너 드디어 하나님이 조상들에게 약속하신 땅에 입성할 것이다. 그러므로 그들은 지금 이 순간 일종의 중간 지대에 와 있는 것이다. 떠돌이 광야 생활을 뒤로 하고, 안식을 제공할 약속의 땅을 바로 눈앞에 두고 있다. 그들은 이제 요단 강만 건너면 된다. 그러나 같은 장소(viz., 모압 평지)는 아니어도 이스라엘은 옛적에도 경계선에서 약속의 땅을 바라보다가 발길을 돌린 적이 있었다. 가데스 바네아에서 정탐꾼 일로 인해 눈앞에 있는 약속의 땅을 뒤로 하고 40년 동안 방랑생활을 한 적이 있었던 것이다(cf. 민 13-14).

저자는 이 뼈아픈 사실을 회고하면서 "호렙 산에서 세일 산을 지나 가데스 바네아까지 열 하룻길이다"라는 말을 더한다(2절). 이 두 지역의 실제 거리는 225킬로미터쯤 되며 열 하룻길이라는 말은 이 길의 지형이 험난하여 빨리 걸을 수 없음을 암시한다(Grisanti). "호렙"(חֹרֵב)의 문자적 풀이는 '광야, 황폐한 땅'이며(Lundbom), 시내 산의 다른 이름이다. 신명기는 '시내 산'보다는 '호렙 산'을 선호한다.[8] 이 같은 사실은 신명기에서 '시내 산'은 단 한 번 등장하는 반면(33:2), '호렙 산'은 아홉 차례나 사용되는 사실에서 알 수 있다(1:2, 6, 19; 4:10, 15; 5:2; 9:8; 18:16; 29:1).

'세일 산'은 에돔의 모든 영토를 칭하는 포괄적인 개념이다(Aharoni). 하나님을 믿고 신뢰했더라면 11일밖에 걸리지 않을 길을 불신으로 인해 38년의 긴 세월을 돌아왔다는 미련과 여운을 남기는 말이다. 우리의 삶에서도 하나님을 전적으로 믿고 신뢰하면 쉽고 간단하게 끝날 일을 불신으로 인해 큰 희생과 시간 낭비를 하고 나서야 이루게 되는 예를 많이 볼 수 있다. 이러한 오류를 범하지 않도록 우리는 늘 깨어 있어야 한다. 하나님을 신뢰하면 사역도 매우 효율적으로 할 수 있는 것이다.

넷째, 신명기의 메시지가 선포된 때는 이스라엘이 이집트에서 나온 지 40년째 되던 해 11월(훗날 'Shevat 달'이라고 부르게 됨) 1일이었다(3-4절). 호렙 산에서 약속의 땅 경계선까지는 불과 11일 걸리는 길이었다는 점을 회고하며 이스라엘의 아픈 과거를 회상한 저자는 모세가 모압 평지에 백성을 모아놓고 말씀을 선포한 때를 정확히 기록한다. 이집트를 떠나 온 지 만 40년이 되어갈 무렵이었다(3절). 히브리 달력으로 11월인 셰밧월은 우리 달력으로 1월 중하순경에 시작한다. 여호수아서에 의하면 이스라엘이 요단 강을 건넌 때는 그들이 이집트를 떠난 지 41년째 되던 해 1월(Nisan; 지금의 달력으로 3월 중하순에 시작) 10일이었다(수 4:19). 그렇다면 모세가 신명기에 기록된 말씀을 선포하기 시작한 때부터 요단 강을 건넌 때까지는 불과 2개월밖에 되지 않는다. 이 기간 동안 이스라엘은 모세의 장례와 여호수아의 취임도 목격했다. 한 유태인 전승(Serder Olam Rabba)에 의하면 모세는 36일 동안 신명기에 기록된 내용을 백성들에게 가르쳤다고 한다(Tigay).

이때는 모세가 아모리 왕 시혼과 바산 왕 옥을 물리친 지 얼마 되

8 호렙 산과 시내 산에 대한 논쟁과 이슈에 대한 간략한 요약에 대하여는 런드봄(Lundbom) pp. 159-160을 참고하라.

지 않은 때였다(4절). 이스라엘이 이 왕들을 물리친 이야기는 민수기 21:21-35에, 빼앗은 땅을 르우벤, 갓, 므낫세 반 지파에게 나누어 준 일은 민수기 32장에 자세하게 기록되어 있다. 이 왕들을 물리친 사건은 가나안 정복을 앞둔 이스라엘에 매우 중요한 상징적인 사건들이었기에 시혼 왕을 상대로 한 승리는 2:26-37에서, 옥 왕을 상대로 한 승리는 3:1-22에서 자세하게 묘사된다.

이스라엘이 이 왕들을 상대로 승리를 거둔 일은 두 가지 의미를 지녔다(McConville). 첫째, 약속의 땅 정복은 이미 시작되었다. 이스라엘이 아직 요단 강을 건너는 일을 앞두고 있지만, 그들을 통한 하나님의 정복 사역은 이미 시작된 것이다. 그러므로 이스라엘은 이미 더 이상 돌아갈 수 없는 곳에 와 있다. 이제 그들에게 남은 유일한 선택은 하나님의 말씀에 순종하여 이미 시작된 정복 사역을 잘 마무리하는 것이다. 둘째, 약속의 땅 정복은 벌써 시작되었을 뿐만 아니라, 하나님이 이스라엘에게 이 왕들로부터 승리를 주셨던 것처럼 앞으로도 이스라엘에게 가나안 사람들로부터 승리를 주실 것이다. 이스라엘이 아모리 왕과 바산 왕을 대항해서 싸울 때처럼 하나님께 신실하기만 하면, 하나님이 그들을 위하여 싸우실 것이기 때문이다(Block). 하나님께 순종하는 것만이 이스라엘의 성공적인 가나안 정복을 보장한다.

신명기는 지리적, 역사적, 신학적 경계선에 관한 책이다(Wright; Miller). 이스라엘은 약속의 땅 경계선에 서 있다. 그들에게 옥과 시혼에 대한 이야기는 경계선을 넘으라는 하나님의 강력한 도전이다. 이스라엘에게 과거는 기념하는 것에 그치는 것이 아니라 미래에 대한 확신이자 믿음에 대한 도전인 것이다. 우리도 삶 가운데 끊임없이 여러 '경계선'을 접하게 된다. 우리는 때론 이 경계선을 쉽게 넘지만, 어떤 때는 건너는 것을 주저하기도 한다. 불안할 때 혹은 확실하지 않을 때 지난 날을 되돌아보라. 지금까지의 하나님의 사역과 인도하심을 묵상해 보라. 확신이 서거든 믿음의 걸음을 떼어야 한다.

2장. 보호: 시내 산에서 모압 평지까지(1:6-3:29)

고대 근동에서 사용되었던 계약 양식에 비추어볼 때, 본 텍스트는 역사적 서론에 해당한다. 역사적 서론은 계약을 맺는 쌍방이 어떠한 역사적 경위와 관계적 발전을 토대로 계약을 맺게 되었는가를 설명한다. 저자는 하나님과 이스라엘이 언약을 맺은 것은 최근의 일이 아니라, 이미 하나님이 이스라엘의 선조 아브라함, 이삭, 야곱과 맺은 언약의 연장선상에서 되어진 것이라고 설명한다(1:8). 종주(宗主)이신 하나님이 봉신(封臣)인 이스라엘과 언약을 맺으시고 그 언약의 조항(viz., 율법)을 이행할 것을 요구하실 만한 역사적-신학적 근거를 제시하고 있다(Grisanti). 이 역사적 서론은 또한 이스라엘에게 두 가지 의미를 지녔다(Craigie).

첫째, 그들이 모세를 통해 하나님과 언약을 맺는 것은 하나님이 아브라함에게 약속하신 것의 실현이다. 그들과 하나님의 관계는 이미 오래전에 맺어졌고, 그 전통이 선조 때부터 이때까지 이어져 왔다는 것이다. 둘째, 이때까지의 이스라엘 역사는 역사의 주인이신 하나님이 그들의 선조들에게 하신 약속을 실천해 오신 것임을 증거한다. 하나님이 아브라함과 언약을 맺으신 후 이날까지 그 약속에 따라 이스라엘의 역사를 주관해 오셨다는 것이다.

이 섹션은 이스라엘이 시내 산에서 1년을 머물며 율법을 받은 후, 그곳을 떠나 어떻게 하여 지금 서 있는 모압 평지까지 오게 되었는가를 요약적으로 회고한다. 저자는 이 기간에 있었던 일에 대하여 매우 불균형적인 공간을 할애한다. 다음 도표를 참고하라(Lohfink; cf. Block).

본문	장소	실제 시간 (일부 추측)	%	이야기 시간 (할애된 절 수)	%
1:6-18	호렙 산	2개월	0.4%	13	12%
1:19	호렙에서 가데스 바네아로	42주	2.2%	1	1%
1:20-46	가데스 바네아	2주	0.1%	27	25%
2:1	가데스 바네아 남쪽 광야	38년	97%	1	1%
2:2-23	동편 친척 민족들 만남	1개월	0.2%	22	21%
2:24-3:11	암몬 족과의 만남	1개월	0.2%	25	23%
3:12-29	가나안 정복 준비	1개월	0.2%	18	17%

위 도표에서 보듯이 이스라엘이 가데스 바네아에서 머물렀던 시간은 2주밖에 되지 않아 본 텍스트가 회고하고 있는 40년의 0.1퍼센트밖에 되지 않지만, 저자는 이 곳에서 있었던 일에 25퍼센트의 공간을 할애하고 있다. 반면에 38년의 광야 생활은 40년 중 97퍼센트를 차지하지만, 이때 있었던 일은 단 한 절(1%)에 요약되어 있다. 저자는 가데스 바네아에서 있었던 일을 매우 마음 아프게 생각하여 주의 백성이 다시는 이런 죄를 저질러서는 안 된다는 것을 강조하기 위하여 상대적으로 자세하게 묘사하고 있는 것이다. 본 텍스트는 다음과 같이 구분될 수 있다.

A. 호렙 산에서(1:6-18)
B. 가데스 바네아에서(1:19-46)
C. 에돔, 모압, 암몬을 지나(2:1-25)
D. 요단 동편 정복(2:26-3:11)
E. 요단 동편 땅 분배(3:12-22)
F. 요단 강 도하 준비(3:23-29)

Ⅰ. 첫 번째 스피치: 하나님과 역사(1:1-4:43)
2장. 보호: 시내 산에서 모압 평지까지(1:6-3:29)

1. 호렙 산에서(1:6-18)

이미 언급한 것처럼 저자는 '시내 산'보다는 '호렙 산'이라는 이름을 더 선호한다. 그는 이스라엘이 호렙 산에서 1년 동안 머물며 있었던 다양한 일들(cf. 출 19장-민 1장) 중에서 단 두 가지만을 회고한다. 하나님이 정해주신 이스라엘 땅의 범위와 모세가 주의 백성을 치리하기 위하여 세운 지도자들에 관한 이야기다. 본 텍스트는 다음과 같이 두 파트로 구분된다.

A. 이스라엘이 차지할 땅의 범위(1:6-8)

B. 모세가 지도자들을 세움(1:9-18)

Ⅰ. 첫 번째 스피치: 하나님과 역사(1:1-4:43)
2장. 보호: 시내 산에서 모압 평지까지(1:6-3:29)
1. 호렙 산에서(1:6-18)

(1) 이스라엘이 차지할 땅의 범위(1:6-8)

**6 우리 하나님 여호와께서 호렙 산에서 우리에게 말씀하여 이르시기를 너희가 이
산에 거주한 지 오래니 7 방향을 돌려 행진하여 아모리 족속의 산지로 가고 그 근
방 곳곳으로 가고 아라바와 산지와 평지와 네겝과 해변과 가나안 족속의 땅과 레
바논과 큰 강 유브라데까지 가라 8 내가 너희의 조상 아브라함과 이삭과 야곱에게
맹세하여 그들과 그들의 후손에게 주리라 한 땅이 너희 앞에 있으니 들어가서 그
땅을 차지할지니라**

이집트를 떠나온 이스라엘은 호렙 산/시내 산에서 1년을 머물렀다. 그들은 이곳에 머물면서 하나님과 언약을 맺었고, 모세를 통해 율법을 받았다. 이스라엘은 시내 산에서 하나님의 백성이 되었고 한 국가로 출범할 준비를 마쳤다. 그러나 모든 것이 순탄하지만은 않았다. 아론의 주도하에 금송아지를 만듦으로써 언약 백성의 근본이 흔들리는 엄청난

위기의 순간도 있었다. 백성 중 일부는 죽임을 당했지만, 모세의 신속한 대처로 대부분의 백성들은 살 수 있었다. 신명기의 이야기는 이스라엘이 호렙 산에 머물기 시작한 지 1년쯤 되던 때부터 시작한다.

모세는 신명기에서 이스라엘에게 말씀하신 분을 "우리 하나님 여호와"(יְהוָה אֱלֹהֵינוּ)라고 밝힌다(6절). 이 표현은 하나님이 이스라엘과 맺으신 언약관계를 상기시키는 표현이며(Craigie; McConville) 1장에서 지속적으로 사용될 뿐만 아니라(cf. 10, 11, 19, 21[2x], 25, 26, 30, 31, 41절), 신명기 안에서 300차례 이상 등장한다(Driver). "우리/너희 하나님 여호와"는 주님이 시내 산에서 이스라엘과 맺으신 새로운 관계에 근거하여 자기 백성에게 말씀하셨다는 것으로 하나님과 이스라엘의 관계를 매우 친밀하고 인격적인 관계로 묘사하는 표현이다(Lundbom).

하나님이 이스라엘에게 다정하게 말씀하신 것만큼이나 그들에게 어떤 경로를 통해 말씀하셨는가도 중요하다. 시내 산에서 하나님이 현현하였을 때, 주의 영광에 압도되어 죽을 것 같았던 이스라엘은 모세를 통해 하나님의 말씀을 받기를 원했다(cf. 출 19장). 그 후 하나님은 항상 모세를 통해 이스라엘에게 말씀하셨다. 저자는 앞 섹션에서 이미 이러한 정보를 확인해 주었다(1:3). 지금부터 선포되는 하나님의 말씀도 모세를 통해 주신 말씀이다. 즉, 모세의 말이 곧 하나님의 말씀이 되는 것이다(McConville).

강단에서 말씀을 선포하는 사역자들도 이 점을 마음에 새겨야 한다. 그들은 하나님의 말씀을 강론함으로써 주님을 대변하고 있기에 듣는 이에게는 그들의 설교가 곧 하나님의 말씀으로 여겨진다는 사실을 의식해야 한다. 그러므로 사역자는 설교 한 편을 위하여 기도와 연구를 아끼지 않아야 한다. 사역자들이 설교 시간에 하나님의 말씀을 가르치지 않고 딴 이슈에 집중하는 것은 강단 위에서 행해지는 폭행이며, 하나님의 말씀을 듣고자 모인 주의 백성에게는 비극이다.

하나님이 시내 산에 머물던 이스라엘 사람들에게 떠날 때가 되었음을 말씀하셨다(6절). 이스라엘이 호렙 산에서 해야 할 일은 모두 끝났다는 것을 뜻한다. 그러므로 이스라엘은 다른 곳으로 이동해야 한다. 시내 산에 더 이상 머물 이유가 없다. 시내 산에 머물던 이스라엘이 속히 약속의 땅에 들어가고 싶었던 만큼이나 하나님도 그들이 빠른 시일 내에 가나안 땅에 입성하기를 원하셨다. 그러므로 이스라엘의 40년 광야 생활은 결코 하나님의 의도한 것이 아니었으며, 이스라엘이 하나님을 불신해서 초래한 결과였다(Tigay).

인간의 죄는 종종 이처럼 소모적인 우회(detour)를 초래한다. 때로는 세상에서 잔머리를 굴려가며 가는 길이 지름길 같고, 말씀에 순종하며 가는 길이 우회로인 것같이 느껴진다. 그러나 실제는 순종하며 가는 길이 가장 최선의 지름길이다. 우리에게 순종을 선택하려는 현명한 판단이 필요하다.

이스라엘이 시내 산을 떠나야 한다는 것은 그곳이 이스라엘이 영구적으로 거할 안식처가 아니었음을 뜻한다(McConville). 이스라엘이 시내 산에서 하나님과 언약을 맺고 그의 백성이 되었지만, 영토를 소유한 국가로 출범하기 위해서는 그곳을 떠나야 했다. 이스라엘이 소유하게 될 땅은 왕이신 하나님이 백성인 그들에게 내리신 하사품이다. 약속의 땅이 하나님의 선물이라는 것은 신명기에서 지속적으로 강조되는 가장 핵심적 사실이다(Lundbom). 하나님은 이미 이스라엘을 위하여 거처지를 마련해 두시고 그들을 초청했던 것이다. 우리의 삶에서도 하나님은 우리가 영구적인 안식처에 도달할 때까지 끊임없이 떠나라고 초청하신다. 영구적인 안식처에 입성할 때까지 우리의 삶은 계속 이동하는 것이다.

만일 우리가 머물 영구적인 안식처가 불편한 곳이라면 하나님을 원망할 수도 있겠지만, 잠시 머물다 떠날 곳이 불편한 것은 불만 없이 감수할 수 있어야 한다. 이 세상의 삶이 불편하고 부족하다고 하여 너무 실망하지 말자. 편안한 삶에 대하여도 미련을 갖지 말자. 우리의 영구적인 안식처는 이곳이 아니기 때문이다.

이스라엘이 시내 산을 떠나 찾아가야 할 목적지(약속의 땅)는 어디인가? 하나님은 이스라엘에게 주실 땅의 범위를 말씀해 주셨다(7-8절). 그들이 차지할 땅은 아모리 족속의 산지(הַר הָאֱמֹרִי), 아라바(עֲרָבָה), 평지(שְׁפֵלָה), 남방(נֶגֶב), 해변(חוֹף הַיָּם)을 포함하며 북쪽으로는 유프라테스 강(נְהַר־פְּרָת)까지다(7절). 아모리 사람의 산지는 가나안 중심에 위치한 산악 지역을 뜻하며, 아라바는 요단 강 하류에서 시작하여 사해를 지나 아카바 만에 이르는 큰 계곡을 가리키는 표현이다(cf. 1절). 평지는 가나안 중심에 위치한 산지와 지중해 해변 사이에 위치한 지역을 뜻하며, 남방은 가나안 남쪽에 위치한 넓은 광야로 이집트와 자연스러운 경계선을 이루었다. 브엘세바가 이 지역에 있었다. 본문이 언급하고 있는 레바논(לְבָנוֹן)은 오늘날의 레바논이 아니라 가나안 내륙에 있었던 산맥을 뜻한다(Tigay). 이 모든 것이 '가나안 땅'이라는 말로 묶일 수 있다(Craigie).

여기에 묘사된 이스라엘 영토의 범위는 이상적인 것으로서 이스라엘은 한 번도 이 모든 땅을 차지하지 못했다(McConville). 심지어 이스라엘의 영토가 가장 넓었던 다윗과 솔로몬 시대에도 본문이 언급하고 있는 땅을 차지하지 못했다(Grisanti). 하나님이 이 모든 땅이 이스라엘의 영토가 될 수 있다는 가능성을 주셨지만, 이스라엘은 스스로 그 기회를 포기했다. 하나님은 우리가 지닌 믿음의 분량대로 사용하신다는 말이 새롭게 다가온다.

가나안 땅은 이스라엘이 타민족으로부터 강제로 빼앗는 것이 아니라, 하나님이 이미 선조들에게 약속하신 땅을 그들에게 주신 것이다. 구약에서 약속은 곧 언약/계약을 의미한다(Weinfeld; Lundbom). 그러므로 출애굽 2세들이 받게 될 가나안 땅은 이미 오래전에 하나님이 그들의 선조들과 맺으신 언약이 실현된 결과일 뿐이다. 이점을 강조하기 위하여 저자는 "〔주께서〕 주시리라 한 땅을 … 차지하라"(8절)고 하시며 그 땅을 이스라엘 앞에 두셨다. 이스라엘은 이 땅을 자신들 마음대로 할 수 있음을 암시한다(Weinfeld; Merrill).

이스라엘이 땅을 차지한다는 것은 이스라엘을 향한 변함없는 하나님의 은혜를 증거한다. 이스라엘이 40년 전에 반역만 하지 않았어도 벌써 차지했을 땅이다. 조금은 늦은 감이 있지만 이 순간 모압 평지에서 모세의 말씀을 듣고 있는 세대가 그 땅을 차지하게 될 것이라는 기대감이 미래를 고대하게 한다. 드디어 몇백 년 만에 아브라함, 이삭, 야곱에게 하신 약속이 성취되는 순간이다. 그러나 이스라엘이 그 땅을 차지하기 위해서는 현재 머물고 있는 곳을 떠나야 하며, 전쟁을 해서 취해야 한다. 하나님이 주신 약속의 성취는 인간의 믿음과 노력을 요구하는 것이다. 이 세상에서 진행되는 하나님의 일은 대체로 성도의 동참과 협력을 전제한다.

Ⅰ. 첫 번째 스피치: 하나님과 역사(1:1-4:43)
2장. 보호: 시내 산에서 모압 평지까지(1:6-3:29)
1. 호렙 산에서(1:6-18)

(2) 모세가 지도자들을 세움(1:9-18)

9 그 때에 내가 너희에게 말하여 이르기를 나는 홀로 너희의 짐을 질 수 없도다
10 너희의 하나님 여호와께서 너희를 번성하게 하셨으므로 너희가 오늘날 하늘의
별 같이 많거니와 11 너희 조상의 하나님 여호와께서 너희를 현재보다 천 배나 많
게 하시며 너희에게 허락하신 것과 같이 너희에게 복 주시기를 원하노라 12 그런
즉 나 홀로 어찌 능히 너희의 괴로운 일과 너희의 힘겨운 일과 너희의 다투는 일
을 담당할 수 있으랴 13 너희의 각 지파에서 지혜와 지식이 있는 인정 받는 자들을
택하라 내가 그들을 세워 너희 수령을 삼으리라 한즉 14 너희가 내게 대답하여 이
르기를 당신의 말씀대로 하는 것이 좋다 하기에 15 내가 너희 지파의 수령으로 지
혜가 있고 인정 받는 자들을 취하여 너희의 수령을 삼되 곧 각 지파를 따라 천부
장과 백부장과 오십부장과 십부장과 조장을 삼고 16 내가 그 때에 너희의 재판장
들에게 명하여 이르기를 너희가 너희의 형제 중에서 송사를 들을 때에 쌍방간에
공정히 판결할 것이며 그들 중에 있는 타국인에게도 그리 할 것이라 17 재판은 하

나님께 속한 것인즉 너희는 재판할 때에 외모를 보지 말고 귀천을 차별 없이 듣고 사람의 낯을 두려워하지 말 것이며 스스로 결단하기 어려운 일이 있거든 내게로 돌리라 내가 들으리라 하였고 [18] 내가 너희의 행할 모든 일을 그 때에 너희에게 다 명령하였느니라

모세는 하나님이 이스라엘에게 시내 산을 떠나 약속의 땅으로 가라고 명령하셨던 일을 회고한 후 이스라엘의 지도자들을 세운 일을 언급한다. 이 이야기는 출애굽기 18:13-27에 기록되어 있으며, 이스라엘이 시내 산을 출발하기 얼마 전에 모세가 장인 이드로의 조언에 따라 행하였다(Rashi; Ramban).[9]

모세가 이 사건을 회고하는 것은 하나님이 아브라함에게 그의 자손들이 "하늘의 별처럼 많아지게 될 것"이라고 약속하신 것을 지키셨음을 강조하기 위해서다(10절; cf. 창 15:5; 22:17; 26:4). 이스라엘의 인구수가 많은 것 자체가 문제가 되지는 않는다(Block). 그러므로 그가 "나는 홀로 너희 짐을 질 수 없도다"(9절)라고 말하는 것은 결코 부정적인 의미가 아니라(viz., 백성들이 그를 괴롭게 하거나 재판을 받아야 할 일을 많이 저지르는 것) 하나님이 축복하셔서 이스라엘 백성의 숫자가 매우 많아져 자신이 혼자 지도할 수 없게 되었다는 긍정적인 고백이다.

이 때 이스라엘의 인구는 적게는 200만 명, 많게는 300만 명으로 추산된다(cf. Tigay). 하나님이 너무 많은 축복을 내려주셔서 빚어진 좋은 일이라는 점을 강조하기 위하여 11절에서 그는 앞으로도 하나님이 이스라엘을 "천 배나 많아지게 하실 것이다"라고 기원한다. 하나님이 이 때까지 선조들과의 약속을 모두 잘 이행해 오셨던 점과 앞으로도 그 약속에 따라 이스라엘을 축복하실 것을 강조하고자 하는 것이다. 그렇다면 이스라엘은 하나님의 신실하심을 근거로 하여 미래의 일(viz., 가나안

---

9 출애굽기 18장과 19장의 시간적 순서에 대하여는 필자의 『엑스포지멘터리 출애굽기』 서론을 참고하라.

정복)도 확신할 수 있을 것이다.

모세가 광야 여정에 대한 회고를 앞둔 시점에서 지도자들을 임명했던 일을 언급하는 것에는 그의 안타까운 마음이 배어있기도 하다. 이스라엘이 시내 산을 출발할 때, 하나님은 그들을 가나안 땅으로 곧장 인도하실 준비가 되어 있으셨다(Tigay; Rashi; Ramban). 이 리더들은 이스라엘의 가나안 정착을 염두에 두고 세움 받은 사람들이었던 것이다. 안타깝게도 이스라엘이 하나님에 대한 불신으로 인해 40년 동안 우회하면서 이 지도자들은 모두 광야에서 죽어가야만 했던 것이다.

하나님이 이스라엘을 축복하셔서 그들의 숫자가 기하급수적으로 불어난 것은 참으로 좋은 일이다. 그러나 하나님의 축복은 모세에게 큰 문제를 안겨 주었다. 인구가 많아진 만큼 그들 사이에 재판을 요구하는 문제도 많아졌기 때문이다. 모세는 폭증한 업무로 인하여 큰 스트레스를 받고 있으며(Fernando), 스트레스의 원인을 세 가지 단어를 사용하여 표현한다. "괴로운 것/문제"(טֹרַח), "무거운 짐"(מַשָּׂא), "다툼/시비"(רִיב; 12절). 모세는 늘어난 업무로 인하여 심리적인 압박뿐만 아니라 육체적인 부담도 느꼈던 것이다. "괴로운 일"(개역), "문제"(새번역), "귀찮고 시끄러운 일"(공동)로 번역된 히브리어 단어(טֹרַח)는 구약에서 흔치 않은 것으로 이사야 1:14에서 한 번 더 사용되는데 이스라엘의 거짓 예배의 심각성을 묘사한다. 이 단어가 사람에게 부담을 주는 것을 뜻하는 것이라는 사실은 확실하지만, 정확하게 어떤 의미를 함축하고 있는지는 알 수 없다. "무거운 짐"(מַשָּׂא)은 일반적으로 짓누르는 무게를 뜻하며, "다툼"(רִיב)은 소송을 통해 시비를 가리는 법적인 분쟁을 뜻한다(HALOT).

모세는 이러한 현실적인 문제를 해결하기 위해서 리더를 세우기로 했다. 자신이 느끼는 스트레스를 덜기 위해 자신의 권력 일부를 위임한 것이다(Fernando). 모세가 세운 지도자들이 15절에서는 "지도자들/대표"(שָׂרִים)로 묘사되는데 이 단어는 군사적 용어다(cf. HALOT; Grisanti). 그뿐만 아니라 천부장, 백부장, 오십부장, 십부장 등도 군사 용어들이다. 모세는 소송을 재판하는 능력을 갖추면서 동시에 군사적인 지도자 역할을 수행할 수 있는 리더를 세웠던 것이다(Wright; Craigie; McConville; Tigay).

리더들을 세우기로 한 모세는 백성들에게 각 지파별로 사람들을 추천하되 세 가지 조건을 제시했다. (1) 지혜가 있는 사람, (2) 지식이 있는 사람, (3) 유명한 사람(13절). 각 지파별로 추천을 받은 것은 그 지파의 형편과 정서를 가장 잘 아는 사람을 리더로 세움으로써, 판결에 있어서 지파별 독특성을 고려하게 할 뿐만 아니라 자신들이 세운 리더들의 판결에 순응하게 하도록 하기 위해서다. "지혜가 있는 사람"(אֲנָשִׁים חֲכָמִים)은 이미 쌓은 지식을 충분히 이용할 줄 아는 사람을 뜻한다(Craigie). "지식이 있는 사람"(אֲנָשִׁים נְבֹנִים)은 사리판단에 있어서 분별력이 있는 사람을 의미한다(새번역; NAS; TNK). 지혜와 지식을 겸비한 사람은 곧 풍부한 삶의 경험을 전제한다(Gr). "유명한 사람"(개역; cf. NIV, "respected"; אֲנָשִׁים יְדֻעִים)은 오해의 소지가 있는 번역이다. 이 표현은 경험이 많은 사람을 뜻한다(새번역; NAS; NIV; TNK; cf. 공동, "세상물정을 아는 사람"; Emerton).

모세는 각 지파별로 추천을 받은 지혜가 있고, 지식이 있고, 경험이 많은 사람들을 천부장, 백부장, 오십부장, 십부장으로 임명했다(15절). 이 호칭들이 실제 숫자를 뜻한다고 해석할 필요는 없으며, 단지 규모의 차이를 강조할 뿐이다(de Vaux; McConville; Craigie). 모세는 지도자들에게 다음 사항을 요구했다. (1) 공정하게 재판할 것(שְׁפַטְתֶּם צֶדֶק), (2) 이방인을(גֵּר) 차별하지 말 것, (3) 신분과 지위에 상관하지 말고 쌍방의 주장을 경청할 것, (4) 사람을 두려워하지 말 것, (5) 판단하기 어려운 일은 넘길 것(16-17절).

이들이 공정하게 재판한다는 것은 곧 하나님이 주신 법에 따라 의로운 판결을 내리는 것을 뜻한다(Craigie; cf. 16:18-20). 이스라엘에게는 하나님이 주신 의로운 법이 있기에, 그들의 의지만 분명하다면 그 어느 민족보다도 공정한 재판을 할 수 있었다. 그리스도인이 세상 사람들보다 더 열심을 내서 공의를 추구해야 하는 이유도 여기에 있다. 우리는 세상 사람들이 가지지 못한 하나님의 특별하고 공평한 기준을 가지고 있지 않은가? 세상 사람들에게는 몰라서 공의를 행하지 못했다는 변명이라도 있지만, 그리스도인에게는 변명의 여지가 없다.

"이방인/외국인"(גֵּר; 26절)은 이스라엘에 잠시 여행 온 사람들이 아니라, 이스라엘 사회에 정착해서 사는 타국 사람들을 뜻한다(HALOT). 이스라엘이 이집트를 떠날 때부터 일부 외국인들이 그들과 함께했다(출 12:38). 가나안 정복 과정에서도 라합의 가족들, 기브온 사람들 등이 이스라엘과 함께 살게 된다(cf. 수 2장, 9장). 이스라엘에서는 이방인들이 땅을 소유할 수가 없었다. 그러므로 이들은 대체로 가난한 자들로 전락했으며 착취당하기 일쑤였다(Wright). 하나님은 재판관들이 동족이라 해서 편파적인 판결을 내리는 것을 금하신다. 재판은 인종에 상관없이 공평해야 한다는 것이다. 이런 관점에서 볼 때 자신의 민족을 사랑하는 것은 좋은 일이지만, 민족주의는 바람직하지 않을 뿐만 아니라 비(非)성경적임을 알 수 있다. 또한 신명기는 갖가지 이방인들에 대한 배려를 통해 언약 공동체가 꼭 혈통을 위주로만 형성될 것이 아님을 암시한다(cf. 23:1-8).

신분이나 부의 높낮이에 상관없이 쌍방에게 동일한 기회를 주어야 한다는 것은 재판 과정이 공평해야 함을 강조하는 말이다. 신분이나 경제적 지위가 높은 사람(גָּדוֹל)에게 더 유리하게 재판을 진행해서도 안 되지만, 상대적인 약자(קָטֹן)에게 더 유리하게 재판을 진행해서도 안 된다. 최종 판결과 보상에서 사회적인 약자에 대한 배려를 하는 것은 허용이 될 수 있지만, 옳고 그름을 따지는 재판 과정에서는 지위와 신분에 상관 없이 공정해야 한다. 판결은 진실 외에 그 어떤 것에 의해서 영향을 받아서는 안 된다는 뜻이다(McConville).

"사람을 두려워하지 말라"(לֹא תָגוּרוּ מִפְּנֵי־אִישׁ)는 것은 어떠한 압력에도 굴하지 말라는 의미다. 사회적으로 지위가 높은 사람은 자신에게 이로운 판결을 받아내려고 갖은 힘을 쓸 것이다. 그러나 재판관은 그들의 압력에 굴해서는 안 된다. 재판은 하나님께 속한 것이기에(16절) 모든 사람은 공평한 재판을 받아야 한다. 이스라엘이 재판에서 적용해야 할 법은 인간의 영역에서 비롯된 것이 아니라, 하나님의 영역에서 비롯되었다는 뜻이다(Craigie). 그러므로 사람을 두려워하여 편파적인 판결을 내리는 것은 인간을 두려워할지언정 하나님은 두려워하지 않거나 하나님보다 인간을 더 두려워한다는 것을 뜻하며 하나님의 거룩한 영역을 침범하는 것을 뜻하기도 한다(Tigay).

재판관이 "판단하기 어려운 일"(הַדָּבָר אֲשֶׁר יִקְשֶׁה)은 윗사람[지위가 더 높은 재판관]에게 넘겨야 한다. 이 절차를 통해 재판관들이 판결하기 어려운 문제는 모세가 맡아 판결하게 된다. 재판관들은 자신의 능력의 한계를 의식해 그 한계에 따라 적절한 조치를 취하면 되는 것이지 자신의 능력을 초월한 판결을 내리려 해서는 안 된다는 것이다. 하나님은 우리에게 주신 범위 내에서만 요구하시지, 더 이상은 요구하시지 않으시는 분이다. 출애굽기 18:13-26에 의하면 판결하기 "어려운 일"은 율법이 언급하지 않는 이슈이거나 어떤 율법을 적용해야 할지가 명확하지 않은 경우를 두고 하는 말이며, 이런 경우 모세는 하나님의 직접적인 계시를 받고 나서야 판결을 해 주었다(cf. 레 24:10-23; 민 9:1-14; 15:32-36; 27:1-11; 36:1-10).

이 모든 지침들을 하나로 묶는 주제는 공평이다. 이스라엘의 리더들은 하나님이 주신 정의로운 법에 따라 공평하게 재판해야 한다. 신분과 지위에 상관없이 모든 사람은 하나님 앞에서 공평하게 재판을 받아야 한다. 외국인이라 해서 불공평하게 재판해서도 안 된다. 오직 법을 주신 하나님을 두려워하는 마음으로 재판에 임해야 한다. 만일 공평한 재판이 어려울 경우 남에게 넘겨야 한다.

모세는 왜 이렇게 공평을 강조하는가? 공평은 하나님의 가장 기본적인 성품인 의로우심의 실현이기 때문이다. 주의 백성들이 이 세상에서 하나님을 닮아 간다는 것은 곧 하나님의 의로우심을 닮아간다는 것을 의미하며, 그 의로우심은 공평을 추구하고 실현하는 데서 드러난다. 훗날 선지자들은 이스라엘이 모든 이에게 공평하게 정의를 적용하지 않아서 땅을 잃고 타국으로 끌려가게 되었다고 한다(암 5:7, 10-11, 14-17; 사 5:8-10, 24-25; 렘 7:5-7). 그렇다면 하나님의 백성들이 모여 이룬 믿음의 공동체인 교회의 조직과 행정에서 공평을 추구하는 것은 최고의 선을 지향하는 것이며, 나아가서는 그 공동체의 생존을 좌우함을 뜻하는 것이다. 지도자들에게 어떻게 판결해야 하는가에 대한 가이드라인을 제시한 다음, 모세는 온 이스라엘에게 법을 가르쳤다(18절). 일반인들이 법에 대하여 많이 알수록 소송이 적어질 것이라는 기대감에서이겠지만, 이스라엘의 가장 기본적인 사명은 하나님이 주신 율법에 순종하며 살아가는 것이다. 그러므로 모세가 자신이 시내 산에서 받았던 율법을 백성에게 가르치는 것은 당연한 일이다. 고대근동에서 온 백성에게 법을 가르치는 일은 찾아볼 수 없는 일이다(Tigay). 하나님의 백성은 지식에서도 이미 다른 민족들을 앞서갔던 것이다. 하나님의 백성인 그리스도인도 하나님의 말씀을 열심히 배워야 한다. 지식이 있어야 실력이 생기며, 실력이 있어야 세상에 영향력을 행사할 수 있기 때문이다.

Ⅰ. 첫 번째 스피치: 하나님과 역사(1:1-4:43)
2장. 보호: 시내 산에서 모압 평지까지(1:6-3:29)

2. 가데스 바네아에서(1:19-46)

이스라엘은 하나님의 말씀에 따라(cf. 1:6-8) 시내 산을 출발하여 가데스 바네아로 갔다. 지도자를 세웠던 일을 회고하느라고 잠시 끊어졌던 여행 이야기가 이 섹션에서 재개된다. 그들이 호렙 산에서 이곳까지 오는데 11일이 걸렸다(cf. 2절). 이 여정 동안 거쳐 온 장소들에 대하여는 민수기 10:33; 11:35; 12:16; 33:1ff. 등에 자세하게 기록되어 있다. 본문에서는 모세가 하고자 하는 이야기와 그들이 거쳐 온 장소들과는 별로 상관이 없기 때문에 생략되었다. 저자가 과정을 생략하고 최종 목적지만 언급하는 것은 이 행진이 하나님의 보호와 인도하심에 따라 특별한 어려움 없이 순조롭게 진행되었던 점을 강조하기 위해서다(Tigay).

가데스 바네아는 이스라엘이 가나안을 정복하는 일에 있어서 베이스캠프로 삼을 곳이었다. 드디어 이스라엘은 약속의 땅이 시야에 들어오는 곳에 와 있다. 그러나 가나안 입성을 앞둔 이스라엘은 마지막 순간에 하나님 믿기를 거부하는 죄로 인해 그 땅에 들어가지 못하고 38년 이상을 우회해야 했다. 그뿐만 아니라 20세가 넘은 성인들은 모두 이 38년의 우회 기간 동안 약속의 땅 밖에서 죽어갔다. 이스라엘의 역사에서 가장 비극적인 시간이었다. 이 이야기는 모세가 민수기 13-14장에 기록되어 있는 사건을 회고하는 것이다. 본 텍스트는 다음과 같이 구분될 수 있다.[10]

A. 정탐꾼 파견(1:19-25)

A'. 가나안 입성 거부(1:26-28)

B. 모세의 반역 책망(1:29-33)

C. 하나님의 징벌(1:34-40)

C'. 다시 반역함(1:41-46)

---

10 본문에서 누가 말하는가(speaker)를 중심으로 1:6-36을 분석하면 다음과 같은 교차대구법적 구조가 드러난다(Lohfink).

[여호와](6-8절)
모세(20-21절)
백성(22절)
정탐꾼(25절)
백성(27-28절)
모세(29-31절)
[여호와](34-36절)

Ⅰ. 첫 번째 스피치: 하나님과 역사(1:1-4:43)
2장. 보호: 시내 산에서 모압 평지까지(1:6-3:29)
2. 가데스 바네아에서(1:19-46)

(1) 정탐꾼 파견(1:19-25)

19 우리 하나님 여호와께서 우리에게 명령하신 대로 우리가 호렙 산을 떠나 너희
가 보았던 그 크고 두려운 광야를 지나 아모리 족속의 산지 길로 가데스 바네아에
이른 때에 20 내가 너희에게 이르기를 우리 하나님 여호와께서 우리에게 주신 아
모리 족속의 산지에 너희가 이르렀나니 21 너희의 하나님 여호와께서 이 땅을 너
희 앞에 두셨은즉 너희 조상의 하나님 여호와께서 너희에게 이르신 대로 올라가
서 차지하라 두려워하지 말라 주저하지 말라 한즉 22 너희가 다 내 앞으로 나아와
말하기를 우리가 사람을 우리보다 먼저 보내어 우리를 위하여 그 땅을 정탐하고
어느 길로 올라가야 할 것과 어느 성읍으로 들어가야 할 것을 우리에게 알리게 하
자 하기에 23 내가 그 말을 좋게 여겨 너희 중 각 지파에서 한 사람씩 열둘을 택하
매 24 그들이 돌이켜 산지에 올라 에스골 골짜기에 이르러 그 곳을 정탐하고 25 그
땅의 열매를 손에 가지고 우리에게로 돌아와서 우리에게 말하여 이르되 우리의
하나님 여호와께서 우리에게 주시는 땅이 좋더라 하였느니라

이스라엘은 열하루의 행진 끝에 가데스 바네아에 도착했다(19절). 가데스 바네아는 브엘세바(cf. 창 21:14)에서 남쪽으로 약 80킬로미터 지점에 위치했으며 약속의 땅의 최남단인 신 광야와 바란 사이에 있었던 오아시스를 중심으로 형성된 지역이었다. 이 지역의 이름은 가데스(민 13:26), 엔미스밧(창 14:7), 므리바(민 20:13)로 불리기도 했으며 이스라엘 민족은 이 지역에서 40년의 광야 생활의 대부분을 마치게 된다.

저자는 이 여정을 "크고 무서운 광야 길"(כָּל־הַמִּדְבָּר הַגָּדוֹל וְהַנּוֹרָא)이었다고 한다(19절). 저자는 8:15에서도 이스라엘이 지나온 땅을 "넓고 황량한 광야와 곧 불뱀과 전갈이 우글거리는 광야와 물이 없는 사막"(새번역)이라고 한다. 물이 거의 없어 생명을 위협하는 석회암 고원들로 이어진 160킬로미터가 넘는 기나긴 길이었기에 이러한 묘사는 매우 적절하다

(Craigie). 이러한 표현을 통해 모세는 이 때에도 하나님은 위험에 노출되어 있던 이스라엘을 보호하시고 인도하셨음을 강조하고자 한다(Grisanti). 이스라엘이 가데스 바네아까지 오게 된 것은 하나님의 은혜 때문이었기에 그들의 반역은 더욱더 상식 밖의 것이었다. 가데스 바네아로 향한 길을 걷던 이스라엘 백성들은 자신들이 가는 길이 사람이 걷기에는 매우 험난하고 무서운 길이었기에 약속의 땅에 대한 기대를 한층 더 높일 수 있었을 것이다. 안타깝게도 가데스 바네아에서 반역한 이스라엘에게 하나님 자신이 "크고 무서운"(גָּדוֹל וְנוֹרָא) 분이 되신다(7:21; 10:17).

우리말 번역본들은 본문 전체를 하나같이 2인칭 복수(viz., "너희/당신들")로 번역하고 있지만, 모세는 20절까지는 2인칭 복수로 말하다가 21절에서는 2인칭 단수를 사용하고 있다. 그러다가 다시 22절에서는 2인칭 복수를 사용한다. 그러므로 여기 이 땅은 "여호와 너의 조상의 하나님"(יְהוָה אֱלֹהֵי אֲבֹתֶיךָ)이자 "여호와 너의 하나님"(יְהוָה אֱלֹהֶיךָ, 21절)이 주신 것이라는 표현이 더 정확하다. 학자들은 이 같은 복수-단수-복수 사용에 대하여 다양한 추측을 내놓았다. 어떤 사람은 신명기가 일종의 음악 작품(musical reading)으로 저작되었기 때문이라 하고(Christensen), 복수를 사용하는 문장들은 역사적 회고인 반면 단수를 사용하는 문장은 설교이기 때문이라고 한다(Lohfink). 신명기가 다른 출처의 문서들을 모아 편집한 흔적이라고 하는 학자도 있다(Cazelles). 그러나 이같이 단수-복수를 오가며 문서를 작성하는 것은 고대 근동의 계약서에서 흔히 발견되는 현상이며(Kitchen), 공동체 전체를 상대로 말씀을 선포하는 상황(이럴 때에는 복수 사용)에서 종종 각 개인의 책임을 강조하고자 할 때에는 단수를 사용한다(McConville; Grisanti).

이스라엘이 가데스 바네아에 도착하자 모세는 그들에게 곧장 가나안 땅 정복에 나설 것을 명령했다. 가나안 땅은 하나님이 이미 선조들에게 주신 땅이며, 이스라엘은 그 약속의 역사적 맥을 잇는, 곧 그 땅을 차지할 법적 권한이 있는 자들이기 때문이다. 그러므로 이스라엘이 가나안 땅을 정복하는 것은 정당한 권리를 행사하는 것에 지나지 않으니 두려워하지도, 겁내지도 말라는 말을 더했다. 이스라엘이 가나안 정복을 거부한 것은 정당한 권리를 행사하기를 스스로 포기한 것과 다름없었다.

모세의 권면에도 불구하고 백성들은 주저했다. 백성들에게는 모세처럼 확고한 믿음이나 비전이 없었다. 그들은 정복에 나서기 전에 먼저 정탐꾼들을 보내서 정황을 파악해 보자고 했다(22절). 민수기는 백성들이 정탐꾼을 요청한 부분에 대하여는 언급하지 않는다. 그 책에서는 하나님이 지시하신 것으로 기록되어 있다(민 13:2). 민수기와 신명기를 종합해 보면 가데스 바네아에서 백성들이 먼저 정탐꾼을 보내자고 했고, 이러한 요구가 불신에서 비롯된 것을 알아차리지 못한 모세가 좋게 생각하여 하나님께 아뢰었고, 하나님이 허락하신 것으로 생각된다(Craigie; Merrill). 하나님이 이스라엘의 불신을 이미 알고 계셨음에도 이러한 요구를 허락하신 것은 그들이 정탐꾼을 보내지 않고는 더욱더 가나안으로 입성하지 않으려고 하는 것을 잘 알고 계셨기 때문이었을 것이다. 이 텍스트는 민수기 13장의 일의 세부 사항을 설명하고 있다.

모세는 이들의 제안을 좋게 생각했다(23절). 백성들과 모세가 이 일에 있어서 하나가 되어 있었다는 뜻이다. 그들이 정복해서 취할 땅이 얼마나 비옥한가를 미리 알게 된다면 더 적극적으로 정복에 나설 것이라는 기대에서였을 것이다. 그러나 백성들의 제안에는 벌써 불신이 스며있을 뿐만 아니라 실패의 싹이 움트고 있었다(Tigay; cf. Block). 지금까지 이스라엘은 하나님이 앞장서서 가신 길을 따라 이곳까지 왔다. 그러나 백성들이 먼저 정탐꾼을 보내자고 하는 것은 "우리가 올라갈 길" (הַדֶּרֶךְ אֲשֶׁר נַעֲלֶה־בָּהּ)을 알아보기 위해서였다(22절; cf. 33절). 하나님을 앞서 가려고 했던 것이다. 또한 모세도 이 일로 인해 가나안에 입성하지 못하는 것을 보면(37절), 그가 이스라엘의 불신에서 비롯된 제안을 아무런 반대 없이 수용한 것에 대한 벌을 받는 것으로 생각된다(McConville).

모세는 각 지파별로 한 명씩 총 12명을 정탐꾼으로 파견했다. 민수기

13:2-16은 이들의 이름을 기록하고 있지만, 여기서는 그들의 이름을 밝히지 않는다. 모세가 백성들에게 들려 주고자 하는 이야기에 별다른 지장을 주지 않기 때문이다. 본문은 밝히고 있지 않지만, 민수기에 의하면 정탐꾼들은 40일 동안 가나안 땅을 정탐했다. 그리고 "에스골 골짜기"(נַחַל אֶשְׁכֹּל)에 이르렀다. "에스골"은 〔포도〕송이라는 뜻이며 정탐꾼들이 이 지역에서 가지고 온 포도송이의 탐스러움에서 비롯된 이름이었다(민 13:23-24). 에스골은 헤브론 근처에 있었던 골짜기로 생각되지만 정확한 위치는 알려지지 않았다(Craigie). 오늘날에도 헤브론 지역은 질 좋은 포도가 생산되는 곳으로 유명하다(Tigay). 이스라엘이 지나온 광야의 황폐함과 가나안의 풍요로움이 극명하게 대조된다. 더 나아가 에스골은 하나님이 그들에게 주시고자 하는 땅이 참으로 젖과 꿀이 흐르는 땅임을 가시적으로 보여주는 좋은 증거다(Grisanti).

가나안 땅을 정탐하고 돌아온 정탐꾼들은 그 땅에서 난 열매들을 보여주며 "땅이 참으로 좋다"고 보고하였다(25절). 하나님의 말씀대로 젖과 꿀이 흐르는 땅이라는 점을 인정했던 것이다. 민수기에 의하면 이들이 가지고 돌아온 가나안의 열매는 포도, 석류, 무화과 등이었다(민 13:23, 27). 그러나 가만히 생각해 보면 정탐꾼들은 이미 가나안 땅 정복을 포기하고 돌아온 상태다. 그들은 분명 가나안으로 "올라가는 길과 성읍들"을 정탐하러 갔다(22절). 그러나 그들이 돌아올 때에는 원래 목적이었던 길과 성읍들은 관심 밖에 있다. 그들의 유일한 관심은 땅의 비옥함이었다. 그들은 이 땅이 여호와께서 말씀하신 것처럼 비옥하긴 하지만, 그 땅을 정복하기 위해서 치러야 하는 대가를 생각하면 그럴 만한 가치는 없다고 생각했던 것이다(Block). 그래서 그들은 가나안으로 올라가는 길에 대하여는 보고하지 않는다.

민수기에 의하면 정탐꾼들이 이 시점에서 원주민들에 대하여 비관적인 보고를 하지만, 모세는 여기서 그 사실을 언급하지 않고 잠시 후 28절에서 백성들의 입술을 통해 그 말이 나왔던 것으로 회고한다. 이스라엘의 가나안 입성이 거부된 것의 책임이 정탐꾼들이 아니라, 백성들 자신에게 있었다는 점을 강조하기 위해서다(McConville; Tigay).

(2) 가나안 입성 거부(1:26-28)

26 그러나 너희가 올라가기를 원하지 아니하고 너희의 하나님 여호와의 명령을 거
역하여 27 장막 중에서 원망하여 이르기를 여호와께서 우리를 미워하시므로 아모
리 족속의 손에 넘겨 멸하시려고 우리를 애굽 땅에서 인도하여 내셨도다 28 우리
가 어디로 가랴 우리의 형제들이 우리를 낙심하게 하여 말하기를 그 백성은 우리
보다 장대하며 그 성읍들은 크고 성곽은 하늘에 닿았으며 우리가 또 거기서 아낙
자손을 보았노라 하는도다 하기로

정탐꾼들의 땅에 대한 긍정적인 보고를 듣고 백성들은 가나안으로 들어가려 하지 않았다(26절). 모세는 이스라엘의 불순종을 세 가지 표현으로 묘사한다(26-27절). "가려 하지 않았다(לֹא אֲבִיתֶם לַעֲלֹת); 거역했다(תַּמְרוּ); 원망했다(תֵּרָגְנוּ)." 이스라엘이 하나님을 원망할 때 자주 사용되던 표현들이다(출 15:22-26; 16:1-3; 17:1-7). 땅은 좋을지 몰라도 거인들처럼 덩치가 큰 원주민들은 너무 위협적이었고 그들이 사는 성읍들은 공략하기 불가능하다는 것이 그들의 주장이다(28절; cf. 민 13:27-29). 물론 정탐꾼들의 보고를 듣고 하는 말이다.

백성들이 하나님의 말보다는 정탐꾼들의 말을 더 신뢰하고 있다는 점이 그들이 정탐꾼들을 "우리의 형제들"(אַחֵינוּ)이라고 부르는 데서 역력히 드러난다(28절). 이집트에서 숱한 기적을 체험하고, 홍해에서 온 이집트 군을 수장시킨 하나님의 능력을 보고도 이런 말을 할 수 있다는 것이 참으로 기가 막히다. 하나님이 베푸신 기적의 혜택을 톡톡히 누려왔던 자들이 이런 반응을 보인다는 것이 참으로 어이없다. 게다가 그들이 지난 1년 이상의 광야 생활 동안 무엇을 먹고 마셨으며 어떻게 살아왔는지를 생각해 보면 도저히 이해할 수 없는 일이다. 기적이 결코 사람을 변화시킬 수 없다는 말이 새롭게 다가온다.

이스라엘은 하나님의 능력을 믿지 못한 죄보다 더 심각한 죄를 저질렀다. 하나님이 자신들을 미워해서 가나안 사람들의 손에 죽이시려고 이집트에서 인도해 내셨다고 원망했다(27절). "미워해서"(שִׂנְאָה)는 언약적 언어다(Merrill). 이스라엘은 하나님이 자신들과 맺으신 언약을 지키지 않으신다고 원망하고 있는 것이다.

이스라엘이 시내 산에서 하나님과 맺은 언약은 사랑에 근거했다. 하나님은 시내 산에서 이스라엘을 영원히 사랑하실 것을 약속하셨다. 그런데 불과 몇 달 사이에 이스라엘은 하나님이 자기들과의 약속을 지키지 않으신다고 억지를 쓴다. 이것은 연인의 사랑 투정이 아니라 반역이다. 또한 시내 산에서 하나님과 맺은 언약에 반역하는 행위다(Grisanti).

게다가 하나님이 이스라엘을 이집트에서 인도해 내신 것은 가나안 사람들과 그들의 땅을 그들 손에 넘겨 주시기 위해서였다. 그들의 삶의 터전을 마련해 주시는 것이 목적이었던 것이다. 그런데 이스라엘은 지금 하나님이 그들을 죽이시려고 이집트에서 이끌어 낸 것이라고 주장한다. 이것은 오해에서 비롯된 원망이 아니라 망발이다. 이스라엘은 그동안 하나님이 베풀어 주신 기적과 은혜는 보지 못하고, 오직 당장 자신들 앞에 서 있는 아낙 자손들(28절)을 볼 뿐이다. 불신은 이처럼 우리 눈에 보이는 문제의 크기를 확대시키는 효과를 지녔다(Fernando). 믿지 않으면 능력의 하나님은 보이지 않고, 오직 문제만 보이는 것이다.

Ⅰ. 첫 번째 스피치: 하나님과 역사(1:1-4:43)
2장. 보호: 시내 산에서 모압 평지까지(1:6-3:29)
2. 가데스 바네아에서(1:19-46)

(3) 모세의 반역 책망(1:29-33)

29 내가 너희에게 말하기를 그들을 무서워하지 말라 두려워하지 말라 30 너희보다
먼저 가시는 너희의 하나님 여호와께서 애굽에서 너희를 위하여 너희 목전에서
모든 일을 행하신 것 같이 이제도 너희를 위하여 싸우실 것이며 31 광야에서도 너
희가 당하였거니와 사람이 자기의 아들을 안는 것 같이 너희의 하나님 여호와께
서 너희가 걸어온 길에서 너희를 안으사 이 곳까지 이르게 하셨느니라 하나 32 이
일에 너희가 너희의 하나님 여호와를 믿지 아니하였도다 33 그는 너희보다 먼저
그 길을 가시며 장막 칠 곳을 찾으시고 밤에는 불로, 낮에는 구름으로 너희가 갈
길을 지시하신 자이시니라

모세는 가나안 사람들이 두렵다며 하나님을 원망하는 백성들에게 하나님을 믿고 가나안 사람들을 두려워하지 말라고 명령했다(29절). 모세가 설득하기보다 명령하는 것은 이스라엘은 하나님을 믿는 자들이며, 하나님을 믿는 자들이 두려워해서는 안되기 때문이다(Brueggemann). 믿는 자들이 두려워한다는 것은 그들의 하나님 여호와의 능력을 신뢰하지 않는다는 것을 의미한다.

모세는 하나님은 항상 이스라엘을 앞서 가시는 분이라며(30절), 크게 두 가지를 생각해 보라고 명령했다. 첫째, 하나님이 이스라엘을 위하여 이집트에서 어떤 일을 하셨는가를 생각해 보라(30절). 이스라엘의 탈출을 위하여 하나님이 어떤 기적을 베푸셨고 어떻게 이집트의 바로와 신들을 상대로 승리하셨는가는 이들 모두가 잘 아는 사실이었다. 그들을 노예 생활에서 구원하시기 위하여 이집트의 왕 바로와 그의 신들을 상대로 전쟁하여 승리하셨던 하나님이 왜 가나안 입성을 앞둔 이 시점에서는 이스라엘을 고아처럼 내버려 두시겠냐는 논리다. 모세는 이집트에서 이스라엘을 인도해 내신 하나님이 다시 한 번 용사가 되어 이스라엘을 대신해서 가나안 백성들과 싸워 승리하실 것이라고 확신한다(30절).

둘째, 이스라엘이 이집트를 떠난 후에도 하나님은 아버지가 아들을 돌보듯 이스라엘을 보호하시며 이곳까지 인도해 오셨다는 점을 생각해 보라(31절). 하나님은 전쟁만 잘 하시는 분이 아니라 자신의 백성을 부모가 자식 돌보듯 애지중지하며 보호하시는 분이다. 홍해를 건넌 후 지난 1년 동안 하나님의 도우심으로 이스라엘은 물이 없는 곳에서 생수를 마실 수 있었고, 음식이 없는 곳에서도 배불리 먹을 수 있었다. 그뿐만 아니라 하나님은 낮이면 구름기둥으로, 밤이면 불기둥으로 항상 그들을 앞서 가시며 인도하시고 보호하셨다(33절; cf. 출 13:21-22). 이러한 사실에 대해서는 지금 반역하고 있는 백성들이 그 누구보다도 잘 안다. 모세는 당면한 문제 때문에 이성과 상식을 잃어버린 백성들에게 지난날 하나님이 베풀어 주신 은혜를 묵상하며 논리적으로 생각해 보라고 권면하고 있다.

모세는 또한 이스라엘의 기억과 경험에 호소한다. 이때까지 그들이 경험해 온 하나님을 생각해 보면 거인처럼 보이는 가나안 거주민들이나 하늘까지 치솟은 듯한 저들의 성벽이(cf. 28절) 결코 문제가 될 수 없다. 과거의 경험은 현실을 다른 관점에서 바라보게 하며 미래를 기대하게 하는 힘이 있다. 거인 체구로 사울과 온 이스라엘 군을 떨게 했던 골리앗도 믿음과 돌팔매질로 무장한 다윗에게는 "놓치기에는 너무 큰 표적"(too big a target to miss)에 불과하지 않았던가!

모세의 권면은 이미 자신들이 원하는 대로 현실을 해석하기로 작정한 완고한 백성들에게는 쇠귀에 경 읽기에 불과했다(cf. 32절). 억지부리는 사람에게는 이성과 논리가 통하지 않는다. 불행하게도 이스라엘에게 믿음이 없으면 그들이 차지할 땅도 없다. 하나님이 불신하는 이스라엘에게 약속의 땅을 허락하실 리 없기 때문이다. 그렇다면 이스라엘의 문제는 그들이 처한 상황에 대한 문제도, 군사적 문제도 아니다. 그들의 문제는 영적인 것이었다(Block).

모세의 책망에서 깨달아야 할 한 가지 중요한 사실은 불신 문제가 지난 세대만의 것은 아니라는 것이다. 그는 과거 일을 회상하다가 돌연 자기 앞에 서 있는 세대, 즉 가나안 입성을 앞둔 백성들을 똑같은 이유로 책망한다. "그런데도 당신들은 아직도 주 당신들의 하나님을 믿지 않습니다"(32절, 새번역; cf. NRS; TNK). 모세가 지난 세대의 불신을 논하고자 했다면 여기서 과거형 동사가 사용해야 하는데 현재를 의미하는 분사(מַאֲמִינִם)를 사용하고 있다(McConville).

역사는 회고하는 것에서만 의미가 있는 것이 아니라 현 세대에게도 도전과 권면을 준다. 옛적에 하나님이 지난 세대의 이야기를 통해 정복을 앞둔 백성들의 불신을 책망하셨던 것처럼 오늘날도 우리를 권면하시고 책망하신다. 우리는 성경에 기록된 과거의 일들을 통해 우리의 신앙을 되돌아보며 회개할 것은 회개하고, 강화할 것은 강화해야 한다. 바로 이렇게 하라고 우리에게 성경을 주신 것이다.

I. 첫 번째 스피치: 하나님과 역사(1:1–4:43)
2장. 보호: 시내 산에서 모압 평지까지(1:6–3:29)
2. 가데스 바네아에서(1:19–46)

(4) 하나님의 징벌(1:34-40)

34 여호와께서 너희의 말소리를 들으시고 노하사 맹세하여 이르시되 35 이 악한 세
대 사람들 중에는 내가 그들의 조상에게 주기로 맹세한 좋은 땅을 볼 자가 하나도
없으리라 36 오직 여분네의 아들 갈렙은 온전히 여호와께 순종하였은즉 그는 그것
을 볼 것이요 그가 밟은 땅을 내가 그와 그의 자손에게 주리라 하시고 37 여호와께
서 너희 때문에 내게도 진노하사 이르시되 너도 그리로 들어가지 못하리라 38 네
앞에 서 있는 눈의 아들 여호수아는 그리로 들어갈 것이니 너는 그를 담대하게 하
라 그가 이스라엘에게 그 땅을 기업으로 차지하게 하리라 39 또 너희가 사로잡히
리라 하던 너희의 아이들과 당시에 선악을 분별하지 못하던 너희의 자녀들도 그
리로 들어갈 것이라 내가 그 땅을 그들에게 주어 산업이 되게 하리라 40 너희는 방

향을 돌려 홍해 길을 따라 광야로 들어갈지니라 하시매

이스라엘의 원망과 완악한 마음을 보신 하나님이 그들을 심판하셨다. 이때의 일에 대한 세부적 사항은 민수기 14:11-20에 상세하게 기록되어 있으며, 하나님은 모든 백성을 죽이시고 모세의 자손을 통해서 새 민족을 만드시겠다고 하셨다. 모세는 여기서 이러한 세부적인 이야기들을 모두 생략하고 하나님의 최종 결정만 회고한다. 그는 본문을 통해 "누가 가나안 땅에 들어갈 것인가?"라는 질문에만 답하고자 하기 때문이다.

이 섹션에 기록된 내용은 하나님이 "맹세하신"(שׁבע) 것이다(34절). 이 동사는 하나님이 선조들에게 땅과 자손을 약속하실 때에 사용하셨을 뿐만 아니라 1:8에서도 이스라엘이 차지하게 될 가나안 땅이 하나님이 이미 그들의 선조들에게 맹세하셨던 땅이라는 점을 강조하면서 사용되었다. 하나님이 땅을 주시겠다는 맹세를 거부한 백성에게 그들은 결코 그 땅을 밟지 못할 것이라는 새로운 하나님의 맹세가 선포된 것이다. 하나님의 축복을 공손히 거부할 수는 있을지 몰라도 사실을 왜곡하며 온갖 불신과 원망을 쏟아내며 축복을 저주라고 말하는 죄는 하나님의 분노를 사기에 충분하다.

만일 이 백성이 가나안 땅을 밟을 수 없다면 누가 밟을 수 있단 말인가? 하나님은 성인들 중에는 갈렙과 여호수아만이 그 땅에 들어갈 수 있다고 하신다(36-37절). 신명기에는 정탐꾼 이야기가 자세하게 기록되어 있지 않지만, 민수기에 의하면 갈렙과 여호수아는 파송 받은 열두 명의 정탐꾼에 속했으며, 나머지 열 명의 정탐꾼들과는 달리, 하나님을 신뢰하고 올라가면 충분히 정복할 수 있다고 주장하다가 백성들에 의해 돌에 맞아 죽을 뻔했던 자들이다.

본 텍스트에서는 단순히 갈렙은 하나님을 전심으로 따랐기 때문에, 여호수아는 모세의 대를 이어 백성들을 가나안으로 인도할 사람이기 때문이라고 말한다(36, 38절). 이 백성들이 민수기에 기록된 내용을 모두 상세하게 알고 있음을 전제하는 것이다. 전심으로 하나님을 믿은 갈렙과 여호수아가 다른 백성들과 함께 광야에서 죽지 않고 약속의 땅을 밟게 될 것이라는 말씀은 어떤 상황에서든 하나님은 사람을 구분해서 대하실 것이라는 원칙에 대한 확인이다. 하나님은 죄인들을 벌하실 때에 의인들을 함께 벌하시지 않는다. 오히려 그들을 축복하신다.

만일 반역한 백성들이 가나안으로 들어갈 수 없다면, 여호수아가 가나안으로 인도할 자들은 누구인가? 백성들이 하나님을 원망하며 "적에게 사로잡혀 갈 것이라고 말한 어린아이들, 곧 아직 선악을 구별하지 못하는" 그들의 자식들이다(39절; 민 14:31). 하나님은 어른들에게는 그들의 선택에 대한 책임을 물으시지만, 아직 옳고 그름을 분별할 수 없는 그들의 아이들에게는 책임을 묻지 않으신다.

본문은 나이 제한을 밝히지 않고 있지만, 민수기는 20세 이하라 한다(cf. 민 14:31-35). 비록 부모들은 하나님의 심판을 받아 광야에서 죽어야 하지만, 그들의 자녀에게는 하나님의 약속을 자신들의 것으로 만들 수 있는 기회가 주어졌다. 저자는 가나안에 입성할 사람들은 "분별력/판단력"이 없는 아이들이라고 한다(39절). 성인으로서 지혜와 지식이 충만하여 판단력이 뛰어난 사람들은 젖과 꿀이 흐르는 땅에 대하여 잘못 판단함으로써 죽게 되었고, 아무것도 모르는 아이들이 그들을 대신해서 가나안에 입성하게 된 일은 참으로 아이러니하다. 이것도 하나님의 은혜다.

한 가지 충격적인 사실은 모세도 가나안 땅에 들어가지 못한다는 심판을 받았다는 것이다(37절). 모세는 자신이 이렇게 된 것은 하나님이 백성들 때문에 그에게 진노하셨기 때문이라고 한다. 무슨 일로 모세가 백성들 때문에 심판을 받았단 말인가? 사실 모세가 가나안에 들어가지 못하게 된 것은 므리바에서 바위를 지팡이로 내려친 일로 인한 결과며(cf. 민 20:11-12), 본문의 주제가 가나안 입성 거부인 까닭에 모세가 자세한 설명 없이 자기가 거부당한 일을 함께 말하다 보니 마치 자신이 이 일로 인하여 거부당한 것처럼 보이는 것일 뿐, 실제는 그의 입성 거부와 가데스 바네아의 반역은 상관없는 일이라고 보는 학자들도 있다(McConville; Grisanti).

그러나 본문의 문맥에서 가능한 해석은 모세가 백성들이 정탐꾼을 보내자고 제안했을 때 반대하지 않고 좋게 받아들였던 것에 대한 책임을 묻는 것이거나(cf. 23절), 그가 백성들의 지도자였기 때문에 함께 벌을 받는 것으로 풀이될 수 있다(Christensen; Craigie; Driver; Thompson; Weinfeld). 이스라엘이 가데스 바네아에서 반역만 하지 않았더라면 이스라엘은 모세의 인도 아래 곧장 가나안에 입성했을 텐데 그들이 반역하여 40년 동안 광야를 배회하게 되었고, 이 광야 생활 중 므리바 사건이 일어났으므로 결국 모세가 므리바에서 있었던 일로 인하여 가나안에 들어가지 못하게 된 것은 이스라엘의 책임이라는 해석도 가능하다(Brown). 이처럼 죄는 죄를 낳는다(Grisanti).

심판을 선언하신 후 하나님은 이스라엘에게 발길을 돌려 홍해로 가는 길을(דֶּרֶךְ יַם־סוּף) 따라 광야로 가라고 명령하셨다(40절). 이 길은 가데스 바네아의 동쪽에 위치했으며, 남쪽의 엘랏(Elath)에서 시작하여 북쪽으로는 사해의 남쪽 지역에 위치했던 소알(Zoar)을 연결했다(Craigie; Tigay). 이스라엘은 가데스 바네아를 가나안 정복의 베이스캠프로 사용하려고 이곳까지 왔다. 그러나 그들은 발길을 돌려 왔던 길을 돌아가야 한다. 그 길은 사람의 생존을 위협하는 "크고 무서운 광야"에 놓인 길이었다(19절). 홍해가 이 시점에 언급되는 것도 우연이 아니다. 홍해는 그들이 "죽음의 땅" 이집트를 탈출하며 건넌 곳이다. 이제 그들은 다시 광야라는 '죽음의 땅'으로 돌아가야 한다. 왜 이렇게 되었는가? 하나님의 능력을 믿지 못했기 때문이다. 하나님이 우리에게 원하시는 딱 한 가지, 그것은 믿음이다.

Ⅰ. 첫 번째 스피치: 하나님과 역사(1:1-4:43) 2장. 보호: 시내 산에서 모압 평지까지(1:6-3:29) 2. 가데스 바네아에서(1:19-46)

(5) 다시 반역함(1:41-46)

41 너희가 대답하여 내게 이르기를 우리가 여호와께 범죄하였사오니 우리 하나님
께서 우리에게 명령하신 대로 우리가 올라가서 싸우리이다 하고 너희가 각각 무
기를 가지고 경솔히 산지로 올라가려 할 때에 42 여호와께서 내게 이르시되 너는
그들에게 이르기를 너희는 올라가지 말라 싸우지도 말라 내가 너희 중에 있지 아
니하니 너희가 대적에게 패할까 하노라 하시기로 43 내가 너희에게 말하였으나 너
희가 듣지 아니하고 여호와의 명령을 거역하고 거리낌 없이 산지로 올라가매 44
그 산지에 거주하는 아모리 족속이 너희에게 마주 나와 벌 떼 같이 너희를 쫓아
세일 산에서 쳐서 호르마까지 이른지라 45 너희가 돌아와 여호와 앞에서 통곡하
나 여호와께서 너희의 소리를 듣지 아니하시며 너희에게 귀를 기울이지 아니하셨
으므로 46 너희가 가데스에 여러 날 동안 머물렀나니 곧 너희가 그 곳에 머물던 날
수대로니라

하나님의 심판을 받고 나서야 상황을 판단하게 된 이스라엘이 자신들의 죄를 회개하며 자신들의 잘못된 행동을 바로잡겠다며 무기를 챙겨 들고 가나안 정복에 나섰다(41절). 그러나 모세는 이들의 행동을 회개로 여기지 않고 경솔한 짓으로 평가한다(41절). 성경에서 "경솔하다/가볍게 여기다"(הון; 41절)는 오직 이곳에서 한 차례 사용되는 희귀 동사다. 이스라엘의 무모함을 강조하는 개념이다(Grisanti; cf. Tigay). 하나님은 이미 마음을 결정하신 터라 가나안으로 가지 말라 명령하시며 가면 패하고 돌아올 것이라는 경고를 더하셨다(42절).

경솔한 이스라엘은 하나님의 경고를 무시하고 가나안 정복에 나섰다가 벌떼같이 공격해 오는 아모리 사람들에게 쫓겨 호르마(חָרְמָה)까지 도망 왔다(44절). 일부 학자들은 민수기 14:43이 본문의 아모리 사람들 대신 "아말렉 사람들과 가나안 사람들"을 언급한다 해서 이들을 아말렉

인이라는 추측을 내놓기도 하지만, 신명기에서는 '아모리 사람들'이 가나안 사람들을 칭하는 일반적인 용어로 사용되고 있기 때문에 이러한 추측은 큰 설득력이 없다(Merrill; Weinfeld; Block; cf. 1:7). 가나안 정복에 나섰던 이스라엘이 제대로 공격도 해보지 못하고 오히려 가나안 사람들의 공격을 받아 마치 벌떼에게 쫓기는 사람처럼 정신 없이 그곳에서 도주했다는 뜻이다. 호르마는 남쪽 광야에 위치한 가나안 사람의 성읍이었으며, '진멸'(חֵרֶם)에서 유래된 뜻을 지니고 있다(McConville).

실패의 원인이 어디에 있었는가? 그들 가운데 하나님이 더 이상 함께 하시지 않았기 때문이다(42절). 하나님의 함께 하심은 구약에서 매우 중요한 주제다. 하나님이 누구와 함께 하신다는 것은 곧 주님의 축복이 그들의 삶에 임한다는 뜻이다(창 26:28; 신 2:7; 삼상 16:18; 왕하 18:7; 대상 22:18; 대하 1:1; 15:9). 또한 임재는 군사적 능력을, 부재는 무능력을 의미하기도 하며(민 14:43; 신 20:1, 4; 삿 1:22; 슥 10:5; 대하 15:2), 임재는 하나님이 능력을 주시는 것을 상징하기도 한다(삿 2:18; 6:12-13; 삼하 7:3; 왕상 1:37; 대상 22:11, 16).

모세가 죽고 그의 대를 이어 여호수아가 리더가 되자 백성들은 하나님이 모세와 함께 하셨던 것처럼 여호수아와 함께 하시기를 바랄 뿐이었다(수 1:17). 그러므로 주의 백성이 무슨 일을 하든 간에 성공과 실패는 그들의 능력에 의하여 결정되기보다는 하나님의 함께 하심 여부에 의하여 결정된다. 이스라엘은 앞으로 40년 동안 광야를 배회하면서 이 진리를 철저하게 깨달아야 한다.

이스라엘이 하나님이 더 이상 자신들과 함께하지 않으신다는 말씀을 마지막으로 들었을 때는 곧 시내 산에서 금송아지를 만들었을 때였다(출 33:1-3). 가데스 바네아에서의 반역은 금송아지 반역만큼이나 심각했던 것이다. 그런데 왜 하나님은 '회개하는' 이스라엘과 함께 하시지 않았는가? 그들이 진정으로 회개한 것이 아니었기 때문이다. 만일 회개했다면, 하나님의 말씀을 거역하면서까지 정복에 나설 수 없었을 것이다. 그래서 모세는 이들의 정복을 부정적인 표현 세 가지로 묘사한다(43절). "듣지 않았다(לֹא שְׁמַעְתֶּם) … 거역했다(תַּמְרוּ) … 마음대로 하였다/교만하게 굴었다(תָּזִדוּ)." 전에는 가라는데 가지 않겠다고 반역하더니, 이번에는 가지 말라는데 가겠다고 반역한 것이다.

그들은 자신들이 회개하면 하나님이 무조건 용서하시고 마치 아무 일도 없었던 것처럼 다시 축복하실 것이라는 착각 속에 빠져 있다. 이스라엘의 이러한 생각은 주제넘은 것이며 교만의 극치이며(Grisanti), 반성전(反聖戰, anti-holy war)이다(Moran). 그들은 자신들이 하나님의 의지와 계획을 조작할 수 있다고 생각하고 있기 때문이다. 사실 이스라엘이 가나안으로 가고 안 가고는 더 이상 중요하지 않다. 가든 가지 않든, 중요한 것은 하나님과 함께하는 것이다. 그러므로 하나님 없이 싸우는 것은 불신의 행위에 불과했다. 어떤 일에서든 하나님이 함께하시지 않는다면 우리는 스스로 망할 수밖에 없다.

패배하고 돌아온 백성들이 하나님 앞에서 통곡을 했지만 하나님은 자신의 계획을 변경하지 않으셨다(45절). 이스라엘이 하나님과 모세의 말씀을 듣지 않았던 것처럼 하나님도 그들의 말을 듣지 않으셨다. 하나님은 이미 자신이 선포하신 말씀대로 행하실 의지를 굳히셨기 때문이다. 그러므로 이스라엘의 회개는 너무 늦은 후회에 불과했다. 가데스 바네아에서의 반역으로 인하여 이스라엘은 앞으로 38년을 우회해야 한다. 죄는 우리가 앞으로 나아가지 못하게 하며, 오히려 왔던 길로 되돌아가게 한다(Fernando).

하나님을 거역한 주의 백성은 주님을 믿지 않는 이방인들과 별반 다를 바가 없다. 그렇기에 하나님 보시기에는 반역한 이스라엘은 그들이 진멸해야 할 가나안 사람들과 같은 부류이다(Grisanti). 가나안에 입성하기도 전에 이스라엘이 이렇게 몰락하다니! 한순간의 반역이 이렇게 뼈아픈 결과를 초래할 줄이야! 기회는 항상 있는 것이 아니다. 주어졌을 때 믿음으로 받아들이고 하나님을 의지하며 나가야 한다. 이스라엘은 가데스 바네아 주변에서 상당 기간 동안 머물렀다(46절; cf. Tigay).

I. 첫 번째 스피치: 하나님과 역사(1:1-4:43)
2장. 보호: 시내 산에서 모압 평지까지(1:6-3:29)

3. 에돔, 모압, 암몬을 지나(2:1-25)

가데스 바네아에서의 반역으로 인해 이스라엘은 38년 동안 광야에서 살면서 출애굽 1세대가 모두 죽기를 기다려야 했다. 그나마 민수기는 이때 있었던 일을 20-24장에 걸쳐 매우 간략하게 요약하고 있는데, 신명기는 이에 대해 아예 언급하지 않는다. 그러므로 우리는 이스라엘이 이 기간 동안 광야 어디에서 어떻게 살았는가에 대해서는 거의 알 수가 없다.

모세는 이스라엘이 이렇게 된 것에 대하여 매우 마음 아프게 생각했기 때문에 이때의 일을 추억하고 싶지가 않았다. 그래서 그는 이때 일을 과거에 묻어 두고 곧바로 죽어간 1세대를 대신하여 가나안을 정복할 2세대의 이야기로 이야기의 초점을 옮긴다. 새로이 형성된 출애굽 2세대가 어떤 경로를 통해 약속의 땅을 경계하는 아르논 강에 이르게 되었는가를 회고하고 있는 이 섹션은 다음과 같이 구분될 수 있다.

A. 세일 산에서(2:1-8)
B. 모압 자손의 영토에서(2:9-12)
C. 세렛 시내를 건너서(2:13-15)
D. 암몬 자손의 영토에서(2:16-23)
E. 아르논 강에서(2:24-25)

Ⅰ. 첫 번째 스피치: 하나님과 역사(1:1-4:43)
2장. 보호: 시내 산에서 모압 평지까지(1:6-3:29)
3. 에돔, 모압, 암몬을 지나(2:1-25)

(1) 세일 산에서(2:1-8)

**1 우리가 방향을 돌려 여호와께서 내게 명령하신 대로 홍해 길로 광야에 들어가서
여러 날 동안 세일 산을 두루 다녔더니 2 여호와께서 내게 말씀하여 이르시되 3 너
희가 이 산을 두루 다닌 지 오래니 돌이켜 북으로 나아가라 4 너는 또 백성에게 명
령하여 이르기를 너희는 세일에 거주하는 너희 동족 에서의 자손이 사는 지역으
로 지날진대 그들이 너희를 두려워하리니 너희는 스스로 깊이 삼가고 5 그들과 다
투지 말라 그들의 땅은 한 발자국도 너희에게 주지 아니하리니 이는 내가 세일 산
을 에서에게 기업으로 주었음이라 6 너희는 돈으로 그들에게서 양식을 사서 먹고
돈으로 그들에게서 물을 사서 마시라 7 네 하나님 여호와께서 네가 하는 모든 일
에 네게 복을 주시고 네가 이 큰 광야에 두루 다님을 알고 네 하나님 여호와께서
이 사십 년 동안을 너와 함께 하셨으므로 네게 부족함이 없었느니라 하시기로 8
우리가 세일 산에 거주하는 우리 동족 에서의 자손을 떠나서 아라바를 지나며 엘
랏과 에시온 게벨 곁으로 지나 행진하고 돌이켜 모압 광야 길로 지날 때에**

가나안 정복에 실패한 이스라엘은 눈물을 머금고 가데스를 떠나 그동안 왔던 길을 되돌아 남쪽으로 갔다(1절). 약속의 땅에서 멀어지고 있으며, 아카바 만이 있는 쪽으로 갔다는 뜻이다(Craigie). 학자들은 본문과 민수기에 기록된 여정을 어떻게 조화시킬 것인가에 대해 지대한 노력을 해왔지만, 별 수확을 얻지 못했다(Driver; Weinfeld; Hall; Tigay). 당연한 일이다. 모세는 민수기에 기록된 일을 상세하게 회고하는 것에 관심이 없기 때문이다. 그는 구체적이고 세부적인 정보를 제공하기보다는, 그때 있었던 일들이 지니고 있는 신학적 의미에 초점을 맞추어 이야기를 진행하고자 하기 때문에 사건 자체에 대하여는 매우 간략하게 회고한다. 그러므로 민수기와 신명기가 제공하는 정보의 차이에 초점을 맞추어 본문을 해석하는 것은 별 의미가 없다(Grisanti).

이스라엘은 여러 날 세일 산(הַר־שֵׂעִיר) 부근에서 떠돌았는데 세일 산은 사해 남쪽 지역에 있다. 이스라엘은 이 지역에서 여러 날(יָמִים רַבִּים)을 두루 다니며 지냈다고 하는데, "두루 다니다"(סבב)는 직접 지나가면 빚어질 수도 있는 지역민과의 갈등을 피하기 위하여 "〔주변을〕 돌아갔다"는 뜻이다(Lundbom; NJV). "여러 날"은 며칠을 두고 하는 말이 아니라 가데스 바네아를 떠난 후 재정복을 위하여 모압 평지에 이르기 직전까지의 거의 38년의 세월을 의미한다(Tigay). 성경은 이 기간 동안의 광야 생활에 대하여 자세하게 언급하지 않는다. 이 기간 동안 특별히 괄목할 만한 일은 없었으며, 다만 반역했던 출애굽 1세들 대부분이 죽어간 가슴 아픈 시절이었다.

광야 생활이 끝나갈 무렵, 하나님이 모세에게 이스라엘이 세일 산 부근에서 오랫동안 떠돌았으니 백성을 데리고 북쪽으로 올라가라고 하셨다(2절). 드디어 다시 약속의 땅을 향하여 가라는 하나님의 허락이 떨어진 것이다. "산 부근에서 오랫동안 떠돌았으니"(새번역)는 호렙 산을 떠날 때 "이 산에서 오랫동안 머물렀으니"(1:6)라는 말을 연상케 한다. 과거에 시내 산을 떠나던 백성들에게 주어졌던 가나안 정복 기회와 동일한 기회가 새로이 형성된 세대에게도 주어지고 있다. 그러므로 상징적인 면에서 이스라엘이 지난 38년 동안 거했던 세일 산은 그들의 조상이 1년 동안 머물렀던 시내 산이다. 그러나 전에는 남쪽에서 약속의 땅으로 곧장 들어갈 수 있었지만, 이번에 허락하신 행로는 요단 강 동편에 있는 다섯 나라의 영토를 거친 다음 요단 강을 건너야 하는 길이다. 이스라엘이 요단 강을 건너기 전에 거쳐가야 하는 나라들은 에돔, 모압, 암몬, 시혼이 통치하는 나라, 그리고 옥이 통치하는 나라 등이다.

이스라엘이 가나안을 향해 가면서 에돔, 모압, 암몬의 땅을 탐내서는 안 된다. 그들에게 위협이 되지 않도록 최선을 다해야 하며 그들의 땅을 지날 때 어떠한 피해를 입혀서도 안 된다. 음식이 필요하면 사 먹고, 물이 필요하면 사서 마셔야 한다(6절). 하나님이 이스라엘에게 가나안 땅을 선물로 주신 것처럼 이 민족들에게도 그들의 땅을 선물로 주셨기 때문이다(2:5, 9, 19). 우리는 세상을 그리스도화하라는 소명을 받았다. 그러나 그 과정에서 하나님의 허락 없이 남을 짓밟거나 폭력을 사용하여 세상을 제압해서는 안 된다. 창조주 하나님이 그들을 사랑하고 존중하시기 때문이다.

더 나아가 에돔은 야곱의 쌍둥이 형 에서의 자손이다. 이스라엘과 형제 민족이었던 것이다. 그래서 모세는 에돔 사람들을 자극하지 않기 위하여 최선을 다해 엘랏과 에시온게벨에서 시작되는 아라바 길을 따라 그들의 땅을 지나쳤다(8절). 엘랏과 에시온게벨은 아카바 만 북단에 있는 도시들이었다(Craigie). 민수기에는 에돔이 이스라엘이 그들의 영토를 지나가는 것을 거부한 일이 기록되어 있다(20:14-21). 아마도 모세가 여기서 회고하고 있는 일과는 다른 사건이었던 것으로 생각된다.

일부 이스라엘 사람들은 하나님의 이러한 명령(주변 국가들에게 어떠한 피해도 입히지 말라는 명령)에 대하여 의구심을 품었을 수도 있다. 모세는 지난 40년의 광야 생활을 회상하라며 혹시 있을 수도 있는 백성들의 동요를 잠재운다(7절). 이스라엘은 하나님의 보살핌이 있었기에 지난 40년 동안 사람의 생명을 위협하는 광야에서 부족함 없이 살아왔다는 것을 잘 알고 있다. 모세는 이 명령은 바로 이들을 보살펴 주신 하나님이 하신 것이니 그분의 결정을 믿고 순종하라고 권면한다.

하나님이 에돔, 모압, 암몬 등에게 땅을 주셨다는 것은 하나님의 우주적인 통치와, 그분이 모든 민족의 역사에 관여하고 계심을 의미한다(Tigay). 그래서 하나님은 이스라엘이 온 세상을 정복하고 지배하는 것을 허락하지 않으셨다(cf. 32:8). 하나님은 이스라엘이 그들에게 주어진 땅(viz., 가나안 땅)에 정착하여 살며 주변 민족들과도 어우러져 살기를 바라셨다. 기독교 역사를 살펴보면 일부 그리스도인이 심각한 착각과 오류 속에서 하나님의 이름으로 많은 사람들을 살해했던 일을 보게 된다. 십자군 전쟁, 스페인의 이단 심문(Spanish Inquisition), 종교개혁 시대의 재세례파 처형 등을 예로 들 수 있다.

문제는 아직도 이러한 사고의 일부가 우리 주변에 도사리고 있다는 점이다. 그들은 믿는 자들의 사명이 세상을 정복하고 복종시키는 것이라고 한다. 만일 복종을 거부한다면 단호하게 대처하는 것도 하나님의 섭리라고 생각한다. 그러나 하나님이 우리에게 주신 소명은 세상을 짓밟고 불신자들을 처형하는 것이 아니라 세상을 변혁시키는 일이다. 우리가 확신하는 대로 기독교가 진리라면 성급하게 굴 필요가 없다. 열심히 노력하고 불신자들이나 타종교인들을 설득하면 언젠가 진리가 세상을 변화시킬 것이기 때문이다. 그때까지 우리는 이웃들과 어울리며 살아야 한다.

I. 첫 번째 스피치: 하나님과 역사(1:1-4:43)
2장. 보호: 시내 산에서 모압 평지까지(1:6-3:29)
3. 에돔, 모압, 암몬을 지나(2:1-25)

(2) 모압 자손의 영토에서(2:9-12)

[9] 여호와께서 내게 이르시되 모압을 괴롭히지 말라 그와 싸우지도 말라 그 땅을 내가 네게 기업으로 주지 아니하리니 이는 내가 롯 자손에게 아르를 기업으로 주었음이라 [10] (이전에는 에밈 사람이 거기 거주하였는데 아낙 족속 같이 강하고 많고 키가 크므로 [11] 그들을 아낙 족속과 같이 르바임이라 불렀으나 모압 사람은 그들을 에밈이라 불렀으며 [12] 호리 사람도 세일에 거주하였는데 에서의 자손이 그들을 멸하고 그 땅에 거주하였으니 이스라엘이 여호와께서 주신 기업의 땅에서 행한 것과 같았느니라)

에돔 사람들을 자극하지 않고 그들의 영토를 지나온 이스라엘에게 하나님이 이번에는 모압 영토를 지날 때에 에돔 땅을 지날 때처럼 하라고 말씀하셨다(9절). 모압은 아브라함의 조카 롯과 그의 딸 사이에서 유래한 족속이다(창 19:37). 본문은 모압의 영토 전체를 아르(עָר)라고 하는데 아르는 모압에 속한 도시의 이름이기도 했으며 18절에서는 모압 땅의 북쪽 경계선에 있는 도시/지역을 부르는 말이다(Grisanti; cf. McConville). 그 땅은 하나님이 모압 사람들에게 '약속의 땅'으로 주셨다. 하나님이 이스라엘에게 주실 약속의 땅은 가나안으로 한정되어 있으며, 다른 민족의 영토를 넘봐서는 안 된다는 것이다.

그런 다음 저자는 잠시 이야기의 흐름에서 일탈하여 모압 자손들이 이땅을 차지하게 된 역사적 정황을 설명한다(10-12절). 신명기 2-3장에는 몇 민족들의 역사적 배경을 설명하는 여러 개의 일탈 구(句)가 등장하는데, 이것이 그 첫 번째다(cf. 2:20-23; 3:9, 11, 13). 이 첫 번째 일탈 구는 이스라엘이 하나님이 유산으로 주신 땅을 차지한 것처럼 모압 사람들도 그땅에 살던 사람들을 쳐부수고 그땅을 차지했다는 것이다. 학자들은 "이스라엘 백성이 주님께서 유산으로 주신 땅을 차지한 것과 같다" 라는 문장에 대하여 여러 가지 해석을 내 놓았다.

첫째, 모세가 가나안 정복을 앞둔 출애굽 2세대들에게 믿음과 확신을 심어 주기 위하여 이스라엘이 앞으로 가나안을 정복하게 될 일을 이미 성취된 일처럼 선언하고 있다는 것이다(Hall; Kelland; Merrill). 이렇게 해석할 경우 본문이 사용하고 있는 완료형 동사는 '확신의 완료'(perfect of confidence)로 간주된다(Merrill). 둘째, 이 말씀은 누군가가 훗날 이스라엘이 가나안의 일부를 정복한 상황에서 나머지 땅의 정복을 염두에 두고 더한 말이다(Ridderbos; Harrison; Craigie; McConville; Wright). 이렇게 해석할 경우 이 문장을 더한 사람은 여호수아가 가나안 정복을 진행하고 있을 당시의 사람이다. 셋째, 이스라엘이 가나안을 정복한 후 한참 세월이 지난 상황에서 누군가가 역사를 되돌아보며 더한 말이다(Mayes; Tigay; Weinfeld). 이렇게 해석할 경우 이 말씀은 훗날 신명기를 최종 편집한 사람의 손에서 비롯되었을 수 있다.

이 세 가지 학설 모두 각각의 논리와 설득력을 갖추고 있다. 세 번째 해석을 따른다 해서 신명기의 최종 편집 시기가 비평학자들이 주장하는 것처럼 주전 7세기라고 전제할 필요는 없다. 누군가가 하나님의 지시와 성령의 감동에 따라 그 이전에 이 말씀을 본문에 삽입했을 가능성을 배제할 수 없기 때문이다. 신명기가 모세의 죽음에 대하여도 언급하고 있음을 감안할 때, 이 역사적 설명은 이스라엘이 최소한 가나안 땅의 일부를 정복하여 차지한 후에 삽입된 것이 분명하다. 왜냐하면 모압 사람들이 원주민을 제거하고 땅을 차지한 것이 "이스라엘 백성이 주님께서 유산으로 주신 땅을 차지한 것과 같다"고 하는데, 이 말은 가나안 정복이 상당 부분 이미 이루어졌음을 전제하기 때문이다(Craigie; McConville; Wright).

창조주 하나님은 태초 이후로 여러 민족에게 영토를 주셨다. 이러한 역사적 흐름을 감안할 때, 이스라엘이 가나안 땅을 받게 된 것은 특별한 일이 아니다. 이스라엘도 하나님이 영토를 주신 여러 민족 중 하나일 뿐이다. 그렇다면 이스라엘이 다른 민족들과 비교하여 무엇이 다른가? 하나님이 세상 모든 민족들 중에서 이스라엘을 자기 백성으로 삼으셨다는 사실이다. 즉, 이스라엘의 정체성이 땅을 소유하는 일에 근거한 것이 아니라, 하나님과의 특별한 관계를 바탕으로 하고 있다는 것에 있다(Grisanti).

본문은 에돔 사람들이 에밈(אֵימִים) 족속을 내쳤는데, 이들은 르바임(רְפָאִים)으로도 알려졌던 아낙(עֲנָק) 자손들처럼 거인들이었다고 한다(10-11절). 본문의 에밈(אֵימִים)과 창세기 14:5의 엠 족속(אֵימִים)의 히브리어 스펠링은 같다. 이 두 족속이 같은 족속일 가능성이 많다는 것이다. 만약이 이 둘이 같은 족속이라면, 에밈 족은 모압 북쪽 고원지대에 위치했던 기랴다임 지역에 살던 사람들이 분명하다(Lundbom; cf. 민 32:37; 수 13:19; 렘 48:1). 탈굼(Targum)은 에밈(אֵימִים)을 "두려운 자들"이라고 풀이하며, 르바임(רְפָאִים)은 문자적으로 "죽은 영혼들"이라는 뜻이다(HALOT). 이 민족에게 이처럼 두려움을 자아내는 표현이 두 차례 사용되는 것은 그들이 공포를 자아낼 정도의 거인들이었다는 사실을 강조하는 듯하다. 이스라엘이 땅을 차지하기 위해 거인들이었던 아낙 자손들과 싸웠던 것처럼, 에돔 자손들은 에밈이라는 거인들과 싸워야 했다. 저자는 모압 사람들이 거인 족속을 물리치고 땅을 차지했던 것처럼, 이스라엘도 아낙 자손들을 물리치고 땅을 차지할 것이라는 점을 강조하고자 한다.

호리(חֹרִי) 사람들은 에서의 자손들이 세일 지방에서 내친 족속들이다(12절). 일부 주석가들은 호리 사람들을 당시 시리아와 팔레스타인 여러 지역에 정착해 살던 비(非)셈족이었던 후리 사람들(Hurrians)이라고 한다(Craigie). 만일 이들이 후리 사람들이라면 이들은 티그리스 강 동편 산악지대에서 주전 2000년 대에 시리아-가나안 지역으로 이주해온 사람들이며(Weinfeld; von Rad), 주전 16-15세기에 미탄니(Mitanni)라는 나라를 세워 전성기를 맞이한 민족이다(Lundbom). 그러나 본문이 말하는 호리 사람들이 이 후리 사람들인가는 확실하지는 않다(Tigay; McConville). 만일 호리 사람들이 에서의 자손들이라면 에돔 사람들을 두고 하는 말이다. 에돔과 모압도 이스라엘처럼 하나님으로부터 땅을 받았지만, 싸워서 쟁탈해야 했던 것이다.

본문은 하나님이 영토의 경계선을 확실하게 하여 각 민족에게 주셨음을 선언한다. 그러므로 하나님이 허락하지 않으신 상황에서 한 민족이 다른 민족의 영토를 탐하는 것은 금지되었다. 특히 창조주 하나님은 한 나라가 다른 나라보다 더 크고 힘이 세다는 이유로 상대방을 짓밟는 것을 절대 용납하지 않으실 것임을 암시한다. 우리 그리스도인과 교회도 남들의 재산권과 인격을 무시한 채 믿음이라는 이름으로 '오직 승리/정복'을 추구하는 것을 자제해야 한다. 창조주 하나님이 때로는 우리를 축복하신 것처럼 그들도 축복하시기 때문이다.

I. 첫 번째 스피치: 하나님과 역사(1:1-4:43)
2장. 보호: 시내 산에서 모압 평지까지(1:6-3:29)
3. 에돔, 모압, 암몬을 지나(2:1-25)

(3) 세렛 시내를 건너서(2:13-15)

**13 이제 너희는 일어나서 세렛 시내를 건너가라 하시기로 우리가 세렛 시내를 건
넜으니 14 가데스 바네아에서 떠나 세렛 시내를 건너기까지 삼십팔 년 동안이라
이 때에는 그 시대의 모든 군인들이 여호와께서 그들에게 맹세하신 대로 진영 중
에서 다 멸망하였나니 15 여호와께서 손으로 그들을 치사 진영 중에서 멸하신 고
로 마침내는 다 멸망되었느니라**

모압 사람들을 대하기를 에돔 사람들을 대하듯 하라고 명령하신 후, 하나님은 이스라엘에게 세렛 시내를 건너라고 하셨다(13절). 세렛 시내(נַחַל זֶרֶד)의 정확한 위치는 알 수 없지만 사해의 남동쪽으로 흘러드는 시내였던 것은 분명하다(Craigie; cf. Weinfeld; Miller; Tigay). 세렛은 항상 물이 흐르는 강이 아니었다. 비올 때만 잠시 흐르고 건기 때는 바닥을 드러내는 마른 강이었다. 아랍어로 이런 강을 와디(wadi)라고 하며 개역성경은 "시내"라고 번역한다. 세렛 시내는 또한 에돔의 북쪽 경계선이자, 모압의 남쪽 경계선이었다.

이스라엘이 세렛 시내를 건너는 일은 상징적인 의미를 갖는다. 지난 수십 년 동안의 광야 생활에 종지부를 찍는 것을 뜻하는 것이다. 그래서 모세는 이스라엘이 가데스 바네아에서 반역하여 가나안 입성을 거부당한 때부터 세렛 시내를 건널 때까지 38년의 세월이 지났다고 회고한다. 가데스 바네아 일이 출애굽한 지 2년째 되던 해에 있었던 일이니, 이스라엘 백성들이 세렛 시내를 건넌 때는 출애굽한 지 40년째 되던 해였음을 알 수 있다. 저자는 이 기간 동안 출애굽 1세대들은 모두 죽었다는 점도 언급하는데 특별히 "군인들"(אַנְשֵׁי הַמִּלְחָמָה)이 모두 죽었다고 말한다(14절). 일종의 아이러니를 보이고 있다. 군인들은 원래 싸우기 위하여 존재하는데, 이들은 싸우기를 거부했던, 싸워보지도 못하

고 죽은 군인들이었고, 용사이신 하나님이 그들을 전쟁에서 적을 죽이듯이 죽이셨던 것이다(McConville; cf. Craigie; Tigay).

성도가 자신의 소명에 따라 신실하게 사명을 다하는 것은 매우 중요하다. 직무유기는 하나님의 심판을 피해갈 수 없기 때문이다. 이스라엘은 가데스 바네아에서 가나안에 입성할 수 있었다. 그러나 그들이 하나님의 명령을 어기고 가나안 사람들과 싸우기를 거부함으로써, 며칠 안 걸려 입성할 곳을 38년이나 돌아서 결국 이곳으로 왔다. 그 사이 반역한 자들은 모두 죽었다. 하나님이 맹세하신 대로 세대교체가 완전히 이루어진 것이다.

Ⅰ. 첫 번째 스피치: 하나님과 역사(1:1-4:43)
2장. 보호: 시내 산에서 모압 평지까지(1:6-3:29)
3. 에돔, 모압, 암몬을 지나(2:1-25)

(4) 암몬 자손의 영토에서(2:16-23)

16 모든 군인이 사망하여 백성 중에서 멸망한 후에 17 여호와께서 내게 말씀하여 이
르시되 18 네가 오늘 모압 변경 아르를 지나리니 19 암몬 족속에게 가까이 이르거
든 그들을 괴롭히지 말고 그들과 다투지도 말라 암몬 족속의 땅은 내가 네게 기업
으로 주지 아니하리니 이는 내가 그것을 롯 자손에게 기업으로 주었음이라 20 (이
곳도 르바임의 땅이라 하였나니 전에 르바임이 거기 거주하였음이요 암몬 족속은
그들을 삼숨밈이라 일컬었으며 21 그 백성은 아낙 족속과 같이 강하고 많고 키가
컸으나 여호와께서 암몬 족속 앞에서 그들을 멸하셨으므로 암몬 족속이 대신하여
그 땅에 거주하였으니 22 마치 세일에 거주한 에서 자손 앞에 호리 사람을 멸하심
과 같으니 그들이 호리 사람을 쫓아내고 대신하여 오늘까지 거기에 거주하였으며
23 또 갑돌에서 나온 갑돌 사람이 가사까지 각 촌에 거주하는 아위 사람을 멸하고
그들을 대신하여 거기에 거주하였느니라)

하나님은 이스라엘에게 암몬 족속도 모압과 에돔 사람들을 대하듯 어떠한 피해도 입히지 말고 그들의 땅을 지나가라고 하셨다. 이땅은 하

나님이 롯의 자손 암몬 사람들에게 주신 땅이다(19절). 그러므로 이스라엘은 한눈 팔지 말고 오로지 하나님이 약속하신 땅을 향해 가야 한다. 족속별로 하나님이 허락하신 영토가 있고, 각 민족은 그 영토에 정착하여 사는 것이며, 남의 땅을 넘보아서는 안 된다.

세렛 시내가 모압과 에돔 땅의 경계선이라고 했는데, 세렛 시내를 건넌 후 모압 영토를 통과한 것에 대하여 아무런 언급 없이 곧장 모압과 암몬 땅의 경계선인 아르를 지나간 일을 회고하는 것이 조금은 혼란스러울 수 있다(Craigie). 그러나 신명기에 기록된 역사적 회고가 대부분 요약적인 성향을 띤다는 점을 감안하면 문제가 되지는 않는다.

저자는 20-23절에 두 번째 일탈 구를 삽입한다. 내용은 모압이 어떻게 해서 여호와께서 그들에게 주신 땅에서 원주민들을 제거하고 그들의 영토를 차지했는가를 설명했던 첫 번째(10-12절)와 맥을 같이하며 암몬 사람들이 땅을 차지하게 된 경위에 대한 역사적 설명이다. 이 지역에도 모압 땅에서처럼 거인 족 르바임(רְפָאִים)이 살았는데, 암몬 사람들은 이들을 삼숨밈(זַמְזֻמִּים)이라고 불렀다고 한다. 아낙 자손, 에밈, 삼숨밈 모두 같은 계열의 거인 족들이었다는 것을 뜻한다(cf. 10, 21절). 이들의 숫자가 매우 많았지만, 여호와께서 그들을 멸종시키시고 그 땅을 암몬 족들에게 주셨다(21절).

저자는 하나님이 삼숨밈을 물리치시고 그 땅을 암몬 족속에게 주신 사실에 대해 하나의 예를 들며 결코 특이한 일이 아니라고 한다. 에돔 사람들이 땅을 얻게 된 것도 하나님이 호리 사람들을 멸망시키시고 그 땅을 그들에게 주셨기 때문이라는 것이다. 반면 저자는 갑돌(כַּפְתּוֹר)에서 온 갑돌 사람들(כַּפְתֹּרִים)이 가사 지역에 살던 아위 사람들(עַוִּים)을 쳐부수고 그땅을 차지한 것에 대해서는 하나님이 하신 일이라는 말을 하지 않는다(23절).

갑돌과 갑돌 사람들의 정체에 대하여 다소 이견이 있기는 하지만, 대체로 학자들은 갑돌이 오늘날 그리스에 속해있는 그레데(Crete) 섬을 뜻하는 것으로 이해한다(ABD; Lundbom; Craigie; McConville; cf. 암 9:7). 이들이 차지한 지역은 이스라엘의 남서쪽에 위치한 해안 지역으로 블레셋 사람들의 영토다. 즉, 갑돌 사람들은 바다에서 온 사람/해적으로 알려진 블레셋 사람들을 뜻한다(Tigay). 블레셋 사람들은 주전 12세기에 가나안 지역으로 이주해 왔다. 첫 번째 일탈 구가 가나안 정복이 이루어진 후에 삽입되었던 것처럼, 이 일탈 구도 블레셋 사람들이 이 지역을 차지한 다음에 삽입되었음을 시사한다. 이들이 몰아낸 아위 사람들에 대하여는 여호수아서 13:3에 한 번 더 언급되지만, 그 외에는 알려진 바가 없다.

그렇다면 왜 갑돌 사람들이 이 지역을 차지한 것은 하나님이 하신 일로 묘사되지 않는가? 신명기 1:7에 의하면 블레셋 사람들이 차지한 땅은 분명 이스라엘의 영토에 속한다. 그런데 갑돌 사람들이 쳐들어와 그땅을 차지한 것이다. 그러므로 이스라엘은 언젠가는 그들이 아위 사람들을 내친 것처럼 그들을 치고 그땅을 차지해야 한다.

신명기의 비전에 의하면 갑돌 사람들의 땅은 이제 이스라엘의 영토다(McConville). 하나님이 가나안 땅을 아브라함 때부터 이스라엘에게 약속하셨지만, 이스라엘은 전쟁을 하여 그 땅을 차지해야 한다. 본문은 그 전쟁이 결코 쉽지 않을 것임을 암시한다. 이스라엘이 이때까지 가나안을 향해 걸어온 길뿐만 아니라, 앞으로 정복해야 할 가나안에도 르바임(죽음의 공포를 자아내는 거인족들) 사람들이 살거나 그들을 상대로 승리하고 땅을 차지한 족속들이 있기 때문이다. 그러나 걱정할 필요는 없다. 이미 하나님이 이곳까지 오는 동안 그들을 보호하시고 승리를 주셨던 것처럼 앞으로도 그렇게 하실 것이기 때문이다. 이 순간 주의 백성에게 가장 요구되는 것은 하나님의 능력과 의지에 대한 믿음이다. 나머지는 모두 하나님이 하실 것이기 때문이다.

I. 첫 번째 스피치: 하나님과 역사(1:1-4:43)
2장. 보호: 시내 산에서 모압 평지까지(1:6-3:29)
3. 에돔, 모압, 암몬을 지나(2:1-25)

(5) 아르논 강에서(2:24-25)

**24 너희는 일어나 행진하여 아르논 골짜기를 건너라 내가 헤스본 왕 아모리 사람
시혼과 그의 땅을 네 손에 넘겼은즉 이제 더불어 싸워서 그 땅을 차지하라 25 오늘
부터 내가 천하 만민이 너를 무서워하며 너를 두려워하게 하리니 그들이 네 명성
을 듣고 떨며 너로 말미암아 근심하리라 하셨느니라**

하나님이 이스라엘에게 아르논 강(נַחַל אַרְנֹן)을 건너라고 하시는데, 아르논 강은 동쪽에서 서쪽으로 흐르는 강으로서 모압과 시혼이 지배하는 나라의 경계선이다(Block; Tigay). 이스라엘이 세렛 시내를 건넌 것이 반역의 세대가 끝이 났음을 의미했다면(cf. 2:14-15), 아르논 강을 건넌 것은 그들이 드디어 약속의 땅에 들어서 정복을 시작했음을 뜻한다(Weinfeld; Lundbom). 왜냐하면 이스라엘은 시혼과 옥에게서 빼앗은 땅을 요단 강 동편에 정착한 2½지파(르우벤, 갓, 므낫세 반 지파)에게 분배해 주기 때문이다(Craigie).

지금까지 하나님이 이스라엘에게 내리신 명령은 에돔, 모압, 암몬 등 그들이 지나야 하는 영토의 주인들과 싸우지 말라는 것이었다. 그러나 이번에는 다르다. 하나님이 이스라엘에게 헤스본 왕 시혼과 그의 땅을 쳐서 취하라고 하신다(24절). 에돔 등 다른 나라들과는 달리 앞으로 이스라엘이 접하게 될 나라들에게는 하나님이 기업을 주지 않으셨든지(Driver), 또는 그들의 죄가 가득 찼든지, 이제 창조주의 심판에 따라 자신들의 땅을 내어 주어야 한다. 하나님이 이러한 명령을 하셨다는 것은 이 전쟁에서의 승리는 하나님의 것임을 암시한다(Lundbom; cf. 2:33; 3:3). 하나님은 우리가 싸우지 말아야 할 때와 싸워야 할 때를 정확히 알고 계시면서 우리에게 적절하게 지시하는 분이시다.

시혼에 대한 기록은 성경 밖에서는 찾아볼 수 없다. 아마도 시혼과

옥은 이미 망해 버린 옛 시리아(Old Syria)의 남은 자들이며 이 지역의 왕들로서 옛 나라의 영화를 회복하려고 노력했던 사람들로 생각된다(ABD). 민수기 21:21-23에 의하면 시혼이 이스라엘의 평화적인 통과 요청을 거부했을 뿐만 아니라, 오히려 군대를 이끌고 나와 이스라엘을 공격했다(cf. 신 2:32). 공격을 당한 이스라엘은 정당방위적인 차원에서 그를 치고 땅을 빼앗았다. 반면 본문에서는 모세가 이 사건을 회고하면서 하나님이 이미 시혼의 땅을 이스라엘에게 넘겨주시기로 작정하셨다고 한다. 어떻게 이 사건을 이해해야 하는가?

시혼 왕은 또 하나의 이집트 왕 바로의 경우로 이해되어야 한다. 이스라엘의 출애굽을 두고 이집트에 열 재앙이 내렸던 것은 바로가 스스로 자신의 마음을 강퍅하게 함으로 문제가 되었지만, 동시에 하나님이 그의 마음을 강퍅하게 하셨기 때문이기도 하다. 즉, 어느 때는 바로가 이스라엘 사람들을 내보내기를 원했어도 그렇게 할 수 없었던 것이다. 시혼도 이런 경우에 해당한다. 이스라엘이 그에게 정중하게 평화적인 통과를 요청했지만, 그는 결코 그일을 허락할 수 없었다(cf. 26-29절). 하나님이 그의 나라를 이스라엘에게 넘기시려고 그의 마음을 강퍅하게 하셨기 때문이다(cf. 30절).

헤스본은 아르논 강 북쪽에 있었으며 서쪽으로는 요단 강과 사해를 접하고 있고, 동쪽으로는 암몬을 접하는 지역에 있다(Craigie). 해발 900미터 정도에 위치한 이곳은 요단 강을 두고 여리고 성의 정반대편에 위치해 있다(Lundbom). 이 땅은 이미 하나님이 이스라엘에게 주셨을 뿐만 아니라, 헤스본 사람들 마음에 이스라엘을 두려워하는 마음을 심어 놓았으니 두려워 말고 치라는 권면을 더하신다(25절). 이 장의 핵심 포인트는 바로 하나님이 가나안 사람들에게 이미 이스라엘에 대한 두려움을 심어 놓으셨다는 것이다(Lundbom). 그러므로 이스라엘이 홍해를 건넜을 때, 온세상 사람들이 두려워 떨었던 것처럼(cf. 출 15:14-16) 헤스본 사람들이 다시 하나님과 이스라엘의 명성을 듣고 떤다. 이스라엘은 이들과 싸우기 전부터 승리하고 있다. 모두다 하나님의 은혜다.

하나님이 아브라함과 그의 후손들에게 약속하신 땅은 아모리(אֱמֹרִי) 사람들의 땅이었다(창 15:16). 아모리 사람들은 곧 가나안 사람들을 뜻하는 것이 확실한데, 비록 헤스본과 바산은 요단 강 동편에 위치한 나라들이라 해도 성경은 그들을 아모리 사람들이라 부름으로써(24절), 이스라엘이 그들의 땅을 정복해야 한다는 것을 암시해준다. 또한 전(前) 세대는 하나님이 그들을 아모리 사람들에게 넘기시려고 이집트에서 데리고 나오셨다고 원망했었다(1:27). 이제 하나님은 그들의 자손들에게 아모리 사람들을 넘겨 주실 것이다. 전 세대는 자신들이 아모리 사람들에게 패할 것을 두려워했다. 현 세대는 아모리 사람들을 상대로 승리할 것을 기대하고 있다. 이 두 세대의 차이는 하나님의 능력을 믿지 못한 것과 믿는 것의 차이이다.

I. 첫 번째 스피치: 하나님과 역사(1:1–4:43)
2장. 보호: 시내 산에서 모압 평지까지(1:6–3:29)

4. 요단 동편 정복(2:26-3:11)

지금까지 이스라엘은 별다른 문제 없이 에돔, 암몬, 모압의 영토를 지났다. 이제부터는 아모리 족 왕들인 시혼과 옥을 상대로 전쟁이 시작된다. 이 왕들은 남쪽으로는 아르논 강에서 북쪽으로는 헤르몬 산에 이르는 지역을 통치했다(Grisanti; cf. 신 4:48-49; 수 12:1). 이스라엘은 이들을 상대로 큰 승리를 거두며 그들에게서 빼앗은 땅을 르우벤, 갓, 그리고 므낫세 반 지파에게 분배하게 된다. 출애굽 2세들의 첫 전쟁 경험이자 승리를 회고하는 본 텍스트는 다음과 같이 두 파트로 구분된다.

A. 헤스본 정복(2:26-37)

B. 바산 정복(3:1-11)

(1) 헤스본 정복(2:26-37)

26 내가 그데못 광야에서 헤스본 왕 시혼에게 사자를 보내어 평화의 말로 이르기
를 27 나를 네 땅으로 통과하게 하라 내가 큰길로만 행하고 좌로나 우로나 치우치
지 아니하리라 28 너는 돈을 받고 양식을 팔아 내가 먹게 하고 돈을 받고 물을 주
어 내가 마시게 하라 나는 걸어서 지날 뿐인즉 29 세일에 거주하는 에서 자손과 아
르에 거주하는 모압 사람이 내게 행한 것 같이 하라 그리하면 내가 요단을 건너
서 우리 하나님 여호와께서 우리에게 주시는 땅에 이르리라 하였으나 30 헤스본
왕 시혼이 우리가 통과하기를 허락하지 아니하였으니 이는 네 하나님 여호와께서
그를 네 손에 넘기시려고 그의 성품을 완강하게 하셨고 그의 마음을 완고하게 하
셨음이 오늘날과 같으니라 31 그 때에 여호와께서 내게 이르시되 내가 이제 시혼
과 그의 땅을 네게 넘기노니 너는 이제부터 그의 땅을 차지하여 기업으로 삼으라
하시더니 32 시혼이 그의 모든 백성을 거느리고 나와서 우리를 대적하여 야하스에
서 싸울 때에 33 우리 하나님 여호와께서 그를 우리에게 넘기시매 우리가 그와 그
의 아들들과 그의 모든 백성을 쳤고 34 그 때에 우리가 그의 모든 성읍을 점령하고
그의 각 성읍을 그 남녀와 유아와 함께 하나도 남기지 아니하고 진멸하였고 35 다
만 그 가축과 성읍에서 탈취한 것은 우리의 소유로 삼았으며 36 우리 하나님 여호
와께서 그 모든 땅을 우리에게 넘겨주심으로 아르논 골짜기 가장자리에 있는 아
로엘과 골짜기 가운데에 있는 성읍으로부터 길르앗까지 우리가 모든 높은 성읍을
점령하지 못한 것이 하나도 없었으나 37 오직 암몬 족속의 땅 얍복 강 가와 산지에
있는 성읍들과 우리 하나님 여호와께서 우리가 가기를 금하신 모든 곳은 네가 가
까이 하지 못하였느니라

헤스본은 사해의 북쪽 끝자락에 위치한 성읍이었으며, 원래 모압 족속의 땅이었다(민 21:26). 본문에서는 시혼이 통치하던 나라 전체—남쪽으로는 아르논 강, 북쪽으로는 얍복 강에 이르는 땅—를 뜻하며 사용

된다. 모세는 아르논 강 북쪽, 곧 시혼의 영토에 위치한 그데못(קְדֵמוֹת) 에서 그에게 이스라엘의 평화로운 통과를 허락해 달라며 사절단을 보냈다(Craigie). 그데못은 아르논 강에서 북쪽으로 13킬로미터 떨어진 곳이다(Aharoni). 어떤 주석가는 모세의 사절단이 거부당한 후 하나님이 그를 이스라엘의 손에 붙이셨다고 하지만(viz., 2:24와 2:26-29의 시간적 순서가 바뀌었다는 것을 뜻함), 이미 언급한 것처럼 시혼을 또 하나의 바로로 이해하면 그렇게 해석할 필요가 없게 된다(Ramban; cf. Tigay). 훗날 그데못은 르우벤 지파에 속한 도피성이 된다(수 13:18).

모세는 이스라엘이 헤스본에게 어떠한 피해도 주지 않을 것이며, 만일 양식이나 물이 필요하면 정당한 가격을 지불하고 사먹겠다며 정중하게 평화스러운 통과를 허락해 줄 것을 요청했다(27-28절). 모세는 에돔, 모압 자손들도 이미 평화로운 통과를 허락했었으며, 그들에게 어떠한 피해도 입히지 않았던 점을 들어 이스라엘은 시혼 왕과 그의 나라에 어떠한 피해도 입힐 생각이 없음을 밝혔다. 그는 또한 이스라엘의 최종 목적지는 요단 강 건너편(서쪽)에 있다는 것도 상기시켰다(29절).

헤스본 왕 시혼은 모세의 요청을 거절했다. 그가 헤스본의 군사력을 의지하여서 이스라엘의 요청을 거부했는지, 아니면 이스라엘이 너무 두려워서 그랬는지, 아니면 두 가지 이유가 모두 결정적으로 작용하여 그랬는지는 알 수 없다. 다만 본문은 하나님이 그와 그의 영토를 이스라엘에게 넘겨주시려고 그의 마음을 완고하게 하셨기 때문이라고 한다(30절; cf. 출 10:27). 하나님이 그의 마음을 '화석화'(fossilize) 하신 것이다(Grisanti). 훗날 하나님은 이스라엘이 가나안 사람들을 완전히 멸망시키게 하기 위하여 가나안 사람들의 마음을 완고하게 하여 이스라엘에게 항복하지 못하게 하셨다(수 11:19-20). 그 어떠한 세상 권세도 하나님이 자신의 백성을 구원하시고 축복하시는 일을 막을 수는 없다(McConville).

시혼이 평화스러운 통과를 거부하자 하나님은 이미 주셨던 말씀을 다시 주시며 가서 시혼을 쳐서 그의 땅을 차지하라고 하셨다(31절; cf. 24절). 시혼이 이스라엘과 싸우려고 군대를 이끌고 나왔지만, 하나님이 이미 이들을 이스라엘에게 넘겨 주셨으니 이길 수가 없었다. 이 전쟁은 시작되기도 전에 결말이 결정된 것이다. 이스라엘은 그와 그의 백성들을 남녀노소 가리지 않고 모두 전멸시켰다(חרם; 34절). 신명기에서 처음으로 '진멸'(חֵרֶם) 개념이 언급되고 있다. 진멸이 선포될 경우 사람들은 남녀노소 모두 죽이지만, 본문에서처럼 종종 짐승의 경우는 죽이지 않을 때가 있다(cf. Lundbom). 시혼의 땅 중 이스라엘이 취하지 못한 성읍이나 지역은 없었다(36절). 이스라엘은 가축과 탈취한 물건들을 자신들의 소유로 삼았다(35절). 완전한 승리였던 것이다.

모세는 이 사건을 통해 그의 청중들에게 매우 중요한 교훈을 주고자 한다. 가데스 바네아에서 정탐꾼들을 파견했던 세대는 믿음이 없어서 자신들과 가나안 사람들을 메뚜기와 거인으로 비교했고, 그들이 살고 있는 성읍들의 성벽은 하늘에 닿았다며 가나안 입성을 거부했다(신 1:28). 새로이 형성된 세대는 하나님의 말씀을 믿고 따름으로써 전(前) 세대가 두려워하던 적을 진멸하고 그들의 땅을 차지하게 되었다. 하나님이 함께 하시면 그 어떠한 문제도 결코 걸림돌이 될 수 없음을 강조한다(Craigie).

시혼으로부터 헤스본을 빼앗은 이스라엘이 여세를 몰아 헤스본과 국경을 마주하고 있는 암몬을 칠 수도 있었지만, 그렇게 하지 않았다. 하나님이 금하셨기 때문이다. 모세는 이스라엘이 하나님이 가지 말라는 곳은 어느 곳에도 가지 않았다고 한다(37절). 이 세대가 하나님께 철저하게 순종하고 있음을 강조한다. 전(前) 세대가 하나님이 가라 하실 때 가지 않았고 가지 말라고 하실 때 갔었다는 점을 생각하면, 이 세대의 순종은 더욱더 빛을 발한다. 결국 우리가 이땅에서 끊임없이 진행되고 있는 하나님의 사역에 동참하고, 하지 못하고의 차이는 믿음과 순종밖에는 없다.

I. 첫 번째 스피치: 하나님과 역사(1:1-4:43)
2장. 보호: 시내 산에서 모압 평지까지(1:6-3:29)
4. 요단 동편 정복(2:26-3:11)

(2) 바산 정복(3:1-11)

1 우리가 돌이켜 바산으로 올라가매 바산 왕 옥이 그의 모든 백성을 거느리고 나
와서 우리를 대적하여 에드레이에서 싸우고자 하는지라 2 여호와께서 내게 이르
시되 그를 두려워하지 말라 내가 그와 그의 모든 백성과 그의 땅을 네 손에 넘겼
으니 네가 헤스본에 거주하던 아모리 족속의 왕 시혼에게 행한 것과 같이 그에게
도 행할 것이니라 하시고 3 우리 하나님 여호와께서 바산 왕 옥과 그의 모든 백성
을 우리 손에 넘기시매 우리가 그들을 쳐서 한 사람도 남기지 아니하였느니라 4
그 때에 우리가 그들에게서 빼앗지 아니한 성읍이 하나도 없이 다 빼앗았는데 그
성읍이 육십이니 곧 아르곱 온 지방이요 바산에 있는 옥의 나라이니라 5 그 모든
성읍이 높은 성벽으로 둘려 있고 문과 빗장이 있어 견고하며 그 외에 성벽 없는
고을이 심히 많았느니라 6 우리가 헤스본 왕 시혼에게 행한 것과 같이 그 성읍들
을 멸망시키되 각 성읍의 남녀와 유아를 멸망시켰으나 7 다만 모든 가축과 그 성
읍들에서 탈취한 것은 우리의 소유로 삼았으며 8 그 때에 우리가 요단 강 이쪽 땅
을 아르논 골짜기에서부터 헤르몬 산에까지 아모리 족속의 두 왕에게서 빼앗았으
니 9 (헤르몬 산을 시돈 사람은 시룐이라 부르고 아모리 족속은 스닐이라 불렀느
니라) 10 우리가 빼앗은 것은 평원의 모든 성읍과 길르앗 온 땅과 바산의 온 땅 곧
옥의 나라 바산의 성읍 살르가와 에드레이까지이니라 11 (르바임 족속의 남은 자는
바산 왕 옥뿐이었으며 그의 침상은 철 침상이라 아직도 암몬 족속의 랍바에 있지
아니하냐 그것을 사람의 보통 규빗으로 재면 그 길이가 아홉 규빗이요 너비가 네
규빗이니라)

이스라엘은 헤스본을 정복한 후 북쪽으로 진군하여 바산으로 갔다. 바산은 갈릴리 호수 동편과 남쪽으로는 야르묵 강을 접하고 북쪽으로는 헤르몬 산까지 펼쳐진 길르앗 북쪽 고원지대였으며 매우 비옥한 땅이었다(Lundbom; cf. 신 32:14; 암 4:1). 참나무가 울창하게 우거진 산들로 둘

러싸여 있었고(시 68:15; 사 2:13; 겔 27:6), 땅이 평평하여 가축들을 먹이는 데 이상적인 곳이었으므로 이곳에서 매우 좋은 소들이 생산되었다(렘 50:19; 겔 39:18; 미 7:14).

바산은 옥이라는 왕이 지배하고 있었다. 이스라엘이 침략해온다는 소식을 듣고 옥이 군대를 거느리고 나왔지만, 이미 하나님이 이스라엘에게 승리를 주기로 작정하셨기 때문에 달리 방도가 없었다. 이스라엘은 헤스본과 시혼에게 했던 것처럼 바산과 옥의 백성을 모두 진멸하고 짐승들과 성읍을 차지했다(6-7절). 이스라엘이 차지한 성읍은 60개나 되었으며, 이 성읍들은 모두 높은 성벽과 성문과 빗장으로 방비하고 있었지만 하나님이 함께 하신 이스라엘 앞에서는 속수무책이었다. 이렇게 해서 이스라엘이 옥과 시혼 등 두 아모리 왕에게서 빼앗은 땅은 남쪽으로는 아르논 강에서 북쪽으로는 헤르몬 산에까지 이르는 상당한 규모였다(8절). 이 두 기점의 직선 거리는 약 225킬로미터에 달한다(Grisanti).

이 섹션에 두 번째와 세 번째 일탈 구가 등장한다. 두 번째 일탈 구인 9-10절은 시돈 사람들은 헤르몬(חֶרְמוֹן) 산을 시룐(שִׂרְיֹן) 산이라고 불렀고, 아모리 사람들은 스닐(שְׂנִיר)이라고 불렀다는 점을 지적한다. 헤르몬이라는 이름은 이스라엘이 지어준 것이라는 점을 암시하는 듯하다. 세 번째 일탈 구는 지금까지 몇 차례 언급된 르바임 족속(רְפָאִים) 중 유일하게 살아 있던 자는 바산 왕 옥이었다는 점을 강조함으로써 르바임족이 모두 멸종했음을 설명한다(11절).

르바임은 에밈(2:10), 아낙 자손(2:10), 삼숨밈(2:20)으로도 불리는 거인들이었다. 출애굽 세대를 공포로 몰았던 자들이다. 저자가 이곳에서 옥이 마지막 르바임이었다는 점을 언급하는 것은 하나님이 이미 이들과 싸움을 시작하셨다는 점을 강조하기 위해서다. 앞으로 이스라엘은 요단 강 서편에서도 아낙 자손들을 만날 것이다. 그러나 두려워할 필요가 없다. 이미 하나님이 이들을 제거하기 시작하셨기 때문이다.

바산 왕 옥이 만든 침대가 보통 자(אַמַּת־אִישׁ = 45센티미터)로 길이가 9자, 너비가 4자에 이르렀다고 한다(11절). 길이 4.1미터, 너비 1.8미터에 달했다는 것이다. 이 침대는 "오늘날"에도 랍바에 가면 볼 수 있다고 한다. 이렇게 큰 침대가 필요할 만큼 옥이 거인이었다고 생각할 필요는 없다. 자신의 위엄을 과시하기 위하여 전시용으로 만들었을 가능성을 배제할 필요가 없기 때문이다(cf. Mayes). 특히 그가 사용한 재질이 쇠/철이라는 점도 이러한 가능성을 시사하는 듯하다.[11]

모세 시대는 청동기 후기(Late Bronze Age) 시대였는데, 이때는 철이 매우 희귀하고 비싼 물품이었다. 그래서 일부 학자들은 이 말씀이 다윗 시대쯤에 첨부된 것으로 추정한다(Ridderbos; cf. Merrill). 그러나 그의 침대가 철로 만들어졌다는 말을 언급하는 것은 이 문구가 오히려 철기시대 이전에 유래한 것임을 시사한다. 왜냐면 만일 철기시대에 이 섹션이 기록되었다면, 굳이 침대가 철로 만들어졌음을 언급할 필요가 없기 때문이다(Millard; Weinfeld).

설령 이 침대가 옥이 평소에 잠자리로 사용하던 것이라 해도 이제는 주인을 잃고 비어있는 침대에 불과하다(Brueggemann). 하나님이 함께 하시는 한 이스라엘을 위협할 사람은 아무도 없다는 의미다. 만군의 여호와께서 앞서 가시는데 누가 주의 백성에게 걸림돌이 될 수 있겠는가? 일부 주석가들은 침대(עֶרֶשׂ)라는 단어를 시체를 보관하는 석관(石棺) 혹은 일종의 소파로 풀이하기도 한다(Craigie; Weinfeld; McConville; cf. HALOT). 석관으로 해석하든 실제 침대로 해석하든 본문의 의미에 영향을 미치지는 않는다. 이스라엘이 하나님을 믿고 따르는 한, 옥이 가장 아끼던 귀중품도 그들이 얻을 전리품에 불과하기 때문이다.

11 일부 주석가들은 당시 철의 가격과 무게를 고려하여, 옥이 사용한 철 침대는 나무로 만든 침대를 철로 장식한 것이라고 주장하기도 한다(Millard; Block).

Ⅰ. 첫 번째 스피치: 하나님과 역사(1:1–4:43)
2장. 보호: 시내 산에서 모압 평지까지(1:6–3:29)

5. 요단 동편 땅 분배(3:12-22)

12 그 때에 우리가 이 땅을 얻으매 아르논 골짜기 곁의 아로엘에서부터 길르앗 산지
절반과 그 성읍들을 내가 르우벤 자손과 갓 자손에게 주었고 13 길르앗의 남은 땅과
옥의 나라였던 아르곱 온 지방 곧 온 바산으로는 내가 므낫세 반 지파에게 주었노라
(바산을 옛적에는 르바임의 땅이라 부르더니 14 므낫세의 아들 야일이 그술 족속과
마아갓 족속의 경계까지의 아르곱 온 지방을 점령하고 자기의 이름으로 이 바산을
오늘날까지 하봇야일이라 불러오느니라) 15 내가 마길에게 길르앗을 주었고 16 르우벤
자손과 갓 자손에게는 길르앗에서부터 아르논 골짜기까지 주었으되 그 골짜기의 중
앙으로 지역을 정하였으니 곧 암몬 자손의 지역 얍복 강까지며 17 또는 아라바와 요
단과 그 지역이요 긴네렛에서 아라바 바다 곧 염해와 비스가 산기슭에 이르기까지의
동쪽 지역이니라 18 그 때에 내가 너희에게 명령하여 이르기를 너희의 하나님 여호와
께서 이 땅을 너희에게 주어 기업이 되게 하셨은즉 너희의 군인들은 무장하고 너희
의 형제 이스라엘 자손의 선봉이 되어 건너가되 19 너희에게 가축이 많은 줄 내가 아
노니 너희의 처자와 가축은 내가 너희에게 준 성읍에 머무르게 하라 20 여호와께서
너희에게 주신 것 같이 너희의 형제에게도 안식을 주시리니 그들도 요단 저쪽에서
너희의 하나님 여호와께서 그들에게 주시는 땅을 받아 기업을 삼기에 이르거든 너희
는 각기 내가 준 기업으로 돌아갈 것이니라 하고 21 그 때에 내가 여호수아에게 명령
하여 이르기를 너희의 하나님 여호와께서 이 두 왕에게 행하신 모든 일을 네 눈으로
보았거니와 네가 가는 모든 나라에도 여호와께서 이와 같이 행하시리니 22 너희는 그
들을 두려워하지 말라 너희의 하나님 여호와께서 친히 너희를 위하여 싸우시리라 하
였노라

이스라엘이 하나님의 도우심을 받아 단숨에 요단 강 동편에 위치한 두 왕국을 점령했다. 남쪽의 아르논 강에서 북쪽의 바산에 이르는 길르앗 지역(גִּלְעָד)은 이스라엘에게 매우 중요한 영토였으며 구약에 100번 이

상 언급된다. 길르앗은 고산 지대에 위치한 비옥한 옥토였으며(렘 22:6; 50:19), 서쪽 지역에는 올리브, 곡물, 포도 등이 풍부했다(Howard). 길르앗은 약재로 사용되었던 향유로 유명했던 곳이다(렘 8:22; 46:11; cf. 37:25). 저자는 15-17절에서도 이스라엘이 두 왕에게서 빼앗은 영토의 경계선이 어디에 위치했었는가를 설명해준다. 모세가 요단 강 동편을 두 지파 반에게 나누어 준 일을 기록하고 있는 12-17절은 다음과 같이 교차대구법적 구조를 지녔다(Block).[12]

A. 르우벤과 갓에게 준 땅(12절)
  B. 므낫세 반 지파에게 준 땅(13a절)
    C. 역사적-지리적 설명으로 구성된 일탈구(13b-14절)
  B'. 므낫세 반 지파에게 준 땅: 마길(15절)
A'. 르우벤과 갓에게 준 땅(16-17절)

주석가들은 18-20절에 대하여도 다음과 같은 교차대구법적 구조를 제시한다(Lundbom; cf. Nelson).

a. 너희의 하나님 여호와께서 이 땅을 너희에게 주어 기업이 되게 하셨은즉(18절)
  b. 너희의 군인들은 무장하고 너희의 형제 이스라엘 자손의 선봉이 되어 건너가되(18b절)
    c. 너희의 처자와 가축은 내가 너희에게 준 성읍에 머무르게 하라(19절)

12 런드봄(Lundbom)은 다음과 같은 구조를 제안한다.
A. 르우벤과 갓에게 준 땅(12절)
  B. 므낫세 반 지파에게 준 땅(13a절)
  B′. 길르앗에게 준 땅(14-15절)
A′. 르우벤과 갓에게 준 땅(16-17절)

b'. 너희의 형제에게도 안식을 주실 때까지(20a절)

a'. 여호와께서 그들에게 주시는 땅을 받아 기업을 삼기에 이르거든 (20b절)

본문에서 모세는 르우벤 지파와 갓 지파를 하나로 취급한다. 아마도 그들이 민수기 32:1-5에서 모세의 허락을 함께 구했기 때문일 것이다(Block). 민수기 32장에 기록된 내용에 의하면 처음에는 모세가 이 지파들의 요청에 대하여 오해하여 매우 화를 냈다. 그러나 지파 대표들의 충분한 설명을 들은 후에는 오해가 풀렸다. 모세가 이 지파들이 동쪽에 정착하고자 하는 것에 대하여 오해하며 화를 낸 것을 보면, 원래 '약속의 땅'에 요단 강 동편은 포함되지 않았던 것이 확실하다. 그러나 이 사건을 계기로 동편의 일부도 '약속의 땅'(viz., '이스라엘 영토')에 포함되게 되었다.

분배의 내용을 살펴보면 르우벤과 갓 지파가 남쪽을 서로 나누어 가졌으며, 북쪽 지역은 모두 므낫세 반지파에게 할당되었다. 북쪽 지역의 일부를 얻은 마길(15절)도 요셉의 자손이다(cf. 민 32:39). 모세는 각 지파에게 분배된 땅의 범위를 본 텍스트에서는 매우 간략하게 정리하고 있는데, 이 지파들의 영토에 관해서는 민수기 32:1-42와 여호수아 13:8-33에 자세하게 기록되어 있다.

저자는 이 지파들에게 땅을 분배한 사실을 확인하고 나서 이 섹션의 마지막이자 네 번째 일탈구를 13-14절에 삽입한다. 내용은 처음 세 개와 비슷한 유형을 취하고 있다. 바산의 옛적 이름이 르바임의 땅이라고 불렸다는 사실과 므낫세의 자손 야일(יָאִיר)이 그술 족속(גְּשׁוּרִי)과 마아갓 족속(מַעֲכָתִי) 경계까지 이르는 아르곱(אַרְגֹּב) 땅을 모두 차지했기 때문에 오늘날까지 그의 이름을 따서 바산 지역을 하봇야일(חַוֺּת יָאִיר; lit., "야일의 촌락/천막마을")이라 부르게 되었다는 것이다(cf. Lundbom). 역시 본문이 언급하고 있는 "오늘날"은 모세 시대 때부터 상당한 시간이 흘렀음을 시사한다(Ridderbos; Grisanti).

모세는 요단 강 동편에 땅을 분배 받은 지파들을 불러 가족들과 가축들은 각자 받은 기업에 두고 장정들은 나머지 지파들이 요단 강 서편의 기업을 얻을 때까지 함께 가서 싸울 것을 지시했다(18-20절). 마지막 지파가 땅을 얻은 후에야 각자 집으로 돌아갈 수 있다고 했다. 땅을 분배 받은 순간부터 각자 그 땅에 정착하는 것이 아니라 이스라엘의 모든 지파가 땅을 얻을 때까지 모든 지파에서 소환된 장정들은 함께 싸워야 한다는 원칙을 세우고 있다. 이스라엘처럼 생사고락을 함께해야 하는 공동체에게는 당연한 요구며 매우 합리적인 원칙이었다. 또한 이스라엘은 땅을 얻기 위하여 전쟁을 하는 등 엄청난 수고를 감수해야 하는 것이 사실이지만, 가나안 땅은 하나님이 그들에게 주신 선물이라는 것을 기억해야 한다(cf. 18, 20절). 이스라엘에게는 선물로 받은 땅을 선물을 주신 분의 의도에 맞게 사용해야 하는 책임이 뒤따른다.

모세는 이스라엘이 헤스본과 바산을 쳐서 취하게 된 일을 통해 여호수아를 가르쳤다(21-22절). 이스라엘이 이 두 왕을 상대로 승리할 수 있었던 것은 무엇보다도 하나님이 하셨기 때문이다. 이미 두 차례나 이스라엘을 앞서 가서 적들을 물리치고 승리를 주신 하나님이 앞으로도 계속 그렇게 하실 것임을 확신하고 믿으라는 것이다(Wright). 그러므로 여호수아는 아무것도 두려워할 필요가 없다. 하나님이 그를 대신하여 싸우실 것이기 때문이다.

하나님이 이스라엘을 위하여 싸우시면 누가 감히 그들을 상대하겠는가? 모세는 이스라엘을 대항하는 족속들은 모두 시혼과 옥처럼 될 것임을 확신한다. 이러한 확신은 모세가 여호수아에게 강요해서 생기는 것이 아니다. 여호수아도 이미 이러한 사실을 그의 두 눈으로 똑똑히 보았기 때문에 공감하고 있으며, 이 공감대에서 비롯된 확신이다. 신앙은 남의 강요에 의해서가 아니라 자신이 스스로 경험한 것을 토대로 할 때 가장 확고하게 서게 된다. 그렇다면 우리가 성도들을 바르게 가르치는 것만큼이나 중시해야 할 사역은 성도들이 스스로 하나님을 경험할 수 있도록 여건을 만들어가는 일이다. 모세는 이점을 강조하기 위하여 여호수아를 향한 권면을 "네 두 눈이 본대로"(עֵינֶיךָ הָרֹאֹת)라는 강조형으로 시작한다(21절). 모세는 이와 같은 권면으로 여호수아에게 리더십을 계승시킬 준비를 시작하고 있다. 하나님이 이미 모세는 가나안 땅에 들어갈 수 없다고 말씀하셨기 때문이다(1:37).

Ⅰ. 첫 번째 스피치: 하나님과 역사(1:1-4:43)
2장. 보호: 시내 산에서 모압 평지까지(1:6-3:29)

6. 요단 강 도하 준비(3:23-29)

23 그 때에 내가 여호와께 간구하기를 24 주 여호와여 주께서 주의 크심과 주의 권능
을 주의 종에게 나타내시기를 시작하셨사오니 천지간에 어떤 신이 능히 주께서 행하
신 일 곧 주의 큰 능력으로 행하신 일 같이 행할 수 있으리이까 25 구하옵나니 나를
건너가게 하사 요단 저쪽에 있는 아름다운 땅, 아름다운 산과 레바논을 보게 하옵소
서 하되 26 여호와께서 너희 때문에 내게 진노하사 내 말을 듣지 아니하시고 내게 이
르시기를 그만해도 족하니 이 일로 다시 내게 말하지 말라 27 너는 비스가 산 꼭대기
에 올라가서 눈을 들어 동서남북을 바라고 네 눈으로 그 땅을 바라보라 너는 이 요단
을 건너지 못할 것임이니라 28 너는 여호수아에게 명령하고 그를 담대하게 하며 그를
강하게 하라 그는 이 백성을 거느리고 건너가서 네가 볼 땅을 그들이 기업으로 얻게
하리라 하셨느니라 29 그 때에 우리가 벳브올 맞은편 골짜기에 거주하였느니라

이 일은 이스라엘이 두 왕과의 전쟁을 마치고 벳브올(בֵּית פְּעוֹר) 맞은편 골짜기에 머물고 있을 때 있었던 일이다(29절). 벳브올은 벳바알브올(בֵּית בַּעַל פְּעוֹר; lit., "브올의 바알〔주인〕의 신전")을 줄인 이름이다(cf. HALOT; Wolf). 벳브올의 정확한 위치는 알 수 없지만, 모압 땅에 속했으며 사해의 북동쪽 코너나 요단 강으로 흘러들었던 시내였다(Craigie; Tigay). 이

곳에서 모세는 마지막 말씀을 선포하고(4:46) 죽는다(34:6). 이스라엘은 가나안 입성을 준비하는 마지막 베이스캠프에 와 있는 것이다. 지리적으로 이스라엘은 뒤로는 광야를, 앞으로는 약속의 땅을 두고 있다. 시간적으로도 광야 생활은 끝이 났으며, 이미 시작된 정복 전쟁의 핵심 전투를 앞에 두고 있다. 이스라엘에게 벳브올은 변화를 상징한다.

하나님은 이미 모세는 가나안 땅에 들어갈 수 없다고 선언하셨다(1:37; cf. 민 20:10-13). 그러나 모세는 "그때"(בָּעֵת הַהִוא)—요단 강 동편의 두 왕을 물리친 직후— 승리의 여세를 몰아 다시 한 번 하나님께 가나안 입성을 허락해 달라고 간구했다. 여기서 사용되는 동사(חנן의 hithpael)는 간절한 염원을 담은 매우 강한 단어다(Craigie). 모세는 온 마음을 다하여 간곡히 기도했던 것이다. 아마도 최근 전쟁에서의 승리가 아직도 자신이 건재하며 가나안 정복 전쟁을 성공적으로 이끌 수 있다는 사실을 확인해 준 것으로 생각했다. 또한 그가 주도한 요단 강 동편에서의 싸움은 젖과 꿀이 흐르는 땅을 정복하기 위한 전쟁의 시작을 알리는 것이기도 했기 때문에 자신이 혹시 나머지 전쟁을 주도할 수 있지 않을까 하는 기대를 가졌던 것 같다. 그에게는 진정으로 가나안 땅을 밟고 싶은 염원이 있었다. 만일 모세가 자신의 능력으로 가나안 땅을 밟을 수 있었다면, 하나님이 그가 주도한 최근의 승리를 보시고 허락하셨을 것이다. 그러나 하나님의 가장 신실한 종 모세에게도 가나안 입성은 하나님의 선물인 것이다(Lundbom). 안타깝게도 하나님은 이 선물을 모세에게 내리시기를 거부하신다.

모세는 먼저 출애굽 사건, 시내 산 정상에서의 현현뿐만 아니라 최근 전쟁에서의 승리에서도 명백히 드러난 하나님의 능력과 자신이 하나님의 사역에 동참할 수 있는 기회를 허락하신 일에 대한 모든 영광을 하나님께 돌렸다. 이 세상 그 어느 곳을 찾아보아도 하나님 같은 분이 없다는 확신과 고백으로 말을 시작한다(24절). 그런 다음 이스라엘 백성들과 함께 요단 강을 건너는 것을 허락해 달라고 기도했다. 모세는 자신이 왜 요단 강을 건너가고 싶어하는지도 말했다. 요단 강 건너편에 있는 아름다운 땅을 보고 싶다는 것이었다(25절).

"아름다운 땅/좋은 땅"(הָאָרֶץ הַטּוֹבָה)은 하나님이 출애굽 1세대는 결코 가나안에 입성할 수 없다고 맹세하시면서 약속의 땅을 묘사했던 문구며(1:35), 호렙 산에서 하나님이 처음으로 모세에게 말씀하셨을 때에도 이러한 표현으로 가나안 땅을 설명하셨다(출 3:8). 모세의 지난 40년 사역의 목표는 백성들과 함께 이 "좋은 땅"에 입성하는 것이었다. 그러므로 이미 하나님이 안 된다고 하셨지만, 포기하기에는 너무 아깝기에 다시 한 번 예를 갖추어 강력하게 호소해 보는 것이다.

안타깝게도 하나님의 반응은 완강했다. 모세의 간구를 들어주시지 않으셨을 뿐만 아니라 더 이상 이 문제는 거론도 하지 말라고 말씀하셨다(26절). 재고의 가능성이 전혀 없으니 이 문제를 계속 논의하여 서로를 괴롭게 하는 일은 없도록 하자는 뜻이다. 하나님께서는 모세에게 정말 가나안 땅을 보고 싶거든 비스가 산 정상(רֹאשׁ הַפִּסְגָּה)에 올라가 살펴보라고 하셨다(27절). 비스가 산(cf. 3:17)은 사해의 북동쪽에 위치했던 산악지대의 한 봉우리의 이름이거나(cf. HALOT; Tigay), 산등성이를 뜻하는 일반명사일 수도 있다(Craigie). 모세가 할 수 있는 최선은 먼 발치에서 가나안 땅을 바라보는 것이다. 모세는 하나님이 그의 청을 이렇게 거부하신 것은 자신의 과오 때문이라기보다는 이스라엘 백성들 때문이라고 한다(26절). 모세가 왜 이렇게 말하는지와 그의 말이 무엇을 뜻하는지에 대하여는 1:37 주해를 참고하라.

모세가 이스라엘을 가나안 땅으로 인도할 수 없다면, 누가 그들을 인도할 것인가? 하나님은 이 기회를 통해 다시 한 번 여호수아가 그 일을 감당하게 될 것이라고 선언하신다(28절). 여호수아를 리더로 세우고 그를 격려하여 용기를 북돋아 주는 일까지가 모세의 몫이다. 백성들을 이끌고 가나안에 입성하여 땅을 정복하고 분배하는 일은 여호수아의 몫이다(28절).

우리는 하나님이 모세의 기도를 들어주실 수 없는 한 가지 이유를 목격하고 있다. 모세가 가나안 땅에 들어가고자 하는 동기는 순수하지만, 만일 하나님이 모세의 청을 허락하시면 지난 40년 동안 모세의 시종으로 있으면서 갖은 훈련을 받았던 여호수아의 입지는 어떻게 되는가? 그는 영원한 조연으로 일생을 마칠 수밖에 없다. 요단 강을 건너고 가나안 땅을 정복하는 일도 모세가 주도하는 것이 여호수아의 입장에서는 꼭 좋은 일만은 아니다.

성숙한 리더는 준비된 다음 세대의 리더를 위해서라도 자신의 리더십을 언제 접어야 하는가를 분별할 수 있어야 한다. '낙엽은 떨어질 때 가장 아름답다'는 말은 리더십에서도 의미심장한 말이 될 수 있다. 특히 때가 되었는데도 떨어지기를 거부하는 낙엽과 같은 일부 사역자들은 하나님이 모세의 간청을 거부하신 일을 심각하게 생각해 볼 필요가 있다.

3장. 율법: 하나님의 은혜(4:1-40)

모세는 지금까지 1-3장을 통해 이스라엘이 약속의 땅 입성을 준비하기 위하여 벳브올 맞은편 골짜기에 오게 된 역사적 정황을 회고했다. 그의 첫 번째 스피치(1:6-4:43)의 뒷부분인 이 섹션에서 모세는 이스라엘이 약속의 땅에 들어가면 어떻게 살아야 하는가를 강론한다. 모세의 첫 번째 스피치가 본문에서 절정에 달하고 있는 것이다(Block). 모세의 가르침을 한 마디로 요약하면 이스라엘의 미래는 하나님이 주신 율법에 대한 순종 여부에 의하여 결정된다는 것이다. 특별히 율법이 여호와 하나님만을 섬기라는 가르침을 골자로 하고 있다는 점이 율법 순종 여부가 이스라엘의 미래에 얼마나 지대한 영향을 미칠 것인가를 짐작할 수 있게 한다. 이러한 차원에서 신명기 4장은 이스라엘이 하나님과 맺은 언약과 율법에 관한 미니 설교/강론(miniature sermon)이라 하기도 하고(Craigie), 신명기 언약신학의 결정체(most mature covenant theology)로 여겨지기도 한다(Brueggemann). 모세는 자신의 모든 열정을 쏟아 부어 백성들을 설득하고 있다(Lundbom).

신명기 1-4장이 모세의 첫 번째 말씀을 구성하고 있지만, 이 섹션(4장)은 첫 섹션(1-3장)에 비하여 두 가지 차이점을 갖고 있다. 첫째, 앞 섹션은 역사적 서사를 중심으로 구성된 것에 반해 이 섹션은 설교/권면을 중심으로 한다. 비록 장르가 다르기는 하지만, 두 섹션 모두 다른 접근 방식을 통해 하나님께 순종할 것을 권면하고 있는 공통점을 지니고 있다. 둘째, 첫 번째 섹션은 군사적 명령에 순종을 강조하고 있지만, 두 번째 섹션은 율법에 순종할 것을 강조한다. 또한 4장이 율법 준수에 대한 권면이라는 차원에서 뒤따르는 5-11장의 요약이라고 할 수 있다. 모세는 이스라엘에게 율법에(그러므로 하나님께) 절대적으로 충성할 것을 권면한다. 지난날의 일들을 회고했던 1-3장과 달리 4장은 매우 미래지향적인 성향을 지닌 것이다(Block).

대부분의 주석가들이 4장의 내용 분석과 책 안에서의 중요성을 이해하는 일에는 별다른 이견이 없지만, 4장을 어떤 근거로, 몇 단락/섹션으로 나눌 것인가에 대하여는 현저한 견해 차이를 보인다(cf. Tigay; McConville; Craigie; Wright; Brueggemann). 필자는 율법이라는 주제가 4장을 하나로 묶고 있다는 전제하에 다음과 같이 분류하여 주해하고자 한다.[13]

A. 율법의 완전함(4:1-4)
B. 율법의 결과(4:5-8)
C. 율법의 근원(4:9-14)
D. 율법의 골자(4:15-24)
E. 율법의 양면성(4:25-31)
F. 율법의 목적(4:32-40)

13 한 주석가는 본문을 (1) 서론(1-8절), (2) 핵심적 가르침(9-31절), (3) 결론(32-40절) 등 세 파트로 구분한다(Lundbom). 그러나 '핵심적 가르침'(9-31절)의 세분화가 필요하다.

Ⅰ. 첫 번째 스피치: 하나님과 역사(1:1–4:43)
3장. 율법: 하나님의 은혜(4:1–40)

1. 율법의 완전함(4:1-4)

**1 이스라엘아 이제 내가 너희에게 가르치는 규례와 법도를 듣고 준행하라 그리하면
너희가 살 것이요 너희 조상의 하나님 여호와께서 너희에게 주시는 땅에 들어가서
그것을 얻게 되리라 2 내가 너희에게 명령하는 말을 너희는 가감하지 말고 내가 너희
에게 내리는 너희 하나님 여호와의 명령을 지키라 3 여호와께서 바알브올의 일로 말
미암아 행하신 바를 너희가 눈으로 보았거니와 바알브올을 따른 모든 사람을 너희의
하나님 여호와께서 너희 가운데에서 멸망시키셨으되 4 오직 너희의 하나님 여호와께
붙어 떠나지 않은 너희는 오늘까지 다 생존하였느니라**

책이 시작된 후 지금까지 이스라엘이 모압 평지에 이르게 된 역사적 정황을 회고했던 모세가 드디어 권면과 강론을 시작한다. 그는 하나님의 명령에 순종하는 것만이 이스라엘이 약속의 땅에 들어갈 수 있는 유일한 방법이라 한다(1절). 가나안 땅은 분명 하나님이 주시는 선물이다. 그러나 이스라엘은 오직 그의 말씀에 순종함으로써 그 땅을 차지할 수 있다. 1절은 이와 같이 여호와의 선물인 땅과 그 땅을 받을 수 있는 조건을 하나로 묶는다(Brueggemann). 벳브올에서 다른 신을 따르다가 땅을 받기 전에 죽어간 사람들과 하나님께 충성하여 살아 남은 자들이 땅을 받게 된 일이 이러한 원리를 증명한다(3절). "〔바알브올〕을 따르다"로 번역된 히브리어 문구(הָלַךְ אַחֲרֵי; 3절)는 정치적인 숙어로 지배자에게 온전한 충성을 맹세하는 행위며, 본문에서는 하나님을 배신하고 우상에게 마음을 준 것을 의미한다(Tigay; Merrill). 하나님의 말씀에 순종하는 일은 이스라엘의 생존권과 직접 연관된다(Wright).

모세는 이스라엘에게 자신이 가르쳐 주는(למד) 규례와 법도를 잘 듣고 준행하라고 한다(1절). "듣고"(שְׁמַע), "행하라"(לַעֲשׂוֹת)는 권면은 하나님이 이스라엘에게 결코 무리한 요구를 하신 것이 아님을 암시한다.

이스라엘은 분명 하나님의 계명을 이해할 수 있으며 순종할 수 있는 능력을 소유하고 있다. 하나님은 이스라엘로부터 맹목적인 순종(blind obedience)을 요구하시는 것이 아니라 이해를 바탕으로 하는 순종을 기대하신다(Craigie). 하나님은 오래전에 가데스 바네아에서, 그리고 최근에는 바알브올에서 이들의 순종을 시험하신 것처럼 앞으로도 종종 약속의 땅에서 이스라엘의 믿음을 시험하실 것을 암시한다(Block).

하나님이 이스라엘로부터 율법에 대한 올바른 이해에 바탕을 둔 순종을 요구하신다는 것을 잘 알고 있는 모세는 자신의 역할을 율법에 대하여 백성들을 가르치는 선생으로 생각하고 있다. 오늘날까지 내려온 이스라엘 사람들의 전승도 모세의 여러 역할 중 이 역할을 가장 중요한 것으로 간주한다(Tigay). 사역자들, 특히 담임목회자는 무엇보다도 하나님의 말씀을 가르치는 데 가장 많은 시간과 정열을 투자해야 한다. 성도들에게 성경을 가르치는 것이 목회자의 사명 중 가장 중요하기 때문이다.

백성들의 선생으로서 모세는 하나님의 규례(חֻקִּים)와 법도(מִשְׁפָּטִים)를 가르쳤다. 규례(חֻקִּים)는 '새기다'(חקק)라는 동사에서 파생된 것으로서 '새겨진 법', 곧 꼭 지켜야 할 규정들을 의미한다(Block; cf. HALOT). 법도(מִשְׁפָּטִים)는 '판결하다'(שׁפט)에서 파생한 단어이며 '〔신적(神的)〕 재판관이 준 규례'를 의미한다(Tigay). 율법은 하나님이 돌판에 새겨주신 법과 신적인 재판관이 주신 규례며, 이스라엘과 세우신 언약의 바탕이다(Craigie). 신명기에서 "규례와 법도"는 시내 산 율법을 총체적으로 칭하는 표현이다(Block). 모세는 반역하여 모두 광야에서 죽은 세대와 달리, 모압 평지에서 이 강론을 듣고 있는 세대는 모두 하나님께 "붙어 떠나지 않았기" 때문에 살 수 있었다고 한다(4절). 여기서 "붙어"(דָּבֵק)는 남자가 결혼하면 부모를 떠나 아내와 "한 몸을 이룰지니라"(창 2:24)에 사용되었다(cf. Weinfeld; Driver). 언약적 충성을 묘사하는 단어인 것이다(NIDOTTE; cf. Block). 모세는 백성들에게 우상을 버리고 오직 하나님께 붙을 것을 권한다(Lundbom). 이스라엘은 모세가 가르친 것을 행해야 한다. 율법은 교육(가르침)과 적용(행함)의 양면성을 지니고 있다.

하나님이 이스라엘에게 주신 규례와 법도는 완전하다. 더 이상 더할 필요가 없으며, 율법 중 일부를 빼서도 안 된다(2절). 또한 율법은 온전한 통일성을 지니고 있으므로 우리의 편리에 따라 구분하거나 차별화해서는 안 된다. 그러므로 신학자들이 율법을 예배법, 사회법, 도덕법 등 세 파트로 구분하는 것도 잘못된 일이다(Grisanti).

전통적으로 기독교는 신명기 4:2과 요한계시록 22:18-19을 인용하여 하나님의 말씀으로서의 구약과 신약의 완성도를 논의해 왔다. 하나님이 이 말씀들을 통하여 정경의 완벽함을 선포하신 것으로 이해했던 것이다. 그러나 구약과 신약이 우리의 삶이나 사회 모든 영역의 세부적인 사항들을 언급하고 있는 것은 아닌데, 이 원리를 어떻게 이해해야 하는가? 아마도 성경이 언급하고 있는 주제들과 원리에서만큼은 더 이상 반론의 소지가 없다는 뜻일 것이다.

본문의 문맥에서 이 원리는 모세오경을 중심으로 한 율법만을 염두에 두고 선언한 말씀이다. 이스라엘은 시내 산에서 받은 율법에 더해서도, 빼서도 안되며 받은 말씀의 기준에 따라 살아가야 한다. 그러므로 모세는 율법에 위배되거나 그것을 약화시키는 모든 것을 금한다(Kelland). 이 세상에는 율법을 재구성하거나 그 범위를 조정하는 권한을 가진 자는 한 명도 없기 때문이다. 또한 4장의 중심 주제가 하나님 외에는 그 어떤 신도 숭배해서는 안 된다는 것임을 감안할 때, 이 말씀은 오직 하나님만 섬기고 사랑하라는 원리에 더하는 것도, 빼는 것도 안 된다는 뜻이기도 하다(Tigay).

I. 첫 번째 스피치: 하나님과 역사(1:1-4:43)
3장. 율법: 하나님의 은혜(4:1-40)

2. 율법의 결과(4:5-8)

5 내가 나의 하나님 여호와께서 명령하신 대로 규례와 법도를 너희에게 가르쳤나니
이는 너희가 들어가서 기업으로 차지할 땅에서 그대로 행하게 하려 함인즉 6 너희는
지켜 행하라 이것이 여러 민족 앞에서 너희의 지혜요 너희의 지식이라 그들이 이 모
든 규례를 듣고 이르기를 이 큰 나라 사람은 과연 지혜와 지식이 있는 백성이로다 하
리라 7 우리 하나님 여호와께서 우리가 그에게 기도할 때마다 우리에게 가까이 하심
과 같이 그 신이 가까이 함을 얻은 큰 나라가 어디 있느냐 8 오늘 내가 너희에게 선포
하는 이 율법과 같이 그 규례와 법도가 공의로운 큰 나라가 어디 있느냐

모세가 심혈을 기울여 이스라엘에게 가르친 율법은 그들이 앞으로 가나안에 입성하면 지켜야 하는 것이다(5절). 율법대로 산다는 것은 결코 쉬운 일이 아니므로 가나안에 입성하면 이스라엘은 더 긴장하면서 살아야 한다. 모세는 이런 의도를 표현하기 위하여 "보라"(רְאֵה; qal, impv., ms)라는 명령어로 이 섹션을 시작한다(Block; cf. 개정개역은 이 동사를 번역에 반영하지 않았음). 물론 율법이 가나안 땅 안에서만 효력을 발휘한다는 것을 뜻하지는 않는다.

모세가 '가르치다' 동사의 완료형(לִמַּדְתִּי, piel, perfect, 1cs)을 사용한 것이 마치 그의 가르치는 사역이 이미 끝난 것을 뜻하는 것으로 해석될 때가 있지만, 8절의 "오늘 내가 당신들에게 주는 이 모든 율법"(새번역)이라는 표현을 감안하면 여기서 완료형이 사용되는 것은 다른 의미를 지니고 있다. 현재 진행되고 있는 일을 마치 이미 끝난 일로 묘사하는 것이 신명기의 스타일이며, 백성들에게 [순종하겠다는] 결단을 내려야 함을 촉구하기 위해서다(McConville; von Rad).

이스라엘이 가나안에 입성하여 율법을 준수하고 살아간다면, 세상 사람들은 그들을 부러워할 것이다(6, 8절). 모세는 이스라엘이 율법에 순종하면서 산다는 것이 결코 짐이 아니며, 그들이 상상하고 누릴 수 있는 최고의 특권이라고 단언한다(Block). 세상 사람들은 이스라엘이 다른 백성들보다 훨씬 더 거룩하고 정의로운 법을 소유한 것에 대하여 부러워할 것이다(6b, 8절). 이스라엘이 하나님께로부터 율법을 받기 전에 이미 세상에는 율법을 소유한 민족들이 있었다(cf. Roth). 예를 들면 함무라비 법전은 시내 산 율법을 약 400년 앞서는 것이다. 함무라비 법전도 율법처럼 상당 부분 의롭고 지혜로운 것이다. 그러나 여호와께서 이스라엘에게 주신 율법은 그동안 여러 민족들에게 선포되었던 율법보다 훨씬 더 위대하고 놀랍다. 그러므로 열방이 이스라엘의 율법에 놀라고, 그들의 하나님의 위대하심에 놀란다(Grisanti). 세상 사람들은 또한 이스라엘이 하나님께 이렇게 뛰어난 율법을 받은 사실에만 만족하지 않고, 그 율법을 자신의 삶에 적용하려고 노력하는 지혜와 슬기를 가진 것을 부러워할 것이다(6a절). 하나님의 말씀이 언제 세상에 빛을 발할 수 있는가 하면 주의 백성들이 그의 말씀을 삶에서 드러낼 때라는 것이다. 또한 모세는 지혜와 지식의 본질은 하나님의 말씀에 자신을 복종시키는 것이라고 선언한다(Merrill).

우리는 아무리 하나님의 계명이 좋은 말씀이라 하더라도, 성도들의 삶에 적용되지 않는다면, 그 성도 개인의 문제로 그치는 것이 아니라 하나님의 명예도 훼손된다는 것을 생각해야 한다. 세상 사람들이 하나님의 위대하심을 알게 되는 때는 그의 백성들이 말씀에 순종할 때다(7절). 반면에 주의 백성이 말씀대로 살지 못하면, 세상은 그들을 경멸할 것이며 하나님의 명예는 땅에 떨어질 것이다. 그러므로 이슈는 주의 백성과 하나님의 명성과 명예가 아니라, 과연 어떤 명성과 명예를 얻게 될 것인가이다. 세상 사람들이 주의 백성을 지켜보고 있다는 점에서, 순종 여부는 선교적인 차원도 지니고 있다(Wright).

백성들이 전적으로 하나님의 말씀에 순종하여 의로운 사회를 만들면 하나님의 임재가 그들과 함께 하실 것이다(7절). 율법 준수가 가져다 줄 가장 큰 축복은 바로 하나님의 함께 하심이다. 주의 백성이 율법을 준수하면서 살아가는 한, 하나님은 그들과 함께 하시면서 그들의 기도를 들어주실 것이다(7절). 더 놀라운 것은 그들이 준수해야 할 율법은 이 세상 그 무엇과도 비교할 수 없는 아름답고 놀라운 것이라는 점이다(8절). 하나님이 가장 아름답고 사람을 행복하게 하는 짐을 지워 주셨다. 이런 짐은 무거운 것이 아니라, 날아갈 만큼 가벼우며, 짐을 질수록 사람을 짓누르는 것이 아니라, 지는 자가 행복해진다.

의로운 사회 질서와 하나님의 임재는 믿음 공동체가 지녀야 할 가장 중요한 요소다. 둘 중 하나만 있으면 부족하다(Brueggemann). 백성들이 의로운 사회를 형성하면 그들이 기도할 때마다 하나님이 가까이에서 들으실 것이다. 하나님은 백성들에게 율법을 주신 후에 그들을 무관심하게 대하는 분이 아니시며, 그 율법대로 살아가는 자들과 함께 하시며 그들을 돕는 분이시다. 순종은 하나님의 함께 하심을 보장하는 일종의 보증수표인 것이다.

I. 첫 번째 스피치: 하나님과 역사(1:1-4:43)
3장. 율법: 하나님의 은혜(4:1-40)

3. 율법의 근원(4:9-14)

9 오직 너는 스스로 삼가며 네 마음을 힘써 지키라 그리하여 네가 눈으로 본 그 일을
잊어버리지 말라 네가 생존하는 날 동안에 그 일들이 네 마음에서 떠나지 않도록 조
심하라 너는 그 일들을 네 아들들과 네 손자들에게 알게 하라 10 네가 호렙 산에서 네
하나님 여호와 앞에 섰던 날에 여호와께서 내게 이르시기를 나에게 백성을 모으라
내가 그들에게 내 말을 들려주어 그들이 세상에 사는 날 동안 나를 경외함을 배우게
하며 그 자녀에게 가르치게 하리라 하시매 11 너희가 가까이 나아와서 산 아래에 서
니 그 산에 불이 붙어 불길이 충천하고 어둠과 구름과 흑암이 덮였는데 12 여호와께

서 불길 중에서 너희에게 말씀하시되 음성뿐이므로 너희가 그 말소리만 듣고 형상은 보지 못하였느니라 13 여호와께서 그의 언약을 너희에게 반포하시고 너희에게 지키라 명령하셨으니 곧 십계명이며 두 돌판에 친히 쓰신 것이라 14 그 때에 여호와께서 내게 명령하사 너희에게 규례와 법도를 교훈하게 하셨나니 이는 너희가 거기로 건너가 받을 땅에서 행하게 하려 하심이니라

이 섹션의 성향은 법적인 계약의 서론과 비슷하며(McConville), 15, 23절과 동일한 동사(שמר)와 비슷한 문구로 시작한다. "스스로 삼가며 네 마음을 힘써 지키라"(9절). 하나님이 기대하시는 순종의 삶을 살려면 온 마음을 담은 노력과 흔들리지 않는 절제가 필요하다는 것이다. 그렇게 하기 위해서는 먼저 이스라엘이 시내 산에서 하나님과 맺은 언약을 기억해야 한다. 그래서 모세는 이스라엘에게 그들이 본 것을 잊지 않도록 안간힘을 써서 지키라고 하는 것이다(9절). 더 나아가 이스라엘은 자손대대로 시내 산에서 있었던 일을 추억하고 기념해야 한다(9절; cf. 15, 23절). 순종은 지난 일을 기억하는 데서 시작하기 때문이다(Grisanti).

이스라엘이 열방에게 선망의 대상이 되고 모델이 되는 비전(cf. 6-8절)은 이스라엘의 무관심과 우상숭배에 의하여 위협 받게 될 것이다(Wright). 그러므로 모세는 다시 한 번 백성들에게 하나님의 말씀을 힘써 지킴으로써 이 비전을 실현할 것을 호소한다. 하나님의 말씀을 지키고자 한다면 먼저 주님의 말씀을 기억해야 한다. 그래서 모세는 하나님의 말씀을 개인적으로 묵상하고 자손들에게 두루두루 가르쳐 전수하는 일을 최우선으로 삼으라고 한다(9-10절).

이스라엘의 역사가 적나라하게 보여 주듯이 앞으로 이스라엘을 괴롭힐 가장 큰 문제는 '기억상실증'이다(Brueggemann). 모세의 강론을 듣고 있는 사람들은 자손 대대로 죽기까지 하나님께 순종할 것을 다짐하고 있지만, 시간이 지나면 그 다짐도 잊어버리고 순종하지 않을 것이다. 또한 순종은 마음만 먹는다고 해서 저절로 이루어지는 것이 아니다. 필요하다면 어떠한 대가를 치르더라도 하나님의 말씀대로 살겠다는 강력한 의지를 가져야만 가능하다. 이러한 차원에서 순종은 외적으로 드러나는 것이라기보다 마음과 의지를 요구하는 내적인 행위다.

모세가 이처럼 이스라엘에게 절대적인 순종을 권면하는 근거는 시내 산에서 있었던 역사적 사건이다(10절). 어떤 학자들은 본문이 언급하는 호렙 산을 시내 산에서 구분하여, 시내 산이라는 구체성을 빼 버린 '황폐/광야'라는 일반적인 장소라고 주장하는데(Perlitt), 호렙 산은 여기서 뿐 아니라 언급될 때마다 시내 산의 다른 이름으로 풀이되어야 한다(McConville; cf. Craigie).

구약의 믿음은 철학적인 이론이나 추상적인 묵상에서 비롯된 것이 아니라, 체험에서 비롯되었다(Tigay; Craigie). 이스라엘 백성들은 개념이나 생각을 정의하는 사람들이 아니라 역사 속에 일어난 일에 대한 증인들이다(Heschel). 모세는 마치 그의 청중 모두가 시내 산에서 하나님의 현현을 목격했던 것처럼 "네가 눈으로 본 그 일을 잊어버리지 말라"(9절, 개정)라고 말한다. 그러나 우리가 잘 알다시피 그의 청중 중 40세가 넘은 사람들만 시내 산에 있었다. 나머지는 부모들의 증언과 가르침을 통해 시내 산 일에 대하여 들었을 것이다. 그럼에도 불구하고 모세가 이처럼 말하는 것은 그 앞에 서 있는 이스라엘이 시내 산 공동체의 연속선상에 있기 때문이다.

하나님이 이스라엘을 시내 산으로 부르신 데에는 두 가지 목적이 있었다. (1) 그들이 하나님을 경외하며 살아가게 하기 위하여, (2) 그들이 자손들에게 하나님을 경외하도록 가르치게 하기 위하여(10절). 하나님을 경외하는 삶은 도덕적인 행동을 추구하며 죄짓는 것을 두려워하는 삶을 뜻한다(Tigay). 자녀를 가르치는 것은 신명기 안에서 지속적으로 등장하는 중요한 테마일 뿐만 아니라 언약의 일부다(Craigie).

우리 모두는 하나님을 경외하는 삶을 추구할 의무가 있다. 그리스도인에게 경건한 삶은 선택이 아니라 필수이다. 또한 우리는 후손들에게 선생이 되어 하나님을 경외하는 삶을 살도록 가르쳐야 한다. 이 과정에서 우리가 물어야 할 중요한 질문은 자손들에게 어떤 방법으로 가르치는 것이 가장 효과적인 교육이 될 것이냐는 것이다. 자녀들은 부모의 삶에서 가장 쉽고 확실하게 배운다. 그렇다면 부모가 하나님을 경외하는 삶을 사는 것 자체가 자녀들에게는 가장 좋은 가르침이 되는 것이 아닐까? 우리가 먼저 순종하면 다음 세대를 가르쳐야 할 사명도 훨씬 쉽게 감당할 수 있게 된다.

저자는 이스라엘이 시내 산에서 눈으로 본 것을 잊지 말라고 하는데(9절), 그들은 과연 무엇을 보았는가? 그들이 본 것은 산을 휩싼 높이 치솟은 불길, 어둠, 그리고 검은 구름이었다(11절; cf. 출 19:9, 16-18). 하나님의 현현이 동반한 현상들을 보았던 것이다. 그러나 그들은 구름과 불길 속에서 말씀하시는 하나님을 들었지만, 하나님의 모습을 보지는 못했다. 하늘에 거하시던 하나님이 이날 시내 산에 임하셨다. 그러나 모습을 보이지는 않으셨다. 여호와께서는 분명 시내 산에서 모습을 드러내셨지만 어떠한 형상으로도 보이지 않으셨고, 이미지가 아니라 말씀으로 나타나셨다(Brueggemann).

우상은 형상을 지녔지만 말은 못하는 것에 반해, 하나님은 형상을 지니지 않으셨지만 말씀하신다는 것이 대조적이다(Wright). 시내 산에 드러났던 보이지 않는 하나님의 현현은 어떠한 형상으로라도 하나님의 우상을 만들지 말라는 계명과 직접 연관이 있는 것으로 생각된다. 하나님의 음성만 들을 수 있었던 시내 산 현현이 근거가 되어 가시적인 종교 문화(visual religious culture)를 발전시켰던 그리스와는 달리 이스라엘은 한 번도 가시적인 종교 문화를 지향한 적이 없었다(Wright).

시내 산에서 이스라엘에게 주신 것은 두 돌판(שְׁנֵי לֻחוֹת אֲבָנִים)에 새겨진 십계명(עֲשֶׂרֶת הַדְּבָרִים)이었다(13절). 두 돌판이 사용되었다는 것이 십계명의 내용이 둘로 나누어져(viz., 각각 5계명씩) 각 돌판에 새겼다는 것을 뜻하는 것은 아니다. 고대근동의 계약 풍습을 살펴보면 계약 내용을 둘로 복사하여 계약 당사자들이 각각 하나씩 소유하였다. 여기서 두 돌판이라는 것도 이러한 의미를 지녔다. 하나는 하나님의 것이고, 다른 하나는 이스라엘의 것이었다(Kline; McConville; Craigie). 이스라엘은 자신의 돌판을 하나님의 것과 함께 법궤에 보관했다(Block).

저자는 십계명을 언약(בְּרִית)이라고 한다(13절). 어떻게 언약을 주셨다면서 계명을 말할 수 있는가? 성경 안에서 언약은 세 가지 의미를 지니고 있는데 모두 의무와 연관된 것들이다(Tigay). 첫째, 언약은 자신이 꼭 조항을 지키겠다는 의지를 보이는 약속을 뜻한다(promise). 둘째, 언약은 상대방에게 의무를 다할 것을 요구하는 조항이다(stipulation). 셋째, 언약은 쌍방이 서로 자기의 의무를 다하겠다는 의사를 표현하는 것이다(compact). 이 세 가지 의미가 모두 하나님과 이스라엘 사이에 맺어진 관계에 적용된다. 이스라엘과 하나님 사이에 체결된 계약(compact)은 하나님이 이스라엘에게 요구하신 것들(stipulation)과 이스라엘이 스스로 하나님께 의무를 다하겠다는 의사 표시를 한 것들(promise)로 구성된다. 그러므로 모세가 십계명을 언약이라고 하는 것에는 무리가 없다. 또한 십계명은 오경에 기록된 모든 율법을 대표하는 상징이기 때문이다.

모세는 4장에서 언약이라는 용어를 세 차례 사용하는데(13, 23, 31절), 이 단어가 사용될 때마다 언약 이야기의 다른 면모가 강조된다. (1) 과거 언약의 은혜: 언약의 유래(9-14절), (2) 현재 언약의 은혜: 언약의 핵심(15-24절), (3) 미래 언약의 은혜: 영원한 언약(25-31절; Block). 모세는 언약(בְּרִית)이라는 단어를 매우 전략적으로 사용하고 있는 것이다.

주전 7세기에 아람어로 새겨진 돌판이 십계명이 새겨진 돌판에 대한 대략적인 추측을 할 수 있도록 하는데, 이 돌판은 한 면이 약 28센티미터에 달하는 정사각형의 모습을 띠고 있으며, 8줄의 텍스트에 32개의 단어를 담고 있다(Tigay). 십계명은 189개의 단어(출애굽기 버전의 경우 172개의 단어)로 구성되어 있는데, 아람어 돌판의 글자 사이즈로 양면에 새길 경우 한 면이 50센티미터 정도 되는 정사각형 돌판 하나가 필요하다. 오늘날 우리에게 익숙한 돌판의 모습(직사각형이고 윗쪽이 둥그스름한 형태)은 주후 11세기 기독교 예술에서 모습을 드러내기 시작했다.

4. 율법의 골자(4:15-24)

15 여호와께서 호렙 산 불길 중에서 너희에게 말씀하시던 날에 너희가 어떤 형상도
보지 못하였은즉 너희는 깊이 삼가라 16 그리하여 스스로 부패하여 자기를 위해 어떤
형상대로든지 우상을 새겨 만들지 말라 남자의 형상이든지, 여자의 형상이든지, 17 땅
위에 있는 어떤 짐승의 형상이든지, 하늘을 나는 날개 가진 어떤 새의 형상이든지, 18
땅 위에 기는 어떤 곤충의 형상이든지, 땅 아래 물 속에 있는 어떤 어족의 형상이든
지 만들지 말라 19 또 그리하여 네가 하늘을 향하여 눈을 들어 해와 달과 별들, 하늘
위의 모든 천체 곧 너희의 하나님 여호와께서 천하 만민을 위하여 배정하신 것을 보
고 미혹하여 그것에 경배하며 섬기지 말라 20 여호와께서 너희를 택하시고 너희를 쇠
풀무불 곧 애굽에서 인도하여 내사 자기 기업의 백성을 삼으신 것이 오늘과 같아도
21 여호와께서 너희로 말미암아 내게 진노하사 내게 요단을 건너지 못하며 네 하나님
여호와께서 네게 기업으로 주신 그 아름다운 땅에 들어가지 못하게 하리라고 맹세하
셨은즉 22 나는 이 땅에서 죽고 요단을 건너지 못하려니와 너희는 건너가서 그 아름
다운 땅을 얻으리니 23 너희는 스스로 삼가 너희의 하나님 여호와께서 너희와 세우신
언약을 잊지 말고 네 하나님 여호와께서 금하신 어떤 형상의 우상도 조각하지 말라
24 네 하나님 여호와는 소멸하는 불이시요 질투하시는 하나님이시니라

이스라엘은 시내 산에서 하나님의 임재를 체험했다. 그들은 불을 보았고 구름을 보았고, 하나님의 음성을 들었지만, 모습은 보지 못했다(12절). 모세는 이러한 사실에 근거하여 이스라엘에게 어떠한 모습으로라도 하나님의 형상을 조각하거나 제조해서는 안 된다고 한다. 이스라엘은 오직 그들의 눈에 보이지 않는 하나님만을 섬겨야 한다. 모세의 요구는 고대근동의 종교들이 신들은 자신의 우상이 세워져 있는 곳에 거한다고 가르쳤던 것과는 매우 상반된다(Tigay). 그러므로 이러한 명령에는 이방 종교의 행태를 반박하는 성향이 내포되어 있음을 알게 된다(cf. Grisanti).

이스라엘은 하나님의 모습을 보지 못했기 때문에 어떠한 형태로라도 하나님의 우상을 만들면 안 되며, 하나님은 이방신들처럼 우상에 의하여 임재가 조작될 수 있는 분이 아니기 때문에 우상을 만들어서는 안 된다. 하나님을 형상화하는 것은 곧 전능하신 여호와를 하나의 무능한 우상으로 전락시키는 행위이기 때문이다(Merrill). 또한 우상을 만든다는 것은 신을 제한하는 것을 전제하는데, 우리는 결코 하나님을 어떠한 방법으로라도 제한할 수 없다는 사실을 깨달아야 한다. 그러나 아론이 만든 금송아지 사건과 훗날 그들의 역사에서 보듯이 이스라엘은 결코 우상 문제에서 자유하지 못했다(cf. 왕하 21:3, 5; 23:4-5; 렘 19:13). 오늘날의 그리스도인들도 예외는 아니다. 교회에 출석하고 종교생활을 한다고 해서 저절로 우상 문제가 해결되지 않는다. 오직 하나님만 주님으로 삼겠다는 의지와 노력이 있어야만 가능한 일이다.

모세는 어떠한 형태로라도 보이지 않는 하나님의 우상을 만들어서는 안 된다는 원칙을 말한 다음(15절), 여러 가지 구체적인 예를 들어 이 원칙을 설명한다. 이곳에서 제시되는 구체적인 예들의 순서를 보면 창세기 1:14-27에 제시된 창조 순서를 거꾸로 뒤집어 놓았음을 보게 된다. (1) 남자나 여자, (2) 땅에 있는 짐승, (3) 하늘을 나는 새들, (4) 기어다니는 것들, (5) 물고기, (6) 해, 달, 별. 이스라엘의 주변 국가들은 이런 것들을 신으로 숭배했다(Criaige; Christensen). 이런 것들을 신으로 간주하면, 우리가 지배해야 할 자연을 오히려 숭배하는 결과를 초래한다(Merrill).

첫째, 남자나 여자의 형상을 따라 우상을 만들지 말라(16절). 이스라엘은 항상 이 위험에 노출되어 있었다. 그들은 하나님을 인격적인/인간적인 하나님으로 이해했을 뿐만 아니라 창세기 1:26-27은 인간이 하나님의 모양과 형상에 따라 지음을 받았다고 기록하고 있기 때문이다. 그러므로 그들은 하나님의 형상을 생각할 때 사람을 쉽게 떠올렸을 것이다. 그러나 이러한 생각은 하나님의 초월성(transcendence)을 강조하는 이스라엘의 신학에 전혀 어울리지 않는다.

둘째, 땅에 있는 짐승의 형상을 따라 우상을 만들지 말라(17a절). 가나안의 일부 문화권과 이집트에서는 다양한 짐승이 신들로 숭배되었던 것으로 알려져 있다. 경우에 따라서는 구체적인 짐승이, 어떤 때는 온 종(種)이 신들로 숭배되었다(Craigie). 이집트의 여신 하토르(Hathor)는 소의 모습을 띠었으며, 토트(Thoth)는 원숭이 혹은 따오기(ibis) 형상을 지녔고, 민(Min)은 인간의 모습으로 표현되었다. 짐승과 사람이 섞인 모습(hybrid)을 가진 신들도 있었다(cf. 겔 1장). 모세는 이스라엘에게 그들이 떠나온 이집트 사람들의 종교에서 결코 배우지 말 것을 권면하고 있다. 그러나 이스라엘은 이미 시내 산에서 금송아지로 여호와의 형상을 만든 적이 있다. 훗날 여로보암은 금송아지를 만들어 벧엘과 단에 두고 여호와라고 한다. 모세의 경고는 이스라엘의 삶에서 상당한 현실감을 지니고 있었던 것이다.

셋째, 하늘을 나는 새들의 형상을 따라 우상을 만들지 말라(17b절). 하나님의 형상은 인간의 모습을, 혹은 짐승의 모습을 띠지 않을 뿐만 아니라 하늘을 나는 새들의 모습도 띠지 않는다. 이집트의 주요 신들 중 몇몇은 새들의 모습을 지녔다. 대표적인 예가 호루스(Horus)이며 매의 형상을 지녔다. 이 경고 역시 이스라엘의 이집트 생활에 근거를 두고 있는 것이다.

넷째, 땅 위에 기어 다니는 것들의 형상을 따라 우상을 만들지 말라(18a절). 신들이 벌레들의 모습을 취하는 것은 그리 흔한 일은 아니지만, 왕쇠똥구리(scarab)가 이집트 벽화에서 자주 등장할 뿐만 아니라, 그들의 종교에서도 일정한 역할을 담당했던 것으로 알려져 있다. 또한 기어 다니는 것이 뱀을 뜻한다면, 뱀은 가나안과 이집트에서 신으로 숭배되었기에(Kitchen; Albright) 매우 광범위하게 행해졌던 이방인의 종교 행위와 풍습을 통해 하나님을 표현하는 것을 금하고 있는 것으로 풀이될 수 있다.

다섯째, 물고기의 형상을 따라 우상을 만들지 말라(18b절). 물고기의 형상을 띤 신은 상대적으로 희귀했다. 다산의 여신 아타르가티스(Atargatis)가 때로는 물고기 모습을 지녔다(Craigie). 일부 학자들은 블레셋 사람들의 신 다곤(곡물의 신)이 물고기 모습을 띠었다고 생각한다. 우상에 매료된 자들은 하늘과 땅에 있는 것으로도 부족하여 물고기 형상에서까지 '영감을 받아' 자신들의 우상을 만들었다. 성경은 이것들도 하나님이 만드신 피조물에 불과하다고 한다.

여섯째, 해, 달, 별 등 천체를 신들로 숭배하지 말라(19절). 제일 마지막으로 창조된 것으로 시작한 저자가 드디어 제일 처음 창조된 것들을 주제로 삼는다. 천체를 신들로 숭배하는 일은 고대 근동에 매우 광범위하게 퍼져 있었다. 그러므로 자칫 잘못하면 이스라엘도 이런 영적인 함정에 빠질 수 있었다. 그래서 모세는 이것들에게 "미혹되지 말라"고 경고한다(19절).

또한 이스라엘은 이 말씀이 어떤 종교 행위를 금하고 있는지를 잘 알고 있었을 것이다. 하나님은 천체를 세상 모든 민족에게 주셨다. 이 말씀의 포인트는 다음의 두 가지다. 첫째, 이방인들이 신들로 숭배하는 천체들을 창조하신 이는 여호와이시며, 하나님이 이것들을 열방에게 주신 것이지 이것들이 신적(神的) 능력이 있어 열방을 자신들에게 이끌어 온 것이 아니라는 점이다(Tigay).[14] 인간들이 이 피조물들을 자신들의

14 일부 주석가들은 여호와께서 이방 백성으로 하여금 해, 달, 별 등을 신들로 숭배하게 만들었다고 하는데(Craigie; Weinfeld; Driver; Ridderbos), 성경적 근거가 전혀 없는 주장이다(Block; Grisanti; cf. 롬1:24-25).

신들로 만든 것이지 이것들이 백성들에게 숭배를 강요한 것이 아니라는 뜻이다. 둘째, 온 세상이 천체를 숭배하는데 반해 이스라엘은 이 천체들을 창조하신 하나님을 섬기고 있음을 대조하고 있다. 즉, 19절은 다음 절(20절)에서 부각될 이스라엘의 특별한 위치와 특권에 대한 준비 차원으로서 의미를 갖는다(Meyers).

하나님이 천체를 열방에게 주신 것에 반해 이스라엘은 용광로와 같은 이집트에서 구원하셔서 자신의 소유로 만드셨다(20절). 열방이 천체를 자신의 신들로 임명한 것과는 달리, 이스라엘은 하나님이 자신의 소유로 임명하셨다는 것이다(McConville; Kalland; Wright). "소유/유산"(נַחֲלָה)은 하나님이 이스라엘에 대하여 가지고 계신 권한을 뜻할 뿐만 아니라, 하나님의 이스라엘에 대한 애착을 강조하는 개념이다(Saadia; Tigay). 신명기를 포함한 오경에서 흔히 소유/유산은 이스라엘이 소유하게 될 가나안 땅을 일컫는 말이며(cf. 1:31; 8:5; 14:1; 32:6), 이스라엘이 하나님의 '아들'됨을 암시하는 표현이다(Wright; McConville).

열방은 신들을 찾아가려고 수고하는데, 이스라엘의 경우 하나님이 먼저 그들을 찾아와 애정을 표현하셨다. 본문의 가장 기본적인 의미는 이스라엘과 열방의 대조되는 위치를 강조하는 데 있는 것이다(Mayes). 이스라엘이 이집트에서 당했던 일을 용광로에 비유하는 것은(cf. 왕상 8:51; 렘 11:4) 그들의 고통을 부각시킬 뿐만 아니라, 하나님이 그들을 찾아오시기 전과 오신 후의 상황 변화를 강조하기 위해서다. 이집트 사람들의 불 같은 핍박을 받던 그들이 하나님의 가장 소중한 소유가 되었다. 이스라엘은 자신들이 누리고 즐기는 모든 것에 대하여 하나님께 감사해야 한다.

앞으로 가나안에 입성하여 하나님의 축복을 마음껏 누리며 그분의 유산이 될 출애굽 2세들과는 달리 모세는 약속의 땅에 들어갈 수 없다(21절). 모세는 그 이유를 이전처럼(cf. 3:26) 하나님이 이스라엘 때문에 그에게 분노하셨기 때문이라 한다. 그런데 모세가 왜 이 시점에서 자신의 이야기를 다시 꺼내는 것일까? 자신과 같은 사람도 들어갈 수 없는 땅을 그들이 들어가게 되었으니 약속의 땅에 거하게 된 것을 당연하게 여기지 말고 항상 하나님께 감사하는 마음으로 그 땅에 거하라는 뜻에서일까? 본문의 주제가 우상숭배라는 점을 감안할 때, 이스라엘을 위하여 많은 일을 한 모세 자신도 하나님의 주권 아래 있는 축복의 통로에 불과하며, 언젠가는 죽어야 하는 사람이라는 점을 강조함으로써, 그의 사후 그를 숭배하는 일을 원천적으로 봉쇄하고자 하는 의도에서라는 해석도 가능하다(Tigay).

모세는 광야에서 죽어야 하는 자신의 처지와는 달리 가나안 땅에 들어가 정착하게 될 이스라엘 백성들에게 그 땅에서 오래 살 수 있는 비결을 제시한다(23-24절). 시내 산에서 하나님과 맺은 언약에 따라 사는 것이다. 이 언약의 핵심은 어떠한 형상의 우상도 만들어서는 안 된다는 점을 포함한다. 우상을 만드는 것은 곧 언약을 무시하거나 깨는 행위인 것이다(Craigie). 모세는 하나님은 삼키는 불이시며(אֵשׁ אֹכְלָה), “질투하시는 하나님”(אֵל קַנָּא)이라는 경고를 덧붙인다. “삼키는 불”이신 하나님이 “뜨겁게 가열된 용광로”와 같은 이집트로부터(20절) 자신의 백성을 구하셨다는 사실이 흥미로운 대조를 이룬다. 삼키는 불이신 하나님이 이스라엘의 구원을 이루신 것이다. 이처럼 주의 백성들에게 “삼키는 불”은 축복이다.

그러나 이스라엘이 반역하자 하나님은 삼키는 불이 되어 광야 세대를 여러 차례 덮치셨다(레 10:2; 민 11:1-3; 16:35; cf. 신 9:3; 32:22). 하나님은 이스라엘과 언약을 맺기 위하여 시내 산에 임할 때에도 불로 임하셨으며, 그러한 하나님의 모습은 이스라엘을 공포의 도가니에 몰아넣기에 충분했다(출 24:17; cf. 신 5:5, 22-23). 그러므로 우상숭배에 대하여 경고하는 이 섹션에서 하나님을 “삼키는 불”로 묘사하는 것은 매우 적절하다.

또한 하나님은 질투하시는(קַנָּא) 분이시다. 이 히브리어 단어는 시기(jealous)에 열정(zealous)이 더해진 감정을 뜻한다(HALOT). 이 단어의 어원이 되는 동사(קנא)는 "〔얼굴이〕 빨갛게 달아오르다"라는 뜻을 가지며 대체로 사랑, 분노, 질투처럼 불같은 열정과 연관된 개념들과 연관된다(Tigay). 성경 안에서 '질투하는 하나님'(אֵל קַנָּא)은, 자신의 목적을 꼭 달성하시는 분이라는 점을 강조하며 사용된다(Jepsen). 본문에서는 만일 이스라엘이 우상숭배로 인하여 하나님을 자극하면 하나님은 그들에게 적절한 심판을 반드시 내리실 것이라는 점을 강조한다. 본문에서 이 단어는 사랑의 관계를 전제한다(Block). 하나님은 이스라엘을 사랑하시기 때문에 분노하신다. 그러므로 아내 이스라엘은 남편 하나님을 자극하지 않도록 매우 조심해야 한다.

우리는 스스로 죄를 짓고도 하나님이 벌하시면 서운해하거나 실망한다. 성경은 하나님이 범죄한 우리를 벌하시는 것은 그의 사랑의 표현이라고 한다. 주님의 침묵은 오히려 그의 무관심의 표현일 수도 있는 것이다. 그러므로 우리가 하나님의 징계를 서운해 할 것이 아니라, 범죄하였는데도 침묵하시는 하나님을 서운하게 생각해야 하는 것이 맞는 것이다.

Ⅰ. 첫 번째 스피치: 하나님과 역사(1:1-4:43)
3장. 율법: 하나님의 은혜(4:1-40)

5. 율법의 양면성(4:25-31)

25 네가 그 땅에서 아들을 낳고 손자를 얻으며 오래 살 때에 만일 스스로 부패하여 무
슨 형상의 우상이든지 조각하여 네 하나님 여호와 앞에 악을 행함으로 그의 노를 일
으키면 26 내가 오늘 천지를 불러 증거를 삼노니 너희가 요단을 건너가서 얻는 땅에
서 속히 망할 것이라 너희가 거기서 너희의 날이 길지 못하고 전멸될 것이니라 27 여
호와께서 너희를 여러 민족 중에 흩으실 것이요 여호와께서 너희를 쫓아 보내실 그
여러 민족 중에 너희의 남은 수가 많지 못할 것이며 28 너희는 거기서 사람의 손으로

만든 바 보지도 못하며 듣지도 못하며 먹지도 못하며 냄새도 맡지 못하는 목석의 신들을 섬기리라 [29] 그러나 네가 거기서 네 하나님 여호와를 찾게 되리니 만일 마음을 다하고 뜻을 다하여 그를 찾으면 만나리라 [30] 이 모든 일이 네게 임하여 환난을 당하다가 끝날에 네가 네 하나님 여호와께로 돌아와서 그의 말씀을 청종하리니 [31] 네 하나님 여호와는 자비하신 하나님이심이라 그가 너를 버리지 아니하시며 너를 멸하지 아니하시며 네 조상들에게 맹세하신 언약을 잊지 아니하시리라

모세는 앞 섹션에서 이스라엘에게 우상을 숭배하지 말라고 강력하게 경고했다. 이스라엘이 우상을 숭배하면 삼키는 불이시며, 질투하는 하나님이 그들을 가만히 두지 않으실 것이라는 말을 더했다(24절). 만일 이스라엘이 우상을 숭배하면 하나님이 그들을 어떻게 하실 것인가? 모세는 이 섹션에서 이스라엘의 미래를 배경으로 하여 이 질문에 답한다. 모세가 미래를 가상하는 것은 자손들에게도 언약을 가르쳐야 한다는 권면(4:9; 6:7)과 아무리 많은 세월이 흐른다 해도 이스라엘 자손들은 시내 산에서 하나님과 언약을 맺었던 그들의 선조와 하나라는 점을 배경으로 하고 있다(McConville).

이스라엘이 자손 대대로 언약을 준수하는 것이 매우 중요한 이유가 또 한 가지 있다. 이스라엘이 가나안에 정착한 후 접해야 할 가장 큰 위협은 민족/국가로서의 연합전선이 붕괴되는 일이다(cf. 삿 5장). 이스라엘이 주변 국가들의 위협을 견제하며 나라를 유지해 나가려면 온 백성의 연합은 필수적인 것인데, 이스라엘은 어떻게 범민족적 연합을 유지해 나갈 것인가? 이스라엘을 가장 쉽게, 그리고 지속적으로 연합하도록 하는 것은 그들이 하나님과 맺은 언약이다. 시내 산 언약이 이스라엘의 신학적-실존적 정체성을 정의하기 때문이다. 즉, 이스라엘이 시내 산 언약을 준수해야 하는 것은 단순히 종교적인 의무를 다하는 것을 초월하여 민족으로서의 생존과 직접적으로 연관되어 있다.

만일 이스라엘이 언약에 따라 살지 않으면 하나님 스스로 그들을 약속의 땅에서 내치시고 열방에 흩으실 것이다(26-27절). 저자는 이스라엘이 가나안 땅에서 실패할 것이라는 점을 두 차례 강조한다. "반드시 곧 멸망할 것이다 … 반드시 망할 것이다"(26절, 새번역). 이스라엘이 불순종하면 약속의 땅에서 쫓겨날 것은 기정사실이라는 점을 강조하기 위함이다. 이 과정에서 수많은 사람이 죽임을 당할 것이므로, 그나마 열방에 흩어져 사는 사람들의 숫자는 그리 많지 않을 것이다. 오경은 이스라엘이 가나안 땅에서 사는 것이 조건적이라는 사실을 누누이 강조해 왔다. 출애굽 1세대는 불신으로 인하여 가나안 땅에 들어가지 못했다. 모세에게도 약속의 땅에 들어가 사는 것이 허락되지 않았다. 또한 모세는 이 스피치를 시작하면서도 오직 하나님의 말씀에 순종해야만 가나안 땅에 입성할 수 있다고 하였다(4:1). 가나안 땅에 정착한 후에도 이스라엘은 하나님께 순종해야만 그 땅에서 살 수 있다.

이스라엘이 불순종하면 약속의 땅에서 쫓겨날 것이라고 선포한 다음 하늘과 땅이 증인으로 지목된다(26절). 증인들로서 하늘과 땅의 역할은 무엇인가? 두 가지 가능성이 있다. 첫째는 혹시 훗날 이스라엘이 여기에 기록된 경고에 대하여 "듣지 못했다"며 오리발을 내밀 때 하늘과 땅이 이날 선포된 경고의 사실성에 대하여 증언한다는 의미다. 둘째는 이스라엘이 언약대로 살지 않아 하나님께로부터 벌을 받을 때, 하늘과 땅이 그들에게 재앙을 내리는 통로 역할을 한다는 의미다. "당신들이 다른 신들을 섬기면, 주님은 당신들에게 진노하셔서, 하늘을 닫고 비를 내리지 않으실 것이며, 당신들은 밭에서 아무것도 거두지 못할 것입니다. 그렇게 되면 당신들은, 주님께서 주신 기름진 땅에서도 순식간에 망할 것입니다"라는 11:17(새번역)의 말씀이(cf. 28:13) 두 번째 기능을 지지하는 듯하다. 그러나 몰랐다고 발뺌하는 이스라엘에게 사실성을 입증하는 기능도 배제할 필요는 없다. 하늘과 땅은 증인으로서 두 가지 기능을 모두 수행할 수 있다. 고대 근동의 계약 체결에서는 대체로 신들과 하늘과 땅이 함께 증인들로 채택되었다(Craigie; McConville).

자신이 살던 곳에서 강제로 끌려가 타국에서 사는 삶이 결코 쉽지 않을 것은 분명하다. 또한 하나님의 심판을 받아 타국으로 끌려간 주의 백성에게 가장 괴로운 일은 우상을 숭배하도록 강요당하는 것이다. 왜냐하면 스스로 존재하시는 능력의 하나님이신 여호와와는 달리 이 신들은 인간들의 손이 조각해 낸 것이며 “보지도 못하며 듣지도 못하며 먹지도 못하며 냄새도 맡지 못하는 목석의 신들”이기 때문이다(28절). 갖가지 기적과 능력으로 이스라엘의 역사에 개입하셨던 하나님을 거부하던 이스라엘은 도저히 신들로 인정할 수 없는, 사람의 손이 만든 물건들 앞에 억지로 절을 해야 한다.

이스라엘이 심판을 받아 타국으로 끌려가 황당한 우상숭배를 강요받은 후에야 비로소 여호와 하나님을 찾게 될 것이다(29-30절). 이것이 하나님이 백성들에게 내리시는 심판의 긍정적인 목적 중 하나다. 여호와의 심판은 혹독한 상황에 처하게 된 백성들의 마음을 하나님께 돌리게 하는 능력을 지니고 있다. 그러나 사람이 빠져 있는 구덩이가 깊을수록 빠져 나오기 어렵듯이, 죄 때문에 하나님의 심판을 받은 백성들이 주님을 만나기 위해서는 마음과 성품을 다해 그분을 찾아야 한다. 우리는 종종 아무리 흉악한 죄를 지었다 하더라도 우리가 마음만 먹으면 아무 때에라도 주님을 찾을 수 있다고 생각하는데, 본문은 죄 때문에 심판 받은 죄인이 하나님을 만나는 것이 결코 쉽지만은 않을 것임을 암시한다.

이스라엘이 하나님을 배신하면 주님의 심판을 받아 타국으로 끌려가야 하는 것이 언약의 일부인 것처럼, 언약은 “하나님이 회개하는 반역자를 다시 회복시키실 것”을 조항으로 담고 있다(Grisanti). 이 조건이 전제하는 소망은 오직 하나님 안에 있다. 그렇다면 심판을 받은 주의 백성이 드디어 회개하면 하나님은 그때에야 비로소 그들을 다시 택하시고 관계를 맺으신다는 것인가? 아니다. 이 모든 과정 중에도 하나님은 한 번도 자신의 백성을 버리신 적이 없다(Block). 성경은 죄에 대한 하나님의 성향을 크게 심판과 용서의 두 가지로 정의한다. 심판하신 하나님은 그 죄인을 내팽개치지 않으시고 그에게 용서를 베풀 적절한 시간이 오기를 기다리신다. 여호와는 자비로우신 하나님(אֵל רַחוּם)으로서 그의 백성을 버리시거나(לֹא יַרְפְּךָ), 멸하지 않으시며(לֹא יַשְׁחִיתֶךָ), 조상들과의 언약도 잊지 않는(לֹא יִשְׁכַּח) 분이시기 때문이다(31절; cf. 출 34:6). 자비(רַחוּם)는 어미가 자식을 애지중지 사랑하는 것을 뜻한다(HALOT). 성경은 하나님의 백성을 향한 사랑을 이 단어를 통해 자주 묘사한다. 하나님의 이스라엘을 향한 사랑은 마치 부모의 자식 사랑과 같다(NIDOTTE).

하나님은 주의 백성을 부모가 자식을 사랑하고 보살피듯 하는 분이시기에 그의 백성을 결코 혼자 내버려 두거나(רפה), 그들을 모두 죽이지(שׁחת) 않으시며, 조상들과 한 번 맺은 언약은 결코 잊지(שׁכח) 않고 기억하신다. 즉, 선조들과 맺은 언약은 영구적으로 유효하며, 하나님은 그 언약 때문에라도 어미가 아이를 돌보듯 이스라엘 후손들을 끝까지 보살피실 것이다. 하나님은 이스라엘이 범죄한다 해도 그들을 영구적으로 벌하지 않으실 것이며, 이스라엘이 스스로 멸망하여 세상에서 사라지는 것도 허락하지 않으실 것이다(Block). 성경은 선조들과의 약속에서도 이미 하나님의 심판은 영구적이 아님을 시사했다(Tigay; cf. 레 26:39-45; 신 29:21-30:5; 암 9:8-12).

하나님이 다윗에게 영원한 왕권을 축복하실 때에도 그의 자손 중 죄 짓는 자들은 심판을 받겠지만, 왕권은 결코 빼앗지 않겠다고 하셨던 것도 이러한 맥락에서 이해되어야 한다(cf. 삼하 7:11-16; 시 89:29-38). 이러한 사실은 하나님의 신실하심을 입증할 뿐만 아니라 언약 백성의 후손으로 태어난 자들의 축복이자 특권이기도 하다. 그들의 미래에 대한 소망이 "여호와 너희 하나님은 자비로운 하나님이시라"라는 하나님의 성품에 의하여 결정되기 때문이다.

I. 첫 번째 스피치: 하나님과 역사(1:1-4:43)
3장. 율법: 하나님의 은혜(4:1-40)

6. 율법의 목적(4:32-40)

32 네가 있기 전 하나님이 사람을 세상에 창조하신 날부터 지금까지 지나간 날을 상
고하여 보라 하늘 이 끝에서 저 끝까지 이런 큰 일이 있었느냐 이런 일을 들은 적이
있었느냐 33 어떤 국민이 불 가운데에서 말씀하시는 하나님의 음성을 너처럼 듣고 생
존하였느냐 34 어떤 신이 와서 시험과 이적과 기사와 전쟁과 강한 손과 편 팔과 크게
두려운 일로 한 민족을 다른 민족에게서 인도하여 낸 일이 있느냐 이는 다 너희의 하
나님 여호와께서 애굽에서 너희를 위하여 너희의 목전에서 행하신 일이라 35 이것을
네게 나타내심은 여호와는 하나님이시요 그 외에는 다른 신이 없음을 네게 알게 하
려 하심이니라 36 여호와께서 너를 교훈하시려고 하늘에서부터 그의 음성을 네게 듣
게 하시며 땅에서는 그의 큰 불을 네게 보이시고 네가 불 가운데서 나오는 그의 말씀
을 듣게 하셨느니라 37 여호와께서 네 조상들을 사랑하신 고로 그 후손인 너를 택하
시고 큰 권능으로 친히 인도하여 애굽에서 나오게 하시며 38 너보다 강대한 여러 민
족을 네 앞에서 쫓아내고 너를 그들의 땅으로 인도하여 들여서 그것을 네게 기업으
로 주려 하심이 오늘과 같으니라 39 그런즉 너는 오늘 위로 하늘에나 아래로 땅에 오
직 여호와는 하나님이시요 다른 신이 없는 줄을 알아 명심하고 40 오늘 내가 네게 명
령하는 여호와의 규례와 명령을 지키라 너와 네 후손이 복을 받아 네 하나님 여호와
께서 네게 주시는 땅에서 한 없이 오래 살리라

이 섹션은 모세의 첫 번째 스피치의 마지막 부분에 해당하며 지금까지 제시한 내용의 절정이기도 하다(McConville). 이 섹션에서 우주적 언어로 표현된 유일신주의적 선언은 이스라엘의 역사적 체험이 뒷받침하고 있으며, 청중들에게 윤리적 반응을 요구한다(Wright). 작품성에 있어서 이 단락은 신명기 중 가장 아름다운 것에 속한다(Craigie). 양식은 산문 형식을 취하지만, 하나님의 놀라운 사역을 연상케 하는 일에 있어서는 한 편의 시를 읽는 듯하다. 저자는 여호와의 능력은 시대적으로나(태초

부터 지금까지) 공간적으로(하늘 이 끝에서 저 끝에 이르기까지) 그 어느 신의 것과 견줄 수 없다고 단언한다(32절). 한 주석가는 본문의 구조를 다음과 같이 제시한다(Block).

A. 역사적 교훈 1 (32-34절)
　B. 신학적 교훈 1 (35절)
A'. 역사적 교훈 2 (36-38절)
　B'. 신학적 교훈 2 (39절)
　　C. 실용적 교훈 (40절)

모세는 앞 섹션에서 이스라엘의 미래를 가정하여 하나님께 순종할 것을 권면하였다. 이제 그는 분위기를 바꿔 이스라엘이 과거에 체험했던 사건들 중에서 가장 중요한 두 가지—이집트에서 탈출한 일과 시내 산에서 체험했던 하나님의 현현—를 중심으로 하나님만을 섬길 것을 호소한다. 이스라엘이 하던 일을 잠시 멈추고 과거를 되돌아보면 여호와 하나님은 온 세상의 신들 중 매우 특별한 분이시며 능력에 있어서 그 누구에게도 비교될 수 없는 절대적인 전능자이심을 쉽게 깨달을 수 있기 때문이다.

진실을 볼 수 있는 자에게 역사는 하나님의 유일하심에 대한 가장 중요한 증거다. 출애굽과 시내 산 사건을 통해 여호와의 능력을 가까이에서 목격한 이스라엘은 하나님의 절대적인 능력에 대한 가장 확실한 증인들이기에 모세는 그들의 경험을 상기시키고 있다.

모세는 백성들에게 하나님의 능력에 대한 묵상을 태초로 거슬러 올라가 시작하도록 한다(32a-b절). 하나님의 사역은 어제 오늘에 시작된 것이 아니라 태초부터 시작되었으며, 여호와께서 창조하신 세상을 잘 살펴보면 그분의 손길이 역력하게 드러나 있기 때문이다. 그러나 저자가 백성들에게 태초로 돌아가 하나님이 창조하신 세상을 생각해 보라고 하는 것은 다음 단계의 주장을 펼쳐 나가기 위함이다(cf. 32c절). 창세기와 이사야서에서 자주 등장하는 동사 '창조하다'(ברא)가 신명기-열왕기에서는 유일하게 이곳에서만 사용된다(32절).

태초로 돌아가 지금까지 이 세상에 있었던 모든 일들을 묵상해 보라고 한 모세는 이제 이스라엘의 특별한 위치와 특권을 생각해 보라고 한다(33-34절). 이스라엘이 하나님과의 관계에서 누리고 있는 특권에 대하여는 출애굽 사건과 시내 산 사건이 입증한다. 이스라엘 외 세상의 그 어느 민족도 이런 체험을 해본 적이 없기 때문이다. 저자는 33-34절에서 두 개의 수사학적인 질문을 매우 효과적으로 사용하여 백성들을 설득한다.

모세는 불 가운데서 말씀하시는 하나님의 음성을 듣고 살아 남은 백성은 이스라엘 외에는 없다고 한다(33절). 시내 산의 현현을 회상하는 말이다. 이방인들의 신들을 말하기는커녕 움직이지도 못하는 조각품들로 간주하는 구약의 정서를 감안할 때, 이스라엘이 불 가운데 임하신 하나님을 체험하게 된 것은 매우 놀라운 일이다. 그러나 저자는 그보다 더 놀라운 일은 이스라엘이 그런 하나님을 체험하고도 죽지 않았다는 사실이라고 한다. 사람이 하나님을 보면 죽는다는 것이 구약에서 자주 등장하는 가르침이라는 점도 저자의 주장을 뒷받침한다. 본문은 듣는 것의 중요성을 강조하는 신명기의 정서에서 하나님의 음성을 듣기만 해도 사람이 죽을 수 있다는 점을 강조하는 듯하다(McConville).

이스라엘의 특권을 강조하기 위하여 시내 산의 현현을 회상한 모세는 출애굽 사건도 이스라엘의 특별함을 입증하는 일이라 한다(34절). 억압받는 백성을 해방시키기 위하여 갖은 수고와 노력을 마다하지 않고 강한 손과 펴신 팔로 온갖 기적을 행하는 신은 여호와 외에는 없다는 것이다. 저자는 하나님이 이스라엘을 해방시키기 위하여 이집트에서 행하신 일을 강한 손(יָד חֲזָקָה), 펴신 팔(זְרוֹעַ נְטוּיָה), 큰 두려움(גְּדֹלִים מוֹרָאִים), 시험(מַסָּה), 표적(אוֹת), 기사(מוֹפֵת), 전쟁(מִלְחָמָה)의 7가지 개념으로 묘사한다.

이스라엘의 출애굽을 앞둔 이집트에서 "시험"은 바로의 인격과 성향을 판단하기 위하여 하나님께서 그를 테스트하신 것을 뜻한다(Driver; Tigay). "표적"과 "기사"는 모세가 바로 앞에서 행한 기적들이다(표적: 출 4:9; 7:3; 기사: 출 4:21; 7:3, 9; 11:9-10). 저자는 하나님이 이스라엘을 해방시키신 일을 전쟁(מִלְחָמָה)이라고 묘사한다. 이스라엘의 자유는 신적 용사(divine warrior)이신 여호와께서 전쟁을 통하여 이루어 내신 일인 것이다(McConville). "강한 손"과 "펴신 팔"은 신명기 안에서 하나님의 놀라운 능력을 묘사하는 표현이다(cf. 5:15; 7:19; 9:29; 11:2; 26:8). "큰 두려움"은 여호와께서 이스라엘을 구원하시기 위하여 이집트에게 하신 일들에 대하여 듣게 된 주변 국가들에게 엄습한 공포감이다(11:25; 26:8; cf. 민 22-24; 수 2:9). 출애굽 사건의 여파는 이집트로만 제한되었던 것이 아니라, 모든 주변 국가를 떨게 하기에 충분했다.

시내 산의 현현과 출애굽 사건은 이스라엘에게 어떤 실제적인 교훈을 주어야 하는가? 저자는 이스라엘이 이 사건들을 통해 마음에 새겨야 할 교훈을 네 가지로 정리하고 있다(35-38절). 첫째, 이 사건들을 통하여 이스라엘은 여호와 하나님 외에는 다른 신이 없다는 것을 깨달아야 한다(35절). 물론 이스라엘은 주변 민족들이 여러 신들을 숭배하고 있다는 것을 잘 알고 있다. 그러나 말을 하지 못하고, 손가락 하나 까딱하지 못하는 신들은 모두 거짓이며, 자신들을 환란의 풀무에서 구원해 내신 능력의 하나님 여호와만이 참신이라는 것을 인정하는 데 별 어려움이 없었을 것이다. 그들의 체험이 여호와가 어떤 분이라는 것을 충분히 입증했기 때문이다.

이스라엘의 여호와에 대한 지식은 하나님이 말씀과 행위를 통해서 보여주신 계시에서 비롯되었다. 그렇기 때문에 성경은 "신은 존재하는가?"라는 질문으로 시작하지 않고 그분의 존재를 전제하고 시작한다(Craigie). 성경 저자들은 벌써 하나님의 계시에서 비롯된 하나님에 대한 지식을 충분히 가지고 있었고, 하나님을 삶에서 체험했기 때문이다. 특히 출애굽 사건과 시내 산 사건은 이스라엘의 하나님에 대한 지식의 주춧돌이다. 우리가 삶에서 하나님의 은총을 체험할 때마다 하나님에 대한 우리의 지식도 끊임없이 개정되어야 한다.

둘째, 시내 산 사건은 이스라엘을 교훈하는(יסר; 개정) 역할을 한다(36절). 이 히브리어 동사(יסר)를 우리말 성경들은 "단련"(새번역)/"깨우치기"(공동)라고 번역하고 있는데 기본적인 의미는 "아버지가 아들이 제멋대로 행하거나 교만하게 구는 것을 피하고 〔말씀에〕 복종하고 경외하는 마음을 가지게 하기 위하여 교육하거나 훈계하는 것"이다(Driver; Tigay; cf. Craigie). 하나님은 이스라엘에게 음성을 들려주신 일(viz., 율법을 주신 것)을 통하여 아버지/아들 관계를 형성하셨다. 그러므로 자녀가 된 이스라엘은 아버지 하나님의 교훈하심을 마음에 새기고 그분의 말씀에 순종해야 한다. 예수를 구주로 영접하여 하나님의 자녀가 된 사람들은 자식이 부모의 말에 순종하는 것처럼 모두 하나님의 말씀에 순종해야 한다.

셋째, 이스라엘은 출애굽 사건이 선조들에 대한 하나님의 사랑 표현이라는 점을 깨달아야 한다(37절). 하나님의 구원 사역에는 우연이나 즉흥성이 없다. 모든 일은 오래전부터 맥을 이어온다. 이스라엘이 이집트의 속박으로부터 구원을 얻게 된 일은 하나님이 오래전부터 그들의 조상을 사랑하셨기 때문에 현실화되었던 것이다. 즉, 이스라엘의 구원은 하나님의 선조들에 대한 지속적인 사랑을 배경으로 해서 이해되어야 한다. 그러나 한편으로는 이 순간 모압 평지에서 모세의 강론을 듣고 있는 이스라엘 사람들은 하나님을 거역하여 심판을 받았던 전 세대에 속할 것인가, 아니면 여호와의 말씀에 적극적으로 복종하겠다는 의지를 보이고 있는 현 세대에 속할 것인가를 결정해야 한다(Brueggemann). 오늘날 한국교회가 누리는 많은 축복도 하나님이 우리 신앙의 선배들을 사랑하시기 때문이라는 점을 인정해야 한다.

넷째, 이스라엘은 자기 백성을 향한 하나님의 보살핌이 이 순간에도 지속되고 있음을 깨달아야 한다(38절). 하나님은 이집트를 벌하시고 이스라엘을 구원하셨을 뿐만 아니라 시내 산에서 그들 앞에 모습을 드러내셨다. 그뿐만 아니라 그 후에도 이스라엘 앞에서 그들보다 훨씬 더 강한 나라들을 물리치시며 앞길을 인도해서 이곳 모압 평지까지 오셨다. 이런 역사의 흐름 속에서 머지않아 이스라엘은 자신들이 가나안 땅을 차지하게 될 것도 확신할 수 있다. 앞이 보이지 않을 때는 지금까지의 일을 회상해 보는 것이 불확실성과 불안감을 없앨 수 있는 가장 좋은 방법이다.

시내 산 사건과 출애굽 사건이 시사하는 신학적 교훈이 무엇인가를 구체적으로 설명한 후, 모세는 그의 청중들에게 이 역사적 사건들에 대한 적절한 반응으로서 두 가지를 요구한다(39-40절). (1) 여호와 하나님만이 유일한 신이라는 것을 마음에 새길 것, (2) 하나님의 명령과 규례를 지킬 것.

지금까지의 내용을 정리해 보면 모세는 하나님은 하늘에서 말씀하시고(36a절), 땅에서 역사하시는 분이시라고 했다(36b-38절). 세상의 모든 영역이 하나님이 사역하시는 무대에 불과하다는 것이다. 시내 산과 출애굽 사건에 대한 모세의 가르침을 귀담아들은 사람들이라면 하나님은 온 우주(하늘과 땅)의 유일한 신이라는 점을 마음에 새기라는 모세의 권면을 별 어려움 없이 수용할 수 있었을 것이다(39절). 그러나 모세가 그들에게 요구하는 것은 지적인 수긍이 아니다. 이스라엘은 자신들이 가지고 있는 하나님에 대한 지식을 행동으로 옮겨야 한다. 그들의 삶 전체가 하나님을 아는 지식에 의해 영향을 받아야 하는 것이다. 즉, 하나님과의 특별한 관계에 대한 깨달음이 그들의 마음에 새겨져 삶을 변화시켜야 한다.

유일하신 하나님에 대한 올바른 지식이 백성들의 마음에 새겨진다는 것은 무엇을 의미하는가? 즉, 이스라엘은 어떻게 유일하신 하나님에 대한 지식을 드러내야 하는가? 모세는 이스라엘에게 여호와의 규례와 명령을 지키는 일을 통해 마음에 새긴 진리의 가치를 드러내야 한다고 한다(40절). 하나님을 아는 지식은 곧 그의 말씀에 대한 순종으로 드러나야 한다. 유일하신 하나님을 체험한 사람은 당연히 그분의 가르침에 순종하며 살아가야 한다는 논리다.

표면적으로는 이런 순종이 하나님이 백성들에게 일방적으로 강요하시는 것으로 느껴질 수 있다. 순종은 주의 백성들이 하나님에 대한 충성을 입증하기 위하여 어떠한 대가를 치르면서라도 감당해야 할 사명이며 희생이다. 그러나 모세는 순종 요구가 결코 일방통행이 아닌, 백성들이 순종하면 하나님의 적절한 축복과 보상이 따르는 양방향 통행이라고 한다. 만일 백성들이 하나님의 규례와 명령을 잘 지켜 행하면 그들과 그들의 후손이 복을 받아 하나님이 그들에게 주실 땅에서 번성할 것이라고 한다(40절). 이스라엘의 입장에서는 투자(순종)보다 수익(축복)이 훨씬 더 가치 있어 보인다. 그렇기 때문에 언약은 하나님의 사랑의 표현이며 율법은 그의 백성을 향한 사랑이 얼마나 큰가를 증거한다(Payne). 우리도 하나님의 축복을 바라기 전에 먼저 순종하는 삶을 통해 여호와만이 유일하신 하나님이심을 드러내야 한다.

그렇다면 하나님이 백성들에게 요구하시는 삶은 어떤 것인가? 즉, 하나님께 순종한다는 것은 무엇을 뜻하는가? 이 질문에 대한 직접적인 답을 제시해 주는 사건이 바로, 본문이 언급하는 두 가지 주요 사건 중 하나인 시내 산 현현이다. 하나님은 시내 산에 임하셔서 하늘로부터 음성을 들려 주셨다(36절). 하늘로부터 들려온 하나님의 음성이 바로 모세를 통해 주신 율법이다. 이 율법을 통해 이스라엘은 하나님의 유일하심을 깨닫고, 그분의 가르침에 따라 순종하며 살아야 한다. 즉, 하나님이 순종을 요구하실 때는 어떻게 살아야 하는가에 대한 충분한 지식을 먼저 주신 다음에 그 지식대로 살아갈 것을 요구하신다. 그러므로 일부 교회에서 강요되고 있는 "무조건 믿고 순종하라"의 상당 부분은 하나님이 원하시는 바가 아니며 무지함과 미신에서 비롯된 맹신(盲信)에 불과하다. 하나님께 순종하기 위해서 우리는 먼저 주님의 말씀을 배워야 한다. 그래야 하나님이 기뻐하시는 순종이 어떤 것인지를 깨닫게 된다.

4장. 말문(4:41-43)

41 그 때에 모세가 요단 이쪽 해 돋는 쪽에서 세 성읍을 구별하였으니 42 이는 과거에 원한이 없이 부지중에 살인한 자가 그 곳으로 도피하게 하기 위함이며 그 중 한 성읍으로 도피한 자가 그의 생명을 보전하게 하기 위함이라 43 하나는 광야 평원에 있는 베셀이라 르우벤 지파를 위한 것이요 하나는 길르앗 라못이라 갓 지파를 위한 것이요 하나는 바산 골란이라 므낫세 지파를 위한 것이었더라

책의 구조를 감안할 때, 이 섹션은 모세의 첫 번째 스피치가 끝나고 다음 스피치에 대한 소개(4:44-49)와 구체적인 실제(5:1ff)가 시작되기 전 잠시 숨을 고르게 하는 역할을 한다. 내용적으로는 요단 강 동쪽에 두게 될 도피성 세 곳을 지명하고 있다(cf. 민 35:9-34; 신 19:1-13). 이스라엘은 요단 강 동편과 서편에 도피성을 각각 3개씩 갖게 되는데 아직 가나안에 입성하지 않았기 때문에 동편에 위치한 도피성만을 언급한다.

민수기 35:10-15이 이스라엘이 요단 강을 건넌 후에 6개의 도피성을 지명하라는 점을 감안할 때 모세가 굳이 요단 강 동편에 위치할 3개의 도피성을 지명할 필요는 없었다. 모세가 동편에 위치할 세 개의 도피성을 지정하는 일에 대하여 한 유태인 전승(Deuteronomy Rabba)은 가나안 입성을 허락받지 못한 모세가 자신의 권한으로 할 수 있는 모든 일을 하는 것의 일부라고 풀이한다. 모세의 안타까움과 아픔이 느껴지는 일이라는 것이다. 반면에 이스라엘이 이미 요단 강 동편 지역의 상당 부분을 차지했기 때문에(cf. 2:26-3:17), 이 지역에 위치할 도피성을 지정하는 것은 당연한 일이라는 해석도 설득력이 있어 보인다(McConville).

도피성은 돌발사고 등을 통해 본의 아니게 사람을 죽게 한 사람들이 죽은 사람들의 친지들로부터 보복을 피해 도망가는 곳이다. 그러므로 이스라엘의 역사와 율법에 대한 전반적인 소개(1-4장)와 구체적인 규정들(5:1ff.)이 제시되기 전에 도피성들이 언급되는 것은 앞으로 선포될 율법들을 적용하는 일에 있어서 기계적으로 하지 말고, 정상을 참작하여 필요하다면 긍휼을 베풀라는 의미를 지녔다. 율법의 적용은 인간미를 전제하고 있는 것이다.

요단 강 동편에 지정된 도피성은 르우벤 지파에 속한 베셀, 갓 지파에 속한 길르앗의 라못, 그리고 므낫세 지파에 속한 바산에 있는 골란 등 세 곳이다(43절). 베셀(בֶּצֶר)의 정확한 위치는 알 수 없지만 오늘날의 움엘아마드(Umm el-'Amad)라는 옛 모압 성읍으로 추정된다(Aharoni; Craigie; Tigay). 길르앗의 라못(רָאמֹת בַּגִּלְעָד)은 야르묵 강(Yarmuk)과 얍복 강(Jabbok) 사이에 위치한 오늘날의 텔라미트(Tell-Ramith)로 생각되며(Craigie), 바산(בָּשָׁן)의 위치는 확실하지 않다(Tigay). 이스라엘의 여섯 도피성들 중 일부를 제외하고 전반적으로 그 위치가 거의 확실하다.

지도를 펼쳐 놓고 보면 이 도시들은 매우 규칙적이고 일정한 거리를 두고 있다. 이스라엘의 어느 곳에서라도 돌발사고가 나면 본의 아니게 가해자가 된 사람이 최대한으로 빨리 도피성으로 피할 수 있도록 배려하는 효율성을 염두에 두고 지정된 것이다. 위에 제시한 세 도시는 남쪽에서 북쪽으로 올라가는 순서에 따라 나열되고 있다.

II. 두 번째 스피치: 여호와의 율법

(4:44-29:1[28:69])

사역자가 평생 양육해 오던 사람들을 머지않아 자신의 품에서 떠나 보내야 한다면, 그는 과연 어떤 말로 그들을 권면할까? 모세는 머지않아 지난 40년 동안 그가 섬기며 인도해 오던 출애굽의 후예들을 자신의 품으로부터 떠나 보내야만 한다. 아니, 모세가 그들의 품을 떠나 하나님께로 가야 한다는 것이 더 정확한 표현이다. 그러므로 모세가 모압 평지에서 이스라엘에게 한 당부는 가나안 땅 입성을 앞둔 이스라엘 백성들에게 주는 그의 마지막 권면이자 유언이었다. 그가 마지막 권면으로, 그리고 유언으로 남기는 말은 이미 그를 통해서 하나님이 이스라엘에게 주신 계명과 규례뿐이다. 이스라엘의 모든 사람들이 하나님의 말씀을 마음에 새기고 잘 순종하여 각자의 삶에서 그분을 사랑하라는 취지에서이다. 한 주석가는 이 섹션의 주요 내용을 바탕으로 다음과 같은 구조를 제시했다(Tigay; cf. Lundbom).

A. "주 우리의 하나님은 호렙 산에서 우리와 언약을 세우셨다"(5:2)

B. 에발 산과 그리심 산에서의 예식(11:29-30)

C. "내가 오늘 너희 앞에 베푸는 모든 규례와 법도를 너희는 지

켜 행할지니 … 너희가 지켜야 할 규례와 법도는 다음과 같다"(11:32-12:1)

D. 율법(12:2-26:15)

C'. "오늘 주 너희의 하나님이 이 규례와 법도를 지키라고 너희에게 명령하시니, 너희는 마음을 다하고 목숨을 다하여 이 모든 계명을 지켜라"(26:16)

B'. 에발 산과 그리심 산에서의 예식(27장)

A'. "주께서 호렙에서 이스라엘 자손과 세우신 언약이다"(29:1)

1장. 서문(4:44-49)

44 모세가 이스라엘 자손에게 선포한 율법은 이러하니라 45 이스라엘 자손이 애굽에
서 나온 후에 모세가 증언과 규례와 법도를 선포하였으니 46 요단 동쪽 벳브올 맞은
편 골짜기에서 그리하였더라 이 땅은 헤스본에 사는 아모리 족속의 왕 시혼에게 속
하였더니 모세와 이스라엘 자손이 애굽에서 나온 후에 그를 쳐서 멸하고 47 그 땅을
기업으로 얻었고 또 바산 왕 옥의 땅을 얻었으니 그 두 사람은 아모리 족속의 왕으로
서 요단 이쪽 해 돋는 쪽에 살았으며 48 그 얻은 땅은 아르논 골짜기 가장자리의 아로
엘에서부터 시온 산 곧 헤르몬 산까지요 49 요단 이쪽 곧 그 동쪽 온 아라바니 비스가
기슭 아래 아라바의 바다까지이니라

모세가 백성들에게 하나님의 말씀을 선포한 장소와 정황을 기록하고 있는 이 섹션은 신명기의 두 번째 주요 부분인 4:44-26:19에 대한 소개이자 5장에 등장하는 십계명의 서문이다(Weinfeld; Wright; Ridderbos). 내용에 있어서 4:44-49은 1:1-5의 내용을 재정리하거나 평행을 이룬다.[15] 그래서 일부 학자들은 본문이 1-4장의 결론이라고 하기도 한다(Christensen; Harman). 1장에서 모세의 말씀을 들으려고 모였던 청중(cf. 1:1-5)은 또한 지금부터 선포되는 하나님의 말씀을 듣고 있는 자들과 동일한 무리다. 이에 근거하여 많은 학자들은 1:1-5에서 언급하고 있는 율법이 바로 5-28장의 내용을 뜻하는 것이라고 해석한다(Tigay; McConville; cf. Grisanti).

지금부터 제시될 율법은 이미 모세가 이스라엘 자손에게 선포한 것으로서 결코 새로운 것이 아니다(44절). 또한 이 율법은 요단 강 동편에 위치한 아모리 왕 시혼이 통치하던 땅이자 벳브올 맞은편 골짜기에서 선포되었다(46절). 원래 이스라엘은 아모리 왕 시혼이 지배하는 영토나 바산 왕 옥의 땅을 정복할 생각을 하지 않았지만, 그들이 먼저 이스라엘을 쳤기 때문에 정당방위 차원에서 이들을 물리쳤고, 그들의 땅을 빼앗아 2½지파에게 분배했다(cf. 2:26-3:11).

저자는 모세가 이스라엘에게 선포한 율법을 증언(עֵדָה), 규례(חֹק), 법도(מִשְׁפָּט)라는 용어들로 설명한다(45절). 이 용어들은 서로 비슷한 말들이기는 하지만, 차별화를 시키자면 규례들(חֻקִּים)은 〔돌에〕 새겨진 법을, 법도들(מִשְׁפָּטִים)은 판관이 선포하거나 제정한 법을, 증언(עֵדֹת)은 계약 조건을 뜻한다(Tigay; cf. HALOT).

이스라엘이 요단 강 동편에서 차지한 땅이 두 가지 차원에서 설명된다. 산악 지대로는 남쪽 한계선이 아르논 강어귀의 아로엘이며, 북쪽 한계선은 헤르몬 산으로 잘 알려진 시온 산(הַר שִׂיאֹן)까지이며(48절) 이 두 포인트의 직선 거리는 225킬로미터에 달한다(Grisanti). 3:9은 헤르몬의 다른 이름이 시룐(שִׂרְיֹן)이었다고 한다. 그러므로 대부분 번역본들과 학자들은 본문에 등장하는 시온을 헤르몬 산의 세 번째 이름으로 간주하기보다는 시룐을 다르게 표기한 것으로 간주한다(새번역; 공동; NIV; NRS; Craigie). 낮은 지역인 요단 강 계곡을 중심으로는 온 아라바 지역과 비스가 산밑에 있는 아라바 바다까지다(49절).

---

15 이 두 섹션은 다음과 같이 비슷하게 구성되어 진행된다(Lundbom).

1:1-5	4:44-49
	And this is the law
Moses spoke… all Israel	Moses spoke… children of Israel
beyond the Jordan	beyond the Jordan
the Arabah	
Moses… struck down	
Sihon king of the Amorites	Sihon king of the Amorites
who ruled in Heshbon	who ruled in Heshbon
	Moses… struck down
Og king of the Bashan	Og king of the Bashan
beyond the Jordan	Beyond the Jordan
	the Arabah
this law	

2장. 율법의 전반적인 내용(5:1-11:32)

모세는 4:44-28:69을 통해 40년 전에 시내 산 정상에서 하나님께로부터 받은 율법 모두를 가나안 입성을 앞두고 있는 출애굽 2세들에게 선포한다. 하나님은 시내 산에서 온 이스라엘에게 말씀하기를 원하셨지만, 십계명을 듣고 난 이스라엘이 겁에 질려 모세를 통해 말씀하실 것을 호소했다(cf. 5:5). 그러므로 비록 율법이 모세를 통해 이스라엘에게 전달되었지만, 이스라엘 사람들 중 그 누구도 이 율법이 하나님께로부터 온 것임을 의심하는 사람은 없었다.

그뿐만 아니라 5장은 이 모든 율법이 하나님과 백성들의 직접 대면에서(face to face) 유래한 것이라는 사실을 전제한다. 이러한 맥락에서 4장이 강조한 것처럼 이스라엘은 하나님의 음성을 들었지만, 눈으로 그분을 직접 본 것과 다를 바 없다(Tigay). 모세가 시내 산에서 받은 율법들 중 가장 중요하다고 여겨지는 것들이 먼저 5-11장을 통해 요약적으로 선포된다(Lohfink). 그러므로 5-11장은 율법의 세부 사항에 대하여 거론하는 것보다 율법에 대한 이스라엘의 기본적인 오리엔테이션, 감정, 충성 의지 등을 논하는 데 초점이 맞추어져 있다(Wright).

본 텍스트는 "이스라엘아 들으라"(שְׁמַע יִשְׂרָאֵל)라는 세 차례(5:1; 6:4; 9:1) 등장하는 명령문에 의하여 세 개의 주요 파트로 나뉜다(DeRouchie; cf. Block). 첫 번째 파트는 5:1-6:3이며 하나님과 이스라엘 사이에 맺어진 언약적 관계의 근거와 배경을 강조한다. 두 번째 파트인 6:4-8:20은 이 언약적 관계의 핵심을 강론한다. 세 번째 파트인 9:1-11:32은 이스라엘이 하나님과의 언약적 관계를 존중하는 증거로 하나님을 사랑할 것을 권면한다. 본 텍스트는 다음과 같이 구분될 수 있다.

A. 십계명(5:1-6:3)
B. 하나님 사랑과 삶(6:4-25)
C. 선택의 축복과 요구(7:1-26)
D. 온전히 하나님만 의지(8:1-20)
E. 자만과 반역에 대한 경고(9:1-10:11)
F. 오직 여호와께 충성(10:12-11:32)

1. 십계명(5:1-6:3)

책이 시작된 후부터 지금까지 모세는 이스라엘의 지난 40년을 회고했고(1-3장), 하나님은 시내 산에서 주신 율법이 어떤 성향을 지녔으며 어떤 목적으로 이스라엘에게 주어졌는지를 설명했다(4장). 잠시 후 그는 본격적으로 율법을 강론하기 시작할 것이다. 강론을 시작하기 전에 모세는 율법의 핵심이자 요약이라고 할 수 있는 십계명을 먼저 선포한다.

40년 전 출애굽 1세대는 시내 산에서 십계명을 들었지만(cf. 출 20장), 그것을 거부하여 지난 40년의 광야 생활을 통해 그들은 모두 죽었다. 이제 그들의 후손이 다시 하나님 앞에서 그 말씀을 듣고 있다. 새로운 세대로 구성된 이스라엘은 다시 한 번 하나님의 말씀에 순종하도록 도전을 받고 있다(Block). 본 텍스트는 다음과 같은 구조를 지녔다.

A. 율법 준수 권면(5:1-5)
  B. 십계명 선포(5:6-21)
  B'. 십계명을 중재한 모세(5:22-33)
A'. 율법 준수 권면(6:1-3)

II. 두 번째 스피치: 여호와의 율법(4:44-29:1[28:69])
2장. 율법의 전반적인 내용(5:1-11:32)
1. 십계명(5:1-6:3)

(1) 율법 준수 권면(5:1-5)

1 모세가 온 이스라엘을 불러 그들에게 이르되 이스라엘아 오늘 내가 너희의 귀에 말하는 규례와 법도를 듣고 그것을 배우며 지켜 행하라 2 우리 하나님 여호와께서 호렙 산에서 우리와 언약을 세우셨나니 3 이 언약은 여호와께서 우리 조상들과 세우신 것이 아니요 오늘 여기 살아 있는 우리 곧 우리와 세우신 것이라 4 여호와께서 산 위 불 가운데에서 너희와 대면하여 말씀하시매 5 그 때에 너희가 불을 두려워하여 산에 오르지 못하므로 내가 여호와와 너희 중간에 서서 여호와의 말씀을 너희에게 전하였노라 여호와께서 이르시되

하나님의 말씀에 순종하라는 권면으로 시작하는 5:1은 4:1과 거의 비슷하게 시작한다. 모세는 십계명을 선포하기 전에 먼저 백성들에게 하나님의 말씀을 잘 순종할 것을 다시 한 번 당부한다. 그는 자신이 선포하고자 하는 하나님 말씀의 성향에 대하여 몇 가지를 강조하고자 한다. 첫째, 율법과 규례는 듣는 이들로 하여금 순종케 하기 위하여 주어진 것이다(1절). 하나님의 말씀이 선포되는 것은 단순히 듣고 즐기게 하기 위함이 아니라 순종케/지키게 하기(שמר) 위함이다. 또한 히브리어 동사 "듣다"(שמע)는 곧 '순종하다'는 의미를 지녔다(Craigie).

둘째, 앞으로 선포될 율법과 규례는 하나님이 직접 주신 것들이다(5절). 사회의 법은 신(들)이 준 것이 아니라 인간들이 만들어 내었다는 생각이 팽배했던 고대 근동의 정서에서 율법의 저자가 하나님이라는 생각은 이스라엘에서만 발견되는 독특한 것이다(Tigay). 셋째, 이 율법은 이미 하나님이 시내 산에서 이스라엘 백성들에게 주신 것들이다(2절). 모세는 1:6에서 이미 이러한 사실을 강조했다. 모세가 선포하고자 하는 율법들은 결코 새로운 것들이 아니라, 이미 40년 전에 하나님이 이스라엘과 계약을 맺으실 때 지시하셨던 내용들인 것이다.

넷째, 이 율법은 하나님이 이 순간 모압 평지에서 모세의 스피치를 듣고 있는 청중들과 세우신 언약이다(2-5절). 물론 본문의 주장이 실제와는 다르다고 할 수도 있다. 이 순간 모압 평지에서 모세의 말씀을 듣고 있는 백성들은 모두 시내 산에서 말씀이 선포될 때 그곳에 없었기 때문이다. 그러나 모세가 여기서 강조하고자 하는 것은 언약의 연속성이다. 조상들이 하나님과 맺은 언약은 후손들에까지도 유효한 것이다(Weinfeld). 이점을 강조하기 위하여 본문에서 모세는 "우리"(viz., 그의 스피치를 듣고 있는 출애굽 2세대)라는 말을 수차례 사용한다. 하나님은 한 특정한 세대와 언약을 체결하신 것이 아니라 세대를 거듭하여 이스라엘 공동체와 계약을 맺으신 것이다(Wright). 그러므로 모세는 이들을 마치 시내 산에 있었던 사람들처럼 대한다(4-5절). 따라서 이스라엘 공동체가 존재하는 한, 공동체 속의 이스라엘 자손들은 그들의 조상들이 하나님과 맺은 시내 산 언약을 준수해야만 한다. 학자들은 이러한 원리를 "공동체적 개인"(corporate personality)이라고 한다(Robinson; Lundbom).

II. 두 번째 스피치: 여호와의 율법(4:44-29:1[28:69])
2장. 율법의 전반적인 내용(5:1-11:32)
1. 십계명(5:1-6:3)

(2) 십계명 선포(5:6-21)

성경에서 십계명은 이곳과 출애굽기 20:1-17 두 곳에 기록되어 있다. 이 둘을 비교해 보면 신명기 버전이 출애굽기 버전보다 조금 더 부연 설명이 많음을 알 수 있다. 스타일 또한 신명기 버전이 출애굽기 버전보다는 덜 엄격하다(Block). 더 나아가 신명기 버전이 출애굽기 버전보다 더 인도주의적인 면모를 지녔다. 이러한 차이는 십계명을 기록하고 있는 돌판이 이미 법궤에 소장되었기 때문에 모세가 더 이상 읽을 수 없어서 기억을 더듬어 선포하다 보니 빚어진 일일 수 있다(Block). 그러나 신명기가 이미 문서화된 율법을 목회적인 차원에서 강론하고 있기 때문에 생긴 현상일 것이다.

십계명이란 명칭은 영어의 Ten Commandments, 혹은 Decalogue와 같은 말이며 히브리어 문구(עֲשֶׂרֶת הַדְּבָרִים)(출 34:28; 신 4:13; 10:4)를 잘못 번역한 데서 유래되었다. 이 문구는 단순히 "10단어, 혹은 10가지"라는 의미를 지녔을 뿐이다. 게다가 전통적으로 유태인들은 이 섹션을 10개가 아닌 13개의 계명으로 구분했다. 본문에 10개의 계명이 포함된 것으로 간주하는 개신교와 가톨릭마저도 계명을 구분하는 데 있어서 조금은 차이를 보이는 실정이다. 각 종교 및 교파별 십계명 구분은 다음과 같다(Lundbom).

	J1	J2	RCAL	OR
나는 여호와 너희의 하나님이다(6절)	1	1	서문	서문
다른 신들(7절)	2	1	1	1
우상들(8–10절)	2	2	1	2
하나님의 이름을 망령되게 부르는 것(11절)	3	3	2	3
안식일(12–15절)	4	4	3	4
부모 공경(16절)	5	5	4	5
살인(17절)	6	6	5	6
간음(18절)	7	7	6	7
도적질(19절)	8	8	7	8
거짓 증언(20절)	9	9	8	9
남의 아내를 탐함(21a절)	10	10	9	10
남의 집과 재산을 탐함(21b절)			10	

J1: 전통적 유대교
J2: 필로와 요세푸스를 포함한 권위 있는 옛 유대교 해석자들
RCAL: 로마 가톨릭, 성공회, 루터교
OR: 동방정교, 개혁파 교회

유태인들은 대체로 6절을 첫째 계명, 7-8절을 둘째 계명으로 간주한

다. 필로(Philo)와 요세푸스(Josephus)는 7절을 첫째 계명, 8-10절을 둘째 계명으로 이해했다. 가톨릭과 루터교는 7-10절을 첫째 계명으로 취급하고, 마지막 구절인 21절을 두 개의 계명으로 나누었다. 개신교에서는 첫째와 둘째 계명을 각각 6-7절, 8-10절로 구분하는 것이 일반화되어 있다. 그러나 6-10절을 첫째 계명으로 간주하는 사람들도 있다. 이처럼 이 섹션은 결코 명확한 열 개의 계명으로 규정될 수 없는 것이다. 여기서는 개신교에서 일반화되어 있는 구분을 따르고자 한다.

십계명이 처음 이스라엘 백성들에게 주어졌던 출애굽기 20장에 의하면 하나님이 시내 산에 임하셔서 말씀을 선포하기 시작하자 백성들이 공포에 질려 두려워 떨며 모세가 중재해 줄 것을 요구했다(출 20:18-21; cf. 신 5:4-5). 이 사실을 감안하면 시내 산에서 모든 사람들을 대상으로 시작된 계시가 어느 순간에는 모세를 통하여 중계되었음을 알 수 있다. 유태인들은 전통적으로 백성들이 처음 두 계명(6-10절)만 직접 듣고 나머지는 모두 모세를 통해 중계된 것으로 간주했다(Tigay). 이들이 이렇게 결론지은 것은 하나님이 6-10절에서는 "나"(I)로 말씀하시지만, 11절 이후부터는 하나님에 대한 언급이 3인칭으로 바뀌고 있기 때문이다.

성경은 이 간단명료한 명령문들이 두 개의 돌판에 새겨졌다는 점을 누누이 기록하고 있다(출 24:12; 31:18; 32:15; 34:1, 4; 신 4:13; 9:10, 11, 15; 10:1-5; 왕상 8:9; 대하 5:10). 왜 두 개의 돌판이 필요했는가와 이 두 판에 이 계명들이 어떻게 배열되었을까에 대하여는 전혀 알 수가 없다. 전통적으로 교회는 처음 다섯 계명이 한 돌판에, 나머지 다섯 계명이 다른 돌판에 새겨졌을 것으로 추측했다. 그러나 이렇게 할 경우 텍스트의 비중이 전혀 균형을 이루지 못한다. 처음 5개의 계명이 기록된 돌판은 150여 개의 히브리어 단어를 지니고 있는 반면, 나머지 5개의 계명이 기록된 두 번째 돌판은 고작 30여 개의 히브리어 단어로 구성될(되어 있을) 뿐이다. 팔레스타인 탈무드는 각 돌판이 십계명 전체를 새기고 있었다고 주장한다. 중세기 주석가 사아디아(Saadia)는 한 돌판은 출애굽기 20장에 기록된 십계명을, 다른 돌판은 신명기 5장에 기록된 십계명을 새기고 있었다고 주장했다.

학자들은 오래 전부터 십계명을 두 부류로 구분하였다. 첫 번째 종류의 계명들은 하나님과 이스라엘 공동체에 속한 각 개인의 관계를 정의한다. 이 계명들은 "여호와 너의 하나님"이란 표현을 다섯 차례나 반복하여 사용한다. 이 계명들은 여호와를 섬기는 자들의 의무를 규정하고 있으며 근동 지역의 종교적인 풍토를 감안할 때 매우 독특하다.

두 번째 종류의 계명은 인간들 사이의 관계에 관한 것들이다. 이 계명들은 하나님에 대한 언급을 포함하지 않는다. 또한 이것들은 이스라엘의 종교와 상관없이 범우주적으로 적용되는 사회질서 확립을 위한 원리들이다. 십계명이 "여호와 너의 하나님"으로 시작했다가 "너의 이웃"으로 막을 내린다는 점도 이 법들이 우리의 삶의 모든 영역에 영향을 미쳐야 한다는 점을 암시하는 듯하다. 십계명은 제일 중요한 것에서부터 덜 중요한 것들의 순서로 되어 있다는 것이 학계의 전반적인 결론이다: 하나님, 사회, 가족, 삶, 성, 재산(Grisanti). 처음 6가지 계명을 어기는 경우 죽임을 당하는 것도 이러한 해석을 뒷받침한다고 한다(Wenham; McConville).[16] 안타깝게도 현대 사회는 이 가치들의 순서를 모두 뒤집어 버렸다(Wright).

십계명은 신명기 메시지의 심장부라 할 수 있다. 이는 하나님과 이스라엘 사이에 맺어진 언약 관계를 지속할 수 있는 법적인 근거이기 때문이다. 그러나 십계명의 법률성을 강조하게 되면 우리는 십계명의 목적을 쉽게 상실하게 될 것이다. 십계명은 마치 결혼 계약과 같다. 만일 결혼한 사람들이 마음에 가득한 사랑에서 결혼의 조건들을 충족시키지 않는다면 그것은 진정한 혼인이라 할 수 없는 것처럼, 십계명을 하나님에 대한 사랑이 아닌 의무감으로 마지못해 준수하게 된다면 하나님이

16 그러나 간음에 관한 7번째 계명, 납치/유괴와 인신매매를 금하는 8번째 계명, 거짓 증언을 금하는 9번째 계명 모두 범죄자를 사형에 처할 수 있는 것들이다.

이 계명들을 주신 근본적인 취지를 상실하게 된다(Craigie).

일부 학자들은 신명기 6-26장의 구조가 십계명의 순서에 바탕을 둔 것으로 생각한다(Walton; McConville). 다음은 십계명과 신명기의 관계에 대한 두 학자의 제안이다. 어떤 부분은 설득력이 다소 부족한 듯하지만, 재미있는 관찰이다.

KAUFMAN			BRAULIK		
계명	신명기 본문	주제	계명	신명기 본문	주제
1-2	12:1-31	예배	1-2	12:2-13:19	
3	13:1-14:27	하나님의 이름	3	14:1-21	
4	14:28-16:17	안식일	4	14:22-16:17	
5	16:18-18:22	권위	5	16:18-18:22	
6	19:1-22:8	살인	6	19:1-23	생명보존
7	22:9-23:19	간음	7	22:13-23:14	성행위
8	23:20-24:7	절도	8	24:8-25:4	재산
9	24:8-25:4	거짓증언	9/10	25:5-16	탐심
10	25:5-16	탐심			

성경에 기록된 율법의 대부분은 판례법(case law)에 속한다. 판례법은 주로 3인칭으로 되어 있으며 "만일…"(if)로 시작하거나 "이런 경우… 이렇게 하라"는 유형을 취한다. 반면에 십계명은 필연법(apodictic law)이다. 필연법은 대체로 2인칭으로 시작하며 특별한 부연 설명이 없이 준수해야 할 원칙을 제시하거나 명령한다. 훨씬 더 강력한 요구의 법이다(cf. Grisanti).

이미 언급한 대로 필자는 개신교의 계명 분리에 따라 본문을 주해해 나가고자 한다. 그러므로 십계명의 내용을 기록하고 있는 본문은 다음과 같이 구분될 수 있다.

A. 제 1계명(5:6-7)
B. 제 2계명(5:8-10)
C. 제 3계명(5:11)
D. 제 4계명(5:12-15)
E. 제 5계명(5:16)
F. 제 6계명(5:17)
G. 제 7계명(5:18)
H. 제 8계명(5:19)
I. 제 9계명(5:20)
J. 제 10계명(5:21)

Ⅱ. 두 번째 스피치: 여호와의 율법(4:44-29:1[28:69])
2장. 율법의 전반적인 내용(5:1-11:32)
1. 십계명(5:1-6:3)
(2) 십계명 선포(5:6-21)

① 제 1계명(5:6-7; cf. 출 20:2-3)

6 나는 너를 애굽 땅, 종 되었던 집에서 인도하여 낸 네 하나님 여호와라 7 나 외에는 다른 신들을 네게 두지 말지니라

하나님은 먼저 6절에서 자신이 이스라엘과 어떤 관계라는 것을 밝힌 후에 첫 계명을 주신다. 이스라엘은 여호와가 그들을 이집트 노예 생활의 고통 가운데서 구원하신 하나님이라는 사실을 기억해야 한다. 하나님은 이스라엘을 이집트의 구속과 억압에서 구원하신 구세주의 자격으로 그들에게 계명을 주시는 것이다. 즉, 이 계명들은 하나님이 어떤 분이신가(이스라엘의 하나님 여호와)와 하나님이 어떤 일을 하셨는가(너희를 이집트에서 데리고 나왔다)에 바탕을 둔 은혜의 율법이다. 종종 구약에서는 율법을 지킴으로써 구원에 이르게 된다는 주장을 듣는데 잘못된 말이다. 이 계명들은 이스라엘이 구원을 얻기 위해 지켜야 할 것들이 아니다. 저자는 하나님이 이미 그들을 구원하셨기 때문에 그들이 지켜야 할 것들이라고 한다(Wright; cf. 출 19:3-6).

십계명은 인간의 지혜나 지식이 아닌 하나님의 의지에서 비롯된 것이기 때문에 시간과 장소를 초월한다. 하나님의 첫 번째 계명은 간단하다. 하나님 외에는 그 어떠한 신도 섬기지 말라는 것이다(3절). 이 계명의 근본적인 취지는 다른 신들의 존재를 부인하는 데 있지 않고(이 주제는 본문의 관심 밖에 있다), 이스라엘은 여호와 외에 그 어떠한 신(들)을 숭배해서는 안 된다는 데 있다(Walton). 즉, 이 말씀은 여호와의 유일한 신성(sole deity)이 아니라 이스라엘 사람들의 삶에서 여호와의 주권(sovereignty)을 이슈화 시키는 데 목적이 있는 것이다(Wright; Grisanti).

"네게 두지 말지니라"(7절)에서 히브리어 문구 "있게 하다"(יִהְיֶה־לְךָ)를 명령어로 보지 않고 단순히 선언문(indicative)으로 간주하여 이 말씀의 의미를 출애굽을 체험한 이스라엘의 삶에서 모든 신들이 사라졌다는 것을 선포하는 것으로 해석하는 학자들도 있다(Reventlow). 그러나 이 표현이 결혼 서약에서도 많이 사용되는 절대적인 소유권에 관한 표현이라는 점을 감안할 때 본 문구의 기능은 선언을 초월한 강력한 명령이자 요구에 있다(신 24:2, 4; 삿 14:20; 삼하 12:10; 호 3:3; 룻 1:13). 하나님은 이 첫 계명에서 이스라엘의 절대적이고 독점적인 충성을 명령하신다. 여호와께서는 시내 산에서 이스라엘을 아내로 맞이하는 남편의 자격으로 아내의 일편단심을 요구하시는 것이다. 하나님의 이러한 요구는 긴밀한 애정관계를 전제로 하는 것이기에 결코 무리라고 할 수 없다. 사랑이 깊을수록 기대도 크기 때문이다.

"내 앞에서"(עַל־פָּנָי)의 문자적인 의미는 "내 얼굴 앞에서"라는 뜻이다. 이러한 표현은 소유나 관계를 바탕으로 한 것이다(Grisanti; cf. Merrill; Weinfeld). 시내 산에서 하나님과 언약을 맺은 이스라엘은 그 관계를 생각해서라도 하나님 외에 다른 신을 숭배해서는 안 된다는 의미다. 성경에서 성전이나 제단이 몇 차례 하나님의 '얼굴'로 표현된다는 점에 근거하여 이 말씀이 "내 성전에 다른 신들을 두지 말라"는 뜻으로 해석하는 사람들도 있다(Brueggemann). 그러나 이러한 해석은 너무 제한적이고 편협하다. 하나님은 지금 자신의 성전 뜰뿐만 아니라 이스라엘 사람들의 삶 전체가 그분 앞에서 부끄러움이 없기를 기대하신다. 이스라엘과 새로운 관계를 설정하시는 하나님이 이 계명을 통하여 남편으로서의 권위를 세우고자 하시는 것이다. 그분은 자기 백성들의 모든 삶의 중심에 하나님 자신이 있기를 원하신다. 그러므로 이 문구는 "나를 화나게 하다"(to provoke me)라는 뉘앙스를 지녔다(Wright). 신명기 6-11장은 이 계명에 대한 추가적인 설명이라 할 수 있다.

Ⅱ. 두 번째 스피치: 여호와의 율법(4:44-29:1[28:69])
2장. 율법의 전반적인 내용(5:1-11:32)
1. 십계명(5:1-6:3)
(2) 십계명 선포(5:6-21)

② 제 2계명(5:8-10; cf. 출20:4-6)

8 너는 자기를 위하여 새긴 우상을 만들지 말고 위로 하늘에 있는 것이나 아래로 땅에 있는 것이나 땅밑 물 속에 있는 것의 어떤 형상도 만들지 말며 9 그것들에게 절하지 말며 그것들을 섬기지 말라 나 네 하나님 여호와는 질투하는 하나님인즉 나를 미워하는 자의 죄를 갚되 아버지로부터 아들에게로 삼사 대까지 이르게 하거니와 10 나를 사랑하고 내 계명을 지키는 자에게는 천 대까지 은혜를 베푸느니라

두 번째 계명은 하나님의 형상을 세상의 그 어떠한 것으로도 표현하지 말 것을 요구한다. 하늘에 있는 것이나, 땅에 있는 것이나, 땅 밑에 있는 것이나 그 어떠한 형상(פֶּסֶל)도 하나님의 모습을 대신할 수 없다(8절). 첫 번째 계명이 누구를 경배할 것인가에 대하여 정의하는 것에 반해 이 두 번째 계명은 어떻게 [우상을 만들지 않음으로] 하나님을 경배할 것인가를 제시하는 차원에서 이 계명은 첫 번째 계명보다 한 단계 더 나아간 것이라고 할 수 있다(McConville).

짐승들이나 벌레의 형상에 따라 신들의 우상으로 삼았던 고대 근동의 정서에서 이 계명은 매우 획기적이다. 하나님은 고대 사람들이 익숙해져 있던 다른 신들과 전적으로 다를 뿐만 아니라, 우리의 눈에 보이는 이 세상의 그 어떠한 물체나 짐승과 전적으로 다르다(wholly other). 하나님의 거룩하심이 강조되는 순간이다. 하나님이 자신이 그 어떠한 우상으로도 표현되는 것을 금하는 것에는 그 우상을 조각하는 이스라엘이 행여라도 하나님을 길들이려 하는(domesticate) 죄를 금하는 의미도 포함되어 있다(Brueggemann).

이 계명의 중심을 이루는 세 개의 "…하지 말라"는 히브리어 부정사(לֹא)에 미완료형 동사들을 더한 것으로 매우 강력한 금지령으로 이해된다. "〔새긴 우상을〕 만들지 말고"(לֹא תַעֲשֶׂה)… "〔그것들에게〕 절하지 말며"(לֹא־תִשְׁתַּחֲוֶה) "〔그것들을〕 섬기지 말라"(לֹא תָעָבְדֵם; 8-9절). 하나님은 우상들에게서 자유하게 하기 위하여 출애굽의 역사를 이루셨다. 그러므로 이런 것들을 다시 숭배한다는 것은 곧 역(逆)출애굽을 행하여 다시 우상들의 노예가 되는 것을 의미한다(Merrill). 그래서 하나님은 우상숭배를 강력하게 반대하신다. 우상숭배는 이스라엘이 스스로 올가미에 메이는 행위이기 때문이다.

오늘날의 정황에서 생각해 본다면, 이 경고는 특별한 의미와 중요성을 지니는 것으로 알려진 유물들과 상징들도 우리의 신앙의 올무가 될 수 있음을 지적하는 말씀이다. 만일 십자가가 단순히 예수님의 생애와 사역을 기념하는 상징이 아니라, 그 자체에 어떠한 신비한 힘이 있다는 생각으로 그 앞에서 특별한 예식을 행한다면 우리는 다시 한 번 이 계명이 경고하고 있는 위험에 빠지게 되는 것이다. 훗날 히스기야가 모세의 놋뱀을 파괴해서 없애버린 일도 이 같은 원리와 맥을 같이 한다(cf. 왕하 18:4).

본 계명은 또한 당시 근동에 팽배했던 이방 종교들에 대한 일종의 간접적인 가치 판단이라 할 수 있다. 이방 종교들은 하나같이 이미지/우상을 가져다 신으로 섬겼다. 이러한 정황에서 하나님은 세상의 모든 우상들이 인간의 손에 의하여 새겨진 것이라는 점을 밝힘으로써 우상들은 인간의 상상력이 창조해 낸 것들에 불과한 것임을 드러내며, 동시에 이방 종교들의 허와 실을 밝히신다. 물론 근동의 여러 종교들이 자신들의 우상들이 실제적인 신들을 상징하는 것뿐이라고 생각했다는 주장도 종종 제기되지만, 지금까지 발굴된 문헌들과 유물들을 모두 살펴보면 근동 사람들은 우상들과 그 우상들이 상징 혹은 표현하고 있는 신들과 동일시하기 일쑤였지 결코 명백히 구분하지 않았다.

만일 이방 종교들이 인간의 창조물에 불과하다면 하나님은 왜 시기까지 하시면서 이스라엘이 자기만 바라보기를 원하시는가? 하나님은 자신을 "시기하는 하나님"(אֵל קַנָּא)이라 밝히시는데(9절), 이 표현은 결혼에서 비롯된 것으로서 남편 되신 하나님이 아내 이스라엘에 절대적인 충성을 요구하시는 것으로 이해된다. 즉, 남편의 권한을 이행하고 계신 것이다. 형용사 "시기하는"(קַנָּא)의 어근이 되는 히브리어 동사(קנא)의 원시적인 의미는 "〔얼굴이〕 붉게 달아오르다"이며 사람이 분노했을 때 얼굴색이 변하는 것을 묘사한다(cf. Tigay). 이 형용사는 구약에서 여섯 차례 밖에 사용되지 않는데 이중 다섯 차례는 "시기하시는 하나님"(אֵל קַנָּא)에서 사용되며, 한 차례는 "여호와 그의 이름은 시기라"(יְהוָה קַנָּא שְׁמוֹ)에 등장한다(출 20:5; 34:14[2x]; 신 4:24; 5:9). 구약에서 시기/질투(קַנָּא)는 매우 실천적인 성향을 띠고 있으며 열정적인 충성과 같은 긍정적인 면모를 지니고 있다(McConville; cf. 민 25장). 남편 되신 하나님이 아내의 불륜을 알게 되면 얼굴이 붉어지도록 분노하신다는 뜻이다.

하나님은 어떠한 형태의 우상도 만들지 말라는 명령과 함께 순종하는 자들에게 임할 축복과, 불순종하는 자들에게 내려질 저주를 선포하신다. 순종하는 자들의 자손들에게는 1000대에 이르기까지 축복할 것이요, 불순종하는 자들에게는 3대까지 책임을 묻겠다는 말씀이다(9-10절). 일부 교인들 사이에서는 이 말씀이 마치 저주가 연좌(緣坐)되는 것을 뜻하는 것처럼 이해되지만, 본문의 핵심은 대조에 있다. 1000 대 3이 상징하는 것처럼 하나님의 계명을 잘 받들어 사는 사람들의 집안에 임할 하나님의 은혜는 영원하며(1000대에 이르며), 명령을 거역하고 하나님의 우상을 만들어 그것이 하나님인 양 그 앞에서 절하고 섬기는 사람들의 집안에는 그분의 진노가 임하지만 그 진노는 잠시라는 것이다(3대에 이른다).

논리적으로 생각해보자. 만일 본문의 숫자를 문자적으로 해석한다면 첫 세대가 하나님께 순종하면 그의 후손들이 1000대에 이르기까지 축복을 누리게 된다. 그러나 만일 제 2세대가 불순종하고 범죄하여 3대에 이르는 저주를 받게 되었다. 그렇다면 이 집안의 제 3대는 1대 조상으로 인하여 축복을 받는가, 아니면 2대 조상으로 인하여 저주를 받는가, 혹은 둘 다 받는가? 논리적으로 말이 되지 않는다. 그러므로 이 말씀에 사용되는 숫자는 문자 그대로 해석될 성향의 것이 결코 아니다(Wright; Grisanti; cf. McConville). 훗날 선지자들은 모든 사람은 자기 죄 때문에 죽는 것이지 조상의 죄 때문이 아니라는 것을 확실하게 선언했다(cf. 렘 31:29-30; 겔 18:1-20). 더 나아가 모세는 나중에 조상의 죄 때문에 후손을 벌하는 것과, 자식들의 죄 때문에 부모를 벌하는 일을 율법으로 금한다(신 24:16).

우리는 어떠한 이미지나 형상을 통해서 하나님의 존엄성과 품위를 망가뜨리는 일을 삼가야 한다. 또한 우리의 예배는 하나님의 성품이 그대로 반영되어야 하며, 우리의 욕심이나 계획을 성취하기 위하여나 그 어떠한 방법으로도 이용되어서는 안 된다. 우리의 삶과 예배는 여호와가 진정 하나님이심을 반영하고 세상의 그 어떠한 것도 하나님을 상징할 수 없음을 고백해야 한다. 그만큼 하나님은 이 세상의 모든 것에서 구분된 분이시다.

Ⅱ. 두 번째 스피치: 여호와의 율법(4:44-29:1[28:69])
2장. 율법의 전반적인 내용(5:1-11:32)
1. 십계명(5:1-6:3)
(2) 십계명 선포(5:6-21)

③ 제 3계명(5:11; cf. 출 20:7)

11 너는 네 하나님 여호와의 이름을 망령되이 일컫지 말라 나 여호와는 내 이름을 망령되이 일컫는 자를 죄 없는 줄로 인정하지 아니하리라

하나님의 이름을 망령되이(שָׁוְא) 일컫지 말라는 세번 째 계명은 하나님의 인격모독을 주제로 하고 있다는 점에서 처음 두 계명과 맥락을 같이 한다. 망령되이(שָׁוְא)는 텅 빈 것이나 전혀 가치가 없는 것을 뜻하며, 의도적으로 악을 계획하거나 행하는 것과 연관되어 사용된다(Wright; cf. HALOT). 성경에서 이름은 그 사람의 능력과 임재와 비전 등을 상징한다는 점을 감안할 때(NIDOTTE; Merrill), 거룩하신 하나님의 이름을 망령되이 일컫는 것은 매우 심각한 죄라는 점을 쉽게 생각할 수 있다.

하나님의 이름을 망령되게 하지 말라는 것은 하나님의 능력과 임재를 상징하는 그분의 이름을 개인적인 목적과 이익을 위하여 오용하거나(Harrelson), 거짓되게 사용하지 말라는 뜻이다(McConville). 하나님의 이름을 안다는 것은 이스라엘에게 내려진 가장 큰 축복이었다(Wright). 그러므로 하나님의 이름은 경외와 경배를 자아내는 것이지 결코 인간들에게 이용당하는 것이 아닌 것이다. 법정에서 증언할 때 하나님의 이름으로 맹세를 하면 진실을 말해야 할 의무가 있으며 거짓을 말하면 그분의 이름을 망령되이 일컫는 것이 된다(Tigay; Weinfeld; Kalland).

또한 이 계명은 우리의 삶에서 하나님의 이름이 언급될 때마다 적용된다(TDOT; Grisanti). 세상에서 살아가는 주의 백성들이 그분의 이름에 합당한 삶을 살도록 권고하는 명령인 것이다. 비록 개인적으로 해(害)가 올지라도 하나님의 이름으로 맹세하면 우리는 진실을 말할 것을 다짐해야 하며, 행동을 조심하여 하나님을 향한 우리의 각오가 세상에 뚜렷이 드러나야 한다.

④ 제 4계명(5:12-15; cf. 출20:8-11)

**[12] 네 하나님 여호와가 네게 명령한 대로 안식일을 지켜 거룩하게 하라 [13] 엿새 동
안은 힘써 네 모든 일을 행할 것이나 [14] 일곱째 날은 네 하나님 여호와의 안식일인
즉 너나 네 아들이나 네 딸이나 네 남종이나 네 여종이나 네 소나 네 나귀나 네 모
든 가축이나 네 문 안에 유하는 객이라도 아무 일도 하지 못하게 하고 네 남종이
나 네 여종에게 너 같이 안식하게 할지니라 [15] 너는 기억하라 네가 애굽 땅에서 종
이 되었더니 네 하나님 여호와가 강한 손과 편 팔로 거기서 너를 인도하여 내었나
니 그러므로 네 하나님 여호와가 네게 명령하여 안식일을 지키라 하느니라**

이 계명은 십계명 중 가장 자세하게 언급된 것이며, 신명기 5장에서 가장 중요한 계명이기도 하다(Miller). 안식일 계명의 중요성은 종교와 사회적 질서가 매우 밀접한 관계를 유지하고 있다는 점에 있다—사회에서 가난하고 연약한 자들을 착취하는 일이 끊이지 않는 한 종교가 요구하는 안식일을 거룩하게 지키는 일은 있을 수 없기 때문이다(McConville). 그러므로 "멈추다"(שׁבת, HALOT)라는 동사에서 비롯된 안식일(שַׁבָּת)의 가장 기본적인 취지는 노동으로부터 적절한 휴식을 가질 수 있게 하는 데 있다(Grisanti). 이러한 혜택은 경제적 지위와 사회적 신분을 초월하여 모든 사람들뿐만 아니라 짐승들에게까지 골고루 제공되어야 한다.

안식일은 고대 근동 지역의 다양한 문화권에서 이스라엘 종교에만 국한되어 있는 독특한 현상이다. 그러므로 광야에서 새로이 형성된 이스라엘 공동체에게 신학적 정체성을 정의하는 일에 있어서 가장 기본적인 계명이다. 왜냐하면 이 계명은 이스라엘에게 주변 민족들과는 생각을 완전히 달리하고, 정기적이고 규칙적으로 이 계명을 실천하여 이스라엘의 독특성을 보일 것을 요구하고 있기 때문이다 (Brueggemann).

시간을 7일 기준으로 분류하는 것은 근동의 여러 문명에서 흔히 있었던 일이다. 그러나 월, 계절, 년이 하나같이 해나 달의 움직임과 연관되어 있는 상황에서 안식일은 이 천체를 지배하는 것들과 전혀 연관성이 없다. 하나님은 온 우주의 밖에 계신 분으로서 자연의 지배를 받지 않는다는 점을 암시하는 듯하다.

하나님은 안식일을 다른 날과 구분하여 거룩하게 지킬 것을 당부하신다. 거룩(קדשׁ)의 가장 기본적인 개념은 구별/분별이다. 그러므로 안식일을 지킨다는 것은 이날을 특별히 기념한다는 것을 뜻한다(Grisanti). 하나님은 일주일 중 안식일을 다른 날과 구별된 날로서 다른 목적을 지닌 날로 간주하라고 명령하시는 것이다(NIDOTTE). 일주일 중 6일은 일을 하며 자신을 위하여 살았다면, 안식일에는 하나님과 그의 목적을 이루는 날로 사용하라는 뜻이다(Tigay). 출애굽기에 의하면 하나님이 천지를 창조하실 때 6일 동안 완성하셨고, 7일째 되는 날에는 모든 것을 멈추고 6일 동안 창조한 것들을 음미하고 즐기셨기 때문이다. 물론 하나님이 6일 동안 천지를 창조하신 것과 하나님의 능력은 무관한 일이다. 무에서 유를 창조하신 하나님은 6일이 아니라 한순간에 온 우주를 창조하실 수 있는 분이시다. 그러나 백성들이 그가 하신 대로 안식일을 잘 지키게 하기 위하여 하나의 모델(role model)을 제시하신 것이다. 이러한 차원에서 안식일은 기쁜 마음으로 하나님의 창조 사역을 기념하는 축제일(festival)이다(McConville; Grisanti).

안식일 계명을 창조와 연관시키는 출애굽기와는 대조적으로 신명기는 안식일 계명을 전적으로 출애굽 사건과 연관시킨다(15절). 출애굽기는 천지를 창조하신 하나님이 이날 모든 것을 마치고 쉬신 것을 안식일 율법의 신학적 근거로 삼는 것에 반해 신명기는 하나님이 이스라엘을 이집트의 노예 생활에서 구속하신 일을 이 율법의 신학적 근거로 삼고 있는 것이다. 그래서 일부 학자들은 하나님이 출애굽 해방을 통하여 평화스러운 창조 세계를 회복시켰다고 해석한다(Fretheim; Brueggemann). 이

맥락에서 보면 이 계명처럼 출애굽 사건과 창조 섭리를 적절하게 연결시키는 율법도 흔치 않은 것이다. 하나님이 천지를 창조하신 후 안식일에 쉬셨기 때문에 출애굽한 이스라엘도 쉬어야 한다. 그들은 하나님의 새 피조물이기 때문이다.

그렇다면 이스라엘은 어떻게 안식일을 거룩하게/분별되게 지킬 수 있단 말인가? 표면적으로는 자신들뿐만 아니라 자신에게 속한 모든 짐승과 노예들도 안식일에는 일을 하지 않도록 하여 이날을 기념해야 한다. 이 좋은 날의 혜택이 주의 백성들과 연관 있는 모든 사람과 짐승들에게도 적용되어야 하는 것이다. 그러나 안식일의 중요성은 하던 일을 멈추는 것에만 국한되는 것이 아니다. 주의 백성이라 자칭하는 이스라엘은 안식일을 구별함으로써 자신들의 정체성을 확립해 나가야 한다.

일주일에 하루는 하던 일을 멈추고 그들에게 은혜를 베푸신 하나님을 기념하고 기뻐하는 일에 전념해야 한다. 이렇게 함으로써 이스라엘은 지루하게 느껴질 수 있는 자신의 존재성을 감동적이고 영적인 체험으로 승화시키는 것이다. 물론 이스라엘이 하나님을 기념하기 위하여 성전을 찾을 때는 적절한 헌물(獻物) 동반을 전제로 한다. 백성들의 헌물을 즐기는 것은 하나님의 특권이기 때문이다. 하나님은 우리의 진정한 예배와 제물을 통한 경배와 찬양을 받고 누릴 특권을 가지셨다.

II. 두 번째 스피치: 여호와의 율법(4:44-29:1[28:69])
2장. 율법의 전반적인 내용(5:1-11:32)
1. 십계명(5:1-6:3)
(2) 십계명 선포(5:6-21)

⑤ 제 5계명(5:16; cf. 출 20:12)

16 너는 네 하나님 여호와께서 명령한 대로 네 부모를 공경하라 그리하면 네 하나님 여호와가 네게 준 땅에서 네 생명이 길고 복을 누리리라

부모를 공경하라는 계명을 통해 명령의 주제가 바뀌고 있다. 지금까지 제시된 네 개의 계명은 하나님과 주의 백성의 관계를 정의했다. 이

제부터 주어지는 여섯 개의 계명은 주의 백성들 사이의 관계를 규정한다. 주제가 종교적 질서에서 사회적 질서로 바뀌고 있는 것이다. 이 사회적 계명들 중 처음 것인 제 5계명은 긍정적인 문장(viz., "…하라")으로 표현되어 있지만, 나머지 다섯 계명은 모두 부정적인 문장("…하지 말라")으로 구성되어 있다.

성경 저자들에게 아버지와 아들의 관계가 얼마나 중요한 비유인가 하는 것은 두말할 필요가 없다. 성경이 하나님과 이스라엘의 관계를 아버지와 아들의 관계로 묘사하는 것을 보아도 알 수 있다(Wright). 아들은 아버지를 공경해야 한다고 하는데, 성경에서 '공경하다'(כבד)의 개념은 주의 백성의 하나님을 향한 자세를 묘사하는 데 자주 사용된다(cf. 레 20:9; 신 21:18-21; 27:16; 민 15:30). 실제로 이 단어가 인간관계에 적용되는 경우는 부모와의 관계뿐이다. 아마도 부모를 대할 때 마치 하나님을 대하듯 공손히 하라는 의미인 듯하다. 이 계명의 중요성은 축복 약속이 첨부된 것에서도 알 수 있다. 하나님이 명령하신 대로 부모를 공경하는 자들은 하나님이 그들에게 허락하시는 땅에서 매우 오래 살 수 있을 것임을 약속하신다.

이 계명을 두고 자식들은 무조건적으로 부모들에게 순종하고 복종해야 한다는 것을 의미하는 것으로 해석하는 학자들은 그리 많지 않다. 오히려 이 계명은 잘못하면 무시될 수 있는 부모의 권위를 보호하는 데 취지가 있는 것으로 이해된다(Brueggemann). 옛적에 우리나라에 고려장이 있었던 것처럼, 근동지역에서도 나이가 들어 노동력을 상실해 버린 노인들이 집에서 쫓겨나고 길거리로 내몰리는 경우가 있었다(cf. 출 21:15, 17; 레 20:9; 신 27:16). 이 법은 이러한 상황에 처한 힘 없는 노부모들의 인권을 보호하는 데 그 근본 취지가 있었다는 것이다(Childs). 즉, 이 계명은 노동력(곧 생산성)을 상실하고 '안식'을 맞은 노인들을 적절하게 대접하고 섬김으로써 그들이 노년에 어려움을 당하지 않게 하는 자식들의 부모의 노년에 대한 책임을 부각시킨다(Brueggemann; cf.

McConville). 이 계명이 약속을 동반한 계명이라는 것도 중요한 의미를 내포한다. 만일 늙고 힘 없는 부모를 공경하여 어떤 경제적인 손실이 자식에게 임한다면, 선하신 하나님이 그가 부모를 위하여 투자한 액수의 몇 배라도 갚아 주실 것을 암시한다.

그러므로 부모를 공경하는 것은 곧 부모를 존경할 뿐만 아니라 해(害)로부터 그들을 보호하는 것도 내포한다(Weinfeld; Tigay). 자식들이 부모를 잘 섬기는 것이 왜 그다지도 중요하단 말인가? 무엇보다도 이스라엘 사회의 가장 기본적인 요소는 가정이며, 가정에서 가장인 아버지의 권위가 흔들려서는 안 되기 때문이다. 또한 주의 백성들이 부모를 잘 섬기는 것은 이스라엘 사회구조와 질서에 대한 전반적인 신뢰와 존경을 상징한다(McConville).

II. 두 번째 스피치: 여호와의 율법(4:44-29:1[28:69])
2장. 율법의 전반적인 내용(5:1-11:32)
1. 십계명(5:1-6:3)
(2) 십계명 선포(5:6-21)

⑥ 제 6계명(5:17; cf. 출 20:13)

17 살인하지 말지니라

여섯째 계명인 "살인하지 말지니라"(לֹא תִּרְצָח)는 모든 죽임을 금하는 것이 아니다. 학자들은 이 말씀이 인간의 생명이 하나님께 속한 것이기에 생명을 존중하라는 뜻으로 해석한다(Harrelson). 또한 이 동사(רצח)의 의미가 집안 간의 원수갚음에서 비롯된 것(한 집안 사람이 다른 집안 사람을 죽였을 때, 죽임을 당한 사람의 집안은 그의 원수를 갚아 주어야 한다는 의무감)이라고 해석하는 사람들도 있다. 그러나 율법의 다른 부분들이 이러한 원수갚음을 허락하는 것으로 보아 설득력은 없어 보인다. 오히려 이 계명은 불법적이고 허용되어서는 안될 폭력으로부터 이스라엘 공동체의 삶을 보호하는 데 그 취지가 있다는 것이 일반적인 이해다.

이 동사(רצח)는 성경 안에서 46차례 사용되는데 죽이는 것을 뜻하는

데 보편적으로 사용되는 동사(הרג)의 165회에 이르는 빈도수에 비하면 그리 흔한 단어는 아니다. '살인하다'로 해석되는 이 동사(רצח)가 돌발적으로 사람을 죽게 하는 것을 포함하기는 하지만, 전쟁을 통해서 사람을 죽이는 것이나, 법적인 절차를 통해서 정당하게 범죄자를 처형하는 것을 설명하는 데는 한 번도 사용되지 않는다. 이 동사의 기본적인 의미는 하나님이 정해 주신 정당한 형 집행 테두리 밖에서 살해하는 것을 뜻하는 것으로 간주하는 것이 바람직하다(Zimmerli). 그러므로 이 말씀은 결코 사형 제도를 금하는 데 성경적 증거로 채택될 수 없다.

미국의 한 시사 프로그램에 5명의 사형수들이 출연하여 사형 제도를 폐지해야 한다고 주장하는 것을 본 적이 있다. 그들은 하나같이 이 계명을 들먹거렸다. 성경은 미국 사회가 그들의 사형을 집행하는 것을 금하고 있다는 것이다. 그러나 본질적인 문제는 그들에게 아무도 남을 살해할 권한을 주지 않았다는 사실이다. 그들은 남을 살해해도 되고, 사회는 그들을 처형해서는 안 된다는 말인가? 사형 제도의 윤리성은 이 계명이 아니라 다른 말씀과 다른 차원에서 논의되어야 할 것이다.

성경은 인류 최초의 살인 사건인 가인과 아벨의 이야기에서 가인과 아벨은 형제였다는 말을 7차례나 반복함으로써 모든 살인은 형제 살해(fratricide)로 규정한다(cf. 창 4장). 근본적으로 이 계명은 우리에게 생명의 소중함을 알라고 호소한다. 살인은 형제를 죽이는 것이며, 하나님이 아름답게 창조하신 귀하고 값진 생명을 없애는 것이다. 더 나아가 살인은 하나님이 이 땅에 세우신 창조주의 대리인(representative) 한 명을 없애는 일이다(Block).

II. 두 번째 스피치: 여호와의 율법(4:44-29:1[28:69])
2장. 율법의 전반적인 내용(5:1-11:32)
1. 십계명(5:1-6:3)
(2) 십계명 선포(5:6-21)

⑦ 제 7계명(5:18; cf. 출 20:14)

[18] 간음하지 말지니라

이 계명은 인류의 가장 오래된 문제이자 모든 사회에 깊숙이 뿌리박고 있는 간음을 포함한 여러 가지 성윤리 문제를 논하고 있다(McConville). 간음(נאף)은 결혼한 여자와 남자가 서로 동의하는 상황에서 이루어지는 성행위다. 고대 근동의 여러 문화권에서도 간음을 이렇게 정의했다. 근동에서 발견된 여러 법전들을 살펴보면 간음의 가장 근본적인 이슈는 간음하는 여자에 대한 남편의 절대적이고 고유한 권한이 침해 당한 것이었다. 그러므로 간음하다 잡힌 사람들에 대한 처벌은 권리를 침해 당한 남편에게 일임되는 것이 보편화되어 있다(Sarna).

반면에 결혼을 하나님이 세우신 거룩한 제도라고 생각했던 이스라엘에서 간음은 사회를 자극하는 부도덕한 행위며 하나님의 진노를 사는 범죄로 규정되었다. 그러므로 권리를 침해 당한 남편마저도 간음한 아내나 그녀의 정부를 마음대로 용서할 수 있는 법적인 권한이 없었다. 간음의 심각성은 이 주제가 십계명에서 차지하는 위치에서도 알 수 있다; 살인을 금하는 여섯 번째와 도둑질을 금하는 여덟 번째 계명 사이에 있다. 율법은 간음한 사람들에게 매우 심각한 형벌을 가하고 있다(레 20:10; 신 22:22; cf. 렘 29:21-23; 겔 16:38).

간음이 이처럼 부각되는 이유가 또 한 가지 있다. 하나님은 간음을 무엇보다도 계약을 위반하는 행위로 보신다(Craigie). 남자와 여자가 결혼할 때 두 사람은 서로에게 신실하겠다고 서약했다. 그런데 간음은 이러한 계약 조항을 위반하는 행위다. 하나님과 이스라엘의 언약 관계가 결혼 계약으로 묘사되는 것이 일반화되어 있는 정서에서, 만일 사람이 매일 피부를 맞대고 사는 아내/남편에게 신실하지 않다면, 어떻게 보이지 않는 하나님과의 언약을 신실하게 지켜줄 것을 기대하겠는가!

이 계명이 강조하는 것은 결혼생활의 소중함이다. 결혼은 하나님이 세우신 거룩한 제도이자 인간이 누릴 수 있는 가장 오래된, 그리고 최초의 축복이다(cf. 창 2장). 하나님의 이름으로 맹세한 두 사람은 죽을 때까지 그 서약대로 살려고 최선을 다해야 하는 것이다. 아내는 남편을, 남편은 아내를 진정으로 사랑해야 한다. 이것이 하나님의 뜻이다.

⑧ 제 8계명(5:19; cf. 출 20:15)

[19] **도둑질 하지 말지니라**

이 계명의 기본적인 취지는 서로의 재산권을 인정하라는 것이다. 그러나 이 계명이 목적어를 규정하고 있지 않기 때문에 다른 해석도 가능하다는 것이 일부 학자들의 주장이다. 이들은 이 계명이 인권유린을 뜻하는 것으로 해석한다. 유괴/납치와 같은 다른 사람에게 행하는 범법행위를 금하고 있다는 것이다(Craigie; Biddle; Wright; Brueggemann; cf. Tigay). 학자들이 이렇게 해석하는 데는 몇 가지 이유가 있다. 첫째, 바로 앞에 선포된 십계명은 모두 사형에 처할 수 있는 범죄 행위를 금한다. 부모를 공경하지 않거나, 살인을 하거나, 간음을 하는 경우 모두 사형에 처할 수 있다. 위증을 금하고 있는 다음 계명 역시 범죄자를 사형에 처할 수 있다는 점을 감안할 때, 이처럼 사형을 받을 수 있는 범죄들 사이에 끼어 있는 이 계명 역시 그러한 취지라는 것이다. 둘째, 재산권 보호는 마지막 계명인 10번째 계명으로 충분하다. 그러므로 만일 이 계명이 재산권을 전제하고 있다면 이 두 계명은 상당히 겹치는 부분이 있다.

셋째, "훔치다"(גנב) 동사를 사람에게 적용하여 사용하는 "사람을 납치한(גנב) 자가 그 사람을 팔았든지 자기 수하에 두었든지 그를 반드시 죽일지니라"(출 21:16)와 "사람이 자기 형제 곧 이스라엘 자손 중 한 사람을 유인하여(גנב) 종으로 삼거나 판 것이 발견되면 그 유인한 자를 죽일지니 이같이 하여 너희 중에서 악을 제할지니라"(신 24:7)는 유괴 내지는 인신매매를 금하고 있는 조항들이다. 넷째, 이스라엘처럼 유목과 농경을 중심으로 한 사회에서는 각 개인의 재산권 보호가 그다지 큰 이슈가 아니었다. 이러한 사회의 성향 자체가 철두철미한 재산권 행사를 어렵게 했다는 것이다.

그러나 이 계명이 어떠한 목적어를 제시하지 않는 상황에서 그 범위를 지나치게 좁히는 것은 적절하지 않다는 주장도 만만치 않다(Block; cf. Grisanti). 그러므로 원래의 의도는 유괴와 인신매매였다 할지라도 세월이 지나면서 재산권도 포함하게 되었다고 해석하는 것이 가장 바람직해 보인다(Weinfeld).

반면 다른 학자들은 단순한 도둑질이 본문의 문맥에 더 잘 어울린다고 생각한다. 그렇게 해석할 경우 17-21절의 내용이 '살인-간음-도둑질-거짓 증언-탐심'으로 매우 심각한 죄(살인)에 대하여 시작한 계명이 차차 덜한 죄(탐심)에 이르는 단계적인 언급이라 할 수 있다(Christensen). 그러나 우리가 잘 알다시피 거짓 증언의 심각성은 살인에 못지 않다. 그러므로 이 논리가 큰 설득력 있는 것은 아닌 듯하다.

한 가지 우리가 염두에 두어야 할 점은 성경은 각 개인의 재산권을 인정하기 전에 공동체/사회에 속한 사람들이 서로를 위해 일정한 양의 재산/물질을 공동체에 기부하여서 모든 지체들의 가장 기본적인 생존권과 존엄성이 유지되도록 요구하고 있다는 점이다. 도둑질 하지 말라는 이 계명은 자신이 소속된 공동체에 속한 사람들이나 가족들의 자존감(自尊感)이나 존엄성을 빼앗는 행위도 금한다.

⑨ 제 9계명(5:20; cf. 출20:16)

20 네 이웃에 대하여 거짓 증거하지 말지니라

이 계명의 배경은 법정에서 증언하는 것이었다. "거짓 증거"(עֵד שָׁוְא)는 이스라엘뿐만 아니라 근동의 많은 문화권의 법정에서 사용되던 전문용어다(cf. HALOT). "[증거]하다"로 번역된 히브리어 동사(ענה) 역시 법정에서 증언하는 것을 배경으로 한다(cf. Craigie). 이웃(רֵעַ)은 모든 권리를 지닌 공동체의 멤버를 의미한다(Sarna). 그러므로 이 모든 것을 종합해 볼 때, 이 말씀은 법정에서 증언하는 것을 뜻한다. 그러나 고대 근동의 법정이 증인들을 맹세 아래 세운 것이 아니었던 점을 감안할 때 이 계명의 중요성은 거짓 증거를 함으로써 하나님께 범죄했음을 드러내려는 것보다 진실을 밝히는 데 초점이 맞추어져 있다.

위증은 진실을 왜곡하는 것 외에도 사회의 진실성과 질서를 위협한다. 만일 위증에 근거하여 죄 없는 사람을 처형할 경우, 그 죗값은 온 공동체가 져야 하는 딜레마(dilemma)에 빠지게 되는 것이 일반적이었다. 그러므로 고대사회에서도 여러 가지 방법을 통하여 위증을 막으려고 노력했다. 이스라엘의 경우 중요한 이슈에 있어서는 최소한 2명의 증언이 필요했다(민 35:30; 신 17:6; 19:15; cf. 왕상 21:10; 사 8:2). 재판 결과 사형이 집행되어야 할 경우에는 증인들이 먼저 돌을 던지는 것도 의무 조항이었다(신 13:10; 17:7; 19:16-20). 위증을 하다가 들통나면 심각한 처벌을 받는 것은 당연한 일이었다. 만일 사형에 처할 수 있는 일에 대하여 증언하다가 진실이 아니라는 것이 드러나면 증인이 사형을 당하는 형식의 무거운 처벌을 받았다.

II. 두 번째 스피치: 여호와의 율법(4:44-29:1[28:69])
2장. 율법의 전반적인 내용(5:1-11:32)
1. 십계명(5:1-6:3)
(2) 십계명 선포(5:6-21)

⑩ 제 10계명(5:21; cf. 출 20:17)

21 네 이웃의 아내를 탐내지 말지니라 네 이웃의 집이나 그의 밭이나 그의 남종이나 그의 여종이나 그의 소나 그의 나귀나 네 이웃의 모든 소유를 탐내지 말지니라

일부 주석가들은 외형적으로 드러나는 행위들을 주제로 삼고 있는 다른 계명들에 반해 이 마지막 계명이 '탐심'이라는 인간의 본질을 주제로 삼고 있다고 해서 열 번째 계명을 십계명의 절정이라고 하기도 한다(Wright; Grisanti). 인간의 가장 깊은 내면의 열망을 논하고 있다는 것이다(Lundbom). 또한 이 계명이 금하고 있는 '탐심'은 이미 선포된 모든 계명을 위반하는 일의 첫걸음이다(Durham).

서로 더불어 살아가는 공동체의 삶에서 "네 이웃의 집을 탐내지 말라 네 이웃의 아내나 그의 남종이나 그의 여종이나 그의 소나 그의 나귀나 무릇 네 이웃의 소유를 탐내지 말라"(출 20:17)는 남의 소유권을 인정하라는 점을 강조한다. 한 사회의 질서와 정의가 유지되려면 당연한 일이다. 나의 소유권이 존중되기를 원한다면 당연히 남의 소유권도 인정해야 한다. 그뿐만 아니라 이 계명은 나의 권리의 한계를 인정해야 하는 필연성을 전제한다.

많은 학자들이 "탐내다"(חמד)라는 동사가 성경에서 어떻게 쓰이고 있는가를 연구해 보았다. 전반적인 결론은, 이 동사는 사람이 삶의 질을 향상시키기 위하여 의욕적으로 사는 것을 금하는 것이 아니라, 이미 남이 소유한 것에 대해 소유욕에 불타 그 물건에 집착하거나(Tigay), 그 물건을 갖기 위해 행악을 마다하지 않는 것을 뜻한다(McConville). 그래서 유태인들은 마음에 탐욕을 품는 것으로 끝나지 않고 그 탐욕에 의해 행하는 모든 행위를 "탐내는 것"으로 정의했다(Sarna).

이 계명은 또한 욕심/욕망의 파괴력을 견제하고 있다. 하나님은 이 계명에서 탐하지 말 것을 일곱 가지로 정의하고 있으며 아내를 먼저 언급한 다음 일상생활에서 가장 중요한 집, 그리고 집을 구성하는 것들이 가치의 소중함에 따라 나열된다. "아내, 집, 남종, 여종, 소, 나귀, [모든] 소유." 어떠한 탐욕이라도 용납되어서는 안 되며, 특히 남의 가정을 파괴하는 행위는 절대적으로 금해야 하는 것이다.

II. 두 번째 스피치: 여호와의 율법(4:44-29:1[28:69])
 2장. 율법의 전반적인 내용(5:1-11:32)
  1. 십계명(5:1-6:3)

(3) 십계명을 중재한 모세(5:22-33)

22 여호와께서 이 모든 말씀을 산 위 불 가운데, 구름 가운데, 흑암 가운데에서 큰
음성으로 너희 총회에 이르신 후에 더 말씀하지 아니하시고 그것을 두 돌판에 써
서 내게 주셨느니라 23 산이 불에 타며 캄캄한 가운데에서 나오는 그 소리를 너희
가 듣고 너희 지파의 수령과 장로들이 내게 나아와 24 말하되 우리 하나님 여호와
께서 그의 영광과 위엄을 우리에게 보이시매 불 가운데에서 나오는 음성을 우리
가 들었고 하나님이 사람과 말씀하시되 그 사람이 생존하는 것을 오늘 우리가 보
았나이다 25 이제 우리가 죽을 까닭이 무엇이니이까 이 큰 불이 우리를 삼킬 것이
요 만일 우리가 우리 하나님 여호와의 음성을 다시 들으면 죽을 것이라 26 육신을
가진 자로서 우리처럼 살아 계시는 하나님의 음성이 불 가운데에서 발함을 듣고
생존한 자가 누구니이까 27 당신은 가까이 나아가서 우리 하나님 여호와께서 하
시는 말씀을 다 듣고 우리 하나님 여호와께서 당신에게 이르시는 것을 다 우리에
게 전하소서 우리가 듣고 행하겠나이다 하였느니라 28 여호와께서 너희가 내게 말
할 때에 너희가 말하는 소리를 들으신지라 여호와께서 내게 이르시되 이 백성이
네게 말하는 그 말소리를 내가 들은즉 그 말이 다 옳도다 29 다만 그들이 항상 이
같은 마음을 품어 나를 경외하며 내 모든 명령을 지켜서 그들과 그 자손이 영원히
복 받기를 원하노라 30 가서 그들에게 각기 장막으로 돌아가라 이르고 31 너는 여
기 내 곁에 서 있으라 내가 모든 명령과 규례와 법도를 네게 이르리니 너는 그것

을 그들에게 가르쳐서 내가 그들에게 기업으로 주는 땅에서 그들에게 이것을 행하게 하라 하셨나니 32 그런즉 너희 하나님 여호와께서 너희에게 명령하신 대로 너희는 삼가 행하여 좌로나 우로나 치우치지 말고 33 너희 하나님 여호와께서 너희에게 명령하신 모든 도를 행하라 그리하면 너희가 살 것이요 복이 너희에게 있을 것이며 너희가 차지한 땅에서 너희의 날이 길리라

하나님이 "이 말씀들"(הַדְּבָרִים הָאֵלֶּה, viz., 십계명)을 두 돌판에 새겨서 모세에게 주셨다(22절). "말씀들"(הַדְּבָרִים)은 십계명(viz., 열 마디/단어들 עֲשֶׂרֶת הַדְּבָרִים, 4:13)의 호칭이며 22절에서 강조형으로 사용된다. 저자는 간단명료한 문장력으로 십계명에 대하여 네 가지를 말한다(22절). 첫째, 십계명은 하나님께로부터 비롯된 것이다. "주께서는 이 말씀을 … 큰 목소리로 … 선포하시고." 율법은 백성들이 머리를 맞대고 만들어 낸 작품이 아니다. 모세가 조작한 것도 아니다. 살아계신 여호와 하나님이 직접 백성들에게 주신 것이다. 십계명은 하나님의 권위와 위엄에서 비롯된 규칙인 것이다.

둘째, 십계명은 이스라엘의 모든 회중에게 적용된다. "너희 온 총회에 선포하시고." 하나님의 백성 공동체에 속한 사람들 중에 십계명을 준수하지 않아도 되는 사람은 하나도 없다. 언약 백성 모두가 십계명을 포함한 하나님의 말씀을 지켜야 한다. 주의 백성이 된다는 것은 이처럼 책임을 동반한다.

셋째, 십계명은 하나님의 영광에서 비롯된 말씀이다. "주께서는 이 말씀을 구름이 덮힌 캄캄한 산 위 불 가운데서…" 십계명은 하나님이 직접 선포하신 것일 뿐만 아니라 하나님의 성품과 영광을 반영하는 기준이다. 그러므로 하나님 형상대로 살기를 원하는 사람이라면 더욱더 두렵고 떨리는 마음으로 십계명을 포함한 하나님의 말씀대로 살려고 노력해야 한다.

넷째, 십계명은 완전하고 최종적이다. "이 말씀에 조금도 보탬이 없이, 그대로 … 주셨다.” 하나님의 말씀은 완전하다. 십계명을 포함한 하나님의 말씀에는 어떠한 결함도 없다. 또한 하나님의 말씀은 완결된 것이다. 성경 외에는 더 이상 새로운 계시가 필요 없다. 이단들의 특징 중의 하나가 성경에 다른 것을 더하거나 성경의 일부를 빼는 것이다. 하나님의 말씀은 완전하고 최종적이며, 이 완전하고 최종적인 말씀이 성육신하신 이가 바로 예수그리스도이시다.

십계명이 선포되는 동안 시내 산 주변은 온통 연기, 번개, 그리고 천둥으로 가득했다(22-23절). 평생 처음 이러한 현상을 경험하게 된 이스라엘 백성들이 두려워 떠는 것은 당연한 일이다. 백성들이 산에서 떨어져 있는 곳에서 이 모든 일을 목격했으면서도 공포에 사로잡히는 것으로 보아 하나님의 현현은 정말 대단했던 것으로 생각된다.

백성들은 모세 혼자 하나님의 말씀을 듣고 와서 자신들에게 전해 달라고 호소했다(24-27절). 모세가 이처럼 중재해 주기만 하면 모세가 중재해 준 말씀에 어떠한 문제제기도 하지 않고 그대로 순종하겠다고 했다. 하나님의 음성을 직접 듣자니 생명에 위협을 느꼈기 때문이다. 결국 이스라엘은 시내 산에서 하나님의 음성/말씀은 들을 수 있었지만, 눈으로 하나님을 볼 수는 없었다. 죄인이 거룩하신 하나님의 말씀을 듣는다는 것은 이처럼 위험한 일이다. 그런데 오늘날 매주 교회 예배를 통해 하나님의 말씀을 듣는 성도들 대부분이 그 어떠한 두려움도 느끼지 못하고 있다는 사실은 우리 예배에 대하여 다시 생각하게 한다.

모세는 두려움에 떨고 있는 백성들에게 하나님이 이날 시내 산에서 이스라엘을 찾아오신 것은 이들로 하여금 하나님에 대한 경건한 두려움을 갖게 하기 위함이었다고 증언했다(출 20:20). 주의 백성들의 삶에 하나님에 대한 건전한 두려움이 있으면, 그만큼 신앙생활이 쉬워지고 의미가 있기 때문이다. 또한 하나님을 두려워하는 것은 죄짓기를 자제하도록 하는 목적도 포함한다. 모세는 백성들의 요청을 허락해서 그렇게 하기로 했다. 그리고 백성들을 등뒤에 남기고 혼자 하나님이 계신 곳으로 향했다. 모세의 중재 역할은 이번 한 번으로 끝나는 것이 아니다. 그는 제사장 등을 통하여 이스라엘에서 영구적으로 존재할 중재자 제도를 시작한다.

십계명이 이스라엘의 율법에서 독특한 위치를 차지하는 것은 하나님의 현현(5:2-5; cf. 출 19:16-25) 후에 계명이 주어졌고(6-21절), 이 계명이 주어진 이후에는 모든 율법이 모세의 중재를 통해서 이스라엘에 주어졌기 때문이다(5:28-31; cf. 출 20:18-21). 시내 산에서 십계명이 선포될 때까지 이집트를 출발해 홍해를 건너고 시내 광야를 걸어온 이스라엘에게 그 어디에서도 공식적인 계명은 주어진 적이 없다. 또한 십계명 이후에 주어진 모든 율법은 모세의 중재를 통한 것이지 현현한 하나님의 입에서 직접 선포된 것들이 아니다. 그러므로 십계명(5:6-21; cf. 출 20:1-17)은 구약의 율법들 중에서도 매우 독특한 하나님의 직접적인 계시로 자리매김을 하고 있다. 그렇기에 십계명의 중요성은 율법 아래 있던 이스라엘 사람들뿐만 아니라, 그리스도인들도 인정한다.

II. 두 번째 스피치: 여호와의 율법(4:44-29:1[28:69])
2장. 율법의 전반적인 내용(5:1-11:32)
1. 십계명(5:1-6:3)

(4) 율법 준수 권면(6:1-3)

1 이는 곧 너희의 하나님 여호와께서 너희에게 가르치라고 명하신 명령과 규례와
법도라 너희가 건너가서 차지할 땅에서 행할 것이니 2 곧 너와 네 아들과 네 손자
들이 평생에 네 하나님 여호와를 경외하며 내가 너희에게 명한 그 모든 규례와 명
령을 지키게 하기 위한 것이며 또 네 날을 장구하게 하기 위한 것이라 3 이스라엘
아 듣고 삼가 그것을 행하라 그리하면 네가 복을 받고 네 조상들의 하나님 여호와
께서 네게 허락하심 같이 젖과 꿀이 흐르는 땅에서 네가 크게 번성하리라

학자들 사이에 1-3절이 다음 내용(4절 이후)에 대한 소개인가, 아니면 5:27-33에 대한 결론인가에 대하여 다소 논란이 있다. 전통적으로

1-3절은 다음 섹션의 소개로 간주되어 왔지만(Hall; Craigie; Tigay), 앞부분과 더 깊은 연관성을 지니고 있다고 주장하는 사람들도 많다(Lohfink; Braulik; Christensten; Thompson). 학자들이 이렇게 결론을 내리는 데에는 앞부분(5:27-33)과 6:1-3이 같은 동사들("들으라," "행하라," "경외하라," "지키라" 등)을 교차대구법적으로 사용하고 있다는 점과 이 두 섹션의 생각의 흐름이 동일하며, 히브리어 텍스트가 6:1이 새로운 섹션을 시작한다는 어떠한 신호도 주지 않는다는 점이 크게 작용했다(McConville; cf. Tigay). 실제로 마소라 사본들은 5:22-6:3을 한문단으로 묶고 있다. 또한 한 주석가는 본문을 앞 섹션과 연결하여 동사 사용에 있어서 다음과 같은 교차대구법적 구조를 제시한다(Grisanti; cf. Lundbom).

A. 듣다 … 하다(5:27)
B. 두려워하다 … 지키다(5:29)
C. 가르치다 … 하다(5:31)
D. 지키다 … 하다 … 치우치다 … 걷다(5:32-33)
C'. 배우다 … 하다(6:1)
B'. 두려워하다 … 지키다(6:2)
A'. 듣다 … 지키다 … 하다(6:3)

비록 본 텍스트가 앞부분의 결론적인 기능을 하고 있는 것이 사실이지만, 이 말씀이 이스라엘의 생존을 위하여 율법에 따라 사는 것이 얼마나 중요한가를 강조함으로써 6-11장을 통해 선포될 말씀을 준비시키는 기능도 지니고 있음을 알아야 한다(cf. Grisanti). 그뿐만 아니라 5:22-6:3(히브리어 성경 5:19-6:3)을 같은 문단으로 묶음으로써 모세가 지금부터 선포할 율법(6:1)은 그가 시내 산에서 백성들을 대표해서 받은 것(cf. 5:31〔히 5:29〕)과 동일한 것임을 강조한다(Tigay). 이 섹션은 5장과의 연결성을 유지하면서 동시에 다음 섹션을 예비하는 두 가지 기능을 동시에 담당하고 있는 것이다.

모세는 율법을 "명령과 규례와 법도"(הַמִּצְוָה הַחֻקִּים וְהַמִּשְׁפָּטִים)라고 부르는데(1절), 이렇게 율법을 한꺼번에 세 가지로 묘사하는 것은 매우 독특하며 이는 특별한 의미를 지닌다. 신명기에서 "명령"(מִצְוָה)은 43차례, "규례"(חֻקִּים)는 21차례, "법도"(מִשְׁפָּטִים)는 37차례 사용된다. 그러나 이 세 단어가 함께 사용되는 것은 네 번밖에 되지 않는다(5:31; 6:1; 7:11; 26:17). 이중 처음 세 구절(5:31; 6:1; 7:11)에서는 이 단어들이 본문에서의 순서와 같이 사용된다. 마지막 구절(26:17)에서는 처음 두 단어가 위치를 바꾸어 "규례와 명령과 법도"로 사용된다. 대부분 학자들은 본문에서 "명령"(מִצְוָה)은 하나님이 지시하신 모든 율법을 상징하며 이 율법에 언약적인 충성을 요구하는 것으로 해석한다(Christensen; Ridderbos; Weinfeld; Craigie). 그러므로 이 "명령"은 주님만을 순종하고 의지하여 하나님을 사랑하는 실제적인 예를 보여주라는 권면이다(Grisanti).

신명기에서 "규례"(חֻקִּים)와 "법도"(מִשְׁפָּטִים)는 쌍(word-pair)으로 14차례 등장한다(4:1, 5, 8, 14, 45; 5:1, 31; 6:1, 20; 7:11; 11:32; 12:1; 26:16-17). 이 단어들은 율법의 요구를 의미하는 전문적인 개념이다. 유태인들은 "규례"(חֻקִּים)는 법의 취지가 명확하게 드러나지 않는 율법을, "법도"는 취지가 분명하여 하나님이 명령하지 않으셨어도 사람이 지켜야 할 율법을 의미하는 것으로 해석했다(Tigay). 그러므로 부정과 정결에 관한 율법은 규례며, 살인하지 말라는 율법은 법도가 된다. 모세는 본문에서 이 세 가지를 한꺼번에 사용함으로써 이스라엘이 율법의 한 획도 등한시하는 일이 없도록 하고자 한다.

모세는 2절에서 율법을 가르치고 선포하는 두 가지 목적을 밝힌다. 첫째, 이스라엘이 들은 율법에 따라 행동하도록 하기 위함이다. 율법은 듣고 즐기라고 주어진 것이 아니다. 율법은 삶의 지침이요 세상을 판단하는 기준이다. 그러므로 율법을 듣는다는 것은 곧 그 율법의 기준에 따라 살아가야 할 책임을 동반한다. 둘째, 율법은 주의 백성들로 하여금 하나님을 경외하도록 하는 것이 목적이다. 하나님의 영광과 성품을 반영한 율법이 요구하는 높은 윤리적 기준, 고상한 가치관, 종교적 요구 등은 이 세상에 사는 사람들이 쉽게 행동으로 옮길 수 있는 것들이 아니다. 그러므로 율법을 알아갈수록 높은 윤리적 삶을 요구하시는 하나님의 거룩하심과 이 기준대로 살지 못했을 때 임할 수 있는 징벌을 생각하면 율법의 창시자이신 하나님을 더욱더 경외할 수밖에 없다.

모세가 백성들에게 율법을 선포하는 것은 그들에게 도덕적이고 의로운 삶을 살게 하기 위함만은 아니다. 율법의 윤리적 기준이 높기는 하지만, 그 기준에 따라 살려고 순종하고 열심히 노력하면 하나님이 이미 선조들에게 여러 차례 약속하신 것처럼 그들의 삶을 풍요와 번성으로 채우실 것이다(3절). "이 모든 말을 듣고 성심껏 지키면, 주 당신들 조상의 하나님이 당신들에게 약속하신 대로, 젖과 꿀이 흐르는 땅에서 당신들이 잘 되고 크게 번성할 것이다."(새번역) 율법대로 산다는 것은 곧 하나님의 축복을 누리며 약속의 땅에서 번성하고 오래오래 사는 것을 기대할 수 있게 하는 일이다. 이런 관점에서 생각해보면 율법은 결코 주의 백성을 짓누르는 짐이 아니다. 오히려 삶이 지니고 있는 가능성을 최대한 누리며 살 수 있도록 하는 축복의 통로다. 약속과 명령은 하나로 묶여 있다(McConville).

"젖과 꿀이 흐르는 땅"(3절)은 다산과 풍요를 상징할 뿐만 아니라 우가릿(Ugarit) 신화에서는 바알이 죽음을 통해서 이루어 내는 업적이다(Stern). 모세는 가나안 땅을 묘사하면서 이 표현을 자주 사용한다. 모세는 이스라엘에 풍요를 주시는 이는 하나님이시지 결코 죽은 바알이 아니라는 사실을 강조함으로써 바알 종교에 대한 일종의 격렬한 논쟁(polemic)을 펼쳐나가고 있다(Grisanti; Stern). 또한 젖(חָלָב)은 인간의 수고가 일구어 낸 열매이며, 꿀(דְּבַשׁ)은 자연이 주는 선물임을 감안할 때, 이 두 가지는 약속의 땅이 이스라엘에게 안겨줄 수 있는 풍성한 축복의 상징이다(Merrill). 젖과 꿀이 흐르는 약속의 땅은 이스라엘이 지난 40년을 배회했던 광야와 극적인 대조를 이루는 땅이다(Block).

II. 두 번째 스피치: 여호와의 율법(4:44-29:1[28:69])
2장. 율법의 전반적인 내용(5:1-11:32)

2. 하나님 사랑과 삶(6:4-25)

모세는 주의 백성이 이 땅에서 하나님을 사랑한다는 것이 무엇을 의미하는지 설명한다. 일상에서 오직 여호와만을 바라보며 그분의 말씀을 깊이 묵상하고 실천하면서 사는 것이 바로 하나님을 사랑하는 것이다. 모세는 신앙이라는 것은 한 세대에서 끝나는 것이 아니라, 다음 세대에도 전수되어야 한다고 주장한다. 또한 신앙을 전수하는 가장 좋은 방법은 부모가 자식들과 함께 말씀을 강론하고, 부모가 먼저 말씀대로 살아감으로써 자녀들에게 모범(role model)이 되는 것이라 한다. 이러한 가르침을 담고 있는 본 텍스트는 다음과 같이 구분될 수 있다.

A. 대계명(6:4-9)
  B. 풍요와 망각(6:10-15)
  B'. 과거를 거울삼아(6:16-19)
A'. 신앙 유산(6:20-25)

II. 두 번째 스피치: 여호와의 율법(4:44-29:1[28:69])
2장. 율법의 전반적인 내용(5:1-11:32)
2. 하나님 사랑과 삶(6:4-25)

(1) 대계명(6:4-9)

4 이스라엘아 들으라 우리 하나님 여호와는 오직 유일한 여호와이시니 5 너는 마음을 다하고 뜻을 다하고 힘을 다하여 네 하나님 여호와를 사랑하라 6 오늘 내가 네게 명하는 이 말씀을 너는 마음에 새기고 7 네 자녀에게 부지런히 가르치며 집에 앉았을 때에든지 길을 갈 때에든지 누워 있을 때에든지 일어날 때에든지 이 말씀을 강론할 것이며 8 너는 또 그것을 네 손목에 매어 기호를 삼으며 네 미간에 붙여 표로 삼고 9 또 네 집 문설주와 바깥 문에 기록할지니라

전통적으로 유대인들은 4-9절을 쉐마(שְׁמַע, Shema)라는 이름으로 특별하게 여겨왔다. 이 쉐마는 이스라엘 종교의 가장 밑바탕이 되는 하나님에 대한 진리 선언과 주의 백성들의 가장 기본적인 의무를 정의하는 것으로(Driver; Wright), 일종의 고백(creed)이라고 할 수 있다(Block). 전통적 유태인들은 매일 이 쉐마를 두 차례 읽으며 고백했다(Josephus; cf. Lundbom). 여호와 종교의 가장 기본적인 진리는 여호와 하나님은 한 분이시라는 점이며(4절), 주의 백성들의 기본적인 의무는 모든 것을 다하여 한 분이신 하나님을 사랑하는 것이다(5절).

훗날 예수님도 이 두 가지를 율법과 선지자(viz., 구약)의 골자라고 지적하셨다(막 12:29-30; cf. 마 22:37; 눅 10:27). 6-9절은 이 두 가지 진리가 율법과 어떻게 연관되어 있으며, 주의 백성들에게 얼마나 중요한가에 대해 설명한다. 이 말씀이 유태인들에게 얼마나 중요했는가는 그들이 매일 드리던 예배가 이 말씀을 중심으로 진행되었다는 점에서 짐작할 수 있다(Tigay). 오늘날도 보수 유태인들은 매일 두 차례씩 쉐마를 낭독한다(Block).

모세는 바로 전(前) 장에서 구약 율법의 핵심이라고 할 수 있는 십계명을 듣고 숨을 고르고 있던 이스라엘 사람들을 다시 긴장시킨다: "이스라엘아 들어라!"(שְׁמַע יִשְׂרָאֵל, 4절; cf. 5:1). 이 문구는 무언가 매우 중요한 선포를 할 때 사람들의 집중력을 요구하며 사용되는 말로, 지혜 문헌에서 아버지가 아들을 훈계하기 위하여 집중을 요구하는 말과 비슷하다(cf. 잠 1:8). 또한 이스라엘은 하나님의 말씀을 들으라고 부르심을 받은 자들이라는 점을 지속적으로 상기시키는 표현이기도 하다(Wright).

믿음 공동체는 하나님의 말씀을 함께 듣기 위하여 모인 집단이다. 종종 주변에서 기독교를 사적화(privatization) 하려는 사람들을 본다. 하나님에 대한 진리와 계시는 각 사람의 사적인 체험만을 통해 의미가 있는 것이라고 주장하는 사람들이다. 즉, 신앙은 개인적인(personal) 것이지, 강요적/제안적인(propositional) 것이 아니라는 것이다. 잘못된 시각이다. 본문은 우리의 신앙에는 분명 강요적인 요소가 있다는 점을 명시하고 있다.

모세는 백성들에게 자신이 지금부터 하는 말을 잘 들으라고 권고한다. 십계명 이후로 무엇이 그렇게 중요하단 말인가? 모세가 긴장한 이스라엘 사람들에게 선포한 것은 매우 단순하고 당연한 진리로 보인다: "우리 하나님 여호와는 유일한 여호와시다"(4절). 이 말씀은 히브리어 문장(יְהוָה אֱלֹהֵינוּ יְהוָה אֶחָד)을 번역해 놓은 것인데, 이 문장을 어떻게 이해하고 번역해야 하는가에 대하여 학자들 사이에 논란이 끊이지 않고 있다. 히브리어로 이렇게 구성된 문장은 이곳이 유일하기 때문이다(Grisanti). 문자적으로 번역하면 "여호와 우리 하나님 여호와는 하나"(LORD our God the LORD one)이다.

이 문장에서 이슈가 되는 것은 마지막 단어(אֶחָד)를 형용사로 간주하여 "하나"(one)로 이해할 것인가, 아니면 부사로 간주하여 "홀로"(alone)로 해석할 것인가이다. 이 문장에 대하여 최소한 네 가지의 가능한 해석이 있다. (1) "여호와는 우리 하나님이시다, 여호와 홀로 〔우리 하나님이시다〕"(The LORD is our God, the LORD is alone), (2) "여호와 우리 하나님, 여호와는 한 분이시다"(The LORD our God, the LORD is one), (3) "여호와가 우리 하나님이시다, 여호와는 한 분이시다"(The LORD is our God, the LORD is one), (4) "여호와 우리 하나님은 한 여호와이시다"(The LORD our God is one LORD)(McConville; cf. Wright).[17] 이 문장을 어떻게 해석하느냐는 곧 이 문장이 하나님은 여럿이 아니라 한 분이라는 것, 하나님은 변함없이 꾸준하시다는 것, 하나님은 비교할 만한 상대가 없다는 것, 혹은 이스라엘은 오직 여호와만을 섬겨야 한다는 것 등 최소한 네 가지의 다른 의미가 될 수 있다(cf. Grisanti).

이 문장이 유일신주의를 포인트로 삼고 있는가, 아니면 이스라엘과 하나님 사이에 형성된 언약적 관계를 강조하고자 하는가에 대한 석의

---

17 런드봄(Lundbom)은 여덟 가지 가능한 해석을 제시한다.

자의 관점도 해석의 중요한 요소 중 하나다(Lundbom; cf. Wright). 5장에 제시된 십계명이 오직 여호와만 섬길 것을 요구하고, 7장이 이스라엘과 여호와의 언약이 다른 신들을 전적으로 배척하는 문맥에서 본문이 등장하는 점을 감안하면, 이 문장이 강조하고자 하는 것은 유일신 사상이 아니라, 이스라엘과 여호와 사이에 그 어떠한 신(들)도 용납해서는 안 된다는 언약적 충성을 배경으로 해석하는 것이 바람직하다(Block; Moran; Moberly; Grisanti).

유일신주의는 이스라엘 종교의 전제(前提)로서 이미 수없이 강조되었기 때문에 굳이 언약 관계를 부각시키고 있는 이곳에서 다시 강조할 필요는 없다. 그러나 이 언약 관계가 잘 유지되려면 이스라엘이 절대 다른 신에게 한눈을 팔아서는 안 된다는 점은 재차 강조할 필요가 있다. 다른 민족들은 온갖 우상들을 숭배한다 할지라도, 하나님과 특별한 관계를 맺은 이스라엘은 오직 하나님만 섬겨야 한다는 점을 강조하고자 한다. 그러므로 "אֶחָד"를 "홀로"(alone)라는 의미의 부사로 해석하는 것이 바람직하다(Tigay; cf. 슥 14:9). 하나님의 언약 백성은 오직 하나님만 경외하며 섬기고, 하나님의 이름으로만 맹세해야 하는 것이다. 이 말씀이 하나님의 의지와 계획의 불변성과 통일성을 강조하는 것이라는 해석도 가능하며(cf. Wright), "하나"(One)를 하나님의 성호로 간주하는 학자도 있다(Gordon).

오직 여호와만을 한 분이신 하나님으로 고백하고 산다는 것이 삶에서는 무엇을 뜻하는 것일까? 모세는 곧 "마음을 다하고 뜻을 다하고 힘을 다하여 네 하나님 여호와를 사랑하는 것"이라고 한다(5절). 마음(לֵבָב)과 뜻(נֶפֶשׁ)과 힘(מְאֹד) 등 세 단어가 함께 사용되는 것은 신명기에서는 이곳이 유일하며, 구약에서 한 곳이 더 있다. 열왕기하 23:25은 요시야 왕의 개혁을 돌아보면서, 그는 "마음을 다하며 뜻을 다하며 힘을 다하여 모세의 모든 율법을 따라 여호와께로 돌이킨 왕"이라고 평가한다. "마음과 뜻"은 신명기에서 자주 사용되는 한 쌍이며(4:29; 10:12;

11:13; 13:3; 26:16; 30:2, 6, 10) 사람의 모든 것을 뜻하는 총체적인 표현이다 (Grisanti). "마음을 다하여"(בְּכָל־לְבָבְךָ)에서의 마음(לֵבָב)은 대체로 신체의 내적 장기를 뜻하는 것으로, 유태인들은 이곳에서 사람의 생각, 의지, 계획 등이 결정된다고 생각했으며(Tigay) 사람의 도덕성이 여기에서 결정된다고 믿었다(Wright). 이 말씀은 우리의 모든 생각, 의지, 느낌까지 다하여 하나님을 사랑하라고 권면한다.

"뜻을 다하여"(בְּכָל־נַפְשְׁךָ)에서 뜻(נֶפֶשׁ)은 짐승과 사람 등 살아 있는 생명을 의미하며 사용되는데(창 1:20, 24; 2:7; 레 17:11, 14), 유태인들은 사람들의 감정, 열정, 욕구와 인격이 이것에서 비롯된다고 생각했다(Tigay; Wright). 우리의 모든 열정과 욕망을 통해서도 하나님을 사랑하라고 강조하고 있다. 마치 하나님을 사랑하지 않으면 죽을 것 같은 심정으로 말이다. "힘을 다하여"(בְּכָל־מְאֹדֶךָ)에서 힘(מְאֹד)은 성경의 다른 곳에서는 "매우, 많이"라는 뜻으로만 사용되는 부사다. 본문에서는 이 단어가 하나님을 얼마나 많이 사랑해야 하는가를 강조하며 사용된다. 하나님 사랑하기를 우리의 모든 것을 아끼지 않고 할 것이며, 온 힘(매우 많이)을 다해 할 것을 명령한다(Wright). 한 주석가는 이 세 개념의 관계를 다음 다이어그램으로 정리한다(Block).

이처럼 우리의 모든 것을 다하여 하나님을 사랑하는(אהב) 것이 바로 언약 백성의 의무이자 사명이다. 그동안 오경의 다른 책들은 하나님을 경외할 것을 권고해 왔다. 신명기는 오경에 관한 책들 중 처음으로 하나님을 사랑하라고 명령한다(Tigay). 실제적으로 신명기 전체는 전심으로 하나님을 사랑하는 것이 무엇을 의미하는가에 대한 설명이라 할 수 있다(Nicholson; Craigie). 하나님을 사랑한다는 것은 감정적인 애착으로 끝나는 것이 아니라, 행동으로 주님을 향한 사랑을 실천하는 것이다.

랍비들은 이 세 문구가 삶에 적용할 세 가지 지침을 제시하는 것으로 해석했다(Tigay). 첫째, 마음(לֵבָב)이 종종 '계획/의도'를 뜻하는 점에 착안하여 온 마음을 다한다는 것은 우리가 지닌 경향/성향(inclination)이 긍정적이든 부정적이든 간에 그 성향이 모두 하나님을 섬기는 데 사용되어야 한다는 지침이라 풀이했다. 둘째, 뜻(נֶפֶשׁ)이 흔히 '생명'을 뜻하기도 한다는 점을 근거로 뜻을 다한다는 것은 하나님을 사랑하다가 생명을 잃는 한이 있어도 그렇게 하라는 지침으로 간주했다. 셋째, 힘(מְאֹד)이 종종 '재산/재물'을 뜻한다는 사실을 바탕으로 온 힘을 다한다는 것은 곧 재물과 소유물을 다 사용해서 하나님을 사랑하는 것으로 이해했다. 오늘날 싸구려 은혜에 익숙해져 있는 그리스도인들에게 신선한 도전이 되는 해석이다.

주의 백성이 자신들이 섬기는 신은 여호와 하나님 한 분이라고 고백하며, 그 고백에 걸맞게 온 마음, 뜻, 그리고 힘을 다하여 그분만을 사랑하는 것이 지적(知的)인 수준에만 머문다면 그들의 고백은 위선일 수밖에 없다. 그러므로 저자는 하나님에 대한 이스라엘의 충성적인 사랑이 그들의 삶에서 어떻게 나타나야 하는가에 대하여 6-9절을 통해 설명한다. 모세는 매우 강력하고 인상적인 동사들을 연속적으로 사용하며 이점을 강조한다. "마음에 새기다"(הָיוּ עַל־לְבָבֶךָ); "가르치다/반복하다"(שִׁנַּנְתָּם); "말하다"(דִבַּרְתָּ); "매다"(קְשַׁרְתָּם); "쓰다/기록하다"(כְתַבְתָּם). 하나님의 말씀이 주의 백성들에게 개인적으로(손과 이마에), 가족적으로(집 문설주), 그리고 사회적으로(대문) 영향을 미치도록 해야 한다(Wright). 한 마디로 말하면 하나님의 말씀이 주의 백성의 삶의 모든 영역을 침투하여 영향력을 행사하도록 해야 하는 것이다(Craigie).

첫째, 하나님의 말씀을 각자의 마음에 새겨야 한다(6절). 하나님의 명령과 규례를 마음(לֵבָב)에 새겨야 한다는 것은 말씀에 대한 순종은 마음에서부터 시작되어야 한다는 뜻이다(McConville). 억지로, 마지못해서 가이드라인을 준수하는 것이 하나님이 원하시는 순종이 아니라, 마음 속 깊은 곳에서부터 우러난 경외와 말씀대로 살려는 열망이 출발점이 되어야 한다. 이런 동기에서 순종하면, 말씀대로 살아가는 것이 훨씬 쉽고 오래갈 뿐만 아니라 즐겁기까지 할 것이다.

둘째, 자녀들에게 말씀을 열심히 가르쳐야 한다(7절). 모압 평지에서 모세의 설교를 듣고 있는 이스라엘 사람들만이 하나님이 주신 율법과 규례에 따라 살아가야 하는 언약 백성이 아니다. 그들 옆에 앉아 있는 어린 자녀들도, 심지어 아직 태어나지 않은 그들의 후손들도 이 언약 공동체의 멤버들이다. 그러므로 신앙생활을 잘 하고 있는 기성 세대는 다음 세대들도 자신들처럼 하나님의 말씀에 따라 잘 살 수 있도록 율법과 규례를 잘 가르칠 의무가 있다. 언약 백성의 정체성이 자손 대대로 지속되어야 하기 때문이다.

모세는 이러한 의무의 중요성을 강조하기 위하여 열심히 "가르치라"(שׁנן)고 하는데 이 단어의 기본적인 의미는 〔각인이 될 때까지〕 반복하라는 뜻이다(HALOT). 반복적으로 외우는 것은 필기도구가 귀했던 옛날이나 매우 흔한 지금이나 가장 좋은 교육 방법 중 하나다. 언약 백성은 자녀들에게 말씀을 "집에 앉아 있을 때나 길을 갈 때나, 누워 있을 때나 일어나 있을 때나, 언제든지" 가르쳐야 한다. 저자는 이 표현에서 두 쌍의 반대되는 동사들을 사용하고 있다. "앉다"(sit), "가다"(walk). "눕다"(lie down), "일어나다"(get up). 이처럼 반대되는 단어들이 쌍으로 사용될 때에는 이 두 행동(action) 사이의 모든 것을 포함한 총체성을 상징한다(Michelson). 그러므로 이 말씀을 한 유행가의 가사에 빗대자면 "앉으나 서나 말씀 생각"만 해야 하며 "말씀에 취하라"는 권면이다.

세대 간의 대화가 거의 단절되다시피 하며 살아가는 한국 그리스도인들에게 세대 간 믿음 유산의 전승이 얼마나 중요하고, 하나님이 원하시는 일인가를 생각하게 하는 말씀이다. 자식들의 신앙 교육과 믿음의 유산을 그들에게 남겨 주는 일에 있어서 우리는 하나님 앞에 부끄러움이 없어야 한다.

셋째, 각 개인이 말씀의 흔적으로 가득한 삶을 살아야 한다(8절). 주의 백성이 하나님의 말씀을 다음 세대에게 전수하고 가르치는 것은 매우 중요한 일이지만, 그들의 책임은 다음 세대를 말씀으로 훈련하는 일에 그치지 않는다. 언약 백성의 더 크고 기본적인 의무는 자신들의 삶이 하나님 말씀의 흔적으로 가득하게 하는 일이다. "그것을 손에 매어 표로 삼고, 이마에 붙여 기호로 삼아라."

출애굽기 13:16에서 기호(אוֹת)와 표(טוֹטָפוֹת)는 이집트의 장자를 모두 죽이신 밤에 이스라엘의 장자는 살려 주시며, 사람을 포함한 모든 첫 열매를 하나님께 드리는 일이 그들에게 표와 기호가 되어야 한다는 정황에서 사용되었다. 억압 속에 죽을 수밖에 없는 자들을 구원하신 하나님이 그 구원의 흔적이 백성들의 삶에 역력하게 드러나기를 원하시는 것이다. 본문은 또한 말씀의 흔적이 주의 백성의 손과 이마에 있어야 한다고 하는데(8절), 손(יָד)은 행동을, 미간(בֵּין עֵינֶיךָ; lit., "네 두 눈 사이")이 있는 머리는 자세/태도를 상징한다(Grisanti). 하나님의 백성의 행동과 생각은 온전히 하나님의 지배를 받아야 한다는 뜻이다.

오늘날 대부분 주석가들이 이 말씀을 은유(metaphor)로 이해한다. 우리가 흔히 사용하는 말을 빌리자면 그리스도의 구원의 흔적(본문의 경우 하나님의 규례와 계명)이 우리의 사고와 행동에 역력하게 드러나야 한다. 실제로 가장 효과적인 교육은 교육자가 학생 앞에서 자신이 가르치고자 하는 내용을 자신의 삶에 적용하여 산교육의 모범이 되는 것이 아닐까! 하나님의 말씀이 사역자의 삶을 지배할 때, 그 사역자의 삶은 가장 설득력 있는 한 편의 설교가 되는 것이다. 유태인들은 이 말씀을 문자적으로 해석하여 일부 계명을 양피지에 기록한 것을 접어서 테필린(tefillin)이라는 작은 가죽 쌈지에 담아 이마와 팔에 달고 다녔다(Tigay).

한글 번역 성경은 이 테필린을 "경문 띠/곽"이라고 한다(마 23:5).

넷째, 온 가정과 그 가정이 속한 공동체가 말씀의 영향력 아래 있도록 해야 한다(9절): "집 문설주와 대문에도 써서 붙여라." 이 말씀은 6-8절에 선포된 내용의 총체적인 요약이기도 하다. 문설주(מְזוּזָה)는 집의 입구에 있는 것으로서 가정의 한계/범위를 표시하는 곳이기도 하다. 그러므로 문설주에 말씀을 새겨 놓으면 집에 들어올 때나 나갈 때에 그 말씀을 접하게 된다. 집에 들어올 때와 나갈 때에 기도하는 마음으로 말씀을 묵상하고 적용하라, 즉 온 집안을 말씀의 영향력 아래 두라는 권면이다. 주의 백성들이 세상 사람들에게 복음의 능력을 보여줄 수 있는 가장 손쉽고 설득력 있는 방법은 하나님의 말씀이 가족들의 삶의 모든 영역에 영향을 주는 행복한 가정을 보여주는 일이다. 유태인들은 이 말씀을 문자적으로 받아들여 양피지에 말씀을 기록한 것을 메주자(mezuzah)라는 쌈지에 담아 문설주에 매달았다. '메주자'(mezuzah)는 문설주라는 히브리어 단어(מְזוּזָה)를 음역한 것이다. 유태인들의 전통에 의하면 메주자는 신명기 6:4-9와 11:13-21을 스물 두 줄에 기록했다고 한다(EncJud). 사해에서 발굴된 쿰란 공동체 유물 중에는 신명기 10:12-11:21을 기록한 양피지를 담은 메주자가 있다(Craigie).

이스라엘의 집들은 거의 모두 대문(שַׁעַר)을 지니지 않았다. 그러므로 여기서 대문이라 함은 성문(城門)을 뜻하는 것으로 해석되어야 한다(Tigay; Grisanti). 고대 근동의 성문은 성안으로 들어가는 출입구였을 뿐만 아니라 주변에 길고 높은 지붕으로 연결된 복도들과 방들을 지니고 있었으며 성을 형성하고 사는 공동체의 거의 모든 행정 업무가 진행되는 곳이었다. 왕, 재판관, 상인들, 유지 등이 이곳에서 자신들의 고유 업무를 수행했다. 이런 성문에 말씀을 새겨 놓으면 성과 주변에 사는 모든 사람이 볼 수 있다.

대문에 말씀을 새기라는 것은 "집에 머무는 사람이나 외출하는 사람, 성에 사는 거주민이거나 방문 중인 사람들이 동일하게 새겨진 말씀을 보고 자신들이 해야 할 말과 행동을 지속적으로, 영원히 기억하게 하기 위해서다"(Philo). 자식들을 말씀으로 가르치라는 권면이 자신들이 먼저 본이 되라는 명령, 온 집안을 말씀 아래 두라는 지시, 드디어는 온 공동체가 하나님의 말씀에 의하여 운영되도록 하라는 호소로 이어지고 있다. 점차로 말씀의 범위가 확대되고 있는 것이다. 자녀들→부모들→온 집안→온 공동체.

교회는 믿음의 가정들이 모여서 이루는 공동체다. 그러므로 교회는 하나님의 영광을 반영하는 공의와 정의에 입각한 원리에 의하여 운영되어야 하며 "하나님의 말씀 아래 있는 공동체는 이런 곳이다"라는 점을 온 세상에 보여 주어야 한다. 즉, 교회는 이 세상에서 하나님의 말씀이 지배하는 천국의 한 예가 되어야 하는 사명을 가지고 있다. 본문의 의미를 문자적으로 받아들여 메주자와 테필린(경문 곽)을 만들어 이 계명을 실천하는 유태인들을 비난만 할 것이 아니라(cf. 마 23:5), 그들보다 본문의 의도를 더 잘 알고 있다고 자부하는 우리가 본문의 의도에 따라 사는 삶을 사는 것이 더 중요하다(Wright).

Ⅱ. 두 번째 스피치: 여호와의 율법(4:44–29:1[28:69])
2장. 율법의 전반적인 내용(5:1–11:32)
2. 하나님 사랑과 삶(6:4–25)

(2) 풍요와 망각(6:10-15)

10 네 하나님 여호와께서 네 조상 아브라함과 이삭과 야곱을 향하여 네게 주리라
맹세하신 땅으로 너를 들어가게 하시고 네가 건축하지 아니한 크고 아름다운 성
읍을 얻게 하시며 11 네가 채우지 아니한 아름다운 물건이 가득한 집을 얻게 하시
며 네가 파지 아니한 우물을 차지하게 하시며 네가 심지 아니한 포도원과 감람나
무를 차지하게 하사 네게 배불리 먹게 하실 때에 12 너는 조심하여 너를 애굽 땅
종 되었던 집에서 인도하여 내신 여호와를 잊지 말고 13 네 하나님 여호와를 경외
하며 그를 섬기며 그의 이름으로 맹세할 것이니라 14 너희는 다른 신들 곧 네 사면

에 있는 백성의 신들을 따르지 말라 [15] 너희 중에 계신 너희의 하나님 여호와는 질투하시는 하나님이신즉 너희의 하나님 여호와께서 네게 진노하사 너를 지면에서 멸절시키실까 두려워하노라

이스라엘은 머지않아 하나님이 말씀하신 대로 요단 강을 건너 약속의 땅에 정착하게 될 것이다. 그 땅은 매우 풍요로운 땅이다. 그러므로 이스라엘은 그 땅에서 많은 것을 누리게 될 것이다. 다만 문제는 혹시라도 그들이 누리게 될 풍요로움이 하나님의 이름을 기억 속에 묻어버릴까 하는 우려다. 그들이 누리게 될 물질적인 풍요로움은 정녕 하나님의 축복이지만, 그 축복이 경우에 따라서는 사람들에게 하나님으로부터 멀어지게 하는 저주가 될 수도 있기 때문이다.

오늘날도 많은 성도들이 하나님의 축복을 간구하는데, 정작 축복을 받고 나면 언제 간구했냐며 그 복을 내려 주신 자를 망각하는 사람들이 얼마나 많은가! 그러므로 저자는 이스라엘에게 풍요로움이 가져오는 덫에 걸리지 않도록 하라고 권면한다. 어떻게 하면 복을 누리는 자들이 복을 주신 분을 잊지 않을 수 있을까? 모세는 그 비법을 간단하게 두 가지로 말한다. (1) 하나님을 경외하고, (2) 그분만을 섬기라(13절).

이스라엘이 곧 차지하게 될 가나안 땅은 매우 풍요로운 땅이다. 성경은 누누이 이 땅을 "젖과 꿀이 흐르는 땅"으로 묘사해 왔다. 그러므로 본문이 요단 강 서편 땅을 풍요로운 땅으로 묘사하는 것은 별로 새로운 일이 아니다. 다만 새로운 사실은 이스라엘이 그 땅을 차지하면 개간할 필요가 없고, 성읍이나 집을 지을 필요도, 우물을 팔 필요도, 심지어 포도원이나 올리브 농장을 만들 필요가 없다는 사실이다. 이스라엘이 이 모든 것을 덤으로 얻게 될 것이기 때문이다.

많은 사람들이 이스라엘이 가나안을 정복하는 과정에서 그 땅을 초토화시킨 것으로 착각하는데, 실제로 여호수아서를 보면 초토화된 곳은 여리고, 아이, 하솔 등에 불과하다. 주민들만 죽이거나 몰아내고 그들의 집과 재산을 차지한 것이 정복의 전쟁의 대부분이었다. 본문과 19:1 등은 이러한 사실을 미리 예고한다. "거기에는 당신들이 세우지 않은 크고 아름다운 성읍들이 있고, 당신들이 채우지 않았지만 온갖 좋은 것으로 가득 찬 집이 있고, 당신들이 파지 않았지만 이미 파놓은 우물이 있고, 당신들이 심지 않았지만 이미 가꾸어 놓은 포도원과 올리브 밭이 있으니, 당신들은 거기에서 마음껏 먹게 될 것이다"(10b-12절, 새번역).

이스라엘은 자신들이 얻기 위해 노력하지 않아도 되는 하나님의 축복을 경험할 것이다. 이들이 또 하나 기억해야 하는 것은 이 축복이 그들에게 임하기는 하지만, 축복의 이유가 그들에게 있지 않고, 그들의 조상에게 있다는 사실이다(10절). 이스라엘이 이런 축복을 누리게 된 것은 하나님이 오래 전에 그들의 선조들과 약속하신 것을 지키셨기 때문이다. 모세의 권면을 듣고 있는 세대에게는 더욱더 조상에게 감사하고 겸손해야 할 필요가 있다.

가나안 정복을 눈앞에 둔 세대가 이와 같은 축복을 누리게 된 것은 결코 그들이 잘해서도 아니요, 그들의 조상이 잘해서도 아니다. 하나님이 일방적으로 그들의 조상에게 주신 약속 때문이다. 신앙이 세대 간에 전수된다는 것은 이처럼 아름답고 복된 일이다. 하나님은 한 번 하신 약속은 수천 년이 지나도 꼭 이루시는 분이기 때문이다. 또한 많은 경우 현세대의 신실함으로 인해 내려질 하나님의 축복이 다음 세대에 내려지는 것이 신앙이다. 그러므로 오늘 이 순간 우리가 다음 세대를 위하여 할 수 있는 최선은, 곧 우리가 이 순간에 하나님 앞에 바로 서는 것이다.

이스라엘이 누리게 될 풍요로움은 좋은 것이며 하나님의 축복이다. 그러나 저자는 그들이 누릴 축복이 올무가 되어 그들의 발목을 잡지 않을까 염려한다(12절). 어떻게 하나님이 내려주신 풍요로움이 오히려 주의 백성이 하나님을 멀리하게 하는 계기로 변질될 수 있단 말인가? 재물과 풍요로움에 대한 올바른 가치관과 사리판단이 서지 않으면 사람의 마음은 교만과 어리석음으로 가득 차 하나님만을 의지하고 바라는 일을 잊어버릴 수 있다(cf. 신 8:12-14; 11:14-16; 31:20; 32:15; 잠 30:8-9). 아담이 타락한 후 인간은 때로는 자신도 어찌할 수 없는 도덕적 부패를 지니고 있다. 그러므로 모세는 이스라엘이 가나안 땅에 들어가 많은 풍요로움을 누리더라도 이집트에서 그들을 구원해 내신 하나님을 잊지 말라고 권면한다(12절). 하나님의 축복은 좋은 것이지만, 절제되지 않고 무책임한 자에게는 오히려 해가 될 수 있다.

이스라엘은 오직 하나님만을 경외하며, 하나님만을 섬기며, 하나님의 이름으로만 맹세해야 한다(13절). 이것만이 복을 누리는 자들이 복 주신 이를 잊지 않는 비법이다. 하나님을 경외하는 것(ירא)은 예배의 가장 기본적인 행위다(cf. 4:10). 하나님을 섬긴다(עבד)는 것은 오직 그분만 경배하고 순종한다는 것을 뜻한다(Tigay). 하나님의 이름으로만 맹세한다(שבע)는 것은 이스라엘과 언약을 세운 신은 여호와이기에 오직 여호와에게만 충성할 것을 다짐한다는 것이며(Craigie), 여호와 하나님을 온 세상의 절대적인 권위자로 인정하고 고백한다는 뜻이다(Wright). 그러므로 이 세 개념은 모두 신앙적인 열심을 강조한다(McConville).

이스라엘은 전적으로(totally), 독점적으로 (exclusively), 어떠한 망설임도 없이 이 세상에 대한 하나님의 계획에 헌신해야 한다(Brueggemann). 문제는 이스라엘이 세상의 흐름과 가치관에 자꾸 익숙해지려 할 뿐 이렇게 살지 못했다는 사실이다. 하나님의 말씀과 기준이 존중되지 않는 이 세상에서 믿음은 우리에게 연어가 물을 거슬러 올라가듯 세상의 흐름과 가치관에 역행하라 한다.

그런데 풍요로움과 이방 신들 사이에 어떤 관계가 있기에 모세는 이스라엘이 풍요로움 때문에 하나님을 떠나는 것뿐만 아니라 이방 신들을 숭배하는 일을 염려하는가?(cf. 14절) 가나안 지역 종교들의 가장 기본적인 성향은 다산(多産)과 풍요로움을 지향하는 것이었다. 그러므로 이스라엘이 자신의 풍요로움이 여호와의 은혜로움에서 비롯되었다는 사실을 망각하게 되면 그 풍요로움이 바알과 같은 이방 신들에게서 비롯되었다고 할 가능성이 매우 높다. 실제로 선지자들은 이와 같은 이스라엘 사람들의 망발에 대하여 누누이 지적한다(cf. 겔 16장).

여호와의 축복을 받고 그분을 잊는 것도 심각한 문제인데, 하물며 그 축복이 우상들에게서 왔다고 떠들어 댄다면 얼마나 기막힌 일인가! 그러나 이스라엘의 역사는 이런 기막힌 일로 얼룩져 있다. 그러므로 "질투하시는 하나님"(אֵל קַנָּא)이 이스라엘의 원수들에게 쏟으실 분노를 오히려 이스라엘에게 내리시는 것은 당연한 일이다(cf. 15절). 하나님이 내려 주신 축복이 잘못하면 저주가 될 뿐만 아니라, 심지어 하나님과의 특별하고 복된 관계가 오히려 재앙과 환란을 불러올 수 있다. 언약을 통해 하나님과 특별한 관계를 맺는다는 것이 바로 이런 것이다. 하나님의 축복은 막중한 책임감을 동반하는 것이다.

Ⅱ. 두 번째 스피치: 여호와의 율법(4:44-29:1[28:69])
2장. 율법의 전반적인 내용(5:1-11:32)
2. 하나님 사랑과 삶(6:4-25)

(3) 과거를 거울삼아(6:16-19)

16 너희가 맛사에서 시험한 것 같이 너희의 하나님 여호와를 시험하지 말고 17 너
희의 하나님 여호와께서 너희에게 명하신 명령과 증거와 규례를 삼가 지키며 18-19
여호와께서 보시기에 정직하고 선량한 일을 행하라 그리하면 네가 복을 받고 그 땅에 들어가서 여호와께서 모든 대적을 네 앞에서 쫓아내시겠다고 네 조상들에게 맹세하신 아름다운 땅을 차지하리니 여호와의 말씀과 같으니라

맛사와 연관된 이야기는 출애굽기 17:1-7에 기록되어 있다. 이스라엘이 신 광야에서 르비딤으로 가는 도중에 이곳에는 먹을 물이 없다며 모세를 원망하며 하나님을 시험했다. 심지어 이집트에 있었으면 더 좋았을 뻔했다며 하나님의 리더십에 문제를 제기했다(출 17:3). 맛사(מַסָּה; lit., 시험하는 곳)는 "시험하다"(נסה)라는 히브리어 동사에서 유래된 이름이다(출 17:7). 시험은 시험받는 자의 능력에 대하여 의문을 제기하는 일이다(McConville; Grisanti). 그러므로 모세가 여기서 맛사를 예로 언급하는 것은 적절하다. 훗날 예수님은 사탄이 성전 지붕에서 뛰어내리라고 시험하자 이 말씀을 인용하여 그를 책망하셨다(마 4:7; 눅 4:12). 예수님은 하나님의 능력을 전혀 의심하지 않았지만, 만일 하나님이 천사를 보내 뛰어내린 예수님을 받게 하시면 하나님의 능력과 주의 백성을 위한 그의 사랑이 하찮은 것이 될 수 있다는 것을 아셨기 때문이다(Merrill).

이스라엘은 그들의 선조들이 맛사에서 하나님의 능력에 의문을 제기했던 일을 교훈 삼아 가나안 땅에서는 결코 하나님을 시험하는 일(viz., 그분의 능력에 의문을 제기하는 일)은 삼가하여야 한다. 과거의 실수를 거울삼아 여호와는 이스라엘 선조들에게 약속하신 것에 따라 그들의 후손을 가나안 땅으로 인도하실 충분한 능력이 있는 분이시라는 사실을 믿어 의심하지 않아야 한다.

이스라엘이 약속의 땅에 입성하면 다시는 하나님을 시험하지 말라고 권면한 모세는 그들에게 하나님의 말씀에 전적으로 순종하고 잘 지킬 것을 당부한다(17절). 저자는 하나님을 시험하는 일(16절)과 순종하는 일(17절)을 대조함으로써, 하나님을 시험하는 일은 곧 불순종임을 강조한다(Tigay). 또한 말씀에 순종하여 여호와 앞에서 올바르고 선한 삶을 사는 것만이 이스라엘의 미래를 보장한다(18-19절).

"여호와 보시기에 올바르고 선한 일"(הַיָּשָׁר וְהַטּוֹב בְּעֵינֵי יְהוָה)은 하나님의 율법과 규례대로 살아가는 것을 뜻한다(출 15:26; 왕상 11:38; cf. 신 12:28). 이 말씀은 이스라엘이 하나님의 말씀에 순종해야만 가나안에 입성한다는 점을 강조하는 것이 아니다. 이스라엘은 순종 여부에 상관없이 가나안에 입성할 것이다. 이미 하나님이 그들의 선조들에게 약속하셨고, 이 일을 스스로 계획하셨기 때문이다. 본문이 주장하고자 하는 것은 이스라엘이 하나님을 믿고 신뢰하여 율법과 규례대로 행해야만 선조들에게 약속된 그 가나안 땅에 들어가 영구적으로 누리게 될 것이라는 사실이다(Wright). 또한 이 말씀은 만일 이스라엘이 가나안 땅을 완전히 정복하지 못하면 하나님이 무능해서가 아니라 주의 백성들이 말씀대로 살지 않아서, 혹은 그들이 하나님을 불신해서 일어나는 일이라는 점도 경고한다.

Ⅱ. 두 번째 스피치: 여호와의 율법(4:44-29:1[28:69])
2장. 율법의 전반적인 내용(5:1-11:32)
2. 하나님 사랑과 삶(6:4-25)

(4) 신앙 유산(6:20-25)

20 후일에 네 아들이 네게 묻기를 우리 하나님 여호와께서 명령하신 증거와 규례
와 법도가 무슨 뜻이냐 하거든 21 너는 네 아들에게 이르기를 우리가 옛적에 애굽
에서 바로의 종이 되었더니 여호와께서 권능의 손으로 우리를 애굽에서 인도하여
내셨나니 22 곧 여호와께서 우리의 목전에서 크고 두려운 이적과 기사를 애굽과
바로와 그의 온 집에 베푸시고 23 우리 조상들에게 맹세하신 땅을 우리에게 주어
들어가게 하시려고 우리를 거기서 인도하여 내시고 24 여호와께서 우리에게 이 모
든 규례를 지키라 명령하셨으니 이는 우리가 우리 하나님 여호와를 경외하여 항
상 복을 누리게 하기 위하심이며 또 여호와께서 우리를 오늘과 같이 살게 하려 하
심이라 25 우리가 그 명령하신 대로 이 모든 명령을 우리 하나님 여호와 앞에서 삼
가 지키면 그것이 곧 우리의 의로움이니라 할지니라

모세가 모압 평지에 모여 있는 사람들에게 선포하는 하나님의 규례와 법도는 오직 그들만을 위한 것이 아니다. 그들은 그것을 자손들에게 가르쳐 전수해 주어야 한다. 아들의 질문과 아버지의 답변 형식을 취하고 있는 본문은 신경적(信經的) 암송이며(creedal recital, von Rad), 유태인들의 유월절 전례서인 학가다(Haggadah)에서도 중요한 역할을 한다(Tigay). 신명기가 주의 백성들에게 하나님의 말씀을 아이들에게 가르치라는 명령을 지속적으로 강조하는 것은 어린 세대가 배제된 공동체는 위험에 노출되어 있기 때문이다(Brueggemann). 내용은 다음과 같이

정리될 수 있다(Craigie).

서론
1. 정황: 이집트 왕 바로의 노예로 있던 시절(21절)
역사 속에 계시된 하나님
2. 하나님의 사역: 출애굽 구원을 이루셨다(21절) 3. 하나님의 심판: 이집트 사람들을 치셨다(22절) 4. 하나님의 목적: 백성에게 약속의 땅을 주셨다(23절)
계시된 하나님 말씀
5. 하나님의 말씀: 주신 율법(24절) 6. 조건: 순종과 경외(24절)

문맥의 흐름을 살펴보면 "왜 우리가 하나님의 말씀과 법도를 지켜야 합니까?"라는 자녀의 질문(20절)에 부모는 "하나님께서 그렇게 하라고 명령하셨기 때문이다"(24절)라고만 대답해도 된다. 오늘날 많은 신앙인들이 자녀들의 질문에 이런 식으로 답하고 있다. 그런데 모세는 21-23절을 통해 하나님께서 이스라엘의 역사에서 하신 일을 회고함으로써 24절에 기록된 답을 준비시킨다. 부모는 자식들에게 강압적으로 율법을 지킬 것을 요구하지 말고, 왜 말씀대로 살아야 하는가에 대한 충분한 정황과 논리를 가지고 자식들을 설득시켜야 하는 것이다. 그렇지 않으면 말씀대로 살 것을 강요 받은 자식이 이집트 왕 바로처럼 "하나님이 누군데 내가 그의 말을 들어야 하느냐?"(출 5:2)라는 질문으로 반문할 수 있다(Wright).

본 텍스트가 강조하고자 하는 포인트는 여호와는 행동과 말씀으로 자신을 계시하셨다는 사실이다. 하나님은 말씀과 사역으로 이스라엘 백성들에 대한 사랑과 염려를 표현하셨다는 것이다(Craigie). 저자는 이스라엘이 이미 주어진 율법을 준수하면 그들의 미래가 밝을 것이라는 점을 강조함으로써(24절), 과거와 미래를 하나로 묶고 있다(McConville).

백성들의 하나님을 향한 경외와 순종은 그들의 의로움이 될 것이다(25절). 여기서 의로움(צְדָקָה)이 하나님 앞에 서는 것을 뜻하는가(McConville), 언약을 맺은 하나님과의 진실하고 인격적인 관계를 의미하는가(Craigie), 아니면 신용(credit)이나 업적(deed)이 쌓인다는 뜻인가(Tigay)는 확실하지 않지만 분명 좋은 일이다. 이미 저자가 수차례 강조했듯이 백성들의 의로움이 하나님의 구원을 얻어내는 것이 아니다. 선행된 하나님의 구원이 백성들이 의롭게 살도록 한다(Wright). 또한 이 섹션은 축복(구원)과 의로움은 결코 떨어질 수 없는 관계임을 확고히 하고 있다(McConville).

3. 선택의 축복과 요구(7:1-26)

가나안 사람들을 진멸하라는 명령을 담고 있는 본 장(章)은 성경에서 가장 논란이 되거나 자극적인 텍스트로 간주된다(Block). 그래서 교회 교부들은 이 명령을 실제가 아니라 풍유(allegory)로 해석하기도 했으며, 오늘날 일부 학자들은 유대교가 진화하지 못한 원시적인 면모를 보여주는 폭력적인 텍스트로 간주한다. 만일 가나안을 진멸하라는 말씀이 이곳에만 등장한다면 이런 해석도 가능하겠지만, 이것은 오경에서 꾸준히 반복되는 말씀이다. 또한 이 같은 사상은 이스라엘의 주변 국가에서도 흔히 발견되는 현상이었다(Block). 그러므로 비록 이러한 가르침이 원수까지도 사랑하라는 예수님의 가르침과 상반되는 것 같지만, 하나님의 말씀의 일부로 수용되어야 한다.

학자들은 7장의 기능과 목적에 대하여 다양한 해석을 내 놓았다. (1) 가나안 사람들과의 동맹 금지(Weinfeld), (2) 거룩하고 순종하는 행실 권면(Christensen), (3) 가나안 사람 진멸(Craigie; Merrill; Thompson; Tigay), (4)

약속을 지키시는 하나님의 신실하심(Hall). 그러나 이 모든 것을 묶을 수 있는 핵심 주제는 하나님의 이스라엘 선택이다. 하나님의 택하심을 입어 주의 백성이 된 이스라엘은 이 특별한 신학적인 정체성을 마음에 품고 살아야 하며, 이 정체성에서 본문이 요구하는 모든 요구와 지침이 우러나오는 것이다(Grisanti).

모세는 이스라엘이 곧 차지하게 될 가나안 땅에 대한 지시를 마친 다음 그 땅에 사는 주민들에 대한 하나님의 명령을 상기시킨다. 이스라엘은 공동체적인 차원에서는 정치적으로, 개인적인 차원에서는 결혼을 통해서라도 가나안 주민들과 관계를 형성하면 안 된다. 어떠한 정황에서든지 가나안 사람들과 관계를 맺는 것은 이스라엘에게 엄청난 재앙을 가져올 것이기 때문이다. 그러므로 이스라엘은 가나안 사람들을 체계적으로, 그리고 조직적으로 제거해 나가야 한다. 심지어 가나안 사람들이 사용하던 종교적 유적과 유물들도 모두 제거해야 한다. 이스라엘은 생존권을 걸고 이 일을 수행해 나가야 한다. 이러한 차원에서 이 섹션은 오경의 여러 곳과 맥을 같이한다(출 23:20-33; 34:11-16; 민 33:50-56; cf. 신 12:2-3). 본 텍스트는 다음과 같이 구분될 수 있다(Lohfink).[18]

1-6절	명령(A)
7-15절	축복(B)
16절	명령(A)
17-24절	전쟁에 대한 망상(C)
25-26절	명령(A)

혹은

1-6절	망상(A)
7-15절	축복(B)
16-26절	망상(A)

18 라이트(Wright)는 다음과 같은 교차대구법적 구조를 제시한다:

A. Destruction of Canaanites and their gods: Israel to be holy (7:1-6)

B. God's love for the forefathers(7:7-8a) as reason for the exodus (7:8b)

C. Yahweh as the faithful God of covenant love (7:9-10)

B′. God will fulfill the promise to the forefathers (7:11-16), so remember the exodus(7:17-19)

A′. Destruction of Canaanites and their gods, lest Israel become detestable (7:20-26)

학자들의 여러 제안을 바탕으로 필자는 편리상 다음과 같은 구분을 바탕으로 본 텍스트를 주해해 나가고자 한다(cf. Lundbom).

A. 가나안 정복(7:1-6)

B. 하나님의 특별한 축복(7:7-11)

C. 순종에 임하는 축복(7:12-16)

B'. 하나님의 특별한 임재(7:17-21)

A'. 단계적으로 진행될 정복(7:22-26)

Ⅱ. 두 번째 스피치: 여호와의 율법(4:44–29:1[28:69])
2장. 율법의 전반적인 내용(5:1–11:32)
3. 선택의 축복과 요구(7:1–26)

(1) 가나안 정복(7:1-6)

1 네 하나님 여호와께서 너를 인도하사 네가 가서 차지할 땅으로 들이시고 네 앞
에서 여러 민족 헷 족속과 기르가스 족속과 아모리 족속과 가나안 족속과 브리
스 족속과 히위 족속과 여부스 족속 곧 너보다 많고 힘이 센 일곱 족속을 쫓아내
실 때에 2 네 하나님 여호와께서 그들을 네게 넘겨 네게 치게 하시리니 그 때에 너
는 그들을 진멸할 것이라 그들과 어떤 언약도 하지 말 것이요 그들을 불쌍히 여기
지도 말 것이며 3 또 그들과 혼인하지도 말지니 네 딸을 그들의 아들에게 주지 말
것이요 그들의 딸도 네 며느리로 삼지 말 것은 4 그가 네 아들을 유혹하여 그가 여
호와를 떠나고 다른 신들을 섬기게 하므로 여호와께서 너희에게 진노하사 갑자기
너희를 멸하실 것임이니라 5 오직 너희가 그들에게 행할 것은 이러하니 그들의 제
단을 헐며 주상을 깨뜨리며 아세라 목상을 찍으며 조각한 우상들을 불사를 것이
니라 6 너는 여호와 네 하나님의 성민이라 네 하나님 여호와께서 지상 만민 중에
서 너를 자기 기업의 백성으로 택하셨나니

곧 요단 강을 건너 가나안에 입성하게 될 백성들에게 모세는 하나님, 이스라엘, 그리고 가나안 정복의 관계를 생각해 보라고 한다. 본문에서 확고히 전제되는 것은 이스라엘이 꼭 승리할 것이라는 사실이다

(Grisanti). 그러나 이스라엘이 가나안을 차지하게 된 것은 그들이 가나안에 사는 민족들보다 수가 많고 군사력이 강해서가 아니다. 오히려 가나안에 사는 족속들이 이스라엘보다 훨씬 더 강하다(1절). 그럼에도 불구하고 이스라엘이 가나안을 차지할 수 있는 것은 하나님이 전쟁을 진두지휘하셔서 이 강하고 큰 족속들을 모두 쫓아내실 것이기 때문이다. 분명 이스라엘 군이 가나안 정복에 동원된 것은 사실이지만, 전쟁에서 승리하신 분은 하나님이시다. 왜냐하면 군사적 능력만을 따져 보면 이스라엘은 결코 정복전쟁을 승리로 이끌만한 힘을 가지고 있지 않았기 때문이다. 저자는 다시 한 번 이스라엘에게 하나님 앞에서 겸손하며 그 분에게 감사할 것을 주문하는 것으로 이 섹션을 시작한다.

하나님이 이스라엘 앞에서 멸하실 가나안 족속은 구체적으로 일곱 민족이다. "헷 족과 기르가스 족과 아모리 족과 가나안 족과 브리스 족과 히위 족과 여부스 족." 구약에는 다양한 민족 목록이 27차례 등장하며 언급되는 민족 수가 두 민족에서 열두 민족에 이른다(Grisanti). 성경이 다른 곳에서는 가나안 족속의 목록을 열두 족속까지 나열한다는 점을 감안하면 이 목록은 '7'이라는 완전수를 상징적으로 사용하는 대표적인 것일 뿐(representative) 포괄적인(exhaustive) 것은 아니다(Merrill).

헷 족(חִתִּי)은 헤브론, 벧엘과 그 외 가나안 중심부에 있는 고산 지역에 살았으며 창세기에도 이들에 대한 언급이 있다. 성경 밖에서 헷 족은 여러 지역에 살던 다양한 그룹을 지목한다(cf. Grisanti). 주전 2000년대에 소아시아에서 번성했던 핫티(Hatti) 민족, 이 핫티 민족을 정복하여 주전 1200년대까지 헷 제국(Hittite Empire)을 형성했던 인도-유럽어족(Indo-European), 그 후 역사 속에 등장했다 사라졌던 여러 "신 헷 족"(Neo-Hittite) 그룹도 이 이름으로 불린다(Tigay).

한 아시리아 기록에는 시리아-팔레스타인 전 지역을 헷 족속의 땅으로 불렀던 기록이 남아 있다. 학자들은 대체로 이 모든 헷 족속이 소아시아의 아나톨리아에서 가나안으로 이주해온 사람들이라고 생각한다

(McConville; Craigie). 이 다양한 그룹들 중 본문이나 창세기가 어떤 족속을 뜻하는지는 알 수 없다. 가능한 것은 본문이 언급하고 있는 헷 족속도 이들 중 한 족속과 연관이 있다는 점이다.

기르가스 족(גִּרְגָּשִׁי)이 성경의 다른 곳에서도 언급되기는 하지만(창 10:16; 대상 1:14; 수 3:10; 24:11), 이 족속에 대하여는 전혀 밝혀진 바가 없다. 비슷한 이름이 우가릿과 카르타고 문서에서 개인들의 이름으로 등장하는 사례들은 있다(Tigay). 아마도 팔레스타인의 북쪽 지역에 살던 족속들로 추정되며(Craigie), 이 족속도 소아시아의 아나톨리아 지역에서 이주해 온 것으로 생각된다(Karkisa; Weinfeld; McConville).

성경에서 아모리 족(אֱמֹרִי)과 가나안 족(כְּנַעֲנִי)은 약속의 땅에 사는 모든 족속을 뜻하기도 한다. 그러나 본문에서는 특정한 지역에 사는 사람들을 뜻한다(Tigay). 아모리 족은 유다 산간 지대에 살았던 사람들로, 가나안 족은 서쪽 해안가에 살았던 자들로 밝혀졌다(Craigie; McConville; cf. 수 5:1; 11:3). 브리스 족(פְּרִזִּי)은 어디서 유래된 민족인지 알 수 없으며 성경에서는 가나안 족과 함께 자주 등장하며(창 13:7; 34:30; 삿 1:4-5), 에브라임 지파와 므낫세 지파가 차지한 가나안 북부 중앙 땅에 집중적으로 살았던 족속으로 생각된다(Tigay; cf. 수 15:17; 11:3; 삿 1:4-5).

히위 족(חִוִּי)은 야곱이 살던 시대에 세겜에 살던 족속이며 텐트를 치고 다니던 유목민으로 추정된다(cf. Craigie). 여호수아 시대에는 기브온과 레바논의 헤르몬 산 밑에서 거주하고 있었다(창 34:2; 수 9:7; 11:3, 19; 삿 3:3). 이 족속도 그 유래를 소아시아의 아나톨리아에 두고 있다(McConville).

여부스 족(יְבוּסִי)은 다윗이 정복하기 전까지 예루살렘에 살았던 가나안 족속이다(수 15:63; 삼하 5:6). 아직까지 성경을 벗어나서는 이 족속에 대한 정보를 찾을 수 없다. 다만 이 족속 역시 아나톨리아에서 이주해 온 자들일 것이라는 조심스러운 추측이 있을 뿐이다(McConville).

하나님이 이스라엘을 위하여 내치실 족속들은 그들보다 크고 강하다

(1절). 족속별로는 약할지 몰라도, 이들이 연합하면 이스라엘보다 훨씬 강하다는 뜻이다(Grisanti). 그렇다면 자신의 노력보다는 하나님의 사역으로 땅을 차지하게 될 이스라엘이 그 땅에 입성하게 되면 무엇을 해야 하는가? 하나님은 그들에게 몇 가지를 요구하신다.

첫째, 가나안 사람들을 진멸하라(2절). 가나안 전쟁은 하나님이 하시는 일이기 때문에 결과는 이미 이스라엘의 승리로 판가름 나 있다. 전쟁에서 이기신 하나님은 이스라엘에게 가나안 족속들을 마치 노획물을 넘겨 주듯이 넘겨주실 것이다. 출애굽기는 이스라엘에게 가나안 사람들을 내쫓으라고 명령하는 것에 반해 신명기는 이들을 완전히 전멸시켜야(הַחֲרֵם תַּחֲרִים) 한다고 한다(cf. 20:16-17). 이미 언급한 것처럼 학자들은 진멸을 남녀노소 가릴 것 없이 모두 죽이는 것이라고 정의하는 것에 대하여 상당히 당혹스러워한다. 그래서 그들은 이 개념에 대한 다른 설명을 내놓았다.

어떤 주석가는 이스라엘이 한 번도 타민족을 진멸한 적이 없으므로 이것은 훗날 편집자가 삽입한 이상적인(ideal) 상황이지 현실과는 동떨어진 개념이라고 한다(Weinfeld). 다른 학자들은 진멸이 이스라엘 군대가 전쟁을 통해 개인적인 이익을 취하는 것을 금하는 것이지 사람을 모두 죽이는 것을 의미하는 것이 아니라고 한다(Hall; Wright). 모세가 금하는 것은 가나안 사람들을 약탈하여 개인적인 이득을 얻는 것이라는 의미다. 그러나 진멸의 가장 자연스러운 의미는 완전한 파괴다(NIDOTTE; TDOT; McConville). 가나안 사람들을 모두 죽이라는 본 텍스트의 문맥도 이 해석을 지지한다(7:16; cf. 7:20, 22, 23, 24).

본문은 가나안 전쟁에서 하나님의 역할과 이스라엘의 역할을 구분하고 있다. 하나님은 전쟁에서 승리하여 이스라엘에게 가나안 사람들을 넘겨 주는 일을 맡으셨다. 이스라엘은 넘겨받은 가나안 족속들을 진멸하는 일을 맡았다. 그러나 역사는 이스라엘이 하나님이 노획물처럼 넘겨 주신 가나안 사람들마저 제거하지 않아 하나님을 거역했을 뿐만 아니라 자신들의 미래에 스스로 먹구름을 드리웠던 일을 기록하고 있다.

둘째, 가나안 사람들과는 어떤 언약도 하지 말라(2절). 만일 이스라엘이 첫 번째 명령을 제대로 수행하면 사실 두 번째에서 네 번째 명령은 별 의미가 없다. 그러므로 여기서부터 뒤따르는 명령들은 진멸(חֵרֶם)이 어떤 것인가를 설명하는 기능을 지녔다(McConville). 진멸이 선포된 족속과는 어떠한 정황에서도 상종하지 말라는 의미다. 만일 이스라엘이 이들과 관계를 맺으면, 이스라엘은 가나안 사람들을 진멸하라는 명령을 자동적으로 불순종하게 된다(Grisanti). 그러므로 이스라엘은 그들과 언약을 맺어서는 안 된다(אֹתָם לֹא־תִכְרֹת לָהֶם בְּרִית). 이스라엘은 이미 여호와 하나님과 그들을 진멸하기로 언약(בְּרִית)을 맺었기 때문이다.

이스라엘이 하나님과 맺은 언약이 종교적인 색채를 띠고 있지만, 이 언약으로 말미암아 그들이 온 세상 족속들로부터 차별화되었다는 것은 곧 그들이 하나님과 맺은 언약이 정치적인 중요성도 지녔다는 것을 뜻한다. 그러므로 이스라엘이 다른 족속들과 언약을 맺는다는 것은 곧 언약의 종속자인 이스라엘이 군주이신 하나님을 전적으로 신뢰하지 못한다는 것을 의미한다(Craigie). 그러므로 모세는 이스라엘이 다른 족속들과 정치적 협약을 맺는 일을 금하고 있는 것이다.

셋째, 가나안 족속을 불쌍히 여기지도 말라(2절). 히브리어 동사 '불쌍히 여기다'(חנן)는 '자비를 베풀다/긍휼히 여기다'라는 뜻을 지니고 있다(HALOT). 이스라엘이 진멸될 자들에게 자비를 베푼다는 것은 무엇을 의미하는 것일까? 죽이는 대신에 무보수의 부역으로 동원하는 일을 뜻한다(Tigay; cf. 20:11). 이러한 행위가 겉으로는 이스라엘이 큰 선심을 쓰는 것 같지만, 실제로는 경제적인 이익을 위해 사형수들의 노동력을 착취하는 것과 다름없다. 사사기 1장은 이스라엘이 정복에 실패하여 가나안 족속들과 함께 섞여 살게 된 이유를 그들이 경제적인 이익을 위하여 멸종시켜야 할 사람들을 죽이지 않았기 때문이라고 한다.

넷째, 혼인관계로 가나안 족속들과 얽히지 말라(3-4절). 하나님이 가나안 족속을 진멸하라고 하시는 가장 큰 이유가 여기에 있다(Tigay). 이스라엘이 그들과 혼인관계로 얽히게 될 것을 우려하셨던 것이다. 결혼이라는 것은 매우 강력한 사회적 결집력을 형성한다(Wright). 이스라엘 족속끼리 결혼하는 것은 언약 백성을 더 끈끈하게 만든다. 그러나 이방 족속과의 결혼은 언약 백성의 하나님에 대한 충성을 약화시킬 수밖에 없으므로 언약을 중심으로 하나로 묶여 있는 이스라엘의 결집력을 약화시킬 수밖에 없다(McConville). 또한 가나안 사람들과의 결혼은 이스라엘 사람들을 우상 숭배로 끌고 가는 결과를 초래할 것이다(4절). 하나님이 이방인과의 결혼에 대해 가장 염려하시는 것이 바로 이 부분이다.

이스라엘은 이미 브올에서 이런 일을 경험했으며(민 25:1-3), 훗날 역사에서 대표적인 예가 바로 솔로몬과 아합이다(왕상 11:3; 16:30-33). 만일 이스라엘이 경고를 무시하고 가나안 사람들과 결혼하면, 가나안 사람들에게 임해야 할 하나님의 진노와 재앙이 이스라엘에게 임할 것이다(4절). 이스라엘의 구원자가 오히려 그들을 멸하시는 자가 된다. 가나안 사람들과의 결혼은 이스라엘의 생존과 직접 연관이 있는 것이다.

민족들 간의 결혼이 금지되는 근본적인 이유는 종교적인 것이지, 인종 차별적인 것은 아니다. 이스라엘이 하나님의 백성이라는 정체성을 유지하려면, 우상 숭배자들과의 결혼이 결코 허락되어서는 안 된다. 오늘날 교회에는 불신자와 결혼하는 것을 문제로 여기지 않는 성도들이 많다. 그러나 본문이 왜 이런 혼례를 금하는지 한 번쯤은 생각해 볼 필요가 있다. 불행하게도 이스라엘은 얼마 되지 않아 이 말씀이 금하는 것을 실천으로 옮겼다. 사사기 3:5-6에 의하면 이스라엘은 가나안 족속을 진멸하지 않았으며, 그들과 결혼하고, 그들의 우상을 숭배했다.

다섯째, 가나안 사람들의 종교적 유물들을 모두 제거하라(5절). 이스라엘은 가나안 사람들과 정치적인 동맹을 맺어도 안 되고(2절), 사회적으로 하나가 되어도 안 되며(3-4절), 종교적으로도 함께할 수 없다. 그들은 정복하면서 접하게 될 모든 가나안 우상들의 흔적을 그 땅에서 지워 버려야 한다. 제단은 허물고, 우상은 부수고, 아세라 목상은 찍고 우상은 불살라야 한다.

고대 근동에서는 한 민족이 다른 족속을 정복하게 되면 그 족속의 우상들을 가져다가 자신들의 신전에 노획물로 가져다 놓는 것이 관례였다. 하나님은 이 가증스러운 물건들을 장막/성전에 들여놓는 것을 원천적으로 금하신다. 부정한 것들이니 태우고 부숴서 아예 없애라는 것이다(cf. 25절). 제단(מִזְבֵּחַ)은 곡물, 짐승, 술, 향 등을 신들에게 불살라 바치는 곳이었다. 대체로 돌이나 흙을 사용하여 만들었으며, 윗면은 귀금속으로 덮이거나 장식이 되어 있었다.

석상(מַצֵּבָה)은 다듬거나 다듬지 않은 돌기둥을 뜻하며 종종 문양이 새겨져 있었다. 이것들은 신(들)을 상징하거나 신(들)의 거처지로 여겨졌다(Tigay). 가나안 종교에서 돌기둥은 남자의 성기를 상징하기도 했다(McConville). 사람들은 이 석상들에게 제물을 바쳤으며, 이 석상들을 우상과 동일한 것으로 간주했다.

아세라(אֲשֵׁרָה)는 가나안 사람들이 숭배하던 여신의 이름이며(왕상 18:19), 이 여신은 때로는 모든 신의 아버지 엘(El)의 아내로, 때로는 가장 능력 있는 신이었던 바알(Baal)의 아내로 여겨졌다. 성경에서 아세라는 아세라 여신 숭배와 연관된 나무 기구들을 뜻하기도 한다(cf. 출 34:13; 신 16:21-22; 삿 6:25, 28). 이 나무 기구가 실제로 살아 있는 나무를 제단 옆에 심어 놓은 것이라고 주장하는 사람들도 있지만, 대부분 학자들은 나무를 베어다 세워 놓은 기둥으로 이해한다(cf. Tigay). 신명기 안에서 아세라는 대체로 여신으로 숭배되었던 우상이 아니라 이방 종교의 예식에서 사용되었던 나무 기둥을 뜻한다. 본문에서도 기둥과 같은 나무 기구들을 의미한다. 가나안 종교에서 돌기둥이 남성을 상징했다면, 나무 기둥은 여성을 상징했다(McConville).

이스라엘이 왜 가나안 사람들을 진멸해야 하며, 그들의 종교 유물을 모두 파괴해야 하는가? 모세는 그 이유를 6절에서 요약적으로 선언하고 7-11절을 통해 보충설명 한다. 이스라엘이 가나안 족속과 섞이지 않아야 하고 그들의 종교를 완전히 배척해야 하는 것은 이스라엘은 여호와께 '거룩한 백성'(עַם קָדוֹשׁ)이기 때문이다. 본문에서 이스라엘이 여호와께 거룩하다(קָדוֹשׁ)는 것은 아내가 남편에게 특별한 것처럼 이스라엘이 하나님께 특별하다는 것을 뜻한다(Tigay). 하나님이 이처럼 특별한 관계를 맺기 위하여 온 세상 만민들 중 이스라엘을 선택하셨다(בָּחַר). 모세는 이스라엘이 이러한 위치에 오게 된 것이 결코 그들의 노력이나 신분으로 이룬 일이 아니라 하나님의 일방적인 은혜에서 비롯되었다는 점을 강하게 강조한다(Craigie).

이스라엘이 가나안 사람들을 진멸해야 하는 또 다른 이유는 하나님이 열방 중에서 이스라엘을 택하여 보배(סְגֻלָּה)로 삼으신 일에 대한 적절한 반응이기 때문이다. 특권은 책임과 의무를 동반한다. 보배는 쌓아 놓은 재산을 뜻하며, 대체로 다른 사람 밑에서 일하면서 틈틈이 자신을 위해 축적한 것이다(Tigay). 그러므로 열심히 노력해서 재산을 모은 사람에게 이 보배는 매우 특별한 의미를 지닌다. 이스라엘은 온 우주를 소유하시는 하나님이 매우 특별한 애착과 사랑을 가지고 아끼는 보배인 것이다. 모세는 이스라엘이 하나님의 보배처럼 살아야 한다며 하나님의 거룩한 보배로서의 책임을 강조하고 있다. 하나님의 보배로 살아간다는 것은 어떠한 경우에라도 우상에 한눈팔지 않으며 하나님과의 관계를 위협할 수 있는 어떠한 일도 하지 않는 책임을 동반한다.

II. 두 번째 스피치: 여호와의 율법(4:44-29:1[28:69])
2장. 율법의 전반적인 내용(5:1-11:32)
3. 선택의 축복과 요구(7:1-26)

(2) 하나님의 특별한 축복(7:7-11)

7 여호와께서 너희를 기뻐하시고 너희를 택하심은 너희가 다른 민족보다 수효가
많기 때문이 아니니라 너희는 오히려 모든 민족 중에 가장 적으니라 8 여호와께서

**다만 너희를 사랑하심으로 말미암아, 또는 너희의 조상들에게 하신 맹세를 지키
려 하심으로 말미암아 자기의 권능의 손으로 너희를 인도하여 내시되 너희를 그
종 되었던 집에서 애굽 왕 바로의 손에서 속량하셨나니 9 그런즉 너는 알라 오직
네 하나님 여호와는 하나님이시요 신실하신 하나님이시라 그를 사랑하고 그의 계
명을 지키는 자에게는 천 대까지 그의 언약을 이행하시며 인애를 베푸시되 10 그
를 미워하는 자에게는 당장에 보응하여 멸하시나니 여호와는 자기를 미워하는 자
에게 지체하지 아니하시고 당장에 그에게 보응하시느니라 11 그런즉 너는 오늘 내
가 네게 명하는 명령과 규례와 법도를 지켜 행할지니라**

모세는 다시 한 번 하나님이 이스라엘을 선택하여 보배로 삼으신 이유에 대하여 강론한다. 그는 이스라엘이 다른 민족보다 숫자가 많거나 우월해서가 아니라는 점을 강조함으로써 이스라엘이 영적인 망상이나 교만에 빠지지 않기를 원한다. 하나님의 선택(election)은 위험한 자기만족(complacency)을 유발할 수 있기 때문이다.

첫째, 하나님이 이스라엘을 택하신 것은 그들이 다른 민족들보다 수가 더 많아서가 아니다(7절). 오히려 앞으로 이스라엘이 쳐서 정복할 가나안 족속들이 이스라엘보다 숫자가 많고 강하다(cf. 1절). 모세는 이스라엘이 모든 민족 가운데서 가장 수가 적은 민족(הַמְעַט מִכָּל־הָעַמִּים)이라고 한다. 물론 이 표현은 과장법이며 모세는 이스라엘에게 겸손하라며 이 과장법을 사용한다(cf. 26:5; 1:10; 10:22; 28:62). 하나님이 보잘것없는 민족을 택하셔서 자신의 백성으로 삼으신 것이다. 하나님이 이스라엘을 선택하신 일에는 그 어떠한 전제 조건이 없다.

둘째, 하나님이 사랑하시기 때문에 이스라엘을 택하셨다(8a절). 하나님의 선택은 딱 한 가지로 설명될 수밖에 없다. 바로 이스라엘을 향한 하나님의 무조건적인 사랑이다. 자신의 의가 구원에 이르게 했다고 자부하는 사람이라도 하나님을 만나면 지금까지 자신이 진실로 믿었던 것이 사실이 아니라는 점을 깨닫고는 그 순간부터 하나님의 은혜 앞에

침묵하게 된다. 구원의 서정은 이런 것이다.

셋째, 하나님의 백성들을 향한 무조건적인 사랑은 출애굽 사건을 통해 온 천하에 드러났다(8b절). 출애굽 사건은 두 가지 목표를 달성하는 일이었다. 첫째는 하나님이 이스라엘의 선조들에게 약속하신 것을 지키는 일이었으며, 둘째는 이스라엘을 이집트에서의 종살이로부터 해방시키기 위한 일이었다(8c절). 사랑은 이처럼 행동으로 실천되어야 의미가 있는 것이 아닐까?

넷째, 하나님께 사랑 받을 자격이 없는 사람이 사랑을 받을 때 그는 어떻게 해야 하는가? 모세는 하나님의 백성은 두 가지로 하나님의 사랑에 반응해야 한다고 한다. (1) 그들은 여호와 하나님을 사랑하며, (2) 그분의 명령과 규례를 지키며 살아야 한다(9절; cf. 11절). 이러한 삶의 자세는 구원을 체험한 자들이 당연히 갖추어야 할 의무적인 것들이지만, 하나님은 여기에 하나님의 신실하신 사랑(חֶסֶד)이 1000대까지 임할 것을 약속하셨다. 하나님의 백성을 향한 사랑과 선택은 철학적으로나 신학적으로 충분히 설명될 수 있는 일이 아니다. 그것은 하나님이 얼마나 신실하게 그들과의 언약을 지키시는가에 대한 경험에서 가장 확실하게 알 수 있다(Craigie). 하나님은 1000대에 이르러서도 언약에 신실하실 것이기 때문이다.

다섯째, 하나님의 사랑에 적절하게 반응하지 않는 악한 자들은 어떻게 되는가? 하나님은 그들에게 당장 혹독한 벌을 내리실 것이라고 한다(10절; cf. Brueggemann). 축복은 1000대에 이르도록 지속되지만, 심판은 3-4대 동안 잠시 임한다는 것이 성경의 가르침이다. 그러나 당사자도 하나님의 심판을 피하지 못할 것이다(Tigay). 모세는 자신이 중계하는 하나님의 명령과 규례와 법도를 잘 지키라는 권면으로 이 섹션을 마무리한다(11절).

II. 두 번째 스피치: 여호와의 율법(4:44-29:1[28:69])
2장. 율법의 전반적인 내용(5:1-11:32)
3. 선택의 축복과 요구(7:1-26)

(3) 순종에 임하는 축복(7:12-16)

[12] 너희가 이 모든 법도를 듣고 지켜 행하면 네 하나님 여호와께서 네 조상들에게
맹세하신 언약을 지켜 네게 인애를 베푸실 것이라 [13] 곧 너를 사랑하시고 복을 주
사 너를 번성하게 하시되 네게 주리라고 네 조상들에게 맹세하신 땅에서 네 소생
에게 은혜를 베푸시며 네 토지 소산과 곡식과 포도주와 기름을 풍성하게 하시고
네 소와 양을 번식하게 하시리니 [14] 네가 복을 받음이 만민보다 훨씬 더하여 너희
중의 남녀와 너희의 짐승의 암수에 생육하지 못함이 없을 것이며 [15] 여호와께서
또 모든 질병을 네게서 멀리 하사 너희가 아는 애굽의 악질에 걸리지 않게 하시고
너를 미워하는 모든 자에게 걸리게 하실 것이라 [16] 네 하나님 여호와께서 네게 넘
겨주신 모든 민족을 네 눈이 긍휼히 여기지 말고 진멸하며 그들의 신을 섬기지 말
라 그것이 네게 올무가 되리라

모세는 이스라엘 백성이 가나안 땅에서 성공할 것인가, 아니면 실패할 것인가는 하나님 말씀에 대한 그들의 순종 여부에 의해 결정된다는 사실을 다시 한 번 상기시킨다. 순종은 이스라엘이 해도 되고 안 해도 되는 선택사항이 아니다. 순종은 이스라엘의 번성과 생존에 필수적이다. 말씀 순종과 민족의 번영이 하나로 묶여 있는 것이다. 저자는 구체적으로 세 가지 축복을 순종과 연결한다.

첫째, 순종하면 자손이 번성하고 땅의 소산이 풍성할 것이다(13-14절). 풍요를 상징하는 "땅의 열매"(פְּרִי־אֲדָמָה)가 곡식(דָּגָן), 새 술(תִּירוֹשׁ), 새 기름(יִצְהָר) 등 세 가지로 묘사되는데, 이것들은 모두 아직 가공 단계를 거치지 않은 원료 단계이며, 가나안 지역의 대표적 농산물들이다(Driver; Craigie). 신명기에서는 이 세 가지가 6차례 함께 언급되며(7:13; 11:14; 12:17; 14:13; 18:4; 28:51), 나머지 구약 성경에서는 12차례 더 언급된다. 이 세 가지는 가나안 농산물 중 가장 중요한 것들이다(Weinfeld).

농산물만 풍요롭게 생산될 뿐만 아니라 가축들도 번성할 것이다(13d절). 백성이 번성함에 따라 더 많은 식량이 필요할 텐데, 땅과 들의 생산력이 이스라엘의 번성을 충분히 뒷받침할 수 있게 될 것을 약속하신다. 주의 백성은 그저 하나님께 순종하기만 하면 된다.

정복 전쟁을 앞둔 이스라엘에게 가장 필요한 것은 그들의 자손이 번성할 것이라는 하나님의 약속이다. 이 약속은 하나님이 아브라함과 그 외 선조들에게 그들의 자손들이 "바닷가의 모래알처럼, 하늘의 별들처럼" 숫자가 많아지게 하실 것이라는 말씀(cf. 창 15:5)이 이루어질 것을 재차 확인할 뿐만 아니라 가나안 사람들을 내치고 그곳에 정착하여 잘 살 수 있을까 하는 이스라엘 백성들의 불안을 한순간에 불식시키기 때문이다. 하나님은 이스라엘이 율법에 순종하면 자손번성의 축복을 내려 주실 것을 약속하신다(13절).

이스라엘 사람들 중에는 불임 때문에 고민하는 사람들도 없을 것이다(14절). 고대사회에서 가장 큰 저주는 불임과 일찍 죽는 것이었다(Grisanti; cf. 창 15:2; 30:1). 아브라함을 비롯한 이스라엘의 선조들도 불임 때문에 많은 고통을 당했다. 고고학자들은 고대 근동 유적지에서 임신에 효험이 있다고 믿었던 부적들 수백 개를 발굴해 냈다(Tigay). 고대 사람들에게 자손 번성은 신들이 내려 주는 축복들 중 가장 중요한 것이었다. 불임의 원인이 꼭 여자에게만 있지 않기 때문에 본문은 남자로 인한 불임도 포함시킨다. 하나님께 순종하는 한 이스라엘은 이런 문제로 걱정하지 않아도 된다. 가나안 사람들은 풍요와 건강은 그들이 숭배하는 신들에 의해 결정된다고 생각했다. 이스라엘은 이 모든 것이 하나님께 속했다는 사실을 기억해야 한다. 이런 차원에서 본문은 가나안 종교에 대한 일종의 비난이다(Wright; Grisanti).

둘째, 순종하면 질병에서 자유할 것이다(15절). 하나님께 순종하면 이스라엘은 풍요를 누릴 뿐만 아니라 하나님이 건강도 주신다. 사람들을 괴롭히는 질병들—특히 이집트의 질병들이 이스라엘을 괴롭히지 못하도록 하나님이 조치를 취하실 것이기 때문이다. 이집트의 질병은 전 세대에 이집트를 떠나온 이스라엘 사람들에게 상당히 실감나는 개념이었다. 고대 여러 사회 중에서도 이집트는 다양한 악성 질병들이 성행한 것으로 유명했으며 대표적인 것으로는 일명 코끼리 병이라고 하는 상피병(象皮病, elephantiasis), 안염(ophthalmia), 이질(dysentery) 등을 들 수 있다(cf. Marti-Ibanez).

로마제국의 자연사가(自然史家)였던 플리니(Pliny; BC 1세기)는 이집트를 "피부병의 어머니"(mother of skin diseases)라고 불렀으며 상피병을 이집트의 독특한 질병이라고 했다(Tigay). 이스라엘이 하나님께 순종하기만 하면 이런 질병에 대하여는 전혀 걱정할 필요가 없다. 하나님은 치료하시는 분(רָפָא)이시기 때문이다(cf. 출 15:26). 이스라엘이 순종하면 하나님은 이 지독한 질병들을 그들의 원수들에게 내리실 것이다(15c절).

셋째, 순종하면 가나안 정복을 성공적으로 마치게 될 것이다(16절). 여호와께 순종하기만 한다면 민족의 숙원사업이자 바로 전 세대가 실패했던 일을 이 세대는 할 수 있다. 모세는 이미 2절에서 강조한 사실을 16절에서 다시 한 번 강조한다. 절대 가나안 사람들에게 동정을 베풀어 살려두면 안 된다는 것이다. 만일 살려두면 그들은 분명 이스라엘에게 올가미가 될 것이라는 경고를 덧붙인다(16d절). 이스라엘의 하나님에 대한 믿음과 그들의 생존은 하나로 묶여 있다.

순종하는 삶에 대하여 본문이 약속하는 축복은 실제적인가, 아니면 이상적인가? 즉, 이 말씀을 문자적으로 이해하여 경건하게 사는 사람들은 모두 풍요로워야 하며, 만일 궁핍하게 산다면 그가 신앙적으로 바로서지 못한 결과라고 말할 것인가? 아니면 본문은 악인이 성공하는 현실과 동떨어진 이상적인 상황을 말하는 것으로 이해할 것인가? 구약에서는 하나님의 축복이 성도들의 삶에 실제적이고 물리적으로 임하는 면이 강하게 강조된다. 그러므로 모든 축복을 영적으로 혹은 이상적으로 해석하는 것은 바람직하지 않다.

반면 구약은 건강과 물질적인 축복이 믿음과 순종에 대한 확실한 증거는 못 된다는 점을 선언한다. 시편 73편 기자는 자신의 시대에는 악이 성행하고 악인이 성공하는 반면에 의인이 고통 속에 나날들을 보내며 하나님의 언약은 어떠한 효력도 발휘하지 못한다고 탄식한다. 선지자들은 남을 착취하고 악한 방법으로 부를 축적한 자들에게 하나님의 심판과 분노를 선언했다. 그러므로 하나님께 순종하기만 하면 무조건 물질적인 풍요로움과 건강을 누리게 된다는 맹목적인 "번영 복음"(prosperity gospel)과 구약 신앙 사이에는 큰 괴리감이 존재한다. 현대인은 성공을 논하지만, 구약 사람은 축복을 논한다(Wenham).

> II. 두 번째 스피치: 여호와의 율법(4:44-29:1[28:69])
> 2장. 율법의 전반적인 내용(5:1-11:32)
> 3. 선택의 축복과 요구(7:1-26)

(4) 하나님의 특별한 임재(7:17-21)

[17] 네가 혹시 심중에 이르기를 이 민족들이 나보다 많으니 내가 어찌 그를 쫓아낼
수 있으리요 하리라마는 [18] 그들을 두려워하지 말고 네 하나님 여호와께서 바로와
온 애굽에 행하신 것을 잘 기억하되 [19] 네 하나님 여호와께서 너를 인도하여 내실
때에 네가 본 큰 시험과 이적과 기사와 강한 손과 편 팔을 기억하라 네 하나님 여
호와께서 네가 두려워하는 모든 민족에게 그와 같이 행하실 것이요 [20] 네 하나님
여호와께서 또 왕벌을 그들 중에 보내어 그들의 남은 자와 너를 피하여 숨은 자를
멸하시리니 [21] 너는 그들을 두려워하지 말라 너희의 하나님 여호와 곧 크고 두려
운 하나님이 너희 중에 계심이니라

모세는 이 섹션에서 가나안 백성들에 대하여 겁먹지 말라며 이스라엘 백성들을 재차 격려한다. 가나안 사람들의 숫자가 많기 때문에 상대적으로 숫자가 적은 이스라엘이 위축될 수 있다. "당신들이 혼자 생각에 '그 민족들이 우리보다 많은데, 어떻게 우리가 그들을 쫓아낼 수 있겠는가?' 하고 걱정할 수도 있을 것입니다"(17절, 새번역; cf. 7절). 일반적으로 강자가 약자를 이기지, 약자가 강자를 이길 수 없다는 것이 세상의 원리다. 그러나 하나님이 세상에서 가장 보잘것없는 이스라엘을 언약백성으로 선택하셨을 때 이미 이 원리는 깨졌다(McConville; cf. 6-7절).

모세는 백성들에게 불안감을 단숨에 씻어버릴 수 있는 비법을 제시한다. 역사를 되돌아보며 하나님이 하신 일들을 묵상하는 것이다. 특히 이집트에 노예로 잡혀 있던 이스라엘을 해방시키기 위하여 바로와 이집트 사람들에게 내리신 재앙과 이스라엘을 위하여 베푸신 이적들을 생각해 보면 모든 불안이 일순간에 없어질 것이다(18-19절). 게다가 과거에 백성들을 괴롭히던 이집트를 상대로 갖가지 재앙을 내리셨던 분이 이스라엘이 물리쳐야 할 가나안 사람들을 어찌 가만히 두시겠는가? 하나님이 이집트 사람들을 치셨던 것처럼 가나안 사람들을 치실 것이다(19절). 출애굽 사건이 이스라엘로 밝은 미래를 확신하게 하는 가장 큰 격려가 되고 있다(Wright).

하나님은 이스라엘에게 패하거나 두려워 숨은 가나안 사람들에게는 말벌(צִרְעָה)을 보내 전멸시키실 것이다(20절). 말벌로 번역된 단어(צִרְעָה)가 재앙, 공포, 두려움으로 해석되어야 한다는 학자들도 있다(McConville; cf. HALOT). 본문이 그리고 있는 이미지는 무언가가 떼를 지어 숨어 있는 자들을 일일이 찾아 다니며 죽이는 것이다(Tigay). 그러므로 말벌이 재앙보다 문맥에 더 잘 어울린다(Craigie; Driver; Weinfeld).

이 말벌을 문자적으로 해석해야 하는가, 아니면 은유로 해석해야 하는가는 별개 문제다. 대부분 학자들은 이 말벌이 침략하는 군대에 대한 은유로 해석한다(Weinfeld; Craigie). 더 나아가 본문의 말벌이 가나안을 침략하는 이스라엘 군대를 뜻하는 것으로 해석되기도 한다(Craigie).

이처럼 "진정으로 두렵고 위대한 하나님"이 이스라엘 중에 계시니 그들은 전혀 걱정할 필요가 없다(21절). "두렵고 위대한 하나님"(אֵל גָּדוֹל וְנוֹרָא)은 하나님을 신적 용사(divine warrior)로 묘사하는 표현이다(Craigie; McConville). 전쟁은 여호와께 속했을 뿐만 아니라, 하나님이 직접 가나안 사람들과 싸우기 위해서 이스라엘 회중에 거하신다. 정복 전쟁은 하나님이 직접 싸우시는 성전(聖戰)이었던 것이다. 어떤 일 때문에 불안해서 잠 못 이루는 밤을 맞는다면, 지난날에 체험했던 하나님의 기적과 은혜를 떠올려 보라. 편안히 잠들 수 있을 것이다. 신앙인들이 과거에 경험했던 은혜를 기념하는 일은 이래서 중요하다.

II. 두 번째 스피치: 여호와의 율법(4:44-29:1[28:69])
2장. 율법의 전반적인 내용(5:1-11:32)
3. 선택의 축복과 요구(7:1-26)

(5) 단계적으로 진행될 정복(7:22-26)

22 네 하나님 여호와께서 이 민족들을 네 앞에서 조금씩 쫓아내시리니 너는 그들
을 급히 멸하지 말라 들짐승이 번성하여 너를 해할까 하노라 23 네 하나님 여호와
께서 그들을 네게 넘기시고 그들을 크게 혼란하게 하여 마침내 진멸하시고 24 그
들의 왕들을 네 손에 넘기시리니 너는 그들의 이름을 천하에서 제하여 버리라 너
를 당할 자가 없이 네가 마침내 그들을 진멸하리라 25 너는 그들이 조각한 신상들
을 불사르고 그것에 입힌 은이나 금을 탐내지 말며 취하지 말라 네가 그것으로 말
미암아 올무에 걸릴까 하노니 이는 네 하나님 여호와께서 가증히 여기시는 것임
이니라 26 너는 가증한 것을 네 집에 들이지 말라 너도 그것과 같이 진멸 당할까
하노라 너는 그것을 멀리하며 심히 미워하라 그것은 진멸 당할 것임이니라

지금까지 신명기는 이스라엘의 가나안 정복이 순식간에 이루어질 것이라는 분위기를 조성해 왔다. 그러나 본 텍스트는 이스라엘의 가나안 정착이 점차적으로 시간을 갖고 진행될 것임을 시사한다(22절). 생각해 보면 이 두 가지 사실이 서로 대립하는 것은 아니다. 정복이 시작되면 오래지 않아 전쟁은 이스라엘의 승리로 끝날 것이지만, 가나안 지역의 완전한 정복과 백성들의 정착은 점차로 이스라엘의 인구가 늘어남에 따라(cf. 13절) 점진적으로 진행될 것이라는 뜻이다(Craigie). 하나님의 능력이 부족해서가 아니라, 이스라엘을 배려하는 차원에서 있는 일이다.

하나님이 우려하시는 것은 이스라엘의 인구가 많지 않은 상황에서 가나안 땅을 순식간에 정복하여 주민들을 모두 죽이면, 이스라엘 사람들이 미처 경작하지 못하는 땅이 사람 살기에 적합하지 않은 광야로 변하고, 그런 땅에 살게 될 들짐승들이 이스라엘 사람들을 해치는 것이다. 그러므로 하나님은 가나안 땅을 모두 순종하는 이스라엘에게 주시되 그들의 숫자가 늘어남에 따라 단계별로 주심으로써 젖과 꿀이 흐르는 땅이 광야로 변하는 일을 예방하시고자 한다. 훗날 이스라엘이 황무지로 변한 밭과 과수원들을 새로이 개간해야 하는 수고를 덜어 주기 위한 배려다. 출애굽기 23:29-30에도 동일한 내용이 기록되어 있으며, 여호수아서는 이스라엘이 가나안을 완전히 정복했다고 하면서도 정복하지 못한 부분이 있었다고 회고한다(cf. 수 11:21-23; 15:63; 16:10; 17:12-13).

사사기는 이스라엘이 하나님께 순종하기를 포기하자 남아 있던 가나안 사람들이 화근이 되어 이스라엘을 참담하게 했다고 한다(삿 2:20-23; 3:1-4). 본문이 언급하는 하나님의 배려가 훗날 이스라엘에게 올무가 되었던 것이다. 인간은 하나님이 주시는 축복마저도 감당할 수 없을 만큼 무력하다.

하나님이 가나안 땅을 점차로 내 주신다는 것이 이스라엘의 정복 정책에 수정을 요하는 것은 아니다. 이스라엘을 이끌고 가나안 정복에 나서시는 하나님이 전쟁을 대충 하시겠다는 것도 아니다. 하나님은 이미 누누이 선포하신 대로 확실하고 화끈한 전쟁을 하실 것이며, 이스라엘에게 절대적인 승리를 안겨 주실 것을 두 가지로 말씀하신다(23-24절).

첫째, 하나님은 가나안 사람들을 상대로 성전(聖戰)을 벌이실 것이다(23절). 하나님이 가나안 사람들을 큰 혼란(מְהוּמָה גְדֹלָה)에 빠뜨릴 것이라고 하시는데 이 혼란(מְהוּמָה)은 여호와께서 하시는 일이며(HALOT; cf. 슥 14:13; 창 35:5; 출 23:27; 삼상 14:15), 이스라엘의 원수들을 무력하게 만들기 위하여 조장하는 공포와 두려움이다(Tigay). 가나안 정복 전쟁은 하나님이 하시는 거룩한 전쟁이며, 여호와께서는 매우 적극적인 자세로 전쟁에 임하실 것이다. 그렇다면 전쟁이 시작되기도 전에 그 결과는 결정되어 있다. 우리가 하나님의 사역에 동참한다는 것은 이런 의미를 지니고 있다. 이미 끝난 싸움에 잠시 우리의 수고를 더하는 것뿐이다.

둘째, 하나님은 가나안 사람들과 그들의 왕들을 이스라엘의 손에 넘기실 것이다(23, 24절). 전쟁에서 승리하면 당연히 포로가 생길 것이며, 적장들도 죽이거나 생포하게 된다. 하나님은 가나안 사람들과 왕들을 백성들에게 넘겨 그들의 운명을 결정짓게 하실 것이다. 여호수아 12:7-24은 이스라엘이 토벌한 31명의 가나안 지역 왕들의 이름을 나열한다. 당시 가나안에는 각 성읍이 독립국가로 존재하는 도시국가(city-state) 체제가 대세였기에 좁은 땅덩어리임에도 이토록 많은 왕들이 있었다.

하나님이 이스라엘에게 절대적인 승리를 주시면 이스라엘은 어떻게 반응해야 하는가? 모세는 24-26절에서 이스라엘은 하나님이 넘겨주신 가나안 사람들과 그들의 왕들을 어떻게 해야 하며, 그들이 얻게 될 노획물들 중 우상과 연관된 것들을 어떻게 처리해야 하는가를 설명한다.

첫째, 이스라엘은 가나안 사람들과 왕들을 진멸해야 한다(24절). "그들의 이름을 천하에서 제하여 버리라"(הַאֲבַדְתָּ אֶת־שְׁמָם מִתַּחַת הַשָּׁמָיִם)고 하는데 이 표현은 성경에서 종종 사용되는 저주며(cf. 9:14; 29:19), 완전한 멸종을 뜻한다. 고대 근동 사람들은 사람이 죽으면서 이름을 남기는 일을 매우 중요시했다. 그래야 죽은 후에도 영혼이 잘 살 수 있다고 생각했기 때문이다(Tigay). 그래서 그들은 기념비나 기록을 통해 이름 남기는 일을 중요하게 여겼다. 이런 시대적 정황에서 이름을 하늘 아래에서 없애버리라는 것은 매우 큰 저주 중 하나다.

둘째, 이스라엘은 가나안 사람들의 종교를 철저하게 파괴해야 한다(25절). 우상들을 불태우는 것은 상징적인 의미를 지니고 있다. 가나안 사람들은 신들이 우상들 안에 거하거나, 신들의 현현을 상징한다고 생각했다. 그러므로 이런 물건들을 불에 태운다는 것은 이 신들이 얼마나 무력하며, 가나안 종교가 얼마나 어리석은가를 보여준다. 심지어 우상들에 덧입혀진 금과 은을 재활용해서도 안 된다(25, 26절). 아깝기는 하지만, 우상숭배에 사용된 귀중품들은 우상들과 함께 모두 진멸/파괴(חֵרֶם)하여 폐기처분 해야 한다.

이 말씀은 오늘날에도 상당한 시사성이 있다. 우상을 숭배하던 건물이 예배당이 될 수 있을까? 우상을 숭배하던 사람이 개종한 후 우상숭배로 벌어들였던 돈을 헌금으로 드릴 수 있는가? 한 걸음 더 나아가서 부당한 방법과 뇌물로 얻은 수입을 헌금으로 받은 교회는 이 돈을 어떻게 해야 하는가? 이런 문제를 정리하는 데 본문은 어떤 영향력을 행사하는가?

이런 것들은 하나님이 "가증히 여기시는"(개역)/"미워하시는"(새번역; תּוֹעֵבָה) 것이기에(25절), 이스라엘도 미워해야 한다(26절). 성경에서 가증함(תּוֹעֵבָה)은 도덕적-종교적으로 역겨운 행위와 물건을 뜻한다. 속임수, 성적 문란, 부정한 음식, 흠 있는 제물, 우상 숭배와 아이 번제 등 이방종교의 예식 등이 가증이 여기시는 것에 포함되며, 하나님이 느끼시는 가장 강한 부정적 감정이다(Tigay).

이스라엘이 가나안 종교에 대하여 어떤 자세를 취해야 하는가는 26절을 구성하고 있는 단어들 중 ½이 극적인 부정적 감정을 드러내는 단어들을 통해 알 수 있다: 가증한 것(תּוֹעֵבָה); 극히 꺼리며(שַׁקֵּץ תְּשַׁקְּצֶנּוּ)(강조형 준동사형 사용); 심히 미워하라(תַּעֵב תְּתַעֲבֶנּוּ)(강조형 준동사형 사용); 진멸(חֵרֶם). 저자는 이처럼 가장 강력한 언어로 이스라엘에게 우상 숭배를 배척하라고 한다(Brueggemann). 만일 이처럼 하나님이 혐오감을 느끼시는 물건들을 집안으로 가져오거나 버리지 않는다면, 이 물건들은 이스라엘에게 심각한 올가미가 될 것이다. 아간의 죄가 생각난다(cf. 수 7장).

4. 온전히 하나님만 의지(8:1-20)

신명기 8장은 사람이 하나님을 얼마나 의지해야 하는가에 대한 가장 위대한 선언문이다(McConville). 저자는 이 선언문을 통해 어려웠던 지난 시절의 하나님을 기념할 것과 앞으로 다가올 풍요로운 시절에도 하나님을 잊지 말 것을 당부한다(Wright). 이 장(章)은 주의 백성이 가나안 땅에서 접하게 될 신앙적인 위험에 대하여 7장에서 시작된 강론의 연속이다. 가나안 땅은 젖과 꿀이 흐르는 땅이기에 이스라엘은 곧 뿌리를 내리고 풍요롭게 살게 될 것이다.

문제는 하나님의 축복인 풍요로움이 오히려 이스라엘에게 치명타를 입힐 수 있다는 사실이다. 그러므로 모세는 이스라엘에게 망각의 위협(threat of forgetting)과 기억의 필요성(urgency of remembering)에 대하여 가르치고자 한다(Brueggemann; cf. 2, 11, 14, 18, 19절). 번영과 풍요로움이 여호와를 잊게 할 수 있다는 우려는 이미 6:10-15에서 간략하게 표현된 적이 있는데 여기서 더 구체적으로, 자세하게 언급된다. 본 텍스트가 6:10-15를 확대 설명하고 있어서인지, 이 두 섹션의 구조도 평행을 이룬다. 다음을 참고하라(Block).

제목	설명	6:10-15	8:1-20
시험의 장소	여호와께서 선조에게 약속하신 땅에서	6:10a	8:1
시험의 성격	끝없는 기회와 번영	6:10b-11	8:7-10
잘못된 반응	여호와를 잊음	6:12	8:11-17
올바른 반응	여호와를 경외/기억	6:13-14	8:18
마지막 경고	땅에서 쓸어버림	6:15	8:19-20

모세는 또한 물질적인 풍요로움이 전부가 아니라는 사실을 강조하면서 사람이 떡으로만 사는 것이 아니라 하나님의 말씀을 먹고 살아야 한

다고 말한다. 그가 확신을 가지고 이 사실을 선언할 수 있는 것은 이스라엘이 이집트를 떠나온 후 지난 40년 동안 경험했던 광야 생활이 이 사실을 뒷받침하고 있기 때문이다.

대부분 학자들은 8장이 매우 짜임새 있는 구조를 지녔다고 생각한다(Fishbane; Wright; Lohfink; Brueggemann; Craigie). 이 섹션에서는 "기억하라/잊지 말라"를 반복적을 사용하여 본문에 응집력을 더하고 있고(2, 11, 14, 18, 19절), 광야와 약속의 땅의 대조가 통일성을 강화하고 있다(7-10, 12-13, 15절). 다음 예를 참고하라(Tigay; cf. Lundbom).[19] 다소 아쉬운 것은 이 분석에서 5절과 17절을 배제했다는 점이다.

A. 말씀에 순종하여 번영하라(1절)
  B. 광야와 만나(2-4절)
    C. 번영 중에도 말씀에 순종하라(6-10절)
    C'. 번영 때문에 여호와를 잊지 말라(11-14절)
  B'. 광야와 만나(15-16절)
A'. 여호와를 기억하라, 그렇지 않으면 멸망한다(18-20절)

필자는 위 구조에 포함되지 않은 5절과 17절을 포함하여, 텍스트를 주해하기 편리하도록 다음과 같은 순서로 구분하고자 한다.

A. 땅은 오직 순종으로(8:1)
B. 광야 생활의 교훈(8:2-6)

---

19 라이트(Wright)는 다음과 같은 구조를 제시한다. 8장의 핵심 메시지인 11절을 중심에 두는 것이 매력적이기는 하지만, 19-20절을 구조에서 배제한다는 점이 아쉽다.

A. The land sworn to the forefathers; command given today (v. 1)
  B. Wilderness as place of humbling, testing, and provision (vv. 2-6)
    C. A good land (vv. 7-9)
      D. You will eat and be satisfied (v. 10)
        E. Bless the Lord; Do not forget (v. 11)
      D′. You will eat and be satisfied (v. 12a)
    C′. A good land (vv. 12b-14)
  B′. Wilderness as place of humbling, testing, and provision (vv. 15-16)
A′. Wealth, covenant with forefathers; as at this day (vv. 17-18)

C. 젖과 꿀이 흐르는 약속의 땅(8:7-10)

D. 풍요와 망각(8:11-20)

II. 두 번째 스피치: 여호와의 율법(4:44-29:1[28:69])
2장. 율법의 전반적인 내용(5:1-11:32)
4. 온전히 하나님만 의지(8:1-20)

(1) 땅은 오직 순종으로(8:1)

1 내가 오늘 명하는 모든 명령을 너희는 지켜 행하라 그리하면 너희가 살고 번성하고 여호와께서 너희의 조상들에게 맹세하신 땅에 들어가서 그것을 차지하리라

모세는 그의 청중들이 이미 익숙해져 있는 문구로 가르침을 시작한다(cf. 4:1; 5:31; 6:1). 가나안 땅에 입성하여 평화와 부의 축복을 누리며 살기를 원한다면, 지금부터 선포되는 말씀을 귀담아 들었다가 강을 건너 그 땅에 정착한 후 들은 말씀대로 행하며 살라는 것이다.

하나님이 이스라엘의 인구가 늘어남에 따라 가나안 땅을 점차로 그들에게 주시겠다고 했던 말씀을 감안하면(cf. 7:22), 이스라엘이 약속의 땅에서 번성한다는 것은 그 땅 전체를 정복하는 것을 뜻한다(Tigay).

이스라엘은 선포되는 말씀을 잘 기억해 두어야 한다. 말씀을 기억하지 못하면 실천으로 옮길 수 없기 때문이다. 그렇기 때문에 성경은 망각을 불순종과 동일시한다(Wright; Craigie). 반면 하나님을 기억하거나 의식하는 일은 순종에서 분리될 수 없다.

II. 두 번째 스피치: 여호와의 율법(4:44-29:1[28:69])
2장. 율법의 전반적인 내용(5:1-11:32)
4. 온전히 하나님만 의지(8:1-20)

(2) 광야 생활의 교훈(8:2-6)

2 네 하나님 여호와께서 이 사십 년 동안에 네게 광야 길을 걷게 하신 것을 기억하라 이는 너를 낮추시며 너를 시험하사 네 마음이 어떠한지 그 명령을 지키는지 지

키지 않는지 알려 하심이라 [3] 너를 낮추시며 너를 주리게 하시며 또 너도 알지 못하며 네 조상들도 알지 못하던 만나를 네게 먹이신 것은 사람이 떡으로만 사는 것이 아니요 여호와의 입에서 나오는 모든 말씀으로 사는 줄을 네가 알게 하려 하심이니라 [4] 이 사십 년 동안에 네 의복이 해어지지 아니하였고 네 발이 부르트지 아니하였느니라 [5] 너는 사람이 그 아들을 징계함 같이 네 하나님 여호와께서 너를 징계하시는 줄 마음에 생각하고 [6] 네 하나님 여호와의 명령을 지켜 그의 길을 따라가며 그를 경외할지니라

모세는 이스라엘이 하나님의 말씀을 잘 기억했다가 약속의 땅에서 행하며 살아야 하는 이유를 이스라엘의 역사, 특히 지난 40년의 광야 생활에서 찾는다. 이제 곧 막을 내리게 될 광야 시절 40년 동안 하나님이 이스라엘을 어떻게 대하셨는가를 생각해 보는 것이다. 즉, 이스라엘이 앞으로 약속의 땅에서 하나님의 말씀에 순종하며 살아야 하는 것은 의무나 책임감 때문이 아니라 이때까지 하나님이 보여 주신 보호와 인도하심에 대한 백성의 자연스러운 반응이자 도리라는 것이다. 모세는 백성들의 마음속 깊은 곳에서 우러난 감사와 감격에 바탕을 둔 순종을 유도하고 있다. "이제까지 지내 온 것 주의 크신 은혜라"라는 찬송이 생각나는 순간이다. 저자는 다음과 같이 광야 생활을 요약적으로 정리한다.

첫째, 광야 생활은 하나님이 이스라엘에게 주신 시험과 훈련이었다(2a-b; cf. 5절). 처음에 하나님은 갓 출애굽한 이스라엘을 곧장 가나안 땅으로 인도하실 계획을 가지고 계셨다. 그러나 가나안 입성을 눈앞에 둔 상황에서 이스라엘은 가데스 바네아에서 하나님께 반역했다(민 14장). 분노하신 하나님은 이스라엘의 진로를 수정하여 40년 동안 광야를 떠돌게 하셨다. 역사적인 관점에서 볼 때 이스라엘의 불신으로 빚어진 이 40년은 정말 어이없는 시간 낭비였다. 그러나 하나님은 40년 동안의 허송세월을 이용하여 이스라엘을 훈련하셨다. 인간의 죄로 빚어진 일을 하나님은 양육의 기회로 삼으셨던 것이다. 그러므로 광야 생활은 인간의 죄와 반역 때문에 시작된 사건인 동시에 하나님의 선한 목적이 시작한 사건이었다(Wright).

이 기간 동안 이스라엘은 신앙 훈련을 받았다. 훈련의 목적은 이스라엘이 하나님만을 의지하고 그의 말씀에 순종하는 삶을 살게 하는 것이었다. 우리의 삶에서도 종종 광야를 지나야 할 때가 있다. 이때 우리는 오직 하나님만 바라보며 삶의 광야를 지나야 한다. 왜냐하면 광야 생활은 사람을 성숙하게 하기도 하고 파괴하기도 하기 때문이다.

광야 생활은 이스라엘을 겸손하게 하는 일이었다. 새번역이 "단련하다"로 번역하고 있는 히브리어 동사(ענה; 히필형)의 기본적인 의미는 "[고난 등을 통하여] 겸손하게 하다"이다(HALOT). 주어가 하나님일 경우에는 죄에 대한 징계를 뜻하기도 하고(왕상 11:39; 사 64:12), 교육적인 목적을 지닌 훈계이기도 하다(Wright; cf. 시 119:71, 75). 훈련을 잘 받아 단련이 되면 겸손해지기 때문에 두 개념이 이질적이지는 않다. 실패한 자가 재기하려면 먼저 자신을 뒤돌아보고 자신의 능력의 한계를 점검해 보아야 한다. 이스라엘이 가데스 바네아에서 대(大)실패를 겪은 후 40년은 재기를 위한 단련의 시간이었고, 이 단련 훈련의 핵심은 겸손해지는 것이었다.

광야 생활은 이스라엘을 시험하는 시간이었다. 히브리어 동사 "시험하다"(נסה)는 "시험에 들게 하다"(tempt)가 아니라 "[사람의] 말과 의도를 증명하다"라는 뜻이다(Wright). 인격과 말의 진실성을 테스트하는 것이다. 이스라엘은 물 때문에 맛사에서 하나님을 시험한 적이(נסה) 있었다(cf. 6:16). 지난 40년은 하나님이 이스라엘을 시험하신(נסה) 기간이었다. 시험하는 자와 시험 받는 자의 역할이 바뀐 것이다. 물론 이스라엘은 그 후에도 수차례 시험을 통과하지 못하다가 드디어 최근에야— 출애굽 1세들이 거의 모두 죽은 다음에야— 이 시험을 무사히 통과하여 모압 평지에 이르게 되었다.

둘째, 여호와께서 이스라엘을 시험하신 주제는 딱 한 가지, 곧 이스라엘이 하나님의 계명을 잘 지킬 것인가였다(2c절). 계명은 지키려는 자가 마음에서부터 우러나는 의지를 바탕으로 노력해야 지속적으로 지킬 수 있다. 그래서 하나님은 광야 시험을 통하여 이스라엘의 마음(לֵבָב)이 어떠한가를 알고자(ידע) 하셨다. 이미 6:5 주해에서 언급한 것처럼 마음(לֵבָב)은 대체로 신체의 내적 장기를 뜻하며, 유태인들은 이곳에서 사람의 생각, 의지, 계획 등이 결정된다고 생각했으며, 사람의 도덕성도 여기에서 결정된다고 믿었다. 하나님은 이스라엘이 율법을 지킬 의지를 갖고 있는가를 알고자 하셨던 것이다. 어떤 주석가들은 하나님이 알고자(ידע) 하셨다는 표현에 대하여 곤혹스러워한다(Maimonides). 하나님의 전지(全知)하심에 위배된다는 생각에서다. 심지어 일부 학자들은 인간이 가지고 있는 자유의지 때문에 하나님이 종종 사람이 어떻게 행동할지를 모르는 때가 있다고 결론짓는다(Tigay). 그러나 본문의 의도는 하나님이 지식이 부족해서 배우려고 하셨던 것이 아니라 이들이 "어떻게 하는가 보려고"(즉, 테스트하려고)의 의미를 지니고 있다.

셋째, 하나님은 생존에 필요한 것들을 시험 도구로 삼으셨다(3a, 4절). 한동안 배를 굶게 하셨다가 만나(מָן)를 주셨는데 이것은 사람들이 전에 알지 못했던 새로운 식량이었으며, 이스라엘이 가나안에 입성한 후에는 더 이상 내리지 않은 하늘의 양식이었다(수 5:12). 하늘로부터 만나가 내리기 시작하면서부터 이스라엘에게는 굶는 일이 없었다. 하나님은 또한 지난 40년 동안 그 수많은 이스라엘 사람들의 신발과 옷이 해지지 않게 하셨다(4절). 하나님은 이스라엘의 의식주 문제를 완전히 해결해 주셨던 것이다.

광야 생활 동안 이스라엘은 어떻게 해지지 않은 옷을 입을 수 있었을까? 한 중세기 유태인 주석가는 동화에서나 나올 법한 이야기로 상상의 날개를 편다. "구름 기둥이 백성들의 옷에서 때를 털어 내고 그 옷을 표백시켰으므로 그들의 옷은 항상 새것으로 보였다. 달팽이가 커감에 따라 달팽이의 집이 커지는 것처럼, 아이들이 성장함에 따라 그들의 옷도 늘어났다"(Rashi).

광야의 자연적인 여건은 인간의 생명 보존에 협조적이지 않았다. 이스라엘처럼 큰 민족을 형성하고 있는 자들에게는 더욱더 그랬다. 하나님의 기적적인 개입이 없었으면, 이스라엘은 모두 광야에서 굶어 죽어야 했다. 광야는 그들의 생명을 유지할 만한 곳이 아니었기 때문이다. 여호와께서는 이스라엘이 생존을 위하여 자연과 환경을 의존하는 것이 아니라 하나님만을 의존하는 것을 가르치고자 하셨다. 하나님의 언약 백성으로서 이스라엘이 살길은 그들과 언약을 맺은 하나님만 의존할 것이었다(Craigie). 이스라엘은 40년 동안 훈련을 받고서야 비로소 이 교훈을 배웠다.

많은 학자들이 만나가 어떤 것인가를 자연적으로 설명하려고 한다. 이들이 제일 선호하는 설명은 만나는 시내 광야에 사는 깍지벌레(scale insect)와 진딧물(plant lice)이 위성류 나무(tamarisk tree)에 흘리는 분비물이라는 것이다(cf. Tigay). 이 분비물은 작고 하얀 끈적끈적한 알갱이가 되어 땅에 떨어진다. 그러나 문제는 이 알갱이는 1년 중 6-7월에만 생산되는 것이며, 양도 많지 않다는 것이다. 성경은 이스라엘 백성 모두가 이것을 매일 40년 동안 먹었다고 한다. 만나를 먹은 이스라엘 사람들도 자신들이 무엇을 먹는지 정확히 알지 못했다. 그래서 그들은 처음 이것을 접하는 순간 "이게 뭐꼬?"(מָן הוּא)(출 16:15, 31)라고 소리쳤으며 이 문구에서 만나(מָן; lit., 뭐꼬?)라는 이름이 유래되었다. 이스라엘이 광야에서 만나를 먹고 산 것은 자연적인 현상으로 설명할 수 없는 기적이다. 이 일은 하나님의 신비로운 사역에 속한 것으로 남아야 한다.

넷째, 하나님이 시험을 통해 이스라엘이 얻기 원하셨던 교훈은 사람이 떡으로만 사는 것이 아니라, 여호와의 입에서 나오는 모든 말씀으로 산다는 것이었다(3b절). "사람이 떡으로만 사는 것이 아니요 여호와의 입에서 나오는 모든 말씀"으로 살아야 한다는 이 말씀은 9장의 핵심이다(McConville). 또한 이 말씀은 이스라엘이 그들의 몸을 위하여 음식을 먹는 것보다 그들의 영혼을 위하여 하나님의 말씀을 섭취하는 것을 더 우선으로 생각해야 한다는 권면이다(Driver). 인간의 생사고락이 "그에게 주어진 하나님의 말씀"에 의하여 결정되기 때문이다(von Rad). 이스라엘은 지난 40년의 경험을 통해 하나님이 그들의 육신을 위한 음식은 매일 채워주셨음을 경험했기 때문에 더욱더 그렇게 해야 한다.

일부 주석가들은 "여호와의 입에서 나오는 모든 말씀〔것〕"이 인간이 스스로의 노력으로 얻는 것들과 대조되는 것—곧 하나님이 주시는 재물/물질을 뜻하는 것으로 풀이한다(Willis; O'Connell). 그러나 모세는 지금 지난 40년의 광야 생활을 회상하고 있다. 이스라엘은 지난 40년 동안 하루도 자신의 노력으로 먹을 것을 충당한 적이 없다. 모두 하나님이 내려 주신 것이었다. 이러한 정황에서 "여호와의 입에서 나오는 것〔말씀〕"은 재물/물질이 될 수 없다. 그러므로 여호와의 입에서 나오는 것에는 이미 선포된 하나님의 약속, 언약과 율법, 창조와 인류에 대한 하나님의 목적 등이 포함되어 있다(Wright; Block). 우리는 예수님이 40일 금식 이후 광야에서 사탄의 시험을 받았을 때에 이 말씀으로 원수의 시험을 이기셨던 일을 잘 알고 있다(마 4:4). 예수님이 이 말씀을 인용하실 때에도 인간은 하나님의 말씀을 먹고 살아야 한다는 의미를 갖는다.

이스라엘은 어떻게 만나를 먹게 되었는가? 무슨 일이 있어도 그들을 보호하고 인도하시겠다는 하나님의 말씀에서 비롯된 기적의 결과였다. 광야 생활 40년 동안 이스라엘은 하나님의 말씀을 먹고 산 것이다. 또한 궁극적으로 이스라엘을 이날까지 살린 것은 하나님의 말씀이었다. 본문이 결코 육체적인 양식의 중요성을 부인하는 것은 아니다(Wright). 그러나 사람은 짐승이 아니기 때문에 배부름에서만 삶의 의미를 찾을 수 없다. 모세는 이스라엘이 하나님을 만나로 그들을 먹이신 분일 뿐만 아니라, 그보다 훨씬 더 중요한 생명의 떡인 말씀을 주시는 분으로 알기를 원했다. 삶의 진정한 의미는 하나님의 입에서 나온 말씀에서만 찾을 수 있기 때문이다. 우리가 살려면 음식만이 아니라 하나님의 말씀도 필요한 것이다.

다섯째, 하나님이 이스라엘을 훈련시키시는 것은 마치 사람이 자기 자녀를 훈련시키는 것과 같다(5절). 부모-자식 비유는 하나님이 자상하게 이스라엘을 보살피셨던 일을 묘사하면서 이미 1:31에서 사용되었다. 이번에는 이 비유가 이스라엘이 받은 훈련을 묘사하면서 사용된다. 히브리어 동사 "훈련하다"(יסר)의 가장 기본적인 의미는 "교육하다/양육하다"이다(HALOT). 훈련이 끝나면 더 성숙해져 있고, 더 성장해져 있는 것이다. 그러므로 훈련의 과정은 고통스러울 수 있어도 목표와 결과는 좋은 것이다.

이스라엘은 광야 생활 동안 하나님의 경고, 징계, 호된 징벌을 체험했다. 그러나 이 모든 고통의 바탕은 자녀를 교육하려는 아버지의 사랑이었다. 하나님이 이스라엘을 너무 사랑하시기에 그들이 잘못되는 것을 내버려 두지 않으시고 그들의 삶에 경건한 습관이 붙을 때까지 계속 반복적으로 훈련하셨던 것이다. 이런 차원에서 이스라엘의 역사에서 광야 생활 40년은 갓 태어난 어린 이스라엘이 성인으로 성장하는 과정에서 지난 사춘기라고 할 수 있다(Craigie). 하나님은 아직 어려서 옳고 그름을 판단하지 못하는 아이를 양육하는 부모의 심정으로 이스라엘을 훈련하셨다.

만약 이스라엘이 이처럼 애틋한 하나님의 심정을 이해한다면, 그 어떠한 징계와 성장통도 감사히 받을 수 있다. 그러므로 모세는 막을 내리고 있는 광야 시절을 어떻게 이해해야 하는가에 대한 교훈을 하나님을 경외하고 그의 말씀에 순종하라는 권면으로 마친다(6절). 하나님은 이스라엘이 습관적으로 하나님을 경외하고 말씀에 순종하게 하기 위하여 지난 40년 동안 이들을 훈련시키셨으니, 이스라엘이 잘 훈련 받았음을 삶에서 보임으로써 하나님의 노력이 헛수고가 되지 않도록 하라는 것이다. 잠언 3:11-12은 하나님의 훈계에 대하여 다음과 같이 권면한다.

아이들아, 주님의 훈계를 거부하지 말고,
그의 책망을 싫어하지 말아라.
주님은, 당신이 사랑하시는 사람을 꾸짖으시니,
마치 귀여워하는 아들을 꾸짖는 아버지와 같으시다.(새번역)

II. 두 번째 스피치: 여호와의 율법(4:44-29:1[28:69])
2장. 율법의 전반적인 내용(5:1-11:32)
4. 온전히 하나님만 의지(8:1-20)

(3) 젖과 꿀이 흐르는 약속의 땅(8:7-10)

7 네 하나님 여호와께서 너를 아름다운 땅에 이르게 하시나니 그곳은 골짜기든지
산지든지 시내와 분천과 샘이 흐르고 8 밀과 보리의 소산지요 포도와 무화과와 석
류와 감람나무와 꿀의 소산지라 9 네가 먹을 것에 모자람이 없고 네게 아무 부족함
이 없는 땅이며 그 땅의 돌은 철이요 산에서는 동을 캘 것이라 10 네가 먹어서 배부
르고 네 하나님 여호와께서 옥토를 네게 주셨음으로 말미암아 그를 찬송하리라

이스라엘이 지난 40년을 보낸 광야는 매우 황량하여 인간이 살기에는 적합하지 않았다. 반면 앞으로 그들이 차지하게 될 가나안 땅은 매우 비옥하다. 약속의 땅은 광야와 매우 대조되는 땅인 것이다. 저자는 이 섹션에서 가나안이 어떤 땅인가를 설명해 준다. 신명기는 약속의 땅의 비옥함을 누누이 말하지만, 본문에서처럼 체계적이고 산뜻하게 묘사하는 곳은 없다. 저자는 이스라엘이 곧 차지하게 될 땅은 아름다운 땅(אֶרֶץ טוֹבָה)이라는 말로 이 섹션을 시작하여(7절), "옥토"(הָאָרֶץ הַטֹּבָה)라는 말로 끝을 맺는다(10절). 그 사이에 "땅"(אֶרֶץ)이 다섯 차례 더 사용되며 가나안 지역의 다양한 성향을 설명한다. 저자는 "땅"(אֶרֶץ)을 총 일곱 차례 사용하며 약속의 땅의 완벽함/좋음(טוֹב)을 극찬하는 것이다. 모세는 그만큼 강력하게 광야와 가나안 땅을 대조적으로 비교하고자 한다. 광야가 죽음의 땅이었다면, 가나안은 생명의 땅이다.

가나안 땅을 한 마디로 묘사하자면, 그 땅은 좋은 땅이다(7a절). "아

름다운 땅"(אֶרֶץ טוֹבָה)은 신명기가 약속의 땅을 묘사할 때 흔히 사용하는 주제 혹은 중심 사상(leitmotif)이다(Tigay; cf. 1:25, 35; 3:25; 4:21, 22; 6:18; 8:10; 9:6; 11:17). 하나님이 이스라엘에게 선물하실 이 아름다운 땅은 다음과 같은 특징을 지녔다. 첫째, 가나안은 물이 풍부한 땅이다(7절). 그곳에는 지하수가 흐르고, 샘물이 나고, 시냇물이 흐른다. 물이 부족하여 사막처럼 되어 버린 광야와 강한 대조를 이루는 땅이다. 물은 모든 생명의 근원이다. 가나안에 물이 풍부하다는 것은 이 땅은 죽음의 땅인 광야와는 질적으로 다른, 생명과 생기가 왕성한 땅이라는 점을 암시한다.

둘째, 가나안은 비옥한 땅이다(8절). 물이 많다 해도 땅이 비옥하지 않으면 소산이 신통치 않을 수 있다. 이스라엘은 이점에 대하여 염려하지 않아도 된다. 하나님이 그들에게 주실 땅은 곡식과 과일이 잘 자라는 비옥한 땅이기 때문이다. 모세는 비옥한 가나안 땅의 소산물 일곱 가지를 나열한다. 밀, 보리, 포도, 무화과, 석류, 올리브 기름, 꿀. 완전수 '7'을 사용하여 이 땅이 이스라엘이 살기에는 안성맞춤이 될 것이라는 점을 강조하고자 하는 것이다. 밀과 보리는 가나안 지역에서 생산되는 가장 기본적인 곡물로 이스라엘의 식생활의 주를 이루었다. 포도는 중요한 과일이었을 뿐만 아니라 당시 사람들이 가장 많이 마시던 술의 주원료였다. 무화과는 이스라엘 사람들에게 가장 흔하면서도 환영받는 과일이었다(Tigay). 그들은 무화과를 생으로 먹거나, 말려서 먹었고 혹은 요리해서 먹었다.

석류는 생으로, 혹은 말려서 먹는 과일이었으며 석류 과즙으로 술을 빚기도 했다. 석류는 생김새가 탐스럽고 많은 알갱이로 구성된 과일이기에 고대 근동에서 다산(多産)과 풍요로움의 상징이었다. 훗날 솔로몬이 만든 성전이 석류 문양으로 장식되었다(왕상 7:18, 20, 42). "올리브 오일"(זֵית שֶׁמֶן)의 문자적인 의미는 "기름 올리브 〔나무〕"(oil-olives)이다. 올리브 나무들 중에서도 아무리 비가 많이 와도 과일의 기름을 잃지 않는 특별한 품종의 올리브 나무를 뜻한다(Tigay). 성경에서 꿀(דְּבַשׁ)은 벌꿀을 뜻하기도 하고 대추야자(date)나 포도즙, 혹은 무화과의 과즙을 끓여서 만든 일종의 조청을 뜻하기도 한다. 오늘날 캐나다에서 이른 봄이면 단풍나무 수액으로 시럽(maple syrup)을 만드는 방법과 비슷하다. 본문이 농산물을 나열하고 있다는 점을 감안할 때, 후자를 염두에 둔 것으로 해석하는 것이 바람직하다(Tigay).

셋째, 약속의 땅은 중요한 광물도 풍부하다(9절). 저자는 이스라엘이 가나안 땅에서 철(בַּרְזֶל)과 구리(נְחֹשֶׁת)를 캐낼 수 있을 것이라고 한다. 가나안에서는 지극히 작은 양의 철과 구리가 갈릴리 지역과 베카 계곡(Bekaa Valley)에서 생산될 뿐이다. 반면에 요단 강 동편의 길르앗 지역과 사해에서 아카바 만에 이르는 요단 협곡(Jordan Rift)에서는 제법 많은 양의 철과 구리가 생산된다. 그래서 주석가들은 본문이 가나안 땅뿐만 아니라 훗날 이스라엘이 차지하게 될 모든 땅을 뜻하는 것으로 이해한다(Craigie; Tigay). 일부 주석가들은 이스르엘 계곡 등에서 발견되는 현무암(화산에서 분출된 마그마가 굳은 돌로 20퍼센트까지 철로 이루어져 있음)을 본문의 범위에 포함시킨다(Muhly; Noth; Orni).

물이 많고(7절), 농산물이 흔하고(8절), 지하자원이 풍부하다(9절)는 것은 생산업과 상업이 발달할 잠재력을 지녔다는 것을 뜻한다(Tigay). 가나안 땅은 노예 생활에 지치고 광야의 궁핍함에 익숙해져 있는 이스라엘에게 진정한 기회의 땅이 될 수 있다. 이스라엘은 하나님이 선물로 주시는 이 좋은 땅(הָאָרֶץ הַטֹּבָה)에 들어가 땅의 소산을 누리고 그분을 찬양할 것이다(10절). "찬양하다"(ברך)의 기본적인 의미는 "축복하다"이지만, 이 동사가 하나님을 목적어로 하고 있을 때는 "찬양하다"나(cf. 개역; 새번역; NIV), "감사하다"로 번역되어야 한다(JPS; Ehrlich; Tigay). 축복이란 강자가 약자에게 내리는 것이지, 약자가 강자에게 줄 수 있는 것이 아니기 때문이다(NIDOTTE). 또한 본문에서는 이 동사가 "〔여호와를〕 잊다"(cf. 11절)와 대조를 이루고 있기 때문에 '기억하다'의 의미로도 해석되어야 한다(Block).

이 섹션은 가나안에 정착할 이스라엘의 이상적인 모습을 그리고 있다. 하나님의 축복으로 내려진 풍요로움을 마음껏 누리며, 그 풍요로움 속에서 하나님을 경외하며 살아가는 백성의 모습이다. 가나안은 이스라엘이 하나님의 통치 아래 풍요로움을 마음껏 누릴 수 있는 땅이었던 것이다(Grisanti).

II. 두 번째 스피치: 여호와의 율법(4:44-29:1[28:69])
2장. 율법의 전반적인 내용(5:1-11:32)
4. 온전히 하나님만 의지(8:1-20)

(4) 풍요와 망각(8:11-20)

11 내가 오늘 네게 명하는 여호와의 명령과 법도와 규례를 지키지 아니하고 네 하
나님 여호와를 잊어버리지 않도록 삼갈지어다 12 네가 먹어서 배부르고 아름다운
집을 짓고 거주하게 되며 13 또 네 소와 양이 번성하며 네 은금이 증식되며 네 소
유가 다 풍부하게 될 때에 14 네 마음이 교만하여 네 하나님 여호와를 잊어버릴까
염려하노라 여호와는 너를 애굽 땅 종 되었던 집에서 이끌어 내시고 15 너를 인도
하여 그 광대하고 위험한 광야 곧 불뱀과 전갈이 있고 물이 없는 간조한 땅을 지
나게 하셨으며 또 너를 위하여 단단한 반석에서 물을 내셨으며 16 네 조상들도 알
지 못하던 만나를 광야에서 네게 먹이셨나니 이는 다 너를 낮추시며 너를 시험하
사 마침내 네게 복을 주려 하심이었느니라 17 그러나 네가 마음에 이르기를 내 능
력과 내 손의 힘으로 내가 이 재물을 얻었다 말할 것이라 18 네 하나님 여호와를
기억하라 그가 네게 재물 얻을 능력을 주셨음이라 이같이 하심은 네 조상들에게
맹세하신 언약을 오늘과 같이 이루려 하심이니라 19 네가 만일 네 하나님 여호와
를 잊어버리고 다른 신들을 따라 그들을 섬기며 그들에게 절하면 내가 너희에게
증거하노니 너희가 반드시 멸망할 것이라 20 여호와께서 너희 앞에서 멸망시키신
민족들 같이 너희도 멸망하리니 이는 너희가 너희의 하나님 여호와의 소리를 청
종하지 아니함이니라

바로 앞 섹션(7-10절)에서 이스라엘이 얻게 될 땅을 이상적으로 설명한 모세가 주제를 바꿔 무슨 일이 있어도 결코 하나님을 잊어서는 안 된다고 권면한다. 그는 시간이 지나면 풍족함이 오히려 이스라엘의 신앙에 극약이 될 수 있다는 사실을 그 누구보다도 잘 알고 있다. 평온한 만족감(complacency)은 기억상실증(amnesia)을 잉태하고, 기억상실증은 독존(獨尊, autonomy)으로 발전하며, 독존은 하나님 말씀에 순종해야 할 필요성을 부정하기 때문이다(Brueggemann).

주의 백성이 하나님을 잊고 산다는 것이 그들의 삶에서 어떠한 증상으로 나타나는가? 저자는 하나님을 잊는다는 것은 곧 그분의 명령과 법도와 규례를 어기는 것이라고 한다(11절). 하나님을 잊는 것은 곧 그분의 말씀대로 살아가지 않는 것을 뜻한다(Craigie; Tigay; Wright). 성경에서 잊는다는 것은 단순히 기억하지 못하거나 얼이 빠진 상태를 말하는 것이 아니다. 하나님에 대하여 아무리 많은 지식을 지녔다 해도 만일 그 지식이 하나님의 지속적이고 실제적인 임재에 대한 생생한 기억(living memory)의 일부가 되지 못하고 단순한 정보 수준에 머문다면 하나님은 그 사람의 삶에서 잊혀진 것이다(Craigie). 그러므로 우리도 하나님께 예배와 제물을 꾸준히 드리고, 심지어 매일 기도와 찬양을 드리면서도, 그분의 말씀이 우리의 일상생활에 영향력을 행사하지 않는다면, 우리는 하나님을 잊고 사는 위험에 노출되어 있는 것이다. 그렇다면 어떤 것들이 주의 백성으로 하여금 하나님을 잊게 한단 말인가?

첫째, 이스라엘이 약속의 땅에서 누리게 될 풍요로움이 하나님을 잊게 할 수 있다(12-13절). 사람은 생존하기 위하여 필요한 물질이 부족할 때는 긴장하고 조심하지만, 풍부할 때는 긴장이 풀리고 나태해진다. 성도가 열심히 기도하고 하나님을 의지할 때는 대체로 무언가가 부족하거나 필요할 때다. 어떻게 생각하면 전능자로부터 무언가를 얻어내려는 속셈으로 열심히 매달리는 것이다. 그러나 이런 경우에라도 하나님께 매달린다는 것은 좋은 일이다.

반면 신앙적으로 가장 나태해질 수 있는 때는 모든 것이 잘 될 때다.

필요한 것이 없고 모든 것이 만족스러우면 무언가 부족하다고 느낄 때 만큼 열심을 내서 하나님을 찾지 않는 것이 인간의 간사한 모습이다. 즉, 우리가 하나님께 간구하며 염원하는 것은 아무것도 부족함이 없고 모든 일이 잘 되는 샬롬(שָׁלוֹם)이지만, 드디어 이 샬롬을 누리게 되면 그 샬롬을 주신 하나님을 잊기 시작한다. 이런 경우 샬롬을 누리게 된 것이 축복인가, 아니면 오히려 저주인가?

부유함이 오히려 하나님과의 관계에 해가 된다면, 가난한 자로 살아가는 것이 더 복된 일이 아닐까? 이러한 사실을 알면서도 오늘도 우리는 세상적인 풍요로움을 구하는 데 기도 시간의 대부분을 할애한다. 오히려 우리가 먼저 기도해야 할 것은 부(富)가 생기면 그 부를 하나님과 그의 나라를 위하여 사용할 수 있는 지혜와 청사진을 달라고 해야 하지 않을까? 아굴의 기도가 생각난다(잠 30:8-9).

> 저를 가난하게도 부유하게도 하지 마시고,
> 오직 저에게 필요한 양식만을 주십시오.
> 제가 배가 불러서, 주님을 부인하면서 '주가 누구냐'고 말하지 않게 하시고,
> 제가 가난해서, 도둑질을 하거나 하나님의 이름을 욕되게 하거나,
> 하지 않도록 하여 주십시오.(새번역)

둘째, 이스라엘의 교만이 하나님을 잊게 할 수 있다(14, 17절). 사람은 궁핍하고 어려울 때에는 하나님께 매달리고 간구한다. 그러나 하나님이 불쌍히 여기시고 그 사람의 기도에 응답하여 살만하게 해 주시면 사람의 마음이 변하기 시작한다. 처음에는 하나님께 감사와 찬송과 영광을 돌리지만, 그것도 잠시, 조금 지나면 슬슬 착각이 마음을 지배한다. 하나님이 내려 주신 축복이 어느 순간부터 자신의 노력과 능력의 대가로 보이기 시작하는 것이다!

주신 자가 없는 선물은 받은 자의 개인적 소유가 되며 그의 위상을

높이는 기회가 될 뿐이다(Brueggemann). 저자는 이런 인간의 심리를 17절에서 정확하게 묘사하고 있다. "당신들이 마음 속으로 '이 재물은 내 능력과 내 손의 힘으로 모은 것이라'"(새번역)고 생각할 것 같아서 걱정이 된다. 이런 착각이 진행되면 교만이 시야를 가려 더 이상 하나님을 볼 수 없게 되고 하나님을 잊게 한다. 이스라엘이 그들을 고난의 용광로와 같은 이집트에서 인도해 내신 하나님을 잊는다는 것은(14절), 가장 상식 밖의 짓이라 할 수 있다. 그러나 역사는 끊임없이 강조한다. 주의 백성이라는 자들이 이러한 일을 수없이 되풀이했었던 사실을 말이다.

그렇다면 성도들은 이러한 위험에서 어떻게 자신을 보호할 수 있는가? 교만하지 않으려면 겸손해야 하는데, 겸손은 자기 자신을 맹목적으로 비하하는 데서 생겨나는 것이 아니다. 자기를 도와주고 은혜를 베풀어 준 사람들을 끊임없이 기억하고 입은 은혜를 회상하는 것이 가장 좋은 방법 중 하나다. 그 이유는 첫째, 자신은 남의 도움을 필요로 하는 불완전한 사람이라는 것을 인정하게 되기 때문이며, 둘째, 은혜를 베풀어 준 고마운 사람들을 위해서라도 교만하지 않아야 된다는 사명감이 생기기 때문이다.

과거에 체험한 은혜는 우리가 교만하지 않도록 하는 능력을 지녔다. 이스라엘이 여기까지 오게 된 것은 분명 하나님의 은혜를 입어서 가능한 일이었다. 그러므로 이스라엘이 교만하지 않으려면, 하나님이 지금까지 베풀어 주신 자비를 끊임없이 기념하며 묵상해야 한다. 그렇다면 이스라엘이 체험했던 그 수많은 하나님의 은혜들 중 어떤 것들을 기념해야 하는가? 저자는 하나님의 은혜를 기념하고자 하는 주의 백성들을 위해 하나님은 이런 분이시라며 그들이 이미 체험한 몇 가지 역사적 예를 든다(14-18절).

첫째, 여호와는 이스라엘을 이집트에서 해방시키신 분이다(14절). 이스라엘은 한때 이집트의 노예였다. 그것도 혹독하게 착취당하는 노예였다. 그런 그들을 하나님이 찾아오셨다. 모세를 통하여 그들을 혹사하던 이집트 사람들에게 재앙을 내리시고, 새로운 출발을 위해 그곳을 떠나게 하신 분이시다. 하나님은 시내 산에서 이 백성에게 자신을 주셨다. 언약을 통해 이스라엘의 군주가 되셨고, 이 보잘것없는 백성만을 사랑하시겠다고 온 천하에 선언하신 것이다. 이 일은 이스라엘의 신학적-국가적 정체성에 가장 중요한 사건이다. 이 한 가지만 생각해도 아무런 조건 없이 하나님께 충성하는 것이 이스라엘의 도리이자 사명인 것이다.

둘째, 여호와는 지난 40년 동안 사람이 살 수 없는 광야에서 온 백성을 보호하시고 먹이신 분이다(15-16a절). 하나님의 원래 계획은 이스라엘을 곧장 약속의 땅으로 인도하시는 것이었다. 그러나 이스라엘이 가데스 바네아에서 반역하였고 하나님은 분노하사 그들은 40년 동안 가나안에 입성하지 못한다고 하셨다. 양식은커녕 마실 물마저 귀하고, 온갖 위험 요소가 도사리고 있는 광야는 사람이 살 수 없는 곳이다. 비록 이스라엘에게 분노하셨지만, 하나님은 그들을 고아처럼 버려 두시지 않고 지난 40년 동안 직접 그들의 안전과 의식주를 챙기셨다. 여호와께서는 이스라엘을 위험한 짐승들로부터 보호하셨고(15a절), 목마른 백성들을 위하여 물이 나게 하셨으며(15b절), 배고픈 이스라엘을 위하여 하늘로부터 만나를 내리셨다(16a절). 이스라엘은 심판 후에 임하는 하나님의 용서와 은총이 어떤 것인가를 이 기간 내내 체험했다. 앞으로도 그렇게 하실 것이다. 다만 과거에는 기적을 통해 그들을 살리셨는데, 앞으로는 땅의 풍요를 통해 그들을 살리실 것이다. 다음을 참고하라(Block).

과거	기적(만나 등등) + 감사와 순종 → 생명
미래	땅의 풍부함(풍요) + 감사와 순종 → 생명

셋째, 여호와는 이스라엘이 잘 되기를 염원하는 분이시다(16b절). 이

스라엘의 입장에서 광야 생활은 분명 고통스러웠다. 그러나 그 광야 생활마저도 이스라엘이 잘되기를 원하시던 하나님의 사랑에서 비롯된 일이었다. 이 기간 동안 하나님은 이스라엘이 더 잘 되라고, 앞으로 더 이상 이런 죄를 짓지 않게 하기 위하여 내내 그들을 훈련하셨다. 비록 인간의 죄가 빚어낸 일이지만, 하나님은 그 방황과 위기의 세월을 백성들에게 약이 되도록 사용하셨던 것이다. 이스라엘은 40년 광야 생활을 통해 그들이 아팠던 만큼 성숙해져 있었다. 하나님이 성공적으로 그들을 훈련하셨기 때문이다.

넷째, 여호와 하나님은 약속을 지키는 분이시다(18절). 이스라엘이 모압 평지에 모여 모세의 강론을 듣고 있는 가장 큰 이유는 하나님이 이미 오래 전에 그들의 선조들에게 약속하신 것을 지키셨기 때문이다. 아브라함, 이삭, 야곱에게 주셨던 약속 때문에 이스라엘은 이곳에 와 있다. 참으로 놀라운 것은 하나님이 수백 년 전에 사람들과 하신 약속을 지키시기 위하여 이와 같은 수고를 마다하지 않으신다는 사실이다. 우리는 며칠 전에 한 약속도 잊어버리는 데 말이다. 우리와 하나님의 차이가 여기에 있다. 하나님은 아무리 보잘것없는 약속이라도, 한 번 하신 약속은 꼭 지키는 분이시다. 이와 같은 하나님의 신실하심이 주의 백성들의 소망의 근거가 된다.

하나님을 잊으면 가나안 사람들처럼 멸망할 것이다(19-20절). 저자는 본 텍스트에서 8장의 핵심 메시지를 다시 한 번 강조한다. "여호와를 잊지 말라." 모세의 강론을 귀담아 들어온 사람이라면 하나님이 이스라엘을 위하여 하신 일들이 너무 위대하고 고마워서 가슴이 찡했을 것이다. 이런 하나님을 배반한다는 것은 도저히 상상할 수 없으며, 배반하는 자는 벌을 받아 죽어 마땅하다. 사실 우리가 지난 날 하나님이 베풀어주신 은혜에 대하여 의도적으로 눈을 감지 않는다면, 결코 여호와를 잊을 수 없다(Grisanti). 저자가 본문에서 경고하고자 하는 것이 바로 이 사실이다. 하나님의 은혜에 의도적으로 눈을 감아 기억하지 않는 것은 잊어서 기억하지 못하는 것보다 훨씬 더 악하다.

만일 이스라엘이 하나님을 거역하면, 하나님은 가나안 사람들을 죽이는 것처럼 이스라엘을 죽이실 것이다(cf. 레 18:24-28). 순종하지 않는 주의 백성은 그들의 손에 죽어야 할 가나안 사람들과 다를 바가 없다(Grisanti). 하나님의 말씀에 순종하지 않으면, 하나님이 그들을 죽이시겠다는 경고는 곧 언약적 저주이기도 하다. 하나님의 선택(election)은 조건이 없는 축복이 아니다. 선택 받은 자(elect)는 하나님과의 언약 조건에 의하여 평가를 받으며, 이 평가에 따라 복이나 벌을 받는다(McConville).

II. 두 번째 스피치: 여호와의 율법(4:44-29:1[28:69])
2장. 율법의 전반적인 내용(5:1-11:32)

5. 자만과 반역에 대한 경고(9:1-10:11)

모세는 이 섹션에서도 이스라엘에게 하나님 앞에서 겸손해야 하며 자신의 위치와 능력에 대해 자만하여 교만에 빠지는 일이 없도록 하라고 권면한다. 우리는 이미 여러 차례 같은 내용의 권면을 들었기에 잔소리로 들릴 수도 있다. 그러나 모세가 이처럼 같은 내용을 반복해야 하는 것은 이러한 경고를 듣는 것하고 그 경고에 따라 순종하며 사는 것은 별개 문제이기 때문이다. 백 번을 들어도 순종하지 않으면 의미가 없다. 그러므로 그는 이스라엘이 약속의 땅에서 하나님께 순종하며 살 것이라는 확신이 어느 정도 설 때까지 계속 같은 내용을 반복할 것이다.

모세는 이스라엘이 하나님의 도움을 받아 가나안 정복을 끝내고 그 땅에 정착하고 난 후 그 땅을 얻게 된 것이 자신들의 군사적 우월성이나 의로움 때문이라며 교만에 빠져 하나님을 잊게 될까 염려하고 있다. 만약에 이스라엘이 그런 생각을 하게 된다면 그것은 순전히 그들의 어리석음과 심각한 기억상실증에서 초래되는 결과일 뿐이다(Craigie).

저자는 이번에도 출애굽 이후 이스라엘이 하나님께 반역했던 일들을 예로 들어가며 가르침을 계속한다. 모세가 시내 산 정상에서 율법을 받는 동안 산 밑에서는 아론이 주동하여 금송아지를 만들어 온 이스라엘이 숭배했던 일과 가데스 바네아에서 가나안 땅에 보냈던 정탐꾼들의 보고를 듣고 하나님께 반역했던 일 등 이스라엘의 역사에서 가장 괄목할 만한 반역 사건 두 가지를 상기시키면서 겸손할 것을 요구한다. 주님께 반역하기를 밥 먹듯이 한 이스라엘의 경우 과거를 회상하는 것은 곧 겸손하게 하는 효과를 지녔다.

가나안 정복을 앞둔 세대가 그들의 조상이 하나님께 얼마나 수치스러운 범죄를 저질렀는가를 생각해 보면 결코 교만할 수 없을 것이라는 기대에서다. 그래서 모세는 본 텍스트에서 하나님의 용서와 은혜가 아니라, 이스라엘의 반역에 초점을 맞추고 있다(Merrill). 저자가 이 주제가 이스라엘에게 얼마나 중요하다고 생각하는가는, 신명기에서 중요한 가르침이 선포될 때마다 백성들의 집중을 요구하며 사용되는 "이스라엘아 들으라!"(שְׁמַע יִשְׂרָאֵל)라는 말로 메시지가 시작되는 것에서 엿볼 수 있다(cf. 4:1; 5:1; 6:4). 그러나 우리가 잘 알다시피, 이스라엘은 훗날 이런 모세의 기대를 여지없이 무너뜨린다. 이 섹션은 다음과 같이 구분할 수 있다.

A. 주께서 가나안 사람들을 몰아내실 것(9:1-3)
  B. 가나안 정복에 대한 자만은 금물(9:4-5)
    C. 이스라엘은 반역한 백성(9:6-7)
    C'. 시내 산에서 반역(9:8-21)
    C". 광야 여러 곳에서 반역(9:22-24)
      D. 모세는 하나님의 자비에 호소(9:25-29)
      D'. 하나님께서 새 돌판을 주심(10:1-11)

II. 두 번째 스피치: 여호와의 율법(4:44-29:1[28:69])
2장. 율법의 전반적인 내용(5:1-11:32)
5. 자만과 반역에 대한 경고(9:1-10:11)

(1) 주께서 가나안 사람들을 몰아내실 것(9:1-3)

**1 이스라엘아 들으라 네가 오늘 요단을 건너 너보다 강대한 나라들로 들어가서 그
것을 차지하리니 그 성읍들은 크고 성벽은 하늘에 닿았으며 2 크고 많은 백성은
네가 아는 아낙 자손이라 그에 대한 말을 네가 들었나니 이르기를 누가 아낙 자손
을 능히 당하리요 하거니와 3 오늘 너는 알라 네 하나님 여호와께서 맹렬한 불과
같이 네 앞에 나아가신즉 여호와께서 그들을 멸하사 네 앞에 엎드러지게 하시리
니 여호와께서 네게 말씀하신 것 같이 너는 그들을 쫓아내며 속히 멸할 것이라**

땅을 얻기 위하여 이스라엘이 싸워야 할 가나안 족속들은 이스라엘보다 훨씬 더 강한 민족들이며, 그들의 성벽은 하늘에 닿을 듯이 높다. 이스라엘의 군사력으로는 상대하기 힘든 상대이다(1절). 가나안 족속들의 강인함과 이스라엘의 연약함이 강력한 대조를 이루고 있다(Craigie). 그 당시 가나안 성벽의 높이가 9-15미터에 이르고 폭이 4-5미터에 달한 것을 감안할 때, 그들의 성벽이 하늘에 닿는다는 표현은 매우 현실감 있다. 이스라엘이 상대해야 할 적들 중에는 아낙 자손들(בְּנֵי עֲנָקִים)도 있다(2절). 아낙 자손은 키가 크고 힘이 세기로 소문이 나 있던 족속이었다. 이스라엘은 40년 전 가데스 바네아에서 정탐꾼들의 보고를 받고 난 후 아낙 자손이 노아 홍수 이전에 살았던 것으로 전해진 네피림(הַנְּפִלִים)(LXX는 "거인들"[γίγαντας]이라는 일반명사로 해석함)의 후손이라며 여호와께서 이스라엘을 그들의 손을 통해 죽이시려고 이곳까지 데려왔다고 하나님을 원망했다(민 13:33).

가나안 족속들은 이스라엘이 상대하기에는 버거운 적이다. 그러나 걱정할 필요는 없다. 이스라엘이 지난 40년의 광야 생활을 통해 배운 진리가 한 가지 있다면 하나님이 그들과 함께 하시면 세상에 그 어떠한 적이나 위기도 문제가 될 수 없다는 사실이다. 하나님은 40년 전이나

지금이나 이스라엘을 위하여 싸우실 준비가 되어 있으시다. "맹렬한 불"(אֵשׁ אֹכְלָה; lit., 삼키는 불)이 되어 가나안 사람들을 순식간에 멸하실 것이며, 이 민족들이 이스라엘에게 무릎을 꿇도록 하실 것이다(3절). 모세는 만일 이스라엘이 우상을 숭배하면 여호와께서 "맹렬한 불"이 되어 그들을 삼킬 것이라고 경고한 적이 있다(4:24). 이스라엘의 행동에 따라 하나님은 이스라엘의 아군이 되기도 하시고, 적이 되기도 하신다는 의미다. 하나님은 항상 자기 편이라고 생각하는 사람들에게는 경종을 울리는 말씀이다.

이미 하나님은 가나안 땅이 황무지로 변하는 것을 막기 위하여 이스라엘에게 땅을 점차로 조금씩 주시겠다고 하였는데(7:22), 본문이 말하고 있는 순식간의 승리는 무엇을 뜻하는가? 아마도 가나안 사람들의 주력 부대는 순식간에 물리치시지만, 패잔병들과 주민들은 상당히 오랫동안 생명을 유지하게 될 것을 뜻하는 것으로 풀이된다(Hoffman; Tigay). 전쟁은 여호와께서 하시는 사역이기에 이스라엘은 마음으로 준비하고 하나님이 가져다 주시는 승리를 누리기만 하면 된다.

이스라엘이 가나안을 정복하자면 아낙 자손들을 대적해야 한다는 사실이 우리에게 한 가지 교훈을 준다. 그들의 조상들은 40년 전에 아낙 자손과 싸우기를 거부하며 하나님께 반역했다. 이제 그들의 후손들이 조상들이 남겨 놓은 문제(viz., 아낙 자손)를 해결해야 한다. 우리가 다음 단계로 가기 위해서 꼭 해결해야 할 문제라면, 그 문제로부터 도망하는 것은 결코 해결책이 아니다. 언젠가는 그 문제를 꼭 해결해야 하는 것이다. 그렇다면 처음부터 피하지 않고 정면돌파를 시도하는 것도 하나의 방법이다. 문제를 접어 두고 저절로 해결되기를 바라는 것은 우리의 희망사항으로 끝날 수 있기 때문이다.

(2) 가나안 정복에 대한 자만은 금물(9:4-5)

4 네 하나님 여호와께서 그들을 네 앞에서 쫓아내신 후에 네가 심중에 이르기를 내 공의로움으로 말미암아 여호와께서 나를 이 땅으로 인도하여 들여서 그것을 차지하게 하셨다 하지 말라 이 민족들이 악함으로 말미암아 여호와께서 그들을 네 앞에서 쫓아내심이니라 5 네가 가서 그 땅을 차지함은 네 공의로 말미암음도 아니며 네 마음이 정직함으로 말미암음도 아니요 이 민족들이 악함으로 말미암아 네 하나님 여호와께서 그들을 네 앞에서 쫓아내심이라 여호와께서 이같이 하심은 네 조상 아브라함과 이삭과 야곱에게 하신 맹세를 이루려 하심이니라

모세는 이스라엘이 가나안을 정복하게 되면 우쭐해져 교만해질 것을 염려한다. 그래서 가나안 땅을 정복하게 되면 혹시라도 자신들이 의로워서 그렇게 되었다는 생각은 아예 버리라고 한다(4a, 5a절). 전쟁에서 승리하면 자축하게(self-congratulation) 되고, 노동이 좋은 대가를 얻으면 자급자족(self-sufficiency)을 꿈꾸게 하는 것이 인간의 본능이기 때문이다(Wright). 9장의 나머지 부분이 이스라엘의 반역을 주제로 삼고 있는 점으로 보아 본문에서 의로움(צְדָקָה)은 하나님을 향한 충성심을 뜻하는 것이지 도덕성을 뜻하는 것이 아니다(Tigay; cf. McConville). 성공적인 가나안 정복은 이스라엘의 하나님에 대한 믿음과 신실함이 이루어내는 결과라는 것이다.

하나님이 가나안 주민들을 내치시고 그 땅을 이스라엘에게 주시는 이유는 가나안 사람들이 악하기 때문이다(4b, 5b절). 이스라엘 사람들이 가나안 전쟁에서 승리하게 되면 '우리의 승리 = 우리의 의 + 원수들의 죄악' 공식을 생각할 것이다(Wright). 그러나 이 공식은 옳지 않다. 오래전에 하나님이 아브라함에게 약속하시기를 가나안 사람들의 죄가 차야 그 땅을 아브라함의 후손들에게 주시겠다고 하셨다(창 15:16). 그러므로 본문은 가나안 사람들의 죄가 하나님의 심판을 요구하는 단계에 이르렀음을 시사한다. 즉, 이스라엘이 땅을 차지한 후에 일차적으로 의식해야 할 공식은 '우리의 승리=원수들의 죄악'이다.

여호와는 이스라엘의 하나님이실 뿐만 아니라 온 세상을 창조하시고 다스리시는 유일한 하나님이시기 때문에 온 세상 만민은 그분의 심판을 받아야 한다. 이스라엘이 가나안을 차지하게 된 것에 이스라엘의 의로움보다는 가나안 사람들의 악함이 더 크게 작용했다. 이스라엘은 아직까지 가나안 사람들의 뒤를 이어 그 땅을 차지할 만한 자격을 얻지 못했다(Israel has not earned the right to succeed them[Canaanites])(Tigay).

모세는 이스라엘이 가나안 땅을 차지하게 되는 두 번째 이유는 하나님이 선조들에게 하신 약속을 지키셨기 때문이라 한다(5c절). 모세는 이스라엘이 가나안 땅을 차지한 후 고백해야 할 최종적인 공식을 '우리의 승리=원수들의 죄악+하나님이 선조들에게 하신 약속'이라고 정의하고 있는 것이다(Wright). 이스라엘은 자신들의 의로 이 땅을 차지하게 된 것이 아니라, 하나님이 그들의 선조들에게 내려주신 축복의 약속 때문이라는 점을 마음에 새겨야 한다(McConville). 우리가 다음 세대를 위해 준비할 수 있는 최고의 선물은 무엇일까? 재산이나 명예가 아니라 하나님이 그들을 축복하시겠다는 약속을 얻어내는 것이다.

Ⅱ. 두 번째 스피치: 여호와의 율법(4:44-29:1[28:69])
2장. 율법의 전반적인 내용(5:1-11:32)
5. 자만과 반역에 대한 경고(9:1-10:11)

(3) 이스라엘은 반역한 백성(9:6-7)

6 그러므로 네가 알 것은 네 하나님 여호와께서 네게 이 아름다운 땅을 기업으로
주신 것이 네 공의로 말미암음이 아니니라 너는 목이 곧은 백성이니라 7 너는 광
야에서 네 하나님 여호와를 격노하게 하던 일을 잊지 말고 기억하라 네가 애굽 땅
에서 나오던 날부터 이 곳에 이르기까지 늘 여호와를 거역하였으되

모세는 이스라엘이 교만해지는 것을 막기 위하여 더 적나라하고 노골적으로 그들의 실체를 묘사한다. “너는 목이 곧은 백성이니라”(6절). “목이 곧은”(קְשֵׁה־עֹרֶף)이 동반하는 이미지는 말씀을 청종하기 위해서는 머리를 돌려야 하는 상황에서 머리 돌리기를 거부하는 모습이다(Weinfeld; McConville). 모세는 이 표현을 통해 이스라엘의 풍선처럼 불어나 있는 자존감(viz., 교만)을 지적하고 있다(Block).

“목이 곧은”(קְשֵׁה־עֹרֶף)은 또한 고집이 센 것을 의미한다(cf. 새번역; 공동; NAS; NRS). 고집이 센 것이 항상 나쁜 것만은 아니다. 때로는 신념과 양심을 지키려면 고집이 세야 한다. 그러나 모세가 여기서 말하고자 하는 것은 고집의 부정적인 면모다. 이스라엘은 하나님의 말씀에 순종하지 않고 오히려 반역하는 일들만 고집한다는 것이다. 그래서 모세는 7절에서 같은 아이디어를 두 차례 반복하며 다시 한 번 하나님께 순종할 것을 호소한다. “광야에서 하나님을 얼마나 노엽게 하였던가를 기억하라(זְכֹר), 잊지 말라(אַל־תִּשְׁכַּח).”

한 걸음 더 나아가 모세는 이스라엘이 이집트를 떠나온 후 이날까지 줄곧 여호와를 거역했다고 주장한다. 지난날들을 돌아보면 이스라엘이 유일하게 ‘전문적으로 잘하는 것’ 한 가지는 하나님께 반역하여 그분을 노엽게 하는 일이라는 의미다. 아무리 돌아보아도 이스라엘은 하나님께 칭찬받을 만한 일은 한 번도 한 적이 없다는 것이 모세의 탄식이다. 이 글을 읽는 사람들이 이스라엘을 향해 손가락질 할지 모른다. 그러나 기억하라. 우리도 별반 다르지 않다는 사실을 말이다.

II. 두 번째 스피치: 여호와의 율법(4:44–29:1[28:69])
2장. 율법의 전반적인 내용(5:1–11:32)
5. 자만과 반역에 대한 경고(9:1–10:11)

(4) 시내 산에서 반역(9:8-21)

[8] 호렙 산에서 너희가 여호와를 격노하게 하였으므로 여호와께서 진노하사 너희

를 멸하려 하셨느니라 9 그 때에 내가 돌판들 곧 여호와께서 너희와 세우신 언약
의 돌판들을 받으려고 산에 올라가서 사십 주 사십 야를 산에 머물며 떡도 먹지
아니하고 물도 마시지 아니하였더니 10 여호와께서 두 돌판을 내게 주셨나니 그
돌판의 글은 하나님이 손으로 기록하신 것이요 너희의 총회 날에 여호와께서 산
상 불 가운데서 너희에게 이르신 모든 말씀이니라 11 사십 주 사십 야를 지난 후에
여호와께서 내게 돌판 곧 언약의 두 돌판을 주시고 12 내게 이르시되 일어나 여기
서 속히 내려가라 네가 애굽에서 인도하여 낸 네 백성이 스스로 부패하여 내가 그
들에게 명령한 도를 속히 떠나 자기를 위하여 우상을 부어 만들었느니라 13 여호
와께서 또 내게 말씀하여 이르시되 내가 이 백성을 보았노라 보라 이는 목이 곧은
백성이니라 14 나를 막지 말라 내가 그들을 멸하여 그들의 이름을 천하에서 없애
고 너를 그들보다 강대한 나라가 되게 하리라 하시기로 15 내가 돌이켜 산에서 내
려오는데 산에는 불이 붙었고 언약의 두 돌판은 내 두 손에 있었느니라 16 내가 본
즉 너희가 너희의 하나님 여호와께 범죄하여 자기를 위하여 송아지를 부어 만들
어서 여호와께서 명령하신 도를 빨리 떠났기로 17 내가 그 두 돌판을 내 두 손으로
들어 던져 너희의 목전에서 깨뜨렸노라 18 그리고 내가 전과 같이 사십 주 사십 야
를 여호와 앞에 엎드려서 떡도 먹지 아니하고 물도 마시지 아니하였으니 이는 너
희가 여호와의 목전에 악을 행하여 그를 격노하게 하여 크게 죄를 지었음이라 19
여호와께서 심히 분노하사 너희를 멸하려 하셨으므로 내가 두려워하였노라 그러
나 여호와께서 그 때에도 내 말을 들으셨고 20 여호와께서 또 아론에게 진노하사
그를 멸하려 하셨으므로 내가 그 때에도 아론을 위하여 기도하고 21 너희의 죄 곧
너희가 만든 송아지를 가져다가 불살라 찧고 티끌 같이 가늘게 갈아 그 가루를 산
에서 흘러내리는 시내에 뿌렸느니라

모세는 지금까지 이스라엘의 반역적인 심성에 대하여 적나라하게, 그리고 꾸준히 지적해 왔다. 처음에는 그의 비난을 수긍하면서 듣고만 있던 사람들 중에 더러는 모세의 비난이 강해짐에 따라 "우리와 우리 조상들은 당신이 말씀하시는 것처럼 그렇게 심하게 나쁘지는 않다"고

반론하고 싶은 사람도 생기기 시작했을 것이다. 좋은 소리도 자주 하면 듣기 싫은 법인데, 하물며 그들의 조상과 부모를 욕하는 듯한 소리를 계속 듣고 있자니 그들의 마음이 편치만은 않았을 것을 충분히 상상할 수 있다. 이런 분위기를 의식한 듯 모세는 백성들의 모든 반론을 한 순간에 잠재울 수 있는 사건을 회고한다. 바로 시내 산에서 있었던 금송아지 숭배 사건이다.

사실 모세는 이 일 외에도 다른 사건들을 얼마든지 예로 들 수 있다. 이스라엘이 하나님께 반역한 일이 한두 가지가 아니었기 때문이다. 그럼에도 불구하고 모세가 이 시점에서 금송아지 사건을 회고하는 것은 이 사건만큼이나 이스라엘의 반역적 습성을 더 잘 보여주는 사건이 없기 때문이다. 만일 이스라엘에게 여호와 하나님을 경외하는 마음이 아주 조금이라도 있었다면, 이 일은 결코 일어나서는 안 될 사건이다. 왜냐하면 이들이 산 밑에서 금송아지를 만들 때 모세는 산 정상에서 이들에게 전할 율법을 받고 있었기 때문이다. 그것도 십계명을 하나님으로부터 직접 들은 이스라엘 사람들이 하나님의 말씀을 더 들으면 죽을 것 같아 모세에게 중재를 부탁하고, 이에 모세가 이스라엘을 대표해서 산 정상으로 가게 되었다는 점을 감안한다면 도저히 있을 수 없는 일이 벌어진 것이다.

만일 이스라엘이 한 번이라도 하나님께 신실하고자 했다면 하나님과 언약을 맺는 중이던 바로 이때 하나님께 신실했어야 했다(Craigie). 언약의 장소가 반역의 장소가 되었다는 것은 참으로 아이러니하다(Brueggemann). 이런 이유에서 모세가 금송아지 사건을 이곳에서 시기적절하게 언급한다. 금송아지에게 절한 이스라엘은 결혼식장에서 주례사가 진행되는 동안 딴 남자에게 마음을 준 신부와 같았다.

이스라엘은 모세가 하나님이 이스라엘과 세우신 언약을 "손수 쓰신"(כְּתֻבִים בְּאֶצְבַּע אֱלֹהִים; lit., 하나님의 손가락이 쓰신) 돌판을 받으러 시내 산에 올라간 사이에 금송아지를 만들었다(9-10절). 이 돌판에는 하나님이 이스라엘 총회에 하신 말씀(십계명)이 모두 기록되어 있었다(10절; cf. 5:5, 22). 성경 그 어디에도 하나님이 직접 글을 쓰시는 현상은 기록되어 있지 않다. 하나님이 직접 쓰신 것으로는 십계명이 유일하다. 십계명은 그만큼 중요한 계시라는 사실을 암시한다(Merrill).

이때 모세는 산에 올라가 40일을 금식하면서 하나님과 교통하며 머물러 있었다(9절). 모세가 40일 동안 먹지도, 마시지도 않았다는 것은 그가 전적으로 하나님만 의지했으며, 의식주와 같은 인간의 필요를 초월한 상태였음을 강조한다(Craigie). 한 유태인 주석가는 모세가 하나님과 구름 속에서 40일 동안의 교제를 시작하기 전, 그의 몸 안에 있는 모든 신체적 분비물들을 제거하기 위하여 구름 밖에서 6일 동안 단식하며 하나님의 부르심을 기다렸다고 한다(Rabbi Nathan). 율법에 의하면 사람의 변이 부정하고, 하나님과 교제하다가 일 보러 종종 자리를 뜨는 것이 뭐하다는 점을 의식한 추론이다. 재미있는 발상이지만 설득력 있는 이야기는 아니다.

모세는 40일 동안 산에 머물면서 그때까지 받지 못했던 율법의 나머지 부분을 받고 있었다(Tigay; cf. 5:28). 드디어 40일이 끝나는 날, 하나님은 모세에게 백성들이 우상을 만들었으니 "속히 이 산에서 내려가라"(רֵד מַהֵר מִזֶּה)고 명령하셨다(12절). 하나님의 말씀에 긴박함이 서려 있다.

하나님은 이스라엘에 대하여 모세에게 말씀하시면서 "네가 이집트에서 데리고 나온 너의 백성"(עַמְּךָ אֲשֶׁר הוֹצֵאתָ מִמִּצְרָיִם)이라고 하신다. 이때까지 이스라엘은 하나님의 백성이었고, 하나님이 이집트에서 데리고 나오신 백성이었지만, 이 순간에는 모세의 백성이고 모세가 데리고 나온 백성이 되었다. 속만 썩이는 아들을 두고 남편이 아내에게 그 아이는 '당신 아들'이라고 하는 것과 비슷하다(Tigay). 이런 말투에는 하나님의 이스라엘에 대한 실망이 배어 있으며 범죄한 이스라엘과 거리를 두고자 하는 마음이 서려 있다.

이스라엘에게 잔뜩 실망한 하나님은 그들을 목이 곧은 백성이라고 비난하셨다(13절). "목이 곧은 백성"(עַם־קְשֵׁה־עֹרֶף)은 모세가 6절에서 이스라엘을 평가하면서 사용한 표현이다. 이번에는 하나님이 이스라엘을 같은 표현을 사용하여 비난하신다. 모세의 비난과는 달리 하나님의 비난은 엄청난 파장을 초래한다. 그들을 모두 죽이고 모세의 후손만을 가지고 다시 시작하겠다고 선언하신 것이다(14절). 이스라엘 사람들을 모두 죽이고 모세를 통해 다시 시작하시겠다는 하나님의 말씀이 그대로 실행되면 아브라함과 맺으신 언약도 버리시겠다는 뜻이다(Wright). 하나님의 분노가 심각한 수위에 도달한 것이다.

하나님의 심정은 충분히 이해가 되며, 이스라엘에게는 어떠한 변명의 여지가 없다. 이 때는 다른 때도 아니고 이스라엘이 하나님과 언약을 체결하는 중이었다. 아무리 믿음이 없어도 이 순간만큼은 경건한 마음으로 언약 체결 예식을 치러야 할 것 아닌가? 이스라엘에게는 이 정도의 최소한의 예의를 기대하는 것마저도 무리였단 말인가? 게다가 이스라엘은 금송아지를 만드는 일로 십계명 중에서도 가장 중요한 처음 두 계명을 어겼다. 여호와에게 하나님 대접은커녕 완전히 그분의 인격과 말씀을 무시하는 범죄를 저지른 것이다.

하나님의 명령에 따라 모세가 하나님이 직접 만드시고 손수 계명을 새겨 주신 돌판 두 개를 손에 들고 급히 산을 내려와서 보니 이스라엘은 송아지를 만들어 그것을 숭배하고 있었다(15-16절). 출애굽기 32:2은 이스라엘이 금을 녹여 송아지를 만들었다고 하는데, 본문은 단순히 "부어 만든 송아지"(עֵגֶל מַסֵּכָה)라고 한다. 모세의 어투에 경멸과 분노가 서려 있다. 이스라엘이 이집트에서 종살이 하고 있을 때부터 수많은 이적을 베푸시고 이곳까지 인도해 오신 여호와 하나님을 대신할 신으로 선택한 것이 고작 광물을 녹여서 만들고 자신들의 손가락이 조각한 송아지였다는 것이 참으로 기가 막히는 일이 아니겠는가!

학자들은 아론이 송아지를 만든 것이 이방 사람들의 우상으로 이스라엘을 현혹시키기 위한 것이 아니라, 여호와의 보좌를 받치고 있는 다리/토대(pedestal)를 놓기 위한 것이라고 주장한다(cf. McConville; Craigie; Tigay). 만일 아론이 여호와의 상징으로 송아지를 만들었고, 흥분한 백성들이 그것을 우상화했다 하더라도, 그는 분명 십계명 중 제2계명을 어겼다. 특히 이스라엘의 대제사장으로서 영적 지도자가 할 짓이 못 된다. 그래서 본문은 하나님이 "이스라엘에게 화나셨다"(יִתְאַנֵּף יְהוָה בָּכֶם)(8절)라고 하는 반면에 아론에 대해서는 "그를 죽일 정도로 매우 화나셨다"(הִתְאַנַּף יְהוָה מְאֹד לְהַשְׁמִידוֹ)라며 "매우"(מְאֹד)라는 부사를 더한다(20절). 송아지 앞에 절한 백성들보다 그런 여건을 마련해 준 지도자가 하나님의 더 큰 분노를 사는 것은 당연한 일이다.

사역자들은 이점을 마음에 새기며 살아야 한다. 또한 아론이 어떤 의도로 송아지를 만들었는가는 본문을 해석하는 데는 전혀 중요하지 않다. 본문에서 중요한 것은 아론과 이스라엘이 금송아지를 만듦으로써 하나님의 말씀을 거역했다는 점이다.

너무 화가 난 모세는 백성들이 보는 앞에서 하나님의 계명이 새겨진 돌판 두 개를 내던져 깨뜨려 버렸다(17절). 모세가 돌판을 던져 깨버린 것은 그의 벅차오른 감정의 표현일 뿐만 아니라 이스라엘이 하나님과 맺은 언약이 깨졌다는 것을 뜻하는 법적인 상징이다. 당시 메소포타미아에서는 이미 체결된 계약이 더 이상 유효하지 않다는 것을 그 계약이 기록된 토판을 깨는 것으로 표현했다(Weinfeld). 그러므로 모세가 돌판을 깼다는 것은 이스라엘이 언약 조건을 위반함으로써 그 언약이 무효가 되었다는 것을 뜻한다(Craigie; Wright; McConville). 금송아지 사건으로 인해 이스라엘과 하나님의 관계가 단절된 것이다(Tigay; Block).

모세는 이스라엘이 만든 송아지를 불에 태우고 부숴서 가루로 만든 다음 흐르는 개울물에 띄워 보냈다(21절). 모세가 금송아지를 어떻게 처리했는가는 앞으로 이스라엘이 이방인들의 우상에게 어떻게 해야 하는가를 보여 주는 하나의 시범이 되었다(Wright). 훗날 요시야 왕이 종교 개혁을 단행할 때에도 같은 방법으로 이방 종교의 유물들을 없애 버렸다(왕하 23:12). 출애굽기 32:20은 모세가 이 물을 백성들에게 마시도록 했다고 한다.

한 유태인 주석가는 모세가 백성들에게 우상을 태워서 만든 가루가 섞인 물을 마시게 한 것은 그 가루가 사람의 배설물이 되도록 하여 우상을 한 번 더 격멸하기 위해서라고 풀이한다(Ramban; cf. Block). 본문은 모세가 다시 40일 동안 중보기도를 한 후에 이 일을 한 것처럼 기록하고 있지만, 이 사건에 대하여 출애굽기에 기록된 것과 논리적 사고 속에서 보면 모세가 40일 동안 금송아지를 그대로 두었을 리는 없다. 금송아지를 가루로 만든 일은 돌판을 깼을 때 함께 있었던 일이었던 것이다(McConville).

금송아지를 없애버린 모세는 곧장 다시 40일 금식기도를 시작했다(18절). 처음에는 율법을 받기 위해서 기도했었는데, 이번에는 하나님이 죽이려고 하시는 이스라엘과 아론을 위하여 드린 중보기도였다(19-20절). 하나님의 분노와 이스라엘의 반역 사이를 모세의 기도가 유일하게 막고 있었던 것이다(Brueggemann). 기도하는 동안 모세도 두려웠다(19a절). 하나님이 정작 이스라엘을 어떻게 하실지 모세도 확신을 할 수 없었기 때문이다. 그래서 일부 주석가들이 하나님이 모세에게 하신 "나를 말리지 말라"(14절)라는 말씀을 "나를 말리라"라는 초청으로 해석하는 것은 설득력이 없어 보인다(cf. Craigie). 하나님이 이 순간 연극하시는 것인가? 아니다. 아람어 탈굼도 하나님의 말씀을 "내 앞에서 너의 기도를 멈추라"라고 번역하며 하나님의 격앙된 감정을 묘사해 놓았다. 하나님의 분노가 얼마나 심각했는지 백성들을 위하여 중보하는 모세마저 생명과 죽음의 기로에서 두려워했다(Brueggemann). 만일 모세가 하나님을 말리지 않았다면 지구상에서 '이스라엘'은 사라지고 그들의 자리를 '모세 족'이 차지했을 것이다(Block).

다행히 이번에도 하나님이 모세의 호소를 들어주셨다(19b절). 하나님이 의인 모세의 기도를 들어주신 것이다(Block; cf. 약 5:16). 모세의 중보기도가 다시 한 번 이스라엘을 살렸다. 더 놀라운 것은 하나님이 아론을 계속 대제사장으로 있게 하셨다는 점이다. 우리 생각에는 아론의 직위를 해제하고 백의종군을 시켜도 시원찮은 상황인데 말이다. 하나님의 용서와 자비가 얼마나 무한한지 아론의 삶이 증언하고 있다. 이 모든 일을 가능케 한 것은 모세 한 사람의 중보기도였다. 한 사람의 중보기도는 이런 능력을 지니고 있는 것이다.

(5) 광야 여러 곳에서 반역(9:22-24)

22 너희가 다베라와 맛사와 기브롯 핫다아와에서도 여호와를 격노하게 하였느니
라 23 여호와께서 너희를 가데스 바네아에서 떠나게 하실 때에 이르시기를 너희는
올라가서 내가 너희에게 준 땅을 차지하라 하시되 너희가 너희의 하나님 여호와
의 명령을 거역하여 믿지 아니하고 그 말씀을 듣지 아니하였나니 24 내가 너희를
알던 날부터 너희가 항상 여호와를 거역하여 왔느니라

하나님과의 언약 체결 예식이 진행되던 도중에도 하나님께 반역한 이스라엘을 고발함으로써 백성들 사이에 생길 수 있는 반론을 한순간에 잠재운 모세가 이스라엘의 광야 생활에서 다른 반역들을 예로 들며 자신의 논지를 굳히고 있다. 그는 다베라, 맛사, 기브롯 핫다아와, 그리고 가데스 바네아에서 일어났던 사건들을 회상한다. 이 사건들은 이스라엘 자손들도 너무 잘 알고 있는 것들이기에 모세는 단순히 반역 사건이 일어났던 지역 이름만 언급한다. 이 네 반역 사건은 전체적으로 신명기의 두 가지 핵심적 가르침을 강조한다. (1) 너희는 믿지 않았다, (2) 너희는 듣지 않았다(Brueggemann).

다베라(תַּבְעֵרָה)에서는 어떤 일이 있었는가? 다베라의 정확한 위치는 아직까지 밝혀지지 않았다. 다만 시내 반도나 가나안과 이집트 사이에 있는 남쪽 광야에 있었던 것으로 추측될 뿐이다(HALOT). 이스라엘은 이곳에서 하나님을 원망하였다(민 11:1-3). 정확히 무엇이 문제였는지는 성경이 밝히지 않지만 출애굽기에 기록되어 있는 다른 불평 이야기들과 비교해 보면 그 구조가 이스라엘이 물에 대하여 하나님을 원망했을 가능성을 높게 한다(cf. Milgrom; Gane).

화가 난 하나님은 불로 이스라엘 진의 언저리를 태우셨다. 모세의 기도로 사건이 일단락되었다. 이 일로 인하여 이 곳의 이름이 다베라(תַּבְעֵרָה)라고 불리게 되었다(민 11:3). 이 명사는 "타다/태우다"(בער)라는 동사에서 파생한 단어로 "태우는 곳" 혹은 "불사름"이라는 뜻을 지녔다(HALOT).

맛사(מַסָּה)에서의 반역은 이스라엘이 마실 물이 없다며 하나님이 자기들을 목말라 죽게 하시려고 이집트에서 이끌어 내셨다고 원망한 일이다(출 17:1-7). 이 사건에서 하나님은 이스라엘에게 어떠한 벌도 내리지 않으시고 물을 주셨다. 맛사에서 하나님이 이스라엘을 대하신 것은 다베라에서 반역했을 때와는 대조적이었던 것이다. 모세는 맛사에서 있었던 일을 이미 신명기에서도 언급했었다(6:16). 맛사(מַסָּה; lit., 시험하는 곳)는 "시험하다"(נסה)라는 히브리어 동사에서 유래된 이름이며 이스라엘이 하나님을 시험한 곳이라는 의미를 지니고 있다(출 17:7).

기브롯 핫다아와(קִבְרוֹת הַתַּאֲוָה)에서 있었던 사건은 민수기 11:4-34에 기록되어 있다. 백성들이 일부 불량한 사람들의 농간으로 매일 만나만 먹는 것에 대해 하나님을 원망했던 일이다. 하나님은 이들에게 메추라기 고기를 먹게 하셨지만, 이 반역으로 인해 많은 사람이 죽었고, 그곳 이름을 기브롯 핫다아와라고 불렀다. 원래의 문자적 의미는 "표시된 무덤들"이었는데(Driver), 성경에서는 "탐욕의 무덤"이라는 뉘앙스를 지니게 되었다(민 11:34). 이 지역이 이러한 이름으로 불렸다는 것은 이곳에 묘지들이 있었으며, 이 묘지들로 인하여 고대 사회에서 잘 알려진 곳이었음을 암시하는 듯하다. 그러나 더 이상 이 장소의 정확한 위치는 알 수 없다. 아마도 시내 광야 남동쪽 바닷가였던 것으로 생각된다.

저자는 1:26-43에서 가데스 바네아(קָדֵשׁ בַּרְנֵעַ)에서 있었던 사건에 대하여 회고한 적이 있다. 자세한 내용은 그 섹션 주해를 참고하라. 가나안 입성을 눈 앞에 두고 벌어진 이 반역 행위는 다 된 밥에 재를 뿌리는 격이었다. 이 일로 인하여 이스라엘은 40년 동안 광야에서 생활하며 성인으로 이 반역에 동참했던 모든 사람들이 죽을 때까지 가나안 입성을 보류해야 했다. 이스라엘이 치른 죗값 중 가장 큰 것이었다.

이날 이때까지 이스라엘의 역사는 반역의 연속이었다(24절). 이스라엘이 하나님께 반역한 예들을 지적한 후, 모세는 자연스러운 결론을 내린다. "내가 너희를 알게 된 날부터 지금까지 너희는 주를 거역하기만 하였다." "내가 너희를 알게 된 날"(מִיּוֹם דַּעְתִּי אֶתְכֶם)이 모세가 이집트의 왕자로 있었을 때를 두고 하는 말인지, 아니면 호렙 산에서 하나님의 명령을 받고 이집트로 다시 내려갔던 때를 말하는지에 대하여 논쟁을 벌이는 사람들도 있지만, 그것은 중요하지 않다. 모세는 이스라엘의 반역 성향이 매우 심각하다며 일종의 과장법으로 사용하고 있을 뿐이다. 이스라엘의 반역적인 역사가 하나님의 용서와 자비를 더욱더 빛나게 한다(Craigie).

Ⅱ. 두 번째 스피치: 여호와의 율법(4:44-29:1[28:69])
2장. 율법의 전반적인 내용(5:1-11:32)
5. 자만과 반역에 대한 경고(9:1-10:11)

(6) 모세는 하나님의 자비에 호소(9:25-29)

25 그 때에 여호와께서 너희를 멸하겠다 하셨으므로 내가 여전히 사십 주 사십 야를 여호와 앞에 엎드리고 26 여호와께 간구하여 이르되 주 여호와여 주께서 큰 위엄으로 속량하시고 강한 손으로 애굽에서 인도하여 내신 주의 백성 곧 주의 기업을 멸하지 마옵소서 27 주의 종 아브라함과 이삭과 야곱을 생각하사 이 백성의 완악함과 악과 죄를 보지 마옵소서 28 주께서 우리를 인도하여 내신 그 땅 백성이 말

하기를 여호와께서 그들에게 허락하신 땅으로 그들을 인도하여 들일 만한 능력도 없고 그들을 미워하기도 하사 광야에서 죽이려고 인도하여 내셨다 할까 두려워하나이다 29 그들은 주의 큰 능력과 펴신 팔로 인도하여 내신 주의 백성 곧 주의 기업이로소이다 하였노라

모세는 이스라엘이 처음부터 반역하는 백성이라는 사실을 입증할 다른 역사적 예들을 드느라 잠시 멈추었던 금송아지 사건에 대한 이야기를 이 섹션에서 다시 시작한다. 모세는 40일 금식을 마치고 산에서 내려오자마자 금송아지 일 때문에 다시 40일 금식기도를 하게 되었는데(25절; cf. 18-19절), 이 섹션에서 자신이 이스라엘과 아론을 위하여 40일 동안 드린 금식기도의 내용을 공개한다.

모세가 드린 기도는 한결같이 하나님의 자비와 긍휼에 근거한 것이지 그 어떠한 이스라엘의 공로나 업적에 바탕을 둔 것이 아니었다. 이스라엘에게 하나님의 용서를 기대할 만한 구석은 하나도 없었기 때문이다(cf. 6절). 오직 하나님의 은혜를 바라볼 뿐이었다. 모세의 기도는 그가 하나님의 공의와 자비에 대하여 얼마나 깊이 알고 이해하고 있었는지를 보여주며, 이 둘 가운데 모세는 전적으로 하나님의 자비에 매달린다(Craigie). 모세가 하나님의 용서를 구하며 드리는 기도는 자신의 인간적 불안감에 근거한 것이 아니다. 그가 드린 기도의 논리적 근거는 한결같이 인간과의 관계에 대한 하나님의 의지(commitment)이다(Wright). 모세가 하나님께 기도한 근거는 다음과 같다.

첫째, 이스라엘은 하나님의 백성이니 용서해 달라고 간구했다(26, 29절). 하나님은 금송아지에게 절을 한 이스라엘을 두고 모세에게 "네가 이집트에서 데리고 나온 너의 백성"이라고 말씀하시며 이들로부터 거리감을 두셨다(12절). 모세는 이스라엘은 자기의 백성이 아니라, 하나님의 백성이라는 사실을 부각시킨다. 그는 이스라엘을 "당신〔주님〕의 백성, 당신〔주님〕의 소유"(עַמְּךָ וְנַחֲלָתְךָ)라고 하는데, "소유"(נַחֲלָה)는 어떠한 경우에도 포기할 수 없는 "유산/기업"(개역)을 뜻한다(HALOT). 하나님이 이스라엘에게 화가 나신 것은 충분히 이해가 되지만, 그렇다고 해서 하나님이 이스라엘을 포기하실 수 있는 것은 아니라는 점을 호소하고 있는 것이다. 그렇게 하기에는 이미 하나님의 노력과 정성이 너무 많이 투자된 상태다.

그러므로 지금 이 순간에 이들을 버리신다면, 하나님의 모든 수고가 헛되게 될 뿐만 아니라 하나님이 이들을 버리시면 안 되는 도의적인 책임도 있음을 암시하며 하나님을 압박하고 있다. 이 내용이 기도의 시작과 끝에 두 차례 언급되는 것으로 보아 모세는 그 어떠한 것보다도 이 사실에 근거하여 하나님께 호소하였음을 알 수 있다.

둘째, 하나님께 신실했던 선조들을 생각해서라도 이스라엘의 죄를 용서해 달라고 호소했다(27절). 하나님께 선조들을 생각해 달라는 것은 하나님이 선조들에게 하신 약속—그들의 후손들이 하늘의 별들처럼, 바닷가의 모래알처럼 많아질 것과 그들에게 가나안 땅을 주실 것—을 기억해서라도 그들을 용서해 달라는 간구다. 모세는 하나님의 심정을 충분히 이해한다. 그러므로 그는 자신이 중보하고 있는 이스라엘을 "고집/강퍅"(קְשִׁי), "악"(רֶשַׁע), "죄"(חַטָּאת) 등으로 묘사한다. 그러나 만일 금송아지 사건으로 인해 이스라엘을 멸하신다면, 하나님이 선조들에게 아무런 조건도 달지 않고 주신 약속을 지키지 못하게 된다. 모세의 "선조들을 생각해서라도 용서해 달라"는 논리는 훗날 이스라엘의 기도 전통에서 매우 중요한 요소가 되었다(Tigay). 이스라엘 사람들이 용서를 구하며 기도할 때 모세의 이 논리를 충분히 활용하게 된다.

셋째, 하나님이 자기 백성을 멸하신다면, 하나님의 명예가 훼손될 것이니 하나님의 이름을 위해서라도 이스라엘을 용서해 달라고 부탁했다(28절). 모세의 논리 중 가장 대담한 주장이다(Tigay; Craigie). 하나님은 온 우주를 창조하신 절대자이시지만, 절대자라 해서 세상 사람들이 그 전능자를 어떻게 생각하는가를 전적으로 무시할 수는 없다. 모세는 하나님이 이집트에서 갖은 이적을 행하신 이유 중 하나는 그 누구와도 비교할 수 없는 하나님의 능력을 온 세상에 보여 주기 위해서였다는 점을 잘 알고 있다(cf. 출 9:14-16; 10:1-2; 14:4, 18). 또한 이런 여호와의 명성이 언젠가는 온 세상 민족들로 하여금 자발적으로 여호와의 능력과 권위를 인정하게 할 것이다. 이런 상황에서 만일 여호와께서 이스라엘을 멸하신다면, 세상은 여호와를 자기 백성을 지키지 못한 무능한 신, 혹은 스스로 백성을 모두 죽인 악한 신 정도로 알게 될 것이며, 출애굽 사건을 통해 세워 온 명성이 한순간에 무너질 것이라는 논리다.

II. 두 번째 스피치: 여호와의 율법(4:44-29:1[28:69])
2장. 율법의 전반적인 내용(5:1-11:32)
5. 자만과 반역에 대한 경고(9:1-10:11)

(7) 하나님이 새 돌판을 주심(10:1-11)

1 그 때에 여호와께서 내게 이르시기를 너는 처음과 같은 두 돌판을 다듬어 가지
고 산에 올라 내게로 나아오고 또 나무궤 하나를 만들라 2 네가 깨뜨린 처음 판에
쓴 말을 내가 그 판에 쓰리니 너는 그것을 그 궤에 넣으라 하시기로 3 내가 조각목
으로 궤를 만들고 처음 것과 같은 돌판 둘을 다듬어 손에 들고 산에 오르매 4 여호
와께서 그 총회 날에 산 위 불 가운데에서 너희에게 이르신 십계명을 처음과 같이
그 판에 쓰시고 그것을 내게 주시기로 5 내가 돌이켜 산에서 내려와서 여호와께
서 내게 명령하신 대로 그 판을 내가 만든 궤에 넣었더니 지금까지 있느니라 6 (이
스라엘 자손이 브에롯 브네야아간에서 길을 떠나 모세라에 이르러 아론이 거기
서 죽어 장사되었고 그의 아들 엘르아살이 그를 이어 제사장의 직임을 행하였으
며 7 또 거기를 떠나 굿고다에 이르고 굿고다를 떠나 욧바다에 이른즉 그 땅에는
시내가 많았으며 8 그 때에 여호와께서 레위 지파를 구별하여 여호와의 언약 궤를
메게 하며 여호와 앞에 서서 그를 섬기며 또 여호와의 이름으로 축복하게 하셨으
니 그 일은 오늘까지 이르느니라 9 그러므로 레위는 그의 형제 중에 분깃이 없으
며 기업이 없고 네 하나님 여호와께서 그에게 말씀하심 같이 여호와가 그의 기업

이시니라) [10] 내가 처음과 같이 사십 주 사십 야를 산에 머물렀고 그 때에도 여호와께서 내 말을 들으사 너를 참아 멸하지 아니하시고 [11] 여호와께서 내게 이르시되 일어나서 백성보다 먼저 길을 떠나라 내가 그들에게 주리라고 그들의 조상들에게 맹세한 땅에 그들이 들어가서 그것을 차지하리라 하셨느니라

하나님이 모세의 기도를 들으시고 마음을 돌리셨다. 다시 돌판에 계명을 새겨 주시겠다고 하셨다(1, 4절). 금송아지 숭배로 파괴되어 버린 이스라엘과의 언약을 갱신하시겠다는 뜻이다. 하나님이 이스라엘을 용서하기로 하신 것이다. 그러나 전에는 하나님이 돌판도 다듬어 주셨지만, 이번에는 모세에게 만들어 오라고 하셨다. 주석가들은 이 사실에서 하나님의 주저하심(reluctance)을 감지한다(Sforno; Tigay). 하나님은 그 돌판을 담아둘 나무궤도 하나 만들라고 하셨다(2절).

모세는 조각목(שִׁטִּים)으로 궤를 만들었다(3절). 모세는 하나님이 새겨 주신 돌판을 이 궤에 넣어 두어 오늘날에 이르렀다고 한다(5절). 고대 근동에서는 문서들을 궤에 넣어 보관하곤 했다. 그러므로 이스라엘과 하나님의 언약을 상징하는 문서인 두 돌판을 궤에 넣어 소장하는 것은 당연한 일이다. 그런데 이 궤가 브살렐이 만든 법궤와는 어떤 관계가 있는가? 출애굽기에 따르면 법궤는 나중에 성막의 모든 물건들과 함께 브살렐에 의해 만들어진다. 어떤 주석가들은 법궤가 둘이 있었다고 한다. 하나는 모세가 만든 것으로 훗날 브살렐의 법궤가 완성될 때까지 잠시 동안 돌판을 소장하기 위하여 제작되었다는 것이다(cf. von Rad; Weinfeld). 다른 사람들은 법궤는 브살렐이 만든 것 하나밖에 없었다고 한다. 그러므로 모세가 궤를 "만들었다"는 것은 그가 산에서 내려온 후 브살렐에게 명령하여 만들도록 한 것을 뜻하는 것이라고 풀이한다(Wright; Merrill; cf. Tigay).

출애굽기에 의하면 법궤는 두 그룹(천사)이 날개를 맞대고 있는 속죄소를 뚜껑으로 하고 있었으며, 모두 금으로 덮혀 있었다. 이 궤는 지성소에 보관되어 있었고, 하나님은 종종 이 그룹들 위에서 모세에게 말씀하셨다. 법궤는 하나님의 발판으로 여겨졌으며, 그룹들은 그의 보좌로 생각되었다(Haran; McConville). 하나님의 상징을 만들려다가 금송아지를 만든 이스라엘의 상황을 생각하면, 하나님의 임재를 상징하기도 하는 법궤가 이 시점에 만들어지는 것은 적절한 대안 제시라 할 수 있다. 이스라엘에게는 이제 하나님을 기념하는 법궤가 주어졌기 때문에 다시는 하나님을 상징하는 이미지를 만들 필요가 없다.

대부분 주석가들이 6-9절은 훗날 편집자에 의하여 삽입된 것이라고 한다(Craigie; McConville; Tigay). 학자들이 이렇게 결론짓는 데는, 6-9절이 법궤와 돌판 이야기의 결론인 10-11절 사이에 끼어드는 하나의 일탈 구절(digression)이라는 것이다. 게다가 모세는 이때까지 이스라엘에 대해 계속 1인칭 복수 혹은 2인칭 복수를 사용하여 왔는데, 6-9절은 이스라엘에 대하여 3인칭을 사용하고 있다는 점도 증거로 제시된다.

이 섹션에 언급되어 있는 브에롯 브네야아간(בְּאֵרֹת בְּנֵי־יַעֲקָן), 모세라(מוֹסֵרָה), 굿고다(גֻּדְגֹּדָה), 욧바다(יָטְבָתָה) 등 4개의 지명은 민수기 33:31-33과 연관되어 있다. 그러나 이 성읍/지역이 정확히 어디에 있었는지는 알 수 없다(Craigie; Tigay). 아론은 모세라에서 죽었다(6절). 반면에 민수기 20:23-28과 신명기 32:50은 그가 호르 산에서 죽었다고 한다. 아마도 호르 산이 모세라 지역에 있었던 것을 뜻하는 것으로 생각된다. 아론은 금송아지 사건 이후 거의 40년을 더 살고 죽었다(민 33:37-39). 그런데도 저자가 이곳에서 아론의 죽음을 언급하는 것은 비록 모세의 기도로 그 당시 화는 면했지만, 끝에 가서는 금송아지를 만든 죄에 대한 벌로 그가 죽었음을 강조하기 위해서다(Abravanel; Tigay; cf. Craigie).

그때에 여호와께서 레위 지파를 지명하셔서 하나님의 법궤를 매게 하시고 하나님 앞에서 주님을 섬길 수 있도록 하셨다(8절). "그 때"(בָּעֵת הַהִוא)는 마치 아론이 죽은 후를 말하는 것 같지만, 금송아지 사건 직후를 뜻한다(출 32:26-29). 하나님이 레위 사람들을 특별히 지목하신 것은 그들이 용기를 내서 금송아지에 절한 자들을 모두 처단하여 이스라엘에서 우상 숭배를 뿌리 뽑았기 때문이다. 그러므로 잘못된 예배를 뿌리 뽑는 데 앞장선 자들이 올바른 예배를 주관하는 일을 맡게 된 것은 자연스러운 일이다. 그들이 맡은 임무 중에 백성들을 축복하는 일도 포함되어 있었다. 출애굽기는 레위 사람들 중에서도 아론의 후손들만 제사장을 할 수 있다고 하는데, 신명기는 제사장과 레위 사람들을 구분하지 않는다(Tigay).

아론의 죽음과 레위 사람들의 일을 설명하느라고 잠시 멈추었던 이야기가 다시 시작된다(10-11절). 본 텍스트는 세 가지의 주제를 하나로 묶고 있다. (1) 시내 산 사건과 모세의 효과적인 중재, (2) 선조들에게 약속된 땅에 대한 재확인, (3) 모세의 지도력 아래 그 땅을 향하여 진군하는 것(Brueggemann).

모세는 40일을 산에서 머물렀다고 하는데, 10절이 언급하는 40일은 9:18의 40일과 동일한 것인가, 아니면 새로운 것인가? 만일 새로운 것이라면, 모세가 40일 금식 기도를 세 차례나 했다는 것을 뜻한다. (1) 시내 산 위에서 첫 돌판에 새겨진 율법을 받기 위한 40일, (2) 금송아지를 제거한 후 백성과 아론을 살려달라고 40일, (3) 새 돌판에 새겨진 율법을 받기 위한 40일(Lundbom). 그러나 대부분 주석가들은 두 번째와 세 번째 40일을 동일한 사건으로 본다. 즉, 모세는 40일 금식을 두 차례 했다는 것이다(Wright; Brueggemann; Tigay). 이런 결론을 내리는 가장 큰 이유는 두 번째 40일 기도와 세 번째 40일 기도의 목적과 결과가 동일하다는 사실이다(9:19; 10:10).

모세와 이스라엘은 하나님께로부터 용서를 받았지만, 앞으로 하나님이 그들을 어떻게 대하실까에 대하여 무척 불안해 하고 있었다. 바로 그때 하나님의 명령이 떨어졌다. "출발하라. 가서 그 땅을 차지하라" (11절). 백성들의 죄로 인하여 멈추었던 정복 원정이 다시 시작된 것이다! 특히 이스라엘 범죄 이후에 이런 명령이 내렸다는 것은 참으로 엄청난 하나님의 은혜일 뿐만 아니라 이스라엘이 가나안 땅을 얻게 된 것이 결코 자신들의 의로움이나 능력에서 비롯된 것이 아니라는 점을 한 번 더 확실하게 한다는 의미를 지닌다.

6. 오직 여호와께 충성(10:12-11:32)

출애굽 이후 이스라엘이 걸어 왔던 반역의 길을 회상함으로써 절대 교만하지 말 것을 당부한 모세는 다시 한 번 백성들에게 가나안 땅에 들어간 후 하나님께 전적으로 충성할 것을 호소한다. 겸손과 충성을 요구하는 내용은 앞 섹션과 같지만, 시간적인 정황은 미래를 염두에 두었다. 머지않아 가나안 땅에 정착한다는 사실을 전제로 한 스피치인 것이다. 그래서 이 섹션을 전적으로 미래지향적(forward-looking) 텍스트라고 하기도 한다(McConville). 모세는 이스라엘에게 가나안에 정착하여 살게 될 때 율법을 규칙으로서 지키는 것이 아니라 마음으로부터 우러나는 겸손과 사랑의 마음으로 순종할 것을 권면한다.

이 섹션의 흐름을 보면 모세는 하나님의 요구가 충족되는 삶을 산다면(10:12-22), 이스라엘이 누리게 될 축복을 나열한다(11:1-25). 그러나 그는 이 모든 축복은 이스라엘이 어떤 선택을 하느냐에 의하여 결정되며 그렇기에 올바른 선택을 할 것을 권면하는 것으로 이 섹션을 끝낸다(11:26-32). 그래서 학자들은 본 텍스트를 4:1-40처럼 매우 짜임새와 흐름이 있는 텍스트로 간주한다(Weinfeld). 또한 이 같은 흐름과 짜임새는 모세의 두 번째 스피치가 절정에 달하고 있음을 암시하는 것으로 해석되기도 한다(Block; cf. Wright). 다음 구조를 참고하라.

A. 하나님의 기대: 마음의 할례(10:12-22)

B. 사랑하면 과거를 거울삼을 것(11:1-7)

C. 순종하면 땅을 주실 것(11:8-12)

D. 섬기면 단비를 주실 것(11:13-17)

D'. 가르치면 장수할 것(11:18-21)

C'. 땅을 차지하는 비결(11:22-25)

B'. 앞에 놓인 선택(11:26-32)

Ⅱ. 두 번째 스피치: 여호와의 율법(4:44-29:1[28:69])
2장. 율법의 전반적인 내용(5:1-11:32)
6. 오직 여호와께 충성(10:12-11:32)

(1) 하나님의 기대: 마음의 할례(10:12-22)

이 텍스트는 시적(詩的)인 감미로움, 주제의 포괄성, 도전적인 메시지 등이 다분하다 하여 구약에서 매우 풍요로운 본문 중 하나로 손꼽힌다(Wright). 아울러 신명기에서 가장 강력하면서도 아름답고 명확하게 언약신학을 요약해 놓은 텍스트를 꼽으라면 아마도 이 본문일 것이다(Brueggemann). 모세는 하나님이 누구신가와 하나님이 어떤 일을 하셨는가를 근거로 이스라엘에게 강력한 의지와 신중함으로 하나님께 순종할 것을 권면한다.

저자는 "이제/자"(וְעַתָּה)(공동; 다른 번역에서는 해석되고 있지 않음; 12절)라는 말로 이 섹션을 시작하는데, 이 섹션에서 지금부터 강요될 순종은 지금까지 저자의 말을 경청하고 그의 논리를 잘 따라온 사람에게는 당연한 결론으로 여겨질 것이라는 점을 전제한다. 특히 본문을 바로 앞에 있는 10-11절과 연결하여 해석하면 하나님을 적극적으로 순종해야 하는 이유는 (1) 여호와는 이스라엘을 멸하기를 원치 않으시며 이스라엘과의 언약에 신실하기를 원하시기 때문이며, (2) 여호와는 이스라엘이 약속의 땅을 차지하기를 원하시기 때문이다(Brueggemann). 하나님의 선하시고 인자하심 때문에라도 이스라엘은 율법 백성이 되어야 한다는 것이 저자의 주장인 것이다. 본 텍스트는 다음과 같이 세분화될 수 있다(cf. Merrill).

A. 순종을 요구하시는 여호와(10:12-13)

B. 마음의 할례(10:14-16)

B'. 여호와를 닮아가는 삶(10:17-19)

A'. 경배 받기에 합당하신 여호와(10:20-22)

II. 두 번째 스피치: 여호와의 율법(4:44-29:1[28:69])
2장. 율법의 전반적인 내용(5:1-11:32)
6. 오직 여호와께 충성(10:12-11:32)
(1) 하나님의 기대: 마음의 할례(10:12-22)

① 순종을 요구하시는 여호와(10:12-13)

**12 이스라엘아 네 하나님 여호와께서 네게 요구하시는 것이 무엇이냐 곧 네 하나
님 여호와를 경외하여 그의 모든 도를 행하고 그를 사랑하며 마음을 다하고 뜻을
다하여 네 하나님 여호와를 섬기고 13 내가 오늘 네 행복을 위하여 네게 명하는 여
호와의 명령과 규례를 지킬 것이 아니냐**

모세는 "이제/자, 이스라엘아!"(וְעַתָּה יִשְׂרָאֵל)라는 말로 12절을 시작하여 지금까지 주요 주제로 다루었던 비참했던 역사적 회고에서 미래지향적인 명령으로 주제를 바꾸고 있다(Lundbom; cf. McConville). 저자는 이 섹션에서 "경외하라"(cf. 5:29; 6:13), "그의 모든 도를 행하라"(cf. 5:33), "마음을 다하고 뜻을 다하여 네 하나님 여호와를 섬기라"(cf. 6:5; 4:29), "너희들이 행복해지기 위하여"(cf. 6:24) 등 이미 사용한 표현들을 다시 사용함으로써 여기서 선포하는 말씀이 지금까지 그가 선포한 메시지의 요약임을 시사한다. 그래서 지금까지 하나님이 백성들에게 원하시는 삶이 어떤 것인지를 강론해 온 모세는 이 섹션을 "여호와께서 네게 요구하시는 것이 무엇이냐?"라는 수사학적인 질문을 던지는 것으로 시작한다(12절). 이어 그는 이미 이스라엘이 의식했을 모범답안을 선언한다(12-13절). 이스라엘의 미래에 대한 말이라 해서 새로운 것이 아니라 이미 했던 말을 또 한 번 반복하는 것임을 암시하는 것이다.

모세는 12-13절에서 먼저 하나님이 요구하시는 것을 요약한 후 10-11

장의 나머지 부분에서 보충하여 설명한다. 하나님이 이스라엘에게 요구하시는 것들은 이미 신명기 안에서 여러 차례 강조된 것들이다. 본문의 내용과 10-11장의 관계는 다음과 같다(Craigie). 하나님의 요구를 요약해 놓은 이 섹션을 하나로 묶는 주제는 여호와 하나님에 대한 충성이다. 저자는 백성들에게 아무 거리낌 없이 오직 하나님께만 전적으로 순종하라고 한다(cf. Brueggemann).

여호와 너의 하나님을 경외하라	10:20; cf. 5:29; 6:2, 13, 24; 31:12–13
그의 길을 따르라	11:22; cf. 5:33; 8:6; 19:9; 26:17; 28:9; 30:16
그를 사랑하라	11:1, 13, 22; cf. 5:10; 6:5; 7:9, 13; 13:3; 19:9; 30:6, 16, 20
여호와 너의 하나님을 섬기라	10:20; 11:13; cf. 6:13; 7:4; 13:4
여호와의 계명을 지키라	11:1, 8, 13, 22; cf. 4:6; 6:1; 7:11; 8:6; 12:14; 26:16; 28:45

하나님을 경외한다는 것은 공포와 두려움에 떠는 것을 의미하는 것이 아니라, 그분과의 관계에서 비롯된 존경을 뜻한다(Grisanti). 우리 자신이 왕들의 왕이시자 주들의 주이신 하나님 앞에 서 있다고 생각해 보자. 깊은 존경에서 우러난 찬송과 경배를 드리게 될 것이다. 이것이 경외의 가장 기본적인 목적이다. 하나님을 경외하는 사람은 하나님께 경배와 찬양을 드리게 될 것이다.

하나님의 길을 따르고 걷는다는 것은 하나님이 지시하는 말씀과 원칙에 따라 사는 것을 의미하는 은유다(Merrill). 이 은유는 우리가 가야 할 길(viz., 윤리와 기준)이 이미 정해져 있음을 암시한다. 그러므로 우리는 새로운 길(viz., 새로운 도덕과 기준)을 개척해 나갈 필요가 없다. 이미 하나님이 닦아 놓으신 길을 가면 된다. 중요한 것은 하나님의 길을 걷는 주의 백성이 정해진 길을 벗어나지 않는다는 것이다.

하나님을 사랑한다는 것은 감정적인 일만은 아니다(Grisanti). 하나님을 사랑하는 것은 곧 하나님이 주의 백성을 선택하실 만큼 먼저 사랑하신 것에 대하여 올바른 반응을 보이는 것이다. 그렇다면 하나님을 사랑하는 것—그분이 먼저 사랑하신 것에 대한 올바른 반응은 어떤 것인가? 우리도 먼저 우리를 사랑하신 그분만을 사랑하겠다고 선택하고 결정하는 것이다(Merrill). 신명기에서 사랑은 언약적 충성과 행동으로 표현된다(cf. 5:10; 6:5; 7:9).

여호와를 구원자로 믿고 고백하는 이스라엘에게는 어떠한 선택의 여지가 없다. 그들이 그 구원자를 섬기는 것은 당연한 일이다. 그들을 구원하신 하나님을 섬김에 있어서 주의 백성은 어떠한 것도 아끼지 않아야 한다(Grisanti). 본문은 또한 하나님을 사랑하고 섬기는 것을 하나님의 계명을 지키는 것으로 표현한다.

② 마음의 할례(10:14-16)

14 하늘과 모든 하늘의 하늘과 땅과 그 위의 만물은 본래 네 하나님 여호와께 속한 것이로되 15 여호와께서 오직 네 조상들을 기뻐하시고 그들을 사랑하사 그들의 후손인 너희를 만민 중에서 택하셨음이 오늘과 같으니라 16 그러므로 너희는 마음에 할례를 행하고 다시는 목을 곧게 하지 말라

본 텍스트는 신학적으로 잘 어울리지 않는 듯한 두 주제를 하나로 묶고 있다. 여호와는 온 우주의 통치자이신데, 그의 통치권 아래 있는 수많은 백성들 중 오직 한 백성 이스라엘만 사랑하기로 하셨다는 것이다(14-15절). 이러한 정황을 극적으로 대조하기 위해, 저자는 15절을 대조하는 단어인 "그런데"(רַק)를 강조형으로 사용하여 시작한다(Wright). 세상을 창조하시고 다스리시는 전능자 하나님이 가장 보잘것없는 민족을 사랑하셨다는 것은 정말 스캔들이 날 정도의 큰일이다. 이스라엘은 이 세상 그 어느 민족, 특히 이스라엘보다 훨씬 위대하고 큰 민족들도 누리지 못하는 특권을 누리고 있다. 모세가 이 사실을 지적하는 것은 이스라엘이 하나님의 이 놀라운 사랑과 선택에 감동하여 앞으로 율법을 잘 지키겠다는 의지를 다지도록 하기 위함이다.

우주의 창조자이자 통치자이신 여호와의 아주 특별한 사랑을 독점하고 있는 이스라엘은 이 기막힌 하나님의 사랑에 대하여 어떻게 해야 하는가? 모세는 그들에게 "마음에 할례를 받아 다시는 반역하지 말라"고 한다(16절; cf. 30:6). 할례는 여호와의 언약 공동체에 속한다는 것을 상징하는 예식이었다(창 17:10-14, 23-26; 수 5:1-9). "마음에 할례를 행하라"(מַלְתֶּם אֵת עָרְלַת לְבַבְכֶם)를 문자적으로 해석하면 "마음의 포피를 잘라내라"이다. 무엇이든 사람의 마음이 하나님의 말씀에 순종하며 살려고 하는 것을 가로막는 것은 과감하게 제거하라는 뜻이다(Tigay).

비유적으로 말하자면, 바로 이 포피가 이스라엘의 목을 곧게 했다. 그러므로 마음에 할례를 행하라는 것은 하나님의 말씀에 순종하는 삶을 사는 자들이 되라는 뜻이다(Craigie). 예식으로 행해지던 할례가 하나님께 전적으로 충성하는 것을 뜻하는 비유로 변화된 것이다(Brueggemann; cf. 레 26:41; 신 30:6). 훗날 예레미야도 타락한 이스라엘 백성들에게 마음에 할례를 받으라고 호소한다(렘 4:1-4; cf. 겔 44:9).

하나님이 이스라엘의 선조들에게만 마음을 쏟아 사랑하셨다고 하는데(15절), "마음을 쏟아 사랑하다"(חָשַׁק לְאַהֲבָה)는 "매우 특별한 감정과 열정을 표하다"라는 뜻을 지닌 언약적 언어다(Brueggemann; cf. 7:7). 아울러 여기서 할례가 언급되는 것은 할례와 언약의 관계 때문이다(McConville; Craigie). 할례는 하나님이 아브라함과 언약을 맺으시고 언약의 증표로 처음 요구하신 것이다. 저자는 그러므로 아브라함의 후손인 이스라엘이 온 우주의 통치자 하나님과 특별한 언약관계를 가졌다는 것은 할례와 직접 연관이 있다고 말하고 있다. 그러나 하나님이 진정으로 원하시는 것은 육체적 할례가 아니라 마음의 할례다.

③ 여호와를 닮아가는 삶(10:17-19)

**17 너희의 하나님 여호와는 신 가운데 신이시며 주 가운데 주시요 크고 능하시며 두
려우신 하나님이시라 사람을 외모로 보지 아니하시며 뇌물을 받지 아니하시고 18
고아와 과부를 위하여 정의를 행하시며 나그네를 사랑하여 그에게 떡과 옷을 주시
나니 19 너희는 나그네를 사랑하라 전에 너희도 애굽 땅에서 나그네 되었음이니라**

모세는 하나님에 대하여 이렇게 찬송한다. "너희의 하나님 여호와는 신 가운데 신이시며 주 가운데 주시요 크고 능하시며 두려우신 하나님이시라"(17절). 시편 136:2-3에도 거의 비슷한 표현이 사용되는 것으로 보아 훗날 이 표현은 일종의 규격화된 신앙고백이 되었던 것으로 생각된다. "신 가운데 신"(אֱלֹהֵי הָאֱלֹהִים)은 "신들 중의 신"이라며 복수를 사용하고 있다. "주 가운데 주"(אֲדֹנֵי הָאֲדֹנִים)도 "주들 중의 주"라며 복수를 사용하고 있다. 모세가 이렇게 복수를 사용하는 것은 세상에 여호와 외에 다른 신들과 주들이 있다는 것을 전제하는 것이 아니다. 이것은 단순히 히브리어 문법으로 최고 혹은 최상급 비교를 표현할 때 사용하는 문법이다(Craigie; Tigay; McConville). 즉, 하나님은 세상에 그 누구와도 비교할 수 없는 온 우주의 주인이시자 절대자라는 것이다(Wright; cf. TNK, "God supreme, Lord supreme").

"크신 분"(הַגָּדֹל)은 고대 근동에서 왕들에게 사용되었던 호칭이기도 하다(McConville; cf. 왕하 18:28; 스 5:11; 단 2:10). "능하신 분(הַגִּבֹּר)"은 전쟁을 배경으로 하고 있으며 용장을 뜻한다. 성경에서는 여호와께 여러 차례 사용된 타이틀이다(cf. 시 24:8; 사 42:13). 하나님은 전쟁에 능하신 분이라는 뜻이다(cf. 출 15:3). "두려우신 분(הַנּוֹרָא)"은 모든 사람을 떨게 하는 하나님이시라는 의미다(cf. HALOT). 그러므로 이스라엘의 원수들이 하나님의 명성만 듣고서도 공포에 질린다. 이 모두 이스라엘을 사랑하신 절

대자 하나님께 적합한 타이틀이다.

모세는 여호와 하나님은 우주에서 가장 위대한 분일 뿐만 아니라 동시에 세상에서 가장 공평하고 인격적인 재판관이시라고 찬양한다(17c-18절). 하나님은 사람을 차별하여 판단하지 않으며, 뇌물을 받는 분이 아니시다(17절, 새번역). "차별하여 판단하지 않는 분"(אֲשֶׁר לֹא־יִשָּׂא פָנִים)을 문자적으로 풀이하면 "얼굴을 들지 않는 분"이 된다. 재판에 있어서 "얼굴을 들어 사람을 보고 차별하는 것"의 반대되는 개념이다. 하나님은 사람을 판단하실 때 그의 경제적 여건이나 사회적 지위를 염두에 두고 판단하시지 않는다는 뜻이다(Craigie; Wright). "뇌물을 받지 않는 분"(אֲשֶׁר לֹא יִקַּח שֹׁחַד) 역시 그의 판단에 그 어떠한 것도 영향을 미칠 수 없다는 점을 강조하는 표현이다.

온 우주의 창조자께서 세상에서 가장 공평한 판결을 내리신다는 것은 별로 놀라운 일이 아니며 어쩌면 당연한 일이다. 참으로 놀라운 사실은 이 위대하신 하나님이 세상에서 가장 별 볼 일 없고 연약한 자들을 친히 보살피고 사랑하신다는 것이다(18절). "고아와 과부를 위하여 정의를 행하시며"(עֹשֶׂה מִשְׁפַּט יָתוֹם וְאַלְמָנָה)는 "고아와 과부의 인권을 세워주시고"(공동)를 뜻한다. 이 연약한 자들의 인권이 짓밟히지 않도록 하시겠다는 것이다. 여호와께서는 또한 나그네를 먹이시고 입히신다. 고아(יָתוֹם), 과부(אַלְמָנָה), 나그네(גֵּר)는 구약 사회에서 가장 비천한 자들의 상징이다. 온 우주의 절대자가 인간 사회에서 버림받고 소외당하기 가장 쉬운 연약한 자들의 인권과 안위를 직접 챙기신다는 것이 정말 놀라운 일이 아니겠는가! 고대 근동 왕들의 이상적 의무 중 하나는 바로 고아, 과부, 나그네 등을 돌보는 일이었다. 그러나 실제로 그렇게 한 왕은 한 사람도 없었다.

이처럼 무한하신 능력을 소유한 이스라엘의 하나님이 세상에서 가장 힘없는 자들을 특별히 보살피신다는 사실은 그의 백성에게 무엇을 뜻하는가? 모세는 16절에서 이미 회개하라고 권면했다. 이제 그는 이스라엘에게 그들의 하나님을 닮아 소외된 자들에게 자비로울 것을 권고한다(19절). 무한한 능력을 소유하신 여호와가 바로 이스라엘의 하나님이라는 사실이 이 두 가지(회개와 자비)를 요구하게 한다(Wright). 이 세상에서 하나님 닮기를 원하는 사람들이 하나님처럼 힘없는 자들을 보살피고 보호하는 것은 당연한 일이다. 더군다나 이스라엘에게는 사회약자들을 사랑해야 하는 이유가 또 한 가지 있다. 그들도 한때 이집트에서 어려운 시절을 보냈기 때문이다. 이스라엘은 자신들이 곤경의 늪에 빠져 절망하고 있을 때 하나님이 구원의 손을 내미셨던 일을 기억하여 어려운 이웃들의 바람막이가 되어 주어야 한다. 은혜를 입은 사람이 은혜를 베풀지 않으면, 세상에는 소망이 없기 때문이다.

II. 두 번째 스피치: 여호와의 율법(4:44-29:1[28:69])
2장. 율법의 전반적인 내용(5:1-11:32)
6. 오직 여호와께 충성(10:12-11:32)
(1) 하나님의 기대: 마음의 할례(10:12-22)

④ 경배 받기에 합당하신 여호와(10:20-22)

20 네 하나님 여호와를 경외하여 그를 섬기며 그에게 의지하고 그의 이름으로 맹세하라 21 그는 네 찬송이시요 네 하나님이시라 네 눈으로 본 이같이 크고 두려운 일을 너를 위하여 행하셨느니라 22 애굽에 내려간 네 조상들이 겨우 칠십 인이었으나 이제는 네 하나님 여호와께서 너를 하늘의 별 같이 많게 하셨느니라

모세는 20절에서 이스라엘에게 하나님만을 사랑할 것을 네 가지 표현으로 권고한다. "주 당신들의 하나님을 경외하고, 그를 섬기며, 그에게만 충성을 다하고, 그의 이름으로만 맹세하십시오"(새번역). 이미 6:13에서 언급한 것처럼 하나님을 "경외하는 것"(ירא)은 예배의 가장 기본적인 행위다(cf. 4:10). 하나님을 "섬긴다"(עבד)는 것은 오직 그분만 경배하고 순종한다는 것을 뜻한다(Tigay). 하나님의 이름으로만 "맹세한다"(שׁבע)는 것은 이스라엘과 언약을 세운 신은 여호와이기에 오직 여호와에게만 충성할 것을 다짐한다는 것이며(Craigie), 여호와 하나님을 온 세상의 절대적인 권위자로 인정하고 고백한다는 뜻이다(Wright). 그러므로 이 세 개념은 모두 신앙적인 열심을 강조한다(McConville). 여기에 모세는 "그에게만 충성을 다하라"(וּבוֹ תִדְבָּק)라는 말을 새로 더한다. '충성하라'로 번역된 히브리어 동사(דבק)의 의미는 '들러붙다/점착하다'이다. 이 동사는 부부가 서로에게 애착을 가지고 가까이 하는 것을 뜻한다(Craigie; cf. 창 2:24). 모세는 이스라엘에게 하나님 가까이 하기를 마치 아내가 남편에게 엉겨 들러붙듯이 하라고 하는 것이다.

모세는 이스라엘에게 오직 하나님만 찬양할 것을 권면한다(21절). 모세가 근거 없이 이런 권고를 하는 것이 아니다. 이스라엘 백성이 하던 일을 멈추고 잠시 하나님이 이미 그들을 위하여 행하셨던 크고 두려운 일들을 생각해 보면 당연히 그렇게 해야 한다. "크고 두려운 일들"(הַגְּדֹלֹת וְהַנּוֹרָאֹת)은 하나님이 이스라엘을 위해서 이집트와 광야에서 행하셨던 여러 가지 기적들을 뜻한다(McConville; Craigie). 특히 이집트 사람들에게 내리신 열 재앙, 홍해를 가르신 일, 시내 산에 불과 천둥으로 임하셨던 일 등은 가장 크고 두려운 일들이다(Tigay).

모세는 이스라엘 백성들에게 자신들에 대해서도 하나님을 찬양하라고 한다(22절). 조상들이 이집트로 내려갈 때 그 숫자가 불과 70명밖에 되지 않았는데, 약속의 땅 문턱에 와 있는 그들은 하늘의 별과 같이 번성하였다. 하나님이 상상을 초월하는 번성의 축복을 이스라엘에게 내려주신 것이다. 또한 모압 평지에서 모세의 말씀을 듣고 있는 이 백성도 하나님의 축복의 연장선에서 자신들의 정체성을 정의해야 한다. 이들도 하나님의 축복의 일원으로 여기에 와 있는 것이다. 그러므로 이스라엘은 그들을 축복하신 하나님을 찬양해야 한다. 또한 머지않아 선조들에게 주신 땅의 약속도 이들을 통해 실현될 것이다. 그러므로 이들에게는 더욱더 하나님을 찬양할 이유가 있다. 그러나 하나님이 모든 사람의 찬양을 받으시는 것은 아니다. 본문이 말하는 것처럼 삶에서 공의와 자비를 실현하며 살려고 하는 사람들의 찬양만을 받으신다(Wright).

II. 두 번째 스피치: 여호와의 율법(4:44-29:1[28:69])
2장. 율법의 전반적인 내용(5:1-11:32)
6. 오직 여호와께 충성(10:12-11:32)

(2) 사랑하면 과거를 거울삼을 것(11:1-7)

1 그런즉 네 하나님 여호와를 사랑하여 그가 주신 책무와 법도와 규례와 명령을
항상 지키라 2 너희의 자녀는 알지도 못하고 보지도 못하였으나 너희가 오늘날 기
억할 것은 너희의 하나님 여호와의 교훈과 그의 위엄과 그의 강한 손과 펴신 팔과
3 애굽에서 그 왕 바로와 그 전국에 행하신 이적과 기사와 4 또 여호와께서 애굽
군대와 그 말과 그 병거에 행하신 일 곧 그들이 너희를 뒤쫓을 때에 홍해 물로 그
들을 덮어 멸하사 오늘까지 이른 것과 5 또 너희가 이 곳에 이르기까지 광야에서
너희에게 행하신 일과 6 르우벤 자손 엘리압의 아들 다단과 아비람에게 하신 일
곧 땅이 입을 벌려서 그들과 그들의 가족과 그들의 장막과 그들을 따르는 온 이스
라엘의 한가운데에서 모든 것을 삼키게 하신 일이라 7 너희가 여호와께서 행하신
이 모든 큰 일을 너희의 눈으로 보았느니라

모세는 지금까지 여러 차례 강조한 적이 있는 하나님의 율법을 잘 지키라는 명령으로 이 섹션을 시작한다(1절; cf. 6:1; 7:12; 8:1, 11). 그는 여호와를 사랑하고, 그가 주신 율법을 지키라고 하는데, "사랑하다"(אהב)와 "지키다"(שמר) 모두 언약과 연관된 동사다(Grisanti). 이스라엘은 언약 백성으로서 살아가야 한다는 점을 강조하기 위해서다.

모세는 이번처럼 이전에도 여러 차례 율법을 지키라고 했는데, 차이점이라면 다른 때는 대상을 이스라엘이라 말할 뿐 구체화시키지는 않았는데, 이번에는 모압 평지에서 그의 강론을 듣고 있는 백성들을 권면의 대상으로 구체화시킨다는 점이다(2절; cf. 5:2-3). 특히 모세 앞에 서 있는 많은 사람들 중 성인들을 상대로 이 말씀을 선포한다. 그래서 그는 "너희는 보았고, 너희 자녀들은 보지 못했다"고 한다. 대부분 번역본들이 이 점을 강조하여 말씀을 번역한다(NAS; NIV; NLT). 모세는 순종에 있어서 어른들이 아이들 앞에 모범이 되어야 함을 강조하고 있는 것이

다(Weinfeld; Craigie; McConville).

모세는 하나님을 사랑하는 사람은 삶의 모든 영역에서 하나님의 말씀에 순종하며 살아야 한다고 말한다(1절; cf. Merrill). 저자의 논리는 만일 하나님의 음성을 직접 듣고, 수많은 기적을 체험한 사람들이 하나님께 순종하지 않는데, 하물며 하나님을 실제로 체험하지 못한 미래 세대는 어떻게 하나님께 순종할 수 있겠냐는 것이다. 그러므로 그의 청중은 하나님의 말씀을 직접 들은 세대로서 그 어떤 미래 세대보다 사명을 느끼며 순종해야 한다는 점을 강조한다.

오늘을 사는 그리스도인들도 이 점을 깊이 생각해야 한다. 하나님과 매일 교통한다는 자들이 말씀에 따라 경건하고 진실된 삶을 살지 않는다면, 어떻게 하나님에 대해 잘 알지 못하는 자녀들이 하나님의 말씀대로 살기를 기대할 수 있겠는가! 우리의 삶이 우리 자녀들에게 하나님의 말씀대로 사는 삶이 무엇을 의미하는가를 보여 주는 가장 좋은 예가 되어야 할 것이다.

모세는 이때까지 이스라엘의 역사에서 다양한 반역 사건들을 예로 들며 하나님께 순종할 것을 호소했다. 이 섹션에서도 지난날들을 예로 들어 이스라엘을 설득하고자 한다. 그러나 이번에는 지난날들을 반역의 본보기로 삼기 위한 것보다는 과거에 하나님이 베풀어 주신 은총을 기념하게 하기 위하여 언급하는 의미가 더 강하다. 누구든 자신이 과거에 체험했던 하나님의 은혜를 되새기고 헤아리는 것은 하나님을 사랑하는 일의 가장 기본적인 동기 부여가 될 뿐만 아니라 어떠한 미래에 대한 불안감도 제거할 수 있는 체험적 근거가 되기 때문이다. 이런 차원에서 주의 백성은 지난날의 일들에 대해 충분한 지식과 묵상이 있어야 한다(Grisanti).

과거의 여러 사건들 중에서 출애굽과 모압 평지에 이르기까지의 광야 생활이 다시 집중적인 조명을 받고 있다(3-4절). 지난 40년 동안 이스라엘이 체험했던 일을 부각시키는 것은, 모세 앞에 서 있는 세대가 하나님이 이루신 역사에 대하여 알고 싶다면 아득한 옛날까지 거슬러 올라갈 필요가 없이 자신들이 최근에 목격했던 일들만 떠올리면 되기 때문이며 이들에게 가장 시사성이 있는 사건들이기 때문이다. 하나님의 은총을 기념할 때는 최근의 경험을 묵상하는 것이 가장 효과적이다. 또한 출애굽과 광야 생활은 이스라엘 역사에서 가장 기념비적인 사건이다. 체험한 은총이 파격적일수록 더 깊은 인상과 영향력을 남기게 될 것은 두말 할 필요가 없다.

하나님은 지난 40년 동안 이스라엘을 위해 수많은 이적을 베푸시며 그들을 이곳까지 인도하셨다. 그러나 하나님의 역사가 이스라엘 백성 모두에게 항상 좋은 것만은 아니었다. 하나님께 반역한 자들에게는 오히려 무시무시한 심판이 내려졌다. 모세는 이스라엘에게 "하나님이 광야에서 너희에게 하신 〔일〕"(עָשָׂה לָכֶם בַּמִּדְבָּר)을 기억하라고 하는데(5절), 본문에서 이 말씀은 하나님이 이스라엘을 징계하기 위하여 하신 일들, 즉 하나님의 이스라엘을 위한 사역의 부정적인 면모를 뜻한다(Tigay).

모세는 다단과 아비람이 죽임을 당했던 일을 심판의 예로 들고 있다(6절). 이들은 고라와 함께 모세의 권위에 반기를 들었다가 가족들과 함께 죽임을 당한 자들이다(cf. 민 16장). 저자가 이 사건을 상기시키는 것은 모세의 권위는 하나님께로부터 온 것이기에, 절대 그에게 반역해서는 안 된다는 점을 강조하고(Brueggemann), 동시에 출애굽과 광야 생활이 이스라엘에게 대체로 축복의 시간이었지만, 반역한 자들에게는 저주의 시간이었다는 점을 강조하기 위해서다. 앞으로 이스라엘이 가나안 땅에 정착하여 사는 것이 엄청난 축복이 될 것이지만, 하나님께 반역하여 말씀에 순종하지 않는 자들은 광야에서 심판을 받아 죽었던 다단과 아비람처럼 될 것임을 경고하기 위해서다.

모세 앞에 서 있는 백성들은 선조들의 신앙이나 후손들의 믿음에 의존해서가 아니라 본인들 각자의 순종으로 하나님 앞에 서야 한다. 또한 그들은 하나님의 사역을 직접 목격한 증인들이다(7절). 그러므로 그들은 하나님의 말씀을 남들보다, 특히 앞으로 그들의 뒤를 이을 세대보다 더 잘 들어야 한다. 하나님의 은혜를 직접 체험하거나 목격한 사람에게는 더 큰 순종의 책임이 있는 것이다.

Ⅱ. 두 번째 스피치: 여호와의 율법(4:44–29:1[28:69])
2장. 율법의 전반적인 내용(5:1–11:32)
6. 오직 여호와께 충성(10:12–11:32)

(3) 순종하면 땅을 주실 것(11:8-12)

8 그러므로 너희는 내가 오늘 너희에게 명하는 모든 명령을 지키라 그리하면 너
희가 강성할 것이요 너희가 건너가 차지할 땅에 들어가서 그것을 차지할 것이며 9
또 여호와께서 너희의 조상들에게 맹세하여 그들과 그들의 후손에게 주리라고 하
신 땅 곧 젖과 꿀이 흐르는 땅에서 너희의 날이 장구하리라 10 네가 들어가 차지하
려 하는 땅은 네가 나온 애굽 땅과 같지 아니하니 거기에서는 너희가 파종한 후에
발로 물 대기를 채소밭에 댐과 같이 하였거니와 11 너희가 건너가서 차지할 땅은
산과 골짜기가 있어서 하늘에서 내리는 비를 흡수하는 땅이요 12 네 하나님 여호
와께서 돌보아 주시는 땅이라 연초부터 연말까지 네 하나님 여호와의 눈이 항상
그 위에 있느니라

모세는 이스라엘에게 그들이 이때까지 체험한 하나님의 은혜를 근거로 하나님께 순종할 것을 권면했다. 이제 그는 이스라엘의 미래를 근거로 말씀에 순종할 것을 호소한다. 앞으로 이스라엘이 가나안 땅을 차지할 것이 기정사실이기는 하지만, 만일 이 순간에라도 하나님을 거역하면 이스라엘은 가나안 정복에 실패할 수밖에 없다(8절). 땅은 분명 하나님이 선조들에게 약속하신 것들 중 가장 중요한 것이다. 이스라엘은 드디어 이 땅 약속을 자신들의 삶에서 실현하게 될 것이다. 그러나 이스라엘이 우여곡절 끝에 가나안 정복을 눈앞에 둔 이 순간까지 왔지만, 그렇다고 해서 이스라엘의 정복 성공을 당연시할 수는 없다는 것이다. 그러므로 순종 여부는 이스라엘의 최근 역사에 큰 영향을 끼쳤을 뿐만

아니라, 앞으로도 그들의 미래를 좌우할 것이다.

이스라엘이 순종함으로 차지할 수 있는 땅은 어떤 곳인가? 저자는 그들이 차지할 가나안 땅은 이스라엘이 노예 생활을 하면서 익히 잘 알고 있는 이집트 땅과는 전혀 다르다고 한다(10절). 저자에 의하면 이집트와 가나안 땅의 가장 기본적인 차이점은 땅에 물을 대는 방법이다. 이집트의 경우 밭에 물을 대기 위해서는 많은 사람들이 발로 수고해야 한다(10절). 이집트에는 거의 비가 내리지 않기 때문에 에티오피아에서부터 흘러오는 나일 강의 물을 이용하여 농사를 지어야 했다. 나일 강이 범람할 때는 많은 수고를 하지 않고 밭에 물을 댈 수 있었지만, 그렇지 않을 경우에는 인위적으로 강에서 물을 퍼 올려야 했다.

"너희가 너희 발을 사용하여 물을 댔다"(הִשְׁקִיתָ בְרַגְלְךָ)는 말이 정확히 어떤 의미를 지니고 있는지 확실하지 않다. 일부 학자들은 '발'을 성기를 뜻하는 완곡어법으로 간주하여 모세가 이집트 땅은 오줌으로 물을 대는 오염된 땅으로 비하하는 것에 반해 가나안 땅은 하늘에서 내리는 순수한 물로 농사를 짓는 좋은 땅이라며 이 둘을 대조하는 것으로 이해한다(Walton & Mathews). 어떤 이들은 이집트의 밭이 오줌으로 물을 댈 수 있을 정도로 작은 규모인 것에 반해, 가나안 땅은 매우 넓고 클 것으로 대조하는 것으로 풀이한다(Nicol). 모세가 이 말을 할 때에는 물레방아의 페달을 발로 밟아 물을 긷는 방법 등, 발을 활용하여 나일 강의 물을 농경지에 대는 수고로 해석하는 주석가도 있다(Merrill). 문제는 당시 농경 기술을 보면 물레방아를 사용하여 물을 댈 때에도 발보다는 손을 사용했으며, 이집트 사람들은 물을 주로 손을 활용하여 밭에 댔다는 사실이다(Eslinger; McConville; Craigie). 그러므로 이 표현은 단순히 '인간의 노동으로'라는 의미를 지녔거나(Lundbom), 이집트가 지니고 있는 발전된 수로 시설을 발로 조작하는 것을 뜻하는 것으로 풀이된다(Eslinger; Craigie; Grisanti). 100일 동안 작물을 재배하려면 1에이커(약 1,225평)당 1,600-2,000톤의 물이 필요하다고 한다(Tigay). 고대 이집트에서는 이 많은 양의 물을 인간〔대부분 노예들〕의 노동력으로 나일 강에서 밭으로 끌어 올렸다.

반면에 이스라엘이 차지하게 될 가나안 땅에는 물이 풍부하여 이런 수고를 하지 않아도 된다. 산과 골짜기가 많으며, 하늘에서 내린 빗물로 밭에 물을 대면 되기 때문이다(11절). 이집트에 비하면 가나안 땅은 참으로 '젖과 꿀이 흐르는 땅'이라 할 수 있다(9절). 다단과 아비람은 모세를 이스라엘이 잘 살고 있던 '젖과 꿀이 흐르는 땅 이집트'에서 끌어 내어 아무것도 없는 광야에 머물게 한다고 비난했다(민 16:12-14).

이제 드디어 이스라엘은 곧 '젖과 꿀이 흐르는 이집트'와는 비교가 안 되는 참으로 '젖과 꿀이 흐르는 땅 가나안'으로 간다. 거기에 가면 가나안 땅은 이집트와는 본질적으로 다른 땅임을 의식하게 될 것이다. 이집트에서는 비가 내리지 않는 밭에 물을 대려면 인간의 기술과 노력이 필수적이었지만, 비가 땅을 적시는 가나안에서는 이런 노력이 필요가 없다. 그들이 곧 얻게 될 약속의 땅은 하나님의 눈이 해마다 첫날부터 마지막 날까지 지켜보는 땅이다(12절). 하나님의 관심과 보호가 항상 함께하는 특별한 땅이라는 뜻이다. 가데스 바네아에서 이스라엘은 왜 이렇게 좋은 땅을 마다하고 오히려 형편없는 이집트로 돌아가기를 원했을까? 참으로 이해할 수 없는 것이 인간의 어리석음이다.

Ⅱ. 두 번째 스피치: 여호와의 율법(4:44-29:1[28:69])
2장. 율법의 전반적인 내용(5:1-11:32)
6. 오직 여호와께 충성(10:12-11:32)

(4) 섬기면 단비를 주실 것(11:13-17)

13 내가 오늘 너희에게 명하는 내 명령을 너희가 만일 청종하고 너희의 하나님 여
호와를 사랑하여 마음을 다하고 뜻을 다하여 섬기면 14 여호와께서 너희의 땅에
이른 비, 늦은 비를 적당한 때에 내리시리니 너희가 곡식과 포도주와 기름을 얻을
것이요 15 또 가축을 위하여 들에 풀이 나게 하시리니 네가 먹고 배부를 것이라 16

너희는 스스로 삼가라 두렵건대 마음에 미혹하여 돌이켜 다른 신들을 섬기며 그 것에게 절하므로 17 여호와께서 너희에게 진노하사 하늘을 닫아 비를 내리지 아니하여 땅이 소산을 내지 않게 하시므로 너희가 여호와께서 주신 아름다운 땅에서 속히 멸망할까 하노라

가나안 땅이 하늘에서 내리는 비에 의해 물을 공급받는다는 것은 이집트 땅처럼 인간의 노고가 많이 필요 없다는 점에서는 좋은 일이다. 그러나 이는 동시에 가나안 땅이 다른 종류의 위험에 노출되어 있다는 것을 뜻한다. 만일 날씨가 가물거나 홍수가 나면 엄청난 피해를 입을 수 있기 때문이다. 고대 헬라 역사가 헤로도투스는 이집트를 방문했을 때 제사장들과 나눈 대화를 다음과 같이 회고하였다. "넘치는 강물이 농사에 필요한 물을 공급하는 이집트와는 달리 그리스에서는 비가 농사에 필요한 물을 제공한다는 말을 듣고 한 제사장이 말했다, '어떤 이유에서든지 만일 신이 그리스 사람들에게 비를 내려 주지 않고 오랜 시간 가뭄을 내린다면, 제우스 신이 내려주는 비 외에는 물을 얻기 위하여 의존할 것이 아무것도 없는 그리스는 기근 때문에 곧 망하게 될 것입니다'"(Herodotus 2:13). 이스라엘도 이 이집트 제사장이 지적하는 것과 동일한 위험에 노출되어 있다. 만일 하나님이 비를 주시지 않는다면, 이스라엘은 곧 망하게 될 것이기 때문이다.

적절한 양의 비가 적절한 시기에 와 주는 것이 성공적인 농사에 필수적인데, 이스라엘은 과연 어떻게 하나님이 때에 따라 비를 주실 것을 보장받을 수 있는가? 모세는 이스라엘이 순종하면 날씨를 주관하시는 하나님이 그들에게 적기에 적절한 양의 비를 주실 것이라고 한다(13-14절). 비가 적절한 시기에 와 주는 것이 그해 농사에 얼마나 중요한가에 대하여는 두말할 필요가 없다. 비가 오더라도 적절한 시기에 오지 않으면 오히려 해가 되는 경우도 있기 때문이다.

비는 또한 농사에만 중요한 것이 아니다. 유실수와 목축업에도 중요하다. 과실이 잘 맺고 풀이 잘 자라야 하기 때문이다. 그러므로 토양이 기름지고 젖과 꿀이 흐르는 가나안 땅에 비가 적절하게 내려 준다면, 이스라엘은 "곡식과 포도주와 기름"을 거둘 것이며 들에서는 풀을 마음껏 먹은 가축들이 살을 찌우게 될 것이다(14-15절). 그렇게 되면 자연스레 이스라엘 백성들이 풍요를 누리게 된다. 비는 하나님이 세상을 풍요롭게 하기 위하여 사용하시는 도구인 것이다.

그렇다면 이스라엘의 가나안 입성은 곧 그들에게 시험(test)이 지속되는 삶을 시작하는 것을 의미한다(Block). 그들이 지속되는 신앙의 시험에서 합격 점수를 받으면 풍요를 누릴 것이요, 낙제 점수를 받으면 삶이 매우 고단할 것이기 때문이다. 실제로 본문은 이 시험 결과를 두 가지로 대조하는 듯하다. 다음 도표를 참고하라(Block).

	합격 점수(13-15절)	낙제 점수(16-17절)
시험에 대한 인간의 반응	내가 오늘 너희에게 명하는 내 명령을 너희가 만일 청종하고 너희의 하나님 여호와를 사랑하여 마음을 다하고 뜻을 다하여 섬기면	너희는 스스로 삼가라 두렵건대 마음에 미혹하여 돌이켜 다른 신들을 섬기며 그것에게 절하므로
하나님의 시험 평가	여호와께서 너희의 땅에 이른 비, 늦은 비를 적당한 때에 내리시리니	여호와께서 너희에게 진노하사 하늘을 닫아 비를 내리지 아니하여
중간 결과	너희가 곡식과 포도주와 기름을 얻을 것이요	땅이 소산을 내지 않게 하시므로
최종 결과	또 가축을 위하여 들에 풀이 나게 하시리니 네가 먹고 배부를 것이라	너희가 여호와께서 주신 아름다운 땅에서 속히 멸망할까 하노라

이른 비(יוֹרֶה)는 보통 10월 말에서 12월 초까지 내리는 비며, 심하게 내리는 폭우가 아니고 매일 오는 비도 아니다. 이 비는 며칠 간격으로 오며 여름 내내 말라 굳어 있던 땅을 부드럽게 적셔 곡식을 파종하기에 적합하게 만든다. 비는 12월에 들어서면서부터 늘어나기 시작하며 이듬

해 2월까지 3개월 동안 1년 강수량의 70퍼센트가 내린다(Tigay). 늦가을에 파종하는 보리와 밀을 싹트게 하고 자라게 하는 데 꼭 필요한 비다.

늦은 비(מַלְקוֹשׁ)는 보통 4월에서 5월초에 오는 비로, 수확을 앞둔 곡식들이 여물어 가는 데 결정적이다. 늦은 비가 멈추면 다음 이른 비가 내릴 때까지 가나안은 건기가 지속된다. 그러므로 이른 비와 늦은 비는 가나안 지역의 우기의 시작과 끝을 뜻한다(Craigie). 하나님이 철에 따라 이스라엘의 비를 책임지실 것이라는 뜻이다. 비가 너무 일찍 오거나 늦게 오면 농산물의 피해가 크다. 그래서 한 유태인 전승은 비가 늦어지면 금식하라고 하며, 너무 늦게 오는 비는 저주로 간주했다(Tigay).

이스라엘이 여호와께 신실하면, 하나님은 이스라엘을 위해 시기적절하게 비를 내려 주실 것이다. 그러나 만일 이스라엘이 우상에 현혹되어 다른 신들을 따르면 하나님은 가차 없이 하늘 문을 닫아 비가 내리지 않게 하실 것이다(16-17절). 이스라엘을 현혹시키기에 가장 유력한 우상은 바알이다. 가나안 사람들은 바알을 비를 주관하는 신으로 숭배했다. 그래서 바알이 풍요의 상징이 되었던 것이다. 이스라엘은 지난 수백 년 동안 별로 농사다운 농사를 지어 본 적이 없다. 이집트에서는 주로 건물을 건축하는 데 동원되었으며, 지난 40년 동안에는 광야에서 살았다.

앞으로 이스라엘이 정복할 가나안 사람들은 조상 대대로 농사를 지어 왔다. 그러므로 농사에 경험이 많은 그들은 이스라엘 사람들보다 훨씬 더 농사를 잘 지을 것이다. 이런 상황에서 가나안 사람들이 그들의 성공적인 농사의 비법을 묻는 이스라엘 사람들에게 "우리는 다산과 풍요로움을 주시는 바알 신을 숭배하기 때문이다"라고 말할 가능성이 다분하다. 이스라엘이 가나안 사람들과 그들의 신들에게 현혹될 소지가 다분한 것이다. 그래서 이스라엘은 자신들의 순수성을 보존하기 위해서라도 가나안 사람들을 진멸시켜야 한다.

통계적으로 보면 이스라엘에 비가 적게 오는 것은 아니다. 이스라엘의 연간 강수량은 농사짓기에 적합한 지역과 비슷하다. 다만 차이는 농사짓기에 적합한 기후를 지닌 곳에서는 비와 눈이 12개월에 걸쳐 180일을 통해 내리는 반면 이스라엘의 경우 7-8개월에 걸쳐 40-60일을 통해 내린다(Tigay). 가나안에는 비가 그만큼 집중적으로 내린다는 것을 뜻한다.

II. 두 번째 스피치: 여호와의 율법(4:44-29:1[28:69])
2장. 율법의 전반적인 내용(5:1-11:32)
6. 오직 여호와께 충성(10:12-11:32)

(5) 가르치면 장수할 것(11:18-21)

18 이러므로 너희는 나의 이 말을 너희의 마음과 뜻에 두고 또 그것을 너희의 손목
에 매어 기호를 삼고 너희 미간에 붙여 표를 삼으며 19 또 그것을 너희의 자녀에게
가르치며 집에 앉아 있을 때에든지, 길을 갈 때에든지, 누워 있을 때에든지, 일어
날 때에든지 이 말씀을 강론하고 20 또 네 집 문설주와 바깥 문에 기록하라 21 그리
하면 여호와께서 너희 조상들에게 주리라고 맹세하신 땅에서 너희의 날과 너희의
자녀의 날이 많아서 하늘이 땅을 덮는 날과 같으리라

이스라엘이 만일 가나안 땅을 차지한 후에라도 여호와께 반역하면 하나님이 그들을 망하게 하실 것이라는 강력한 경고를(17절) 발한 모세는, 이스라엘이 이런 일을 당하지 않으려면 어떻게 해야 하는가에 대해 말한다. "그러므로 당신들은, 내가 한 이 말을 마음에 간직하고, 골수에 새겨두고, 또 그것을 손에 매어 표로 삼고, 이마에 붙여 기호로 삼으십시오"(18절, 새번역). 하나님의 말씀을 철저히 의식하고, 그 말씀에 영향을 받는 삶을 살아가라는 것이다.

이스라엘은 또한 하나님의 말씀을 자손 대대로 가르쳐야 한다. 그것도 대충 가르치는 것이 아니라 철저하게, 하나님의 말씀이 부모들의 삶의 모든 영역에 영향을 주듯, 자녀들의 삶의 모든 영역도 말씀이 지배하도록 가르쳐야 한다. "또 이 말을 당신들 자녀에게 가르치며, 당신들이 집에 앉아 있을 때나 길을 갈 때나, 누워 있을 때나 일어나 있을 때나, 언

제든지 가르치십시오"(19절, 새번역). 아울러 모세는 각 사람의 온 집안과 그들이 속한 공동체도 하나님의 말씀이 통치하도록 하라고 한다(20절).

본문은 하나님의 말씀을 내면화하는 것만으로는 부족하며, 역시 외면화하는 것만으로도 부족하다는 점을 강조하고자 한다. 하나님의 말씀에 순종한다는 것은 내면화와 외면화가 동시에 이루어져야 한다(Berger & Luckman). 이 모든 권고는 동일한 개념과 이미지를 통해 이미 6:6-9에서 선포되었다. 각 문구와 문장이 사용하고 있는 이미지에 대하여는 6:6-9의 주해를 참고하라. 모세가 이미 선언한 내용을 여기서 다시 반복하다시피 하는 것은 6:4에서 시작된 강론의 첫 번째 주요 분기점에 도달했다는 것을 뜻한다(Weinfeld; McConville).

이스라엘 백성들이 이처럼 하나님의 말씀에 흠뻑 젖어서 산다면, 그들과 그들의 후손들은 두루두루 하나님의 축복을 마음껏 누리며 오래오래 살 것이다. 이 약속은 하늘이 없어질 때까지 유효하다. "그러면 주님께서 당신들 조상에게 주겠다고 맹세하신 땅에서, 당신들과 당신들 자손이 오래오래 살 것입니다. 당신들은 하늘과 땅이 없어질 때까지 길이길이 삶을 누릴 것입니다"(21절, 새번역). 하늘은 영구성과 장수의 상징이다(Tigay). 이스라엘의 미래는 그들의 손안에 있다. 말씀에 순종하는 삶을 살기만 하면, 그들의 미래는 밝다.

II. 두 번째 스피치: 여호와의 율법(4:44-29:1[28:69])
2장. 율법의 전반적인 내용(5:1-11:32)
6. 오직 여호와께 충성(10:12-11:32)

(6) 영토를 차지하는 비결(11:22-25)

22 너희가 만일 내가 너희에게 명하는 이 모든 명령을 잘 지켜 행하여 너희의 하나님 여호와를 사랑하고 그의 모든 도를 행하여 그에게 의지하면 23 여호와께서 그 모든 나라 백성을 너희 앞에서 다 쫓아내실 것이라 너희가 너희보다 강대한 나라들을 차지할 것인즉 24 너희의 발바닥으로 밟는 곳은 다 너희의 소유가 되리니 너

희의 경계는 곧 광야에서부터 레바논까지와 유브라데 강에서부터 서해까지라 25
너희의 하나님 여호와께서 너희에게 말씀하신 대로 너희가 밟는 모든 땅 사람들
에게 너희를 두려워하고 무서워하게 하시리니 너희를 능히 당할 사람이 없으리라

모세는 이 본문을 통해 그가 이미 8절에서 선언했던 사실을 재차 확인하며 한 단계 더 발전시킨다. 이스라엘이 하나님을 사랑하여 그분의 말씀에 순종하면, 하나님이 그들의 조상들에게 약속하신 가나안 땅을 한 평도 남김없이 모두 점령할 수 있을 것이라고 한다. 땅 정복 과정에서 이스라엘은 자신들보다 훨씬 더 크고 강한 민족들을 내칠 수 있을 것이다(23절; cf. 7:1, 17). 가나안 정복에 대한 언급에서도 명령과 약속이 균형을 이루고 있다(McConville). 이스라엘이 하나님과 맺은 언약에 순종하면 땅을 차지할 것이다. 이 점을 강조하기 위하여 본문은 언약과 연관된 단어들로 가득차 있다. 지키다(שמר); 사랑하다(אהב); 걷다/행하다(הלך); 의지하다(דבק)(Grisanti).

이스라엘이 하나님께 순종하기만 한다면, 그들이 밟은 땅은 모두 이스라엘의 소유가 될 것이다(24절). 이 말씀은 물론 아무데나 이스라엘이 밟으면 그들의 영토가 된다는 뜻은 아니다. 저자는 분명히 그 한계선을 긋고 있다. 남쪽으로는 광야에서부터 북쪽으로는 레바논 산간 지방까지, 동쪽으로는 유프라테스 강에서부터 서쪽으로는 지중해까지의 땅이 바로 하나님이 선조들에게 약속하신 땅이며, 이 범위 내에서 이스라엘 백성들이 밟는 곳마다 그들의 소유가 될 것이다. 고대 근동에서는 땅을 밟는 것으로 그 땅의 소유권을 표시하기도 했다(Merrill; Tigay).

신명기에서 약속의 땅의 범위를 정의하고 있는 말씀은 이곳뿐만 아니라 1:7과 34:1-2에도 등장한다. 책이 시작하는 곳과 끝나는 곳에서 등장하는 것이다. 이러한 정황을 감안할 때, 이 시점에서 가나안 땅의 범위가 다시 언급되는 것은 이곳이 책의 첫 번째 주요 섹션(1-11장)이 끝나는 곳임을 암시한다(McConville).

(7) 앞에 놓인 선택(11:26-32)

**26 내가 오늘 복과 저주를 너희 앞에 두나니 27 너희가 만일 내가 오늘 너희에게 명
하는 너희의 하나님 여호와의 명령을 들으면 복이 될 것이요 28 너희가 만일 내가
오늘 너희에게 명령하는 도에서 돌이켜 떠나 너희의 하나님 여호와의 명령을 듣
지 아니하고 본래 알지 못하던 다른 신들을 따르면 저주를 받으리라 29 네 하나님
여호와께서 네가 가서 차지할 땅으로 너를 인도하여 들이실 때에 너는 그리심 산
에서 축복을 선포하고 에발 산에서 저주를 선포하라 30 이 두 산은 요단 강 저쪽
곧 해지는 쪽으로 가는 길 뒤 길갈 맞은편 모레 상수리나무 곁의 아라바에 거주하
는 가나안 족속의 땅에 있지 아니하냐 31 너희가 요단을 건너 너희의 하나님 여호
와께서 너희에게 주시는 땅에 들어가서 그 땅을 차지하려 하나니 반드시 그것을
차지하여 거기 거주할지라 32 내가 오늘 너희 앞에 베푸는 모든 규례와 법도를 너
희는 지켜 행할지니라**

모세는 이 섹션에 기록된 말씀으로 5:1에서 시작된 그의 강론을 마치려 한다. 지금까지 그가 선포한 모든 말씀은 주의 백성으로 하여금 올바른 선택을 하게 하기 위함이었다. 모세는 이스라엘 앞에 축복된 미래와 저주받은 미래를 제시한다(26절). 물론 축복된 미래는 순종의 삶을 전제한 것이며, 저주받은 삶은 불순종과 우상을 따르는 결과다(27-28절). 이런 차원에서 본 텍스트는 앞으로 축복과 저주를 자세하게 논할 27:1-28:68의 축소판이다.

저자는 이스라엘에게 이 두 가지 옵션 중 하나를 택하라고 한다. 물론 모든 사람이 복된 삶을 택하고 싶어 하고 택할 것이다. 특히 그들이 출애굽 이후 지금까지 순간순간 그들에게 기적과 은혜를 베풀어 주신 여호와와 그들이 전혀 알지 못하는(לֹא־יְדַעְתֶּם) 우상 중 하나를 선택해야 한다면 더욱더 여호와를 택하고 싶을 것이다(cf. 28절). 그러나 자신의

선택에 책임지는 삶을 산다는 것은 결코 쉬운 일이 아니다. 그러므로 모세는 백성들에게 무슨 일이 있어도 기필코 여호와께만 순종하겠다는 결단을 촉구한다.

이스라엘이 가나안 땅에 입성하면, 복된 선택과 저주받은 선택을 상징하기 위하여 세겜을 사이에 두고 서로 바라보고 있는 남쪽의 그리심 산(הַר גְּרִזִּים)과 북쪽의 에발 산(הַר עֵיבָל)에서 축복과 저주를 선포해야 한다. 오늘날에는 방향을 표기할 때 북쪽을 기준으로 하는데, 고대 근동 사람들은 동쪽을 기준으로 했다. 그래서 세겜에서 동쪽을 바라보면, 축복을 선언하는 그리심 산은 오른 쪽에, 저주를 선언하는 에발 산은 왼쪽에 놓여 있다. 성경에서 오른 손/쪽과 축복은 무관하지 않다는 점과 그리심 산은 수풀로 우거진 반면, 에발 산은 나무가 별로 없는 민둥산이라는 점이 이 두 산의 배열에 영향을 미친 것으로 생각된다(Mayes).

세겜은 모레 상수리나무 곁(cf. 창 12:6), 길갈 맞은편에 있었다(30절).[20] 물론 본문이 언급하고 있는 길갈(הַגִּלְגָּל)은 이스라엘이 요단 강을 건너자 마자 정착한 곳이 아니라(cf. 수 4:19), 그곳에서 북쪽으로 약 50킬로미터 떨어진 곳, 세겜 근처에 위치했을 것으로 추정된다. 길갈이란 이름에 정관사가 붙는 것을 보면 길갈이 고유명사가 아니라 "그 돌무더기"라는 일반명사로 해석하는 것도 가능하다(cf. HALOT). 성경에는 길갈이란 이름으로 불리는 여러 성읍이 있다. 훗날 여호수아는 가나안 땅에 들어선 후 얼마 되지 않아 그리심 산과 에발 산을 찾아 모세가 명령한 대로 행했다(수 8:30-35).

---

20 길갈과 아라바의 위치와 이 두 지역 이름이 제시하는 문제에 대하여는 티개이(Tigay)를 참고하라.

3장. 구체적 율법(12:1-26:19)

이 섹션은 5장에서 시작된 모세의 두 번째 스피치의 핵심 부분이다. 지금까지 그는 5-11장에 기록된 장엄한 서문(preamble)을 통해 이스라엘이 왜 광야에서 뿐만 아니라 약속의 땅 가나안에 들어가서도 여호와께 순종해야 하는지를 설명하며 시내 산에서 주신 율법을 잘 지키라고 권면했다. 이제 모세는 주제를 바꿔 서문에서 이스라엘이 꼭 지켜야 한다고 강조했던 "규례와 법도"(הַחֻקִּים וְהַמִּשְׁפָּטִים)(12:1)가 무엇인가를 구체적으로 설명한다. 이런 차원에서 이미 오래전부터 학자들은 이 섹션이 십계명의 각 계명을 하나씩 설명하고 강론하는 것이라고 했다(Calvin; Kaufman; Olson). 그러나 이 섹션이 십계명과 별 연관성이 없다고 주장하는 학자들의 반론도 만만치 않다(Tigay; Block).

저자는 새로운 섹션을 시작할 때 지속적으로 사용했던 문장과 유사한 문구로 이 섹션을 시작한다. "당신들이 땅 위에서 사는 날 동안, 주 당신들 조상의 하나님이 당신들에게 차지하게 하신 땅에서, 당신들이 지켜야 할 규례와 법도는 다음과 같습니다"(12:1[새번역]; cf. 4:44-45; 5:1; 6:1-2). 신명기 안에서 이런 유형의 문장이 12:1 이후에 등장하는 곳은 29:1이다. 12-28장이 통일성을 지닌 텍스트임을 시사하는 것이다. 이 섹션(12-26장)은 신명기 안에서 가장 긴 스피치며 일반적으로 학자들은 이 부분을 신명기적 법전(deuteronomic law code/Deuteronomic Code)이라고 부른다. 출애굽기와 레위기 등을 통해 접했던 구체적이고 세부적인 율법이 이 섹션에 거의 모두 나열되어 있기 때문이다.

그러나 모세가 이 법전을 제시하는 스타일은 코드화되어 있는 법전을 딱딱하게 선포하는 것이 아니라 1-11장에서처럼 강론적/설교적이며, 무엇보다도 백성들이 스스로 순종의 삶을 선택하도록 설득하고자 한다. 그러므로 본문을 언약 법전(출 20:22-23:19)[21], 성결 법전(레 17-25) 혹은 메소포타미아 법전 등에 비교하는 것은 적절하지 않다(Block).

저자는 이스라엘의 하나님 여호와는 세상의 어느 누구와도 비교할 수 없는 분이시기에, 그의 백성인 이스라엘도 그의 거룩하심에 걸맞게 세상 사람들과 다르게 살아야 한다는 것을 호소한다. 이 섹션의 중심 주제인 율법의 이론적인 면모를 등한시하지 않으면서 동시에 그 율법의 실제적인 적용에 많은 공간을 할애하는 것이다.

모세가 본 텍스트를 전개해 나가는 논리는 확실하게 감지된다. 이스라엘을 신정 통치를 지향하는 공동체로 간주한 모세는 먼저 이스라엘이 하나님께 행해야 할 의무와 책임에 관해 논한 후(12:1-16:17) 여호와께서 이스라엘에게 왕권을 행사할 때 사용하실 직책들을 언급한다(16:18-21:9). 이어 모세는 주의 백성의 가정에 관한 규례들(21:10-22:30), 언약 공동체의 범위(23:1-9), 백성의 삶에 대한 다양한 율법(23:10-25:19)을 언급한 후 예배에 대한 추가적인 지시로(26:1-15) 본 텍스트를 마무리한다. 이처럼 여러 가지 다양한 율법을 강론하고 있는 본 텍스트는 다

21 블록(Block)은 이 섹션의 신명기와 출애굽기 20:22-23:19을 비교한 후 이 두 텍스트에 대하여 다음과 같은 평행적 구조를 제시했다.

출애굽기 20:22-23:19		신명기 12:2-26:15	
A	여호와를 향한 이스라엘의 예식적 표현을 강조하는 예배에 관한 원칙들(20:23-26)	A	여호와를 향한 이스라엘의 예식적 표현을 강조하는 예배에 관한 원칙들(12:2-16:17)
B	여호와를 향한 이스라엘의 도덕적 표현을 강조하는 율법(21:1-23:9)	B	여호와를 향한 이스라엘의 도덕적·사회적 표현을 강조하는 율법(16:18-25:19)
A'	여호와를 향한 이스라엘의 예식적 표현을 강조하는 예배에 관한 원칙들(23:10-19)	A'	여호와를 향한 이스라엘의 예식적 표현을 강조하는 예배에 관한 원칙들(26:1-15)

음과 같이 구분될 수 있다.

A. 예배와 예배 장소(12:1-16:17)
B. 리더십(16:18-18:22)
C. 생명을 존중하는 정의 실현(19:1-22:8)
D. 구분과 순결에 관한 율법(22:9-23:19[18])
E. 사회 질서에 관한 율법(23:20[19]-25:19)
F. 예식에 관한 율법(26:1-15)
G. 결론적인 권면(26:16-19)

II. 두 번째 스피치: 여호와의 율법(4:44-29:1[28:69])
3장. 구체적 율법(12:1-26:19)

1. 예배와 예배장소(12:1-16:17)

율법 강론을 본격적으로 시작하는 모세는 제일 먼저 이스라엘이 언제, 어디서, 어떻게 예배를 드려야 하는가에 대하여 설명한다. 여호와와 언약을 맺은 이스라엘이 하나님을 예배하는 것은 당연한 일이다. 언약의 요구 사항이기 때문이다. 그러나 성경은 하나님을 예배하는 것은 주의 백성이 감당해야 할 의무가 아니라, 특권이라고 한다. 다른 사람들은 하나님께 예배를 드리고 싶어도 드릴 수 없는데, 하나님이 택하신 소수만이 주님을 예배할 수 있기 때문이다. 주의 백성만이 누릴 수 있는 특권인 예배에 관한 모세의 가르침은 다음과 같이 섹션화될 수 있다.

A. 성소에 관한 율법(12:1-32)
B. 우상 숭배 선동자에 관한 율법(13:1-18)
C. 거룩한 백성, 거룩한 습관(14:1-29)
D. 안식년과 첫 열매에 대한 율법(15:1-23)
E. 주요 절기들에 관한 율법(16:1-17)

II. 두 번째 스피치: 여호와의 율법(4:44-29:1[28:69])
3장. 구체적 율법(12:1-26:19)
1. 예배와 예배장소(12:1-16:17)

(1) 성소에 관한 율법(12:1-32)

신명기 12장은 신명기 학자들 사이에 핵심 논쟁의 장으로 자리매김하였다. 그 이유는 일부 학자들이 12장은 이스라엘이 가나안 땅에 입성하면 가나안 사람들처럼 여러 곳에서 하나님께 예배를 드리는 것이 아니라 여호와께서 정하시는 한 곳에서만 예배를 드려야 한다고 규정하고 있는데, 이 규정이 요시야 왕이 주도한 종교 개혁과 연관이 있을 뿐만 아니라 신명기의 저작 연대와 연관이 있다고 생각하기 때문이다(cf. 서론의 '저작 연대'). 그러나 이러한 논쟁은 여러 면에서 소모적일 뿐 본문을 해석하고 우리의 삶에 적용하는 데는 큰 도움이 되지 못한다. 그러므로 이 주석에서도 이 논쟁에 대해서는 언급하지 않겠다(cf. McConville; Tigay; Wright).

본 텍스트의 핵심은 이스라엘이 오직 여호와에게만 충성해야 하며, 이 충성이 그들의 예배에 적절하게 반영되어야 한다는 것에 있다. 이러한 권면은 세상의 여러 민족들 가운데 오직 이스라엘만이 여호와를 섬길 수 있는 특권을 가지게 된 것이 이스라엘의 삶에서 실제적으로 어떻게 다가와야 하는가에 대한 지침이기도 하다(Brueggemann). 또한 12장의 오직 여호와만 섬기고 예배하라는 권면은 십계명 중 처음 두 계명의 내용을 반영하고 있다고 할 수 있다(Tigay).

이 장은 여호와께 드리는 진정한 예배가 어떤 것인가를 정의하는 차원에서 출애굽기 20:22-26을 반영하고 있으며, 이스라엘의 예배가 열방의 예배와 차별화되어야 한다는 점을 강조하는 레위기 18:3을 배경으로 하고 있다(Wright). 본 텍스트는 이스라엘의 선택 받음과 거룩함을 강조하는 신명기 7장과 테마뿐만 아니라 구조적인 면에서도 매우 유사하다. 다음을 참고하라(McConville).

12장	내용	7장	내용
1-4절	가나안 사람들과 종교를 없애라는 명령	1-5절	가나안 사람들과 종교를 없애라는 명령
5-12절	이스라엘은 선택된 곳에서만 예배드림으로써 거룩해야 함	6-11절	하나님이 이스라엘을 거룩한 백성으로 선택하심
13-28절	땅의 풍요로움을 즐기는 것은 거룩함의 필연적인 결과임	12-16절	땅의 풍요로움을 즐기는 것은 거룩함의 필연적인 결과임
29-32절	이방 종교들의 덫에 대한 경고	17-26절	이방 종교들의 덫에 대한 경고

필자는 다음과 같은 구분을 바탕으로 본문을 해석해 나가고자 한다.[22]

A. 영원히 지켜야 할 율법(12:1)

B. 종교적 유물을 파괴할 것(12:2-4)

C. 택하신 곳에서만 예배드릴 것(12:5-14)

D. 자유로운 도살(12:15-28)

E. 예배의 순수성(12:29-32[13:1])

> II. 두 번째 스피치: 여호와의 율법(4:44-29:1[28:69])
> 3장. 구체적 율법(12:1-26:19)
> 1. 예배와 예배장소(12:1-16:17)
> (1) 성소에 관한 율법(12:1-32)

① 영원히 지켜야 할 율법(12:1)

1 네 조상의 하나님 여호와께서 네게 주셔서 차지하게 하신 땅에서 너희가 평생에 지켜 행할 규례와 법도는 이러하니라

22 주석가들은 12장에서 교차대구법적 구조를 찾는다(cf. Vogt; Christensen). 대표적인 예가 다음에 제시되는 것이다(Grisanti). 그러나 중앙에 있는 C(5-28절)가 나머지 부분들에 비하여 너무 큰 비중을 차지하기 때문에 본문을 분석하고 설명하는 데는 큰 도움이 되지 않는다.

A. 서문: "너희가 준수해야 할 율법이니라"(12:1)

B. 오직 여호와: 우상 숭배 현장을 파괴하라(12:2-4)

C. 예배의 모든 영역에서 여호와에 대한 충성을 보이라(12:5-28)

B′. 오직 여호와: 우상 숭배를 답습하지 말라(12:29-31)

A′. 말문: "모든 법도를 지키라"(12:32)

이 구절은 12-26장에 기록된 율법에 대한 소개로서 표현 방식은 신명기 안에서 이미 몇 차례 접한 것과 비슷하다(5:1; 6:1; 11:32). 이 장에서 1-4절의 핵심 내용을 29-32절이 반복하고 있는 점으로 보아, 이 장의 첫 부분과 마지막 부분은 수미쌍관(inclosio) 방식으로서 중간 부분을 감싸고 있는 것으로 생각된다(cf. Wright). 또한 28절은 1절에 대한 일차적인 결론으로, 32절은 1절에 대한 이차적인 결론으로 취급된다(Brueggemann).

저자는 지금부터 선포될 내용들이 가나안 땅에 입성하면 지켜야 할 것들임을 강조함으로써 머지않아 이루어질 이스라엘의 가나안 정복과 정착을 기정사실화하고 있다. 이스라엘이 그 땅을 누릴 수 있는 비결은 지금부터 선포될 율법과 규례를 잘 지키는 것이라는 점을 암시한다. 이런 차원에서 율법과 규례는 땅을 〔얻기〕 위한 것이다(McConville).

율법 준수 여부는 이스라엘의 영구적인 땅 소유를 좌우한다. "너희가 그 땅 위에서 사는 모든 날 동안"(כָּל־הַיָּמִים אֲשֶׁר־אַתֶּם חַיִּים עַל־הָאֲדָמָה)에는 항상 율법을 지켜야 한다는 권면이 이러한 사실을 강조한다. 이스라엘이 율법의 기준에 따라 경건하게 살기를 거부하는 날부터 그들은 땅을 잃을 수 있는 위험에 빠지게 된다. 물론 신명기 저자가 지금까지 강조해 왔던 가르침을 생각하면, 이러한 가르침이 새로운 것은 아니다.

② 종교적 유물을 파괴할 것(12:2-4)

2 너희가 쫓아낼 민족들이 그들의 신들을 섬기는 곳은 높은 산이든지 작은 산이든지 푸른 나무 아래든지를 막론하고 그 모든 곳을 너희가 마땅히 파멸하며 3 그 제단을 헐며 주상을 깨뜨리며 아세라 상을 불사르고 또 그 조각한 신상들을 찍어 그 이름을 그 곳에서 멸하라 4 너희의 하나님 여호와께는 너희가 그처럼 행하지 말고

가나안 사람들은 아무 곳에서나 종교 행위를 하지 않고 특정한 지역에서만 신들을 숭배했다. 때로는 높은 산과 언덕에서 신들을 숭배했는데, 높은 산들에 신들이 산다고 생각했기 때문이다. 가나안 사람들은 신들의 거처지 혹은 거처지와 인접한 곳에서 예식을 행하는 것을 즐겼던 것이다. 물론 신들의 거처지나 가까운 곳에서 예배하면 더 좋은 효과를 얻을 수 있다고도 생각했다.

가나안 사람들은 무성한 나무 아래를 성지로 간주하기도 했다. 큰 나무가 자라기에는 척박한 환경에서 싱그러움을 간직한 거목은 신들의 특별한 보호를 받고 있다고 여겨져 다산과 풍요로움의 상징이 되었던 것이다(Farbridge). 저자는 가나안 사람들이 우상을 숭배하는 곳들을 역사서가 흔히 사용하는 전문용어 '산당들'(בָּמוֹת)이라는 말을 사용하지 않고 단순히 "장소들"(מְקֹמוֹת)이라 부른다(2절). 구체적인 용어보다는 일반적인 용어를 선호하는 것이 신명기의 특성이다(McConville). 하나님이 지정해 주시는 곳에서만 예배드리라는 권면(5절)에서도 구체적인 용어인 성소(קֹדֶשׁ), 성전(הֵיכָל) 등을 피하고 단순히 "장소"(מָקוֹם)를 사용하는 것도 이러한 특성을 반영하고 있다.

가나안 사람들의 종교는 거창한 건물로 이루어진 신전들보다는 열린 공간을 예배 처소로 주로 사용했다(Tigay). 그들은 자신들의 성소를 제단(מִזְבֵּחַ), 주상(מַצֵּבָה), 아세라 상(אֲשֵׁרָה), 신상(פְּסִיל) 등으로 채웠다(3절; cf. 7:5). 제단(מִזְבֵּחַ)은 곡물, 짐승, 술, 향 등을 신들에게 불살라 바치는 곳이었다. 대체로 돌이나 흙을 사용하여 만들었으며, 윗면은 귀금속으로 덮여 있거나 장식되어 있었다. 주상(מַצֵּבָה)은 다듬거나 다듬지 않은 돌기둥을 뜻하며 종종 문양이 새겨져 있었다. 이것들은 신(들)을 상징하거나 신(들)의 거처지로 여겨졌다(Tigay). 가나안 종교들에서 이 돌기둥들은 남자의 성기를 상징하기도 했다(McConville). 이 석상들에게 제물이 바쳐졌으며, 우상과 동일하게 취급되었다.

성경에서 아세라(אֲשֵׁרָה)는 가나안 사람들이 숭배하던 여신의 이름이며(왕상 18:19), 이 여신은 때로는 모든 신의 아버지 엘(El)의 아내로, 때로는 가장 능력 있는 신이었던 바알(Baal)의 아내로 여겨졌다. 또한 아세라는 아세라 여신 숭배와 연관된 나무 기구들을 뜻하기도 한다(삿 6:26). 이 나무 기구가 실제적으로 살아 있는 나무를 제단 옆에 심어 놓은 것이라고 주장하는 사람들도 있지만, 대부분 학자들은 나무를 베어다 세워 놓은 기둥으로 이해한다(cf. Tigay). 본문에서도 기둥과 같은 나무 기구들을 뜻한다. 가나안 종교에서 돌기둥이 남성을 상징했다면, 나무 기둥은 여성을 상징했다(McConville).

가나안 사람들의 종교는 그 어떠한 차원에서도 여호와 종교의 대안이 될 수 없다. 그럼에도 불구하고 이 종교들이 지니고 있는 위협은 매우 심각하다. 그러므로 이스라엘은 가나안 땅에서 이런 것들을 접하는 대로 "완전히/확실하게 파괴함으로써"(אַבֵּד תְּאַבְּדוּן; 분사를 사용한 강조형 문구임) 가나안 사람들의 종교와 유물들을 거부한다는 것을 상징적인 행동으로 옮겨야 하며, 이 우상들의 존재를 상기시키는 것들을 모두 지워 버려야 한다(Craigie; cf. 7:24). 이스라엘 사람들은 이 종교들에 관심을 가져도 안 되며, 그들에게는 이 모든 종교들을 전적으로 부인해야 할 의무가 있다(Brueggemann). 그들의 생존과 연관된 이슈다. 전통적으로 유태인들은 이 명령이 약속의 땅에만 적용되는 것으로 해석해 왔다. 가나안 땅을 벗어나서는 유효하지 않다는 것이다(Tigay).

가나안 우상들의 이름은 영원히 지워져야 하는 것에 반해 하나님은 자신의 이름을 영원히 두기 위하여 한 곳을 지정하실 것이다(cf. 5절). 우상의 이름을 지운다는 것은 가나안 사람들이 믿고 있는 그 신들의 임재와 능력을 모두 제거한다는 의미다(Wright). 그러므로 하나님이 자신의 이름을 성소에 두신다는 것은 하나님의 임재와 능력이 그곳에 있을 것이라는 뜻이 된다. 완전히 지워져야 하며 하나님의 이름은 영원히 기억되어야 한다는 점이 대조를 이룬다.

또한 이스라엘은 가나안 종교의 우상들과 유적지를 파괴해야 할 뿐만 아니라, 그들의 예배 중 어떠한 예식이나 방식을 도입해서도 안 된다(4절; cf. 출 23:24). 훗날 열왕기 저자는 북왕국 이스라엘의 멸망을 회고하면서 이들이 가나안 사람들의 방식에 따라 여호와와 이방 신들을 예배했던 점을 한 이유로 들었다.

> 이스라엘 자손은 또한 주님이신 그들의 하나님을 거역하여 옳지 못한 일을 저질렀다. 곧, 망대로부터 요새화된 성읍에 이르기까지, 온 성읍 안에 그들 스스로 산당을 세웠으며, 또 높은 언덕과 푸른 나무 아래에는 어느 곳에나 돌기둥들과 아세라 목상들을 세웠으며, 주님께서 그들의 면전에서 내쫓으신 이방 나라들처럼, 모든 산당에서 분향을 하여 주의 진노를 일으키는 악한 일을 하였으며, 또한 주님께서 그들에게 하지 말라고 하신 우상숭배를 하였다(왕하 17:9-12, 새번역)

그러나 가나안 종교들의 예식은 하나님이 온 인류에게 주신 일반 은총의 일부가 아니며 가증스러운 것이기 때문에 모두 거부해야 한다. 모세는 우상 숭배에 사용되었던 금은보화를 모두 버린 적이 있다(9:21). 하나님께 드리는 예배는 세상의 그 어떠한 종교의 예식과도 차별화되어야 하며 오직 온전히 거룩한 것만 드려야 하는 것이다.

II. 두 번째 스피치: 여호와의 율법(4:44-29:1[28:69])
3장. 구체적 율법(12:1-26:19)
1. 예배와 예배장소(12:1-16:17)
(1) 성소에 관한 율법(12:1-32)

③ 택하신 곳에서만 예배드릴 것(12:5-14)

> 5 오직 너희의 하나님 여호와께서 자기의 이름을 두시려고 너희 모든 지파 중에
> 서 택하신 곳인 그 계실 곳으로 찾아 나아가서 6 너희의 번제와 너희의 제물과 너
> 희의 십일조와 너희 손의 거제와 너희의 서원제와 낙헌 예물과 너희 소와 양의 처
> 음 난 것들을 너희는 그리로 가져다가 드리고 7 거기 곧 너희의 하나님 여호와 앞
> 에서 먹고 너희의 하나님 여호와께서 너희의 손으로 수고한 일에 복 주심으로 말

> 미암아 너희와 너희의 가족이 즐거워할지니라 8 우리가 오늘 여기에서는 각기 소견대로 하였거니와 너희가 거기에서는 그렇게 하지 말지니라 9 너희가 너희 하나님 여호와께서 주시는 안식과 기업에 아직은 이르지 못하였거니와 10 너희가 요단을 건너 너희 하나님 여호와께서 너희에게 기업으로 주시는 땅에 거주하게 될 때 또는 여호와께서 너희에게 너희 주위의 모든 대적을 이기게 하시고 너희에게 안식을 주사 너희를 평안히 거주하게 하실 때에 11 너희는 너희의 하나님 여호와께서 자기 이름을 두시려고 택하실 그 곳으로 내가 명령하는 것을 모두 가지고 갈지니 곧 너희의 번제와 너희의 희생과 너희의 십일조와 너희 손의 거제와 너희가 여호와께 서원하는 모든 아름다운 서원물을 가져가고 12 너희와 너희의 자녀와 노비와 함께 너희의 하나님 여호와 앞에서 즐거워할 것이요 네 성중에 있는 레위인과도 그리할지니 레위인은 너희 중에 분깃이나 기업이 없음이니라 13 너는 삼가서 네게 보이는 아무 곳에서나 번제를 드리지 말고 14 오직 너희의 한 지파 중에 여호와께서 택하실 그 곳에서 번제를 드리고 또 내가 네게 명령하는 모든 것을 거기서 행할지니라

주의 백성은 절대 가나안 사람이 자기 신들을 숭배하는 것처럼 여호와를 섬겨서는 안 된다고 선언한 모세가 하나님을 어떻게 섬길 것인가에 대하여 강론한다. 이스라엘은 이렇게 하나님께 예배를 드리라며 몇 가지 원칙을 제시하고 있는 것이다. 첫째, 주께서 정하신 곳을 찾으라(דרשׁ)(5절). 하나님의 성전이 있는 곳으로 순례를 가서 예배드리라는 의미다. 예배 장소에 대한 가나안 종교들과 여호와 종교의 가장 기본적인 차이가 여기에 있다. 가나안 종교에서는 사람들이 모여 신들을 숭배할 장소를 정했지만, 여호와 종교에서는 하나님이 직접 그 장소를 정하신다(Miller). 하나님이 많은 민족들 중 이스라엘을 택하시고, 그들 중에서도 제사장들을 세우신 것처럼, 주께서 여러 장소 중 한 곳을 정하실 것이다.

둘째, 주님이 정하신 그곳에서 주께 나아가라(בוא)(5절). 주 앞에 나

아가는 것은 곧 예배를 드린다는 뜻이다. 그곳은 주님이 자기 이름을 두신 곳이다(Wright). 물론 출애굽기 20:24에 의하면 하나님이 이곳을 정하실 때까지는 곳곳에서 예배를 드려도 괜찮다. 셋째, 그곳으로 온갖 제물을 주님께 가져오라(בוא)(6절). 이스라엘이 예배를 드리는 곳뿐만 아니라 예물을 드리는 곳도 성전으로 제한이 되었음을 암시한다. 물론 이스라엘이 당장 혹은 요단 강을 건넌 직후 이렇게 할 필요는 없다. 여기에 언급된 모든 일은 미래지향적인 성격을 지녔으며, 훗날 적절한 때에 하나님이 지정하신 후에 있을 일이다.

넷째, 주님이 계신 그곳에서 먹으라(אכל)(7절). 하나님은 백성이 드리는 예물을 매우 귀하게 여기신다. 그래서 백성이 드린 예물의 일부를 그들이 주님 앞에서 먹으며 하나님과 자신들의 특별한 관계를 기념하도록 하셨다. 언약 백성인 이스라엘은 항상 주님 앞에 서 있어야 한다. 다섯째, 그곳에서 즐거워하라(שמח)(7절). 하나님은 이스라엘에게 많은 것을 약속하셨다. 그러므로 주의 백성이 주님 앞에서 즐거워한다는 것은 곧 여호와께서 약속하신 것들이 만족스럽게 성취되어가고 있음을 상징한다(Grisanti). 그러므로 하나님의 은혜를 체험하면서 사는 주의 백성은 신앙의 고백의 일원으로 주님께 끊임없이 감사하며 살아야 한다. 또한 이 땅에서 우리가 수고하고, 그 수고로 얻은 수익의 일부를 하나님께 돌려 드리는 이유 중 한 가지는 이 일로 인해 우리가 행복하고 즐거운 삶을 살기 위해서다. 그러므로 모세가 이스라엘이 하나님을 어디서 어떻게 예배해야 하는가에 대한 강론을 예배자의 삶에 가득할 기쁨으로 마무리하는 것은 당연한 일이다.

이미 언급한 것처럼 이스라엘은 여호와께서 자신의 이름을 두시려고 이스라엘의 모든 지파 가운데서 택하신 "그곳"(הַמָּקוֹם)에서만 예배를 드려야 한다(5, 11절). 하나님이 그곳에 이름을 두신다는 것은 그곳의 소유권이 하나님께 속한 것임을 뜻한다(Wright). 적합한 제물이라 할지라도, 적합한 곳에서 드리지 않으면 죄가 된다(cf. 13절). 가나안 사람들은 여러 곳에 흩어져 있는 "그곳들"(הַמְּקֹמוֹת)에서 신들을 숭배했지만(2절), 이스라엘은 오직 하나의 '그곳'에서 하나님께 예배 드려야 한다. 이집트를 떠난 이스라엘이 하나님의 인도 아래 그곳(약속의 땅)에 오게 된 것처럼, 앞으로 그곳(성소)에 가서 예배 드려야 한다(McConville). 언어유희가 사용되고 있다.

학자들은 본문이 언젠가는 하나님이 '그곳'을 정하실 것이라는 말씀이 무엇을 의미하는지에 대하여 최소한 세 가지의 주요 해석을 내 놓았다. 첫째, 하나님은 처음부터 예루살렘 제단을 마음에 두셨다(Driver; Weinfeld). 이러한 해석을 선호하는 사람들은 주로 신명기가 요시야 때 저작된 것이라고 주장한다. 그러나 히스기야 시대에도 이미 산당을 제거함으로써 예배 처소를 중앙화하고 있다는 점을 감안하면 그다지 설득력 있는 해석은 아니다. 또한 본문은 이스라엘이 가나안에 정착한 후 안식을 즐길 때쯤에 하나님이 장소를 정하실 것이라고 한다. 이 안식은 솔로몬 시대에까지 임하지 않는다.

둘째, 하나님은 언젠가 예루살렘에 세워질 성전을 기대하시지만, 그때까지 하나님이 인정하신 한 곳(viz., 성막)에서만 예배를 드리라는 의미다(Crgaigie; McConville; Ridderbos; Thompson). 성전이 완성되기 전에는 성막과 법궤가 이곳 저곳으로 이동해 다니고는 했는데, 언제든 법궤와 성막이 있는 곳이 바로 하나님이 인정하신 유일한 예배 장소였다는 것이다. 그러나 사무엘이 산당을 돌면서 예배드렸고, 다윗-솔로몬 초기 시대에는 법궤가 있는 예루살렘과 성막이 있던 기브온에서 예배를 드렸던 사실을 생각해 보면 이 해석 역시 설득력을 잃는다.

셋째, 하나님이 솔로몬 성전을 염두에 두고 이런 말씀을 하시지만, 그렇다고 해서 다른 예배 처소를 모두 금한 것이 아니다(Niehaus; Wenham). 이 해석은 '유일한'(sole) 예배 장소와 '중심적인'(central) 예배 장소는 다른 것이며, 본문은 중심적인 예배 장소에 관한 것이라고 해석한다. 그러므로 이 해석에 의하면 예루살렘 성전이 가장 중심적인 예배 처소지만, 이스라엘은 하나님이 이곳에 성전을 세운 후에도 하나님이 인정하신 여러 정당한 장소에서 예배를 드릴 수 있었다고 주장한다(NIDOTTE; Merrill). 만일 예루살렘 성전 외에도 정당한 예배 장소가 있었다면 왜 히스기야와 요시야는 이스라엘 땅을 두루 다니며 산당을 허문 것일까? 또한 솔로몬이 죽은 후 10지파를 이끌고 나가 북왕국 이스라엘을 세운 여로보암은 왜 예루살렘 성전의 대안으로 단과 벧엘에 성전을 세운 것일까?

위 세 가지 해석 중, 두 번째 제안을 약간 수정한 것이 필자의 소견이다. 하나님은 언젠가는 예루살렘에 성전이 세워질 것을 기대하신다. 예루살렘에 성전이 세워지면 그때부터는 예루살렘에서만 예배드려야 한다. 예루살렘에서 멀리 떨어져 사는 사람들에게는 어려운 요구일 수도 있다. 그래서 율법은 이들을 염두에 두고 이스라엘 남자들은 매년 최소한 세 차례 성전으로 나오라고 하는 것으로 생각된다. 그때가 되기 전까지는 이스라엘 영토 여러 곳에서 예배를 드릴 수 있다.

하나님이 마음에 두신 "그곳"이 훗날 예루살렘으로 밝혀지지만, 오경은 그곳이 어디인가에 대하여 구체적으로 밝히지 않는다. 특히 본문이 에발 산과 그리심 산 등 구체적인 이름을 제시하면서도 "그곳"의 이름을 말하지 않는 것은 저자에게 그곳이 어디인가를 밝히는 것보다 더 중요한 사안이 있다는 것을 의미한다(Wright). 바로 "그곳"에 누구(viz., 여호와)의 이름이 있는가가 더 중요한 것이었다. 때가 이르러 예루살렘이 "그곳"이 되지만, 그 이전에는 실로였다(렘 7:12).[23]

또 한 가지 본문이 강조하고 있는 것은 여러 곳에서 자신이 편한 대로 신들을 숭배하는 가나안 사람들과는 달리 이스라엘은 오직 하나님이 정하신 한 곳에서만 예배드려야 한다는 점이다. 이 장소는 영원히 동일한 곳이 아니라 시대에 따라 다를 수 있다(Craigie; Tigay; McConville).

---

23 많은 학자들이 성막이 벧엘과 세겜에 머문 적도 있다고 하지만, 이런 결론을 내리기에는 증거가 충분하지 않다.

이스라엘은 이곳에서 번제, 화목제, 십일조, 거제, 서원제, 자원제/낙헌제, 짐승들의 첫 소산 등 모든 제사를 드릴 수 있다(6, 11절). 제물로 드리는 짐승의 모든 것을 제단에서 완전히 불살라 바치는 번제(עֹלָה)는 '올라가다'(עלה)라는 동사에서 비롯된 단어로, 제물의 모든 것을 불살라 연기가 되게 하여 하나님이 계시는 하늘로 올라가게 한다는 뜻을 지녔다(Levine). 이 제사는 매일 아침저녁으로 드렸는데 인간이 하나님께 드리는 제사들 중에서 가장 기본적이며 중요한 것으로 여겼기에, 안식일과 축제일 등에도 다른 예물과 함께 드렸다. 다른 제사와는 달리 번제는 제사장의 몫도 남김없이 모두 하나님께 태워 바쳤다. 그러므로 번제는 우리가 주님을 예배할 때 그 어떠한 것도 빼놓지 말고 우리의 모든 것을 온전히 드려야 한다는 원리를 가르쳐 주는 제사다.

새번역이 "화목제"로 번역하고 있는 히브리어 단어(זֶבַח)를 문자적으로 풀이하면 "희생물"(cf. 개역)이지만, 감사제 등을 포함한 화목제(שְׁלָמִים)를 뜻하는 것이 확실하다(Tigay). 화목제에는 크게 세 가지가 있었다. (1) 감사할 일이 있어서 드리는 감사제(תּוֹדָה), (2) 서원에 따라 드리는 서원제(נֶדֶר), (3) 특별한 이유 없이 자원해서 드리는 자원제/낙헌제(נְדָבָה). 화목제의 제물은 제사장들만 먹는 것이 아니라, 그 제사를 드린 예배자도 주님 앞에서 함께 먹었다. 주께서는 자원해서 드리는 제물을 매우 귀하게 여기셨기 때문에 조그만 흠도 허락하실 뿐만 아니라, 예배자가 주님 앞에서 이 제물을 먹게 하셨다.

이스라엘은 곡식, 과일, 열매, 가축 등 모든 소산의 십분의 일을 하나님께 드려야 한다. 십일조(מַעֲשֵׂר)는 이미 하나님께 속한 것이기 때문에 특별히 따로 서원할 필요는 없다(cf. 민 18:21). 십일조는 주의 백성이 자기가 스스로 존재하게 된 것이 아님을, 또한 스스로 자신의 모든 필요를 채울 수 있는 능력을 가지고 있지도 않음을 하나님 앞에 고백하는 행위이다(Brueggemann).

만일 십일조로 드려지는 물건을 무르고자 하면 20퍼센트를 추가하여야 한다(cf. 레 27장). 짐승 중에서 십일조로 드릴 짐승을 고를 때는 결코 나쁜 것만 고를 수 없다. 임의적으로 1/10을 구분하여 드려야 한다(레 27:32). 지정된 짐승을 바꾸어서도 안 된다. 바꾸면 두 짐승 모두 거룩하게 되어 도저히 무를 수 없다. 이 짐승들은 성소에서 제물로 사용되어야 했다.

거제(תְּרוּמָה)는 다른 제물과 함께 드려졌거나 드려진 제물 중 제사장 몫으로 지정된 것이었으며(레 7:14, 32, 34; 민 18:8), 항상 손으로 높이 들어 바치는 것이었다. 그래서 항상 손(יָד)이라는 단어와 함께 사용된다. 서원제(נֶדֶר)와 자원제/낙헌제(נְדָבָה)는 성경에서 자주 함께 등장한다(레 7:16; 22:21; 민 15:3; 신 12:17). 서원제는 삶에서 위기를 맞은 사람이 약속한 제물을 드리는 것이다(cf. 창 28:20; 삿 11:30-31; 삼상 1:11; 삼하 15:8). 때로는 서원한 것을 서원제로 드릴 수 있었다(Levine; cf. 잠 7:14).

자원제(נְדָבָה)는 특별한 이유 없이 예배자가 감사해서 드리는 제물이었다. 서원제와 자원제는 예배자가 당일 먹어야 하는 감사제와는 달리 제물이 드려진 다음날에도 먹을 수 있었다. 그러나 이 제물들도 3일째에는 먹을 수 없으며 모두 태워야 한다(레 7:17). 만일 남은 고기를 태우지 않고 먹는다면, 예배자가 제사를 통해서 기대한 하나님의 모든 축복이 취소된다(레 7:18). 예배가 효과를 상실하게 되는 것이다.

이스라엘은 짐승들의 맏배/첫 소산도 지정된 곳에서 하나님께 드려야 한다. 율법이 이미 짐승의 맏배는 하나님께 속한 것이라고 했기 때문에(출 13:2, 15; 34:19) 따로 서원할 필요가 없다. 그러나 제물로 드릴 수 없는 부정한 짐승의 경우(예, 나귀, 말), 제사장이 정한 값에 1/5을 더하면 무를 수 있다. 만일 무르지 않으면 제사장이 정한 값에 짐승을 팔아 성소에 들여 놓아야 했다(cf. 레 27장).

이곳에서 이스라엘이 하나님께 드리는 모든 종류의 제사를 나열하는 것이 저자의 목적이 아니다. 이스라엘 종교 예식에서 매우 중요했던 속죄제와 속건제가 빠져 있는 것도 이러한 사실을 암시한다. 모세는 일반적으로 잘 알려져 있는 일곱 가지 제사만을 지적하며 '여호와께 드리는 모든 제사'는 그가 정하신 곳에서만 드려야 한다는 점을 강조하고자 하는 것이다(McConville; Wright).

이스라엘은 하나님이 정하신 제물을 주께서 지정하시는 곳에서만 드려야 하고 먹어야 한다. 저자는 하나님 앞에서 가족 대표뿐만 아니라 온 가족이 함께 먹어야 한다고 한다(7, 11절). 절기 때 백성이 함께 모여 성소에서 음식을 먹는 것 자체가 하나님의 언약 백성으로서 주께서 내려 주신 축복을 함께 누린다는 의미를 지녔다(McConville). 그런데 여기서 "온 가족"은 어떻게 정의되어야 하는가?

모세는 12절과 18절에서 온 가족을 "당신들만이 아니라, 당신들의 자녀들, 남종과 여종, 당신들처럼 차지할 몫이나 유산도 없이 성 안에서 사는 레위 사람"(새번역)이라고 한다. 신명기 16:16에 의하면 이스라엘의 남자들만 매년 세 차례 성소로 순례를 가야 한다고 한다. 본문이 딸들과 여종들도 함께 가서 하나님 앞에서 함께 먹으라고 하는 점을 감안할 때, 남자들은 의무적으로 가지만, 아내를 포함한 집안의 여자들의 경우는 형편에 따라 할 것을 원칙으로 했던 것으로 생각된다(Tigay). 사무엘의 아버지 엘가나도 두 아내와 자식들을 거느리고 실로로 순례를 가곤 했다(삼상 1장).

여종과 남종이 하나님 앞에서 함께 기뻐하며 음식을 먹는 예배에 포함되어 있다는 것이 상당히 인상적이다. 저자는 이스라엘의 예배에 과부, 고아, 방랑객도 포함시킨다(14:27-29). 믿음 공동체인 이스라엘에서는 과부와 고아 등 사회에서 가장 연약한 자들의 권한이 법정에서 무시되어서는 안 되며 공평한 재판을 받아야 한다고 외치는 것만으로는 부족했다. 이스라엘 삶의 가장 핵심인 예배에 이들이 포함되어야 했다(Wright). 오늘날 교회는 어떠한가?

레위 지파는 기업을 받지 못한 지파다. 그러므로 이들의 의식주는 이스라엘 사람들이 보장해야 했다. 또한 함께 먹을 "가족"에 레위 사람들이 포함되어 있다는 것은, 이스라엘이 예배 중 누리는 즐거움은 결코 율법(Torah)의 축복과 요구에서 따로 취급될 수 없음을 시사한다(Brueggemann). 즉, 이스라엘 예배의 즐거움은 곧 율법을 순종하는 삶으로 인한 열매를 누리는 것에서 비롯된다. 레위 사람들은 무엇보다도 율법을 해석하고 가르치는 임무를 맡았던 사람들이기 때문이다.

또한 하나님 앞에서 온 가족이 함께 먹을 때 매우 중시되는 것은 즐거움이다. 저자는 하나님께 드리는 예배에는 즐거움이 동반해야 함을 강조한다(7, 12절; cf. 14:26; 16:11, 14; 26:11; 27:7). 하나님 앞에서 기쁘게 먹는 것은 창조의 선하심을 즐거운 마음으로 기념하는 것일 뿐만 아니라 미래에 대한 소망을 미리 맛보는 행위다(Brueggemann). 그러므로 신명기 저자는 제물이 하나님께 미치는 영향보다, 사람들에게 끼치는 영향을 더 강조한다(Tigay). 제물은 하나님을 위한 것이라기보다 사람을 위한 것이기 때문이다.

물론 하나님께로부터 받은 풍요로움을 즐기는 입장에서 기뻐함은 당연한 일이다. 그러나 입으로는 자신이 소유한 모든 것이 하나님께로부터 온 축복이라고 시인하면서도, 씀씀이에서는 전혀 그렇지 않은 사람이 얼마나 많은가! 그들에게는 하나님께 드리는 헌물이 아깝다는 생각이 들 것이다. 루터가 말한 것처럼 사람의 회심은 지갑의 회심으로 이어져야 한다. 신약도 하나님이 기꺼이 드리는 자(cheerful giver)를 기뻐하신다고 한다(고후 9:7).

또한 그리스도인은 모든 일에 있어서 심각해야 하며, 하나님 외에 그 어떠한 것도 즐거워하거나 기뻐해서는 안 된다는 자세로 신앙생활을 하는 사람들을 종종 만나게 된다. 그들에게 신앙은 져야 될 짐이며 견뎌 내야 할 고통인 것이다. 이런 사람들에게 본문을 묵상할 것을 권하고 싶다. 하나님은 인간이 물질 때문에 즐거워하는 것을 금하시는 분이 아니다(Wright). 신약도 성도들에게 기뻐하라고 한다(빌 3:1). 기쁨은 믿음 생활의 가장 중요한 요소 중 하나인 것이다.

광야 생활을 하는 동안에는 이 규정이 강요되지 않았지만, 앞으로 이스라엘이 가나안 땅에 정착하게 되면 최선을 다해 준수해야 한다(8-11절). 광야 생활 중에는 이스라엘의 진과 성소가 항상 함께 있었다. 게다가 모세와 아론이 그들의 예배를 주도했으며, 이스라엘이 농사를 짓거나 가축들을 키우지 않았기 때문에 제물에 대한 규정이 대부분 생소했을 것이다. 그러므로 저자는 여기에 언급된 여러 제사와 제물에 대한 규정이 광야에서는 강요되지 않았다고 한다.

장차 이스라엘이 가나안에 입성하게 되면 이 모든 것을 지켜야 한다. 이스라엘이 가나안에 정착하게 되면 모든 전쟁이 멈출 것이며, 이스라엘은 안식할 곳(מְנוּחָה)을 얻을 것이다(cf. 수 21:43-45). 가나안 입성을 위해 모압 평지에 모여 있는 모세의 청중들에게 약속의 땅은 종말론적인 소망을 제시하는 곳이다. 물론 이스라엘이 스스로의 노력으로 얻어내는 결과가 아니다. 하나님이 이스라엘의 적들을 물리치실 것이며, 자기 백성에게 안식을 주실 것이다(10절). 율법 준수가 강요되기 전에 하나님의 복된 약속이 성취될 것임을 뜻한다. 이스라엘은 하나님의 은혜에 먼저 충분히 감동된 후에 하나님의 말씀에 순종하게 되는 것이다.

Ⅱ. 두 번째 스피치: 여호와의 율법(4:44-29:1[28:69])
3장. 구체적 율법(12:1-26:19)
1. 예배와 예배장소(12:1-16:17)
(1) 성소에 관한 율법(12:1-32)

④ 자유로운 도살(12:15-28)

15 그러나 네 하나님 여호와께서 네게 주신 복을 따라 각 성에서 네 마음에 원하는 대로 가축을 잡아 그 고기를 먹을 수 있나니 곧 정한 자나 부정한 자를 막론하고 노루나 사슴을 먹는 것 같이 먹으려니와 16 오직 그 피는 먹지 말고 물 같이 땅에 쏟을 것이며 17 너는 곡식과 포도주와 기름의 십일조와 네 소와 양의 처음 난 것과 네 서원을 갚는 예물과 네 낙헌 예물과 네 손의 거제물은 네 각 성에서 먹지 말고 18 오직 네 하나님 여호와께서 택하실 곳에서 네 하나님 여호와 앞에서 너는 네

자녀와 노비와 성중에 거주하는 레위인과 함께 그것을 먹고 또 네 손으로 수고한
모든 일로 말미암아 네 하나님 여호와 앞에서 즐거워하되 19 너는 삼가 네 땅에 거
주하는 동안에 레위인을 저버리지 말지니라 20 네 하나님 여호와께서 네게 허락하
신 대로 네 지경을 넓히신 후에 네 마음에 고기를 먹고자 하여 이르기를 내가 고기
를 먹으리라 하면 네가 언제나 마음에 원하는 만큼 고기를 먹을 수 있으리니 21 만
일 네 하나님 여호와께서 자기 이름을 두시려고 택하신 곳이 네게서 멀거든 내가
네게 명령한 대로 너는 여호와께서 주신 소와 양을 잡아 네 각 성에서 네가 마음에
원하는 모든 것을 먹되 22 정한 자나 부정한 자를 막론하고 노루나 사슴을 먹는 것
같이 먹을 수 있거니와 23 다만 크게 삼가서 그 피는 먹지 말라 피는 그 생명인즉
네가 그 생명을 고기와 함께 먹지 못하리니 24 너는 그것을 먹지 말고 물 같이 땅
에 쏟으라 25 너는 피를 먹지 말라 네가 이같이 여호와께서 의롭게 여기시는 일을
행하면 너와 네 후손이 복을 누리리라 26 오직 네 성물과 서원물을 여호와께서 택
하신 곳으로 가지고 가라 27 네가 번제를 드릴 때에는 그 고기와 피를 네 하나님 여
호와의 제단에 드릴 것이요 네 제물의 피는 네 하나님 여호와의 제단 위에 붓고 그
고기는 먹을지니라 28 내가 네게 명령하는 이 모든 말을 너는 듣고 지키라 네 하나
님 여호와의 목전에 선과 의를 행하면 너와 네 후손에게 영구히 복이 있으리라

앞 섹션은 이스라엘이 오직 하나님이 정하시는 곳에서만 제물을 드릴 수 있다고 했다. 그렇다면 제물로 드리기 위해서가 아니라 단순히 고기를 먹기 위하여 가축을 잡는 일도 성소에서만 행해져야 하는가? 광야 생활 중에는 이스라엘이 성소를 중심으로 진을 쳤기 때문에 성소에 있는 제단에서만 가축을 잡는다 해도 별 문제가 없었지만, 앞으로 가나안 온 지역에 흩어져 살 것을 생각하면 이 이슈는 매우 중요한 질문이 된다.

모세는 이미 언급한 다양한 제사를 드리기 위하여 짐승을 제물로 잡는 것은 오직 여호와께서 정하신 곳에서만 해야 되지만(17-18, 26-27절), 단순히 고기를 얻기 위하여 가축을 도살하는 것은 각자 사는 성읍에서

할 수 있다고 한다(15, 20-21절). 이스라엘이 누리는 모든 것을 축복해 주신 하나님은 욕심이 많으신 분이 아니다. 여호와께서는 이들에게 10퍼센트만 "그곳"에서 즐기도록 하고, 나머지 90퍼센트는 아무 곳에서나 자유롭게 즐길 수 있도록 하셨다(Brueggemann). 이스라엘은 하나님이 내려 주신 축복의 100퍼센트를 즐길 수 있었던 것이다.

도살한 고기는 들짐승 고기처럼 취급되며, 정한 사람이나 부정한 사람이나 제한을 받지 않고 아무라도 먹을 수 있다. 다만 한 가지 명심해야 할 것은 피는 먹을 수 없다는 것이다. 피에 생명이 있기 때문에 피는 땅에 흘려 버려야 한다(16, 23-24절). 이처럼 피를 땅에 흘리는 것은 생명의 존엄성에 대한 경의를 표시하는 것이며, 인간이 짐승이나 사람의 생명에 대하여 무한정한 권한을 가지지 않았다는 것을 뜻한다(Tigay).

일부 학자들은 본문이 모든 가축 도살은 성소에서 행해져야 한다고 규정하고 있는 레위기 17장을 확대 해석하고 있다고 주장하지만, 레위기 17장은 고기를 얻기 위하여 각 성읍에서 하는 도살을 금하지 않는다(cf. Tigay). 다만 이스라엘이 짐승을 도살하면서 우상과 연관이 되는 것을 염려할 뿐이다(Grisanti). 모세는 다시 한 번 순종에는 자손 대대로 축복이 임할 것이라는 말을 더한다(25, 28절).

Ⅱ. 두 번째 스피치: 여호와의 율법(4:44-29:1[28:69])
3장. 구체적 율법(12:1-26:19)
1. 예배와 예배장소(12:1-16:17)
(1) 성소에 관한 율법(12:1-32)

⑤ 예배의 순수성(12:29-32[13:1])

29 네 하나님 여호와께서 네가 들어가서 쫓아낼 그 민족들을 네 앞에서 멸절하시
고 네가 그 땅을 차지하여 거기에 거주하게 하실 때에 30 너는 스스로 삼가 네 앞
에서 멸망한 그들의 자취를 밟아 올무에 걸리지 말라 또 그들의 신을 탐구하여 이
르기를 이 민족들은 그 신들을 어떻게 섬겼는고 나도 그와 같이 하겠다 하지 말라
31 네 하나님 여호와께는 네가 그와 같이 행하지 못할 것이라 그들은 여호와께서

꺼리시며 가증히 여기시는 일을 그들의 신들에게 행하여 심지어 자기들의 자녀를 불살라 그들의 신들에게 드렸느니라 32 내가 너희에게 명령하는 이 모든 말을 너희는 지켜 행하고 그것에 가감하지 말지니라

이 섹션은 12장의 주제에서 13장의 주제로 넘어가는 변환(transition)이다. 본문이 제시하는 두 가지 원리—가나안 종교의 예식에 따라 여호와께 예배를 드려서는 안 된다는 것과 하나님이 말씀하신 예배 방식에 더하거나 빼서는 안 된다는 것—는 이미 끝난 12장과 앞으로 시작될 13장의 내용과 깊은 연관이 있다. 가나안 종교를 답습하거나 우상을 숭배해서는 안 된다는 경고(29-31절)는 12장의 결론이며, 하나님이 제시하신 예배 방식에 더하거나 빼서는 안 된다는 경고는 13장의 서론 역할을 하고 있다. 더 나아가 12장은 올바른 예배 장소에 대하여 강론한 반면 13장은 예배의 대상에 대하여 논한다. 이렇게 본문은 주제의 변화를 알리는 역할을 한다(Block). 히브리어 성경은 12:32을 13:1로 분류하지만, 마소라 사본은 12:28-32[13:1]을 한 문단으로 취급하고 있다.

이스라엘이 가나안에 정착하면 가나안 사람들만 진멸시키는 것이 아니라 그들의 종교까지 철저하게 파괴해야 한다. 만일 완전히 파괴되지 않으면 가나안 종교는 이스라엘에게 큰 올무가 될 것이기 때문이다(30절). 또한 여호와를 섬기되 가나안 사람들의 방식으로 예배드려서는 안 된다(31a절). 하나님은 가나안 사람들이 종교 예식으로 사용하는 모든 것을 싫어하신다. 또한 여호와는 전적으로 거룩하신 분이시기에 온전히 거룩한 방식으로 경배를 드려야 한다. 이 경고를 어겨 스스로 올무에 걸린 예로 솔로몬을 들 수 있다. 솔로몬의 가증스러운 행위는 결국 이스라엘을 포로로 끌려 가게 만들었다(cf. 왕상 11:5-7).

가나안 종교의 가장 가증스러운 예배 요소는 신(들)에게 아이를 불살라 바치는 것이다(31b절; cf. ABD). 이 충격적이고 사악한 행동의 혐오스러운 면모에 대해 저자가 어떻게 느끼고 있는가는 이 문장의 문법적 구성에서도 엿볼 수 있다. 신명기에서는 가나안 사람들을 모방하지 말라는 경고와 그들을 진멸하라는 명령이나 그들의 가증스러운 예배의 참상이 함께 묶여 언급된다(7:2-4; 12:4, 30-31; 18:9-10; 20:17-18). 성경은 유일하신 하나님 여호와께 드리는 예배는 매우 강한 윤리적 면모가 있다는 점을 누누이 강조한다. 도덕적인 차원에서 가나안 종교의 예배들과 극적인 대조를 이루는 것이다. 일부 학자들은 성경이 이처럼 강력한 언어로 인간 제물을 비판하는 것은 이스라엘에서도 이런 일이 공공연히 행해질 것을 암시하는 것으로 풀이한다(Wright; cf. 레 18:21; 렘 7:31; 19:4-6; 겔 23:37). 실제로 유다의 아하스 왕과 므낫세 왕이 자기 자식들을 불살라 바쳤다(왕하 16:3; 21:6; cf. 왕하 17:17-18).

이스라엘이 해야 할 일은 오직 모세를 통해 하나님이 명령하신 대로 하나님을 예배하는 것이다(32절). 하나님의 말씀에 더해서도 빼서도 안 된다. 하나님은 이미 어디서, 어떻게 이스라엘의 예배를 받기를 원하시는가를 말씀하셨다. 그러므로 이스라엘은 더 이상 정보가 부족하다고 핑계를 댈 수 없다. 이미 자신들에게 주어진 율법과 규정에 따라 하나님이 원하시는 예배를 드리는 것이 그들이 지켜야 할 의무다.

이스라엘은 하나님께 예배 드리는 일에 있어서 이미 모세를 통해 받은 것에 더해서도 안되며 빼서도 안 된다. 그렇다면 신명기의 가르침을 바탕으로 이스라엘이 약속의 땅에서 지향해야 할 올바른 예배를 정의해 본다면 어떤 원리들이 제시될 수 있을까? 가나안 땅에서 주의 백성들이 추구해야 할 바른 예배는 다음과 같다(Brueggemann):

1. 바른 예배는 생명 지향적(life-affirming)이며, 각 개인의 삶의 욕구(life desires)를 추구하지만, 모든 욕망(appetite)을 충족시키지는 않는다.
2. 바른 예배는 헌물과 희생으로 훈련된 것이며 하나님의 주권을 인정하고 고백하기에 합당한 비중 있고(serious), 대가를 치르는(costly) 의도적인(intentional) 제물을 동반한 것이다.
3. 바른 예배는 여호와에 대한 신뢰에서 비롯된 공동체의 기쁨을 재

현하는 것이며, 모든 정황에서 공개적으로 누릴 수 있는 것이다. 경우에 따라서는 기쁨이 없는 정황이 펼쳐질 수도 있다.

4. 바른 예배는 절대적으로 물질적이다(profoundly material). 축복받은 땅에서 얻은 수확을 마음껏 즐기는 신체적/물리적 재현이다.
5. 바른 예배는 레위 사람들을 포함하기 때문에 지난날들에 대한 기억과 율법의 현실적인 요구로 충만한 것이다.

II. 두 번째 스피치: 여호와의 율법(4:44-29:1[28:69])
3장. 구체적 율법(12:1-26:19)
1. 예배와 예배장소(12:1-16:17)

(2) 우상 숭배 선동에 관한 율법(13:1-18[2-19])

저자는 12장에서 가나안 사람들의 우상 숭배에 대하여 강력하게 경고했다. 그들의 종교는 부도덕하며 비윤리적일 뿐만 아니라 가증스럽기 때문에 이스라엘은 그들의 종교에 빠져서도 안되지만 이 종교들의 예식 중에서 어떠한 부분도 여호와 종교에 도입해서도 안 된다. 여호와 종교의 차별화를 위하여 임의적으로 지정한 장소에서 예배드리는 것을 금하며 오직 하나님이 지정하신 한 곳에서만 드리라고 했다.

우리가 익히 알듯이 믿음 공동체에게는 외부적인 요소들보다는 내부적인 요인들이 더 큰 위협이 되고는 한다. 그러므로 모세는 12장에서 우상 숭배의 위험에 대한 외부적인 요인들을 지적하고 이에 대한 대처 방법을 지시한 후, 13장에서는 우상 숭배를 부추기는 내부적인 요소들에 대하여 어떻게 대응해야 하는가에 대하여 가이드라인을 제시한다.

저자는 크게 세 가지 예를 들며 이스라엘 내에서 우상 숭배를 부추기는 자들을 언급한다. (1) 여호와의 선지자라며 공개적으로 우상 숭배를 권장하는 사람(1-5절), (2) 친한 친구나 친족이 비밀리 우상을 숭배하도록 선동하는 경우(6-11절), (3) 영향력을 행사하는 자들이 온 성읍이 우상을 숭배하게 하는 경우(12-18절). 이 세 경우 모두 우상 숭배를 선동하는 말을 담고 있다. "너희가 지금까지 알지 못하던 다른 신을 따라 가, 그를 섬기자"(2절; cf. 6b-7절; 13절). 또한 모두 "알지 못하던/경험하지 못했던"이 강조된다(2, 6, 13절). 각 섹션마다 "듣다"(שמע)라는 동사를 사용하여 13장 전체 텍스트에 점착성(cohesiveness)을 더하고 있다(3, 8, 12, 18절). 이 외에도 각 예는 다음과 같은 공통적인 요소들을 포함한다(Brueggemann):

1. 대안 종교에 대한 유혹
2. 여호와만 섬기라는 권면
3. 유혹자를 엄하게 처벌할 것
4. 유혹을 뿌리친 것에 대한 결론적 선언

저자는 이 세 가지 경우를 언급하면서 동일한 논리를 적용한다. 여호와는 이스라엘을 다스리시는 왕이시기 때문에 이러한 행위는 하나님의 왕권에 도전하는 반역 행위로 간주되어 극형에 처해야 한다는 것이다. 즉, 본 텍스트가 배경으로 삼고 있는 것은 언약적 언어며, 이스라엘이 하나님께 등을 돌리고 우상을 좇는 것은 마치 종속자(이스라엘)가 종주(여호와)에게 반역하는 것과 같다고 묘사하고 있는 것이다(Tigay; McConville; Craigie).[24] 우상 숭배를 독려하는 자가 누군가에 따라 본문은 다음과 같이 세 파트로 구분된다.

A. 선지자가 우상 숭배를 조장할 때(13:1-5)
B. 친족이나 친구가 우상 숭배를 부추길 때(13:6-11)
C. 온 성읍이 우상을 숭배할 때(13:12-18)

24 신명기 13장과 고대 근동의 계약 양식의 연관성에 대하여는 맥콘빌(McConville), pp. 234-235를 참고하라.

II. 두 번째 스피치: 여호와의 율법(4:44-29:1[28:69])
3장. 구체적 율법(12:1-26:19)
1. 예배와 예배장소(12:1-16:17)
(2) 우상숭배 선동에 관한 율법(13:1-18)

① 선지자가 우상숭배를 조장할 때(13:1-5)

1 너희 중에 선지자나 꿈 꾸는 자가 일어나서 이적과 기사를 네게 보이고 2 그가
네게 말한 그 이적과 기사가 이루어지고 너희가 알지 못하던 다른 신들을 우리
가 따라 섬기자고 말할지라도 3 너는 그 선지자나 꿈 꾸는 자의 말을 청종하지 말
라 이는 너희의 하나님 여호와께서 너희가 마음을 다하고 뜻을 다하여 너희의 하
나님 여호와를 사랑하는 여부를 알려 하사 너희를 시험하심이니라 4 너희는 너희
의 하나님 여호와를 따르며 그를 경외하며 그의 명령을 지키며 그의 목소리를 청
종하며 그를 섬기며 그를 의지하며 5 그런 선지자나 꿈 꾸는 자는 죽이라 이는 그
가 너희에게 너희를 애굽 땅에서 인도하여 내시며 종 되었던 집에서 속량하신 너
희의 하나님 여호와를 배반하게 하려 하며 너희의 하나님 여호와께서 네게 행하
라 명령하신 도에서 너를 꾀어내려고 말하였음이라 너는 이같이 하여 너희 중에
서 악을 제할지니라

모세가 첫 번째 예로 드는 경우는 일반인들이 거부하기가 쉽지 않다. 이스라엘 종교에서 예언자로 혹은 신적인 은사를 받은 자로 인정받은 자가 모든 영적인 권한을 동원해서 설득하는 경우이기 때문이다. 우리가 구약에 등장하는 이적에 대하여 깨달아야 할 한 가지 중요한 사실은 이 기적들은 진리를 알리기 위해서, 혹은 사람들로 하여금 오직 여호와만이 하나님이심을 믿게 하기 위해서 일어난다는 것이다(Grisanti; cf. NIDOTTE).

선지자와 꿈꾸는 자들은 소위 말해서 '가장 많이 기도하고, 가장 하나님을 가까이 하는 자들'이다. "예언자"(נָבִיא)는 선지자를 칭하는 일반적인 용어로 "〔하나님의 말씀을〕 선포하는 자"라는 뜻을 지녔다(HALOT). 예언자들은 하나님의 대변인들이며 사절들이었으며, 그렇기에 예언서들을 보면 그들은 메시지를 선포할 때 "여호와께서 이르시

되"라는 말로 시작하는 경우가 많았다. 예언자들의 대언 역할은 이미 모세와 아론 이야기에서 확실하게 드러난 적이 있다. 모세의 말을 대언했던 아론은 그의 예언자(נָבִיא)였다(cf. 출 7:1; 4:16). "꿈 꾸는 자(개역)/꿈으로 점치는 자"(공동; 새번역)(חֹלֵם חֲלוֹם)는 선지자와 같은 전문 사역자뿐만 아니라 일반인들 중에서 자주 하나님께 꿈을 구하고 받는 사람을 칭하는 말이었다(Tigay).

이들이 이미 이스라엘 종교사회에서 인정을 받은 자들이었는지, 아니면 갑자기 나타나서 이적을 행하며 이런 말을 하는 것인지 확실하지는 않지만, 본문의 문맥은 전자를 뜻하는 것으로 생각된다. 즉, 여호와 종교의 지도자들로 이미 인정받은 자들이며, 그렇기 때문에 일반인들에게는 더 많은 혼란을 가져올 수 있었다. 게다가 예언과 꿈은 하나님이 사람들에게 자신의 계획과 뜻을 계시하기 위하여 자주 사용하셨던 도구였다는 점이 백성들의 혼란을 가중시켰을 것이다.

만일 이 거짓 사역자들이 단순히 말로만 유혹했다면, 그래도 물리치기가 더 쉬웠을 것이다. 그런데 그들에게는 표적과 기적을 행하는 능력이 있다. 게다가 그들은 마치 이 표적과 기적이 자신들의 주장이 진실임을 입증하는 것인양 떠들어 댄다. 왜냐하면 표적과 기적(אוֹת אוֹ מוֹפֵת)은 모세가 지팡이를 던져 뱀으로 변하게 했던 일 등 선지자들이 자신의 메시지가 하나님께로부터 왔음을 증명하기 위하여 사용했던 증표였기 때문이다(cf. 출 4:1-9; 사 38:8).

그러나 이런 거짓 선지자가 어떠한 이적을 행하더라도, 그의 말이 이 모든 능력이 하나님께로부터 오지 않았음을 입증한다. 표적과 선행은 결코 그들이 선포하는 메시지의 진실성을 입증할 수 없다. 만일 이런 일이 가능하다면, 양과 염소의 비유(마 25:32-46)에서 예수님이 그 '염소들'을 내치지 않으셨을 것이다. 실제로 우리는 성경의 진리를 가장 심하게 왜곡시키는 자들에게 가장 놀라운 '증표들'이 나타나는 경우를 종종 목격한다. 그러므로 우리는 우리의 눈으로 본 것으로가 아니라,

우리의 귀로 들은 것으로 판단해야 한다(Wright). 만일 이들에게 현혹되면, 현혹되는 자에게도 책임이 생길 것이다.

거짓이 이적을 동반하는 사례는 오늘날도 자주 보는 일이다. 수년 전에 한국 교회에 큰 물의를 일으켰던 이단 교회의 신도들이 지하철 안에서 전도하다가 한 아저씨와 실랑이를 벌이고 있는 것을 보았다. 그 아저씨가 전도하는 신도들의 목사를 이단이라고 몰아붙이자 그 신도들은 "만일 우리 목사님이 하나님의 종이 아니라면 어떻게 그 많은 기적을 행할 수 있느냐?"라고 반박했다.

그 신도들에게 본문과 같은 성경 말씀은 어떤 의미를 지녔을까? 이적은 이단뿐만 아니라 사탄 숭배자들도 행할 수 있고 실제로 행한다. 그래야 사람들이 모이지 않겠는가! 그러므로 기적과 증표로 영성을 판단하는 것은 어리석은 일이다. 필자는 매 방학이면 선교지에서 많은 시간을 보낸다. 거기서 알게 된 것은 이적과 은사가 기독교에만 일어나는 현상이 아니라는 사실이다. 회교도들도 방언을 하고, 힌두교인들도 치유 사역을 한다. 아프리카 무당들도 주술로 사람을 살린다. 영성은 성령의 은사로 판단할 수 없는 시대가 되었다. 성경 말씀대로 영성은 성령의 은사가 아니라 열매로 판단해야 한다. 본문은 이러한 상황에 대하여 경고하고 있다.

하나님이 왜 이런 일을 허락하실까? 왜 갑자기 예언자나 은사를 받았다는 자들이 이적을 동반하며 나타나서(혹은 교계에서 이미 인정받은 지도자들이 변질돼서) 하나님께 반역하도록 종용하는 것을 묵인하시는가? 모세는 3절에서 그 이유를 밝힌다. "이것은 주 당신들의 하나님이, 당신들이 정말 마음을 다하고 정성을 다하여 주 당신들의 하나님을 사랑하는지를 알고자 하셔서, 당신들을 시험해 보시는 것입니다"(cf. 6:5). 이슈는 우리가 하나님을 얼마나 사랑하느냐인 것이다.

이 말씀은 또한 우리에게 매우 중요한 기준을 제시한다. 어떤 사람이 아주 매력적인 가르침으로 성도들을 설득하려는데 그가 가르치는 것이 성경적인지 확신이 서지 않을 때, 가장 기본적으로 해볼 수 있는 테스트의 기준은 바로 이것이다. "저 사람의 말이 모든 것을 바쳐 하나님을 더 사랑하고 섬기는 데 도움이 되는가?" 만일 조그마한 의구심이 든다면, 미련 없이 버려야 한다. 이 기준에 의하여 판단이 잘 서지 않는다면, 성경을 깊이 공부하고 묵상하는 사람들에게 조언을 구해야 한다.

오직 "여호와 하나님만을 사랑하게 하고 하나님만을 섬기게 하는가?"라는 말이 얼마나 중요한 판단 잣대가 될 수 있는지는 4절에서도 엿볼 수 있다. 모세는 4절에서 "당신들은 주 당신들의 하나님만을 따르고 그분만을 경외하며, 그분의 명령을 잘 지키며, 그분의 말씀을 잘 들으십시오. 그분만을 섬기고, 그분에게만 충성을 다하십시오"라고 한다. 그는 6개의 명령어를 사용하여 하나님 중심적인 삶을 살게 하는지가 판단의 기준이 되도록 하고 있다. "따르라; 경외하라; 지키라; 들으라; 섬기라; 충성하라." 성경에서 이 구절처럼 6개의 동사를 사용하여 총체적으로 하나님만을 사랑해야 한다고 호소하는 곳은 없다. 또한 목적어 "여호와"를 강조하기 위하여 이 문장의 단어 순서가 바뀌어 있다(Brueggemann). 충성이나 사랑 등의 행위보다 누구에게 충성하고 사랑하는가가 더 중요한 것이다.

우리 한국 교회를 좀먹는 이단들의 수법이 날이 갈수록 교묘해진다. 심지어 일부 이단들은 기성교회에 자기 신도들을 파송하기도 한다. 기성교회에 가서 열심히 봉사하여 교회의 인정을 받고 성도들의 존경을 받게 되면 조금씩 자신들의 정체를 드러내는 가르침으로 그 교회에서 성도들을 빼돌리라는 것이다! 온 교회 안에서 신앙의 표본처럼 여겨졌던 사람이 하루 아침에 성경에 위배되는 말(그것도 상당 부분이 비슷한데, 끝에 가서는 정통적인 가르침과 다른 그런 주장)을 하며 현혹시킬 때 많은 성도들은 혼란에 빠질 수밖에 없다.

이 거짓 선지자들은, 하나님을 사랑하지 않으면서도 주변 사람들과 분위기에 젖어서 신앙생활을 하는 척하는 사람들의 마음을 아주 쉽게 흔들어 놓는다. 하나님을 직접 체험해 보지 못한 상태에서 거짓 선지자들의 말이 이적과 바른 행실을 동반하고 있으니 매력적으로 보이는 것은 당연하다. 반면 하나님을 참으로 사랑하는 사람에게는 이 시험이 더욱더 신앙을 다지고 참 하나님을 더 깊이 알게 되는 계기가 된다. 쭉정이와 알곡을 구분할 수 있는 좋은 기회가 되는 것이다.

이 종교 지도자들이 거짓이라는 것은 그들의 메시지에서 역력히 드러난다. 여호와께로 온 사람이라면 결코 그 누구도 "너희가 지금까지 알지 못하던 다른 신을 따라가, 그를 섬기자"라는 말을 할 수 없다. 여기서 "알다"(ידע)는 지적인 지식이 아니라 체험적인 지식을 뜻한다(HALOT; McConville; Craigie; cf. 6, 13절). 이스라엘은 경험을 통해 여호와 하나님을 "이집트 땅에서 인도해 내시고 그 종살이하던 집에서 속량하여 주신 주"로 알고 있다(5절). 그런데 이 선지자들은 이런 하나님을 배반하고 전혀 경험해 보지 못한 다른 신을 좇자고 한다! 이러한 조장은 반역 행위일 뿐만 아니라 은혜를 배신으로 갚자는 꼬드김이다. 상식적으로 있을 수 없는 일인 것이다.

만약 예언자가 하는 말이 누가 봐도 하나님을 거역하는 것은 아니지만, 성경이 지시하는 것과 약간 다르다는 생각이 들 때는 어떻게 해야 하는가? 이런 경우에는 당연히 성경 말씀을 따라야 한다(cf. 12:32). 성경에서 뿐만 아니라 고대 근동의 문화에서도 기록된 문서가 구두로 선포되는 메시지보다 더 권위있었던 것을 볼 수 있다. 헷 족속의 계약을 보면 이런 예가 있다. "종주가 종속자에게 지시하기를 만일 종주가 보낸 사절의 말이 함께 보낸 문서의 내용과 일치하지 않을 경우, 문서가 정확한 것이니 사절의 말을 믿지 말고 문서의 내용을 따르라"(Tigay).

거짓이 드러난 선지자나 은사자는 어떻게 해야 하는가? 하나님은, 그들은 주의 백성을 미혹하는 자들이니 그들을 처형하여 이런 악은 뿌리째 뽑아야 한다고 하신다(5c절). 비록 하나님이 그들을 사용해서 이스라엘을 시험하셨지만, 그들의 죄는 용납될 수 없다. 하나님이 그들의 행위를 사용하셨다고 해서 그 행위가 정당화될 수는 없기 때문이다. 또한 죄의 심각성을 감안할 때 처형은 당연하다고 생각된다. 백성들을 하나님께로 인도해야 할 종교지도자들이 오히려 하나님으로부터 멀어지도록 백성들을 부추긴다면 얼마나 심각한 상황이 되겠는가?

이스라엘은 여호와를 왕으로 섬기겠다고 약속하고 언약을 맺었다. 그러므로 다른 신들을 찾는 행위는 이스라엘의 왕에게 반역하는 것과 마찬가지다. 왕에게 반역하는 자에게는 죽음이 있을 뿐이다. 신명기에서 처형은 대체로 언약 조항을 위반하는 것과 연관된다(Phillips).

Ⅱ. 두 번째 스피치: 여호와의 율법(4:44-29:1[28:69])
3장. 구체적 율법(12:1-26:19)
1. 예배와 예배장소(12:1-16:17)
(2) 우상숭배 선동에 관한 율법(13:1-18)

② 친족이나 친구가 우상숭배를 부추길 때(13:6-11)

6 네 어머니의 아들 곧 네 형제나 네 자녀나 네 품의 아내나 너와 생명을 함께 하
는 친구가 가만히 너를 꾀어 이르기를 너와 네 조상들이 알지 못하던 다른 신들 7
곧 네 사방을 둘러싸고 있는 민족 혹 네게서 가깝든지 네게서 멀든지 땅 이 끝에
서 저 끝까지에 있는 민족의 신들을 우리가 가서 섬기자 할지라도 8 너는 그를 따
르지 말며 듣지 말며 긍휼히 여기지 말며 애석히 여기지 말며 덮어 숨기지 말고 9
너는 용서 없이 그를 죽이되 죽일 때에 네가 먼저 그에게 손을 대고 후에 뭇 백성
이 손을 대라 10 그는 애굽 땅 종 되었던 집에서 너를 인도하여 내신 네 하나님 여
호와에게서 너를 꾀어 떠나게 하려 한 자이니 너는 돌로 쳐죽이라 11 그리하면 온
이스라엘이 듣고 두려워하여 이같은 악을 다시는 너희 중에서 행하지 못하리라

앞 섹션에서 언급한 선지자와 같은 종교적 지도자들의 우상숭배 종용은 공개석상에서 있는 일이었다. 그래서 많은 사람들이 이들의 말에 대하여 증언할 수 있었다. 이 섹션에서는 가장 은밀한 곳에서 우상숭배가 부추겨지는 경우를 예로 삼는다. 바로 가장 가까이 지내는 사람이 우상을 숭배하자고 은밀하게 속삭여 올 때다. 가장 가까운 사람의 속삭

임은 그만큼 물리치기가 쉽지 않을 뿐만 아니라, 하나님의 말씀에 따르자면 공개적으로 그 사람의 죄를 추궁해야 하는데, 그렇게 하기보다는 묵인하는 쪽을 더 쉽게 선택할 수 있는 상황이 된다. 특히 친족과의 관계가 인간관계에서 가장 소중한 것으로 여겨졌기에, 각 개인의 자유와 권리를 포기하면서까지 지켜야 했던 것이 친족관계였던 이스라엘 사회에서는 더욱 어려운 일이었을 것이다. 그러나 이런 친족관계마저도 하나님과의 언약 관계보다 우선시 될 수는 없다(Wright).

모세는 선동자가 "동복 형제, 아들과 딸, 품에 안기는 아내, 목숨처럼 아끼는 친구"라 할지라도 하나님을 배신하고 우상을 숭배하자는 죄는 용납되거나 묵인되어서는 안 된다고 한다(6절, 새번역). "동복 형제"(אָחִיךָ בֶן־אִמֶּךָ)를 문자적으로 풀이하면 "너의 어머니의 아들인 너의 형제"라는 뜻이다. 고대 이스라엘처럼 일부다처제를 허용하는 사회에서는 형제라 할지라도 이복(異腹) 형제가 많았다. 이런 정황에서 동복 형제는 형제들 중에서도 가장 가까운 사이를 뜻한다(cf. 요셉과 베냐민). "아들이나 딸"(בִנְךָ אוֹ־בִתְּךָ)은 때로는 아내보다도 더 가까운 자신의 분신이다. "품에 안기는 아내"(אֵשֶׁת חֵיקֶךָ) 역시 가장 가까운 사람이자 남편의 확장(extension)이다(cf. 창 2장). 남편을 완성시키는 자가 아내이기 때문이다. "목숨처럼 아끼는 친구"(רֵעֲךָ אֲשֶׁר כְּנַפְשְׁךָ)는 가족의 범위를 벗어나서 가장 가까운 사람이다. 모세가 예로 들고 있는 이 네 부류는 누구에게나 가장 소중한 사람들이다. 그런데 이들이 하나님을 배반하고 우상을 숭배하자고 꼬드긴다. 모세는 최악의 시나리오를 구상하고 있다.

본문은 우리에게 가장 가깝고 소중한 자들이 다른 신들을 섬기자고 부추길 때, 그들을 가차없이 법정에 세워 처형하라고 한다(9절). 그들을 불쌍하게 여기지도 말며, 가엾게 여기지도 말고, 덮어서 숨겨 줄 생각도 하지 말라고 한다(8절). 모세는 이 이슈에 있어서 백성들에게 확고부동한 자세와 결단을 요구하며 5개의 동사와 부정사를 사용한다. "귀를 기울이지 말아라; 듣지 말아라; 불쌍하게 여기지 말아라; 가엾게 여기지 말아라; 숨겨 주지 말아라." 결코 묵인해서도 안 된다는 것이다. 이런 악은 온 이스라엘에서 뿌리 뽑아야 하기 때문이다(11절).

예수님도 가족관계보다는 하나님을 향한 마음이 우선이 되어야 한다고 말씀하셨으며(막 3:31-35; 마 10:37-39), 바울은 이런 경우 공동체의 순수성을 지키기 위하여 교회에서 내보내라고 했다(고전 5:11-13). 예수님은 실제로 가장 가까운 친족과 친구들로부터 많은 압력을 받으셨다(마 12:46-50; 16:22ff.). 또한 제자들에게도 이 점을 경고하셨으며(마 10:34-36), 하나님을 "사랑하고" 가족을 "미워해야 한다"고 가르치셨다(눅 14:26; 마 10:37). 그러나 예수님이나 본문이 결코 '반(反)가족적'인 가치관을 제시하는 것은 아니다. 신명기와 예수님은 열정적으로 '반(反)우상적'인 삶을 요구하고 있으며, 가족과 친구가 가장 교묘하고 은밀한 우상숭배의 근원이 될 수 있음을 경고하고 있을 뿐이다(Wright).

자신의 피붙이가 우상을 숭배하자고 부추길 때, 현실적으로 이스라엘의 부모들 중 몇 명이나 그들을 여호와를 반역한 죄로 법정에 세울 수 있었을까? 어떻게 가장 가까운 형제를 죽음에 내줄 수 있단 말인가? 잠자리를 같이한 아내와 생명같이 소중한 친구에 대하여 어떻게 그들을 죽이는 증언을 할 수 있단 말인가? 매우 잔인한 일이다. 그러나 공동체의 순결을 위해서, 즉 모두가 함께 살기 위해서는 이렇게 해야 한다는 것이 모세의 지침이었다. 각 개인이나 가정의 평안보다는 공동체(사회)의 순수성과 생존이 더 중요하다는 뜻이다. 또한 부패한 가정은 공동체를 오염시킨다(cf. 아간과 이스라엘, 수 7장).

이런 사람을 처형할 때는 그 사람을 성/도시 밖으로 끌고 나가 맨 먼저 증인이 돌로 치고 그 다음 온 공동체가 돌로 쳐야 한다(9절). 맨 먼저 증인이 돌로 쳐야 하는 이유는 그가 증언한 것이 모두 사실이며, 이 사실에 근거하여 범죄자를 처형하고 있음을 뜻하기 때문이다. 만일 누가 거짓 증언에 의하여 처형되었다는 사실이 드러날 경우, 그 사람에게 처음 돌을 던졌던 증인에게 책임이 전가되었다.

범죄자를 돌로 쳐서 죽이는 것은 성경에서 가장 흔히 사용되는 처형 방법이며 신명기 17:6은 이런 경우 최소한 두 명의 증인이 필요하다고 한다. 본문이 묘사하고 있는 상황이 마음 아픈 것은 죄인에게 첫 돌을 던지는 사람이 죄인에게 가장 가까운 사람이라는 사실이다. 그러나 공동체의 생존을 위해서는 어쩔 수 없는 상황이다.

이처럼 잔인하게 느껴질 수도 있는 친족/친구 처형이 추구하는 목적은 온 이스라엘이 두려워하여 우상숭배를 권장하는 일은 꿈도 못 꾸게 하는 것이다(11절). 실제로 이런 친족 처형이 행해졌다는 소문이 온 이스라엘에게 퍼졌을 때 어떤 두려움이 그들을 엄습했을 것인가를 상상할 수 있다. 형제와 친구는 둘째치고 아들까지 고발하여 처형해야 할 정도로 우상숭배가 무서운 범죄라면 모두 이 죄의 심각성에 대하여 한 번 더 생각하지 않았을까? 오늘날 이 원리를 그대로 적용할 수는 없지만, 그리스도인들이 자녀들을 포함한 친족들의 우상숭배에 너무 관대해진 것 같다. 하나님보다 더 이해심이 깊어 보인다.

II. 두 번째 스피치: 여호와의 율법(4:44–29:1[28:69])
3장. 구체적 율법(12:1–26:19)
1. 예배와 예배장소(12:1–16:17)
(2) 우상숭배 선동에 관한 율법(13:1–18)

③ 온 성읍이 우상을 숭배할 때(13:12–18)

12 네 하나님 여호와께서 네게 주어 거주하게 하시는 한 성읍에 대하여 네게 소문
이 들리기를 13 너희 가운데서 어떤 불량배가 일어나서 그 성읍 주민을 유혹하여
이르기를 너희가 알지 못하던 다른 신들을 우리가 가서 섬기자 한다 하거든 14 너
는 자세히 묻고 살펴 보아서 이런 가증한 일이 너희 가운데에 있다는 것이 확실한
사실로 드러나면 15 너는 마땅히 그 성읍 주민을 칼날로 죽이고 그 성읍과 그 가운
데에 거주하는 모든 것과 그 가축을 칼날로 진멸하고 16 또 그 속에서 빼앗아 차지
한 물건을 다 거리에 모아 놓고 그 성읍과 그 탈취물 전부를 불살라 네 하나님 여
호와께 드릴지니 그 성읍은 영구히 폐허가 되어 다시는 건축되지 아니할 것이라 17

너는 이 진멸할 물건을 조금도 네 손에 대지 말라 그리하면 여호와께서 그의 진노를 그치시고 너를 긍휼히 여기시고 자비를 더하사 네 조상들에게 맹세하심 같이 너를 번성하게 하실 것이라 18 네가 만일 네 하나님 여호와의 말씀을 듣고 오늘 내가 네게 명하는 그 모든 명령을 지켜 네 하나님 여호와의 목전에서 정직하게 행하면 이같이 되리라

이 섹션이 언급하고 있는 경우는, 온 성읍이 몇몇 영향력을 행사하는 사람들의 부추김에 넘어가 우상을 숭배하게 된 사실이 이스라엘 전역에 알려졌을 때의 일이다. 이 경우는 13장이 언급하고 있는 세 개의 예 중 가장 참담한 결과로 이어진다. 이 성읍은 원래 여호와의 선물이었는데(12절), 하나님께 받은 선물로 우상을 숭배하는 것은 그만큼 심각한 반역이기 때문이다(Grisanti).

온 성읍에 진멸이 선포되어 그 성읍에 사는 남녀노소뿐만 아니라 짐승들과 소유물도 모두 파괴되고 태워져야 한다(15, 17절). 게다가 파괴된 성읍 위에 새로운 도시가 세워질 수 없으며, 영원히 파괴된 채로 남겨져 여호와께 반역하고 우상을 숭배하는 일이 얼마나 무서운 결과를 가져오는가에 대한 증거로 남아야 한다(16절; cf. 여리고 성, 수 6:21; 기브아, 삿 19-20). 하나님은 반역한 이스라엘을 앞으로 그들의 손에 진멸할 가나안처럼 대하시겠다는 의지를 표현하고 계시다(Grisanti).

사건의 발단은 몇몇 "불량한 사람들"에게 있다. 이들이 성읍 사람들에게 우상숭배를 종용하고, 온 성읍이 그들의 말에 따라 우상을 숭배하게 되는 경우다. 그런데 여호와를 섬기는 이스라엘 성읍에서 이런 엄청난 일을 할 수 있는 이 불량한 사람들은 누구인가? "불량한 사람들"(בְּנֵי־בְלִיַּעַל; lit., "벨리야알의 아들들")에서 불량함을 뜻하는 벨리야알이 사해사본, 위경, 그리고 신약에서는 사탄을 칭하는 고유명사가 된다(cf. 고후 6:5). 그러나 구약에서는 일반명사로 사용되며 이 단어가 어디서 유래되었는가에 대하여는 정확히 알 수 없다(Craigie). 단어의 의미에 있어서

도 학자들의 추측은 "무저갱"(abyss)에서 "바다의 바알"(Baal of the sea), "저 세상/지옥"에 이르기까지 다양하다(cf. HALOT; Tigay). 가장 가능성 있어 보이는 추측은, 이 단어는 복합명사(בְּלִי+יַעַל)로 "쓸모없는" 혹은 "비열한"을 의미한다는 해석이다(Tigay; HALOT). 성경에서는 나쁜 일로 사람들을 선동하는 자들을 뜻한다 (삼상 10:27; 왕상 21:10).

불량자를 칭하는 단어의 의미나 어원이 확실하지는 않지만, 그들이 하는 일은 명백히 드러난다. 그들은 사람들을 선동하여 온 성읍이 하나님을 반역하고 우상을 숭배하도록 하는 데 성공한 자들이다. 그렇다면 과연 누가 이런 일을 할 수 있을까? 일단은 온 도시가 설득될 정도로 영향력과 언어 능력을 지닌 사람들이었을 것이다. 여기에는 종교 지도자들, 사회 지도자들, 성읍의 유지들 등 다양한 사람들이 포함될 수 있으며, 조직력을 앞세운 도시 혁명가들(urban revolutionaries)이나(cf. Craigie) 사회에서 좋은 일로는 인정받지 못한 자들일 수도 있다(Brueggemann).

이스라엘의 한 성읍이 우상을 숭배한다는 것은 그 성읍이 여호와의 언약 공동체인 이스라엘에서 스스로 떠났다는 뜻이다. 이스라엘의 정체성은 시내 산에서 하나님과 맺은 언약에 바탕을 두고 있기 때문이다. 그렇다면 이 성읍은 가나안화 되었기에 가나안 사람들의 도시와 다를 바가 없다. 그러므로 이런 경우 그 성읍에는 진멸이 선포되는 것이다(15-16절). 아브라함의 자손이라 해서 심판에서 면책되는 것이 아니다. 하나님을 버린 아브라함의 자손은 가나안 사람과 똑같이 취급되어야 한다. 이들을 제거하지 않으면 이스라엘이 멸망할 것이기 때문이다. "이스라엘 중의 '배교'는 이스라엘이 이스라엘 되게 한 것을 파괴한다" (Braulik). 성경에서 이런 일로 진멸을 당한 이스라엘 성읍의 예는 동성애와 집단 강간을 자행하고도 뉘우치지 않은 베냐민 지파에 속한 기브아를 들 수 있다(삿 19-20장).

이스라엘이 우상을 숭배하는 것은 그들의 왕이신 여호와께 반역하는 행위며 이스라엘이 한 국가로 존재하는 것을 위협하는 행위다. 그러므로 우상숭배는 가장 심각한 범죄 행위로 규정되며 범죄자는 가나안 사람과 다를 바 없이 취급되어 가나안 사람들에게나 가해지는 가장 혹독한 형벌을 받게 된다. 그러나 형벌이 심각한 만큼 고발에 대한 조사도 신중하고 확실하게 해야 한다(14절). 이 법의 잘못된 적용은 온 도시를 없애버릴 수 있기 때문이다. 또한 만에 하나라도 다른 지파나 일부 사람들이 경제적인 이익을 얻기 위하여 성읍을 모함하는 일을 막기 위하여 가장 강한 수준의 진멸이 선포된다. 그 성읍의 모든 재산이 완전 파괴되어 그 누구도 이익을 보아서는 안 된다(15-17절). 그뿐만 아니라, 그 성읍의 터는 영원히 폐허로 남아 있어야 한다(16절).

그럼에도 불구하고 이미 오래 전부터 많은 사람들이 형벌의 혹독함에 난색을 표해 왔다. 이런 점을 감안하여 탈무드는 여기에 언급된 율법을 매우 제한된 범위에서 해석하여 적용해야 한다며 다음과 같은 가이드라인을 제시했다(cf. Tigay). (1) 성읍의 반역을 고발하는 사람은 최소한 성인 남자 둘이어야 하며, 그 성읍이 소속된 지파 사람이어야 한다, (2) 문제의 성읍이 다른 지파와 경계선에 있어서는 안 된다, (3) 성읍 사람들의 대다수가 우상을 숭배해야 한다, (4) 성읍의 인구가 최소한 〔성인 남자〕 100명 이상이어야 하며, 성읍이 속한 지파의 인구의 이분의 일 이하여야 한다, (5) 성읍의 모든 사람이 그들의 우상숭배 행위는 불법이며 처형을 받을 수 있는 심각한 범죄라는 사실을 개별적으로 통보 받았어야 한다, (6) 성읍 사람들이 이성적으로 논의하고 회개하여 개혁할 수 있는 기회를 주어야 한다, (7) 진상을 규명하는 일에 있어서 어떠한 하자가 있어서는 안 된다. 만일 이 일곱 가지 조건 중 하나라도 맞지 않으면 본문이 말하는 제재를 가할 수 없다고 한다. 유태인의 전승은 이 율법의 적용을 사실상 불가능하게 했던 것이다.

비록 온 도시에 이런 징벌을 가하는 것이 은밀하게 속삭이는 친족을 법정에 세우는 것처럼 무척 어려운 일이기는 하지만, 이스라엘에게는 이렇게 해야 할 의무가 있다. 하나님의 언약 백성인 이스라엘의 정체성은 물론 그들의 생존 자체를 위협하는 행위기 때문이다. 또한 고통스럽지만 이렇게 해야만 하나님의 진노가 풀리고 하나님의 지속적인 축복이 보장될 수 있기 때문이다(17절). 이는 마치 암 환자가 종양을 잘라내는 것과 같다. 몸에 칼을 대는 것은 고통스러운 일이지만, 건강하게 살려면 꼭 해야 되는 수술이다. 온 몸을 죽음으로 몰고 가는 종양은 절단해 내야 한다.

Ⅱ. 두 번째 스피치: 여호와의 율법(4:44-29:1[28:69])
3장. 구체적 율법(12:1-26:19)
1. 예배와 예배장소(12:1-16:17)

(3) 거룩한 백성, 거룩한 습관(14:1-29)

신명기 14장의 첫 인상은 서로 연관이 없는 주제들—이방인들의 애도 풍속(1-2절), 정한 짐승과 부정한 짐승(3-21절), 십일조와 첫 열매(22-29절)—을 함께 모아 놓은 듯한 느낌을 준다. 그러나 애도 풍속(1-2절)을 제외한 3-29절의 주제들은 "먹는 것"(eating)이라는 큰 주제를 통해 하나로 묶일 수 있다(McConville). "먹다"(אכל)라는 동사와 파생어가 3, 4, 6, 7, 8, 9, 10, 11, 12, 19, 20, 21, 23, 26, 29절 등에서 지속적으로 사용되고 있다는 점이 이러한 이해를 뒷받침한다. 하나님의 거룩한 백성들은 먹는 것에서부터 다른 신들을 숭배하는 자들과는 달라야 한다는 점을 강조하고 있는 것이다.

정결한 짐승과 부정한 짐승에 대한 규례(3-21절)가 무엇을 먹고, 무엇을 먹지 말아야 된다는 점을 강조한다면, 십일조 규례(22-29절)는 온 가족이 하나님 앞에서 함께 먹는 일과 가난하여 먹지 못하는 자들이 먹도록 배려하여 하나님의 주권을 기념하라는 점을 강조한다(Wright). 더 나아가 14장 전체가 하나님께 구분된 백성의 일상에 대한 규정들이라는 공통점을 지니고 있다. 그러므로 한 학자는 14장 전체를 '평신도의 거룩함'(Holiness of the Laity)이라고 부른다(Driver). 이러한 관점에서 본문이 규정하고 있는 '올바른 먹거리' 이슈에 접근해 보면, 모세가 이곳에서 강조하는 것은 이스라엘이 지향하는 신학이 어떻게 실천을 통해 삶에서 열매를 맺어야 하는가에 관한 것임을 알 수 있다(Block). 이스라엘은 불순물과 오염으로부터 순결해야(pure) 할 뿐만 아니라, 주님께 거룩해야(holy; viz., 구분/차별화됨) 한다. 그래서 이스라엘 사람들뿐만 아니라 모든 사람(viz., 그들 중에 사는 이방인들)에게도 적용되는 순결에 관한 율법과는 달리, 이스라엘이 다른 민족들로부터 구분/차별(holy)되기를 요구하는 음식법은 이스라엘에게만 적용되는 것이다(Firmage).

또한 이스라엘의 거룩함과 연관하여 본문이 강조하고자 하는 중요한 포인트는 이스라엘의 거룩함은 순종의 결과가 아니라, 하나님의 자녀요, 거룩한 백성이요, 하나님이 아끼시는 소중한 유산인 이스라엘의 거룩함은 바로 순종의 전제 조건이라는 것이다(Brueggemann). 즉 순종을 통해 이스라엘이 거룩해지는 것이 아니라, 이미 거룩하기 때문에 순종해야 한다. 마치 우리가 순종을 통해 구원에 이르는 것이 아니라, 이미 구원을 받았기 때문에 순종해야 하는 것처럼 말이다.

본 텍스트 안의 규정과 법규는 오경의 여러 곳에 기록되어 있는 것들을 모아 놓은 것이다(cf. 출 22:30; 23:19; 34:20; 레 11장; 19:27-28; 21:5; 27:30-33; 민 18:21-32). 이처럼 오경의 여러 곳에 기록된 것들을 한곳으로 모아 놓은 것은 신명기가 갖는 하나의 특성이다. 특히 본문의 중심을 이루고 있는 정결한 짐승과 부정한 짐승에 대한 언급은 레위기 11장을 배경으로 한다. 전반적으로 신명기 14장은 레위기 11장보다 더 요약적이며, 레위기 11장보다 더 상세하게 기록하고 있는 부분은, 먹을 수 있는 짐승들에 대한 언급이 유일하다(4-5절; cf. 레 11:3, 9). 이러한 차이는 사람이 먹을 수 있거나 먹을 수 없는 짐승들에 대하여 총체적인 규칙들을 제시하는 레위기 11장과는 달리, 본문은 이 율법들을 삶에서 적용할 수 있는 실제적인 면만을 간단하게 강조하는 것에서 비롯된 것이다(Tigay).

본문이 이러한 목적을 지니고 있기 때문에 먹을 수 있는 짐승은 상대적으로 상세하게 나열하지만, 먹을 수 없거나, 먹을 수는 있지만 먹지 않을 확률이 높은 짐승들에 대한 언급은 아예 하지 않는다. (1) 먹을 수 있는 곤충들, (2) 네 발로 걸어 다니는 동물들 중 먹을 수 없는 것들, (3) 땅에 기어 다니는 것들 중에 먹을 수 없는 것들(cf. 레 11:20-21, 27, 29-31) 등이 이러한 예에 속한다.

신명기의 구조를 십계명과 연관하여 해석하는 학자들은 12-13장이 제1과 2계명을, 14:1-21이 제3계명을, 14:22-29은 제4계명을 설명하고 있는 것으로 이해한다(Braulik; Kaufaman). 본문은 다음과 같이 섹션화될 수 있다.[25] 필자는 이 중 B-D를 하나로 묶어 본문을 주해해 나가고자 한다.

A. 장례예식에 대한 금지령(14:1-2)

B. 정한 짐승과 부정한 짐승(14:3-8)

C. 정한 물고기와 부정한 물고기(14:9-10)

D. 정한 새들과 부정한 새(14:11-20)

E. 죽은 짐승과 새끼 짐승(14:21)

F. 십일조(14:22-29)

II. 두 번째 스피치: 여호와의 율법(4:44–29:1[28:69])
3장. 구체적 율법(12:1–26:19)
1. 예배와 예배장소(12:1–16:17)
(3) 거룩한 백성, 거룩한 습관(14:1–29)

① 장례예식에 대한 금지령(14:1–2[2–3])

1 너희는 너희 하나님 여호와의 자녀이니 죽은 자를 위하여 자기 몸을 베지 말며 눈썹 사이 이마 위의 털을 밀지 말라 2 너는 네 하나님 여호와의 성민이라 여호와

---

25 블록(Block)은 12-14장에 등장하는 먹는 것에 관한 본문을 종합하여 다음과 같은 구조를 제시한다.

A. 주님 앞에서 먹는 것(12:5-14)
  B. 자기가 속한 성읍에서 먹는 것(12:15-28)
    C. 여호와께 신실하게 남는 것(13:1-18)
  B′. 자기 성읍에서 먹는 것(14:1-21)
A′. 하나님 앞에서 먹는 것(14:22-29)

께서 지상 만민 중에서 너를 택하여 자기 기업의 백성으로 삼으셨느니라

모세는 이스라엘 백성들에게 죽은 사람을 애도할 때 몸에 상처를 내거나 앞머리를 미는 일을 금지한다(1절; cf. 레 19:27-28). 머리를 깎거나 자르는 일, 혹은 뽑는 일을 모두 금지하고 있다(Tigay). 죽음을 애도하기 위하여 몸에서 피가 날 때까지 스스로 상처를 내는 일은 세계 여러 문화권에서 발견되는 현상이다. 시리아의 라스샴라(Ras Shamra)에서 발굴된 우가릿 텍스트들에 의하면 (1) 바알과 연관된 신화에서 바알의 아버지인 엘(El)이 아들 신 바알의 죽음을 애도하면서 자신의 몸을 상하게 하는 대목이 있다. (2) "아캇의 전설"(Legend of Aqhat)에는 전문적으로 애곡하는 여자들이 자신을 베어 피를 흘리는 모습이 기록되어 있다(Lewis; Craigie).

왜 이들은 죽음을 애도하면서 이런 짓을 했을까? 학자에 따라 의견이 조금씩 다르지만, 대체로 이런 예식은 (1) 죽은 자가 저세상(netherworld)에서 왕성하게 활동할 수 있도록 피와 머리카락을 제물로 바치는 것, 혹은 (2) 산 자들에 대한 죽은 자들의 시기와 질투를 달래기 위하여 산 자들이 죽은 자들의 죽음에 대하여 얼마나 슬퍼하는가를 보여 주기 위한 것으로 추측된다. 또한 (3) 산 자의 죽은 자에 대한 죄책감의 표현일 가능성도 있다(Tigay). 유교의 잔재가 많이 남아 있는 한국 문화에서는 이 세 번째 추측이 별 문제 없이 이해될 것이다. 이 예식들은 죽은 사람들을 위한 애곡에서 뿐만 아니라, 가나안의 바알, 바빌론의 담무스 등 신들의 죽음과 부활을 기념하는 종교 예식의 한 부분으로 자리 잡았을 것으로 생각된다(McConville). 성경도 자해가 우상숭배 예식의 일부였던 점을 지적한다(호 7:14; 왕상 18:28; 렘 47:5).

모세는 이스라엘에서 왜 이런 일을 금지하는가에 대한 이유를 이스라엘의 선택 신학(election theology)에서 찾는다. 이스라엘은 하나님의 아들들(בָּנִים)이며(1절), 여호와께서 세상 여러 민족들 중 이스라엘을 택하여 거룩한 백성(עַם קָדוֹשׁ)이라고 칭하여 자신의 소중한 백성(עַם סְגֻלָּה)으로 삼으셨기 때문이다(2절; cf. 7:6). 모세가 하나님과 이스라엘의 관계를 아버지-아들(자녀)로 묘사하는 것은 이번이 처음이 아니다(cf. 1:31; 8:5). 그러나 전에는 직유(simile; "…같이/처럼")를 사용한 것에 반해 본문에서는 은유(metaphor)를 사용하여 개념을 강화시키고 있다(Block). 하나님은 이스라엘을 아들처럼 대하시는 것이 아니라, 주님은 이스라엘의 아버지라고 선언하는 것이다. 이스라엘은 하나님의 아들들이며, 그의 거룩한 백성이라는 정체성을 부각시키기 위하여 1절과 2절의 문법은 강조형으로 구성되어 있다.

"아들"(בֵּן)이라고 단수를 사용하고 있는 1:31과 8:5과는 달리 본문은 "아들들"(בָּנִים)이라고 복수를 사용하는 것에도 중요한 의미가 있다. 단수와 복수의 차이는 단수의 경우 하나님이 이스라엘을 아들로 대하신다는 것으로, 하나님의 책임/의무를 강조하는 반면(신 1:31; 8:5; 32:6, 18; 출 4:22; 호 11:1; 렘 31:9; 사 63:16; 64:8), 복수의 경우에는 이스라엘이 아버지이신 여호와의 말씀에 순종하여 행해야 할 의무/책임을 강조한다(사 1:2; 30:1, 9; 렘 3:22; 말 2:10)(Boer; Wright). 그러므로 본문은 아버지-자녀 관계에서 하나님의 책임을 부각시키는 것이 아니라, 그분의 자녀가 된 주의 백성의 책임을 강조한다.

이스라엘과 하나님과의 아버지-자녀 관계는 그들이 누리는 특권뿐만 아니라 책임과 의무도 동반한다. 그래서 성경에서 이스라엘을 여호와의 아들로 묘사하는 비유가 아버지(하나님)의 많은 기대에 미치지 못하는 아들(이스라엘)에 대한 절망적인 실망을 표현하는 데 사용되기도 하는 것이다(사 1:2, 4; 30:1, 9; 63:8; 렘 3:14, 22; cf. 신 32:5, 19, 20). 본문에서는 이스라엘이 누리고 있는 이 특별한 하나님과의 관계가 그들이 자해하며 죽음을 애곡하는 우상 숭배자들의 풍습을 따라 하는 것을 금하는 이유가 된다. 하나님의 자녀들은 세상 풍습에 동요되지 말고 자신들의 특별한 신분에 걸맞게 살아 가야 한다. 이것이 이스라엘이 "거룩한 백성"

(עַם קָדוֹשׁ; lit., 구분된/차별화된 백성)으로서의 정체성을 유지하는 것이요 창조주 하나님이 애지중지하시는 "소중한 백성"(עַם סְגֻלָּה)의 삶이다.

II. 두 번째 스피치: 여호와의 율법(4:44-29:1[28:69])
3장. 구체적 율법(12:1-26:19)
1. 예배와 예배장소(12:1-16:17)
(3) 거룩한 백성, 거룩한 습관(14:1-29)

② 정한 짐승과 부정한 짐승(14:3-20[4-21])

**3 너는 가증한 것은 무엇이든지 먹지 말라 4 너희가 먹을 만한 짐승은 이러하니 곧
소와 양과 염소와 5 사슴과 노루와 불그스름한 사슴과 산 염소와 볼기가 흰 노루
와 뿔이 긴 사슴과 산양들이라 6 짐승 중에 굽이 갈라져 쪽발도 되고 새김질도 하
는 모든 것은 너희가 먹을 것이니라 7 다만 새김질을 하거나 굽이 갈라진 짐승 중
에도 너희가 먹지 못할 것은 이것이니 곧 낙타와 토끼와 사반, 그것들은 새김질
은 하나 굽이 갈라지지 아니하였으니 너희에게 부정하고 8 돼지는 굽은 갈라졌으
나 새김질을 못하므로 너희에게 부정하니 너희는 이런 것의 고기를 먹지 말 것이
며 그 사체도 만지지 말 것이니라 9 물에 있는 모든 것 중에서 이런 것은 너희가 먹
을 것이니 지느러미와 비늘 있는 모든 것은 너희가 먹을 것이요 10 지느러미와 비
늘이 없는 모든 것은 너희가 먹지 말지니 이는 너희에게 부정함이니라 11 정한 새
는 모두 너희가 먹으려니와 12 이런 것은 먹지 못할지니 곧 독수리와 솔개와 물수
리와 13 매와 새매와 매의 종류와 14 까마귀 종류와 15 타조와 타흐마스와 갈매기와
새매 종류와 16 올빼미와 부엉이와 흰 올빼미와 17 당아와 올응과 노자와 18 학과 황
새 종류와 대승과 박쥐며 19 또 날기도 하고 기어다니기도 하는 것은 너희에게 부
정하니 너희는 먹지 말 것이나 20 정한 새는 모두 너희가 먹을지니라**

저자는 정한 짐승과 부정한 짐승에 대하여 논하면서 크게 세 영역으로 구분하여 언급한다. (1) 땅에 거하는 짐승들(4-8절), (2) 물에 사는 짐승들(9-10절), (3) 공중에 사는 새들(11-20절). 이러한 구조는 창세기 1장의 창조 순서를 반영하는 것이다. 성경에서 사람이 먹을 수 있는 짐승과 먹지 못하는 짐승을 상세하게 구분해 놓은 곳은 레위기 11장과 본

문이다. 본문이 단순히 부정한 짐승과 정결한 짐승을 나열하는 것에 반해, 레위기는 부정하게 된 사람, 도구, 음식 등을 어떻게 해야 하는가까지 기록해 놓았다. 본문과 레위기 11장의 차이에 대하여는 다음을 참고하라(Levine). 신명기 14장과 레위기 11장이 짐승들을 지명하면서 사용하고 있는 히브리어 단어들 중 일부는 어떤 짐승을 뜻하는지 확실하지 않다. 그러므로 이곳에서 언급되는 짐승들의 상당수는 경험에서 나온 추측(educated guess)이라는 점을 감안하라(Craigie; Tigay).

	신명기 14장	레위기 11장
땅에 사는 짐승	기준: 갈라진 굽과 되새김질 허용: 집에서 키우거나 사냥한 동물 열 가지 금지: 낙타, 토끼, 사반/오소리	같은 두 가지 기준 동일한 금지 동물 목록
물 속에 사는 것들	기준: 비늘과 지느러미	같음
새들	금지된 새 목록 일반적인 기준이 없음	거의 동일한 새 목록 일반적인 기준이 없음
날개 달린 곤충	거의 모든 것을 금지하는 원칙	거의 같음. 네 가지 메뚜기는 허용 기준: 발과 다리가 있어 뛸 수 있는 것
금지 1	금지: 모든 종류의 죽은 짐승	정확히 규정되지 않음
금지 2	금지: 어미의 우유에 새끼를 삶는 일	없음
금지 3	없음	금지: 짐승이나 수륙양생 파충류를 먹거나 주검을 만지는 것. 8가지로 구성된 목록
금지 4	없음	금지: 배로 기어 다니는 모든 것, 네 발 혹은 여러 발로 기어 다니는 것들.

짐승들은 어떤 기준이나 원리에 따라 정하고 부정한 것들로 구분되는 것일까? 부정한 짐승과 정한 짐승의 구분이 그 어떠한 논리나 원칙

을 반영하고 있지 않다고 주장하는 사람들도 있지만(Merrill), 만일 있었다면 어떤 기준이 적용된 것일까? 역사적으로 많은 주석가들이 부정한 짐승과 정한 짐승 목록을 통해 어떠한 원리를 발견하려 했지만, 아직까지 흡족한 결과는 나오지 않았다. 한 학자는 교회 역사 속에 제시되었던 해석 열네 가지를 요약하여 제시한다(Moskala; cf. Sprinkle은 일곱 가지를 제시함). 그동안 제시되었던 주장들 중 중요한 몇 가지는 다음과 같다. 첫 번째, 필로(Philo of Alexandria)가 제시한 것으로서 이 기준은 주의 백성들이 자신을 부인(self-denial)하도록 하기 위하여 주어진 것이라는 해석이다. 지나치게 많고 다양한 것을 먹게 하지 않고 일부를 제한하여 자신의 욕망을 자제하도록 가르치고 있다는 것이다. 그래서 그의 주장을 윤리적인 해석이라고도 한다. 그러나 이 해석은 다양성을 추구하는 것 자체를 부정적으로 보며 금욕주의적인 성향을 띠고 있다.

두 번째 해석은 영과 육의 신비로운 결합 때문이라는 해석인데, 칠십인역(LXX)이 레위기 11:44를 지나치게 문자적으로 번역한 데서 비롯된 추측이다. 칠십인역은 "스스로 더럽히지 말라"(לֹא תְטַמְּאוּ אֶת־נַפְשֹׁתֵיכֶם)를 "οὐ μιανεῖτε τὰς ψυχὰς ὑμῶν"(너의 영혼을 더럽히지 말라; do not defile your soul)로 번역하고 있다. 이 해석을 따르는 사람들은, 사람이 부정한 짐승을 먹으면 그의 영혼도 오염된다고 주장한다. 이와 비슷한 맥락에서 이 짐승들이 부정한 이유는 이방 종교들에서 숭배되거나[26] 예물로 바쳐졌기 때문이라는 해석이 있다(Noth; von Rad; cf. Tigay; 사 65:4; 66:3, 17; 겔 8:9-10). 본문에서 부정한 짐승들을 "가증한 것"(תּוֹעֵבָה)이라고 하는데(3절), 이 단어가 이미 7:25, 12:31, 13:14에서 우상숭배를 뜻하며 사용되었다는 점이 이러한 해석의 근거로 제시될 수 있다(cf. Wright). 그러나 고대 근동의 제사들을 살펴보면 이스라엘만 소, 양, 염소 등을 제물로 사용한

---

26 이집트의 신화에 의하면 신들 중 호루스(Horus)는 까만 돼지를 본 후에 앞을 보지 못하게 되었다는 말이 있다. 이 일로 인하여 이집트에서는 돼지를 부정한 짐승이라며 터부시(taboo)했다(Craigie).

것은 아니다. 그러므로 만일 부정한 짐승이 우상숭배와 연관이 있는 것들이라면 이 짐승들도 부정한 것으로 규정되어야 한다(cf. Wenham). 흔하지는 않지만 바알의 이미지가 때로는 소의 모습을 띠고 있다는 점을 감안하면 이 해석은 더욱더 설득력을 잃는다.

세 번째는 풍유적(allegorical) 해석이다. 이러한 주장을 펴는 사람들에 의하면 하나님이 낙타를 먹지 말라고 하시는 이유는 낙타의 강한 복수심 때문이라는 것이다. 다른 짐승들에 비해 유별나게 복수심이 강한 낙타 고기를 먹으면 먹은 사람도 낙타처럼 복수심이 강해진다는 주장이다. 이와 같은 맥락에서 돼지고기를 먹으면 돼지의 음식에 대한 집착이 그 고기를 먹은 사람에게도 지나친 식욕과 성욕을 일으키는 등 영향을 주기 때문에, 돼지고기를 금하신 것이라고 해석했다(cf. Tigay). 그러나 이러한 해석을 뒷받침할 만한 증거는 전혀 없다.

네 번째는 사람의 위생과 건강에 근거한 것이라는 주장이다. 짐승들 안에 서식하는 여러 가지 기생충과 병균들이 사람들에게는 치명적일 수 있기 때문에 하나님이 미연에 이러한 짐승들의 섭취를 금하셨다는 것이다(Albright; Harris; Harrison; Halstead). 안식교에 속한 사람들이 이러한 주장을 많이 편다. 그러나 병균과 기생충 감염의 위험은 부정한 짐승이나 정결한 짐승이나 모두 안고 있기는 마찬가지다. 게다가 짐승들의 고기를 먹을 때 익혀 먹는 것이 일상화되어 있기 때문에 이 규정이 위생과 연관된 것이라는 해석은 별 설득력이 없다. 이와 비슷한 해석으로는 부정한 짐승들은 대체로 육식 짐승들이며, 이들은 다른 짐승들을 잡아먹을 때 피와 함께 먹기 때문에 부정하다는 주장이 있다(Driver).

다섯 번째 해석은 정한 짐승은 그 짐승이 속한 종(種)의 일반적인 성향을 지니고 있는 것들이라는 주장이다(Douglas). 반면에 부정한 짐승은 속한 종의 공통적인 성향을 공유하지 않거나 각기 다른 종들을 정의하는 구분을 무너뜨리는 것들이라 한다. 어느 정도의 설득력을 지니고 있는 해석이라 할 수 있다. 그래서 많은 학자들이 그녀의 주장을 수용한다(Wenham; Hartley; Bellinger; Budd; Wright). 그러나 이 주장은 왜 발굽이 갈라지고 되새김질을 해야만 정결한가를 설명할 수 없다(Grisanti). 아울러 창세기 1장에서 모든 짐승들을 보시고 "좋았더라"고 하셨던 점을 감안하면 이 해석 역시 한계가 있어 보인다(Kaiser).

이 외에 정결한 짐승은 제사에 제물로 사용하거나 사용할 수 있는 것들이라는 주장도 있고(Firmage; Houston), 부정한 짐승은 육식성, 전쟁에서 사용, 사람의 건강에 부정적인 영향을 미치는 것 등을 통하여 죽음과 연결되어 있기 때문이라는 해석도 있다(Moskala; Block). 그러나 들짐승들은 정결한 것이라도 예배에는 사용될 수 없었다는 점을 감안하면 별로 설득력이 있어 보이지 않는다.

가장 흥미로운 제안은 정결한 짐승과 부정한 짐승의 구분이 성경에 등장하는 언약들의 성향과 일치한다는 주장이다(Milgrom). 이 논리에 사용되는 언약은 점차적으로 범위가 좁혀져 가는 세 가지다. (1) 온 인류를 대상으로 한 노아 언약(창 9:1-11), (2) 많은 민족들 중에서도 이스라엘 백성과 맺은 언약(창 17:2; 레 26:42), (3) 많은 이스라엘 사람들 중에서도 제사장들과 맺은 언약(민 25:12-15; 렘 33:17-22). 이러한 언약적 구조에 상응하는 음식에 대한 제한은 다음과 같다. (1) 온 인류에게 피만 제외한 모든 고기를 먹거리로 주심(창 9:3-5)(A), (2) 이스라엘에게 먹을 수 있는 짐승 몇 가지를 정해 주심(레 11장)(B), (3) 이 몇 가지 먹을 수 있는 짐승들 중 오직 가축들만 제물로 드릴 수 있음(레 22:17-25)(C). 다음 도표를 참고하라(A=모든 땅; B=이스라엘; C=성전 터; A'=모든 민족; B'=이스라엘; C'=제사장; A"=모든 짐승; B"=정한 짐승; C"=제물 짐승).

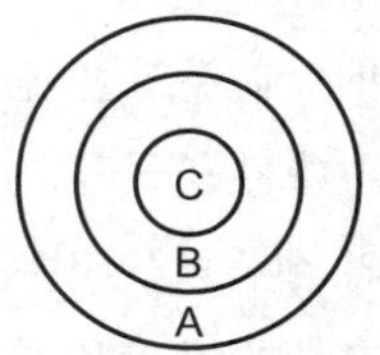

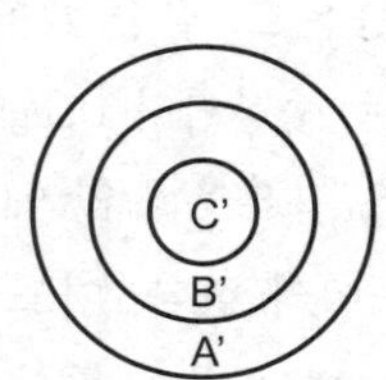

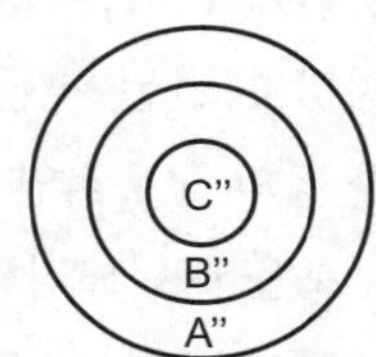

이 체계에는 다음과 같은 관계가 형성된다. (1) 모든 짐승-온 인류(A). (2) 몇 종류의 짐승-이스라엘(B), (1) 제물로 사용할 수 있는 짐승-제사장들(C). 즉, 밀그롬(Milgrom)에 의하면 정결하고 부정한 짐승의 구분은 다른 이유에서가 아니라, 이스라엘이 세상 여러 민족들로부터 구분된 원리에 따른 것이다(Wenham; Wright; cf. Tigay; Kaiser). 이스라엘의 선택 신학이 짐승들을 구분했다는 논리다. 신명기 12-14장이 이 점을 특별히 강조하고 있다는 점에서 상당히 설득력이 있어 보인다. 이스라엘은 매일 음식을 먹을 때마다 자신들은 여호와께서 택하신 백성이라는 사실을 확인했던 것이다.

지금까지 나온 학설 중에 가장 설득력 있는 것은 밀그롬이 제시하는 것과 더글라스가 주장하는 것이다. 그러나 이 두 가지 해석 역시 각자 독립적으로 서기에는 아쉬운 부분들이 있다. 그러므로 이 둘을 종합해서 부정과 정결, 더 나아가 제물로 사용할 수 있는 짐승에 대한 이해를 추구하는 것이 바람직해 보인다.

II. 두 번째 스피치: 여호와의 율법(4:44-29:1[28:69])
3장. 구체적 율법(12:1-26:19)
1. 예배와 예배장소(12:1-16:17)
(3) 거룩한 백성, 거룩한 습관(14:1-29)

③ 죽은 짐승과 새끼 짐승(14:21[22])

21 너희는 너희의 하나님 여호와의 성민이라 스스로 죽은 모든 것은 먹지 말 것이나 그것을 성중에 거류하는 객에게 주어 먹게 하거나 이방인에게 파는 것은 가하니라 너는 염소 새끼를 그 어미의 젖에 삶지 말지니라

모세는 이스라엘은 하나님의 거룩한 백성이기 때문에 스스로 죽은 것을 먹어서도 안 된다고 한다(21a절; cf. 레 22:8). "스스로 죽은 것"(נְבֵלָה)은 수명이 다 되어 늙어 죽은 것이나 병으로 죽은 짐승들을 포함한다. 이 개념은 출애굽기 22:31의 "맹수에게 찢겨서 죽은 짐승의 고기"(טְרֵפָה)를 먹지 말라는 금지령을 보완하고 있다. 이스라엘은 스스로 죽은 짐승의 주검을 먹을 수는 없지만, 그들 중에 나그네로 살고 있는 이방인에게 주거나, 방문하는 이방인에게 팔 수는 있다. 그들 중에 나그네로 살고 있는 이방인(גֵּר)은 대체로 고아와 과부와 함께 분류되던 사회적 약자였기 때문에(cf. 1:16; 5:14) 돈을 받지 않는 것이며, 방문 중인 이방인(נָכְרִי)은 사업차 잠시 이스라엘에 머물고 있는, 상대적으로 잘살았던 사람들이기 때문에 그들에게는 돈을 받을 수 있었다(Tigay). 그러므로 이 규례는 사회적 약자들인 이방인들에 대한 배려라고 할 수 있다(Block).

스스로 죽은 짐승의 고기가 이스라엘 사람들과 그들 중에 나그네로 거하는 이방인(גֵּר)을 함께 부정하게 만든다고 하는 레위기 17:15 말씀과 본문이 서로 대립하는 것으로 볼 필요는 없다(cf. McConville). 단순히 이스라엘 중에 거하던 이방인들에게는 이스라엘 사람들처럼 항상 정결을 유지할 필요가 없었기 때문에 이런 규정이 제시되는 것으로 해석할 수 있기 때문이다.

이스라엘은 새끼 염소를 제 어미 젖에 삶아서도 안 된다(21b절; cf. 출 23:19; 34:26). 오늘날에도 아랍 사람들은 우유에 삶은 고기를 별미로 취급하는 것으로 보아 이런 요리 방법은 매우 오랜 전통을 지닌 것이 거의 확실하다(Tigay). 이 규제가 이곳에서 언급되는 것은 주의 백성이 이런 방식으로 요리된 고기를 먹지 못하게 하기 위해서다. 왜 하나님은 이 요리 방법의 사용을 금하시는 것일까?

대체로 학자들은 본문이 가나안 주민들 사이에 성행했던 이방 종교의 예식을 금지하는 것으로 이해한다(Maimonides; Ginsberg; Craigie; Merrill; Wright; cf. 새번역의 각주). 그러나 반론도 만만치 않다(Tigay). 무엇보다도 가나안에서 이러한 종교 예식이 행해졌던 것을 증명할 만한 구체적인 자료들이 충분하지 않으며, 이 종교들도 기도와 제물 등을 바쳤는데 성경이 이런 행위는 금하지 않기 때문이다(McConville; Tigay).

학자들은 이 규제를 이방 종교에서 행해졌던 풍습으로 보지 않고, 인도적인 차원에서 유래된 것으로 간주한다. 새끼와 어미를 같은 날 죽이는 것을 금하는 율법(레 22:27-28), 알이나 새끼를 돌보고 있는 새를 새끼들/알들과 함께 잡는 것을 금하는 규례(신 22:6-7), 그리고 새로 태어난 새끼를 죽이기 전에 7일 동안 어미와 함께 있도록 하라는 지시(출 22:29) 모두 본문처럼 새끼-어미 관계에 대한 배려를 염두에 두고 있는 것들이라는 것이다(Cassuto; Haran; Tigay). 일부 주석가들은 어미의 우유는 새끼에게 생명을 주는 것인데, 그 생명의 근원인 우유로 새끼를 삶아 죽이는 것은 죽음과 생명의 영역을 섞어 버리는 것이기 때문에 용납될 수 없다는 윤리적 해석을 내놓기도 한다(Carmichael; McConville). 본문이 어미의 젖에 새끼를 삶는 것이 왜 잘못된 것인지 정확하게 알려 주지는 않지만, 한 가지 확실한 것은 이러한 행위는 하나님 보시기에 가증한 것이라는 사실이다(Grisanti).

II. 두 번째 스피치: 여호와의 율법(4:44-29:1[28:69])
3장. 구체적 율법(12:1-26:19)
1. 예배와 예배장소(12:1-16:17)
(3) 거룩한 백성, 거룩한 습관(14:1-29)

④ 십일조(14:22-29[23-30])

**22 너는 마땅히 매 년 토지 소산의 십일조를 드릴 것이며 23 네 하나님 여호와 앞
곧 여호와께서 그의 이름을 두시려고 택하신 곳에서 네 곡식과 포도주와 기름의
십일조를 먹으며 또 네 소와 양의 처음 난 것을 먹고 네 하나님 여호와 경외하기
를 항상 배울 것이니라 24 그러나 네 하나님 여호와께서 자기의 이름을 두시려고
택하신 곳이 네게서 너무 멀고 행로가 어려워서 네 하나님 여호와께서 그 풍부히
주신 것을 가지고 갈 수 없거든 25 그것을 돈으로 바꾸어 그 돈을 싸 가지고 네 하
나님 여호와께서 택하신 곳으로 가서 26 네 마음에 원하는 모든 것을 그 돈으로 사
되 소나 양이나 포도주나 독주 등 네 마음에 원하는 모든 것을 구하고 거기 네 하
나님 여호와 앞에서 너와 네 권속이 함께 먹고 즐거워할 것이며 27 네 성읍에 거주
하는 레위인은 너희 중에 분깃이나 기업이 없는 자이니 또한 저버리지 말지니라
28 매 삼 년 끝에 그 해 소산의 십분의 일을 다 내어 네 성읍에 저축하여 29 너희**

중에 분깃이나 기업이 없는 레위인과 네 성중에 거류하는 객과 및 고아와 과부들이 와서 먹고 배부르게 하라 그리하면 네 하나님 여호와께서 네 손으로 하는 범사에 네게 복을 주시리라

모세는 이미 12:17에서 십일조를 드려야 한다는 점을 강조한 적이 있다. 저자는 22절을 시작하며 히브리어 문법에서 강조할 때 사용하는 동사+분사 방식을 사용하여 십일조를 드리는 것은 주의 백성들의 선택이 아니라 필수 의무임을 상기시킨다. "십일조를 꼭 드리라"(עַשֵּׂר תְּעַשֵּׂר) (cf. 느 10:38-39; 13:10-12).[27] 십일조를 바치는 것은 고대 근동에서 흔히 행해졌던 풍습이었으며 아브라함도 십일조를 드린 적이 있다(창 14:20). 야곱이 에서의 눈을 피해 삼촌 라반에게 도주하면서 벧엘에서 하나님을 만난 후 여호와께서 그가 편안하게 돌아올 수 있도록 지켜주시면, 돌아와서 하나님께로부터 받은 모든 것의 십일조를 드리겠다고 약속한 적이 있다(창 28:22).

성경은 주의 백성이 누리는 풍요는 그들의 발전된 농업/축산업 기술의 결과가 아니라 여호와께서 이스라엘과 맺은 언약을 헌신적으로 지키신 결과라고 한다(Craigie). 그러므로 성경에서 십일조는 자기 백성에게 많은 은혜를 베풀어 주신 하나님께 감사의 표현으로 드리는 예물이다(Grisanti). 그들이 누리는 축복은 가나안의 다산의 신들이 준 것이 아니며, 자신들의 농업 기술이 일구어 낸 것도 아닌 오직 한 분이신 하나님이 베푸신 은혜 덕분임을 고백하는 것이다. 그러므로 본 텍스트는 딱딱한 규정을 선포하는 것이 아니라, 백성들을 축제로 초청하는 분위기를 조성하고 있다(Block).

레위기 27:30-33과 민수기 18:21-32도 십일조에 대한 규례를 언급한

27 일부 학자들은 신명기는 십일조를 의무화시키는 반면, 레위기와 민수기는 자원하는 사람만 드리는 것으로 묘사한다고 주장하는데, 오경의 특성상 한 주제에 대한 여러 율법과 지침을 각각 특성화된 (그러므로 대립되는) 세부사항으로 보는 것보다 전체를 통일성 있는 하나의 시스템으로 간주하는 것이 바람직하다.

다. 레위기 27:30-33과 본문의 차이점은 레위기는 농작물과 가축의 십일조에 대하여 말하고 있는데, 본문은 가축은 언급하지 않고 농작물만 예로 들고 있다는 것이다: 곡식, 포도주, 기름(23절). 본문과 민수기 18:21-32의 차이점은 본문은 십일조의 상당 부분을 드리는 자가 하나님 앞에서 가족들과 함께 먹는 것으로 묘사하는 반면, 민수기에서 십일조는 전적으로 이스라엘 지파들 중 기업을 받지 않고 성전에서 하나님을 섬기는 레위 사람들의 몫이며 레위 사람들은 백성들에게 받은 십일조의 십일조를 제사장들에게 주어야 한다고 규정하는 것에 있다.

이처럼 오경이 십일조에 대하여 지시하는 사항들이 상당히 다르다는 점이 일부 주석가들에게는 어려운 문제가 되지만(NIDOTTE; cf. Tigay), 유태인들의 전승은 이 모든 것을 종합하여 다음과 같이 해석했다. (1) 민수기 18:1-28은 이스라엘이 레위 사람들에게 의무적으로 바쳤던 '첫 번째 십일조'에 대한 규례를 말하고 있다. 레위 사람들은 백성들에게 받은 것의 십일조를 제사장에게 드려야 했다, (2) 신명기 14:22-27과 레위기 27:30-31은 백성들이 가지고 있던 나머지 90퍼센트(10퍼센트는 이미 레위 사람들에게 줌)에 대한 '두 번째 십일조'에 관한 것이며, 이 십일조는 드리는 자가 성소에 가서 가족들과 함께 먹었다(cf. 삼상 1장), (3) 신명기 14:28-29은 이 '두 번째 십일조'가 매 3년째와 6년째 되는 해에는 가난한 자들을 돕기 위한 '세 번째 십일조'로 대체될 것을 요구한다. 가난한 자들과 레위 사람들을 위한 이 '세 번째 십일조'는 그 특성에 근거하여 '가난한 자들을 위한 십일조'라고 불리기도 했으며, 드리는 자의 성읍에 사는 가난한 자들과 레위 사람들을 위하여 사용했다(EncJud). 성경이 '두 번째'와 '세 번째' 십일조를 언급하고 있지 않기 때문에 전적으로 수용하기는 어려운 해석이기는 하지만, 일단은 오경 전체가 제시하는 십일조에 대한 가르침을 하나의 통일성 있는 시스템으로 보았다는 것은 바람직하다.

학자들 중에는 본문이 두 가지 십일조(매년 성전에 드리는 십일조와 매 3

년마다 추가적으로 자기 지역의 복지를 위하여 드리는 십일조)를 제시하고 있다고 주장하는 사람들도 있지만(Merrill), 대부분 학자들은 본문이 단 한 가지 십일조를 제시한다고 주장한다. 이렇게 해석할 경우 매 3년의 십일조는 성전에 드려진 것이 아니라, 자기가 사는 지역에 거하는 약자들을 위하여 드려졌다(NIDOTTE; McConville; Ridderbos; Thompson; Grisanti; Block; cf. 26:12-15).

십일조의 상당 부분을 드리는 자가 가족들을 이끌고 성소에 가서 하나님 앞에서 함께 먹는다는 것이 조금은 이상하게 생각될 수 있지만, 이러한 관례는 평신도들(특히 여자들과 어린이들)이 성소를 방문하여 하나님과 예배에 대하여 배우는 좋은 기회를 제공했다. 자녀들을 포함한 온 가족이 성전에 가서 주님 앞에서 십일조를 드리고 먹는 것은 교육적인 목적을 내포했던 것이다(Grisanti).

또한 거룩한 예배 분위기뿐만 아니라, 그들이 평소에 누리는 모든 것이 하나님께로부터 온 축복이라는 사실을 시인할 기회를 갖게 된 것이 십일조를 먹는 행위가 그들에게 "하나님을 두려워하는" 결과를 가져올 것이라고 한다(23절). 예배와 애찬식이 제대로 진행되면 함께 떡을 떼는 자들이 하나님을 경외하게 한다.

만일 십일조를 드리고자 하는 사람이 성소에서 너무 멀리 떨어져 살기 때문에 그 모든 곡물들을 운반하기가 어려울 경우, 돈으로 바꾸어서 성소로 가져갈 수 있다(25절). 당시 돈(כֶּסֶף)으로 금보다는 은이 더 많이 사용되었으며, 귀걸이, 반지, 팔찌, 덩어리, 동전 등 다양한 형태를 띠었으며 무게로 값이 계산되었다. 십일조를 돈으로 바꾸어 성소를 찾은 사람은 성소에 들어가기 전에 먼저 그 돈을 곡물이나 술로 바꾸어야 한다. 이 과정에서 예배자의 가정이 먹거나 마시고 싶은 것을 살 수 있는 자유가 주어진다(26절).

고대 이스라엘 사람들은 대체로 포도주를 마셨지만, 대추야자(date), 석류 등도 술을 만드는 데 사용되었다. 이스라엘 사람들이 맥주를 만들어 마셨다는 직접적인 증거는 없지만, 고대 근동에서 맥주는 흔한 술이었다(Tigay). 중요한 것은 온 가족이 함께 먹으며 즐거워할 수 있는 것을 사야 한다는 점이다. 물론 한자리에서 십일조를 모두 먹기란 불가능한 일이었을 것이다. 왜냐하면 일 년 내내 먹을 것의 십 분의 일은 곧 한 달을 먹을 수 있는 양을 뜻하기 때문이다. 게다가 성소에서 멀리 떨어져 사는 사람들 중 얼마나 많은 사람들이 매년 온 가족을 이끌고 성소를 찾을 수 있었겠는가도 현실적인 문제였다. 그래서 다양한 가능성이 논의되지만(cf. Tigay), 십일조의 목적을 감안할 때, 드리는 자가 가족들과 함께 성소에서 먹은 것은 그가 드린 십일조의 지극히 작은 부분이었고, 나머지는 성 소유지와 자선 사업에 사용되었던 것으로 해석하는 것이 바람직하다.

이처럼 매 3년 중 2년은 십일조를 가지고 성소를 찾아가 하나님 앞에서 온 가족이 즐기는 데 사용하지만, 매 3년째 되는 해(7년 사이클에서 3, 6년째 되는 해)에는 십일조를 성소로 가져가지 않고 자신이 살고 있는 성읍에 사는 가난한 자들과 레위 사람들을 위하여 쓰도록 드려야 한다(28-29절). 7년째 되는 해는 안식년이니 백성들에게도 수확이 있을 리 없다. 그러므로 7년째 되는 해에는 드릴 십일조가 없다. 레위 사람들은 이스라엘의 12지파들 중 유일하게 기업을 받지 않고 하나님을 기업으로 삼은 자들이니 당연히 백성들이 이들을 도와야 하며, 가난한 자들은 인도적인 차원에서 도와야 한다.

십일조 율법은 이스라엘 공동체의 건강을 유지하는 데 매우 중요했으며, 가난한 사람들이 하나님의 은혜를 체험할 수 있는 중요한 방법이었다(Craigie). 매 3년마다 드리는 십일조는 가난한 자들이 다음 헌물이 올 때까지 3-4년 동안 먹고 사는 양식이 되었다. 풍요롭게 먹을 수 있는 양은 아니다. 그럼에도 불구하고 이 규례는 사회적인 법(social legislation)의 시작이었으며, 사회 복지를 위한 최초의 세금 제도였다(Crüsemann). 이스라엘이 이렇게 하면, 여호와께서 그들의 삶에 풍요로움을 복으로 주실 것이다(29절). 약속이 있는 요구인 것이다.

성경이 왜 십일조의 의무성을 이처럼 강조하는 것일까? 오늘날에도 그렇지만, 고대 근동의 정서에 따르면 땅을 빌려 경작하는 사람은 땅 주인에게 수확의 일정한 양을 주어야 했다. 이스라엘이 가나안 땅을 누리는 것은 사실이지만, 그 땅의 주인은 여호와이시다. 그러므로 소작민 이스라엘이 땅 주인이신 여호와께 땅 사용에 대한 일종의 세금/대여료를 드리는 것은 당연한 일이다. 게다가 이스라엘에게 요구되는 10퍼센트는 매우 파격적이다.

더욱이 놀라운 것은 이스라엘은 이 10퍼센트를 하나님 앞에서 온 가족들과 함께 먹으며 기뻐한다는 점이다. 일부는 기업이 없는 레위 사람들과 사회적 약자들을 위하여 사용하도록 하셨다. 많은 사람들이 십일조를 의무적으로만 생각하는데, 본문은 십일조의 진정한 의미는 감사와 관용에 있음을 강조한다. 하나님은 백성들의 소산을 요구하시는 것이 아니라 여호와가 이스라엘의 주인이라는 점을 고백하는 제스처를 원하시는 것이다(Brueggemann).

Ⅱ. 두 번째 스피치: 여호와의 율법(4:44-29:1[28:69])
3장. 구체적 율법(12:1-26:19)
1. 예배와 예배장소(12:1-16:17)

(4) 안식년과 첫 열매에 대한 율법(15:1-23)

이 섹션은 '놓아 줌/면제'(שְׁמִטָּה)라는 개념을 중심으로 전개된다. 속박된 노예에게 자유를 주고, 빚진 자에게 빚을 탕감해 주는 일이 핵심 주제이며(1-18절), 가축들의 첫 배를 제물로 바치는 일(19-23절)도 그 짐승들을 노동에서 '놓아주는 일'이기 때문에 동일한 맥락에서 이해될 수 있다(Wright). 이스라엘 사회의 인도주의적인 면모를 보여주는 율법인 것이다.

이 율법이 언약 백성의 관용에 호소하고 있다는 점에서 바로 앞 섹션(14:22-29)의 십일조에 관한 규례와 맥을 같이하고 있다. 둘 다 가난한 자들이 가난에서 벗어나는 일을 도우려는 목적을 지닌 율법이다. 그러나 율법의 영향력에 있어서 이 율법이 십일조 율법보다 훨씬 더 파격적이다. 그래서 많은 사람들이 이 율법을 신명기에서 가장 극단적인 순종 요구라고 하기도 하고, 책의 핵심이라고 하기도 한다(Hamilton; Weinfeld; Brueggemann). 스타일에 있어서 본 텍스트가 '동사 + 분사' 형태의 강조형을 책 전체에서 가장 많이 사용하고 있다는 점도 이 장의 중요성을 암시하는 듯하다(Wright). "참으로 복을 받을 것이다"(בָּרֵךְ יְבָרֶכְךָ)(4절), "말씀을 잘 듣고"(שָׁמוֹעַ תִּשְׁמַע)(5절), "꼭 〔그에게〕 손을 펴라"(פָּתֹחַ תִּפְתַּח)(8절), "반드시 꾸어주라"(נָתוֹן תִּתֵּן)(10절).

안식년이나 희년에 대하여는 출애굽기 21:2-6과 레위기 25:39-47도 언급한다. 가장 큰 차이점은 레위기 25:39-47은 노예에게 자유를 주는 일을 안식년과 전혀 상관없이 오직 희년(Jubilee)과 연결시키는 반면 출애굽기 21:2-6과 본문은 희년에 대하여는 전혀 언급하지 않으면서, 노예에게 자유를 주는 일을 안식년과만 연관시키고 있다는 점이다. 신명기의 구조를 십계명과 연관하여 이해하는 주석가들에게 이 섹션을 포함한 14:28-16:17은 안식일에 대한 제4계명(5:12-15)을 설명하는 것으로 해석된다(Braulik).

본 텍스트는 매우 짜임새 있는 구조를 지니고 있으며, "7년"(1, 9, 12절), 이스라엘 사람을 "형제"로 부르는 일(2, 3, 7, 9, 11, 12절), 관용을 가능하게 하고 또한 그 관용을 축복하는 하나님의 축복에 대한 언급(4, 6, 10, 14, 18절) 등이 텍스트에 점착성을 더한다. 더 나아가 저자는 이스라엘 사람을 "일곱 번"씩이나 "형제"로 부르며(2, 3, 7[2x], 9, 11, 12절) 이스라엘의 하나됨을 부각시키고자 한다(Braulik). 이 섹션은 신명기의 설교적/강론적 스타일의 좋은 예이기도 하다. 율법과 규례는 본 텍스트의 반(半)도 차지하지 않으며, 반 이상이 권면과 설명으로 이루어져 있기 때문이다(Tigay).

때에 따라 노예에게 자유를 주고, 빚을 탕감해 주는 일은 이스라엘뿐만 아니라 주변 국가들을 포함한 고대사회에서도 종종 있었다. 새 왕이 왕위에 오르게 되면 그의 등극을 기념하여 빚을 탕감해 주고 돈을 갚지 못해 노예가 된 사람들에게 자유를 주는 일이 있었던 것이다(Tigay; McConville). 함무라비 법전은 돈 때문에 노예가 된 사람들은 3년을 부리고 난 다음 4년째 되는 해에 놓아 주라고 한다(법전 117; cf. Craigie).

탕감에 대해 언급하고 있는 1-18절은 다음과 같이 구분될 수 있다. (1) 남에게 돈을 빌려 준 사람은 7년마다 그 빚을 탕감해 주어야 한다(1-6절), (2) 빚을 탕감해 주는 7년째 되는 해가 가깝다 하여 가난한 자들에게 돈을 빌려 주지 않는 일은 없어야 한다(7-11절), (3) 빚 때문에 노예가 된 사람은 7년째 되는 해가 되면 놓아 주어야 한다(12-18절). 이러한 구분을 바탕으로 필자는 다음과 같은 순서로 본문을 주해해 나가고자 한다.

A. 빚 탕감(15:1-6)

B. 가난한 자들(15:7-11)

C. 노예(15:12-18)

D. 첫 소산(15:19-23)

Ⅱ. 두 번째 스피치: 여호와의 율법(4:44–29:1[28:69])
3장. 구체적 율법(12:1–26:19)
1. 예배와 예배장소(12:1–16:17)
(4) 안식년과 첫 열매에 대한 율법(15:1–23)

① 빚 탕감(15:1–6)

1 매 칠 년 끝에는 면제하라 2 면제의 규례는 이러하니라 그의 이웃에게 꾸어준 모든 채주는 그것을 면제하고 그의 이웃에게나 그 형제에게 독촉하지 말지니 이는 여호와를 위하여 면제를 선포하였음이라 3 이방인에게는 네가 독촉하려니와 네 형제에게 꾸어준 것은 네 손에서 면제하라 4-5 네가 만일 네 하나님 여호와의 말씀만 듣고 내가 오늘 네게 내리는 그 명령을 다 지켜 행하면 네 하나님 여호와께서

네게 기업으로 주신 땅에서 네가 반드시 복을 받으리니 너희 중에 가난한 자가 없으리라 6 네 하나님 여호와께서 네게 허락하신 대로 네게 복을 주시리니 네가 여러 나라에 꾸어 줄지라도 너는 꾸지 아니하겠고 네가 여러 나라를 통치할지라도 너는 통치를 당하지 아니하리라

모세는 이스라엘 백성들에게 매 칠 년 끝에 이웃에게 준 빚을 면제해 주라고 한다(1절). 문제는 '면제/탕감'(שְׁמִטָּה)의 의미가 정확하지 않다는 데 있다. 학자들의 해석이 크게 둘로 나뉘고 있는데, 첫 번째는 이 규례가 7년마다 빚을 탕감해 주는 것이 아니라 단순히 이 해에는 이자를 받지 않고 빚 독촉도 하지 않는 등 빚을 준 자가 채권자의 권한 중 일부를 포기하라는 뜻이라는 것이다(Keil; Ridderbos; Craigie; McConville). 이 해석은 이 규례가 6년 동안 농사를 지은 후 땅을 놀려야 하는 7년째 해인 안식년과 연관되어 있다는 점에 근거한다. 7년째 되는 해에는 그나마 농사를 짓지 않아 수입이 있을 리 없으니 이자를 받지 말고 빚 독촉도 하지 말라는 명령이라는 것이다. 그러다가 8년째 되는 해에는 다시 채권자의 권한을 행사할 수 있다.

두 번째는 돈을 빌려 줄 때 담보로 잡은 것을 돌려주라는 것을 의미한다는 해석이다(Wright; NIDOTTE; Nelson). 이 해석에 의하면 빚을 갚기 위한 다음 납입금 때까지 담보를 돌려주어 그 담보로 인해 채무자가 누릴 수 있는 경제적인 이득을 취할 수 있도록 하는 것이다. 그러나 고대사회에서 담보를 돌려주는 것은 곧 빚을 돌려받게 되는 보장 장치를 스스로 포기하는 것과 같은 의미를 지녔다(Nelson). 그러므로 본문은 곧 모든 빚을 탕감해 주는 것을 권하고 있다.

세 번째 해석은 이 규례가 빚을 완전히 탕감해 줄 것을 요구한다는 것이다(Braulik; Christensen; Cairns; Hall; Tigay; Wright; Brueggemann). 이 해석의 근거는 본 텍스트가 이미 14장 후반부부터 도저히 빚을 갚을 능력이 없는 사회적 약자들에 대한 인도적인 배려와 맥을 같이하기 때문에 이 의미가 가장 잘 어울린다는 것이다. 왜냐하면 한 해 동안만 빚 독촉을 하지 않고 이자도 받지 않는다는 것이 가난한 자들에게 조금은 도움이 될 수 있어도 큰 도움은 되지 않기 때문이다. 느헤미야 10:32도 이 해석을 뒷받침하는 듯하다. 저자는 7-9절에서 7년마다 찾아오는 해가 가깝다 해서 빚을 구하는 친족들을 냉대해서는 안 된다고 하는데, 이 말씀도 완전한 빚 탕감과 더 잘 어울린다. 또한 이 규례에 대한 동기 부여가 이스라엘의 왕이신 여호와께서 요구하시는 것이며(2절), 그분께서 이미 내려주신 축복과 앞으로 주실 축복(4-6, 10-11절)이라는 점도 완전 탕감을 뒷받침한다.

정기적으로 같은 언약 공동체에 속한 이웃이 갚지 못한 빚을 탕감해 주고, 빚 때문에 종살이 하는 사람들을 풀어 주라는 이 율법은 언약에 따른 책임과 의무의 수직적인 면모(백성-하나님)와 수평적인 면모(백성-백성)의 완전한 조합이다(Wright). 이 규례는 가난한 자들을 위한 것이기 때문에 모든 빚이 탕감되는 것은 아니다. 유태인들은 체불된 임금, 외상값, 담보대출 등은 여기에 포함되지 않는다고 해석했다(Tigay).

오경이 관심을 표하는 빚은 가난한 사람이나 도저히 갚을 수 없는 자들이 진 빚이다(출 22:24; 레 25:36-37; cf. 시 37:26; 112:5). 애초에 이런 사람들에게 빚을 줄 때에는 경제적인 이익을 바라고 주는 것이 아니라 그들에게 긍휼을 베풀기 위하여 주어야 하며, 일정한 기간이 지나도록 갚지 못하면 그 빚을 탕감해 줌으로써 한 번 더 관용을 베풀라는 것이다(Tigay). 형편이 너무 궁핍해서 빚을 지지 않고는 살 수 없는 사람이 시간이 지난다 해서 형편이 나아질 상황이 아니기 때문이다.

사람이 아무리 많은 빚을 지었다 하더라도 채권자는 채무를 7년 이상 노예로 붙잡아 둘 수 없다. 이 율법은 빚이 영구적으로 빚진 자를 억누르는 것을 사전에 차단하고자 하는 것이다. 아울러 이스라엘은 이런 탕감 제도를 통하여 극심한 경제적 양극화 현상을 조금이나마 완화시키려고 노력해야 한다. "당신들 가운데 가난한 사람이 없게 하십시오"

(4절). 온 이스라엘 공동체가 이 율법대로 행하여 서로의 빚을 탕감해주면 하나님이 그들을 축복하셔서 온 세상에서 부유하고 막강한 백성으로 살게 하실 것이다(5-6절).

7년마다 빚을 탕감해 주는 규례는 이스라엘 사람들에게만 적용되며, 이방인들에게는 빚 독촉을 할 수 있다(3절). 모세는 빚을 진 이스라엘 사람을 "이웃/친구"(רֵעַ)와 "형제"(אָח)라 칭하며 채권자의 감성에 호소하고 있다(2절). 반면에 이방인(נָכְרִי)에게는 빚 독촉을 할 수 있다고 한다(3절). 여기서 이방인(נָכְרִי)은 이스라엘 영토에 정착해 사는, 경작할 땅이 없어서 과부와 고아와 함께 사회의 약자로 취급되는 이방인 나그네(גֵּר)가 아니고, 여기서의 이방인(נָכְרִי)은 사업상의 이유 등 때문에 잠시 이스라엘 성읍에 머무는 다른 나라에 사는 사람들을 뜻한다.

이들의 경우 빚을 갚을 능력이 있으며, 이 율법이 추구하고자 하는 목적—언약 공동체 내에서의 경제적 균형—과는 상관없는 사람들이기 때문에 이들이 진 사업적인 빚은 당연히 받을 수 있다. 또한 이 율법은 채권자들에게 큰 희생을 요구하는데, 이런 희생을 감수하면서까지 이방인들에게 혜택을 베풀 필요는 없었던 것이다. 이스라엘 영토에 정착해 사는 이방인 나그네(גֵּר)의 경우, 정확히 알 수는 없지만, 아마도 이스라엘의 가난한 자들과 동일한 탕감 혜택을 받을 수 있었을 것이다. 율법에는 그들을 이스라엘 백성들처럼 취급하는 사례들이 많은 점을 감안할 때 이런 해석이 가능하다(cf. 14:29).

이 율법의 이상적인 목적은 이스라엘 중에 가난한 사람이 없게 하는 것이다(4절). 이 언약 공동체가 멤버들 중에서 가난을 퇴치하면, 큰 축복이 약속된다. "당신들이 참으로 복을 받을 것입니다." 그런데 11절은 "당신들이 사는 땅에서 가난한 사람이 없어지지는 않을 것"이라고 한다. 이 두 대립되는 선언을 어떻게 이해해야 하는가? 하나님은 이스라엘이 결코 가난을 퇴치하지 못할 것을 단언하시는 것인가? 한 가지 확실한 것은 이 두 구절이 우리에게뿐만 아니라 저자에게도 대립되는 것으로 간주되었을 것이라는 점이다. 그러므로 이 대립은 저자의 "목회자적인 전략"(pastoral strategy)에 따라 계획된 것이다(Goldingay; cf. Wright).

이 두 구절의 대립은 곧 이상(ideal)과 현실(reality)의 대립이다(Craigie; McConville; Block). 모세는 4-6절에서 하나님의 지속적인 축복을 받아 모든 사람이 풍요롭게 살게 되는 이상적인 언약 공동체의 모습을 묘사하고 있다. 이런 상황에서는 가난한 자가 있을 수 없다. 그러므로 이 율법도 필요가 없다(Tigay). 반면에 7-11절은 이스라엘이 하나님의 말씀에 전적으로 순종하지 않을 것을 의식하여 현실적으로 그들의 미래를 묘사하고 있다. 모세는 광야에서 이스라엘을 40년 동안이나 경험했기 때문에 이상적인 상황을 묘사하지만(4-6절), 그들의 실체는 그렇게 되지 않을 것이라는 점을 인정하고 있는 것이다.

가난한 사람이 없는 사회와 소수가 부의 대부분을 독식하게 되는 사회의 차이는 무엇인가? 생각보다 훨씬 더 단순한 차이이다. 이 두 상황의 차이는 하나님의 말씀에 대한 신뢰와 순종이 있고 없고이다. 모세가 이스라엘의 현실을 의식하고 탄식하는 소리가 들리는 듯하다.

모세는 매 7년 끝에 빚을 탕감해 주라고 하지만 구체적인 날짜를 제시하지 않는다. 일부 유태인들은 매 7년 마지막 날(오늘날의 표현을 빌리자면 12월 31일) 해질녘에 탕감해 주어야 하는 것으로 해석했다(Tigay). 율법이 허용하는 시간을 최대한으로 이용하겠다는 채권자의 의지보다는 매 7년 "끝에"(מִקֵּץ)라는 말이 이 해석의 근거가 된 것으로 생각된다.

II. 두 번째 스피치: 여호와의 율법(4:44-29:1[28:69])
3장. 구체적 율법(12:1-26:19)
1. 예배와 예배장소(12:1-16:17)
(4) 안식년과 첫 열매에 대한 율법(15:1-23)

② 가난한 자들(15:7-11)

[7] 네 하나님 여호와께서 네게 주신 땅 어느 성읍에서든지 가난한 형제가 너와 함께 거주하거든 그 가난한 형제에게 네 마음을 완악하게 하지 말며 네 손을 움켜 쥐지

말고 [8] 반드시 네 손을 그에게 펴서 그에게 필요한 대로 쓸 것을 넉넉히 꾸어주라
[9] 삼가 너는 마음에 악한 생각을 품지 말라 곧 이르기를 일곱째 해 면제년이 가까
이 왔다 하고 네 궁핍한 형제를 악한 눈으로 바라보며 아무것도 주지 아니하면 그
가 너를 여호와께 호소하리니 그것이 네게 죄가 되리라 [10] 너는 반드시 그에게 줄
것이요, 줄 때에는 아끼는 마음을 품지 말 것이니라 이로 말미암아 네 하나님 여호
와께서 네가 하는 모든 일과 네 손이 닿는 모든 일에 네게 복을 주시리라 [11] 땅에는
언제든지 가난한 자가 그치지 아니하겠으므로 내가 네게 명령하여 이르노니 너는
반드시 네 땅 안에 네 형제 중 곤란한 자와 궁핍한 자에게 네 손을 펼지니라

모세는 7년마다 빚 탕감을 요구하는 율법의 후유증을 의식하고 있다. 돈을 빌려주려던 생각을 가졌던 사람도 탕감해 주어야 하는 해가 다가올수록 인색해질 것이다. 실제로 제2성전 시대에 이 율법이 돈을 빌려주는 것을 거부하도록 했으며, 이러한 상황을 수정하려고 새로운 법을 제정했던 일이 있었다(Tigay). 저자는 이런 문제에는 또 다른 법으로 대응하는 것보다는 신앙과 양심에 호소하는 것이 더 효과적이라는 것을 알기 때문에 감성에 호소한다. 사람의 마음을 정확하게 읽는다는 것은 불가능한 일이기 때문에 채권자가 어떤 의도에서 빚을 거부하는 가를 법적인 잣대로 판단하는 것은 실제로 매우 어려운 일일 수밖에 없다. 그러므로 저자는 사람들에게 자선(charity)을 강요하는 것이 아니라 가난한 자들을 배려하는 마음(charitable attitude)을 지닐 것을 호소하는 것이다(Craigie).

모세는 형편이 나은 자가 가난한 자를 꼭 배려해야 한다는 점을 강조하면서 사람 신체 부위와 연관된 표현들을 사용하여 신심(身心)을 다하여 이들에게 자비를 베풀 것을 호소한다(Miller). 그가 사용하는 신체의 이미지는 손, 마음, 눈 세 가지다. 저자는 실용성을 상징하는 손, 사람의 의지를 뜻하는 마음, 그리고 마음 자세/관점을 대표하는 눈 등에 관한 언어를 구상하며 꼭 이 율법을 현실에 적용할 것을 권면한다(cf.

Block; Wright).

첫째, 손에 연관된 표현은 이미 2절에서부터 사용되어 왔다. "모든 빚을 면제해 주다"(שָׁמוֹט כָּל־בַּעַל מַשֵּׁה יָדוֹ)에서 "면제하다"(שמט יָד)를 문자적으로 번역하면 "손을 놓다"라는 뜻이다. 채권자가 빚과 채무자에 대한 권한을 포기한다(손을 펴다)는 뜻이다. "너의 손을 움켜 쥐지 말라"(לֹא תִקְפֹּץ אֶת־יָדְךָ)(7절), "반드시 손을 펴라"(פָּתֹחַ תִּפְתַּח אֶת־יָדְךָ)(8, 11절) 역시 채권자의 채무자에 대한 권한과 연관된 표현들이다. 그러므로 본문은 경제적 권력가들에게 하는 말이다(Wright). 가난에 대한 사회적 책임은 전적으로 경제권을 '움켜쥐고' 있는 자들의 손에 달려 있다는 뜻이다. 그들만이 무언가 할 수 있는 힘을 가지고 있으며, 가난한 자들이 이 문제에 대하여 스스로 할 수 있는 일은 별로 없기 때문이다.

둘째, 사람의 의지를 좌우하는 마음은 그의 행동을 좌우한다. "인색한 마음으로 대하지 말라"(לֹא תְאַמֵּץ אֶת־לְבָבְךָ)(7절)를 문자적으로 풀이하면 "마음을 단단하게/강하게 하지 말라"는 뜻이다. "아깝다는 생각을 하지 말아라"(לֹא־יֵרַע לְבָבְךָ)(10절)를 직역하면 "네 마음을 악하게 하지 말라"는 뜻이다. 또한 저자는 빚을 주는 것에 인색한 마음을 묘사하면서 9절에서 "마음에 악한 생각을 품다"(עִם־לְבָבְךָ בְלִיַּעַל)라는 표현을 사용한다.[28] 저자는 사회에서 경제적 권력을 가진 자들이 자신의 이익과 관심을 관철시키는 법을 제정하여 서민들에게 강요할 것이라는 점을 잘 알고 있다. 그는 가난한 자들을 위한 경제적 정의 실현은 완전히 다른 사고 체계에서 비롯된다는 점을 강조하는 것이다(Wright).

셋째, 사람이 다른 사람을 어떻게 보느냐는 그의 마음 자세에서 비롯된다. 그러므로 잘못된 관점은 잘못된 행동으로 이어지기 마련이다. "인색한 마음으로 가난한 동족을 냉대하다"(רָעָה עֵינְךָ בְּאָחִיךָ הָאֶבְיוֹן)(9절; 새번역)를 문자적으로 풀이하면 "궁핍한 형제에게 악한 눈을 들다"이다.

---

28 "악"(בְלִיַּעַל)은 13:14에서 온 성읍을 우상숭배로 설득하는 불량배들을 묘사하면서 사용된 단어이다.

또한 18절의 “남녀 종에게 자유를 주어서 내보내는 것을 언짢게 생각하지 마십시오”(לֹא־יִקְשֶׁה בְעֵינֶךָ בְּשַׁלֵּחֲךָ אֹתוֹ חָפְשִׁי מֵעִמָּךְ)의 직역은 “그를 자유롭게 떠나 보내는 일이 네 눈에 어려워서는 안 된다”라는 뜻이다. 노예를 풀어 주는 일을 아깝게 생각하지 말고 기꺼이 할 수 있어야 한다는 점을 강조한다. 부유한 자가 자신의 부가 하나님이 내려 주신 축복임을 믿는다면, 하나님이 요구하시는 일을 ‘많은 희생’을 감수하면서라도 기꺼이 행할 수 있어야 한다.

공동체에 속한 가난한 사람들에 대한 배려는 온 백성이 져야 할 짐이지만, 동시에 공동체에 속한 각 개인이 추구해야 할 선행이기도 하다. 먼저, 저자는 경제적인 어려움을 당하는 사람들을 “형제”(אָח)와 “친지/친구”(רֵעַ) 등 관계적인 언어로 묘사함으로써, 가난한 자는 부자들이 나몰라라 할 수 있는 사람들이 아니라는 점을 강조한다. 하나님의 언약 공동체에 함께 묶여 있는 사람들은 모두 서로를 형제, 친족처럼 대해야 할 관계를 형성하고 있다는 것이다. 저자는 이 관계적인 차원을 강조하기 위해서 15장 전체에서 “너”(2인칭 단수)로 이야기를 진행한다. 물론 신명기 안에서 모세가 2인칭 단수를 사용하여 온 이스라엘을 대상으로 말씀을 선포하는 것은 흔히 있는 일이다. 그럼에도 불구하고 이 섹션에서 2인칭 단수 동사와 접미사를 지나치다 할 정도로 광범위하게 사용하는 것은 이 가난한 사람들에 대한 선처가 단순히 공동체의 몫으로 남아서는 안되며 그 공동체에 속한 각 개인들이 특별히 노력해 줄 것을 당부하기 위해서다(Wright). 가난한 사람들도 그들과 관계가 있는 사람들이기 때문이다. 가난한 자들을 돕는 정책이 이들의 소외감을 가중시켜서는 안 된다. 가난은 이미 본질적으로 소외감을 동반하고 있기 때문이다.

II. 두 번째 스피치: 여호와의 율법(4:44-29:1[28:69])
3장. 구체적 율법(12:1-26:19)
1. 예배와 예배장소(12:1-16:17)
(4) 안식년과 첫 열매에 대한 율법(15:1-23)

③ 노예(15:12-18)

**12 네 동족 히브리 남자나 히브리 여자가 네게 팔렸다 하자 만일 여섯 해 동안 너
를 섬겼거든 일곱째 해에 너는 그를 놓아 자유롭게 할 것이요 13 그를 놓아 자유하
게 할 때에는 빈 손으로 가게 하지 말고 14 네 양 무리 중에서와 타작 마당에서와
포도주 틀에서 그에게 후히 줄지니 곧 네 하나님 여호와께서 네게 복을 주신 대로
그에게 줄지니라 15 너는 애굽 땅에서 종 되었던 것과 네 하나님 여호와께서 너를
속량하셨음을 기억하라 그것으로 말미암아 내가 오늘 이같이 네게 명령하노라 16
종이 만일 너와 네 집을 사랑하므로 너와 동거하기를 좋게 여겨 네게 향하여 내가
주인을 떠나지 아니하겠노라 하거든 17 송곳을 가져다가 그의 귀를 문에 대고 뚫
으라 그리하면 그가 영구히 네 종이 되리라 네 여종에게도 그같이 할지니라 18 그
가 여섯 해 동안에 품꾼의 삯의 배나 받을 만큼 너를 섬겼은즉 너는 그를 놓아 자
유하게 하기를 어렵게 여기지 말라 그리하면 네 하나님 여호와께서 네 범사에 네
게 복을 주시리라**

모세는 빚 때문에 노예로 팔려온 히브리 사람의 경우, 남녀에 상관 없이 6년을 부리고 7년째 되는 해에는 자유인으로 놓아주라고 한다(12절). "히브리 사람"(עִבְרִי)이 아브라함의 후손들을 칭하는 민족적 용어인가, 아니면 사회에서 오갈 곳 없는 가난한 자들을 뜻하는 경제적/계층적 용어인가에 대하여 학자들 사이에 상당한 논란이 있다.

히브리 사람이 사회적 약자들을 뜻하는 경제적/계층적 용어라고 주장하는 사람들이 제시하는 증거는 크게 두 가지다. 첫째, 신명기는 아브라함의 자손을 주로 "이스라엘"이라는 이름으로 부른다는 점이다. 둘째, 아마르나 편지(Amarna letters)를 포함하여 최근에 와서는 바빌론, 마리(Mari), 누지(Nuzi), 알라카(Alalakh) 문서들에서 하비루(habiru)라는 단어가 일정한 거주지가 없이 떠돌며 용병으로 혹은 막노동으로 생계

를 유지하는 사회적으로 소외된 계층을 뜻하는 단어로 사용된다는 것이다(cf. HALOT; Wright; Brueggemann). 이렇게 해석할 경우 이 율법은 이스라엘 모든 사람들에게 적용되는 것이 아니라, 이스라엘 사회에서도 특별히 소외된 자들(habiru)에게만 유효한 율법이 된다(Brueggemann).

문제는 이 율법이 적용되는 계층을 이처럼 제한적으로 정의해서 해석적으로 얻어지는 이득이 없기 때문에 이렇게 할 필요가 없을 뿐만 아니라 하비루(habiru)와 "히브리 사람"(עִבְרִי)이 서로 연관된 개념이라는 것에 대하여 많은 학자들이 의문을 제기한다는 것이다(Tigay; McConville). 게다가 본문에서 "히브리 사람"(עִבְרִי)은 "너의 형제"(אָחִיךָ)와 문법적으로 볼 때 동격(apposition)을 이룬다. 히브리 사람은 곧 이스라엘 사람을 뜻하는 말인 것이다(Thompson; Mayes).

본문이 언급하는 7년째 되는 해는 7년마다 온 사회에 찾아오는 안식년(cf. 1-6절)과는 다르다. 노예를 부리기 시작한 해부터 7년째 되는 해를 뜻한다(Craigie; Grisanti). 고대 근동의 여러 사회처럼 성경도 돈과 상관없이 노예가 된 사람들과 빚 때문에 노예가 된 사람들을 구분하고 있는데(Chirchigno; Tigay; cf. 레 25:44-46), 이 율법은 빚 때문에 노예가 된 사람들에게만 적용된다. 이스라엘을 포함한 고대 사회에서 노예는 전쟁 등 여러 정황을 통해 생산되었다.

주변 민족들의 관례와는 달리 이스라엘은 자신들이 부리는 노예들을 안식일에는 쉬게 했으며, 절기와 축제일에 가족들과 함께 참석시켜야 했고, 주인들의 폭행에서 보호해야 했다(cf. 출 20:10; 21:2-11, 20-21, 26-27; 23:12; 신 5:14; 12:18; 15:12-18; 16:11, 14; 23:16-17). 이스라엘의 노예에 대한 관대함은 고대 사회에서 매우 독특하다(Tigay). 또한 이스라엘 사람들이 영구적인 노예로 부릴 수 있는 사람은 이방인들로 제한되어 있었으며, 이스라엘인 노예는 그가 원한다면 몰라도 그렇지 않다면 영구적으로 부릴 수 없다(cf. 출 21:2-6; 레 25:39-55; 신 15:12-18).

오경은 노예를 놓아 주는 규례에 대해 본문 외에도 출애굽기 21:2-6,

레위기 25:39-46에서 상당히 자세하게 언급한다. 이 세 텍스트는 모두 빚 때문에 노예가 된 이스라엘 사람을 주제로 삼고 있다는 공통점을 지녔지만, 안식년 혹은 희년과 연관하여 빚을 탕감해 주는 일에 대한 율법이 서로 달랐던 것처럼 노예를 놓아 주는 일에 있어서 서로 독특한 정황을 배경으로 하고 있다. 이 신명기 본문처럼 출애굽기 21:2-6도 노예를 6년 부리고 나서 7년째 되는 해에는 내보내라고 한다. 또한 두 텍스트 모두 자유를 얻을 수 있는 이스라엘 노예가 자청하여 주인의 영구적인 노예가 되는 것을 허락하는데, 출애굽기는 특별한 상황(남자 노예에게 아내로 주어졌거나 애초에 아내로 삼기 위하여 데려온 노예)에 처한 여자 노예의 경우 그녀의 복지를 위하여 자유를 주는 것을 금하고 있다.

반면에 레위기 25:39-46은 노예를 부린 지 7년째 되는 해에 그 노예를 풀어 주라는 말을 아예 언급하지 않고, 대신 희년에 노예를 풀어 주라고 한다. 모세는 이스라엘에게 때가 되면 노예들을 놓아 주라는 명령을, 이집트에서 그들이 노예 생활 했을 때 하나님의 구원과 자유를 체험했던 일을 신학적이고 역사적인 근거로 들고 있다(15절). 하나님의 은혜를 체험한 대로 서로에게 관대하라는 것이다.

빚 때문에 팔려온 노예를 부린 지 7년째 되는 해에는 그에게 자유를 주어 내보내야 하는데, 이 때 빈손으로 보내서는 안 된다(13절). 주인들도 노예가 될 수 있었지만 오히려 그들이 노예를 부리게 된 것은 하나님의 특별한 축복이라는 사실을 이렇게 고백해야 하는 것이며, 이스라엘도 한때는 이집트에서 노예였기 때문이다(Grisanti). 또한 빈손으로 내보내면 그 사람이 다시 노예로 전락할 가능성이 높아진다. 주인은 노예가 무난하게 새 출발할 수 있도록 물질적으로 도와야 한다는 관용의 정신이 바로 신명기 율법의 핵심이다(McConville).

저자는 주인에게 "넉넉하게 주라"(הַעֲנֵיק תַּעֲנִיק)(14절)고 하는데 이 동사는 "사치스럽게 꾸며 장식하다"는 뜻을 지녔고, 사람의 영광을 드러내는 "화관/화환"이라는 단어가 이 동사에서 파생되었다(HALOT;

McConville). 저자는 주인들에게 자선을 훨씬 초월한 배려를 요구한다. 이점을 강조하기 위하여 그는 '하나님으로부터 복을 받은 대로' 주라고 한다. 자신이 하나님께로부터 받은 복이 많다고 생각한다면, 많이 주고 인색하지 말라는 권면이다.

언약 공동체의 건강은 가난한 사람들에 대한 배려로 측정되지 그 공동체가 얼마나 많은 부를 축적했는가에 의하여 판명되지 않는다(Hall; Wright). 그런데 이 말씀은 실제로 어느 정도를 해 주라는 것일까? 한 유태인 전승은 출애굽기 21:32이 노예의 몸값을 은 30세겔로 규정한 것에 근거하여 최소한 30세겔은 주어야 한다고 풀이했다(Tigay).

모세는 이 규례의 예외로 만일 자유할 수 있는 노예가 자유인이 되기를 스스로 거부하고 계속 주인의 종이 되어 살겠다고 할 경우를 허락한다(16절). 지난 6년 동안 주인이 종을 인간적으로 대하고 사랑해 주었다면, 충분히 있을 수 있는 일이다. 이런 종의 경우 문(דֶּלֶת)에 대고 송곳으로 그 귓불을 뚫으면 그는 영원히 그 사람의 종이 될 수 있다(17절). 신체 부위 중 귀에다 구멍을 뚫는 것은 아마도 귀가 듣는 것과 연관된 기관이며, 듣는 것은 곧 순종과 연관되어 있기 때문일 것이다(Ridderbos; Grisanti). 본문은 주인의 집의 문에 대고 귀를 뚫으라고 하는데, 출애굽기 21:6은 "하나님 앞에 있는 문"(새번역, viz., 성소의 문)에 대고 이 예식을 행하라고 한다.

이 예식은 어떤 중요성을 지녔던 것일까? 한 학자는 종이 귀를 뚫는 일을 통해 주인의 말을 잘 듣겠다는 의지를 표현했다고 한다(Hoffmann). 반면에 종의 귀를 뚫는 주인은 그를 평생 보살필 것을 선언한다. 그러므로 귀를 뚫는 행위는 곧 주인과 종이 서로를 진실하게 대하고 충성할 것을 서약하는 것이다(cf. Block).

어떤 학자들은 귀를 뚫고 다니거나 뚫린 귀에 특별한 장식을 걸고 다니는 것이 노예라는 신분을 드러냈기 때문이라고 한다. 다른 주석가들은 이 행위가 집을 상징하는 문에서 진행되었다는 점에 근거하여 종이 주인의 집의 상징인 문에서 이 예식을 행하는 것은 그가 이제부터 영원히 주인의 집에 속한다는 것으로 해석한다(Tigay). 옛 유태인 주석가들은 "영원한 종"(עֶבֶד עוֹלָם)이라 해서 그 종이 죽을 때까지 주인 집에서 산다는 것이 아니라, 원 주인이 죽을 때까지 혹은 희년이 올 때까지로 기간을 제한했다(Tigay). 아들이 아버지의 대를 이어 가장이 될 경우에도, 희년이 오면 그를 내보내야 한다고 해석했던 것이다.

Ⅱ. 두 번째 스피치: 여호와의 율법(4:44–29:1[28:69])
3장. 구체적 율법(12:1–26:19)
1. 예배와 예배장소(12:1–16:17)
(4) 안식년과 첫 열매에 대한 율법(15:1–23)

④ 첫 소산(15:19–23)

19 네 소와 양의 처음 난 수컷은 구별하여 네 하나님 여호와께 드릴 것이니 네 소의 첫 새끼는 부리지 말고 네 양의 첫 새끼의 털은 깎지 말고 20 너와 네 가족은 매년 여호와께서 택하신 곳 네 하나님 여호와 앞에서 먹을지니라 21 그러나 그 짐승이 흠이 있어서 절거나 눈이 멀었거나 무슨 흠이 있으면 네 하나님 여호와께 잡아 드리지 못할지니 22 네 성중에서 먹되 부정한 자나 정한 자가 다 같이 먹기를 노루와 사슴을 먹음 같이 할 것이요 23 오직 피는 먹지 말고 물 같이 땅에 쏟을지니라

표면적으로는, 본문이 무슨 이유로 빚을 탕감해 주라는 법(1-11절)과 노예에게 자유를 주라는 규례(12-18절)와 함께 언급되는지 이해가 잘 되지 않는다. 그러나 이미 15장의 서론에서 언급했듯이 이 섹션도 분명 위 섹션들과 공통점을 공유하고 있다. 채무자를 빚에서 놓아 주고, 노예를 속박에서 놓아 주듯, 이 짐승들을 노동에서 놓아 주라는 것에서 맥을 같이하고 있는 것이다(Wright; cf. McConville). 저자는 짐승의 맏배를 드리는 것에 대하여 이미 12:6, 17; 14:23에서 언급한 적이 있는데, 이곳에서 더 구체적이고 자세하게 이 율법에 대해 설명한다.

이스라엘이 짐승의 맏배를 하나님께 드리는 이유는 여호와가 이스라엘과 그들의 짐승을 비롯한 모든 생명의 근원이자 주인이심을 고백하기 위해서다(Hall; Tigay). 여기에 출애굽기 13:12-15은 이스라엘에게 출애굽 전야에 하나님이 이집트의 장자를 모두 죽이면서도 그들의 장자들은 죽이지 않으셨던 일을 기념하는 차원에서 사람과 부정한 짐승의 맏배는 돈으로 대속하고, 정결한 짐승들의 맏배는 하나님께 제물로 바쳐야 한다는 신학적인 근거를 더한다. 신(들)에게 가축의 맏배를 바치는 일은 고대 사회에서 흔히 발견되는 풍습이었다(Smith; Nilsson). 성경에는 아벨이 최초로 짐승의 맏배를 드린 것으로 기록되어 있다(창 4:4).

짐승의 맏배를 하나님께 드리라는 율법은 오경의 다른 책들에도 기록되어 있다. 민수기 18:15-18은 제사장들만이 이 짐승들을 먹을 수 있다고 하는데, 본문은 드리는 자가 가족들과 함께 하나님이 정하신 장소(성소)에 가서 하나님 앞에서 마치 화목제를 먹듯이 먹으라고 한다(cf. 20절). 한 유태인 전승은 본문이 제사장들에게 선포된 말씀이라며 이 두 텍스트의 대립을 해소해 보려고 했지만(cf. Tigay), 본문은 분명 제사장이 아니라 일반인들에게 주신 말씀이다. 가축을 소유한 모든 사람들은 이 규정에 따라 짐승의 맏배를 가족들과 함께 하나님 앞에서 즐거이 먹으며 하나님의 주권을 기념해야 한다. 본문에 제시된 율법은 십일조를 하나님 앞에서 먹으라는 신명기의 지시(14:22-29)와 맥을 같이하며 일반인들이 성소를 찾게 하는 효과를 발휘한다.

짐승에게 첫 수컷이 태어나면 농부는 그 짐승을 보호하다가 다음 절기 때 성소로 끌고 가서 하나님께 드려야 한다(20절). 출애굽기 22:29은 짐승이 태어난 지 8일째 되는 날 하나님께 바치라고 하는데, 성소에서 멀리 사는 사람들에게 이 일은 매우 어려운 일이다. 반면에 본문은 이스라엘 성인 남자들이 매년 세 번씩은 성소에 가야 하는데, 이때를 최대한 활용하도록 하고 있다(20절).

여러 절기들 중 이스라엘 남자들이 매년 의무적으로 성전을 찾아야 하는 절기는 (1) 유월절, (2) 칠칠절(오순절), (3) 초막절 세 절기였다. 유월절과 칠칠절은 봄에 있는 곡식 수확 철의 시작과 끝이며, 초막절은 나머지 곡식과 포도 추수를 마무리하는 때다(Tigay). 또한 이 세 절기는 모두 이스라엘을 이집트에서 구원하신 하나님을 기념하는 절기라는 공통점을 지니고 있다(Grisanti). 이스라엘은 노예 생활에서 그들을 구원하신 전능하신 왕이신 하나님 앞에 서기 위하여 매년 세 차례씩 성전을 찾았던 것이다(Merrill).

신명기의 지침을 따를 경우 맏배 가축이 하나님께 드려질 때에는 거의 한 살이 될 수도 있다. 그러므로 본문은 "처음 난 황소는 부리지 말아야 하고, 처음 난 양은 털을 깎지 말아야 한다"라는 규제를 더한다(19절). 하나님께 구별되어 바쳐져야 할 짐승이기 때문에 사람이 이익을 위해서 그 짐승에게 일을 시켜서는 안 되며, 그 짐승을 통해서 이익을 보아서도 안 된다는 것이다. 특히 양털은 생후 6개월에서 1년 된 짐승의 것이 가장 부드럽고 질이 좋아 높은 가격에 팔린다는 점을 감안할 때, 일부 농부들에게는 어린 양들이 유혹이 되었을 수도 있다.

율법은 하나님께 드리는 짐승에 흠이 있어서는 안 된다고 한다. 유일하게 조그마한 흠이 허용되는 경우는 예배자가 자원해서 드리는 자원제의 경우에만 가능하다. 만일 짐승의 맏배로 태어난 수컷이 온전하지 못하면 어떻게 해야 하는가? 흠이 있는 것을 드리지 말라는 율법과 맏배를 드리라는 규례가 대립할 수 있지 않은가? 모세는 그 짐승을 하나님께 드리지 말고 농부가 사는 곳에서 도살하여 먹으라고 한다(22절). 이런 경우 돈으로 대속할 필요도, 다른 짐승으로 대체할 필요도 없다(Tigay). 하나님이 이스라엘에게 갖가지 제사를 통하여 짐승을 바치라고 하신 것은 드리는 자들의 삶에 즐거움과 기쁨을 더하기 위함이지 빼앗기 위함이 아니라는 것이 다시 한 번 암시되고 있는 것이다. 정한 사람이나 부정한 사람 모두 개의치 않고 먹을 수 있다. 물론 피는 먹지 말고 땅에 쏟아야 한다(23절).

(5) 주요 절기들에 관한 율법(16:1-17)

이 섹션은 이스라엘 종교의 여러 절기들에서 가장 중요한 세 절기에 대하여 언급한다. 이스라엘 성인 남자들은 매년 3차례 성소에 나아가 예배를 드려야 하는데, 바로 본문이 언급하고 있는 절기를 지키기 위해서다. 유월절-무교절(1-8절)은 이스라엘이 이집트에서 혹독한 노예 생활을 하다가 하나님의 은혜로 급히 탈출하게 되었던 일을 기념하는 절기다(cf. 출 12-14). 이 절기는 또한 봄에 곡식을 수확할 때쯤에 지키는 절기이기도 하다.

칠칠절(9-12절)은 유월절-무교절이 지난 지 50일이 되는 날에 지키는 절기며 봄 추수의 마무리를 기념한다. 이스라엘의 광야 생활을 기념하는 초막절(13-17절)은 가을 추수를 마무리할 때쯤에 지키는 절기이기도 하다. 이스라엘이 이미 이집트를 떠나 왔지만, 모세로부터 이 말씀을 들을 때에는 아직 가나안에 입성하지 않았다는 점을 감안할 때, 이 절기들은 과거를 돌아보며(출애굽 사건) 동시에 미래(가나안 땅)를 바라보며 주어졌다(Wright). 저자는 다시 한 번 모압 평지에 모여 있는 이스라엘이 과거와 미래의 경계선에 서 있음을 암시하고 있는 것이다.

이 세 절기를 지키라는 명령은 출애굽기 23:14-18; 34:18-26; 레위기 23장, 그리고 민수기 28-29장에도 기록되어 있다. 저자는 이미 다른 곳에서 상세하게 언급한 이 절기들에 대한 규례를 이곳에서 반복하고자 하지 않는다. 단순히 각 절기들에 대한 규례들 중 몇 가지 중요한 점들을 간추려서 언급할 뿐이다. 본 텍스트는 다음과 같이 구분될 수 있다.

A. 유월절-무교절(16:1-8)
B. 칠칠절(16:9-12)
C. 초막절(16:13-15)

D. 세 절기에 대한 결론적 권면(16:16-17)

이스라엘의 1년 달력과 절기는 다음과 같다.

종교 달력	일반 달력	이름	오늘날 달력	농사	날씨	특별한 날
1	7	Nisan	3–4월	보리 추수	늦은 비 (Malqosh) 우기	14 유월절 15 무교절(1주일) 21 첫 수확 절기
2	8	Iyyar	4–5월	전반적 추수		
3	9	Sivan	5–6월	밀 추수 포도나무 가꿈	건기	6 칠칠절
4	10	Tammuz	6–7월	첫 포도		
5	11	Ab	7–8월	포도, 무화과, 올리브		9 성전 파괴
6	12	Elul	8–9월	포도주		
7	1	Tishri	9–10월	밭갈이		1 신년 10 속죄일 15–21 초막절
8	2	Marchesvan	10–11월	씨앗 파종	이른 비 (Yoreh) 우기	
9	3	Kislev	11–12월			25 수전절
10	4	Tebet	12–1월	봄철 성장		
11	5	Shebat	1–2월	겨울 무화과		
12	6	Adar	2–3월	아마 수확		13–14 부림절
		Adar Sheni	윤달			

Ⅱ. 두 번째 스피치: 여호와의 율법(4:44–29:1[28:69])
3장. 구체적 율법(12:1–26:19)
1. 예배와 예배장소(12:1–16:17)
(5) 주요 절기들에 관한 율법(16:1–17)

① 유월절 · 무교절(16:1–8)

1 아빕월을 지켜 네 하나님 여호와께 유월절을 행하라 이는 아빕월에 네 하나님
여호와께서 밤에 너를 애굽에서 인도하여 내셨음이라 2 여호와께서 자기의 이름

을 두시려고 택하신 곳에서 소와 양으로 네 하나님 여호와께 유월절 제사를 드리
되 [3] 유교병을 그것과 함께 먹지 말고 이레 동안은 무교병 곧 고난의 떡을 그것과
함께 먹으라 이는 네가 애굽 땅에서 급히 나왔음이니 이같이 행하여 네 평생에 항
상 네가 애굽 땅에서 나온 날을 기억할 것이니라 [4] 그 이레 동안에는 네 모든 지경
가운데에 누룩이 보이지 않게 할 것이요 또 네가 첫날 해 질 때에 제사 드린 고기
를 밤을 지내 아침까지 두지 말 것이며 [5] 유월절 제사를 네 하나님 여호와께서 네
게 주신 각 성에서 드리지 말고 [6] 오직 네 하나님 여호와께서 자기의 이름을 두시
려고 택하신 곳에서 네가 애굽에서 나오던 시각 곧 초저녁 해 질 때에 유월절 제
물을 드리고 [7] 네 하나님 여호와께서 택하신 곳에서 그 고기를 구워 먹고 아침에
네 장막으로 돌아갈 것이니라 [8] 너는 엿새 동안은 무교병을 먹고 일곱째 날에 네
하나님 여호와 앞에 성회로 모이고 일하지 말지니라

모세는 백성들에게 "아빕월을 지키라"고 한다(1절). 그러나 이 달 14일과 15일은 이스라엘에게 가장 중요한 절기가 시작되는 날이며, 본문이 "유월절"(פֶּסַח)이라는 구체적인 용어와(1절) 7일 동안 누룩을 넣지 않은 빵을 먹으라고 명령하고 있다는 점이(3절) 유월절과 무교절을 언급하고 있음이 확실하다. 출애굽기 12:1-20과 레위기 23:5-6 등은 유월절과 무교절을 두 개의 독립적인 절기로 구분한다. 유월절은 아빕월 14일 하루(밤)에 지키는 절기며, 무교절은 그 이튿날인 아빕월 15일(14일 저녁)부터 아빕월 21일까지 7일 동안 거행했던 절기다. 유월절에도 무교절 때처럼 누룩이 들어가지 않은 빵을 먹었다. 저자는 편의상 이 두 절기를 하나로 묶어 언급하고 있다. 무교절이 시작되는 바로 전날이 유월절이라는 점을 감안하면 이 두 절기를 하나로 취급하는 것이 당연하다.

유월절(פֶּסַח)은 출애굽을 눈앞에 둔 이스라엘의 각 가정이 아빕월 10일에 한 살 이전의 흠 없는 숫양이나 염소를 취하여 4일 동안 집안에 두어 부정한 것에 접하지 않도록 하는 일로 시작되었다(cf. 출 12:3-5). 아빕(אָבִיב)은 "곡식의 새 이삭"이라는 뜻을 지녔으며 이 달에 접어들면서 곡식의 이삭이 여물어 가기 시작한다는 뜻에서 붙여진 이름이다(Tigay). 아빕월은 훗날 바빌론식 표현으로 니산월로 불렸으며 오늘날 달력으로 3월 중순경에 시작하는 달이다.

오경은 아빕월을 1년 중 정월(1월)이라 하기도 한다. 유월절인 아빕월 14일에는 지난 4일 동안 집안에 두었던 짐승을 잡아 우슬초 묶음으로 그 짐승의 피를 적셔 문설주에 바르고 그 고기는 불에 구워 무교병(מַצּוֹת)과 쓴 나물(מְרֹרִים)과 함께 먹었다. 무교병을 먹은 이유는 급히 먹을 것을 만드느라고 제대로 준비할 수 없었던 상황을 상징하며, 쓴 나물은 이집트에서의 고통스러웠던 삶의 상징이었다.

출애굽의 급박함의 상징으로 음식을 먹는 자들은 허리에 띠를 띠고 발에 신을 신고 손에 지팡이를 잡고 급히 먹었다. 미처 먹어 치우지 못한 고기는 아침에 모두 태워 없앴다(cf. 4절). 이스라엘은 매년 이와 같은 유월절 예식을 반복함으로써 하나님의 은혜로 이집트의 속박으로부터 자유하게 되었던 일을 기념했다.

출애굽기 12장과 본문은 유월절 제물에 대하여 차이를 보이고 있다. 출애굽기는 양이나 염소만을 드리라고 하는데, 본문은 소를 드려도 된다고 한다(2절; cf. Grisanti). 일부 주석가들은 이러한 상황을 두 책이 서로 상반되는 내용을 기록하고 있는 것으로 간주하지만, 역대하 35:7-13에 의하면 유월절 제물로 소도 드렸던 것이 확실하다. 이러한 현상을 학자들은 유월절 제물 범위가 광야 시절을 지나며 넓어진 것이라고 해석하기도 한다(Craigie; cf. McConville). 양이나 염소 대신 소를 드려도 문제가 없게 되었다는 것이다.

그러나 역대하 35:7-13은 소가 염소와 양을 대신한 것이 아니라, 유월절 제물로 규정되었던 염소와 양과 함께 추가적으로 드려진 제물이었다는 점을 시사하는 듯하다. 유태인들의 전승도 이런 해석을 선호했다(cf. Tigay). 이런 관점에서 본다면 유월절 제물 규정에 있어서 본문이 오경의 다른 책들의 규례와 대립한다고 볼 수 없다. 다만 신명기가 오경의 나머지 책들과 다른 점은 나머지 책들의 경우 유월절 제물을 각 집에서 먹으라고 하는 것에 반해 본문은 하나님이 정하시는 곳에서 먹으라고 하는 점이다(2, 6, 7절).

하나님이 정하신 곳(성소)에서 유월절 밤을 새며 고기를 구워 먹고, 아침이 되면 각자 집으로 돌아갈 수 있다고 한다(7절). "굽다"로 번역된 히브리어 단어(בשׁל)가 불에 굽는 의미를 포함하기도 하지만, 이의 가장 기본적인 의미는 "삶다" 혹은 "요리하다"이다(HALOT; Levenson; Tigay; 공동; 현대어성경; TNK; NRS; NAS; cf. 출 23:19; 레 6:28; 신 14:21; 왕하 4:38). 유월절 양은 꼭 불에 구워 먹는 것이 아니라, 요리하는 방법에 있어서는 상당한 융통성이 허락되었던 것이다(cf. Block; Grisanti).

유월절은 이스라엘 남자들이 의무적으로 성전을 찾았던 세 절기 중 하나다. 또한 이때 의무적으로 성소로 순례를 가야 하는 사람이 성인 남자로 제한되었다는 점을 감안하면, 이 규정은 형편이 된다면 온 가족이 성소로 유월절 순례를 떠나지만, 형편이 되지 않을 경우 각 집안에서 성인 남자들만 성소에 가서 유월절을 기념하라는 뜻이다. 집에 남은 여자들과 어린아이들은 각 가정에서(필요하면 이웃들과 함께 어울려) 유월절 양을 먹으면서 기념하라는 의미다. 훗날 이스라엘은 '하나님의 가족'으로 성전에 함께 모여 유월절을 기념했다(대하 35:4, 12).

유월절은 백성의 일부만 참여하는 것이 아니라, 온 이스라엘이 함께 참여하고 기뻐하는 절기였다(Craigie; McConville). 그러나 유태인들은 이 율법이 유태인들에게만 적용되는 것이었지, 그들과 함께 사는 이방인들에게는 적용되지 않는다고 풀이했다(Tigay). 오늘날도 유태인들은 무교절이 되면 빵을 만들기 위하여 밀가루와 물만 사용하여 반죽하여 오븐에 넣는데 18분 이상이 경과하지 않도록 각별한 신경을 쓴다(Sarna).

유월절과 병행하는 절기가 무교절이다. 무교절은 아빕월 14일 저녁(15일 아침)에 시작하여 일주일 동안 이스라엘이 이집트에서 당했던 고통을 생각하고(3절은 무교병을 '고난의 떡'[לֶחֶם עֹנִי]이라 부름), 또한 이집트를 얼마나 급히 나오게 되었나를 묵상하며(누룩을 넣어 빵을 만들 시간이 없었다는 의미를 지님) 누룩이 들어가지 않은 빵을 먹고 지내는 절기였다. 무교절이 진행되는 동안 이스라엘 영토(גְּבוּל) 어느 곳에서도 누룩이 눈에 띄어서는 안 된다(4절).

무교절의 첫날에만 이스라엘 사람들은 의무적으로 무교병을 먹었으며, 나머지 기간 동안에는 누룩이 들어간 빵만 피하며 다른 음식은 평상시처럼 먹었다(Tigay). 절기의 첫째 날과 마지막 날에는 어떠한 노동도 하지 않고 경건한 마음으로 출애굽 사건을 기념하며 지냈다.

무교절의 마지막 날에는 "성회를 여호와께"(עֲצֶרֶת לַיהוָה) 드리라고 한다(8절). 1절의 "유월절을 여호와께"(פֶּסַח לַיהוָה)라는 말씀과 쌍을 이루며 수미쌍관(inclusio) 구조를 형성한다. 이 절기의 초점이 오직 여호와께 맞추어져야 한다는 점을 강조하는 것이다(Brueggemann). 여호와께 성회로 모이라는 말씀이 절기의 첫날 밤을 성소에서 보낸 다음 각자 집으로 돌아가라는 7절 말씀을 뒤따르고 있기 때문에 이 성회는 유월절을 기념하기 위하여 성소에 모여든 사람들에게 각자 자기 집으로 돌아가 그가 사는 성읍에서 마을 단위로 무교절을 기념하라는 것으로 해석할 수 있다(cf. Ridderbos). 그러나 유월절 바로 다음날 시작하여 1주일 동안 지속되는 무교절을 지키기 위해 사람들이 이미 성막 주변에 세워 놓은 임시 처소로 돌아가라는 것이 문맥을 고려할 때 더 잘 어울리는 해석이다(Mayes; Hall; Merrill).

이 해석에 근거하여 유태인들은 본문을 회당(synagogue)에 대한 최초의 성경적 근거로 간주했다(Tigay). 그러나 "여호와께/여호와를 위한"(לַיהוָה)이란 문구를 절기의 마지막 날을 성소에서 성회로 모여 기념하라는 뜻으로 풀이할 수도 있다. 무교절이 끝났음을 기념하는 마지막 날에도 제물을 드려야 한다는 점과 "성회"(עֲצָרָה)는 기본적으로 성소에서 소집되었다는 점도 이러한 해석을 뒷받침한다(cf. 욜 1:14; 2:15-17; 왕하 10:20-21).

이스라엘 역사에서 가장 중요한 출애굽 사건을 기념하는 유월절이 가정적인 절기였다는 것에도 매우 큰 의미가 있는 듯하다. 온 가족들이, 가족이 적을 때에는 유월절 양을 먹어 치울 수 있는 숫자들의 이웃들(요세푸스와 탈굼 요나단은 양 한 마리에 최소한 10명, 미쉬나는 양 한 마리에 최소한 30명이 함께한 것으로 기록하고 있음)과 함께 모였다(Sarna).

유월절을 시작으로 1주일 동안 진행되는 무교절의 경우에도 첫날 밤만 성소에서 보내고 나머지 기간은 각 가정으로 돌아가 가족들과 함께 이 절기를 지낸다. 그들이 각 가정 단위로 모여 서로 교제하며 하나님의 은혜와 구원에 대하여 대화의 꽃을 피우고, 이 절기의 유례에 대하여 함께 자녀들을 가르치며 밤을 새웠던 것을 상상해 보라. 얼마나 아름다운가?

전(全) 세대가 함께 모여 절기를 보낸다는 것은 가정의 소중함을 강조할 뿐만 아니라, 또 하나의 매우 중요한 기능을 했다. 온 세대가 함께 모여 양고기를 먹으며 신앙적인 대화를 나누며 보내는 절기가 유월절이다. 이 절기는 출애굽에 대하여 다음 세대를 가르침으로써 이 사건이 자손대대로 기념되도록 하는 교육적인 기능도 지녔던 것이다(Brueggemann).

현대 교회의 큰 문제 중 하나는 비록 여러 세대들이 한 공동체를 이루고 있지만 함께 어울리는 시간은 극히 제한되었다는 것에 있다. 교회 안에서도 세대 간의 대화가 단절된 시대를 살아가는 우리에게 이 유월절의 전통은 신선한 도전이 된다. 물론 훗날에는 이 절기가 성전을 중심으로 지켜졌다(cf. 왕하 23:21-23; 대하 30:1-15; 35:1-19).

출애굽 사건과 유월절은 예수 그리스도의 사역 및 죽음과 매우 밀접한 관계를 지녔다. 신약의 저자들은 예수님을 '유월절 양'으로 표현한다. 예수님이 제자들과 함께하신 최후의 만찬도 유월절에 있었다. 예수님의 사역과 이 절기는 상징적으로도 밀접한 관계를 지녔다.

② 칠칠절(16:9-12)

9 일곱 주를 셀지니 곡식에 낫을 대는 첫 날부터 일곱 주를 세어 10 네 하나님 여호
와 앞에 칠칠절을 지키되 네 하나님 여호와께서 네게 복을 주신 대로 네 힘을 헤
아려 자원하는 예물을 드리고 11 너와 네 자녀와 노비와 네 성중에 있는 레위인과
및 너희 중에 있는 객과 고아와 과부가 함께 네 하나님 여호와께서 자기의 이름을
두시려고 택하신 곳에서 네 하나님 여호와 앞에서 즐거워할지니라 12 너는 애굽에
서 종 되었던 것을 기억하고 이 규례를 지켜 행할지니라

모세가 두 번째로 언급하는 절기인 칠칠절은 오경의 다른 곳에서는 추수의 시작을 기념하는 절기라 해서 "맥추절"(חַג הַקָּצִיר)이라고 하기도 하고(출 23:16), 곡식의 첫 열매를 드린다는 의미에서 "초실절"(개역)/"햇곡식의 날"(새번역)(בְּיוֹם הַבִּכּוּרִים)이라고 하기도 한다(출 34:22; 민 28:26). 이 절기는 봄/초여름 추수의 마무리를 알리는 절기였으며 칠칠절이라는 이름은 추수가 시작된 다음 정확히 7주가 지난 때에 하나님께 풍성한 수확에 대한 감사를 드리기 위하여 지키는 절기라는 점에서 유래되었다(cf. 9-10절). 이스라엘은 무교절이 끝나자마자 봄 추수의 시작을 기념하며 하나님께 첫 곡식단을 흔들어 바쳤다(레 23:9-14). 이렇게 한 다음에야 햇곡식을 먹을 수 있었는데, 맥추절은 이날로부터 정확히 50일째 되는 날에 기념하였다.

밀 수확은 보리 수확보다 늦다는 점을 감안할 때, 칠칠절은 밀 수확을 마무리하면서 지키는 절기라 할 수 있다. 고대 이스라엘에서는 수확이 시작된 지 7주가 지난 후에야 비로소 추수의 성공 여부, 풍요 여부, 천재와 병충해에 의한 피해 여부에 대하여 객관적인 자료가 나올 수 있었다(Tigay). 훗날 이 때를 헬라어로 50번째를 뜻하는 단어(πεντηκοστή)에 근거하여 오순절(Pentecost)이라고 불렀으며(cf. 행 2:1; 20:16; 고전 16:8) 하루 동안 진행되는 축제였다.

가나안 지역에서의 밀 추수는 4월 말에서 시작되어 6월 초까지 진행된다. 추수를 마무리하면서 보리 수확을 시작할 때 감사의 표시로 드렸던 곡식단에 비등한 양의 곡식을 드림으로써 모든 수확이 하나님께로부터 온 축복이라는 것을 고백했던 절기다. 오순절은 여호와가 주의 백성들의 필요를 채우셔서 그들의 생명을 유지하심을 기념하는 절기였던 것이다. 그렇기 때문에 저자는 칠칠절이 농사와 연관된 절기임에도 불구하고, 이스라엘이 이집트에서 종살이하면서 겪었던 궁핍함을 회상하며 지켜야 한다는 신학적 단서를 추가하고 있다(12절). 칠칠절은 과거를 추억하는 절기인 것이다(Block).

칠칠절에 드리는 예물에 대하여 저자는 "당신들의 하나님이 당신들에게 주신 복을 따라, 마음에서 우러나오는 대로" 드리라고 한다(10절, 새번역). "자원하는 예물"(개역)/"마음에서 우러나는 예물"(새번역; 공동)로 번역이 되어 있는 히브리어 명사(מִסַּת)는 성경에 딱 한 번 나오는 단어이기 때문에 정확한 뜻을 규명하는 것이 쉽지 않다. 그래서 학자들이 이 단어의 의미를 정의할 때 "하나님이 너희에게 주신 복을 따라"라는 문구가 결정적인 요인이 되었다(Craigie). 일정한 기준이 정해진 예물이 아니라 각자가 여호와께 받은 축복과 자신의 형편을 고려하여 스스로 결정하는 예물, 곧 그 규모를 정하기가 가장 어려운 예물인 것이다.

하나님은 사람이 규정된 예물을 의무감에서 드리는 것보다 감사함에서 우러난 자원하는 예물을 더 선호하신다. 이런 면에서 칠칠절은 축제의 절기다(Block). 신약도 액수에 상관없이 하나님은 즐거이/기꺼이 드리는 자를 기뻐하신다고 한다. 신명기는 지속적으로 여호와의 축복에 대하여 마음으로부터 우러난 감사를 예배의 가장 중요한 요소 중 하나로 강조하고 있다. 하나님이 우리를 위해 이미 이루신 일들과 내려 주신 축복을 생각해 보면 당연한 반응이다(Wright).

II. 두 번째 스피치: 여호와의 율법(4:44-29:1[28:69])
3장. 구체적 율법(12:1-26:19)
1. 예배와 예배장소(12:1-16:17)
(5) 주요 절기들에 관한 율법(16:1-17)

③ 초막절(16:13-15)

13 너희 타작 마당과 포도주 틀의 소출을 거두어 들인 후에 이레 동안 초막절을 지킬 것이요 14 절기를 지킬 때에는 너와 네 자녀와 노비와 네 성중에 거주하는 레위인과 객과 고아와 과부가 함께 즐거워하되 15 네 하나님 여호와께서 택하신 곳에서 너는 이레 동안 네 하나님 여호와 앞에서 절기를 지키고 네 하나님 여호와께서 네 모든 소출과 네 손으로 행한 모든 일에 복 주실 것이니 너는 온전히 즐거워할 지니라

모세는 구체적인 때를 지적하지 않으면서 추수가 마무리될 때 쯤에 1주일 동안 초막절을 지키라고 한다(13절). 레위기 23:34에 의하면 이스라엘 달력으로 7월인 티스리월(오늘날의 달력으로는 9월 중순에 시작되는 달) 15일부터 7일 동안이 초막절이다. 초막절(חַג הַסֻּכֹּת)은 가을에 추수한 모든 것을 저장하는 일을 기념한다 해서 수장절(חַג הַקָּצִיר)이라고 불리기도 했다(출 23:16).

봄 추수의 마무리와 연관된 절기가 칠칠절이라면, 초막절은 가을 추수의 마무리와 연관된 절기다. 우리나라에서는 10월 초에 추수를 마무리하기에는 너무 이르다고 느껴지겠지만, 이스라엘에서는 포도 수확이 6월 말이면 시작된다는 점을 감안할 때 10월 초에 모든 수확이 마무리되는 것은 결코 이르다 할 수 없다(cf. Tigay). 그러므로 초막절은 현대사회의 추수 감사절과 가장 비슷한 절기다(cf. Block).

민수기 29:12-38에 의하면 이스라엘은 이 절기 때 가장 많은 제물을 드렸다. 초막절이 내포하는 여러 가지 의미와 정황이 이스라엘 사람들로 하여금 여러 절기 중 이 절기를 가장 중요한 것으로 간주하도록 했다. 그래서 이 절기는 간단히 "그 절기"(הֶחָג)(the Feast)라고 불리기도 했다(왕상 8:2, 65; 12:32-33; 겔 45:25; 느 8:14). 여러 절기들 중 가장 으뜸이라는 뜻이다(Tigay).

초막절은 또한 이스라엘의 여러 절기 중 가장 즐거운 날이다(cf. "함께 즐거워하라," 14절). 기쁨의 상징인 '추수'와 '축제'가 겹쳤으니 오죽했겠는가! 그래서 이 절기를 유태인들은 "우리가 기뻐하는 때"(time of our rejoicing)라고 부르게 되었다(Tigay).

초막절(חַג הַסֻּכּוֹת)이라는 이름은 이 기간 동안 이스라엘 사람들이 초막 안에서(בַּסֻּכֹּת) 사는 것에서 비롯되었다. 초막을 뜻하는 히브리어 단어의 소리가 숙곳(סֻכּוֹת)인데 숙곳은 이스라엘 백성들이 이집트를 떠난 후 처음 머문 곳의 이름이다(cf. 출 12:37). 초막절이 지닌 가장 큰 의미는 하나님이 출애굽 때 베푸셨던 은혜와 이스라엘 사람들이 광야 생활을 하면서 초막에서 살았던 것을 기념하는 것에 있다.

이 절기는 한 해의 추수를 모두 마치고 하나님이 베풀어 주신 풍요로움을 감사히 여기는 데만 목적이 있는 것이 아니다. 물론 이 절기를 통해 한 해의 추수에 대하여 감사하고, 또 비를 충분히 주셔서 이듬해 농사도 잘 진행될 것을 기원했다(cf. 슥 14:17). 그러나 가장 중요한 목적은 하나님이 노예 생활 동안 고통스러워했던 이스라엘을 이집트에서 구원해 가나안으로 인도하시고 가나안에서 이렇게 좋은 추수를 누릴 수 있게 하신 하나님을 기념하는 데 있다. 즉 이스라엘의 역사 속에서 역사하신 하나님을 기념하는 일종의 '대하(大河) 절기'인 것이다.

신명기 31:10-13에 의하면 매 7년째 되는 초막절에는 온 이스라엘이 성소에 모여 모든 율법(הַתּוֹרָה) 낭독에 귀를 기울였다. 이런 일에 초막절이 선택된 것은 이 절기가 가장 많은 순례자들을 성소로 끌어모았기 때문일 것이다(Tigay).

초막절 첫날과 마지막 날(혹은 절기가 끝난 다음날)에는 아무 일도 해서는 안 되며, 성회로 모여야 한다(cf. 레 23:33-43). 초막절이 진행되는 동안에는 매일 번제를 드려야 하며 첫날에는 좋은 나무에서 딴 열매와 종려나무 가지와 무성한 나뭇가지와 갯버들을 꺾어 들고 하나님 앞에서 기뻐했다.

이 절기가 진행되는 1주일 동안 사람들은 자신들이 지은 초막 안에서 지내야 한다(레 23:42). 여러 절기 중 유일하게 7일 동안 같은 곳에 머물며 지키는 절기다. 이 7일 동안 이스라엘은 하나님이 그들의 수확과 일에 내려 주신 복을 회상하며 기뻐했다(15절). 초막절은 또한 출애굽한 선조들이 가나안에 입성하기 전 40년 동안 광야 생활을 하면서 여기저기 옮겨다니며 임시 처소에서 기거했던 일을 기념하는 절기이기도 하다.

오늘날 유태인들은 초막절이 진행되는 동안 매일 종려나무 한 가지, 도금양(桃金孃, myrtle) 세 가지, 갯버들 한 가지를 한데 묶어 오른손에 들고, 왼손에는 열매가 달린 시트론(citron) 나무 가지를 들고 회당(synagogue)으로 줄을 지어 행렬한다(Kaiser). 그들은 여호수아가 백성들을 이끌고 여리고 성을 돌았던 일을 기념하며 회당 안에 있는 책상들 주변을 돌며 호산나를 노래한다. 랍비들이 "위대한 호산나"(great Hosannah)라고 부르는 마지막 날에는 같은 지역을 일곱 번 행렬한다. 역시 여리고 성 함락 사건의 마지막 날을 기념하는 것이다(Levine).

> Ⅱ. 두 번째 스피치: 여호와의 율법(4:44–29:1[28:69])
> 3장. 구체적 율법(12:1–26:19)
> 1. 예배와 예배장소(12:1–16:17)
> (5) 주요 절기들에 관한 율법(16:1–17)

④ 세 절기에 대한 결론적 권면(16:16–17)

16 너의 가운데 모든 남자는 일 년에 세 번 곧 무교절과 칠칠절과 초막절에 네 하나님 여호와께서 택하신 곳에서 여호와를 뵈옵되 빈손으로 여호와를 뵈옵지 말고
17 각 사람이 네 하나님 여호와께서 주신 복을 따라 그 힘대로 드릴지니라

모세는 그가 지금까지 언급한 이스라엘의 세 주요 절기가 되면 남자들은 모두 하나님이 택하신 곳(성소)으로 가서 주님을 뵈어야 한다고 한다(16절; cf. 출 23:14-17; 34:20, 23). 성인 남자들은 매년 최소한 세 번은 성소를 찾아야 한다는 것이다. 물론 이 규례가 아녀자를 제외시키는 것은 아니다(cf. 삼상 1장). 다만 여행하기가 쉽지 않은 사람들과 정황을 배려하는 것일 뿐이다(cf. McConville).

순례를 가는 것만큼이나 중요한 것은 빈손으로 가지 않는 것이다(17절). “빈손”(רֵיקָם)은 15:13에서 부리던 노예를 자유인으로 내보낼 때 매정하게 빈손으로 보내지 말라고 권면할 때 사용되었던 단어다. 모세가 이곳에서 동일한 단어를 사용하는 것은 하나님께 빈손으로 오는 수직적(vertical) 행위는 궁핍한 이웃에게 아무것도 주지 않는 수평적(horizontal) 매정함과 마찬가지라는 점을 강조하기 위해서다(Wright). 그렇다고 해서 무리를 하면서까지 값비싼 제물을 드리라는 말은 아니다. 그렇게 하지 않아도 된다. 모세는 마음을 다하여 자기 형편에 따라, 하나님이 내려주신 축복에 따라 정성껏 드리라고 할 뿐이다(17절).

이스라엘의 절기에 대하여 언급하고 있는 1-17절은 몇 가지 사항을 반복하거나 강조하여 절기들의 취지를 부각시킨다. 첫째, 구약 절기들은 과거에 베풀어주신 하나님의 은혜를 기념하는 데 초점이 맞추어져 있다. 주의 백성들이 이미 체험한 하나님의 은혜를 기념하는 것은 당연한 일이다. 그러나 이스라엘은 한 걸음 더 나아가, 국가적인 위기를 맞을 때마다 출애굽의 하나님을 기념하며 다시 한 번 그와 같은 하나님의 구원하시는 역사가 임할 것을 확신했다. 과거를 기념하는 일이, 하나님이 곤경에 처해 있는 백성과 함께하신다는 사실의 증거가 되고, 주의 백성에게 미래가 있음을 보장하는 역사적 근거가 되었던 것이다.

오늘날도 곤경에 처한 성도들이 자신들의 문제에서 눈을 떼고 고개를 들어 과거에 베풀어 주신 하나님의 구원의 손길을 기념한다면, 미래에 대한 확신이 설 것이다. 그리스도인들이 여러 가지 절기들을 지키는 일에 있어서 최우선 목적은 하나님이 이미 베풀어 주신 은혜를 기념하는 것이어야 한다.

둘째, 이스라엘의 종교 절기들은 기쁨/즐거움의 표현이다. 모세는 본문에서 여러 차례 즐거워하라고 명령한다. 단순히 외형적으로 흥분된 감정을 노출하라는 것이 아니라 마음속에서 우러나는 기쁨으로 이 절기들을 즐기라는 것이다. 찬양, 감사, 감격은 이스라엘의 신앙과 종교적인 삶의 핵심이며 언약 신앙의 매우 중요한 부분이었다(Wright).

일부 탄식시를 살펴보면 슬픔과 위기를 맞아 신음하는 자들도 기뻐한다. 신앙인의 확신과 기쁨은 선택과 의지에 의해서 빚어지는 결과이기도 한 것이다. 그렇기 때문에 그리스도인들은 어떠한 역경이나 고난에 처하더라도 좌절하거나 절망할 필요가 없다. 오히려 이런 때에 세상의 그 무엇을 통하여서도 맛볼 수 없는 기쁨을 누릴 수 있다.

셋째, 이 절기들은 일부 특권을 누리는 사람들을 위한 것이 아니라, 언약 공동체에 속한 모든 사람들을 위한 것이다. 모세는 언약 공동체에 속한 가난한 자들과 연약한 자들에 대한 배려, 경제적으로 어려움을 겪고 있는 사람들에 대한 선처 등이 단순히 말로만 끝나는 것이 아니라, 추수철마다 행동으로 옮겨져야 한다는 점을 강조하고 있다.

오늘날 교회들이 잘하지 못하는 것 중 하나가 가난한 지체들을 배려하는 일이다. 입으로만 하나님을 사랑한다면 무슨 소용이 있을까? 모든 헌금의 일정한 비율이 가난한 지체들을 위하여 쓰이는 것이 바람직하다.

넷째, 이 절기들은 제물과 축복 사이에는 상호적 관계가 있음을 강조한다. 저자는 얼마만큼의 제물을 하나님께 드려야 하며, 얼마만큼의 제물로 이웃들을 도와야 한다고 법으로 규정하지 않고 "하나님께 받은 축복대로" 하라는 점을 반복한다. 하나님의 복을 많이 받은 자는 많이 드리고, 형편이 안 되는 자는 형편에 따라 드리라는 것이다.

안타깝게도 우리 주변에서는 하나님으로부터 가장 많은 복을 받은 자들이 가장 인색한 경우를 자주 목격하게 된다. 역사적으로 볼 때 교회는 부자들의 후한 인심보다는 가난한 자들의 헌신과 희생으로 이날까지 왔다는 점도 이러한 사실을 입증한다. 하나님께 받은 축복대로 기꺼이 드리는 부자들이 귀하다.

2. 리더십(16:18-18:22)

저자는 12장 이후 지금까지 줄곧 이스라엘의 종교 규례와 예식에 대하여 언급해 왔다. 이제 그는 주제를 바꿔 이스라엘의 사법 제도와 왕을 포함한 사회 지도자들, 그리고 선지자와 제사장을 포함한 종교 지도자들의 자격과 권위에 대하여 논하고자 한다. 신명기의 구조를 십계명에 비교하는 사람들은 이 섹션이 인간 사회의 가장 기본적인 권위인 부모들의 권위를 언급하는 제5계명과 연관이 있다고 풀이한다(Braulik; Weinfeld).

이들에 의하면 처음 네 계명의 주제가 하나님과 백성의 관계였다가 제5계명부터는 사람들 사이의 관계로 주제가 바뀌는 것처럼, 지금까지 책의 주요 주제가 '거룩한 것'에서 이제는 '세속적인 것'으로 바뀌고 있다. 그러나 이 두 주제가 서로 상관이 없는 것은 아니다. 본문에서 모세가 제시하고 있는 '세속적인 것'은 이미 그가 상세하게 언급했던 '거룩한 것'에 바탕을 둔, 곧 언약의 연장선에서 이해되어야 하기 때문이다. 저자는 이상적인 종교 관습에 근거한 이상적인 사회질서에 대하여 논하고자 한다.

저자의 이러한 의도는 본문이 비록 재판관과 사회 지도자에 대하여 논하지만(16:18-20), 이들이 재판해야 할 사안에는 배교(背教)에 관한 것이 포함되어 있으며(17:2-7), 본문이 또한 우상숭배를 금하는 일을 언급한다는 점에서도 역력히 드러난다(16:21-17:1). 신정(神政) 통치를 지향하는 이스라엘에서 사회법은 곧 종교적 규례와 윤리에 근거했던 것이다.

그렇다면 신정 통치를 지향하는 이스라엘에서 인간 지도자들은 얼마만큼의 권력을 가질 수 있는가? 모세는 왕을 포함한 이스라엘의 지도자들은 무한한 권력을 가질 수 없다고 단언한다. 또한 신명기는 권력이 한 사람에게 집중되는 것을 금하며 여러 사람에게 분산시키는데, 이러한 권력 분산 원리는 언약 공동체의 정체성에 매우 중요하다(Lohfink). 지도자들은 지극히 제한된 범위에서 권력을 사용할 수 있으며, 권력을 잘못 사용할 경우 하나님의 징계를 받게 된다.

지도자로 세움을 받는 자들은 백성들/하나님의 인준도 받아야 한다. 이스라엘 사회의 권력 체계는 철저하게 하나님과의 언약을 바탕으로 형성되었던 것이다. 신명기는 이미 오래 전 요세푸스(Josephus)에 의하여 권력에 대한 진지한 이론을 제시하는 책으로 이해되기도 했다. 그래서 일부 학자들은 신명기를 '정치 조직체에 관한 매뉴얼'로 간주하기도 한다(McBride; Brueggemann). 이 섹션은 다음과 같이 세분화될 수 있다.

A. 재판관과 지도자(16:18-20)
  B. 예배에 대한 금지 사항(16:21-17:1)
    C. 배교자 재판(17:2-7)
      D. 대법정(17:8-13)
      D'. 왕(17:14-20)
    C'. 제사장과 레위 사람들(18:1-8)
  B'. 이교적 종교 행위 금지(18:9-14)
A'. 선지자(18:15-22)

Ⅱ. 두 번째 스피치: 여호와의 율법(4:44-29:1[28:69])
3장. 구체적 율법(12:1-26:19)
2. 리더십(16:18-18:22)

(1) 재판관과 지도자(16:18-20)

18 네 하나님 여호와께서 네게 주시는 각 성에서 네 지파를 따라 재판장들과 지도
자들을 둘 것이요 그들은 공의로 백성을 재판할 것이니라 19 너는 재판을 굽게 하
지 말며 사람을 외모로 보지 말며 또 뇌물을 받지 말라 뇌물은 지혜자의 눈을 어
둡게 하고 의인의 말을 굽게 하느니라 20 너는 마땅히 공의만을 따르라 그리하면
네가 살겠고 네 하나님 여호와께서 네게 주시는 땅을 차지하리라

모세는 백성들의 법적인 논쟁을 해결하는 방안으로 장인 이드로의 충고를 받아들여 십부장, 백부장, 천부장 등 십(十) 단위 계층 제도를 도입했다(cf. 1:13-18). 십부장이 판결하기 어려운 문제는 백부장이, 백부장이 판결하기 어려운 문제는 천부장이 판결하는 제도였다. 이제 모세는 가나안 입성을 앞둔 세대에게 새로운 제도를 제시함으로써 가나안에 들어가면 십 단위 계층 제도가 더 이상 유효하지 않을 것임을 암시한다. 아마도 십 단위 계층 제도가 많은 사람들이 함께 모여 집단으로 생활하고 움직이는 군대적인 정서에는 적합하지만, 각 마을과 산간 지역에 뿔뿔이 흩어져 살아야 하는 정착 시대에는 적합한 제도가 아니기 때문이었을 것이다(Tigay). 새로운 시대와 정황에 어울리는 새로운 제도가 필요했던 것이다.

모세가 새로운 대안으로 제시한 제도는 성읍별로 재판관과 지도자를 세우는 것이다(18절). 재판관들(שֹׁפְטִים)은 소송을 판결하는 자들이다. 오늘날의 판사와 비슷한 역할을 했다. 그리고 지도자들(שֹׁטְרִים)은 그 판결을 기록하고 시행하는 일을 맡았다(McConville; cf. HALOT). 오늘날로 말하면 경찰 역할인 것이다(Craigie). 이 두 개념은 동일한 것을 다른 말로 반복하는 현상(hendiadys)으로 해석해도 무관하다(cf. Block).

한 가지 특이한 점은 본문이 장로들에 대하여 어떠한 언급도 하지 않는다는 사실이다. 그러나 본문의 침묵이 장로들을 사법제도에서 배제한다기보다 그들의 역할을 전제하는 것으로 해석하는 것이 바람직하다.[29] 분쟁이 생기면 먼저 지역의 유지 역할을 했던 장로들이 조언을 하고, 만일 동의하지 않을 경우에는 법정에 제소하는 제도를 상상할 수 있다. 많은 주석가들이 이스라엘의 재판관은 각 지역의 장로들로부터

29 신명기가 요시야 시대에 저작된 것이라고 주장하는 학자들은 이 책이 완성되었을 때에는 이미 전문적인 법관들이 장로들을 대체했기 때문에 장로들을 언급하지 않는 것이라고 주장한다(Levenson). 그러나 이 같은 주장은 성경의 침묵에서 비롯된 것으로서 큰 설득력을 얻지 못한다(Block). 또한 장로가 판결에 관여하는 것은 이스라엘 역사에서 지속되었던 일이다(Willis).

선출되었을 것으로 추측하며(Wright; Tigay; McConville), 재판관을 세우는 기준은 법에 대한 해박한 지식과(Driver; cf. Weinfeld), 예리한 판단력을 동반한 지혜로움이었던 것으로 생각된다(cf. 19절; Tigay).

재판관과 지도자는 누가 세우는가? 제사장과 선지자는 하나님이 임명하시는 것에 반해 재판관과 지도자(그리고 왕)는 백성들이 세운다(18절). 백성들이 이 직분들을 적합하게 세워야 하는 막중한 책임을 져야 했던 것이다. 그러므로 만일 이 직분자들이 잘못하여 백성들이 피해를 입는다 해도 이스라엘 사람들은 자신을 원망할 수 밖에 없었다. 자신들이 뿌린 대로 거두는 것과 마찬가지였기 때문이다.

물론 본문이 언급하고 있는 정황은 우리의 현실과 맞지 않는 이상적인 상황이다. 오늘날도 국민이 대통령을 포함한 지도자들을 뽑지만, 많은 사람이 지지하지 않는 경우도 많을 뿐 아니라, 자격이 없는 사람이 지도자가 되는 경우도 경험하기 때문이다. 다수의 선택을 근거로 한 민주주의의 허점이 바로 이것이다.

백성들에게 재판관과 지도자를 세우라는 권면이 재판관들과 지도자들이 생명처럼 지켜야 할 세 가지 지침으로 이어진다(18b-20절). 첫째, 그들은 모든 일에서 공평해야 한다(18b-19절; cf. 레 19:15; 삼상 8:3; 암 5:12; 사 10:2). 재판관들이 준수해야 할 가이드라인을 제시하고 있는 본문(18-20절)에서 "의"(צֶדֶק)가 세 차례나 사용되는 것 역시 본문의 핵심이 정의에 관한 것임을 확실하게 한다(Block). 모세는 이스라엘의 지도자들로부터 행정력을 요구하는 것이 아니라 그들의 통치가 율법이 제시하는 기준에 따라 공평하고 정의로울 것을 요구하고 있는 것이다(Vogt). 죄지은 자를 놓아 주고, 죄 없는 자를 벌하는 일이 없어야 한다. 하나님이 주신 법을 기준으로 삼아 누구도 수긍할 수 있는 정확하고 공정한 판결을 내려야 한다.

둘째, 재판관과 지도자는 편파적인 판결을 내려서는 안 된다(19절; cf. 시 82:3; 잠 18:5; 24:23; 28:21; 말 2:9). 경제적인 능력(혹은 무능력)이 재판의 결과를 좌우하는 일은 없어야 한다. 이 주제에 대하여 레위기 19:15은 다음과 같이 권면한다. "재판할 때에는 공정하지 못한 재판을 해서는 안 된다. 가난한 사람이라고 하여 두둔하거나, 세력이 있는 사람이라고 하여 편들어서는 안 된다. 이웃을 재판할 때에는 오로지 공정하게 하여라."(새번역)

무엇이 편파적인 판결을 초래하는가? 저자는 무엇보다도 뇌물이 재판에 부정적인 영향을 미치는 점을 염려한다. 그래서 모세는 뇌물의 영향에 대하여 다음과 같이 경고한다. "뇌물은 지혜 있는 사람의 눈을 어둡게 하고, 죄 없는 사람을 죄인으로 만듭니다"(19절〔새번역〕; cf. 시 15:5; 잠 17:23; 사 1:23; 5:23; 33:15; 겔 22:12). 성경에서 뇌물(שֹׁחַד)은 자신의 충성을 표현하기 위한, 혹은 대가를 바라고 주는 선물이다(HALOT).

이 "선물"은 소송 중인 사람의 기본적인 권리(right)를 박탈하는 효과를 발휘한다. 왜냐하면 재판관으로 선출될 때에는 아무리 순수하고 청렴한 사람이었다 할지라도, 뇌물을 받기 시작하는 순간부터 그의 판결은 편파적일 수밖에 없기 때문이다. 지도자로 직분을 받은 자들은 세워질 때까지 열심히 노력하고 실력을 쌓아야 하지만, 선출된 후에도 끊임없이 자신들을 성찰하며, 자기 관리를 철저히 해야 하는 책임을 안고 있는 것이다.

셋째, 지도자는 오직 정의만을 추구해야 한다(20절). 재판관은 오로지 정의만을 추해야 한다는 점을 강조하기 위하여 저자는 "정의, 오직 정의를 추구하라"(צֶדֶק צֶדֶק תִּרְדֹּף)라는 말로 20절을 시작한다. 공평한 판결은 정의에 바탕을 둔 기준을 적용하여 판단할 때 얻어지는 결과다. 재판관은 공평한 판결을 통해 법의 정의로움을 입증한다. 정의는 공평의 근거가 되고, 공평은 정의를 확인하는 것이다. 이런 면에서 이 둘은 서로 떼어놓을 수 없는 상호 관계를 형성하고 있다.

이스라엘 사회가 공정한 판결과 정의를 추구하는 것이 단순히 하나님이 요구하시는 사안으로 끝나지 않는다. 저자는 이렇게 해야만 이스라엘이 살 수 있으며, 땅을 차지할 것이라고 한다(20절). 공평과 정의를 추구하는 사회를 만들어가는 일이 곧 이스라엘이 약속의 땅을 누리며 살 수 있는 비결이 된다. 이 말씀은 곧 이스라엘 사회가 공의와 정의를 위한 노력을 멈추는 순간부터 하나님의 심판이 시작된다는 것을 뜻하기도 한다. 공의와 정의는 곧 이스라엘의 생존을 좌우하는 것이다.

본문이 제시하는 원리들을 오늘날 교회에 그대로 적용하는 것은 어려운 일이다. 그러나 본문은 하나님의 백성들이 모인 믿음 공동체라고 자부하는 교회가 공의와 정의에 대하여 얼마나 노력해야 하는가에 대해 많이 고민하게 한다.

Ⅱ. 두 번째 스피치: 여호와의 율법(4:44-29:1[28:69])
3장. 구체적 율법(12:1-26:19)
2. 리더십(16:18-18:22)

(2) 예배에 대한 금지 사항(16:21-17:1)

**21 네 하나님 여호와를 위하여 쌓은 제단 곁에 어떤 나무로든지 아세라 상을 세우
지 말며 22 자기를 위하여 주상을 세우지 말라 네 하나님 여호와께서 미워하시느
니라 17:1 흠이나 악질이 있는 소와 양은 아무것도 네 하나님 여호와께 드리지 말지
니 이는 네 하나님 여호와께 가증한 것이 됨이니라**

저자가 사법제도에 대하여 강론하다가 갑자기 종교적인 금지 사항을 지시하는 것이 조금은 의아하다(cf. Merrill). 그러나 모세는 이 섹션 주변에서 이미 몇 차례 사법제도에 대한 규례(16:18-20; 17:2-13)를 종교적인 율법(15:19-23; 16:1-17; 16:21-17:1)과 혼합했다. 그의 독특한 스타일인 것이다. 아마도 모세는 이와 같이 사법과 종교법을 섞음으로써 이스라엘 공동체가 추구해야 할 정체성에 대하여 암시하는 듯하다(cf. Kaufman). 이스라엘은 신정 통치를 지향하는 사회이기 때문에 종교와 사회를 분리할 수 없다는 것이다. 그들의 공동체는 곧 종교가 바탕이기 때문이다(Wright). 모세는 이스라엘이 여호와께 예배를 드릴 때 조심해야 할 세

가지 금지 사항을 제시한다. 이 세 가지는 하나님이 누구시며 우리가 그분에게 어떻게 예배를 드려야 하는가를 정의한다(Thompson).

첫째, 하나님의 제단 옆에 아세라 목상을 세우지 말라(16:21). 이미 7:5에서 언급했던 것처럼 성경에서 아세라(אֲשֵׁרָה)는 가나안 사람들이 숭배하던 여신의 이름이며(왕상 18:19), 이 여신은 때로는 모든 신의 아버지 엘(El)의 아내로, 때로는 가장 능력 있는 신이었던 바알(Baal)의 아내로 여겨졌다. 또한 아세라는 이 여신 숭배와 연관된 나무 기구들을 뜻하기도 한다(삿 6:26). 이 나무 기구가 실제로 살아 있는 나무를 제단 옆에 심어 놓은 것이라고 주장하는 사람들도 있지만, 대부분 학자들은 나무를 베어다 세워 놓은 기둥으로 이해한다.

신명기에서 아세라는 대체로 여신으로 숭배되었던 우상이 아니라 이방 종교의 예식에서 사용되었던 나무 기둥을 뜻한다. 본문에서도 기둥과 같은 나무 기구들을 의미한다(Tigay). 모세는 이스라엘이 하나님의 제단 옆에 목상을 세우는 것은 곧 그들이 종교적 혼합주의(syncretism)에 빠졌다는 것을 의미하기 때문에 이런 일을 금하고 있다(Craigie).

둘째, 하나님의 제단 옆에 주상(석상)을 세우지 말라(16:22). 주상(מַצֵּבָה)은 다듬거나 다듬지 않은 돌기둥을 뜻하며 이 돌기둥에는 종종 문양이 새겨져 있었다. 돌기둥은 신(들)을 상징하거나 신(들)의 거처지로 여겨졌다(Tigay). 가나안의 종교들에서 돌기둥은 남자의 성기를 상징하기도 했다. 이러한 돌기둥에 제물이 바쳐졌으며, 우상과 동일하게 취급되었다.

야곱이 에서의 분노를 피해 라반에게 가던 중 벧엘에서 하나님을 만난 후 돌기둥을 세운 적이 있다(창 28:18, 22; cf. 창 35:14). 물론 율법이 주어지기 전에 있었던 일이기 때문에 가능했다. 중세기 유태인 주석가 라쉬(Rashi)는 이러한 상황을 다음과 같이 설명한다. "선조들의 시대에는 돌 기둥이 하나님을 기쁘게 하는 것이었지만, 이스라엘이 가나안에 입성하는 시대에는 이방 종교인들이 우상을 숭배하는 데 사용했기 때문에 하나님이 미워하게 되었다"(cf. Tigay). 재미있는 발상이다. 가나안 종교에서 돌기둥이 남성을 상징했다면, 나무 기둥은 여성을 상징했으며, 신명기 안에서 목상과 석상은 우상숭배를 상징하는 용어다(McConville).

셋째, 하나님께 제물을 드릴 때 흠이 있는 것을 드리지 말라(17:1). 율법은 여러 곳에서 하나님께 드리는 짐승에 흠이 있어서는 안 된다고 한다(레 22:17-25; cf. 레 1:3, 10; 3:1; 말 1:6-8). 유일하게 조그마한 흠이 허용되는 경우는 예배자가 자원해서 드리는 자원제의 경우에만 가능하다. 신명기 15:22은 짐승의 맏배로 태어난 수놈은 모두 하나님께 드려야 하는데, 만일 그 짐승이 온전하지 못하면 그 짐승을 하나님께 드리지 말고 농부가 사는 곳에서 도살하여 먹으라고 한다. 이런 짐승을 제물로 하나님께 드리는 것은 곧 하나님을 무시하거나 주님이 베풀어주신 은혜에 대하여 감사하지 않는 것으로 간주되기 때문이다(cf. 15:21; 레 22:17-25; 말 1:6-14). 아마도 흠이 없는 짐승을 제물로 드리는 것은 곧 예배자가 자신을 주님께 온전하게 드리는 것을 상징하는 듯하다(Craigie).

흠이 있는 제물을 드려서는 안 된다는 규제가 이방 종교 풍습의 상징인 목상과 석상을 금지하는 내용과 함께 언급되는 것은, 이런 제물을 하나님께 드리는 것은 마치 이방 종교의 풍습을 답습하는 것처럼 가증스러운 일이기 때문이라고 해석되기도 한다(Craigie; Block). 모세는 이 금지 사항을 통해 여호와께 드리는 예배를 정확한 규례에 따라 드리는 것은 예배자의 마음 자세만큼이나 중요한 것일 수 있다는 점을 강조하고자 한다. 경우에 따라서는 사람이 최선을 다하여(혹은 자기가 가진 것에서 최고를) 하나님께 드린다고 할지라도 하나님이 요구하시는 기준에 미치지 못할 수도 있는 것이다. 오늘날 예배의 중심이 예배를 받으실 하나님이 아니라, 그분께 예배 드리는 사람들 중심으로 변질되어 버린 일부 교회들에게 경종을 울려야 할 말씀이다.

II. 두 번째 스피치: 여호와의 율법(4:44-29:1[28:69])
3장. 구체적 율법(12:1-26:19)
2. 리더십(16:18-18:22)

(3) 배교자 재판(17:2-7)

**2 네 하나님 여호와께서 네게 주시는 어느 성중에서든지 너희 가운데에 어떤 남자
나 여자가 네 하나님 여호와의 목전에 악을 행하여 그 언약을 어기고 3 가서 다른
신들을 섬겨 그것에게 절하며 내가 명령하지 아니한 일월성신에게 절한다 하자 4
그것이 네게 알려지므로 네가 듣거든 자세히 조사해 볼지니 만일 그 일과 말이 확
실하여 이스라엘 중에 이런 가증한 일을 행함이 있으면 5 너는 그 악을 행한 남자
나 여자를 네 성문으로 끌어내고 그 남자나 여자를 돌로 쳐죽이되 6 죽일 자를 두
사람이나 세 사람의 증언으로 죽일 것이요 한 사람의 증언으로는 죽이지 말 것이
며 7 이런 자를 죽이기 위하여는 증인이 먼저 그에게 손을 댄 후에 뭇 백성이 손을
댈지니라 너는 이와 같이 하여 너희 중에서 악을 제할지니라**

이스라엘이 우상을 숭배하는 것은 첫 계명을 어기는 일일 뿐만 아니라 하나님과 맺은 언약의 가장 기본적인 원칙을 위반하는 행위다. 더 나아가 우상숭배에 대한 하나님의 벌은 이스라엘을 멸망에 이르게 하고 심지어 타국으로 내쫓기게 하여 그들이 한 국가로 존재하는 것 자체를 위협한다. 그러므로 이스라엘의 사법기관은 우상숭배를 통해 하나님과의 언약을 위반하는 사람을 법정에 세워 재판을 하고 율법이 규정한 가장 혹독한 형벌을 내려야 한다(Craigie). 본문의 내용은 "주 밖의 다른 신에게 제사를 드리는 자는 반드시 없애야 한다"는 출애굽기 22:20 말씀에 대한 추가 설명이다.

모세는 앞으로 이스라엘 사람들 중에는 남자이든 여자이든 "여호와 너희 하나님의 눈에 악한 일"을 하는 사람들이 생길 것이라고 한다(2-3절). 본문에서 "여호와의 눈에 악한 일"(הָרַע בְּעֵינֵי יְהוָה)은 바로 하나님을 버리고 우상이나 갖가지 하늘에 떠 있는 별, 달, 해 등을 따르는 일이다(3절). 이스라엘이 가나안에 정착하기 전부터 이미 가나안 사람들은

해, 달, 별 등을 신들로 숭배했다(Tigay). 므낫세 왕 때 유다도 이것들을 신으로 숭배했다.

오경에서 해, 달, 별 등을 신으로 언급하는 책은 신명기가 유일하다. 저자가 "악한 일"에 정관사를 붙여 우상숭배를 "그 악한 일"(הָרַע) 곧 "가장 악한 일"이라고 부르는 것은 이 범죄의 심각성 때문이다(Block). 이 범죄는 바로 하나님과의 언약을 깨는 행위다(2절). 이스라엘이 하나님과 맺은 언약의 가장 기본적인 핵심은 오직 하나님만 섬기고 하나님께만 충성하겠다는 약속인데, 우상에게 절하면 이 약속이 지켜질 수가 없다. 또한 언약의 가장 기본적인 신뢰가 깨지면, 언약의 나머지 부분(예배와 종교적 절기 등)이 아무리 열심히 진행된다 해도 별 의미가 없다.

저자는 이스라엘이 우상을 따르는 일을 "가증한 일"(תּוֹעֵבָה)이라고 한다(4절). 신명기 13:14의 표현을 그대로 사용하고 있다. 신명기 13장은 "가증한 일"을 하는 사람은 사형에 처하라고 한다. 이스라엘 공동체가 백성들 중에 이런 사람이 있다는 소식을 접하게 되면 철저하게 진상을 규명해야 한다(4절). 재판 과정에서 한 사람의 증언으로는 범법 여부를 결정할 수 없다. 최소한 두 명의 증언이 있어야 한다(6절). 만일 우상을 숭배한 일이 사실로 드러나면 범법자를 성문 밖으로 끌어내 돌로 쳐 죽여야 한다(5절).

레위기와 민수기에서는 "진 밖"으로 끌고 나가 처형하라고 하는데(레 24:14; 민 15:35), 이 본문에서는 곧 있을 가나안 입성을 반영하여 "성문 밖"이라고 한다. 이때 이 범법자에 대하여 증언한 사람들이 먼저 돌을 던지고, 그 다음 온 공동체가 돌로 쳐야 한다(7절). 이런 유형의 재판은 처음부터 끝까지 온 공동체가 진행해야 하는 것이다. 그러나 증인들이 먼저 돌을 던지는 것은 형 집행이 전적으로 그들의 증언에 근거하여 진행되고 있음을 상징한다. 만일 억울한 사람이 죽게 되면, 그 책임이 처음에 돌을 던진 자들에게 돌아간다. 증인들이 살인자가 되는 것이다(Tigay).

레위기 24:14은 범죄자의 망언을 들은 모든 사람이 먼저 그의 머리에 손을 얹어 안수한 다음에 돌로 치라고 한다. 하나님이 배교자에 대한 공개 처형을 요구하시는 이유는 이스라엘 사람들에게 경각심을 일깨워 이스라엘에서 이런 일을 뿌리 뽑기 위해서다(7절). 공동체의 순결을 유지하는 것은 매우 중요한 일이며, 그 공동체에 속한 모든 사람이 열심을 내야 하는 일이다.

Ⅱ. 두 번째 스피치: 여호와의 율법(4:44-29:1[28:69]) 3장. 구체적 율법(12:1-26:19) 2. 리더십(16:18-18:22)

(4) 대법정(17:8-13)

8 네 성중에서 서로 피를 흘렸거나 다투었거나 구타하였거나 서로 간에 고소하여
네가 판결하기 어려운 일이 생기거든 너는 일어나 네 하나님 여호와께서 택하실
곳으로 올라가서 9 레위 사람 제사장과 당시 재판장에게 나아가서 물으라 그리하
면 그들이 어떻게 판결할지를 네게 가르치리니 10 여호와께서 택하신 곳에서 그들
이 네게 보이는 판결의 뜻대로 네가 행하되 그들이 네게 가르치는 대로 삼가 행할
것이니 11 곧 그들이 네게 가르치는 율법의 뜻대로, 그들이 네게 말하는 판결대로
행할 것이요 그들이 네게 보이는 판결을 어겨 좌로나 우로나 치우치지 말 것이니
라 12 사람이 만일 무법하게 행하고 네 하나님 여호와 앞에 서서 섬기는 제사장이
나 재판장에게 듣지 아니하거든 그 사람을 죽여 이스라엘 중에서 악을 제하여 버
리라 13 그리하면 온 백성이 듣고 두려워하여 다시는 무법하게 행하지 아니하리라

모세는 배교자를 어떻게 재판하고 처형해야 하는가에 대한 지시를 마친 다음 다시 이스라엘의 사법제도에 대하여 논한다. 이번에는 오늘날로 말하면 대법원에 관한 규례다. 만일 각 성읍에서 임명된 재판관들이(cf. 16:18-20) 판결하기가 어려운 일들이 생기면 이 법정으로 넘겨 결정하도록 하라는 것이다. 유태인들의 전승은 이 대법원이 훗날 예루살렘 산헤드린(the Great Sanhedrin in Jerusalem)의 원형(prototype)이었다고 주장한다(Tigay).

광야 생활 중에 이스라엘은 십(十) 단위 제도를 도입하여 십부장이 해결하지 못하는 일은 백부장에게 상소하고, 백부장이 판결하지 못하는 일은 천부장이, 천부장이 난감해 하는 일은 모세가 하나님의 지시를 받아 최종적으로 판결했다. 본문이 언급하는 제도도 각 성읍 단위로 쉽게 판결할 수 없는 일은 상위 기관으로 넘기라는 면에서 십 단위 제도와 맥을 같이하고 있다. 어떤 재판이 이런 경우에 속했을까? 예를 들면 사람이 죽었는데 살인인가, 아니면 과실치사인가 등의 판단, 심각한 재판에 대한 증인들의 증언이 서로 엇갈릴 때 등 법에 대한 좀 더 전문적인 지식이 필요한 다양한 정황을 상상할 수 있다.

모세는 각 성읍에서 이런 일이 생길 경우 상부 기관인 대법정으로 보내라고 한다. 이 법정은 "여호와께서 택하실 곳"(הַמָּקוֹם אֲשֶׁר יִבְחַר יְהוָה)(8절), 곧 성소에 있다. 이스라엘의 최고 재판소가 성소에 위치하는 것은 상당한 상징성을 지녔다. 이곳에서 판결하는 재판관들은 하나님 앞에서 공평하고 정의로운 재판을 해야 한다는 것을 상기시키며, 인간의 지혜로 판결하기 어려운 경우, 제사장이나 예언자를 통해 하나님의 신탁을 받을 수 있다.

실제로 이스라엘의 사법제도에서 신탁이 상당한 비중을 차지했던 것으로 알려졌다(Horst). 성소에 위치한 최고 법정의 의무는 율법을 기계적으로 적용하는 것이 아니라, 하나님과의 언약 관계를 바탕으로 해석하고 풀이했던 것이다(Brueggemann). 또한 하나님의 거처인 성소에서 판결이 나왔다는 것은 그 판결의 최종성을 의미한다. 그래서 이 법정의 판결에 불복하는 자들은 사형에 처하라고 한다(12절).[30] 성소에서 내

30 한 유태인 전승은 본문이 재판관들에게 내리는 지시라고 간주하여, 대법정의 판결을 받아들이지 않아 후에 이 판결에 상반되는 판결을 내리는 낮은 법정의 재판관을 사형에 처하라는 것으로 해석한다(Tigay). 그러나 본문이 온 이스라엘을 대상으로 하고 있음이 확실하다. 누구든지 상위 법원에 상고했다가 이 법원의 판결을 수용하기를 거부하는 자들에 대한 처벌이다.

려진 판결은 곧 하나님의 판결과 같이 받아들여져야 했던 것이다. 또한 나라의 최고 법정의 판결을 거부하는 것은 곧 사회적 질서를 위협하는 행위이기 때문에 엄벌에 처해져야 한다.

대법정은 몇 명으로 구성되었으며, 그들의 신분은 어떠했는가? 이 법원의 재판관에는 제사장과 일반인이 포함되었던 것이 확실하다(cf. 9절). 이스라엘의 법정은 민법이나 사법만 다루는 것이 아니라 종교법도 적용해야 했기 때문에(cf. 17:2-7) 제사장도 필요로 했다. 또한 제사장이 되기 위한 훈련은 단순히 종교법뿐만 아니라 모든 형법과 민법을 공부하는 것을 포함했기 때문에 제사장들은 비(非)종교법에 대하여도 해박했다.

오경에서 지금까지 제사장이 재판에 연관되는 유일한 경우는 도저히 사람의 지혜로는 해결할 수 없는 상황이 발생할 때 우림과 둠밈 등을 통해 하나님의 신탁을 구해야 할 때나 신성 재판(trial by ordeal)이 행해질 때였다(출 22:7-10; 28:29-30; 민 5:11-31). 반면 신명기는 제사장들은 민사와 사법재판에도 관여해야 한다고 한다(19:17; 21:5). 제사장 재판관들의 활동이 그 어떠한 종교적인 물건들(예, 우림과 둠밈)과 연관되지 않는 것으로 보아 이들도 일반적인 논리와 합리성으로 재판에 임한 것으로 생각된다(Tigay).

제사장은 몇 명이었고, 일반인이 몇 명이었는지는 알 수 없다. 여호사밧 왕이 세운 법정에는 일반인 재판관들, 제사장들, 그리고 레위 사람들이 포함되었다. 재판장은 소송의 성향에 따라 종교적 문제에 관한 소송일 경우 제사장이, 민사 소송일 경우 일반인이 맡았다. 유태인의 전승은 민수기 11:16-17을 근거로 하여 이 대법정이 71명으로 구성되었다고 했다(Tigay). 이들 중 몇 명은 제사장과 레위 사람이었지만, 제사장과 레위 사람이 71명에 포함되지 않더라도 그들의 판결은 유효했다.

II. 두 번째 스피치: 여호와의 율법(4:44-29:1[28:69])
3장. 구체적 율법(12:1-26:19)
2. 리더십(16:18-18:22)

(5) 왕(17:14-20)

14 네가 네 하나님 여호와께서 네게 주시는 땅에 이르러 그 땅을 차지하고 거주할
때에 만일 우리도 우리 주위의 모든 민족들 같이 우리 위에 왕을 세워야겠다는 생
각이 나거든 15 반드시 네 하나님 여호와께서 택하신 자를 네 위에 왕으로 세울 것
이며 네 위에 왕을 세우려면 네 형제 중에서 한 사람을 할 것이요 네 형제 아닌 타
국인을 네 위에 세우지 말 것이며 16 그는 병마를 많이 두지 말 것이요 병마를 많
이 얻으려고 그 백성을 애굽으로 돌아가게 하지 말 것이니 이는 여호와께서 너희
에게 이르시기를 너희가 이 후에는 그 길로 다시 돌아가지 말 것이라 하셨음이며
17 그에게 아내를 많이 두어 그의 마음이 미혹되게 하지 말 것이며 자기를 위하여
은금을 많이 쌓지 말 것이니라 18 그가 왕위에 오르거든 이 율법서의 등사본을 레
위 사람 제사장 앞에서 책에 기록하여 19 평생에 자기 옆에 두고 읽어 그의 하나님
여호와 경외하기를 배우며 이 율법의 모든 말과 이 규례를 지켜 행할 것이라 20 그
리하면 그의 마음이 그의 형제 위에 교만하지 아니하고 이 명령에서 떠나 좌로나
우로나 치우치지 아니하리니 이스라엘 중에서 그와 그의 자손이 왕위에 있는 날
이 장구하리라

모세는 앞으로 왕, 제사장, 선지자 등 이 사회를 이끌어 갈 가장 중요한 세 리더십에 관한 말씀을 선포한다. 이스라엘이 여호와의 신정 통치를 지향하는 사회이기에 이들의 권력은 하나님의 초월하신 권위와 계시된 의지와 말씀에 근거한다(Wright). 왕권, 제사장권, 선지자권은 구약에서뿐만 아니라 신약에서도 여러 면에서 매우 중요한 제도들이다. 온 인류의 구세주로 오신 예수님 안에서 이 세 제도가 일치된다. 그는 다윗 계열의 왕이자, 모세 같은 선지자였으며, 멜기세덱 같은 제사장이셨기 때문이다.

그러나 이 세 제도가 예수님과 연관되어 있는 것만은 아니다. 그를

구주로 영접한 모든 주의 백성의 신분과 소명에도 중요하다. 예수님을 영접한 순간, 성도들은 온 우주의 왕이신 여호와의 자녀가 되어 왕족 신분을 받는다. 그들은 또한 믿지 않는 자들을 하나님께 인도해 오는 제사장으로, 하나님의 말씀으로 이 사회를 비판하고 대안을 제시하라는 선지자의 사명도 받는다. 이처럼 이 세 제도는 구약시대뿐만 아니라 신약시대를 살아가는 우리와도 밀접한 연관이 있다.

본문은 이 세 제도 중 왕권에 대하여 논한다. 오경에서 왕에 대한 규례는 이곳이 유일하다. 왕에 관한 율법은 신명기에서 가장 중요하고 주목할 만한 것이기도 하다. 더 괄목할 만한 사실은 율법에서 왕에 대한 유일한 규정인 본문이 왕의 막강한 권리보다는 하나님과 백성 앞에서 왕권이 지닌 책임과 제한된 역할에 대하여 언급한다는 것이다. 그래서 일부 학자들은 왕권에 대한 규례의 유래와 시기에 대하여 수많은 추측을 내놓았다(cf. Grisanti; Weinfeld).

어떤 학자는 본문이 종교 개혁자로 유명한 요시야 왕의 서기관이 이상적인 이스라엘 왕의 모습을 그린 것이며, 이 서기관은 모세를 이 이상적인 왕의 모형으로, 요시야를 그 이상적인 왕의 실현으로 보았다고 주장했다(Weinfeld). 그러나 이 주장은 요시야 왕이 당시 정치, 종교, 사회적 세력을 모두 행사한 절대적인 권력자였기에 본문이 제시하는 제한된 범위에서 실력을 행사하는 왕과는 거리가 멀다는 점을 간과했다.

다른 주석가들은 본문이 제시하는 왕권 제한의 규제를 수용할 만한 왕은 이스라엘 역사에 없었으며, 본 텍스트는 이스라엘에서 왕정 실험이 실패로 끝나버린 포로기 이후에 유래한 이상적인 왕에 대한 율법이라고 주장한다(Perlitt). 이 외에도 호세아 선지자의 사역과 연관이 있다는 추측(Alt), 사사 시대 혹은 솔로몬 통치 직후에 유래되었다는 주장도 있다(Cross). 그러나 신명기의 성향이 이상적인 언약 공동체가 지향해야 할 모습을 그리는 것이라는 점을 감안할 때, 모세가 율법을 선포한 때부터 왕의 역할을 제안하고 견제하는 것을 염두에 두고 제시된 것으로 보는 것이 바람직하다(cf. McConville). 하나님이 아브라함에게 이미 왕을 약속하신 것(창 17:6, 16)과 모세가 다름 아닌 이집트 왕의 딸에 의하여 양육된 것도 왕권이 저자에게 생소한 것이 아님을 증거한다.

왕에 대한 율법을 살펴보면 〔마지못해〕 왕정을 허락하는 수준이지, 적극적으로 요구하는 것은 아니다(cf. 14-15절). 즉, 훗날 이스라엘이 처한 상황이 왕을 필요로 한다면 그때 가서 왕을 세울 수 있지만, 율법은 왕이 이스라엘을 통치하는 것을 요구하지는 않는다(Craigie). 하나님이 이미 이스라엘의 왕이시기에 이들에게 인간 왕권은 하나의 선택에 불과한 것이다.

율법이 이스라엘 사회를 이끌어 갈 여러 직분에 대해 논하면서 이처럼 '선택 사항'이라는 자세를 취하는 것은 왕권이 유일하다(Tigay). 율법이 왕정에 대해 적극적이지 않은 것은 재판관과 지도자들을 언급한 다음에야 왕에 대한 규례를 제시하는 것을 보아서도 알 수 있다(McConville; Wright). 또한 본문이 왕권의 성향이나 권한에 대하여 논하기보다는 왕이 취해야 할 자세와 의무에 대하여 집중적으로 논한다는 점 역시 이러한 정서를 반영한다.

실제로 신명기는 왕의 중요성을 다른 지도자들에 비해 상대적으로 적게 강조한다(Tigay). 재판관, 제사장, 선지자 등에 대한 규례는 이 지도자들의 책임뿐만 아니라 권리도 언급하며, 백성들이 이들에게 순종할 것을 지시한다. 반면에 왕에 대한 율법은 왕의 권리에 대하여 어떠한 언급도 하지 않으며, 백성들이 왕에게 순종해야 한다는 것도 요구하지 않는다. 심지어 왕이 이스라엘에서 어떤 역할을 해야 하는지도 정의하지 않는다. 이스라엘의 왕은 자신도 언약 백성의 한 사람이기에 다른 이스라엘 사람들과 형제며, 하나님이 이스라엘의 왕이시라는 점을 감안하여 자신의 위치를 설정해야 했다. 왕도 주의 다스림을 받는 주의 백성이었던 것이다(Grisanti).

이스라엘이 가나안에 정착할 때쯤에 주변 국가들은 이미 왕정 체제에 돌입해 있었다는 점을 감안할 때, 이스라엘이 정착한 후에도 오랜 세월 동안 왕을 세우지 않았다는 점은 매우 특이하다(Kitchen). 무엇보다도 왕에 대한 유일한 율법인 본문마저도 왕정에 대하여 별로 탐탁지 않게 생각하기 때문이다. 저자의 왕권에 대한 부정적인 관점은 이스라엘에 왕이 세워지는 이유를 '주위의 다른 모든 민족처럼 되고 싶은 열망' 때문이라고 하는 것에서도 역력히 드러난다(15절). 실제로 이스라엘이 처음 왕을 요구할 때 그들을 대표하는 장로들은 사무엘을 찾아와 '열방처럼 되기 위해서' 왕을 세워 달라고 하였다(삼상 8:20). 신명기는 이 표현을 통해 왕권은 불필요하며 중요하지도 않은 제도임을 강조한다(Tigay). 이스라엘은 이미 하나님을 왕으로 섬기고 있기 때문이다.

왕권이 불필요하고 부정적인 제도로 간주되기는 하지만 그래도 이스라엘이 왕을 세우기를 원한다면, 과연 어떤 절차를 통해 세워져야 하며 세워진 왕은 어떻게 행동해야 하는가? 모세는 왕은 다음과 같은 사람이어야 한다며 몇 가지를 지적한다. 첫째, 하나님이 택하신 사람이어야 한다(15절). 재판관과 지도자들은 백성들에게 선출할 권한이 주어졌었다(16:18). 반면에 왕은 하나님이 지명하신다. 왕은 백성들이 그 사람의 인기나 군사적인 능력에 근거하여 선출하는 사람이 아니다. 하나님이 수많은 민족 중에 이스라엘을 택하시고, 이스라엘의 여러 장소들 중에 한 곳을 유일한 예배 장소로 지정하시는 것처럼 하나님이 인정하고 택하시는 인물이 왕이 되어야 한다. 물론 선지자를 통해 왕을 세우실 것을 암시한다. 실제로 하나님은 이 방법을 통해 이스라엘의 처음 두 왕인 사울과 다윗 그리고 솔로몬 이후 분열되어 나간 북왕국 이스라엘의 초대 왕이었던 여로보암을 세우셨다.

둘째, 이스라엘의 왕은 이스라엘 사람이어야 한다(15절). 저자는 왜 외국인이 왕이 될 수 없는지 언급하지 않는다. 고대 근동의 정황을 감안할 때 외국인이 이스라엘의 지배자가 되는 유일한 방법은 침략이나 군사적 쿠데타를 통해서였을 것이다. 그렇다면, 이 외국인 왕이 오직 여호와만을 섬기고 사랑하는 사람일 가능성은 매우 희박하다. 즉, 외국인이 이스라엘의 왕이 된다는 것은 온 국가가 우상숭배에 노출되는 결과를 초래할 수 있다(Grisanti). 이런 종교적인 이유에서 외국인 왕을 금하는 것으로 생각된다(Tigay).

왕이 동족이면 통치 받는 백성들이 더 편안해 하고 사회가 안정적일 수 있다는 장점도 무시할 수 없다. 이스라엘 사람들은 자신들이 이집트에 머무는 동안 이집트를 지배했던 15대와 16대 왕조가 힉소스 족(Hyksos)이라는 이방인이었고, 이런 정황으로 인하여 이집트가 내부적으로 엄청난 분란을 겪었던 일을 생생하게 기억하고 있었을 것이다(Craigie).

셋째, 왕은 막강한 군사력을 두어서는 안 된다(16절). 모세는 왕이 말과 병거를 많이 가지려 해서는 안 된다고 한다. 고대 근동에서 말은 부의 상징이었다(Craigie). 그러나 사람들이 말을 소유하는 근본적인 이유는 전쟁 때문이었다. 특히 말이 끄는 병거는 당시 가장 위협적인 무기였다. 그러므로 왕이 많은 말을 소유한다는 것은 곧 자신의 능력과 군사력을 믿고 하나님을 의지하지 않을 수 있는 위험을 내포하고 있다(cf. 시 20:7). 훗날 다윗의 아들인 압살롬과 아도니야가 말과 병거를 늘려 왕권을 탐하게 된다(삼하 15:1; 왕상 1:5).

반면에 이스라엘의 힘과 능력은 그들의 군사력에 있지 않고 그들의 하나님께 있다는 것이 성경의 가르침이다(cf. 20:1; 시 20:8). 실제로 드보라는 하나님만을 의지함으로써 병거를 앞세운 시스라의 군대를 대파했다(삿 4-5장). 이스라엘의 왕은 많은 말을 소유하여 하나님을 불신해서는 안 된다. 그도 오직 하나님만 섬기고 의지하겠다는 언약 조건에 따라 살아야 하는 언약 백성의 한 사람이기 때문이다.

이스라엘 왕은 "말을 얻기 위해서 이집트에 백성들을 보내서는 안 된다"(לֹא־יָשִׁיב אֶת־הָעָם מִצְרַיְמָה). 이 문구의 의미가 정확하지 않다. 일부 주석가들은 이 말씀이 말을 얻기 위하여 이스라엘 사람을 이집트로 용병으로 혹은 노예로 보내는 일"을 의미한다고 한다(von Rad; Gray; Mayes). 그러나 역사적 정황과 문맥을 감안할 때, 본문은 단순히 무역을 하기 위해 사람을 통해 외교적 관계를 수립하는 것을 뜻하거나(Craigie; cf. Tigay), 출애굽 정신에 역행하는 일을 하지 말라는 것으로 해석될 수 있다(Brueggemann; McConville).

넷째, 왕은 많은 아내를 두어서는 안 된다(17절). 이 규례의 근본적인 목적은 일부일처(一夫一妻)제를 지향하라는 것이 아니다(Brueggemann). 고대 사회에서 왕들이 여러 아내를 거느리게 된 것은 정치적인 이유에서였다는 점을 감안할 때, 모세는 왕이 이방 여인들과 결혼하는 것을 금하는 것으로 생각된다(Craigie). 고대 근동 지역 왕들은 국가의 안정과 경제적 번영을 꾀하기 위하여 주변 나라의 공주들과 정략 결혼을 많이 했던 것이 이 말씀의 배경이 되고 있다.

현실적으로 왕이 아내를 많이 두면 당연히 그가 감당해야 할 의무와 책임에 온 마음을 쏟을 수 없고 하나님의 말씀에서도 멀어질 수밖에 없다. 특히 이방인 아내를 얻을 경우 더욱더 그렇다. 솔로몬과 아합은 이방인 아내들을 기쁘게 하기 위해 우상숭배까지 마다하지 않았다(왕상 11:1-4). 왕이 거느릴 수 있는 아내의 수를 유태인 전승은 열여덟 명으로, 쿰란에서 발굴된 성전 두루마리에서는 한 명으로 제한한다(Tigay).

다섯째, 왕은 많은 재산을 축적해서는 안 된다(17절). 왕이 재산을 축적하는 가장 쉬운 방법은 세금을 징수하는 것이다(Block; Grisanti). 그러므로 왕이 재물에 욕심을 내면 백성들의 삶이 고달파질 수밖에 없다. 많은 부를 소유한 왕은 자만에 빠져 하나님을 의지하지 않기 십상이다(cf. 6:11-12; 8:11-17). 또한 물질은 왕에게 지나친 권력을 가져다 줄 수 있어 그를 자신의 형제들인 이스라엘 사람들로부터 분리시킬 위험이 있다(Craigie). 유태인 전승은 왕은 자신의 군대, 정권, 그리고 개인적인 필요를 충족시키는 만큼만 재물을 소유할 수 있다고 한다(Tigay).

여섯째, 왕은 평생 율법을 가까이 해야 한다(18-19절). 이스라엘의 왕은 하나님과 백성들 사이에 맺어진 언약을 존중해야 한다는 의미다(Grisanti). 왕에 대한 규례 중 가장 독특한 조항이며 이스라엘 왕을 열방의 왕들로부터 차별시키는 규례다. 왕은 율법책을 복사하여 평생 옆에 두고 읽고 묵상해야 한다. 유태인들의 전승에 따르면 이스라엘의 왕들은 이 말씀을 근거로 성경 두루마리 모형의 목걸이를 만들어 목에 매고 다녔다고 한다(Grisanti; cf. Block). 그러나 이처럼 '말씀'을 부적처럼 지니고 다니는 것이 말씀을 묵상하는 것을 대체할 수는 없다.

신명기(Deuteronomy)라는 책의 이름은, "율법책의 복사본"(מִשְׁנֵה הַתּוֹרָה)(18절)을 70인역이 "δευτερονόμιον τοῦτο εἰς βιβλίον"(제2 율법책)으로 번역한 것에서 비롯되었다. "복사본"(מִשְׁנֶה)으로 번역된 단어의 기본적인 의미는 "반복"(repetition)이다. 신명기가 율법을 반복하고 있다는 점을 감안할 때 책의 성향을 잘 나타내는 표현이다.

유태인 전승은 이 율법을 왕이 가는 곳마다 항상 율법책을 지니고 다니는 것을 요구하는 것으로 풀이했다. 왕들은 이 요구를 충족시키기 위하여 율법책의 모형을 본 딴 부적(amulet)을 목걸이로 착용하기도 하고, 오경 두루마리를 가지고 다니기도 했다(Tigay). 왕이 말씀을 가까이 하는 이유는 하나님을 경외하는 것을 배우고 열심히 율법대로 살기 위해서다. 율법을 가까이 함으로써 왕은 자신의 통치가 하나님이 그에게 바라시는 것을 벗어나지 않고 있음을 지속적으로 확인해야 한다(Grisanti). 하나님이 이스라엘 왕에게 요구하시는 것은 전쟁을 승리로 이끄는 전략이나, 백성들을 잘 다스릴 수 있는 지혜가 아니라 말씀에 대한 순종이요 하나님에 대한 경외라는 점이 매우 인상적이다.

일곱째, 왕은 겸손해야 한다(20절). 저자는 왕이 율법책을 가까이 하여 하나님을 경외하고 율법대로 살려고 노력할 때 그 결과는, 그가 통치하는 백성을 업신여기는 일이 없게 되며 좌로나 우로 치우치지 않게 되는 것이라고 한다. 왕이 율법책을 가까이 해야 한다는 것은 그를 짓누르기 위함이 아니라, 그로 하여금 겸허한 자세로 백성들을 통치하도록 하기 위함이며, 하나님이 기대하시는 정의와 공평에 따라 지배할 수 있도록 하기 위함인 것이다.

왕이 이런 자세로 백성들을 통치하고자 한다면, 그는 하나님의 말씀을 열심히 배워야 하며 끊임없이 묵상해야 한다. 그러므로 율법책을 가까이 하라는 것은 곧 왕이 백성들에게 신앙의 모범이 되어야 한다는 것을 강조한다. 왕이라고 율법을 지키는 일에서 예외일 수 없다. 그러므로 율법책을 가까이 하면 왕은 참 겸손이 무엇인가를 배우고 실천하게 된다.

왕에게는 제사장이나 선지자를 임명할 권한도 없다. 훗날 여로보암이 이러한 규례를 어기고 제사장을 임명했을 때, 왕의 절대적인 권력 행사가 시작되었을 뿐만 아니라 이스라엘의 우상숭배도 함께 시작되었다(왕상 12:31-33). 이스라엘과 유다의 왕들이 본문이 주지 않은 권력을 행사할 때부터 공동체의 총체적인 타락과 몰락이 시작된 것이다. 절대적인 권력은 절대적으로 썩게 되어 있다.

이 규정들은 왕들이 쉽게 빠질 수 있는 세 가지 유혹을 금하고 있다. (1) 권력에 대한 욕심, (2) 신분/명예에 대한 욕망, (3) 재물에 대한 열망(Block). 다른 국가들에서는 왕이 절대적인 권력을 가진 최고 권위자였던 것에 반해 이스라엘의 왕에 대한 유일한 규정인 본문은 왕의 권한을 거의 인정하지 않는 수준이며, 그의 역할을 매우 제한한다는 점도 메소포타미아 나라들과 이집트 등 주변 국가들의 정서에 비교할 때 매우 독보적이다. 이 국가들에서 왕권은 신들이 제정한 것이며 사회의 안정과 번영을 위해서는 필수적인 것으로 간주되었다. 왕은 신들의 도움을 받아 법을 주는 자였으며, 왕 자신이 법이기도 했다. 심지어 왕을 신으로 추종하기도 했다.

이와는 대조적으로 이스라엘의 왕은 그 어떠한 신성(神性)도 지니지 않은, 하나님과의 언약을 준수할 책임이 있는, 여느 백성과 동일한 신분을 지닌 이스라엘 형제의 한 사람이었다. 이스라엘의 왕에 대한 관점은 매우 파격적이었던 것이다. 하나님의 백성들은 가치관이나 세계관에서 분명 세상 사람들과 달라야 한다. 세상의 왕들처럼 이스라엘의 왕은 자신을 위하여 권력을 휘두르거나 잇속을 챙겨서는 안 된다. 이점을 강조하기 위하여 모세는 금지령에서 "〔왕이〕 자기 자신을 위하여"라는 말을 반복적으로 사용하고 있다(Block).

기독교 리더십의 본질을 논할 때 피할 수 없는 텍스트가 바로 본문이다. 본문에 의하면 지도자는 섬기는 자며, 그 누구보다도 하나님 앞에 바로 서는 자다. 이렇게 되기 위하여 그는 자신이 누릴 권리보다는 해서는 안 될 일들을 항상 마음에 두어야 한다. 특히 끊임없는 하나님의 말씀 묵상을 통해 항상 주님 앞에 바로 서려고 노력해야 한다. 그는 온 백성들 앞에서 신앙적 모범이 되어야 하기 때문이다. 필자는 삶이 함께하지 않는 목사들의 설교를 '주둥이질'이라고 말한다. 오늘날 많은 교회에서는 설교 하나로 목사를 평가한다. 그가 어떤 삶을 사는지에는 관심도 없다. 오직 설교를 통해 성도들을 감동시키면 된다. 어느덧 목회자의 자질 중에서 가장 중요하게 여겨지는 신실함이 '주둥이질'로 대체된 것이다. 안타까운 상황이며 매우 비(非)성경적인 현상이다.

Ⅱ. 두 번째 스피치: 여호와의 율법(4:44-29:1[28:69])
3장. 구체적 율법(12:1-26:19)
2. 리더십(16:18-18:22)

(6) 제사장과 레위 사람들(18:1-8)

1 레위 사람 제사장과 레위의 온 지파는 이스라엘 중에 분깃도 없고 기업도 없을
지니 그들은 여호와의 화제물과 그 기업을 먹을 것이라 2 그들이 그들의 형제 중
에서 기업을 가지지 않을 것은 여호와께서 그들의 기업이 되심이니 그들에게 말
씀하심 같으니라 3 제사장이 백성에게서 받을 몫은 이러하니 곧 그 드리는 제물의
소나 양이나 그 앞다리와 두 볼과 위라 이것을 제사장에게 줄 것이요 4 또 네가 처
음 거둔 곡식과 포도주와 기름과 네가 처음 깎은 양털을 네가 그에게 줄 것이니

5 이는 네 하나님 여호와께서 네 모든 지파 중에서 그를 택하여 내시고 그와 그의
자손에게 항상 여호와의 이름으로 서서 섬기게 하셨음이니라 6 이스라엘 온 땅 어
떤 성읍에든지 거주하는 레위인이 간절한 소원이 있어 그가 사는 곳을 떠날지라
도 여호와께서 택하신 곳에 이르면 7 여호와 앞에 선 그의 모든 형제 레위인과 같
이 그의 하나님 여호와의 이름으로 섬길 수 있나니 8 그 사람의 몫은 그들과 같을
것이요 그가 조상의 것을 판 것은 별도의 소유이니라

이 섹션은 이스라엘 사람들 중 땅을 기업으로 받지 않은 제사장들과 레위 사람들이 어떻게 생계를 유지할 수 있는가에 대하여 언급한다. 형제 지파들의 갖가지 헌물이 이들의 필요를 채워야 한다는 원칙은 이미 10:8-9에서 제시된 적이 있으며 출애굽기-민수기에도 자주, 그리고 상세하게 기록되어 있다. 본문은 제사장들과 레위 사람들이 어떤 임무를 맡았고 어떻게 그 일을 진행해야 하는가에 대하여는 별 말을 하지 않는다. 이미 여러 차례 언급한 것처럼 오경의 다른 책들은 레위 사람들 중에서도 아론의 후손들만 제사장이 될 수 있다고 하는 것에 반해 신명기는 레위 사람과 제사장을 별도로 구분하지 않는다. 이점에 대하여 학자들은 다양한 추측을 내놓지만, 저자가 이 둘의 차이를 의식하고 전제하면서도 단순히 편의상 그 차이를 이 책에서 반복하지 않고 있다는 전통적인 견해가 가장 설득력 있어 보인다(Tigay).

모세는 이들을 "레위 사람 제사장"(לַכֹּהֲנִים הַלְוִיִּם ; lit., the priests the Levites)이라고 부르는데(1절), 이 문구는 오경의 다른 책들에서는 사용되지 않는 표현이며 신명기에서만 본문을 포함해 다섯 차례 사용된다(17:9, 18; 18:1; 24:8; 27:9). 이 표현이 무엇을 의미하는지는 확실하지 않다(cf. Weinfeld; McConville). 그래서 일부 학자들은 "레위 사람"과 "제사장"이 동격(같은 것을 다른 말로 반복하는 것)으로 간주하여 신명기가 더 이상 레위 사람과 제사장을 차별화하지 않으며 레위 사람들도 제사장이 될 수 있는 것을 의미하는 것으로 풀이하는 학자들이 있다(Driver; Emerton).

반면에 "레위 사람"이 "제사장"을 설명하는 역할을 하고 있다고 해석하여 "레위 사람인 제사장"이라는 의미로 해석하는 사람들도 있다(Abba; Duke). 그러나 본문은 제사장과 레위 사람을 어느 정도는 구분하고 있다고 생각된다(Wright; Craigie; Grisanti). 이런 관점에서 이 텍스트를 볼 때, 3-5절은 제사장에 대한, 6-8절은 레위 사람들에 대한 지침이며, 1-2절은 이 두 그룹을 한데 묶어 총체적으로 지침을 내리는 것으로 해석할 수 있다(Craigie).

레위 사람들과 제사장들은 다른 지파 사람들처럼 유산을 받지 않았다(1절). 하나님이 "모든 지파 가운데서 그를 택하여 세우셨기" 때문이다(5절). 이 표현은 하나님이 세상의 "모든 민족들 가운데서 이스라엘을 택하신 것"과 거의 비슷하다(cf. 7:6). 이스라엘 모든 지파들은 레위 지파를 대하기를 하나님이 이스라엘을 대하시는 것처럼 하라는 것이다(Wright). 레위 사람들이 이스라엘 중에 유산을 받지 않은 대신 여호와가 그들의 유산이 되어 주셨다(2절). 하나님이 그들의 유산이라는 것은 곧 성소에서 하나님께 바쳐진 제물과 예물을 먹을 수 있는 권한이 이들에게 주어졌다는 뜻이다(Tigay). 그럼에도 불구하고 레위 사람들은 여호와의 재산이나 재물이 아니라 오직 하나님만이 그들의 기업이라는 점을 항상 마음에 두어야 한다(cf. Brueggemann; von Rad). 재물과 재산은 없어질 수 있지만, 하나님은 항상 그들과 함께하실 것이기 때문이다.

이스라엘이 하나님께 드리는 제물 중 제사장들의 몫으로 지정된 부위는 앞다리, 턱, 위 등이다(3절). 레위기 7:32-34은 짐승의 가슴과 오른쪽 넓적다리가 제사장의 몫이라고 한다. 첫 곡식, 포도주, 기름, 처음 깎은 양털도 제사장에게 주어야 한다(4절). 성경에서 곡식, 포도주, 기름 등 세 가지는 하나님이 주의 백성에게 주시는 풍요로움을 상징한다(Grisanti; cf. 7:13; 11:14; 12:17; 14:23). 또한 성경은 백성들이 이러한 예물을 성전에 들일 때 가장 질이 좋은 것으로 요구한다(Bl). 제사장들은 백성들의 헌물을 먹고, 마셨으며, 입을 옷도 받은 양털로 짜 입었다. 백성들은 이것들을 하나님께 드렸지만, 제사장들은 자신들의 봉사에 대한 대가로 이것을 받았다(5절).

항상 성소에 머무는 제사장들과는 달리, 레위 사람들은 성소에서 제사장들을 돕는 일뿐만 아니라 온 이스라엘 성읍 곳곳에 머물거나 돌아다니며 하나님의 말씀을 가르치는 사역도 했다. 레위 사람이 이스라엘의 어느 지역에 살았든지 간에 성소로 돌아가 그곳에서 사역하기 원한다면, 그들에게는 거부당하지 않을 권한이 있다(6-7절). 설령 이 레위 사람에게 다른 수입원이 있다 할지라도 성소는 그의 정당한 몫을 챙겨 주어야 한다(8절).

종종 교회에서 사례를 받지 않고 사역하는 목사들을 본다. 그들은 개인적인 재산이나 사업체가 있어서, 혹은 자신이 쓴 책의 인세를 받아 살기 때문에 사례를 받지 않는다. 바람직하고 이상적인 상황이라 할 수 있다. 문제는 같은 기준에서 다른 사역자들, 특히 개인적인 재산이 없어 교회의 사례비가 아니면 살 수 없는 사역자들에게도 같은 잣대가 적용된다는 것이다. 같은 교회에서 담임목사가 사례를 받지 않을 때, 사례를 받는 부교역자들에게 가해지는 스트레스는 상당하다.

이런 상황을 방지하려면 다른 수입원이 있는 레위 사람에게도 봉급이 지급된 것처럼(8절), 교회에서 사례를 받지 않아도 충분히 살 수 있는 목사도 사례를 받아야 한다. 설령 사례로 받은 모든 것을 다시 헌금으로 교회에 돌려 주는 한이 있더라도 말이다. 이렇게 하는 것은 부교역자들에 대한 배려일 뿐만 아니라, 후임자를 위한 조치이기도 하다.

II. 두 번째 스피치: 여호와의 율법(4:44-29:1[28:69])
3장. 구체적 율법(12:1-26:19)
2. 리더십(16:18-18:22)

(7) 이교적 종교 행위 금지(18:9-14)

9 네 하나님 여호와께서 네게 주시는 땅에 들어가거든 너는 그 민족들의 가증한

행위를 본받지 말 것이니 [10] 그의 아들이나 딸을 불 가운데로 지나게 하는 자나 점쟁이나 길흉을 말하는 자나 요술하는 자나 무당이나 [11] 진언자나 신접자나 박수나 초혼자를 너희 가운데에 용납하지 말라 [12] 이런 일을 행하는 모든 자를 여호와께서 가증히 여기시나니 이런 가증한 일로 말미암아 네 하나님 여호와께서 그들을 네 앞에서 쫓아내시느니라 [13] 너는 네 하나님 여호와 앞에서 완전하라 [14] 네가 쫓아낼 이 민족들은 길흉을 말하는 자나 점쟁이의 말을 듣거니와 네게는 네 하나님 여호와께서 이런 일을 용납하지 아니하시느니라

모세는 제사장과 레위 사람들에 대하여 언급함으로써 이 장을 시작했다. 그는 잠시 후 예언자에 대한 규례로 이 장을 마칠 것이다. 그 사이에 끼어 있는 것이 이교적 종교 행위를 금지하는 본문이다. 이러한 구조는 마치 제사장, 레위 사람들, 그리고 선지자들이 해야 할 가장 중요한 일 중 하나가 이 섹션에 언급된 이교적 행위가 이스라엘에서 일어나지 않도록 하는 것이라는 점을 암시하는 듯하다(cf. Craigie). 특히 저자가 이 섹션의 시작(9절)과 끝(14절)에서 이스라엘의 가나안 땅 소유에 대하여 언급하는 것은 이와 같은 이교적인 행위는 가증스러울 뿐만 아니라, 그들에게 땅을 선사하신 하나님을 생각한다면 약속의 땅에서 결코 해서는 안 될 일이라는 점을 강조하는 듯하다(cf. McConville).

이스라엘이 가나안 땅을 차지하게 되면, 그들은 결단코 그 땅에 사는 사람들이 저지르고 있는 온갖 역겨운 일들을 거부해야 한다(9절). 모세가 이미 신명기 초반부에서 누누이 언급한 것처럼 이스라엘이 가나안 사람들을 내몰고 그들의 땅을 차지하게 된 가장 큰 이유 중 하나는 그 땅에 사는 주민들의 죄악 때문이다. 그렇다면 악한 자들을 내치는 침략자들은 분명 그들이 내모는 자들과는 달라야 한다. 만약 내치는 자들과 내몰리는 자들이 같은 가치관과 삶의 방식을 공유한다면, 하나님이 굳이 한 민족을 끌어들여 다른 사람들을 내몰아 치실 필요가 없기 때문이다.

그러므로 이스라엘이 가나안 땅에 입성하는 것 자체가 벌써 가나안 사람들과는 다르게 살아야 하는 소명을 동반한다. 하나님이 세상 사람들 중에 우리를 택하셔서 자신의 백성을 삼으신 일 역시 우리는 세상 사람들과 다른 가치관과 삶의 방식을 추구해야 하는 소명을 전제한다. 만일 우리가 하나님을 믿는다 하면서도 세상 사람들과 같은 가치관과 세계관을 가지고 살아간다면, 하나님이 우리를 부르신 이유가 희미해진다.

저자는 가나안 사람들이 하는 역겨운 일들에는 어떤 것이 있는가를 크게 두 가지 예를 들며 설명한다(10-11절). (1) 자녀들을 불살라 바치는 일, (2) 점쟁이, 복술가, 요술객, 무당, 주문을 외우는 사람, 귀신을 불러 물어보는 사람, 박수와 혼백에게 물어보는 일.[31] 가나안 사람들은 여기에 나열된 여덟 가지 행위를 통해 초자연적인 힘(occult power)을 빌리려 했다(Tigay). 우리가 깨달아야 할 중요한 사실은 이처럼 가증스러운 일들을 하게 되면, 하나님이 우리를 가증하게 여기신다는 것이 성경의 가르침이다(Grisanti).

자녀들을 불살라 바치는 일(מַעֲבִיר בְּנוֹ־וּבִתּוֹ בָּאֵשׁ)의 문자적 의미는 '그의 아들과 딸을 불 가운데로 지나가게 하는 것'이다. 그러므로 이 문구가 어린아이 번제를 뜻하는지, 아니면 점괘를 얻기 위해 아이를 죽이지 않으면서 행했던 예식인지는 정확하게 알 수 없다(Craigie; Tigay).

대부분 학자들은 아이들을 실제로 인간 번제로 바치는 것을 의미하는 것으로 풀이한다(Day; Heider; Block; Grisanti; cf. 12:31). 가나안 사람들은 인간 번제를 바침으로써 자기가 숭배하는 신(들)이 자신이 경험하고 있는 일에 개입할 것을 요구했다(Grisanti). 성경에는 모압 왕이 이스라엘과 전쟁하던 중 자기의 대를 이어 왕이 되어야 할 아들을 신에게 바쳐 승리를 얻었다고 기록하고 있다(왕하 3:26-27). 모세는 이런 흉악한 일이

---

31 이 용어들이 정확히 무엇을 뜻하는지에 대하여는 메릴(Merrill)과 티개이(Tigay), 블록(Block)을 참고하라.

이스라엘에서 발견되어서는 안 된다고 경고한다.

성경에는 이교적인 행위의 목록이 종종 등장하는데, 여덟 가지를 언급하고 있는 본문이 가장 긴 목록이다. 이 행위들이 각각 어떤 구체적인 차이를 지니고 있었는지는 확실히 알 수 없다. 그러나 한 가지 확실한 것은 모세는 여덟 가지로 구성된 매우 포괄적인 목록을 언급함으로써 이스라엘은 어떠한 유형의 점술과 요술을 허락해서는 안 된다는 점을 확고히 하고 있다는 사실이다(Craigie).

모세는 이스라엘이 왜 모든 형태의 점술과 요술을 하지 않아야 하는지 그 이유를 설명한다. 하나님은 이런 일을 미워하시며, 가나안 사람들이 이런 일을 했기 때문에 그들을 내치시고 이스라엘에게 그 땅을 주시기로 결정하셨기 때문이라고 한다(12절). 가나안 사회에서 신접한 자들의 권위와 영향력은 참으로 대단했다(Tigay). 그러나 하나님은 이런 자들을 접하는 것을 싫어하시기 때문에 이스라엘은 절대 이런 자들을 접해서는 안 된다. 더군다나 하나님이 가나안 사람들을 내치시고 그들의 땅을 이스라엘에게 주신 이유가 이런 일들로 인해서라면, 이스라엘은 더욱더 이런 일을 해서는 안 된다. 만일 이스라엘이 가나안 사람들처럼 점술을 사용한다면, 하나님이 결코 그들을 용납하지 않으실 것이다(14절).

그렇다면 이스라엘은 어떻게 살아야 하는가? 모세는 이스라엘이 추구해야 할 대안으로 "여호와 하나님 앞에서 완전하라"고 한다(13절). 본문에서 "완전"(תָּמִים)은 관계적인 신실함을 뜻한다(HALOT; Grisanti). 이스라엘이 언약을 맺은 하나님에게만 절대적이고 나뉘지 않은 충성을 드리라는 의미다(Brueggemann; Tigay; McConville). 이러한 권면의 위치를 감안할 때, 이방인들의 풍습을 따르는 것은 온 마음을 다해 하나님께 충성하는 것이 아니라는 것을 뜻한다. 즉, 이교적인 풍습을 따르는 것은 하나님 앞에 완전하지 못한 것이다. 본문의 가르침은 오늘날 갖가지 종교적 혼합주의와 타종교들의 풍습에 대하여 상당히 호의적인 입장을 보이는 일부 교회와 신학자들에게 울리는 경종으로 받아들여져야 할 것이다.

II. 두 번째 스피치: 여호와의 율법(4:44–29:1[28:69])
3장. 구체적 율법(12:1–26:19)
2. 리더십(16:18–18:22)

(8) 선지자(18:15-22)

15 네 하나님 여호와께서 너희 가운데 네 형제 중에서 너를 위하여 나와 같은 선지
자 하나를 일으키시리니 너희는 그의 말을 들을지니라 16 이것이 곧 네가 총회의
날에 호렙 산에서 네 하나님 여호와께 구한 것이라 곧 네가 말하기를 내가 다시는
내 하나님 여호와의 음성을 듣지 않게 하시고 다시는 이 큰 불을 보지 않게 하소
서 두렵건대 내가 죽을까 하나이다 하매 17 여호와께서 내게 이르시되 그들의 말
이 옳도다 18 내가 그들의 형제 중에서 너와 같은 선지자 하나를 그들을 위하여 일
으키고 내 말을 그 입에 두리니 내가 그에게 명령하는 것을 그가 무리에게 다 말
하리라 19 누구든지 내 이름으로 전하는 내 말을 듣지 아니하는 자는 내게 벌을 받
을 것이요 20 만일 어떤 선지자가 내가 전하라고 명령하지 아니한 말을 제 마음대
로 내 이름으로 전하든지 다른 신들의 이름으로 말하면 그 선지자는 죽임을 당하
리라 하셨느니라 21 네가 마음속으로 이르기를 그 말이 여호와께서 이르신 말씀인
지 우리가 어떻게 알리요 하리라 22 만일 선지자가 있어 여호와의 이름으로 말한
일에 증험도 없고 성취함도 없으면 이는 여호와께서 말씀하신 것이 아니요 그 선
지자가 제 마음대로 한 말이니 너는 그를 두려워하지 말지니라

가나안 사람들의 모든 신접(神接) 행위는 가증스러운 것으로서, 이스라엘은 절대 이런 일을 해서는 안 된다고 경고한 모세가 이 섹션에서는 이스라엘이 여호와 하나님과 정당하게 교통할 수 있는 방법으로 선지자들을 제시한다. 여호와께서 백성들 중에 직접 세우신 선지자들만이 이스라엘이 하나님과 교통할 수 있는 유일한 통로인 것이다.

선지자들에 대한 규례는 먼 훗날 이스라엘이 가나안에 정착한 후에 적용될 일만은 아니다. 모세는 곧 죽게 된다. 그가 죽고 나면 이스라엘은 당장 지금까지 모세를 통해 해 왔던 하나님과의 교통을 어떻게 유지할 것인가를 고민해야 한다. 이런 정황에서 선지자에 대한 규례는 이스라엘의 고민을 해소해 준다. 모세가 그들 곁을 떠난 후에도 하나님은 선지자들을 그들 곁에 두어 백성들과 교통하실 것임을 암시하기 때문이다. 새번역은 14절을 새 단락의 시작으로 취급하지만, 문맥상 앞 섹션(9-13절)의 결론으로 취급하여 앞 섹션에 붙이는 것이 바람직하다(cf. Craigie; McConville; Wright; Block; Grisanti).

하나님은 선지자를 이스라엘에게 주실 것이며 이스라엘은 하나님이 세우신 선지자의 말을 들어야 한다(15절). 만일 선지자의 말을 듣지 않으면, 하나님이 벌하실 것이다(19절). 선지자는 이스라엘에서 가장 높은 권위를 가진 사람이다. 심지어 왕의 권위도 선지자의 권위에 비교되지 않는다. 이와 같은 선지자의 절대적인 권위는 백성이 왕의 말을 어기는 것에 대하여는 하나님이 어떠한 벌도 내리시지 않는 것에 반해, 선지자의 말씀을 어기는 경우 하나님이 직접 벌하시는 것에서 드러난다(Tigay). 이스라엘의 첫 왕 사울이 선지자 사무엘의 말을 듣지 않았던 것이 그의 몰락의 시작이었던 점도 이와 같은 사실을 증언한다.

하나님이 이스라엘에게 직접 말씀하시지 않고 선지자를 통해 말씀하시는 것은 전에 시내 산에서 이들에게 말씀하셨을 때, 이들이 두려움에 떨며 모세에게 하나님의 말씀을 중계해 줄 것을 부탁한 일에서 유래했다(16-17절). 이 일 이후로 하나님은 이날까지 이스라엘의 요구대로 직접 말씀하시지 않고 모세를 통해 말씀하셨던 것이다. 하나님은 앞으로도 선지자를 통해서 말씀하실 것이기 때문에(18절) 이스라엘은 신접한 자들을 찾을 필요가 없다.

전통적으로 일부 초대 교부들과 그들의 후예들은 본문에서 예수 그리스도를 보았다. 본문이 "선지자들"이라고 복수를 사용하는 것이 아니라 "한 선지자"라고 단수를 사용한 데서 비롯된 해석이다. 그러나

이 해석은 두 가지 문제를 안고 있다. 첫째는 문맥에 맞지 않는다는 것이다. 왕에 대한 규례도 한 사람을 왕으로 세우는 것을 논한다(17:15; cf. "한 레위 사람," 18:6). 게다가 만일 15, 18절의 "한 선지자"가 메시아라면, 19절에서 자기 마음대로 말하거나 다른 신들의 이름으로 말하는 "한 사람"을 어떻게 이해할 것인가? 문맥에 의하면 15, 18절은 참 선지자에 대하여 말하고 있는 것에 반해 19절은 거짓 선지자에 대한 규례를 말하고 있다.

둘째, 예수님은 모세보다 더 큰 분이시지 모세와 같거나 그의 뒤를 잇는 사람이 아니다. 그러므로 본문을 메시아에 대한 예언으로 해석하는 것은 무리다. 본문이 선지자를 단수로 언급하는 것은 저자의 스타일에서 비롯된 문체일 뿐이다. 모슬렘들은 본문에 등장하는 "한 선지자"를 자신들의 종교를 창시한 마호멧으로 풀이한다(Tigay).

모세는 하나님이 세우실 선지자가 자신과 같은 자라고 한다(15절). 성경이 여러 곳에서 언급하듯 모세와 같은 자는 다시 없었다. 특히 민수기 12:6-8에 의하면 모세는 다른 선지자들에 비교할 때 네 가지 면에서 달랐다. (1) 하나님이 모세와 "입과 입으로" 말씀하신 것, (2) 하나님이 그에게 정확하게 말씀하신 것, (3) 하나님이 모세에게 그가 이해하지 못할 것들을 말씀하시지 않았던 것, (4) 모세가 하나님의 형체를 본 것. 이런 정황에서 볼 때 본문이 선지자를 모세와 같다고 하는 것은 모세가 하나님의 말씀을 선포했던 것처럼 예언자들도 하나님의 대변인이 되어 그의 말씀을 선포할 것이라는 점에서 같다는 것을 의미할 뿐이다(Wright; Tigay; Craigie).

모세처럼 하나님의 말씀을 이스라엘에게 선포할 선지자는 몇 가지 조건을 충족시켜야 한다. 첫째, 선지자는 이스라엘 사람이어야 한다. 왕이 동족이어야 했던 것처럼(17:15), 선지자도 이스라엘 사람이어야 한다(15절). 둘째, 선지자가 하나님의 이름으로 선포한 것들은 성취되어야 한다(22절). 여기에는 가까운 미래에 대한 예언과 먼 미래에 대한 예언이 포함된다. 만일 선지자가 말한 것이 이루어지지 않으면, 그는 하나님의 대변자가 아니라 자신의 마음이 내키는 대로 말하는 거짓일 뿐이다. 이런 경우 그를 처형해야 한다(cf. 20절). 셋째, 예언자는 하나님의 이름으로 말씀을 선포해야 한다(19절). 하나님의 이름으로 말씀을 선포한다는 것은 곧 하나님이 그의 입에 담아 주신 말씀만을 선포한다는 것이며, 하나님이 그에게 가르쳐 주신 것만을 말한다는 뜻이다(18절).

선지자의 임무가 매우 막중하기는 하지만 동시에 큰 권위를 동반했기 때문에 나쁜 의도를 가지고 이 제도를 악용하려는 자들이 생길 수 있다. 이점에 대하여 모세는 두 가지 기준으로 거짓 선지자를 구별하여 처형하라고 한다(20절). 첫째, 하나님이 주시지 않은 말씀을 제멋대로 여호와의 이름으로 선포하는 자는 거짓이다. 자신의 생각을 하나님이 주신 것이라며 여호와의 이름으로 떠벌리는 자는 선지자가 아니다. 성경에는 이 규례에 근거한 사건이 두 건이나 기록되어 있다.

아합 왕 시대에 이믈라의 아들 미가야 선지자 사건이 그 첫 번째 경우이다(왕상 22장). 북왕국 이스라엘의 아합은 남왕국 여호사밧과 함께 시리아를 치려 했고, 자신이 후원하던 선지자들을 불러 승리를 얻을 것이라는 신탁을 받았다. 그러나 여호사밧은 이들의 예언에 만족하지 못하고 '제2의 소견서'(second opinion)를 요구했고, 이때 아합이 마지못해 부른 선지자가 미가야였다. 미가야는 아합이 전쟁에 패할 뿐만 아니라 시체가 되어 돌아올 것이라고 예언했다. 화가 난 아합은 그를 감옥에 가두게 하였고, 전쟁에서 승리한 후 돌아와서 자신이 미가야를 직접 죽이겠다고 하였다. 그러나 결국 미가야의 예언이 실현되었고 아합은 죽어 돌아왔다. 아합은 미가야를 거짓 선지자로 몰아 본문의 규정에 따라 죽이려 했지만, 결국 그가 죽게 되었던 것이다. 성경에 기록된 두 번째 사건은 예레미야 선지자의 재판이다(렘 26장). 예레미야는 예루살렘의 멸망을 예언했는데, 제사장들을 포함한 종교 지도자들이 그를 재판에 회부했던 것이다. 배심을 맡은 장로들은 히스기야 왕 때 사역했던 미가 선지자의 예를 들며 그에게 무죄를 선고했다.

둘째, 하나님이 주신 말씀을 선포하지 않고 제멋대로 지껄이는 자는 거짓이라는 사실은 또한 거짓 선지자는 하나님이 이미 백성들에게 주신 말씀에 순종하지 않을 것임을 뜻한다. 자신의 생각을 곧 하나님의 뜻으로 둔갑시키기 위하여 심지어 이미 주어진 하나님의 말씀에 역행하는 일도 서슴지 않는다는 뜻이다. 실제로 이스라엘 역사에서 참 선지자와 거짓 선지자를 구분하는 가장 기본적인 원칙 중 하나는 바로 이 이슈였다. 하나님이 이미 주신 말씀을 절대로 훗날 선지자를 통해 번복할 리가 없으시다. 그러므로 이미 주어진 하나님의 말씀에 상반되는 메시지를 제시하는 자는 거짓된 자다.

셋째, 하나님의 이름이 아니라 다른 신들의 이름으로 예언하는 자들은 거짓이다. 고대 근동에서는 한 종교의 예언자들이 다른 신을 숭배하는 자에게 예언을 하는 경우에는, 그 숭배자의 신의 이름으로 하는 경우가 흔했다. 종교적 혼합주의가 성행했던 것이다. 훗날 이스라엘에는 여호와 종교 안에서도 바알의 이름으로 예언하는 자들이 생겨났다(cf. 렘 2:8; 23:13). 모세는 이런 거짓 선지자들은 죽이라고 한다(20절). 예언자라는 직책에는 막대한 책임이 따른다. 그들의 행위는 자신들의 몰락으로 끝나는 것이 아니라, 그들의 말에 솔깃하여 우상숭배로 빠지는 사람들까지 죽게 하기 때문에 드러나는 대로 죽이라는 것이다. 지도자들이 잘못되면 그 파장은 상상할 수 없이 커지기 때문이다.

II. 두 번째 스피치: 여호와의 율법(4:44-29:1[28:69])
3장. 구체적 율법(12:1-26:19)

3. 생명을 존중하는 정의 실현(19:1-22:8)

이 섹션은 매우 다양한 율법에 대한 강론으로 구성되어 있기 때문에 전체를 아우르는 주제를 찾는 것은 불가능해 보인다. 다만 몇 가지 세부적인 율법을 제외하고 나머지는 모두 "생명의 존엄성과 정의로운 사회 구현"이라는 넓은 주제로 묶을 수 있다. 모세가 본 텍스트를 통해 강조하는 것은 법 집행에 있어서 합리적이어야(reasonable) 하고 인도적이어야(humane) 한다는 것이다. 이런 면에서 본 텍스트에는 신명기에서 지속적으로 강조되고 있는 '문자적인 율법 준수보다는 율법의 의도와 목적이 중요하다'는 사상이 깊이 배어 있다.

신명기를 십계명 구조에 비교하여 분석하는 학자들은 본 텍스트를 제6계명("살인하지 말라")의 확대 설명으로 간주한다(Braulik; Kaufman; Hall; Harman). 그러나 이러한 해석이 만족스럽지는 않다. 이 섹션에 포함된 율법의 일부가 살인하지 말라는 제6계명과 전혀 상관 없기 때문이다. 예를 들면 장자의 권한(21:15-17), 경계선 돌(19:14), 여자 포로(21:10-14) 등은 여섯 번째 계명과 어떠한 연관성도 없어 보인다. 본 텍스트는 다음과 같이 세분화될 수 있다.

A. 합리적인 법 집행(19:1-21)
B. 전쟁 규정(20:1-20)
C. 생명의 존엄성(21:1-23)
D. 배려하는 삶(22:1-8)

> Ⅱ. 두 번째 스피치: 여호와의 율법(4:44-29:1[28:69])
> 3장. 구체적 율법(12:1-26:19)
> 3. 생명을 존중하는 정의 실현(19:1-22:8)

(1) 합리적인 법 집행(19:1-21)

이스라엘의 사법 제도와 주요 리더십에 대하여 언급을 마친 모세는 실수로 사람을 죽게 한 자들을 보호하는 법적 제도인 도피성과 이웃의 권한을 존중하는 것에 관한 규례를 제시한다. 이 장에서 도피성, 경계선 이동, 그리고 거짓 증언에 대한 규례가 같이 언급되는 것은 이 세 가지가 모두 피해자들의 권리와 연관되기 때문이다. 모세는 문자적 율법 준수를 강요하다 보면 억울한 희생자가 나올 수 있음을 잘 알고 있다. 그래서 그는 피해자들의 권리를 강조함으로써 이스라엘이 훗날 약속의 땅에서 율법을 적용할 때 "사람이 율법을 위해 있는 것이 아니라, 율법이 사람을 위해 있다"(cf. 막 2:27)는 사실을 기억하기를 소망한다.

실수로 사람을 죽인 사람이 분명 그 순간에는 가해자이지만, 사건이 일어난 순간부터 그는 본의 아니게 사람을 죽였음에도 불구하고 살인자의 누명을 쓰고 죽은 사람의 친족들에게서 도망해야 하는 피해자가 된다. 누가 이웃이 소유한 땅의 경계선을 몰래 옮겨 놓으면, 그 이웃은 자신도 모르는 사이에 피해자가 되어 있다. 사람이 법정에서 거짓 증언을 하면, 그 피해는 고스란히 피고인에게 전가된다. 이러한 상황에서 피해자들의 권한을 보호하는 규례들이 함께 이곳에 기록되어 있다. 이 섹션은 다음과 같이 세 파트로 구분될 수 있다.

A. 도피성(19:1-13)
B. 경계선(19:14)
C. 증인(19:15-21)

II. 두 번째 스피치: 여호와의 율법(4:44-29:1[28:69])
3장. 구체적 율법(12:1-26:19)
3. 생명을 존중하는 정의 실현(19:1-22:8)
(1) 합리적인 법 집행(19:1-21)

① 도피성(19:1-13)

1 네 하나님 여호와께서 이 여러 민족을 멸절하시고 네 하나님 여호와께서 그 땅
을 네게 주시므로 네가 그것을 받고 그들의 성읍과 가옥에 거주할 때에 2 네 하나
님 여호와께서 네게 기업으로 주신 땅 가운데에서 세 성읍을 너를 위하여 구별하
고 3 네 하나님 여호와께서 네게 기업으로 주시는 땅 전체를 세 구역으로 나누어
길을 닦고 모든 살인자를 그 성읍으로 도피하게 하라 4 살인자가 그리로 도피하여
살 만한 경우는 이러하니 곧 누구든지 본래 원한이 없이 부지중에 그의 이웃을 죽

> 인 일, 5 가령 사람이 그 이웃과 함께 벌목하러 삼림에 들어가서 손에 도끼를 들고
> 벌목하려고 찍을 때에 도끼가 자루에서 빠져 그의 이웃을 맞춰 그를 죽게 함과 같
> 은 것이라 이런 사람은 그 성읍 중 하나로 도피하여 생명을 보존할 것이니라 6 그
> 사람이 그에게 본래 원한이 없으니 죽이기에 합당하지 아니하나 두렵건대 그 피
> 를 보복하는 자의 마음이 복수심에 불타서 살인자를 뒤쫓는데 그 가는 길이 멀면
> 그를 따라 잡아 죽일까 하노라 7 그러므로 내가 네게 명령하기를 세 성읍을 너를
> 위하여 구별하라 하노라 8 네 하나님 여호와께서 네 조상들에게 맹세하신 대로 네
> 지경을 넓혀 네 조상들에게 주리라고 말씀하신 땅을 다 네게 주실 때 9 또 너희가
> 오늘 내가 너희에게 명하는 이 모든 명령을 지켜 행하여 네 하나님 여호와를 사랑
> 하고 항상 그의 길로 행할 때에는 이 셋 외에 세 성읍을 더하여 10 네 하나님 여호
> 와께서 네게 기업으로 주시는 땅에서 무죄한 피를 흘리지 말라 이같이 하면 그의
> 피가 네게로 돌아가지 아니하리라 11 그러나 만일 어떤 사람이 그의 이웃을 미워하
> 여 엎드려 그를 기다리다가 일어나 상처를 입혀 죽게 하고 이 한 성읍으로 도피하
> 면 12 그 본 성읍 장로들이 사람을 보내어 그를 거기서 잡아다가 보복자의 손에 넘
> 겨 죽이게 할 것이라 13 네 눈이 그를 긍휼히 여기지 말고 무죄한 피를 흘린 죄를
> 이스라엘에서 제하라 그리하면 네게 복이 있으리라

출애굽기 21:13-14은 원칙적으로 의도를 가지고 사람을 죽이는 것(살인)과 본의 아니게 실수로 사람을 죽이는 것(과실)을 구분한다. 또한 민수기 35:9-28도 본문처럼 본의 아니게 사람을 죽게 한 사람이 죽은 사람의 친족들로부터 보호받을 수 있는 도피성에 대하여 지시한다. 본문이 언급하는 도피성 제도는 하나님이 요구하셨을 뿐만 아니라 이스라엘 사람들이 자신들에게 주는 선물이기도 하다. 왜냐하면 도피성은 공동체에 속한 사람들이 본의 아니게 실수로, 혹은 사고로 사람을 죽였을 때, 그들에게 피난처를 제공할 수 있기 때문이다.

한 가지 중요한 것은 실수나 사고로 사람을 죽이는 경우 가해자가 이 도피성 제도의 보호를 받아 죽음은 면하지만, 이러한 사실이 그가

결코 결백하다는 것을 뜻하는 것은 아니라는 사실이다. 실수로 사람을 죽이는 경우에도 분명 속죄가 필요하다. 과실치사도 죄지만, 미리 계획한 살인과는 다르게 취급되어야 한다는 것이 이 율법의 취지다.

도피성은 총 여섯 개가 세워지며, 요단 강 동쪽에 세 개, 강 서쪽에 세 개를 두어야 한다(민 35:13-14). 모세가 본문에서 세 곳만 언급하는 것은(2절), 요단 강 동쪽에 두어야 할 세 곳은 이미 정해졌기 때문이다. 신명기 4:41-43은 요단 강 동편에 정착한 지파들의 성읍 중 르우벤 지파의 성읍 베셀, 갓 지파의 성읍 라못, 므낫세 반지파의 골란이 도피성으로 지정되었다고 한다.

모세는 이스라엘이 요단 강을 건너면 가나안 땅을 세 영역으로 구분하고 도피성으로 가는 길을 닦아두라고 한다(3절). 도피성으로 "가는 길을 닦아두라"(תָּכִין לְךָ הַדֶּרֶךְ)가 정확히 무엇을 의미하는지는 확실하지 않다. 학자들은 크게 두 가지 해석을 내놓았다. 첫째, 도피성 접근이 용이하도록 가는 길을 잘 만들어 놓으라는 뜻이다(개역개정; 새번역; 현대인성경; NAS). 둘째, 이스라엘 어느 곳에서든지 도피성으로 신속하게 갈 수 있도록 거리를 재서 일정한 간격으로 두라는 뜻이다(공동; NRS; TNK; NIV; ESV). 대부분 학자들은 후자가 본문의 의도에 더 잘 어울린다고 생각한다(Christensen; McConville; Nelson; Tigay). 도피성의 위치가 약속의 땅 전역에서 쉽게 찾아갈 수 있도록 하려면 도로의 상태보다는 거리가 관건이기 때문이다(Grisanti). 도피성은 어디에 사는 누구든지 쉽게 접근할 수 있는 위치에 있어야 한다는 것이다. 도망자가 도피성으로 가는 도중 죽은 사람의 친족들에게 붙잡혀 보복을 당하는 일을 최대한으로 예방하기 위해서다. 실제로 여섯 도피성들의 위치를 보면 이스라엘 전 지역에 일정하게 분산되어 있어 어느 지역에서든지 쉽게 접근할 수 있도록 했다.

구약의 율법을 "이에는 이로, 손에는 손으로, 발에는 발로 보복하는 것"으로(cf. 21절) 생각하는 것이 일반적이지만, 도피성 제도는 이스라엘의 사법제도가 정상을 참작하여 상당한 융통성을 가지고 법을 적용했다는 점을 암시한다. "이에는 이로, 손에는 손으로, 발에는 발로"의 원리는 악의를 가지고 이웃을 해치려 할 경우에만 유효한 제한된 원칙이었다. 법이 정황을 고려하지 않고 정상을 참작하지 않고 적용된다면, 법이 사람들을 보호하는 것이 아니라 그들을 지배하게 된다. 어느 사회든 법은 사회의 질서를 확립하고 사람들을 보호하기 위하여 제정된 것이라는 법의 정신에 위배되는 것이다.

실수나 사고로 사람을 죽인 자는 도피성에 이르러 성의 장로들에게 상황을 설명하고 그들의 허락에 따라 성에 머물 수 있다(cf. 수 20:4). 만일 도피성 장로들이 도망 온 사람의 설명을 듣고 나서도 그 사람이 도피성에 머물러야 하는 일에 대하여 설득이 되지 않을 경우 그 사람을 그가 전에 있었던 곳으로 돌려 보내 그가 흘린 피에 대하여 응징을 받도록 해야 한다(12절; cf. 수 20:6). 민수기 35:16-21도 의도적으로 사람을 죽인 사람의 경우 도피성의 혜택을 받을 수 없다는 점을 상세하게 기록한다. 반면에 도피성 장로들이 납득할 만한 정황이 성립되어 살인자가 일단 성에 들어가게 되면 그 사람은 도피성 사람들의 보호를 받는다(수 20:4). 피해자의 친족들이 좇아와 보복하는 것을 막아야 하는 책임이 도피성 사람들에게 있는 것이다.

사람이 도피성으로 피신하면, 그 성의 장로들은 그 사람을 정식 재판에 회부해야 한다(cf. 민 35:12). 성경이 명시하고 있지는 않지만, 경우에 따라서 법정은 피해자의 가족들에게도 증언할 기회를 주어서 쌍방의 의견을 충분히 고려했을 것으로 생각된다. 재판을 통해 그가 도피성에 머물러야 하는 타당한 이유가 인정된다면, 그는 도피성에서 당시의 대제사장 (הַכֹּהֵן הַגָּדוֹל)이 죽을 때까지 머물러야 한다(cf. 민 35:25). 대제사장이 죽은 다음에는 고향으로 돌아가 다시 가족들과 함께 살 수 있다. 시간이 지나면서 피해자 가족들의 감정이 조금씩 누그러드는 것을 유도하며 동시에 가해자도 오랫동안 가족들과 떨어져 살면서 근신할 기회를 갖도록 하는 법이다.

도망자가 대제사장이 죽을 때까지 도피성에 머물러야 하는 이유에 대하여 몇 가지 해석이 가능하다. 주석가들은 대제사장의 죽음이 새 시대의 시작을 상징하는 것이기에 이 때를 기념하기 위하여 사면이 이루어졌기 때문이라고 한다. 오늘날 대통령 취임식과 맞물려 많은 사람들이 사면을 받는 것과 비슷하다.

더 설득력 있는 해석은 대제사장이 희생 제도(sacrificial system)를 대표하는 인물이었기에, 그의 죽음이 살인자의 죄를 대속하는 것으로 풀이하는 것이다(Woudstra; Greenberg; Pressler; cf. Wenham; Allen). 이러한 차원에서 대제사장의 죽음은 예수 그리스도의 죽음의 모형이다(Howard).

성경은 미리 계획한 살인을 뜻하면서 흔히 "살해하다"(רצח)라는 동사를 사용하는데(cf. 22:26), 이곳에서는 실수로 빚어진 일을 뜻하면서도 동일한 동사를 사용하고 있다(3, 4, 6절). 십계명의 "살인하지 말라"는 말씀에서도 이 동사를 사용하는데, 불법적이고 부적절한 죽임을 뜻한다(HALOT; NIDOTTE). 살인이든 실수이든 간에 사람이 죽임을 당한 일에는 차이가 없다는 것이다. 그러나 하나님의 지시에 따라 전쟁 혹은 범죄자를 죽이는 일은 이 개념과 분리되어야 한다(Grisanti).

실수로 사람을 죽게 한 자는 도피성에 머무는 한 죽은 사람의 친족들의 복수로부터 보호를 받을 수 있다. 도피성 제도는 이스라엘 백성들뿐만 아니라, 그들 중에 사는 이방인들에게도 동일하게 적용되었다(민 35:15). 도피성 제도는 실수로 사람을 죽게 한 자들을 보호하는 것을 목적으로 하고 있지만, 땅이 억울한 자가 흘린 피로 더러워지는 것을 막는 것도 하나의 목적이었기 때문에 이스라엘에 정착하여 사는 이방인들의 경우에도 동일하게 적용했던 것이다. 성경은 우상숭배, 근친상간 등도 땅을 더럽힌다고 한다(겔 36:17-18).

도피성이 가해자를 위해 할 수 있는 것은 그가 이곳에 머무는 동안 피해자의 죽음을 보복하려는 자들에게서 보호를 받는 것뿐이다(6절).

도피성을 벗어나면 살해될 수도 있다. 실수나 사고로 사람을 죽였다 해도 가해자는 분명 죄를 지었다. 그러나 법은 정상을 참작해서 그를 관대하게 대해야 하는 것이다.

성경에 제시된 도피성에 대한 규례를 살펴보면 다음과 같은 원리들이 드러난다. (1) 오직 실수로 사람을 죽게 한 자만 보호의 대상이 될 수 있다. 죽은 사람의 친족이 가해자의 가족을 해할 수 없다, (2) 살인과 과실치사의 차이는 의도성이다, (3) 살인자는 결코 속전으로 죽은 자의 생명을 사거나 대신할 수 없다, (4) 살인과 과실치사에 대한 판결은 사회〔공동체〕가 내리는 것이지 가해자나 피해자의 가족들이 결정하는 것이 아니다, (5) 의도성을 가지고 사람을 죽인 자는 죽은 사람의 친족에 의하여 처형당한다.

II. 두 번째 스피치: 여호와의 율법(4:44–29:1[28:69])
3장. 구체적 율법(12:1–26:19)
3. 생명을 존중하는 정의 실현(19:1–22:8)
(1) 합리적인 법 집행(19:1–21)

② 경계선(19:14)

14 네 하나님 여호와께서 네게 주어 차지하게 하시는 땅 곧 네 소유가 된 기업의 땅에서 조상이 정한 네 이웃의 경계표를 옮기지 말지니라

이스라엘에서 땅은 특별한 경우 외에는 일상에서 거래될 수 없었다. 가나안을 정복한 이스라엘이 각 지파별로, 그리고 각 집안에 따라 땅을 분배할 때 제비뽑기를 통해 드러난 하나님의 뜻에 따라 기업을 얻었기 때문이다. 이미 선조들이 하나님의 뜻에 따라 그어 놓은 각 집안 땅의 경계선을 옮기는 것은 곧 하나님의 뜻을 거역하는 행위가 된다. 아합이 나봇에게 포도원을 팔라고 했을 때 나봇의 발언을 생각해 보라. "제가 조상의 유산을 임금님께 드리는 일은, 주님께서 금하시는 불경한 일입니다"(왕상 21:3, 새번역).

모세는 27:17에서 "이웃의 땅 경계석을 옮기는 자는 저주를 받는다"

고 단호히 선언한다. 선지자들과 지혜문헌 저자들도 이런 일을 매우 심각한 범죄로 간주한다(호 5:10; 잠 23:10-11; 욥 24:2-4). 그뿐만 아니라 고대 근동의 갖가지 법과 잠언들, 그리고 헬라 철학자 플라톤도 이런 일을 금하고 있으며, 심지어 로마 법은 이런 경우 피해자가 가해자를 처형할 수 있도록 했다(Tigay). 이 규례는 이웃의 물건을 탐하지 말라는 열 번째 계명과도 직접적인 연관이 있다.

이 율법의 적용 범위가 속임수를 써서 슬쩍 경계선을 옮기는 일에만 제한되는 것은 아니다. 권력자들이 강제로 가난한 자들의 땅을 빼앗는 것에도 적용된다(McConville; cf. 사 5:8; 미 2:2). 아합이 나봇의 포도밭을 빼앗은 것은 권력형 비리의 전형적인 사례다(왕상 21장). 유태인들은 본문의 원리를 불공평한 경쟁 등을 통해 다른 사람들의 생계와 권한을 위협하는 모든 행위에 적용했다(Tigay). 모든 사람은 하나님의 모양과 형상대로 창조되었기 때문에 기본적인 존엄성과 권리를 가지고 있으며, 이 권리는 재산권을 포함하고 있기에 그 누구도 그의 재산권을 침해해서는 안 된다.

II. 두 번째 스피치: 여호와의 율법(4:44-29:1[28:69])
3장. 구체적 율법(12:1-26:19)
3. 생명을 존중하는 정의 실현(19:1-22:8)
(1) 합리적인 법 집행(19:1-21)

③ 증인(19:15-21)

15 사람의 모든 악에 관하여 또한 모든 죄에 관하여는 한 증인으로만 정할 것이 아
니요 두 증인의 입으로나 또는 세 증인의 입으로 그 사건을 확정할 것이며 16 만일
위증하는 자가 있어 어떤 사람이 악을 행하였다고 말하면 17 그 논쟁하는 쌍방이
같이 하나님 앞에 나아가 그 당시의 제사장과 재판장 앞에 설 것이요 18 재판장은
자세히 조사하여 그 증인이 거짓 증거하여 그 형제를 거짓으로 모함한 것이 판명
되면 19 그가 그의 형제에게 행하려고 꾀한 그대로 그에게 행하여 너희 중에서 악
을 제하라 20 그리하면 그 남은 자들이 듣고 두려워하여 다시는 그런 악을 너희 중

에서 행하지 아니하리라 [21] 네 눈이 긍휼히 여기지 말라 생명에는 생명으로, 눈에는 눈으로, 이에는 이로, 손에는 손으로, 발에는 발로이니라

이 율법은 거짓 증언으로 발생할 수 있는 피해를 막기 위한 것이다. 모세는 이미 17:6에서도 동일한 원리를 제시한 적이 있으며 십계명도 거짓 증언을 금하고 있다(5:17). 어떤 재판에서라도 한 사람의 증언으로는 판결을 내릴 수 없다(15절). 최소한 두세 사람의 증인이 있어야 한다. 만일 증언이 거짓으로 밝혀질 경우, 그 증언이 채택되었을 경우 초래되는 형벌이 거짓 증언을 한 사람에게 적용되어야 한다(16-21절). 이런 경우 "이에는 이, 눈에는 눈, 발에는 발로"(lex talionis)의 원칙이 준수되어야 한다(cf. 출 21:23-25; 레 24:19-20). 이스라엘에서 이런 일이 발생하지 않도록 본보기를 보여 주라는 것이다.

거짓 증언이 의심되는 경우 성소에 있는 대법정(cf. 17:8-13)에 있는 제사장들과 재판관들이 판결해야 한다. 재판관들은 하나님 앞에서 모든 정황을 살펴본 후 하나님의 권한으로 판결을 내려야 한다. 그만큼 이 일에 있어서 신중하라는 뜻이다. 거짓 증인에 대한 규례와 경계선에 대한 법은 인간의 악함에는 한계가 없다는 것을 잘 보여 준다(McConville).

> Ⅱ. 두 번째 스피치: 여호와의 율법(4:44–29:1[28:69])
> 3장. 구체적 율법(12:1–26:19)
> 3. 생명을 존중하는 정의 실현(19:1–22:8)

(2) 전쟁 규정(20:1-20)

모세는 이미 전쟁에 대하여 언급한 적이 있다(7:1-26). 이 섹션도 전쟁에 대하여 말하지만, 초점은 전쟁 절차와 방법에 맞추어져 있다. 그러나 세부적이고 상세한 전쟁 교범(教範)은 아니다. 왕에 대한 규정처럼 기본적인 원리를 지적하고 있을 뿐이다. 성경에서 전쟁의 절차와 방법을 규정하는 율법은 신명기에만 기록되어 있다.

신명기는 몇 군데에서 전쟁에 대한 규례를 제시하는데(20:1-20; 21:10-14; 23:9-14; 24:5), 대체로 이 본문들은 누가 전쟁에 참여하지 않아도 되는가와 정복한 자들과 성읍을 어떻게 처리해야 하는가를 설명한다. 이 구절들 중 본문이 가장 중요하고 자세하다. 본문이 제시하는 전쟁에 대한 규례는 왕에 대한 율법처럼 현실적이기보다는 이상적인 성향을 지니고 있다(Craigie). 또한 전쟁에 대한 지침과 왕에 대한 규례는 둘 다 매우 반(反) 군사적(anti-military) 성향을 띤다(Wright).

전쟁에 관한 율법이 과실로 사람을 죽게 하는 경우(19:1-13)와 범인을 알 수 없는 살인 사건의 경우(21:1-9)에 관한 규례 사이에 끼어 있는 것은 세 섹션 모두 사람의 죽음을 주제로 삼고 있으며, 어떤 경우에 합법적으로 사람을 죽일 수 있고(viz., 본문이 언급하는 전쟁), 어떤 경우에는 사람을 죽이는 것이 불법인가를 대조하기 위해서다(McConville). 이 장은 다음과 같이 세 섹션으로 구분될 수 있다.

A. 전쟁에 참여할 군인들(20:1-9)
B. 정복한 백성 처리(20:10-18)
C. 포위된 성읍 주변 나무(20:19-20)

II. 두 번째 스피치: 여호와의 율법(4:44-29:1[28:69])
3장. 구체적 율법(12:1-26:19)
3. 생명을 존중하는 정의 실현(19:1-22:8)
(2) 전쟁 규정(20:1-20)

① 전쟁에 참여할 군인들(20:1-9)

1 네가 나가서 적군과 싸우려 할 때에 말과 병거와 백성이 너보다 많음을 볼지라
도 그들을 두려워하지 말라 애굽 땅에서 너를 인도하여 내신 네 하나님 여호와께
서 너와 함께 하시느니라 2 너희가 싸울 곳에 가까이 가면 제사장은 백성에게 나
아가서 고하여 그들에게 3 말하여 이르기를 이스라엘아 들으라 너희가 오늘 너희
의 대적과 싸우려고 나아왔으니 마음에 겁내지 말며 두려워하지 말며 떨지 말며
그들로 말미암아 놀라지 말라 4 너희 하나님 여호와는 너희와 함께 행하시며 너희

> 를 위하여 너희 적군과 싸우시고 구원하실 것이라 할 것이며 5 책임자들은 백성에
> 게 말하여 이르기를 새 집을 건축하고 낙성식을 행하지 못한 자가 있느냐 그는 집
> 으로 돌아갈지니 전사하면 타인이 낙성식을 행할까 하노라 6 포도원을 만들고 그
> 과실을 먹지 못한 자가 있느냐 그는 집으로 돌아갈지니 전사하면 타인이 그 과실
> 을 먹을까 하노라 7 여자와 약혼하고 그와 결혼하지 못한 자가 있느냐 그는 집으
> 로 돌아갈지니 전사하면 타인이 그를 데려갈까 하노라 하고 8 책임자들은 또 백
> 성에게 말하여 이르기를 두려워서 마음이 허약한 자가 있느냐 그는 집으로 돌아
> 갈지니 그의 형제들의 마음도 그의 마음과 같이 낙심될까 하노라 하고 9 백성에게
> 이르기를 마친 후에 군대의 지휘관들을 세워 무리를 거느리게 할지니라

전쟁에 관한 지침은 곧 시작될 가나안 정복 전쟁뿐만 아니라, 훗날 이스라엘이 가나안에 정착한 후에도 주변 국가들과 전쟁을 할 때 적용되는 일반적인 규정이다. 율법이 전쟁에 임하는 이스라엘에게 요구하는 가장 기본적인 것은 믿음이다. 출애굽 사건이 확실히 보여주듯이 이스라엘의 능력은 그들의 군사력에 있지 않고 그들과 함께 하시는 하나님께 있다(1절). 그러므로 하나님이 이스라엘과 함께 하시는 한 백성들은 두려워 할 필요가 없다.

이 같은 사실을 강조하기 위하여 저자는 이스라엘에게 불리한 상황을 묘사하면서 1절을 시작한다. "당신들보다 많은 적군이 말과 병거를 타고 오는 것을 보더라도, 그들을 두려워하지 마십시오." "적군"(עַם)(새번역)의 문자적인 의미는 백성이지만, 본문에서처럼 성경은 종종 전쟁을 하려고 모인 백성(viz., 군대)의 의미로 이 단어를 사용한다(cf. 수 11:4). 대체로 보병들이 싸우는 형태를 취했던 고대 근동의 전쟁 풍토에서 말과 말이 끄는 병거는 위협적인 높이와 신속함 때문에 적군들의 사기를 떨어뜨리기에 충분한 심리적인 요인으로 작용했다(Tigay).

본문에서 사용되는 "두려워 말라"(לֹא תִירָא)의 표현은 일반적으로 우리에게 익숙한, 여호와의 구원과 위로의 선포를 시작하는 "두려워 말

라"(אַל־תִּירָא)에서 사용되는 부정사와 다른 부정사를 사용하고 있다. 구원을 선포하는 "두려워 말라"(אַל־תִּירָא)는 구약에서 상당히 흔하게 사용되는 표현인 것에 반해(75x) 본문에서 사용되고 있는 "두려워 말라"(לֹא תִירָא)는 상대적으로 희귀하다. 구약 전체에 여덟 차례 사용되며, 이 중 신명기 안에서만 다섯 차례 사용된다(1:29; 3:22; 7:18; 20:1; 31:8). 이 표현이 사용될 때에는 항상 여호와께서 자기 백성을 위하여 싸우시거나 함께 하심을 전제한다(Grisanti). 모세는 아무리 큰 적이 쳐들어와도 이스라엘이 두려워할 필요가 없는 이유는 여호와께서 그들을 위하여 싸우실 것이기 때문이라고 말하는 것이다.

하나님은 이스라엘에게 이런 것 때문에 두려워할 필요가 없다고 하신다. 그들은 이미 하나님이 홍해에서 이집트의 병거를 어떻게 하셨는지를 직접 목격한 적이 있기 때문이다. 시대를 호령하는 가장 큰 무기라도 하나님 앞에서는 거추장스러운 무용지물(無用之物)일 뿐이다. 그러므로 이스라엘이 두려워 해야 할 것은 막강한 적이 아니라 하나님이 그들과 함께 하시지 않는 경우다. 전쟁의 승패는 그들의 믿음에 의하여 결정되는 것이다.

하나님이 전쟁을 하는 이스라엘과 함께 하신다는 것을 상징하기 위하여 군대가 결성되면 제일 먼저 제사장이 군대를 격려하며 다음과 같이 선포한다. "이스라엘아, 들어라. 오늘 너희가 너희의 대적과 싸우러 나갈 때에, 마음에 겁내지 말며, 무서워하지 말며, 당황하지 말며, 그들 앞에서 떨지 말아라. 주 너희의 하나님은 너희와 함께 싸움터에 나가서, 너희의 대적을 치시고, 너희에게 승리를 주시는 분이시다"(3-4절). 이스라엘이 하는 전쟁은 여호와께서 함께 하시는 성전(聖戰)이라는 것이다. 하나님이 앞서 가셔서 이스라엘의 대적을 치시고 그들에게 승리를 주실 것을 확신한다.

항상 이런 일이 일어나는 것은 아니다(cf. 삼상 4장). 이스라엘이 하나님께 범죄하고 회개하지 않으면 이런 축복을 기대할 수 없다. 이스라엘의 승리는 말씀에 순종하는 삶의 열매인 것이다. 이스라엘은 하나님이 함께 하심을 상징하면서 법궤를 앞세우고 전쟁에 나가기도 했지만(cf. 수 6장; 삼상 4장), 본문은 법궤가 전쟁에 가는 것을 요구하지는 않는다. 이스라엘의 전쟁에 법궤가 함께하는 것은 하나의 선택사항이지 필수 요건은 아니라는 의미다. 또한 본문이 언급하지는 않지만, 이스라엘 전쟁에는 제사장들이 에봇, 우림과 둠밈 등 성물(聖物)들을 가지고 가기도 했고, 나팔을 불며 군대를 지휘하기도 했다.

제사장의 격려사가 끝나면, 장교들이 나서서 모인 군인 중 전쟁에 참여시키기에 적합하지 않은 사람들을 선별하여 집으로 돌려보내야 한다(5-9절). "장교들"(שֹׁטְרִים)(새번역; 공동)이라는 번역이 이 사람들의 역할에 대하여 오해의 소지를 불러올 수 있다. 군사를 지휘하는 장교는 9절에 이를 때까지 언급되지 않는다. 여기서 "장교"는 백성 중 군대를 일으키는 일을 하는 민간인들(Tigay; Craigie) 혹은 군대에 대하여 기록하는 직분을 받은 레위 사람들이었을 것이다(Block). 이들은 지파별로 선출된 사람들이며 국가가 전쟁을 해야 할 때 장정들을 동원하는 역할을 맡았다. 그러므로 "유사"(개역), 혹은 "책임자들"(개정개역)이라는 표현이 더 적절하다.

민간인들이 군 지휘관들에게 동원한 장정들을 넘겨주기 전에 동원된 사람 중 전쟁에 참여하는 것이 적합하지 않은 자들을 선별해 내는 것은 민간인의 권익을 보장하는 차원에서 중요하다(Tigay). 열성이 앞선 군 장교가 예외를 두지 않고 소집된 모든 자들을 끌고 갈 수 있기 때문이다. 이 "책임자들"의 목적은 가장 큰 군대를 전쟁에 보내는 것이 아니라, 가장 좋은 군대를 보내는 것에 있었다(Craigie; cf. 삿 6장). 물론 제일 좋은 군대는 모든 군인이 한마음이 되어 전적으로 하나님만 의지하는 군대다.

다음 네 가지 조건 중 하나에 해당하면 전쟁에 참여시키는 데 적합하지 않기 때문에 집으로 돌려보내야 한다. 이 조건들은 무엇보다도 인도적인 차원에서 제시된 것이지 신체적으로 군인이 되기에 부적합한 사람들을 걸러 내자는 것이 아니다. 또한 신명기의 핵심 주제는 율법을 통해 이스라엘이 풍요와 누림을 즐기는 것이다(Grisanti). 그런데 여기에 제시된 조건에 해당되는 사람들은 자신들의 노력의 열매와 하나님의 축복을 충분히 누리지 못했다. 모세는 이 사람들을 집으로 돌려보내 그들이 충분히 누리지 못한 삶을 누리도록 한 다음, 훗날 전쟁에 참여하도록 하라고 한다. 전쟁을 하는 이유가 이스라엘 백성의 행복권을 유지하거나 얻기 위해서인데, 이런 사람들이 전쟁에 가서 죽게 되면 전쟁의 취지가 무색해지기 때문이다(Wright).

또한 앞으로 모세가 불순종하는 이스라엘에게 내릴 저주에는 "당신들이 한 여자와 약혼해도 다른 남자가 그 여자를 욕보이고, 집을 지어도 그 집에서 살지 못하며, 포도원을 가꾸어도 그것을 따먹지 못할 것이다"가 포함되어 있다(28:30, 새번역). 그러므로 이 조건들(약혼한 사람, 최근에 집을 지은 사람, 새 포도원을 세운 사람)에 해당되는 사람들이 전쟁에 가서 죽으면 하나님의 저주를 받은 것인지 아닌지에 상관없이 무조건 저주 받은 것으로 간주될 위험이 있다. 그러므로 이런 위험을 차단하는 의미에서도 이 사람들은 집으로 돌려보내야 한다. 학자들은 이런 유형의 저주를 '무익 저주'(futility curse)라고 하는데 성경뿐만 아니라(cf. 신 28:30) 고대 근동의 여러 문화에서도 발견된다(Wright; Tigay; Nelson; cf. ANET, 48, 143-44).

이스라엘은 전쟁터로 보내기 위해 성인 남자들을 소집한 후에 다음 조건에 해당되는 사람들은 집으로 돌려보내야 한다. 첫째, 집을 짓고 준공식을 하지 못한 사람은 집으로 돌려보내야 한다(5절). 사람이 심혈을 기울여 어렵게 집을 짓다가, 혹은 짓고는 그 집에서 살아보지도 못하고 전쟁에 가야 한다면 얼마나 마음이 아플까? 게다가 살아서 다시 집으로 돌아온다는 보장도 없지 않은가? 모세는 이러한 상황을 감안하여 이런 사람은 전쟁으로 데려가지 말고 집으로 돌려보내 새로 지은 집을 충분히 누릴 수 있도록 하라고 한다. 우리말 번역본들이 "준공하다"(새번역), "낙성식을 거행하다"(개역), "봉헌하다"(공동) 등으로 하나같이 일종의 예식을 행하는 것으로 번역하고 있는 히브리어 동사(חנך)의 기본적인 의미는 "시작하다/경험하게 하다"이다(Tigay; Craigie; Christensen; cf. HALOT). 새로 지은 집에서 살아보지 못한 사람들을 두고 하는 말이다. 지금까지 알려진 바로는 고대 이스라엘에서는 새집을 지으면 완공을 기념하며 치렀던 예식이 따로 없었다(ABD; McConville; Nelson; Craigie).

둘째, 포도원을 만들어 놓고 아직 그 열매를 맛보지 못한 사람도 돌려보내야 한다(6절). 민수기 19:23-25에 의하면 과실 나무를 심으면 처음 3년 동안은 그 나무에서 과실을 따서는 안 된다. 심은 지 4년째 되는 해에는 열매를 모두 하나님께 드려야 한다. 농부는 나무를 심은 지 5년째 되는 해에 가서야 비로소 과실을 즐길 수 있다. 그렇다면 새로이 과실나무를 심은 농부는 최고 5년까지 전쟁에 동원되지 않을 수 있다. 사람이 자신의 노력에 대한 결실을 맛보는 것은 매우 중요한 일이기 때문이다. 또한 농부가 과수원을 시작하면 제대로 된 소산을 볼 때까지 온갖 정성과 노력을 기울일 필요가 있다는 점을 인정하는 율법이다. 고대 바빌론의 법전에도 남의 땅을 빌려서 과수원을 시작한 소작인은 그 땅 주인의 과실을 즐길 수 있는 권한을 침해하지 않기 위하여 최소한 5년 동안은 그 땅을 경작해야 한다는 규정이 있다(Code of Hammurabi 60-63).

셋째, 약혼은 했지만 결혼은 아직 하지 못한 사람도 집으로 돌려보내야 한다(7절). 당시 '약혼하다'(ארשׂ)의 개념은 오늘날의 것과 매우 다르다. 남자들은 신부 될 사람의 아버지에게 신부의 몸값을 지불해야 했다(cf. 창 29장). 약혼을 했다는 것은 식은 올리지 않았지만, 이미 몸값이 치러진 상태를 두고 하는 말이다(Tigay; TNK). 그러므로 아직 신방은 차리지 않았지만, 결혼한 것이나 다름없는 상황을 두고 하는 말이다. 이런 경우 아내나 다름없는 약혼자를 두고 전쟁으로 나가야 하는 일은 너무나 잔인한 일이다. 만일 신랑이 전쟁에서 죽기라도 한다면 여인은 신방을 차려 보지도 못하고 과부로 살아가야 할 수도 있다. 그러므로 이런 상황에서 신랑을 전쟁터로 내보내는 것은 신랑과 신부의 행복권에 대한 침해로 볼 수도 있다. 그러므로 모세는 돌려보내라고 하는 것이다. 본문은 신랑을 위한 배려로 그를 전쟁으로 끌고 가지 말라고 하는데, 결혼한 신랑을 1년 동안 전쟁에 보내지 말라는 24:5 말씀은 신부를 위한 배려에서 비롯되었다.

넷째, 전쟁에 대해 주체할 수 없는 두려움이 있는 사람도 돌려보내라(8절; cf. 삿 7:2-3). 다른 예외 규정들은 모두 당사자들을 배려하는 차원에서 주어졌는데, 이 규정은 전쟁으로 떠나가는 군인들을 배려한 것이다. 군대에 겁에 질린 사람이 섞여 있으면 온 군대의 사기가 저하되기 때문이다(Grisanti; cf. 삿 7:3). 그러므로 이런 사람은 차라리 전쟁터에 없는 것이 도움이 된다.

현실적으로 생각할 때, 이 조건들에 저촉되는 사람들을 모두 돌려보내면 전쟁하기가 매우 힘들어진다. 그러므로 이 규례는 매우 이상적인 것이라 봐야 한다(Craigie; Wright). 그러나 이스라엘이 현실적인 상황을 고려하기보다는 이상적인 상황을 고려해야 하는 것은 그들의 신앙과 깊이 연관되어 있다. 전쟁의 승패는 군사력이나 무기에 있지 않고 여호와 하나님께 달려 있다는 것을 확신하고 고백하는 행위이기 때문이다. 그들은 이미 출애굽 사건과 지난 40년의 광야 생활을 통해 하나님의 능력이 어느 정도인가를 직접 체험했다. 그러므로 모세가 이런 규례를 제시할 당시에는 별 어려움 없이 아멘으로 받았을 것이다. 민간인 책임자들이 전쟁으로 가서는 안 될 사람들을 모두 골라낸 다음, 나머지 사람들을 “군 지휘관들”(שָׂרֵי צְבָאוֹת)에게 넘긴다(9절). 전쟁으로 갈 사람들을 인계받은 군 지휘관들은 십부장, 오십부장, 백부장, 천부장 등을 뜻한다(Tigay; Craigie).

Ⅱ. 두 번째 스피치: 여호와의 율법(4:44-29:1[28:69])
3장. 구체적 율법(12:1-26:19)
3. 생명을 존중하는 정의 실현(19:1-22:8)
(2) 전쟁 규정(20:1-20)

② 정복한 백성 처리(20:10-18)

10 네가 어떤 성읍으로 나아가서 치려 할 때에는 그 성읍에 먼저 화평을 선언하라
11 그 성읍이 만일 화평하기로 회답하고 너를 향하여 성문을 열거든 그 모든 주민
들에게 네게 조공을 바치고 너를 섬기게 할 것이요 12 만일 너와 화평하기를 거부
하고 너를 대적하여 싸우려 하거든 너는 그 성읍을 에워쌀 것이며 13 네 하나님 여
호와께서 그 성읍을 네 손에 넘기시거든 너는 칼날로 그 안의 남자를 다 쳐죽이고
14 너는 오직 여자들과 유아들과 가축들과 성읍 가운데에 있는 모든 것을 너를 위
하여 탈취물로 삼을 것이며 너는 네 하나님 여호와께서 네게 주신 적군에게서 빼
앗은 것을 먹을지니라 15 네가 네게서 멀리 떠난 성읍들 곧 이 민족들에게 속하지
아니한 성읍들에게는 이같이 행하려니와 16 오직 네 하나님 여호와께서 네게 기업
으로 주시는 이 민족들의 성읍에서는 호흡 있는 자를 하나도 살리지 말지니 17 곧
헷 족속과 아모리 족속과 가나안 족속과 브리스 족속과 히위 족속과 여부스 족속
을 네가 진멸하되 네 하나님 여호와께서 네게 명령하신 대로 하라 18 이는 그들이
그 신들에게 행하는 모든 가증한 일을 너희에게 가르쳐 본받게 하여 너희가 너희
의 하나님 여호와께 범죄하게 할까 함이니라

이 율법은 이스라엘이 다른 족속들의 성읍 정복에 나섰을 때 준수해야 하는 규칙이다. 이스라엘은 이방인의 성읍들이라 해서 무분별하게 초토화시켜서는 안 된다. 먼저 정복하고자 하는 성읍 주민들에게 항복할 수 있는 기회를 주어야 한다(10절). 포위된 성읍의 백성들에게 "평화"(שָׁלוֹם)를 선택할 기회를 주라고 하신다. 만일 그들이 항복하면, 이스라엘은 그들을 죽일 수 없다. 그들을 고문하거나 소유나 재산을 몰수해서도 안 된다(Wright). 오직 노비로 삼아 일을 시켜야 한다(11절). 노비(מַס)는 관청 등 정부 기관에서 강제로 일을 시키는 공짜 인력이었다(Tigay). 여호수아를 속이고 이스라엘과 동맹조약을 맺은 기브온 사람들이 이런 지위에서 이스라엘 사람들을 섬겼다(수 9장).

만일 항복하지 않으면 이스라엘은 그 성읍을 정복하여 모든 성인 남자들을 죽여야 한다(13절). 여자들과 아이들과 가축 등 그 성의 모든 재산은 전리품으로 간주하여 나누어 가질 수 있다(14절). 민수기 31장에 의하면 전쟁에서 얻은 사람들은 군인, 제사장과 레위 사람들, 그리고 일반인들에게 집안 일을 돕는 노예로, 첩으로, 혹은 아내로도 주어졌다. 다음 섹션에 포함된 여자 포로들에 대한 규례(21:10-14)는 이 과정에서도 이스라엘 사람들은 자신들의 욕구를 자제하며 최대한 이 여자들을 인간적으로 배려해야 한다고 한다.

남의 도시를 침략하여 정복하는 것 자체가 잔인한 행위라고 생각할 수 있다. 그러나 고대 근동의 다른 민족들, 특히 아시리아 사람들의 전쟁 방식과 그들이 어떻게 포로민들을 취급했는가를 배경으로 이 지침을 생각해 보면, 이스라엘 군대는 매우 인도적이고 자제하는 마음으로 전쟁에 임해야 한다는 것을 명시하고 있다. 인도주의적인 사상이 깊이 배어 있는 율법이다.

위 규례는 가나안 성읍에는 적용되지 않는다. 가나안 정복에서는 "숨쉬는 것은 하나도 살려두면 안 된다"(לֹא תְחַיֶּה כָּל־נְשָׁמָה)(16절). 가나안 사람들에게는 진멸(חֵרֶם)이 선포되었기 때문이다. 진멸은 고대 근동 전쟁에서 흔히 사용되는 개념이었다. 성경에서는 진멸의 수위가 다양하게 적용된다. 예를 들면 여리고 성의 경우 사람과 짐승이 모두 죽었다(수 6:21). 아이 성의 경우 사람들만 죽었고 짐승들은 전리품으로 취급되었다(수 8:2). 17절에는 이스라엘이 진멸해야 하는 여섯 가나안 족속들의 목록이 있다. 7:2에 제시된 목록에서는 기르가스 족이 빠져 있다. 이 족속들에 대해서는 7:2 주해를 참고하라.

하나님이 앞 섹션에서 언급한 규정에서 가나안 사람들은 제외된다고 하시는 것은 두 가지 이유 때문이다. 첫째는 이스라엘이 가나안 사람들의 가증스러운 종교 풍속에 오염이 되는 것을 우려해서며, 둘째는 가나안 사람들이 저지른 온갖 역겨운 죄들에 대하여 심판하기 위해서다. 이 두 가지 이유 중 본문은 전자만 언급하고 있다(18절). 이스라엘이 "그들의 가증스러운 행위"(תּוֹעֲבֹתָם)로 오염되는 것을 미연에 방지하는 정책인 것이다. 가증스러움(תּוֹעֵבָה)은 이미 7장에서 강력한 혐오감을 자아내는 표현으로 사용되었다.

이스라엘이 가나안 사람들을 진멸해야 하는 이유는 자신들의 순수성을 보존하기 위해서다. 이스라엘에게 가나안 사람들의 종교들은 항상 여호와 종교에 대한 대안이 될 수 있는 가능성으로 남아 있다. 그러므로 이스라엘이 여호와를 향한 믿음만으로 살기 위해서는 그들을 죽여야 하는 절박감이 있다.

오늘날 한국 교회가 이 같은 절박감을 가지고 투쟁해야 하는 것에는 무엇이 있을까? 필자는 교회의 세속화라고 생각한다. 세속화는 절대 우리가 용납해서는 안 되는 이슈다. 교회와 세속화는 공존할 수 없으며, 둘 중 하나가 망해야 그 갈등이 끝나기 때문이다. 그렇다면 교회는 생존하기 위해서라도 세속화를 거부해야 한다. 안타까운 것은 많은 교회들이 여러 가지 이유로 인해 세속화와 투쟁하기는커녕 쌍수 들어 환영하고 있다는 사실이다.

Ⅱ. 두 번째 스피치: 여호와의 율법(4:44-29:1[28:69])
3장. 구체적 율법(12:1-26:19)
3. 생명을 존중하는 정의 실현(19:1-22:8)
(2) 전쟁 규정(20:1-20)

③ 포위된 성읍 주변 나무(20:19-20)

19 너희가 어떤 성읍을 오랫동안 에워싸고 그 성읍을 쳐서 점령하려 할 때에도 도끼를 둘러 그곳의 나무를 찍어내지 말라 이는 너희가 먹을 것이 될 것임이니 찍지 말라 들의 수목이 사람이냐 너희가 어찌 그것을 에워싸겠느냐 20 다만 과목이 아닌 수목은 찍어내어 너희와 싸우는 그 성읍을 치는 기구를 만들어 그 성읍을 함락시킬 때까지 쓸지니라

가나안 사람들에 대한 예외 규정을 언급한 다음, 저자는 다시 일반적인 성읍 공략 규정을 논한다. 적이 진을 치고 있는 성읍을 포위한 상황에서 적과의 대치가 오랫동안 지속될 때에 적용할 규례다. 모세는 포위한 성읍 주변에 있는 과실 나무들을 함부로 베지 말라고 한다. 이집트를 포함한 고대 근동의 여러 나라는 자신들이 침략하는 지역의 나무를 베고 과수원을 파괴하고, 농경지를 황폐하게 하는 것을 군사적인 전략으로 삼았다(Craigie; Tigay). 적군의 나무를 베는 목적은 다음의 세 가지 목적이다. (1) 전쟁에서 사용할 무기들을 만들기 위해서, (2) 적의 저항에 대한 보복, (3) 속히 항복을 받아내기 위한 심리전(Block).

과수원을 파괴하고 농경지를 훼손하는 것은 그 지역 사람들의 생계를 위협하는 수단이었다. 근동의 군대들은 주로 포도원, 올리브 농장, 대추야자 과수원 등 주민들의 삶에 필수적인 과일과 열매를 맺는 나무들을 집중적으로 베어 버렸는데, 이런 행위의 경제적 여파가 얼마나 컸을까를 상상해 보라. 나무는 자라는 데 수년이 걸린다. 베어진 과일 나무들이 다시 자랄 때까지는 경제가 회복되기 어렵기 때문에 상대가 저항하기 어렵다는 점을 노리고 이런 만행을 저질렀던 것이다.

이스라엘은 이렇게 무자비하게 전쟁을 해서는 안 된다. 나무의 열매는 먹을 수 있어도 베어내면 안 된다(19절). 나무는 그들이 공략하려는 적에게 속한 것이지, 나무가 이스라엘의 적은 아니기 때문이다. 정 나무가 필요하면 과실을 맺지 않는 나무들만 선별적으로 베어다가 성을 정복하는 도구로 사용할 수 있다(20절). 성을 정복하는 데는 갖가지 사다리, 성벽 파괴용 무기 등이 사용되었는데 대부분 나무로 만든 물건들이었다.

과일 나무를 자르지 않고 그대로 두면 전쟁이 끝난 후에 주민들의 생계에 도움이 되는 것은 당연한 일이며, 정복자 이스라엘에게도 도움이 된다. 그러므로 나무를 훼손하지 않는 것은 정복당하는 자들에 대한 배려요, 정복자들의 훗날을 위한 투자이기도 하다. 이 규례는 우리가 자연 보존을 위하여 노력을 아끼지 않아야 한다는 점을 강조하고 있다 (Brueggemann).

II. 두 번째 스피치: 여호와의 율법(4:44-29:1[28:69])
3장. 구체적 율법(12:1-26:19)
3. 생명을 존중하는 정의 실현(19:1-22:8)

(3) 생명의 존엄성(21:1-23)

신명기의 구조를 십계명과 연결시켜 이해하는 사람들은 이 섹션 역시 19-20장처럼 "살인하지 말라"는 여섯 번째 계명과 연결 짓는다 (Braulik; Weinfeld; McConville). 21장의 내용도 19-20장과 연관되어 있는 부분들이 많다. 살인범을 알 수 없는 시체에 대한 규정(21:1-9)은 과실로 사람을 죽인 사람에 대한 규례(19:1-13)처럼 하나님이 주신 땅에 대한 이야기로 시작하여(19:1; 21:1), 이스라엘이 무죄한 사람의 피로 오염되지 않도록 하라는 말씀으로 마무리하고 있다(19:13; 21:9). 이 두 섹션은 이스라엘이 하나님께로부터 선물로 받은 땅을 더럽히지 않아야 한다는 것을 강조하는 것이다.

20장의 핵심 주제였던 전쟁 역시 21:10-14에서 다시 언급된다. 이 섹션은 전쟁에서 얻은 전리품에 포함되어 있는 여자들을(20:14) 어떻게 대해야 하는가에 대한 지침이다. 일부 학자들은 21:10-14이 원래 20장의 일부였는데 이곳으로 옮겨졌다고 생각한다. 21:15-21은 가정에 대한 법률인데, 전쟁 포로를 아내로 취할 경우에 대하여 언급하고 있는 이 섹션이 주제를 전쟁에서 가정으로 자연스럽게 바꾸고 있기 때문이다 (McConville; cf. Craigie). 고대 근동에서 전쟁 포로로 끌려온 여자와의 결혼은 일부다처제 하에서 진행되었는데, 21:15-17이 서로 다른 아내들에게서 태어난 자식들의 상속권을 다루고 있다는 점도 이런 연결성을 뒷받침한다.

이 장의 규례들은 모두 조건적 규정들(casuistic laws)이다. "만일 이런 일이 생기면 … 이렇게 하라"의 형태를 띠고 있는 것이다. 일상에서 매일 이런 일이 생기는 것은 아니기 때문에 규정들을 항상 생각하면서 살 필요는 없다. 그러나 만일 이런 일이 생기면 그때마다 이 규칙들을 따르라는 것이다. 히브리어 문법에 따라 이런 조건적 율법은 "만일"(כִּי)로 시작하고 귀결절은 바브(וְ)연계형 + 완료형 동사로 시작된다. 본 텍스트는 다음과 같이 다양한 상황에 대한 규례를 담고 있다.[32]

A. 살인범을 알 수 없는 시체(21:1-1-9)

B. 포로를 아내로 삼을 때(21:10-14)

C. 장자의 상속권(21:15-17)

D. 패역한 아들(21:18-21)

E. 처형한 사람의 시체(21:22-23)

II. 두 번째 스피치: 여호와의 율법(4:44-29:1[28:69])
3장. 구체적 율법(12:1-26:19)
3. 생명을 존중하는 정의 실현(19:1-22:8)
(3) 생명의 존엄성(21:1-23)

① 살인범을 알 수 없는 시체(21:1-1-9)

1 네 하나님 여호와께서 네게 주어 차지하게 하신 땅에서 피살된 시체가 들에 엎
드러진 것을 발견하고 그 쳐죽인 자가 누구인지 알지 못하거든 2 너희의 장로들과
재판장들은 나가서 그 피살된 곳의 사방에 있는 성읍의 원근을 잴 것이요 3 그 피
살된 곳에서 제일 가까운 성읍의 장로들이 그 성읍에서 아직 부리지 아니하고 멍
에를 메지 아니한 암송아지를 취하여 4 그 성읍의 장로들이 물이 항상 흐르고 갈
지도 않고 씨를 뿌린 일도 없는 골짜기로 그 송아지를 끌고 가서 그 골짜기에서

32 본 장(章)은 다음과 같이 교차대구법적 구조를 지녔다(cf. Block). 그러나 각 섹션의 내용을 충분히 요약하지 못하기 때문에 본문 주해는 위에 제시된 주제들을 따라서 하고자 한다.

A. 죽음과 오염(1-9절)
B. 가족 관계: 남편과 아내(10-14절)
C. 장자의 권리(15-17절)
B′. 가족 관계: 부모와 자식(18-21절)
A′. 죽음과 오염(22-23절)

**그 송아지의 목을 꺾을 것이요 5 레위 자손 제사장들도 그리로 갈지니 그들은 네
하나님 여호와께서 택하사 자기를 섬기게 하시며 또 여호와의 이름으로 축복하
게 하신 자라 모든 소송과 모든 투쟁이 그들의 말대로 판결될 것이니라 6 그 피살
된 곳에서 제일 가까운 성읍의 모든 장로들은 그 골짜기에서 목을 꺾은 암송아지
위에 손을 씻으며 7 말하기를 우리의 손이 이 피를 흘리지 아니하였고 우리의 눈
이 이것을 보지도 못하였나이다 8 여호와여 주께서 속량하신 주의 백성 이스라엘
을 사하시고 무죄한 피를 주의 백성 이스라엘 중에 머물러 두지 마옵소서 하면 그
피 흘린 죄가 사함을 받으리니 9 너는 이와 같이 여호와께서 보시기에 정직한 일
을 행하여 무죄한 자의 피 흘린 죄를 너희 중에서 제할지니라**

이 율법은 19:1-13처럼 피흘림(살인)이 땅을 오염시키는 것을 막기 위한 것이다. 그래서 이 섹션의 초점이 범인을 밝히는 데 있지 않고, 죽은 사람으로 인해 그 피로 인한 하나님의 심판/저주가 이스라엘에게 내리지 않도록 하는 데 맞추어져 있다. 살인은 단순히 법적인 문제가 아니라 종교적인 문제이기도 하였기에, 살인범을 알지 못한다 해서 그냥 그 사건을 방치할 수는 없다. 미궁에 빠진 사건이라 할지라도 종교적인 차원에서는 종결지어야 한다. 특히 하나님이 가나안 땅을 이스라엘에게 선물로 주셨기 때문에 그 땅에서 이런 일이 일어는 것은 피해자(시체로 발견된 사람)뿐만 아니라 하나님께도 문제가 된다(Grisanti).

모세는 살인범을 알 수 없는 변사체에 대한 율법의 정황을 성 밖에서 일어난 것으로 간주한다. 성안에서 일어나는 살인 사건에는 목격자가 있을 가능성이 높아서 미궁의 사건으로 남겨질 확률이 낮기 때문이다. 그러나 만일 성안에서 일어난 살인 사건이라도 누가 그런 일을 했는지 정말 알 수 없다면, 이 규례를 따라야 한다(Tigay).

이 규정은 성 밖에서 발견된 모든 시체에 관한 규례가 아니다. "피살된 시체"(חָלָל)(1절)의 기본적인 의미는 시체에 칼 자국 등 폭력의 흔적이 있는 것을 뜻한다(HALOT). 어떠한 폭력의 흔적도 없는 자연사한 시

체는 이 규정을 따를 필요가 없는 것이다. 변사체가 발견되면 살인자를 밝히도록 해야 하겠지만, 항상 가능한 일은 아니다. 이럴 경우 시체가 발견된 곳에서 가장 가까운 성읍의 장로들이 조치를 취해야 한다(3절).

성읍의 장로들은 아직 한 번도 일을 시키지 않은 암송아지 한 마리를 취하여 물이 항상 흐르고 한 번도 경작하지 않은 골짜기로 그 송아지를 끌고 가서 목을 꺾어야 한다(4절). "물이 항상 흐르는 시냇물/골짜기"(נַחַל אֵיתָן)를 항상 물이 흐르는 골짜기로 해석하는 사람들도 있지만(Block), 확실하지 않다. 가나안 지역의 거의 모든 시냇물/골짜기가 우기에는 범람할 정도로 물이 많이 흐르지만, 건기에는 대부분 바닥을 드러내며 말라 있기 때문이다. 그러므로 각 성읍 주변에 이런 골짜기가 있을 리가 만무하다. 또한 "항상 물이 흐르는"으로 번역이 된 히브리어 단어(אֵיתָן)의 해석이 '꾸준하다'라는 아랍어 동사(*watana*)에 근거한 것인데, 이 해석도 별로 설득력이 없기 때문이다.

오래 전부터 유태인 주석가들은 이 단어의 의미를 "강력한"(strong), "세찬"(hard)으로 이해했다(Tigay). 이렇게 해석할 경우 본문이 말하고 있는 시냇가/골짜기는 항상 물이 흐르는 곳이 아니라, 우기 때 다른 골짜기보다 물이 더 많이 흐르고 깊게 패인 시냇가를 뜻한다. 깊게 패인 골짜기일수록 경작하기도 어렵다(McConville). 가나안의 지형과 기후를 고려할 때 이 해석이 훨씬 더 설득력이 있어 보인다.

암송아지의 목을 꺾는다는 것은 이 송아지가 제물로 사용되지 않고 있음을 암시한다. 짐승의 목을 꺾는 것은 제물로 사용할 수 없는 부정한 짐승들의 맏배를 죽일 때 사용하는 방법이다(출 13:13; 34:20). 물론 짐을 지어 보거나 한 번도 멍에를 메어본 적이 없는 암송아지가 사용되는 것은 제물로 드리기에 적합한 짐승을 사용하라는 것을 뜻한다. 그럼에도 불구하고 암송아지의 역할은 일상적인 개념에서의 제물이 아니다(Craigie). 암송아지의 목을 꺾는 일이 정해진 예배 장소에서 진행되지 않고, 목을 꺾는 사람도 제사장이 아니라 평신도라는 것도 암송아지가 제물이 아님을 시사한다(Block).

장로들은 암송아지의 목을 꺾어 죽이고 난 후 그 짐승의 피를 물에 흘려 보내며 그 주검 위에 손을 씻으라고 한다(6절). 성경에서 피가 가득한 손은 죄를 뜻하는 것에 반해, 손을 씻는 것은 무죄/결백을 상징한다(cf. 사 1:15; 시 26:6; 마 27:24). 이 예식을 통해 이스라엘은 하나님의 진노를 피해야 한다(cf. 9절).

짐승의 목을 꺾고 그 주검 위에서 손을 씻는 행위가 상징하는 바는 무엇일까? 속죄일의 염소처럼 이 암송아지가 이 주검에 연관된 죄를 짊어지고 광야로 갔다는 것을 상징하는가?(McConville). 이렇게 해석할 경우 암송아지의 죽음은 살인을 재현하는 것으로서 땅에서 죄를 제거하는 효과를 지닌 것을 의미한다(Hall; Merrill; Tigay; Block; Wright). 사람이 죽은 곳이 인적이 드문 곳이라는 점을 강조하기 위하여 이 예식이 행해지는 곳도 성읍에서 멀리 떨어져 있다는 사실에 근거한 해석이다. 아니면 짐승의 목이 꺾인 것이 살인자가 받아야 할 형벌을 이 짐승이 대신 받았다는 의미인가?(Driver; Janowski; Thompson) 이 같은 해석을 선호하는 학자들은 송아지가 제물이었다면 제단 위에 바쳐졌을 텐데, 이 예식에는 제단이 없다는 점을 강조한다(cf. Grisanti). 그러나 만일 이 암송아지가 살인자를 대신한다면, 왜 굳이 이처럼 성읍에서 멀리 떨어진 곳에서 이 예식을 행하는 것일까? 사람들이 많은 성읍 안에서 이 예식을 행하는 것이 훨씬 더 큰 교육적 효과를 발휘할 텐데 말이다. 그러므로 후자보다는 전자가 더 설득력을 지닌 해석이다.

어떤 해석을 선호하든 이것은 변사체에 대한 책임을 가장 가까운 성읍 공동체가 지지만, 자신들은 이 일에 있어서 결백하다는 것을 주장하는 예식이다(Craigie). 장로들이 손을 씻으면서 "우리의 손이 이 피를 흘리지 아니하였고 우리의 눈이 이것을 보지 못하였나이다"라고 고백하는 것도 이 해석에 무게를 더하는 듯하다(7절). 빌라도가 예수님의 죽음에 대하여 자신은 죄가 없다며 손을 씻은 적이 있다(마 27:24).

제사장도 분명 이 예식에 참여해야 한다(5절). 제사장들은 성막/성전에 거하면서 사역하는 사람들이라는 점을 감안할 때, 이런 일을 경험한 성읍에서 요청이 있을 때마다 성전은 사건을 수습하기 위하여 제사장을 현장으로 파견했다(Craigie; Tigay). 그러나 그들의 역할이 무엇이었는지는 확실하지 않다. 한 학자는 이 일에 대하여 "그들〔제사장들〕은 늦게 오며, 아무 일도 하지 않는 것 같지만, 그렇다고 해서 제외시킬 수 없는 자들이다"라고 어려움을 호소한다(Wellhausen). 사형이 선고되는 경우 최고 법정에서 다루어야 하고, 거기에는 항상 제사장도 배석했던 점으로 미루어볼 때(17:8-9), 비록 이런 사건에서 살인자가 잡히지는 않았지만, 잡혔으면 사형에 처할 상황이기 때문에 이들이 이 예식에 참여했을 것이다. 또한 장로들의 '결백 고백'에 대하여 하나님을 대신해서 그들의 결백을 인정한다는 선포를 하기 위해서라도 제사장이 참석했을 것이다.

II. 두 번째 스피치: 여호와의 율법(4:44-29:1[28:69])
3장. 구체적 율법(12:1-26:19)
3. 생명을 존중하는 정의 실현(19:1-22:8)
(3) 생명의 존엄성(21:1-23)

② 포로를 아내로 삼을 때(21:10-14)

10 네가 나가서 적군과 싸울 때에 네 하나님 여호와께서 그들을 네 손에 넘기시므로 네가 그들을 사로잡은 후에 11 네가 만일 그 포로 중의 아리따운 여자를 보고 그에게 연연하여 아내를 삼고자 하거든 12 그를 네 집으로 데려갈 것이요 그는 그 머리를 밀고 손톱을 베고 13 또 포로의 의복을 벗고 네 집에 살며 그 부모를 위하여 한 달 동안 애곡한 후에 네가 그에게로 들어가서 그의 남편이 되고 그는 네 아내가 될 것이요 14 그 후에 네가 그를 기뻐하지 아니하거든 그의 마음대로 가게 하고 결코 돈을 받고 팔지 말지라 네가 그를 욕보였은즉 종으로 여기지 말지니라

모세는 20장에서 일단 끝냈던 전쟁 이야기를 다시 시작한다(20:1과 21:10은 동일한 표현으로 시작한다). 이번에는 전쟁에서 얻은 여자 포로를 아내로 삼고자 하는 사람들에게 지침을 내린다(cf. 20:14). 이 율법의 핵심은 여자 포로의 감정을 존중하고, 그녀의 인격을 결코 무시해서는 안 된다는 것에 맞추어져 있다. 가나안 사람들은 하나도 남김없이 모두 죽이라는 지침(20:15-18)을 감안할 때, 본문이 언급하고 있는 여자 포로들은 가나안 땅 밖에서 잡아온 자들임에 확실하다.

고대 근동에서뿐만 아니라 이스라엘에서도 전쟁에서 잡혀온 여자들은 대부분 노예로 팔렸다(cf. 20:24; 삿 5:30). 그러나 종종 군인들 중에는 여자 포로를 아내로 삼고 싶어하는 자들이 있었다. 이런 군인들은 이 율법에 따라 포로와 결혼할 수 있다. 율법이 요구하는 세부 사항은 다음과 같다.

첫째, 여자 노예의 머리를 밀고 손톱을 깎고 포로의 의복을 벗도록 해야 한다(12절). 포로의 의복은 일종의 유니폼이 아니라 그녀가 잡힐 때 입고 있던 옷을 뜻한다(Craigie). 머리를 밀고 손톱을 깎는 목적은 정확하지 않다. 요세푸스(Josephus)와 람반(Ramban)은 이런 행위가 그녀가 전쟁에서 죽은 자신의 가족과 백성들을 위하여 애곡하게 하는 것을 뜻하는 것이라고 풀이했다. 라쉬(Rashi)와 아브라바넬(Abravanel)은 이런 행위가 그녀의 매력을 최소화하기 때문에 그녀를 원하는 남자의 마음을 돌리기 위해서라고 했다. 만일 마음이 바뀌면 이스라엘 군인이 굳이 이방 여인하고 결혼하지 않아도 되기 때문이다. 가장 설득력 있는 주장은 비록 이 같은 행위가 그녀에게 수치심을 안겨 주는 것 같지만, 사실은 그녀의 신분의 변화를 상징한다는 것이다(Pressler; Block). 전에 입던 옷을 벗어 버리고, 신체에서 제거할 수 있는 것들을 제거함으로써 옛적 신분과 삶을 완전히 버리고 새로운 신분으로 새 삶을 시작하는 것을 상징한다는 것이다(Moran; Halo). 또한 남편은 이 여인을 더 이상 노예나 이방 여인을 대하듯 대해서는 안 된다는 의미를 지니고 있다(Block).

둘째, 한 달 동안 그녀가 부모를 위해서 애곡할 수 있도록 해야 한다(13절). 부모가 전쟁에서 죽은 것에 대한 애곡일 수도 있고(Ibn Ezra),

다시는 부모들을 볼 수 없게 된 것에 대한 슬픔일 수도 있다(Ramban; Block). 물론 이 기간 동안 남자는 여자에게 접근해서는 안 된다. 슬픔에 잠겨 있는 여자를 강제로 범하는 것은 결코 용납될 수 없는 잔인한 행위이기 때문이다. 성경에서 30일은 일반화된 애곡 기간이다. 이스라엘은 아론과 모세의 죽음에 대하여 30일 동안 애곡했다(민 20:29; 신 34:8). 오늘날도 유태인들은 친지가 죽으면 30일 동안 슬퍼한다(Tigay). 한국의 3년보다 훨씬 짧고 합리적이다.

셋째, 30일 후에도 남자의 여자를 향한 마음이 바뀌지 않았다면 결혼할 수 있다. 그러나 일단 결혼하면, 다시는 그녀를 노예로 취급할 수 없다. 만일 남자가 여자를 싫어하게 되더라도 다른 사람에게 노예로 팔 수 없다(14절; cf. 출 21:8-11). 여인과 성관계를 가졌기 때문에 그녀는 더 이상 그 사람의 노예로 취급될 수 없으며, 아내의 권한을 가진 이스라엘 여인처럼 대해야 한다. 또한 여인의 입장에서는 이 결혼에 대한 선택의 여지가 없었다. 그러므로 본인의 의지와 상관없이 강제로 결혼했다가 이혼하게 된 것에 대한 보상적인 심리도 함께 작용하고 있다고 할 수 있다.

14절은 남자가 여자를 노예로 팔 수 없는 이유를 그가 그 여자를 "욕보였기 때문"(개역개정)라고 하는데, "욕보이다"(ענה)가 성경에서 품위/가치를 떨어뜨리는 것을 의미하기도 하고(Block), 강간이나 수모를 주는 행위를 뜻하면서 사용된다는 점도 보상 심리적인 요인을 뒷받침하고 있다(McConville; cf. HALOT). 정 싫으면 자유인으로 내보내야 한다. 마치 정상적인 상황에서 결혼한 아내에게 이혼 증서를 써주고 집에서 내 보내는 것과 다를 바가 없다(cf. 24:1).

규정의 목적을 여인의 겉모습에 눈이 팔려 결혼하려는 남자들에게 경고를 주기 위한 것으로 해석하는 랍비도 있다(Rabbi Meyuhas; cf. Tigay). 만일 사람이 오직 여자의 미모에만 관심을 가지고 결혼하게 되면, 꼭 후회할 날이 올 것이라는 경고라는 것이다. 미모지상주의적 관점에서 여자를 고르는 현대 사람들에게 시사하는 바가 있는 해석이다.

II. 두 번째 스피치: 여호와의 율법(4:44-29:1[28:69])
3장. 구체적 율법(12:1-26:19)
3. 생명을 존중하는 정의 실현(19:1-22:8)
(3) 생명의 존엄성(21:1-23)

③ 장자의 상속권(21:15-17)

**15 어떤 사람이 두 아내를 두었는데 하나는 사랑을 받고 하나는 미움을 받다가 그
사랑을 받는 자와 미움을 받는 자가 둘 다 아들을 낳았다 하자 그 미움을 받는 자
의 아들이 장자이면 16 자기의 소유를 그의 아들들에게 기업으로 나누는 날에 그
사랑을 받는 자의 아들을 장자로 삼아 참 장자 곧 미움을 받는 자의 아들보다 앞
세우지 말고 17 반드시 그 미움을 받는 자의 아들을 장자로 인정하여 자기의 소유
에서 그에게는 두 몫을 줄 것이니 그는 자기의 기력의 시작이라 장자의 권리가 그
에게 있음이니라**

이 섹션은 일부다처제를 행한 사람이 재산을 자식들에게 나누어 줌에 있어서 자기 마음에 내키는 대로 하는 것을 방지하는 율법이다. 구약이 이스라엘에게 일부다처제를 허용하는 것은 고대 근동의 정서와 비슷하다. 그러나 실제로 일부다처제를 행한 사람들의 숫자는 지극히 적었다. 무엇보다도 경제적인 여건이 대부분 사람들이 일부다처제를 행하는 것을 막았다. 여자를 아내로 들이기 위해서는 그녀의 부모에게 몸값을 지불해야 하는데, 이 돈이 만만치 않았기 때문이다. 야곱이 14년을 종살이하고 두 아내를 얻은 것에서도 여자의 몸값이 만만치 않았다는 점을 알 수 있다. 그러므로 여러 아내를 거느린다는 것은 소수의 부유층이나 왕 등 특별한 사람들에게만 제한되어 있었다. 오늘날 일부다처제를 허락하는 일부 아랍 국가들에서도 동일한 현상이 목격된다.

본문은 두 아내를 거느린 한 남자의 정황을 가정해서 규례를 제시한다(15절). 사람이 두 여자를 동일하게 사랑할 수는 없다. 사무엘의 아버지 엘가나의 두 아내 한나와 브닌나, 야곱의 두 아내 레아와 라헬의 일

을 생각해 보라(창 29장; 삼상 1장). 결국 한 쪽을 더 사랑하게 되고, 이 사랑에 비교하면 나머지 사람을 향한 마음은 미움으로밖에 표현될 수 없다. 이런 경우 사랑과 미움은 상대적이기 때문이다.

남편이 두 아내 중 한 여자를 더 사랑하면 억울한 희생자가 나올 수 있다. 바로 사랑을 덜 받거나 사랑 받지 못하는 여자의 자식들이다. 재산 상속에 있어서 불이익을 당할 수 있기 때문이다. 남자는 자연스럽게 자신이 더 사랑하는 아내의 자식에게 마음을 줄 것이며, 레아와 라헬의 경쟁적 관계에서도 짐작할 수 있듯이 사랑 받는 여인의 이권 개입이 이런 현상을 가중시킬 수 있다.

모세는 장자의 권한이 아버지의 선택에 의하여 좌우되는 것을 금한다. 사랑받지 못하는 아내의 자식이라 할지라도, 먼저 그 집안에서 제일 먼저 태어난 자식이라면, 그에게 장자의 권한을 주어야 한다(17절). 남편의 아내들과 자식들에 대한 감정과 그들에 대한 법적인 책임은 분명히 구분되어야 한다는 취지의 율법이다(Merrill).

고대 근동의 일부 사회에서는 장자권이 태어난 순서에 따라 결정되는 것이 아니라 아무리 늦게 태어나더라도 첫 번째 아내의 아들만이 장자가 될 수 있었다. 다른 지역에서는 태어난 순서에 상관없이 아버지가 마음대로 정했다(Tigay). 이러한 고대 근동의 관례에 비추어 볼 때 이 율법은 이스라엘 사회에서 공의를 실현하려는 규례라 할 수 있다.

장자의 권한은 어떤 것인가? 고대 근동에서 장자의 권한은 시대와 장소에 따라 상당히 다양한 것을 의미했다. 어떤 지역에서는 장자가 모든 재산을 상속했고, 다른 지역에서는 10퍼센트를 더 받거나 다른 자식들에 비하여 배를 받기도 했다. 어떤 문화에서는 장자가 다른 형제들과 동일한 양의 유산을 받되 먼저 선택하는 권한이 주어지기도 했다.

모세는 장자에게 "두 몫"을 주라고 한다. 문제는 "두 몫"(פִּי שְׁנַיִם; lit., mouth of two)이라는 표현이 무엇을 의미하는지 정확하지가 않다는 것이다. 일반적으로 자식의 숫자가 X라면, 이 말씀은 유산을 X+1로 나누어 장자에게 다른 아들들에 비해 두 배를 주라는 뜻으로 이해한다. 그러나 스가랴 13:8은 2/3를 뜻하면서 동일한 표현을 사용한다. 자식의 숫자에 상관없이 아버지 유산의 2/3를 장자에게 주고 1/3을 나머지 자식들에게 나누어주라는 것으로 해석될 수 있는 것이다(Brin; Westbrook).

실제로 마리(Mari)에서 발굴된 한 입양(adoption) 문서에는 자식의 수에 상관없이 장자에게 재산의 2/3를 주는 것을 명시한다(Tigay). 그러나 이 표현이 설령 2/3를 뜻한다 할지라도 본문의 정황을 고려하면 별 문제는 없다. 저자는 지금 상속자의 수가 둘일 때를 가정하고 있다. 그러므로 이런 상황에서 장자가 2/3를 가져가는 것은 당연한 것이다.

이스라엘 사람들은 전통적으로 이 규정을 재산을 X+1로 나누어 장자에게 두 몫을 주라는 것으로 간주해 왔다. 야곱은 요셉에게 장자권을 주었는데, 그의 행위는 이 규례에 역행한다. 그러나 그는 이 율법이 명시되기 전에 살았으니 잘못했다고 할 수 없다.

Ⅱ. 두 번째 스피치: 여호와의 율법(4:44-29:1[28:69])
3장. 구체적 율법(12:1-26:19)
3. 생명을 존중하는 정의 실현(19:1-22:8)
(3) 생명의 존엄성(21:1-23)

④ 패역한 아들(21:18-21)

18 사람에게 완악하고 패역한 아들이 있어 그의 아버지의 말이나 그 어머니의 말을 순종하지 아니하고 부모가 징계하여도 순종하지 아니하거든 19 그의 부모가 그를 끌고 성문에 이르러 그 성읍 장로들에게 나아가서 20 그 성읍 장로들에게 말하기를 우리의 이 자식은 완악하고 패역하여 우리 말을 듣지 아니하고 방탕하며 술에 잠긴 자라 하면 21 그 성읍의 모든 사람들이 그를 돌로 쳐죽일지니 이같이 네가 너희 중에서 악을 제하라 그리하면 온 이스라엘이 듣고 두려워하리라

모세는 만일 누가 우상을 숭배하자고 꼬드기면, 가장 가까운 사람이라 할지라도 그를 고발하여 진상을 밝히고 처형하여 이런 악을 이스라엘에서 뿌리뽑으라고 했다(13:6-9). 가장 가까이 지내는 사람이 처형당할 것을 알면서도 법정에 고발하는 것은 어렵다 못해 잔인한 일이다. 그러나 공동체의 순수성을 유지하기 위해서는 꼭 이렇게 해야 한다는 것이 그의 논리였다. 이 섹션에서 모세는 이스라엘에게 더 어려운 일을 요구한다. 부모들에게 불량한 자식을 법정에 고발하라는 것이다(19절). 설령 그 아들이 처형된다 할지라도 말이다(21절; cf. 출 21:15). 언약 공동체인 이스라엘에서 반역한 아들은 단순히 그가 속한 가정 문제가 아니라, 온 언약 공동체의 문제가 되기 때문이다(Grisanti; McConville).

고대 사회에서 아버지의 자녀들에 대한 권리는 절대적이었다. 로마법 중 '아버지의 권한'(patria potestas)은 아버지에게 잘못한 아들을 정당한 재판 절차 없이 처형할 수 있도록 했다. 우리는 과부가 되어 친정으로 돌아가 지내던 다말이 임신했다는 소식을 들은 시아버지 유다가, 특별한 재판 절차 없이 그녀를 끌어다가 불태워 죽이라고 명령한 일을 통해, 선조 시대 가나안에서도 이러한 정서가 자리잡고 있었음을 엿볼 수 있다(창 38:24).

이러한 고대 사회의 정서를 감안할 때 본문에 제시된 규제는 상당히 객관적이며 아버지의 권한을 제한한다. 다른 고대 사회는 모든 권한을 아버지에게만 주었는데, 이 율법은 아버지와 어머니가 함께 아들을 고소해야 한다고 한다(19절). 그렇다면 아무리 아버지가 아들을 문제 삼는다 해도 어머니가 동의하지 않으면 재판까지 회부되지 않는다(Tigay). 또한 문제의 아들을 부모들이 직접 처형하지는 못한다. 그들은 자신들이 살고 있는 법정에 아들을 고발해야 하며, 그 아들의 거취는 재판관들이 결정해야 한다(20절). 부모의 권한을 상당한 범위에서 제한하고 있는 것이다. 아들이 아무리 사악하다 할지라도 그의 기본 권리를 보호해야 하고, 판단이 감정에 의하여 좌지우지되어서는 안되기 때문이다.

만일 법정이 아들의 처형을 결정하면, 그가 살던 성읍의 모든 사람은 그를 돌로 쳐서 죽여야 한다(21절). 돌로 쳐서 죄인을 죽이는 경우 대체로 증인들이 첫 돌을 던지는데(cf. 17:7), 반역하는 아들을 처형하는 경우에는 부모가 첫 돌을 던지지 않아도 된다. 아마도 부모의 상한 마음을 배려하는 차원에서 예외를 두는 것으로 생각된다. 불량한 아들을 처형하라는 이 율법이 성경이나 유태인들의 문헌에는 한 번도 적용된 예가 없다. 그래서 일부 학자들은 이 율법이 부모의 말을 듣지 않는 자녀들을 가르치기 위한 경고성 법이지, 실제로 적용되기 위해서 선포된 법이 아니라고 한다(cf. Tigay).

아들이 부모에게 반항하는 일이 이처럼 심각한 범죄로 지적되는 이유는 무엇인가? 이스라엘 사회처럼 가부장적인 사회에서 아버지의 권위가 존중되는 것은 사회의 안정과 질서를 유지하는 데 결정적이었다. 그러므로 한 아들이 부모에게 반역하는 일은 온 이스라엘 사회의 안정을 위협하는 행위로 간주되었다. 십계명에서 인간 관계를 언급하는 최초의 규례가 부모를 공경하라는 다섯 번째 계명이라는 점도 이러한 사실을 뒷받침한다.

Ⅱ. 두 번째 스피치: 여호와의 율법(4:44-29:1[28:69])
3장. 구체적 율법(12:1-26:19)
3. 생명을 존중하는 정의 실현(19:1-22:8)
(3) 생명의 존엄성(21:1-23)

⑤ 처형한 사람의 시체(21:22-23)

22 사람이 만일 죽을 죄를 범하므로 네가 그를 죽여 나무 위에 달거든 23 그 시체를 나무 위에 밤새도록 두지 말고 그 날에 장사하여 네 하나님 여호와께서 네게 기업으로 주시는 땅을 더럽히지 말라 나무에 달린 자는 하나님께 저주를 받았음이니라

이 섹션은 갖가지 죄로 인해 처형된 사람의 시체를 나무에 매달아 둘 때에 관한 율법이다. 처형당한 사람에게 추가적인 굴욕을 주고, 범죄에 대한 경각심을 일깨우기 위해서 모든 사람들이 볼 수 있는 곳에 시체를 매달아 두는 것은 고대 사회에서 통상적인 관례였다(cf. 창 40:19; 수 10:26; 에 9:6-14). 이집트에서는 범죄자들을 매달아 두어 새들이 먹게 함으로써 죽은 사람들이 합당한 매장을 치를 수 없게 했다(Tigay). 성경에서도 제대로 매장을 하지 못하고 짐승들이 시체를 먹게 되는 일을 저주라고 한다(신 28:26; 삼상 17:44, 46; 렘 8:2; 16:4, 6; 25:33). 이 규례는 이러한 저주가 처형 당일 이후에도 지속되는 것을 금한다. 훗날 여호수아는 가나안 왕들을 처형하여 나무에 매달아 두었다가 이 규례에 따라 저녁에 묻어 주었다(수 8:29; 10:27).

시체를 하루 이상 매달지 못하게 하는 이유는 땅이 더럽혀지는 것을 막기 위해서다(23절). 시체는 땅을 가장 쉽게 오염시킬 수 있는 것이며, 시체를 오랜 시간 나무에 매달아 두면 짐승들이 그 시체를 먹어 부정을 온 땅에 퍼뜨릴 수 있다. 하나님이 이스라엘에게 주신 땅은 생기로 가득한 땅이다(viz., 젖과 꿀이 흐르는 땅). 이스라엘은 여기서 왕성하게 번성하여 더 많은 생명과 생기로 이 땅을 채워야 한다. 이처럼 생기로 왕성해야 할 땅이 죽음으로 오염되어서는 안 된다. 그러므로 이스라엘은 땅이 부정하게 되는 행위를 자제해야 한다.

Ⅱ. 두 번째 스피치: 여호와의 율법(4:44-29:1[28:69])
3장. 구체적 율법(12:1-26:19)
3. 생명을 존중하는 정의 실현(19:1-22:8)

(4) 배려하는 삶(22:1-8)

이 섹션은 일상에서 일어날 수 있는 여러 가지 정황에 적용할 율법들로 구성되어 있다. 도움을 필요로 한 형제를 보거든 그냥 지나쳐서는 안 되며, 다른 사람이 잃어버린 물건을 발견하면 주인을 찾아 돌려주도록 노력해야 한다. 양식을 조달하는 수단으로 짐승을 활용하되 너무 많이 포획해서는 안 되며, 사고를 예방하기 위하여 최선을 다해야 한다. 이스라엘이 공동체를 형성하면서 자기 자신의 권리뿐만 아니라 이웃의 재산권과 권리도 존중해 주어야 한다는 취지의 율법들이다.

십계명과 신명기를 연관시켜서 읽는 사람들은 이 섹션이 남의 것을 도적질해서는 안 된다는 제8계명과 연관이 있으며, 남의 재산권을 존중하라는 제10계명과도 관계가 있는 것으로 풀이한다(Braulik). 이스라엘이 이 같은 가이드라인을 존중하면서 살아간다면 모두가 행복한 사회를 만들 수 있다. 이 섹션이 제시하는 다양한 율법은 다음과 같이 구분될 수 있다.

A. 습득한 물건(22:1-3)
B. 도움이 필요한 사람(22:4)
C. 성(性)의 차이(22:5)
D. 어미 새와 새끼 새(22:6-7)
E. 난간 설치(22:8)

Ⅱ. 두 번째 스피치: 여호와의 율법(4:44–29:1[28:69])
3장. 구체적 율법(12:1–26:19)
3. 생명을 존중하는 정의 실현(19:1–22:8)
(4) 배려하는 삶(22:1–8)

① 습득한 물건(22:1–3)

1 네 형제의 소나 양이 길 잃은 것을 보거든 못 본 체하지 말고 너는 반드시 그것
들을 끌어다가 네 형제에게 돌릴 것이요 2 네 형제가 네게서 멀거나 또는 네가 그
를 알지 못하거든 그 짐승을 네 집으로 끌고 가서 네 형제가 찾기까지 네게 두었
다가 그에게 돌려 줄지니 3 나귀라도 그리하고 의복이라도 그리하고 형제가 잃어
버린 어떤 것이든지 네가 얻거든 다 그리하고 못 본 체하지 말 것이며

이스라엘은 서로 상관없는 사람들이 어찌하다 보니까 모여 살게 된 우연한 공동체가 아니다. 그들은 같은 조상의 자손들이며, 동시에 여호와와 언약을 맺은 자들로 구성된, 언약에 바탕을 둔 형제 공동체다. 그래서 저자는 이스라엘 사람을 "너의 형제"(אָחִיךָ)라고 부르며 이 섹션을 진행한다(1절). 이 특별한 정체성은 그들에게 많은 특권을 안겨 주기도 하였지만, 서로에 대한 책임감도 남달라야 했다. 이 규례는 이스라엘 사람들이 서로의 재산권에 대하여 느껴야 할 책임에 대하여 논한다.

모세는 길을 잃은 소나 양 등 가축을 보거든 못 본 체하지 말고 그 짐승을 끌어다가 자신의 집에 두어 먹이며 마치 자기 짐승인 것처럼 보살피며 주인을 찾아주라고 지시한다(1절). 출애굽기 23:4-5은 원수나 미워하는 사람의 짐승이라도 못 본 체 해서는 안 된다고 한다. 사람들의 불편한 관계 때문에 짐승들에게까지 피해를 입혀서는 안 된다는 것이다. 물론 이 원칙은 가축들뿐만 아니라 모든 물건에 적용된다(3절).

"못 본 체하다"(hithpael, עלם)(1, 3절)의 기본적인 의미는 '자신을 숨기다'이다(cf. HALOT). 이 동사는 구약 율법의 정신을 잘 보여 준다. 바빌론을 포함한 고대 근동 사회의 법들은 사람이 남의 물건을 불법적으로 소유하는 일에 초점을 맞추는 것에 반해, 이스라엘의 법은 언약 공동체에 속한 멤버들의 서로에 대한 책임에 초점을 맞추고 있다(Craigie). 이스라엘 사람이 사고를 목격하는 것은 곧 도움을 줄 책임으로 연결되어야 하는 것이다(McConville).

유태인의 전승은 찾은 자는 당연히 자신이 길을 잃은 짐승을 보관하고 있음을 광고해야 하며, 주인은 자신의 짐승을 구분할 수 있는 특별한 흔적이나 생김새를 설명할 수 있어야 짐승을 돌려받을 수 있다고 한다(Tigay). 그러나 만일 아무리 찾아도 주인이 나타나지 않으면 어떻게 해야 하는가? "네게 두었다가 그에게 돌려 주라"는 2절 말씀이 이런 경우는 보관한 자의 소유가 되는 것을 암시하는 듯하다.

대부분의 고대 사회가 찾은 자들의 권한을 인정했기 때문에 경우에 따라서는 주인이 나타났는데도 돌려 주지 않으려는 실랑이가 벌어지고는 했다. 그래서 고대 근동의 법전들 대부분이 이런 문제에 대한 법률을 포함하고 있으며, 성경에서도 이런 문제가 출애굽기 22:8, 레위기 5:20-26 등에 언급된다.

오늘날 대부분 사람들이 남이 잃어버린 물건을 습득하게 되면 주인을 찾아 돌려 줄 생각을 처음부터 하지 않는다. 이들은 '찾은 자가 임자다'(finders-keepers)라는 가치관으로 살기 때문이다. 그러나 하나님의 백성만큼은 달라야 한다. 내 물건이 나에게 소중한 것처럼 내가 습득한 물건이 그것을 잃어버린 사람에게 소중하다는 것을 인식해야 한다. 그 물건을 잃고 애타게 찾고 있을 사람을 생각하면, 주인에게 찾아 주려는 노력도 해 보지 않고 습득한 물건을 가져서는 안 된다. 특히 하나님의 언약 공동체에 속한 사람들 사이에서는 더욱더 그렇다.

II. 두 번째 스피치: 여호와의 율법(4:44-29:1[28:69])
3장. 구체적 율법(12:1-26:19)
3. 생명을 존중하는 정의 실현(19:1-22:8)
(4) 배려하는 삶(22:1-8)

② 도움이 필요한 사람(22:4)

4 네 형제의 나귀나 소가 길에 넘어진 것을 보거든 못 본 체하지 말고 너는 반드시 형제를 도와 그것들을 일으킬지니라

첫 번째 규례가 물건을 잃어버린 사람을 도우라는 명령이었다면, 이 율법은 도움이 필요한 사람을 목격하면 그냥 지나치지 말고 그를 도우라는 권면이다. 예로 삼는 것은 나귀나 소가 길에 넘어져 있는 것을 보는 경우다(4절). 길에 넘어져 있는 나귀나 소는 당시 사회가 이 짐승들을 수송 수단으로 삼아 짐을 싣고 다녔음을 배경으로 한다(cf. 출 23:5).

짐을 싣고 가던 짐승이 넘어졌다는 것은 상당히 심각한 상황을 뜻하며, 싣고 있는 물건들 때문에 넘어진 짐승이 쉽게 일어설 수 없다는 것을 암시한다. 이런 경우 짐승의 주인은 안간힘을 다해 짐승을 일으켜 세우려 하겠지만, 넘어진 짐승이 지고 있는 짐 때문에 쉽지 않은 상황에 처하게 될 것이다. 지나가던 사람은 이 사실을 모른 체 해서는 안 된다. 팔을 걷어붙이고 그 형제를 도와 짐승을 일으켜 세워야 한다. 하나님의 백성은 어려움에 처한 이웃을 보고 눈을 감아 버리는 일이 없어야 한다.

II. 두 번째 스피치: 여호와의 율법(4:44-29:1[28:69])
3장. 구체적 율법(12:1-26:19)
3. 생명을 존중하는 정의 실현(19:1-22:8)
(4) 배려하는 삶(22:1-8)

③ 성(性)의 차이(22:5)

5 여자는 남자의 의복을 입지 말 것이요 남자는 여자의 의복을 입지 말 것이라 이 같이 하는 자는 네 하나님 여호와께 가증한 자이니라

남자는 여장을, 여자는 남장을 하고 돌아다니지 말라고 하는데, "남장"(כְּלִי־גֶבֶר)을 문자적으로 해석하면 "남자의 물건들"이다. 또한 "남자"(גֶּבֶר)는 일반적으로 '군인'을 뜻하는 단어라는 점을 감안할 때, 이 규정은 옷뿐만 아니라 남자들이 지니고 다니는 것들—창, 칼, 장식 등—을 여자들이 가지고 다녀서는 안 된다는 뜻이다(Craigie; Tigay; Block). 반면에 남자는 여자의 옷(שִׂמְלַת אִשָּׁה; lit., 여자의 의복)을 착용하고 다녀서는 안 된다.

모세가 왜 여자가 남자처럼 차려입고 다니는 것을 금하며, 남자가 여자처럼 차려입고 다니는 것을 금하는가? 하나님이 지정해 주신 남성과 여성의 차이를 무시해서는 안 되기 때문이라는 신학적인 해석이 있다(Brueggemann). 반면에 이성의 복장을 착용하고 다니는 것이 일부 유형의 동성애와도 무관하지 않기 때문일 것이다(McConville; Craigie; Grisanti).

가장 근본적인 이유는 모세가 이런 일은 하나님께 가증스러운 일(תּוֹעֵבָה)라고 하는 데서 찾을 수 있다. 지금까지 신명기는 이방 종교의 여러 가지 풍습을 "가증스러움/가증스러운 일"이라고 했다(cf. 12:31). 여자가 남자처럼 차려입고, 남자가 여장을 하고 다니는 것은 이방 종교에서 비롯된 풍습이기 때문에 여호와의 백성인 이스라엘은 이런 일을 삼가해야 한다. 실제로 이성의 복장을 착용하는 것이 고대 근동의 일부 종교에서 행해졌던 기록이 남아 있다(Allen; Braulik; Craigie; McConville). 특히 이스타르(Ishtar)라는 여신을 숭배하는 종교에서는 이런 일이 흔했다고 한다(Grisanti). 이 규례는 이방 종교의 풍습을 따르지 말라고 명령하고 있는 것이다.

④ 어미 새와 새끼 새(22:6-7)

6 길을 가다가 나무에나 땅에 있는 새의 보금자리에 새 새끼나 알이 있고 어미 새가 그의 새끼나 알을 품은 것을 보거든 그 어미 새와 새끼를 아울러 취하지 말고
7 어미는 반드시 놓아 줄 것이요 새끼는 취하여도 되나니 그리하면 네가 복을 누리고 장수하리라

이 말씀은 길을 가다가 새가 둥지를 튼 것을 발견하고 그 둥지 안에 알이나 새끼가 있을 때, 알이나 새끼들은 잡아가되 어미 새는 잡지 말고 놓아 주라고 한다. 이 율법은 성경에서 오직 신명기에만 언급되어 있다. 또한 규례가 자세한 설명 없이 간단히 제시되어 있기 때문에 그 이유를 가늠하기가 쉽지 않다.

일부 주석가들은 이 율법이 인도적인 차원에서 비롯된 것이라고 한다. 새끼들을 잃은 어미 새의 아픔을 배려한 법이라는 것이다(Tigay; cf. Block). 이 일과 비슷한 예로 어미 짐승과 새끼 짐승을 같은 날 죽이지 말라는 레위기 22:28 말씀을 든다. 이 규례가 어미-새끼 관계의 신성함을 존중하여 배려하라는 취지를 지녔다는 것이다. 그러나 어떻게 어미를 놓아 주고 새끼들을 잡아먹는 일이 인도적이란 말인가? 새끼들은 떠나 보냈지만, 자신은 살았기 때문에 어미 새의 고통이 덜하단 말인가? 차라리 어미까지 죽이는 것이 그 새의 고통을 덜하는 것인지도 모른다. 그러므로 별로 설득력이 없는 해석이다.

대안으로 가능한 해석은 어미 새를 놓아 주는 것은 식량 수급 체계를 보존하기 위해서라는 것이다(Brueggemann; Wright; Craigie; Grisanti). 내

일의 풍요로움을 위하여 오늘 조금 더 보존하라는 취지다. 이 규례는 위에 언급한 레위기 22:28 말씀보다는 신명기 20:19-20에 기록된 규례와 더 연관성이 있어 보인다. 신명기 20:19-20은 적군의 성읍을 포위한 상태에서 그 성 주변에 있는 과일나무를 베지 못하도록 한다. 전쟁 후에 그 지역민들이 필요로 할 식량을 보존하기 위해서다. 나무는 열매를 맺기 위해서는 수년씩 자라야 하기 때문에 나무를 잘라 버리는 것은 수년 동안 지역 경제와 식량 공급에 차질을 초래할 수 있다.

같은 맥락에서 새끼 새들은 잡되 어미 새는 살려 보내라는 것은 미래를 위하여 식량 체계를 보존하라는 뜻이다. 무분별한 포획은 먹이 사슬(food chain)에 큰 혼란을 초래할 수밖에 없다. 오늘날도 너무 많은 어류를 무분별하게 포획하여 시간이 지날수록 수산 자원이 고갈되어 가고 있지 않은가. 모세는 이스라엘이 이처럼 미래를 위하여 절제하는 범위에서 식량을 구하면, 하나님이 그들을 축복하실 것이라고 한다(7절).

II. 두 번째 스피치: 여호와의 율법(4:44–29:1[28:69])
3장. 구체적 율법(12:1–26:19)
3. 생명을 존중하는 정의 실현(19:1–22:8)
(4) 배려하는 삶(22:1–8)

⑤ 난간 설치(22:8)

8 네가 새 집을 지을 때에 지붕에 난간을 만들어 사람이 떨어지지 않게 하라 그 피가 네 집에 돌아갈까 하노라

고대 근동의 집들은 대체로 지붕이 평평한 옥상으로 되어 있었다. 이 옥상은 온 가족을 위한 다용도 공간으로 활용되었다. 주부들은 이곳에다 음식이나 곡식을 말리기도 하고, 식량을 저장해 두기도 했다. 가족들은 이곳에 모여 화기애애한 시간을 갖기도 하고 손님을 맞아 대화를 나누기도 했다. 더운 밤에는 이곳에 올라와 잠을 청하기도 했다.

모세는 이 공간을 만들 때 꼭 난간을 둘 것을 명령한다. 안전사고를 예방하기 위하여 최선을 다하라는 것이다. 이것은 손님들을 위하여 필요한 것일 뿐 아니라 가족들의 안전을 위해서도 필수적이다. 한 학자가 말하는 것처럼 "건축법은 하나님께로부터 시작했다"(Brown).

그뿐만 아니라 사고를 예방함으로써 땅이 죄 없는 사람의 피로 오염되는 것을 막을 수 있다(8절). 출애굽기 21:33-34은 땅에 구덩이를 파고 제대로 덮지 않아 짐승이 빠질 경우 그 책임이 구덩이를 판 자에게 있다고 하는데, 이 율법과 같은 정신에서 주어진 것이다. 유태인 전승은 이 율법을 혹시라도 자신의 삶에서 죽음을 초래할 수 있는 위험 요소들(viz., 구덩이, 망가진 사다리, 위험한 개, 위험한 음식과 술 등)이 있다면, 하나도 남김없이 모두 제거하라는 뜻으로 풀이했다(Tigay). 단순히 옥상의 난간에 관한 법이 아니라, 삶의 모든 영역에 적용되어야 한다는 것이다. 오늘날 일부 유태인들은 본문을 금연(禁煙)을 뒷받침하는 성경 말씀으로 사용한다(Rosner).

4. 구분과 순결에 관한 율법(22:9-23:19[18])

이 섹션은 여러 가지 다양하고 짤막한 율법을 모아 놓았다. 자세한 설명을 동반하지 않다 보니 일부 율법이 어떤 목적으로 주어지고 있는지 이해하기 매우 힘들다. 특히 첫 번째 섹션인 9-12절에 기록된 일부 율법은 그저 추측만 할 수 있을 뿐이다. 나머지는 어느 정도 설명이 될 수 있는 것들이다. 본 텍스트는 다음과 같이 세 파트로 구분할 수 있다.

A. 구분과 분리(22:9-12)

B. 순결한 결혼과 성생활(22:13-29)

C. 다양한 규례(23:1-18)

II. 두 번째 스피치: 여호와의 율법(4:44-29:1[28:69])
3장. 구체적 율법(12:1-26:19)
4. 구분과 순결에 관한 율법(22:9-23:18[19])

(1) 구분과 분리(22:9-12)

본 텍스트가 제시하는 율법 대부분에 대한 합리적 설명은 거의 불가능하다. 율법의 취지를 자세하게 설명하고 있지 않기 때문이다. 그저 우리가 알 수 없는 이유로 인하여 하나님이 이런 규정을 주신 것으로 간주할 수밖에 없다. 율법이 담고 있는 논리와 합리성을 도저히 설명할 수 없으니 해석자들이 당혹감을 느끼는 것은 당연하다.

이 율법들이 우리에게 주는 확실한 교훈은 하나님 앞에 순결하고 거룩하게 산다는 것이 윤리와 도덕적인 순수성을 초월하여 우리의 먹는 것과 입는 것과도 연관이 있다는 사실이다(Grisanti; Block). 이 규정들은 창조주 하나님이 세상에 세우신 질서와 종별 구분과 한계를 존중할 것으로 요구하는 의도를 지닌 것으로 간주되기도 한다(Houtman; Douglas). 본문은 다음과 같이 구분된다.

A. 두 씨앗 파종(22:9)

B. 소와 나귀의 멍에(22:10)

C. 양털과 무명 배합(22:11)

D. 겉옷의 술(22:12)

II. 두 번째 스피치: 여호와의 율법(4:44-29:1[28:69])
3장. 구체적 율법(12:1-26:19)
4. 구분과 순결에 관한 율법(22:9-23:18[19])
(1) 구분과 분리(22:9-12)

① 두 씨앗 파종(22:9)

9 네 포도원에 두 종자를 섞어 뿌리지 말라 그리하면 네가 뿌린 씨의 열매와 포도원의 소산을 다 빼앗길까 하노라

모세는 포도원에 두 종자를 섞어 뿌리지 말라고 하는데, "두 종자"

(כִּלְאַיִם)가 포도나무 사이로 심는 곡식과 포도를 뜻하는가(Josephus), 아니면 포도나무 사이에 심는 곡식의 종류를 뜻하는가에 대하여는 논란이 있다(cf. Tigay). 만일 전자라면, 포도원에는 포도 외에 어떤 것을 심어서는 안 된다. 나무들 사이에 있는 자투리 공간을 놀려야 한다. 만일 후자라면, 포도나무 사이에 있는 자투리 공간에 한 가지 곡식은 심을 수 있되, 여기에 두 가지를 섞어서 심으면 안 된다는 뜻이다. 본문의 문맥을 형성하고 있는 9-11절이 두 가지가 섞이는 것을 주제로 삼고 있음을 감안할 때, 전자가 맞다. 포도원에는 포도나무 외에 그 어떤 것을 심어서는 안 된다는 것이다.

하나님은 왜 같은 밭에서 서로 다른 농산물을 재배하는 것을 금하시는 것일까? 서로 다른 품종을 함께 재배하면 서로 다른 추수 시기와 추수 연장 등으로 인하여 수확하는 일이 번거롭고 까다로워지지만, 수확량은 한 가지만 재배한 것보다 훨씬 많다. 다른 종류의 곡식들이 같은 땅에서 서로 다른 영양분을 섭취하며 자라며, 경우에 따라서는 서로 필요한 영양분을 생산해 주기 때문에 당연히 한 종류만 심는 것보다 두 종류를 심으면 식물의 영양 상태도 더 좋아진다.

같은 밭에 두 가지를 심는 것은 병충해에도 대비책이 된다. 한 식물에 해를 입히는 병충해가 다른 식물들에게는 별로 해를 입히지 않는 것이 일반화된 현상이기 때문이다. 이런 점들을 고려할 때 서로 다른 종자를 섞어 심는 것이 상당히 좋아 보이는데 왜 성경은 이런 행위를 금하는 것일까?

일부 주석가들은 하나님이 식물과 동물을 종류별로 만드셨는데, 창조 질서에 맞지 않게 종류별 특성이 사라지는 것을 막기 위한 것이라는 신학적인 해석을 제시한다(Craigie; Ramban). 그러나 씨앗을 섞어 심는다 해도 각자의 종(種) 구분은 사라지지 않는다. 어떤 학자들은 이 율법이 고대 사회가 자연스럽지 않거나 비정상적인 섞음을 터부시했던 정서를 반영한 것이라고 한다(Driver & Miles; McConville; cf. 신 14:3-20). 전자보다는 후자가 더 설득력이 있어 보인다. 특히 만일 이런 일을 터부시하는 정서가 종교에서 비롯되었다면 더욱더 매력적인 해석이 된다.

만일 이런 경고를 무시하고 포도원에 다른 곡식을 심으면 농부는 포도와 곡식 등 포도원의 소산을 모두 먹지 못하게 된다(개역: "빼앗길까 하노라"). "먹지 못하게 된다"의 문자적 의미는 하나님께 바쳐지는 성물이 된다는 뜻이다(Block; cf. 새번역). 성물이 된 곡식과 포도는 일반인이 먹을 수 없다. 그러므로 농부는 이 포도와 곡식을 먹지 말고 성소에 들여놓아야 한다(Milgrom).

II. 두 번째 스피치: 여호와의 율법(4:44-29:1[28:69])
3장. 구체적 율법(12:1-26:19)
4. 구분과 순결에 관한 율법(22:9-23:18[19])
(1) 구분과 분리(22:9-12)

② 소와 나귀의 멍에(22:10)

10 너는 소와 나귀를 겨리하여 갈지 말며

이 율법의 취지가 정결한 짐승(소)과 부정한 짐승(나귀)을 함께 취급하지 말라는 것에 있다는 해석이 있다(Craigie; Block). 그러나 정결한 짐승이 부정한 짐승을 접한다 해서 부정해지는 것은 아니다. 실제로 고대 이스라엘의 가옥을 보면 대체로 2-3층으로 구성되어 있었는데, 1층은 가축들의 우리로 사용하였고 사람들이 그 위층에서 살았다. 1층에 정결한 짐승들만 두지 않았으며 나귀 같은 부정한 짐승도 함께 두었다. 이런 점을 감안할 때 이 해석은 설득력이 없어 보인다.

이 율법은 약하고 작은 짐승의 안전을 배려한 인도적인 차원에서 비롯된 것이다(Tigay). 나귀와 소는 크기도 다르고, 힘도 다르다. 그런데 이 둘을 한 멍에에 매어 쟁기질을 시킨다면, 힘이 약한 짐승을 쉽게 지치게 할 것이다. 게다가 크기가 다르기 때문에 작은 짐승이 다칠 가능성이 있다. 로마 사람들은 둘 다 소라 할지라도 이 둘이 현저한 힘의 차이를 보이면 같은 멍에에 묶지 않았다. 힘이 비슷한 소들끼리 멍에로 묶어야 능률이 올랐기 때문이다. 바울은 멍에 이미지를 구상하며 믿는 자들이 불신자들과 함께 파트너십에 엮이면 안 된다고 한다(고후 6:14).

> Ⅱ. 두 번째 스피치: 여호와의 율법(4:44–29:1[28:69])
> 3장. 구체적 율법(12:1–26:19)
> 4. 구분과 순결에 관한 율법(22:9–23:18[19])
> (1) 구분과 분리(22:9–12)

③ 양털과 무명 배합(22:11)

11 양 털과 베 실로 섞어 짠 것을 입지 말지니라

이 율법은 두 종(種)의 독특한 성향을 보존하는 규례가 아니다. 양털은 짐승에서 얻는 것이고 무명실은 나무에서 얻는 것이기 때문이다. 또한 본문이 양털과 무명실을 섞는 일 자체를 금하는 것이 아니라, 이렇게 섞어서 생산된 옷감으로 만든 옷을 입는 일을 금한다(Tigay). 이렇게 생산된 천이 다른 용도로는 사용될 수 있는 것이다.

어떤 이유에서 이 율법이 주어졌는가를 가늠하기는 참으로 어려운 일이다. 오래전부터 유태인 해석가들도 어려움만 호소했을 뿐 납득할 만한 설명은 제시하지 못했다. 실제로 이 두 가지를 섞어서 옷감을 만들면 더 튼튼해진다. 이 두 가지를 섞어 만든 옷감 조각이 시내 반도의 쿤틸레트 아즈루드(Kuntillet Ajrud)에서 발굴된 적이 있다(Tigay). "섞은"(שַׁעַטְנֵז)이라는 단어는 히브리어가 아니라 이집트어에서 유래된 것이지만, 정확한 의미가 확실하지 않다는 점도 해석상의 어려움을 더한다(HALOT).

율법은 왜 이런 옷감으로 만든 옷을 입지 말라고 하는 것일까? 이스라엘이 이집트에서 생활하던 시대에 시리아로부터 여러 가지 재료를 섞어 옷감을 만들거나 무늬가 있는 옷감을 만드는 기술이 도입되었다는 기록이 있다. 정확하게는 알 수 없지만, 이 사실에 근거하여 이런 행위가 당시 이집트에서 종살이 하던 이스라엘에게 아주 큰 치욕감을 주었던 일을 연상케 하기 때문이라는 추측이 있다(Craigie). 또 창녀들이 이런 옷감으로 만든 옷을 입고 다녔기 때문에 금하는 것이라는 주장도 있다(Carmichael; McConville).

요세푸스는 이 율법이 제사장들을 제외한 일반인들에게만 적용되며, 일반인들이 이런 옷감으로 만든 옷을 입지 못하는 것은 제사장들이 사역할 때 이런 옷감으로 만든 옷을 입었기 때문이라고 풀이했다(Ant. 4.205). 그러므로 이런 옷감으로 만든 옷은 안수를 할 때 사용하는 기름과 성소에서 사용하는 향처럼 거룩한 것으로 간주되었기 때문에 일반인들은 입을 수 없다는 것이다(Tigay; Milgrom; Block). 그나마 가장 납득이 가는 해석이다.

II. 두 번째 스피치: 여호와의 율법(4:44-29:1[28:69])
3장. 구체적 율법(12:1-26:19)
4. 구분과 순결에 관한 율법(22:9-23:18[19])
(1) 구분과 분리(22:9-12)

④ 겉옷의 술(22:12)

12 너희는 너희가 입는 겉옷의 네 귀에 술을 만들지니라

옷깃에 술을 만들어 다는 것에 대하여는 민수기 15:37-41에 상세하게 기록되어 있다. 이스라엘 사람이 옷깃에 술을 달고 다니는 것은 그 술을 볼 때마다 하나님의 언약 백성으로서 여호와의 말씀에 순종하는 삶을 살아야 한다는 점을 자신에게 상기시키기 위해서다. 민수기 15:38에 의하면 하나님은 이스라엘에게 자손 대대로 옷자락 끝에 술을 만들고, 그 술에는 청색(תְּכֵלֶת) 끈을 달라고 명령하셨다. 잘 보이는 곳에 달아서 이 술을 볼 때마다 하나님의 말씀을 기억하여 마음 내키는 대로 행하지 않고 하나님의 계명을 실천하도록 하라는 것이었다. 술을 일종의 죄 짓는 것을 억제하는 상징으로 삼아서 그것을 볼 때마다 다시 생각하라는 것이다.

"청색"(תְּכֵלֶת)에 대하여 다른 주장도 있기는 하지만 대다수 번역본들이 순청색으로 간주한다(개역; 새번역; NAS; NRS; NIV; TNK). 당시 이 색을 내는 물감은 이스라엘과 레바논 연안에서 사는 달팽이에서 채취되었는데, 1만 2천 마리의 달팽이에서 1.4그램의 물감이 생산되었다(Milgrom). 이렇게 희귀한 물감이기에 값이 매우 비쌌으며 오직 왕과 같은 귀족들만 사용할 수 있었기 때문에 이 색깔이 왕족을 상징하게 되었다.

값비싼 순청색을 띤 실로 술을 묶었다는 것은 몇 가지 상징적인 의미를 지니고 있다. 첫째, 하나님이 이 색을 띤 실로 술을 묶으라고 하시는 것은 이스라엘이 하나님께 매우 소중하다는 것을 강조하기 위해서다. 이 색상이 매우 진귀했던 것처럼 이스라엘이 하나님께 매우 진귀한 백성이라는 것을 강조한다.

둘째, 이 색은 성막 도구들 중 가장 귀중한 것들을 포장하는 데 사용하던 보자기의 색깔이자 제사장들이 입었던 옷을 수놓은 색이기도 하다(출 26:1, 4, 31, 36; 27:16; 민 4:6-7; 28:5, 6, 8, 15, 31, 33). 그뿐만 아니라 대제사장의 흉패를 그의 의복에 묶는 데 사용하던 실이 바로 이 색실이었다. 이스라엘이 제사장의 나라라는(출 19:6) 신분을 강조하는 색이었던 것이다. 셋째, 이 색이 왕족을 상징하는 색으로 사용되었다는 것은 하나님이 이집트 사람들의 노예였던 보잘것없는 이스라엘 사람들을 온 우주의 왕이신 하나님의 아내로 맞이하시면서 그들의 신분을 왕족으로 상승시켜주신 것을 의미하는 듯하다.

청색은 이처럼 하나님이 이스라엘 백성에게 보여 주신 여러 가지 은혜를 상징하는 색이었기에, 그들이 이 색실에 묶인 술을 볼 때마다 죄를 짓고 싶은 충동을 억제하였고, 죄를 짓다가도 이 색을 보면 속히 돌아설 수 있었다. 하나님과의 관계를 생각하고, 이 관계 때문에 하나님이 베풀어 주신 은혜를 헤아려 보면 도저히 죄인의 길로 들어설 수 없었기 때문이다.

유태인의 전승에 의하면 술을 만들기 위하여 사용된 청색 실은 양털로 만들었으며, 나머지는 무명실이었다. 저자가 11절에서 금하고 있는 일의 예외 조항인 것이다. 그러나 이미 언급한 것처럼 제사장들은 이런 옷감으로 만든 옷을 입고 사역했다. 그렇다면 일반인들에게 술을 만들어 달고 다니는 일에 있어서만은 11절에 명시된 율법에서 예외를 허용하는 이유는 무엇일까? 이스라엘 사람이 자신의 술을 볼 때마다 이런 옷감으로 만든 옷을 입고 하나님 앞에서 사역하는 제사장들처럼 이스라엘은 "제사장의 나라, 거룩한 백성"(출 19:6)이 되어야 한다는 점을 상기시키기 위해서다(Milgrom; Tigay).

기록에 의하면 처음에는 이 율법이 여자들에게도 적용되었지만, 시간이 지나면서 여자들의 경우 예외로 취급되었다(Tigay). 오늘날에도 유태인들은 기도할 때 어깨에 걸치고 하는 기도 숄(prayer shawl)의 네 코너에 술을 단다. 각 술은 하얀색 실 네 가닥으로 구성되어 있으며, 각 코너에 구멍을 뚫고 이 하얀 실들을 거기에 넣어 반으로 접으면 총 여덟 가닥의 실이 된다. 이 중 다른 것들보다 긴 가닥의 실이 다른 것들을 감싸며 매듭을 만든다(Milgrom).

Ⅱ. 두 번째 스피치: 여호와의 율법(4:44-29:1[28:69])
3장. 구체적 율법(12:1-26:19)
4. 구분과 순결에 관한 율법(22:9-23:18[19])

(2) 순결한 결혼과 성생활(22:13-29)

결혼에 있어서 서로 진실해야 한다. 만일 신부가 결혼 전에 다른 남자와 관계를 맺은 사실을 숨기고 결혼했다가 밝혀지면, 그녀를 처형해야 한다. 그러나 남편이 단순히 아내가 싫어 같이 살고 싶지 않아서 꾸며낸 사건이라면, 그에게 경제적-사회적 책임을 물어야 한다. 이런 일은 단순히 두 사람 혹은 두 집안 사이의 개인적인 문제를 넘어서 온 사회의 질서를 위협할 수 있는 심각한 사건이기 때문이다.

이 섹션은 네 가지의 성적 비행(非行)에 관한 율법이다. 새로 결혼한 신랑이 자기 아내가 결혼 전에 다른 남자와 성관계를 가져 순결을 잃었다며 문제를 제기할 때에 관한 율법(13-21절), 결혼한 여자와 남자가 간통했을 때(22절), 약혼한 여자가 간통을 했거나 강간당했을 때(23-27절), 약혼하지 않은 처녀가 강간을 당했을 때(28-29절), 아들과 아버지의 아내 사이의 성관계 금지(30절) 등으로 구성되어 있다. 이 섹션은 다음과 같이 구분될 수 있다.

A. 신부의 순결 소송(22:13-21)
B. 결혼한 여자와의 성관계(22:22)
C. 약혼한 여자와의 성관계(22:23-27)
D. 약혼하지 않은 여자와의 성관계(22:28-29)
E. 아버지의 아내와의 성관계(22:30[23:1])

> Ⅱ. 두 번째 스피치: 여호와의 율법(4:44-29:1[28:69])
> 3장. 구체적 율법(12:1-26:19)
> 4. 구분과 순결에 관한 율법(22:9-23:18[19])
> (2) 순결한 결혼과 성생활(22:13-30)

① 신부의 순결 소송(22:13-21)

바빌론에서 발굴된 결혼 문서들은 초혼이든 재혼이든 간에 신부의 처녀성은 요구되지 않았다(Locher). 다만 신부가 다른 남자의 아이가 아니라 결혼하는 신랑의 아이를 낳을 것만 확인하였다(McConville). 반면에 이스라엘뿐만 아니라 메소포타미아의 모든 문화에서는 결혼하는 신부의 처녀성이 필수적인 전제 조건이었다. 딸의 탈선을 예방하여 잘 키워 처녀로 결혼시키는 것은 그 집안의 미덕이었을 뿐만 아니라 신랑에게 받을 수 있는 몸값에도 영향을 미쳤다. 만일 속이고 결혼했다가 발각되면 그 여자는 처형당하고, 친정 집안은 극도의 수치와 혐오감을 감수해야 했다(cf. 21절). 물론 재혼의 경우는 예외였다(cf. 24:1-4). 이 섹션은 다음과 같이 두 파트로 구분될 수 있다.

A. 처녀성이 입증될 때(22:13-19)
B. 처녀성이 입증되지 못할 때(22:20-21)

II. 두 번째 스피치: 여호와의 율법(4:44–29:1[28:69])
3장. 구체적 율법(12:1–26:19)
4. 구분과 순결에 관한 율법(22:9–23:18[19])
(2) 순결한 결혼과 성생활(22:13–30)
① 신부의 순결 소송(22:13–21)

i. 처녀성이 입증될 때(22:13–19)

**13 누구든지 아내를 맞이하여 그에게 들어간 후에 그를 미워하여 14 비방거리를 만
들어 그에게 누명을 씌워 이르되 내가 이 여자를 맞이하였더니 그와 동침할 때에
그가 처녀임을 보지 못하였노라 하면 15 그 처녀의 부모가 그 처녀의 처녀인 표를
얻어가지고 그 성문 장로들에게로 가서 16 처녀의 아버지가 장로들에게 말하기를
내 딸을 이 사람에게 아내로 주었더니 그가 미워하여 17 비방거리를 만들어 말하
기를 내가 네 딸에게서 처녀임을 보지 못하였노라 하나 보라 내 딸의 처녀의 표적
이 이것이라 하고 그 부모가 그 자리옷을 그 성읍 장로들 앞에 펼 것이요 18 그 성
읍 장로들은 그 사람을 잡아 때리고 19 이스라엘 처녀에게 누명을 씌움으로 말미
암아 그에게서 은 일백 세겔을 벌금으로 받아 여자의 아버지에게 주고 그 여자는
그 남자가 평생에 버릴 수 없는 아내가 되게 하려니와**

사건의 발단은 신랑이 새로 맞은 아내를 싫어하여 그녀를 내보내고 싶은 마음을 정한 것에 있다(13절). 이런 경우 이혼 증서를 써 주고 내보낼 수도 있지만(cf. 24:1), 아마도 남자는 여자를 아내로 맞으면서 지불했던 여자의 몸값을 돌려받기 위해서 이런 절차를 밟는 것으로 생각된다. 모세는 이런 남자의 행동을 매우 부정적으로 묘사하고 있다. "그녀를 미워하여"(13절), "비방거리를 만들어 그에게 누명을 씌웠다"(14절). 사실무근의 억지 주장을 펼치고 있다는 것이다(Driver). 여자와 성관계를 갖고 나서 그녀를 매우 미워하게 되는 경우의 예로 다윗의 아들 암논이 다말을 강간한 일을 들 수 있다(삼하 13장).

그가 아내를 비방하기를 그녀와 동침할 때 "그녀가 처녀임을 보지 못했다"라고 하는데(14절), 무엇을 뜻하는가? 여자가 처음으로 남자와 성관계를 가지면 처녀막(hymen)이 터져 피가 나온다. 그런데 이 여자의 경우 첫날밤에 피가 나오지 않았다는 것이다. 미국 의사들에 의하면 오

늘날에는 상황이 많이 달라졌다고 한다. 여자들이 더 활동적이고 심지어 격렬한 운동도 마다하지 않으며, 탐폰(tampon)을 많이 사용하다 보니 남자와의 성관계와 상관없이 처녀막이 파괴되는 경우가 허다하다고 한다. 그러므로 오늘날에는 이 기준이 여자의 결혼 전 순결을 가늠하는 테스트가 될 수 없다는 것이다.

그가 아내를 비방한다는 것은 이 문제를 조용히 해결할 생각이 전혀 없으며 오히려 돌아다니며 공개적으로 떠들고 다닌다는 뜻이다. 이런 경우 단순히 한 여자의 순결 문제가 이슈화되는 것이 아니라, 그 여인의 친정 부모들을 포함한 온 집안의 명예가 훼손되기 때문에 사실이 아니라면 친정집에서 가만히 있을 수 없다(15절).

그렇다면 왜 남자는 이처럼 일을 크게 만드는 것일까? 조용히 아내를 친정집으로 돌려 보내면 될 것을 말이다. 돈이 문제다. 만일 이혼 증서를 써 주고 내보낸다면 신부의 몸값으로 준 돈을 돌려받을 수 없다. 아니면 신부의 몸값으로 준 돈이 처녀의 값이었는데, 그 액수의 일부를 돌려받기 위해서 일 수도 있다. 처녀의 몸값과 처녀가 아닌 신부의 몸값이 현저한 차이를 두었기 때문이다(Tigay). 신랑이 여자를 미워한다는 점을 감안하면, 아마도 금액을 깎기 위해서라기보다 몸값으로 치른 돈을 모두 돌려받고 친정으로 보내고 싶어서일 것이다.

남자가 딸을 비방하고 다닌다는 소문을 들은 친정 부모는 자신들의 딸이 첫날밤까지 처녀였다는 증거를 가지고 성문 장로들을 찾아가 공개적인 재판을 요구해야 한다(15-17절). 고대 사회에서는 성문 주변에서 상거래와 재판 등이 진행되었다. 부모들이 제시하는 증거는 딸이 첫날밤 잠자리에 깔았던 옷이다(17절). "옷"(שִׂמְלָה)은 대체로 사람들이 입고 다니는 외투/겉옷을 뜻한다. 이 외투를 잠잘 때 이불처럼 덮기도 했다. 본문에서는 신부가 첫날밤 입었던 가운이나, 침구를 덮었던 옷감을 뜻한다(Craigie; Merrill; McConville; cf. HALOT). 이 옷감이 증거가 되는 것은 신부의 피가 묻어 있기 때문이다. 그런데 이 피가 어떤 피인가?

일부 주석가들은 여자의 월경에서 비롯된 피이며, 신부가 결혼할 때 임신하지 않았다는 것을 증명하는 것이라고 한다(Wenham; Mayes). 그러나 만일 임신한 여자가 자신을 처녀로 속이고 결혼했다면, 이것은 더 심각한 문제를 초래하며, 그 여자는 별 어려움 없이 사형에 처해질 수 있다. 게다가 남자는 여자의 혼전 임신 가능성에 문제를 제기하는 것이 아니다. 그러므로 이 피는 결혼 첫날밤 여자의 처녀막이 터지면서 나온 것이다.

메소포타미아 지역에서는 친정부모가 딸의 첫날밤의 흔적이 남아있는 옷이나 옷감을 보존하는 풍습이 있었다(Wenham; Meyes; Hall; Thompson). 심지어는 결혼 예식의 한 부분이 되기도 했다. 부부가 첫 성관계를 갖기 전에 예식에 따라 이 옷감을 적당한 곳에 두었고, 관계가 끝난 다음에는 이 옷감을 수거해서 친정 부모에게 전달하는 예식이 있었다. 부모가 딸에 대한 책임을 다했다는 명예로운 순간으로 간주되었다. 최근까지 일부 아랍 족속들 중에 이런 예식이 결혼 풍습의 일부였다고 한다(Braulik; Tigay; Block).

신랑의 비방이 거짓으로 드러났으니 장로들은 그에게 벌을 내려야 한다. 본문은 그에게 세 가지 벌을 내리라고 한다. 첫째, 그는 신체적인 벌을 받아야 한다(18절). 그를 때리라고(יסר) 하는데 채찍질을 두고 하는 말이다. 공개적인 장소에서 채찍을 맞는다는 것은 물리적인 아픔보다 심적인 수치감이 더 큰 고통이 된다.

둘째, 그는 경제적인 벌을 받아야 한다. 장로들은 그에게 은 100세겔을 벌금으로 받아서 명예가 훼손된 친정 부모에게 주어야 한다(19절). 신부의 명예도 크게 훼손되었지만, 전액이 친정 부모에게 가는 것은 나중에 이 남자가 아내로부터 다시 이 돈을 빼앗을 수 있기 때문이다(Tigay). 학자들에 따라 구약의 여자 몸값은 30-50세겔 정도로 추정되는데, 이 사람은 50세겔 돌려받으려고(cf. 29절) 일을 꾸몄다가 오히려 100세겔을 빼앗기게 되었다. 또한 그가 훼손한 것은 여자와 그녀의 친정의 명예만이 아닌 온 이스라엘 처녀의 자존심도 훼손했다(Tigay; cf. 19절).

셋째, 그는 법적인 벌을 받아야 한다. 남자가 이런 일을 꾸민 것은 미운 신부를 내보내기 위해서였다(13절). 그러나 그의 주장이 사실이 아닌 것으로 밝혀지면, 그는 평생 그 여자와 이혼할 수 없다(19절). 혹 떼려다 오히려 혹을 하나 더 붙인 격인 것이다. 사실 이런 경우 여자도 고통스럽다. 자기를 미워하고, 자신도 싫은 남자를 평생 남편으로 섬겨야 하니 생지옥이 따로 없었을 것이다. 그러나 이런 판결이 내려져야 하는 것은 남자가 애초에 일을 꾸미면서 얻고자 했던 것(여자를 내보내는 것)을 결코 허용하지 않아야 하기 때문이다.

본문을 읽으면서 생기는 한 가지 질문은 남자는 왜 처형되지 않느냐는 것이다. 모세는 19:15-21에서 만일 사람이 거짓 증언을 했다가 발각되면, 그 사람의 증언으로 인해 내려지는 형벌을 그에게 내리라고 한다. 그렇다면 이 남자는 사형에 처해져야 하는 것이 아닌가? 실제로 일부 아랍 족속들 중에는 최근까지 이와 유사한 법을 가진 사람들이 있었다(Tigay). 첫날밤에 신랑이 신부가 처녀가 아니라는 것을 알게 되면, 그 즉시 신부의 부모에게 문제를 제기하여야 하며, 만일 신부의 집에서 그녀의 몸값을 돌려주면 그는 이 일에 대하여 침묵해야 했다. 그러나 만일 그가 이 일에 대하여 공개적으로 언급하면, 신부가 조사를 받았다. 만일 신부가 결혼 전에 처녀가 아니었다는 것이 사실로 드러나면 신부는 처형당했다. 만일 신부가 처녀였다는 것이 확인되면, 신랑이 처형당했다.

일부 주석가들은 본문의 경우 남편이 거짓 증언을 한 목적이 아내를 내보내기 위해서였기 때문에 그녀와 평생 이혼할 수 없다는 판결에서 이미 이 원리가 준수되었다고 한다(Merrill). 그러나 이러한 해석은 목적과 결과를 혼돈하는 것이다. 남편의 목적은 아내를 내보내는 것이었지만, 그의 증언이 인정되면 결과는 여자의 죽음이기 때문이다(21절). 그러므로 적절한 해석은 되지 못한다.

한 주석가는 이 법적 소송이 남편이 아닌 친정 부모에 의하여 시작된 것이기 때문이라고 한다(cf. 15절). 남편이 법정에 아내와 장인장모를 제소한 것이 아니라, 공개적으로 떠들고 다녔고, 이 소식을 들은 여자의 친정에서 소송을 제기했다는 것이다(Pressler). 이 해석이 전자보다 더 설득력 있어 보인다. 그러나 이 해석을 수용한다면 여자의 비행이 사실로 밝혀질 경우에 대한 21절의 규정을 어떻게 설명할 것인가? 즉, 친정부모가 제기한 소송의 결과로 딸이 죽게 되는 일을 어떻게 이해해야 하는가? 딸이 처형당할 줄 알면서도 소송을 제기해야 하는 필연적인 정황이라도 있었단 말인가? 다음 섹션에서 이 문제를 생각해보자.

II. 두 번째 스피치: 여호와의 율법(4:44-29:1[28:69])
3장. 구체적 율법(12:1-26:19)
4. 구분과 순결에 관한 율법(22:9-23:18[19])
(2) 순결한 결혼과 성생활(22:13-30)
① 신부의 순결 소송(22:13-21)

ii. 처녀성이 입증되지 못할 때(22:20-21)

[20] 그 일이 참되어 그 처녀에게 처녀의 표적이 없거든 [21] 그 처녀를 그의 아버지 집 문에서 끌어내고 그 성읍 사람들이 그를 돌로 쳐죽일지니 이는 그가 그의 아버지 집에서 창기의 행동을 하여 이스라엘 중에서 악을 행하였음이라 너는 이와 같이 하여 너희 가운데서 악을 제할지니라

만일 친정 부모가 증거를 제출하지 못해 신랑의 주장이 사실로 드러난다면, 성읍 사람들은 그녀를 친정집 앞으로 끌고 가 돌로 쳐죽여야 한다(21절). 친정집 앞에서 여자를 처형하는 것은 부모가 딸을 제대로 키우지 못한 것에 대한 책임을 묻는 상징적인 의미가 있다. 이 일로 인하여 이 집은 수치와 혐오의 상징이 된다(Craigie).

여자가 죽게 되는 경우는 남편의 주장이 진실이어서 친정 부모가 그녀의 처녀성을 입증할 만한 증거를 제시하지 못하는 경우다. 만일 부모가 자신의 딸이 처녀가 아니거나 첫날밤의 피가 묻은 옷감을 분실한 것 등의 이유로 처녀였다는 것을 증명하는 것이 어렵다면, 그들이 먼저 장로들을 찾아가 소송을 제기할 가능성이 그리 많아 보이지 않는다. 이 경우 남편이 고발했을 가능성이 많다. 그러나 이미 앞 섹션에서 보았듯이 사실이 아닐 경우 그가 벌은 받되 죽음은 면한다는 것이 그가 고소자가 아닐 수도 있음을 시사한다.

아마도 이 소송은 남자가 자기 신부가 결혼 전에 처녀가 아니었다는 점을 떠들고 다님으로 인하여 성읍이 갖가지 루머로 소란스러워졌고, 이 소란을 잠재우기 위하여 장로들이 소집한 재판인 듯싶다. 장로들이 신부의 친정 부모들에게 증거를 요구해서 부모들이 첫날밤의 흔적이 묻은 옷감을 제출하여 남자의 주장이 거짓으로 드러날 경우 위 섹션에 언급된 벌을 받았다.

만일 남자의 주장을 반박할 만한 증거가 제출되지 않은 경우, 이 일은 한 개인의 순결 문제로 끝나지 않았다. 장로들은 온 공동체에 속한 이스라엘 처녀들의 순결이 위협받고 있다고 생각하여 공동체에 속한 여자들의 순결 의식에 경종을 울리기 위하여 그녀를 처형한 것으로 생각된다. 여자가 처형되는 것은 남자가 소송을 제기해서가 아니라, 간음한 여자가 받을 벌을 받는 것이다(cf. 22절).

II. 두 번째 스피치: 여호와의 율법(4:44–29:1[28:69])
3장. 구체적 율법(12:1–26:19)
4. 구분과 순결에 관한 율법(22:9–23:18[19])
(2) 순결한 결혼과 성생활(22:13–30)

② 결혼한 여자와의 성관계(22:22)

22 어떤 남자가 유부녀와 동침한 것이 드러나거든 그 동침한 남자와 그 여자를 둘 다 죽여 이스라엘 중에 악을 제할지니라

남자가 유부녀와 간통한 것이 드러나면 둘 다 처형해야 한다. 만일 남편이 아내의 외도를 의심하게 되면 민수기 5:11-31에 따라 예식을 진행해 진의 여부를 밝혀야 한다. 고대 근동의 법전들도 간통에 대하여 엄격한 처벌을 내렸다. 범법자들을 사형에 처하라고 하는 것이 일반적이다. 그러나 이 범죄의 피해자가 여자의 남편이기 때문에, 만일 그 남편이 아내와 그녀의 정부를 죽이는 것을 원하지 않을 때에는 더 가벼운 형량이 선고되었다(Tigay).

이와 같은 고대 근동의 법전에 비하여 성경은 간음에 대하여 매우 완고하다. 형량에 대하여 사형 외에는 협상의 여지가 없다. 하나님이 바로 율법의 저자이시고, 십계명에도 간음하지 말라는 금지령이 포함되어 있기 때문에 간통은 여자의 남편에게만 못할 짓을 하는 것이 아니라 하나님께도 죄를 짓는 일이기 때문이다. 또한 이스라엘은 이런 사람들을 처형함으로써 그들의 공동체에서 다시는 이런 일이 없도록 경종을 울려야 한다. 모세는 레위기 18:20, 24절 이하에서 간음은 땅을 더럽히며 그 땅 주민들을 그 땅에서 내쫓기게 하거나 포로로 끌려가게 할 수 있다고 경고한다.

Ⅱ. 두 번째 스피치: 여호와의 율법(4:44-29:1[28:69])
3장. 구체적 율법(12:1-26:19)
4. 구분과 순결에 관한 율법(22:9-23:18[19])
(2) 순결한 결혼과 성생활(22:13-30)

③ 약혼한 여자와의 성관계(22:23-27)

23 처녀인 여자가 남자와 약혼한 후에 어떤 남자가 그를 성읍 중에서 만나 동침하
면 24 너희는 그들을 둘 다 성읍 문으로 끌어내고 그들을 돌로 쳐죽일 것이니 그
처녀는 성안에 있으면서도 소리 지르지 아니하였음이요 그 남자는 그 이웃의 아
내를 욕보였음이라 너는 이같이 하여 너희 가운데에서 악을 제할지니라 25 만일
남자가 어떤 약혼한 처녀를 들에서 만나서 강간하였으면 그 강간한 남자만 죽일
것이요 26 처녀에게는 아무것도 행하지 말 것은 처녀에게는 죽일 죄가 없음이라
이 일은 사람이 일어나 그 이웃을 쳐죽인 것과 같은 것이라 27 남자가 처녀를 들에
서 만난 까닭에 그 약혼한 처녀가 소리질러도 구원할 자가 없었음이니라

이미 20:7에서 언급한 것처럼 성경은 신랑이 신부의 아버지에게 이미 그녀의 몸값을 다 지불하고 결혼식만 남겨둔 상태를 약혼이라고 하고,

이런 여자를 "약혼한 처녀"(בְּתוּלָה מְאֹרָשָׂה)라고 한다(Boecker). 그러므로 법적으로 이 여인은 그 남자의 아내와 동일한 권한과 책임을 갖는다(cf. 24절). 이 섹션은 두 가지 가능성에 대하여 논한다.

첫째, 성안에서 일어난 일의 경우 둘 다 처형하라(23-24절). 모세는 성안에서 남자가 약혼한 여자와 성관계를 맺었다면, 둘 다 처형하라고 한다. 만일 강간이었다면, 사람들이 밀집한 성읍 안에서는 얼마든지 여자가 소리를 질러 이웃의 도움을 받을 수 있었는데, 그렇게 하지 않은 것은 여자가 성행위에 동의했다는 것으로 간주한다는 것이다.

그러나 성안에서 있었던 일이라 해도 만일 남자가 흉기로 위협하며 여자에게 소리를 지르지 못하게 한 상태에서 강간을 했다면 어떻게 해야 하는가? 이런 문제에 관해 요세푸스, 필로 외 유태인 주석가들은 성안에서 여자가 소리를 내 도움을 청할 수 없는 상황에서 일어난 강간 사건이라면, 이 율법은 적용되지 않고 다음 규정(25-27절)이 적용된다고 풀이했다(Tigay).

둘째, 만일 아무도 없는 곳에서 일어난 일이라면, 남자만 처형하라(25-27절). 모세가 선택한 정황은 아무도 없는 들판이다. 남자가 들판에서 만난 약혼한 여자와 성관계를 가진 상황이다. 저자는 강간을 염두에 두고 말하지만(25절), 여자가 이 성관계에 동조했는지 하지 않았는지 정확하지가 않다. 왜냐하면 동조를 하지 않은 상황이라면 강간인데, 강간을 당했다면 당연히 소리를 쳤을 것이고, 소리를 질러 도움을 청해도 주변에 아무도 없으니 도움을 받을 수 없었을 것이기 때문이다.

이런 경우 여자에게는 증거 불충분의 이점(benefit of the doubt)을 주어야 한다. 남자에게는 남의 아내를 강간한 죄를 적용한다(24절). 반면에 여자에게는 무죄가 선고된다. 그러나 그녀 역시 평생 사람들의 따가운 시선과 결혼 전에 처녀성을 잃었다는 십자가를 지고 살아가야 한다. 그녀의 부모는 약혼한 남자로부터 이미 받은 딸의 몸값 전체를 혹은 일부를 돌려 주어야 한다. 이런 경우 남자에게 파혼하고 돈을 모두 돌려 주든지, 아니면 처녀가 아니라 하여 몸값 일부를 돌려 주고 결혼할 수 있는 권한이 있었기 때문이다.

II. 두 번째 스피치: 여호와의 율법(4:44-29:1[28:69])
3장. 구체적 율법(12:1-26:19)
4. 구분과 순결에 관한 율법(22:9-23:18[19])
(2) 순결한 결혼과 성생활(22:13-30)

④ 약혼하지 않은 여자와의 성관계(22:28-29)

28 만일 남자가 약혼하지 아니한 처녀를 만나 그를 붙들고 동침하는 중에 그 두 사람
이 발견되면 29 그 동침한 남자는 그 처녀의 아버지에게 은 오십 세겔을 주고 그 처
녀를 아내로 삼을 것이라 그가 그 처녀를 욕보였은즉 평생에 그를 버리지 못하리라

약혼하지 않은 처녀와 성관계를 갖는 일(본문은 강간으로 묘사하고 있음) 역시 나쁜 일이지만, 처벌의 수위가 사형에 이르는 것은 아니다. 남자는 죽는 대신 여자의 부모에게 은 50세겔을 지불하고 그녀와 결혼해야 한다. 또한 이렇게 맞은 아내는 평생 이혼할 수 없다. 이 율법은 여자의 권리와 그녀의 아버지의 경제적 손실을 막고자 한다. 이런 일이 있게 되면 이 여자가 다른 남자에게 시집갈 가능성이 확연히 줄어들게 되며, 아버지는 딸의 몸값을 제대로 받을 수 없게 된다. 유태인 전승은 강간당한 처녀나 그녀의 아버지가 딸의 몸값을 받고도 결혼은 거부할 수 있다고 한다(Merrill; Tigay). 자신을 강제로 범한 사람과 결혼해서 산다는 것이 여자에게 정신적인 충격이 될 수 있음을 감안한 해석이다(McConville).

출애굽기 22:15-16에는 남자의 유혹으로 빚어진 성관계의 경우 남자가 그녀의 몸값을 지불해야 하며, 아버지가 동의할 경우에만 그녀와 결혼할 수 있다고 한다. 남자가 부모에게 지불해야 하는 50세겔은 여자의 몸값인가, 아니면 몸값에 벌금을 더한 것인가? 대부분 주석가들은 이 액수가 당시 신랑이 신부의 아버지에게 지불한 신부의 몸값이었다고 한다(Carmichael; McConville). 이런 해석이 가능한 것은 19절이 신부가 첫날밤에 처녀가 아니었다고 비방했던 신랑이 그 여자의 친정 부모에게 100세겔을 지불하라고 하는데, 구약에서는 남에게 의도적으로 해를 입힐 때는 두 배로 물어주어야 하기 때문이다.

그러나 신부의 몸값으로 은 50세겔은 너무 비싸다는 생각이 든다. 레위기 27:5-6은 서원한 사람의 몸값을 성전에 들여 놓을 때 20-60세 여자의 몸값은 30세겔, 5-20세 소녀의 몸값은 10세겔이라고 한다. 당시 여자들이 보통 14-16세에 결혼했다는 점을 감안하고, 레위기가 대속 몸값으로 제시하는 액수를 고려할 때 50세겔은 지나치게 높다. 게다가 강간한 남자에게 단순히 몸값을 요구하는 것으로 끝나지 않고 벌금도 추가했을 것으로 생각된다(Tigay). 레위기가 제시한 대속 금액을 참고하라.

나이	남자	여자
20-60세	50세겔	30세겔
5-20세	20세겔	10세겔
1개월-5살	5세겔	3세겔
60세 이상	15세겔	10세겔

II. 두 번째 스피치: 여호와의 율법(4:44-29:1[28:69])
3장. 구체적 율법(12:1-26:19)
4. 구분과 순결에 관한 율법(22:9-23:18[19])
(2) 순결한 결혼과 성생활(22:13-30)

⑤ 아버지의 아내와의 성관계(22:30[23:1])

30 사람이 그의 아버지의 아내를 취하여 아버지의 하체를 드러내지 말지니라

이 율법이 말하고 있는 "그의 아버지의 아내"는 친어머니를 두고 하는 말이 아니다(Craigie; McConville). 친어머니와의 근친상간에 대한 금지 율법은 레위기 18:7에서 따로 언급한다. 아버지가 아직도 이 여자와 함께 살아 있는 상황에서는 이런 일이 일어날 가능성이 상당히 희박하다. 그래서 한 번역본은 "아버지의 전 아내"(father's former wife)와 결혼

할 수 없다는 뜻으로 풀이한다(TNK). 이 율법은 아들이 아버지가 이혼한 여자나 아버지가 죽은 후에 아버지의 아내들과 결혼할 수 없다는 것을 염두에 두고 있는 것이다. 아시리아 법은 아들이 아버지가 이혼한 전 아내와 결혼하는 것을 허락했으며, 이슬람 시대 이전의 아랍에서는 상속자가 죽은 사람의 재산과 함께 아내들과 첩들을 모두 상속받았다(Tigay). 이 율법은 이런 가능성을 완전히 배제한다.

일부다처제 가정에서는 가장의 아내와 아들의 나이 차이가 많지 않을 수 있다. 그래서 종종 아들이 아버지의 아내를 범하는 일이 있고는 했다. 야곱의 아들 르우벤이 빌하를 범한 일이 이런 경우이며(창 35:22), 압살롬이 공개적으로 아버지 다윗의 후궁들을 범한 것도 이 율법을 위반한 행위다(삼하 16:21). 아도니야가 솔로몬에게 죽은 선친 다윗의 아내 아비삭을 자기에게 달라고 한 것도 이런 행위의 일종이다(왕상 2:17). 레위기 18:8에서도 이런 행위가 금지되어 있으며, 내통한 두 사람을 모두 사형에 처하라고 한다(레 20:11). 고린도 교회에도 이런 짓을 하는 인간이 있었다(cf. 고전 5장). 에스겔 선지자는 이와 같은 행위가 예루살렘의 함락을 초래한 범죄들 중에 하나라고 한다(겔 22:10).

히브리어 성경은 이 말씀을 23장의 첫 절로 취급한다(cf. 공동). 이렇게 할 경우, 이 율법을 위반하는 사람은 하나님의 총회에 들어갈 수 없다는 자격 조건을 논하는 규정이 된다(cf. Tigay). 그러나 내용이 성생활에 관한 것임을 감안할 때, 이 주제를 계속 다루어 온 22장과 함께 취급되는 것도 설득력이 있다(cf. Craigie). 확실한 것은 성생활에서의 순결을 논하는 22장과 믿음 공동체의 순결을 논하는 23장을 연결하는 다리 역할을 한다는 점이다(Braulik; McConville). 이런 성생활은 법이 금지하는 일이며, 이런 일을 한 사람은 하나님의 총회에 속할 수 없다.

Ⅱ. 두 번째 스피치: 여호와의 율법(4:44–29:1[28:69])
3장. 구체적 율법(12:1–26:19)
4. 구분과 순결에 관한 율법(22:9–23:18[19])

(3) 다양한 규례(23:1-18)

성을 중심 주제로 삼았던 22장과는 달리 이 섹션은 여러 가지 규정들을 모아 놓았다. 하나님 백성 총회에 참여할 수 있는 자격, 전쟁 중 청결, 도망한 노예, 그리고 여창과 남창에 대한 율법으로 구성되어 있다. 본 텍스트는 다음과 같이 구분될 수 있다.

A. 총회 회원 자격(23:1-8[2-9])
B. 전쟁 중 청결(23:9-14[10-15])
C. 탈출한 노예(23:15-16[16-27])
D. 창녀와 남창(23:17-18[18-19])

Ⅱ. 두 번째 스피치: 여호와의 율법(4:44–29:1[28:69])
3장. 구체적 율법(12:1–26:19)
4. 구분과 순결에 관한 율법(22:9–23:18[19])
(3) 다양한 규례(23:1–18)

① 총회 회원 자격(23:1–8[2–9])

1 고환이 상한 자나 음경이 잘린 자는 여호와의 총회에 들어오지 못하리라 2 사생
자는 여호와의 총회에 들어오지 못하리니 십 대에 이르기까지도 여호와의 총회에
들어오지 못하리라 3 암몬 사람과 모압 사람은 여호와의 총회에 들어오지 못하리
니 그들에게 속한 자는 십 대뿐 아니라 영원히 여호와의 총회에 들어오지 못하리
라 4 그들은 너희가 애굽에서 나올 때에 떡과 물로 너희를 길에서 영접하지 아니
하고 메소보다미아의 브돌 사람 브올의 아들 발람에게 뇌물을 주어 너희를 저주
하게 하려 하였으나 5 네 하나님 여호와께서 너를 사랑하시므로 네 하나님 여호와
께서 발람의 말을 듣지 아니하시고 네 하나님 여호와께서 그 저주를 변하여 복이
되게 하셨나니 6 네 평생에 그들의 평안함과 형통함을 영원히 구하지 말지니라 7
너는 에돔 사람을 미워하지 말라 그는 네 형제임이니라 애굽 사람을 미워하지 말

라 네가 그의 땅에서 객이 되었음이니라 [8] 그들의 삼 대 후 자손은 여호와의 총회 에 들어올 수 있느니라

모세는 여기에 제시된 몇 가지 조건에 해당되는 사람이 하나님의 총회 회원이 되는 것을 금한다. 성기가 파손된 사람(1절), 비정상적인 성관계를 통해 태어난 사람(2절), 암몬과 모압 사람(3-7절) 등은 영원히 총회에 들어올 수 없다. 반면에 이집트 사람들과 에돔 사람들은 이스라엘에 정착한 지 3대 째에 가서는 총회에 들어오도록 하라고 한다(7-8절).

"여호와의 총회"(קְהַל יְהוָה)라는 용어는 신명기에서는 유일하게 이곳에서만 사용된다. 다른 곳에서는 "총회"(קָהָל)라고만 하며 시내 산에 모여 있는 온 이스라엘을 두고 하는 말이거나(5:22; 9:10; 10:4; 18:16), 모압 평지에 모인 후손들을 뜻한다(31:30). 온 이스라엘을 포용하는 가장 광범위한 단어이며, 총회의 회원권은 곧 이스라엘 시민을 의미했다(Tigay). 저자는 다음 세 가지 조건 중 하나에 해당하는 사람은 총회에 들어올 수 없다고 한다(1-7절).

첫째, 고환이 상한 자나 음경이 잘린 사람(1절). 이 말씀이 이런 현상을 지닌 모든 사람에게 적용되는 것인지, 아니면 스스로 이런 여건을 갖게 된 사람에게만 적용되는지 확실하지 않다. 고대 근동의 여러 정치 제도에서는 환관만이 할 수 있는 특별한 직책들이 있었다. 아시리아 법은 범죄자를 처벌할 때 이런 벌을 내리기도 했다. 또한 시리아와 고대 그리스에서는 일부 종교에서 예식의 일환으로 스스로 이렇게 자해하기도 했다(Tigay). 당시 사람들은 여러 가지 이유에서 스스로 음경을 자르거나 고환을 터뜨리기도 했던 것이다.

대부분 주석가들은 본문이 종교적 이유 등으로 스스로 이런 일을 자행한 사람들에게만 적용되었다고 해석한다(Craigie; McConville; Grisanti; Block). 의도적으로 고환을 터뜨렸거나 음경을 자른 사람에게만 적용되었고, 사고로 인해 혹은 태어날 때부터 이렇게 된 사람에게는 적용되지 않았다는 것이다. 메소포타미아 여러 나라에서는 환관이 될 아이들은 어렸을 때 고환을 터뜨렸으며 음경은 성전환을 목적으로 잘랐다고 한다(Block). 이런 조건을 가진 사람은 제사장이 될 수 없으며, 이런 조건을 지닌 짐승은 제물로 드릴 수 없다는 점을 감안할 때, 이런 사람은 이스라엘의 경건성과 어울리지 않기 때문에 총회 회원권을 금하는 것으로 해석할 수 있다(Tigay).

이사야 선지자는 환관이 하나님의 백성이 되는 날을 예고하고 있으며(사 56:3-5), 빌립은 이사야서를 읽고 있는 에티오피아 환관에게 세례를 베풀었다(행 8장). 이 이야기에서 환관이, 환관도 하나님의 백성이 될 수 있다는 이사야서를 읽고 있었다는 것을 하나님의 유머라고 풀이하는 사람도 있다(cf. Wright). 신약시대에 와서는 이런 조건이 더 이상 하나님의 총회에 나가는 데 걸림돌이 되지 않는다.

둘째, 비정상적인 성관계에서 태어난 사람(2절)은 총회에 들어갈 수 없다. 우리말 번역본이 하나같이 "사생아"(개역; 공동; 새번역)로 번역하고 있는 히브리어 단어(מַמְזֵר)의 의미는 확실하지 않다. 이 단어는 구약에서 딱 두 차례 사용되는데 이곳과 스가랴 9:6에서이다. 탈무드는 22:30과 연결하여 근친상간으로 인하여 태어난 자식(cf. 22:29)을 뜻한다고 풀이했고, 칠십인역(LXX)과 요나단 탈굼은 창녀의 아들로 태어난 자로(cf. 23:17-18), 다른 사람들은 이방인을 뜻하는 것으로 해석했다(Tigay; cf Grisanti).

이 단어의 뜻으로 이방인과 이스라엘 사람 사이에서 태어난 자식, 신전 창녀의 자식 등도 제시되었다(Craigie; McConville). 결혼에 관한 다양한 율법이 제시된 다음에(22:13-30) 이 말씀이 선포되는 것으로 보아 이 단어는 상당히 넓은 의미를 지닌 포괄적인 개념을 반영하고 있는 듯하다. 이런 사람의 자손은 10대까지(viz., "영원히") 여호와의 총회의 회원이 될 수 없다(Tigay; Block).

셋째, 암몬 사람과 모압 사람(3-6절)은 총회에 나올 수 없다. 모압과 암몬 사람은 영구적으로 여호와의 총회 멤버가 될 수 없다. 이스라엘이 이집트에서 가나안으로 이동해 올 때, 도와주기는커녕 오히려 발람을 불러들여 이스라엘을 저주하려 했기 때문이다(4절; cf. 민 22-24).[33] 비록 본문이 구체적으로 지적하고 있지는 않지만, 이들이 하나님의 총회에서 배제되는 또 다른 이유는, 이들은 아버지와 딸들 사이에서 태어난 아들들에서 유래한 백성들이기 때문이다(Craigie; Block; McConville). 앞에서 22장이 비정상적인 성관계에 대하여 언급해 왔고, 이 금지령의 바로 앞 절(23:2)이 이런 관계에서 태어난 자식을 총회에서 금지하고 있음을 감안하면 충분히 설득력이 있는 추측이다.

이스라엘은 영원토록 여호와의 총회에서 이들을 배제해야 하며 그들에게 평안과 형통을 빌어서는 안 된다(6절). 평안(שָׁלוֹם)과 형통(טוֹבָה; lit., 좋은 것)은 우호적인 관계를 표현하는 개념이다(Wiseman; Grisanti; Tigay). 이들과는 외교관계를 수립해서도 안 된다. 모압 사람들이 이스라엘을 저주하려 했던 일이 부메랑이 되어 그들에게 돌아오고 있다(Craigie).

모압과 암몬은 영구적으로 배제된 반면, 이스라엘을 끊임없이 시기했던 에돔과 주의 백성을 노예로 삼아 혹독하게 대했던 이집트 사람들이 이스라엘 총회에 속할 수 있다는 규정은 전혀 기대하지 못한 일이다. 이 규례는 이스라엘을 잠시 방문한 사람들이 아니라 이 민족들 중에 이스라엘에 정착하여 사는 사람들에게 적용된다(cf. 8절). 이 민족 사람들이 당장 총회에 들어올 수 있는 것은 아니며, 그들이 이스라엘 땅에 정착하여 살기 시작한 후 3대째에 이르면 그 후손들이 입회할 수 있다. 비록 시간이 걸리기는 하지만, 이 사람들이 3대째에 이르러서는 이스라엘 총회의 멤버가 될 수 있다는 것은 이스라엘 공동체에 속하는 일이 혈통보다는 믿음에 근거하고 있음을 시사한다(Braulik; McConville).

---

33 신명기 2:28-29에 의하면 모압 사람들은 이스라엘에게 음식과 물을 제공해 주었다. 본문이 암몬과 모압을 함께 묶어 말하고 있기 때문에 마치 이 두 나라가 똑같이 이스라엘의 필요를 공급하지 않은 것처럼 묘사하는 듯하다.

에돔 사람이 총회에 속할 수 있는 이유는 에돔이 이스라엘과 형제 나라이기 때문이다(7절). 에돔은 야곱의 쌍둥이 형 에서에서 비롯된 민족이다(창 25-27, 32-33장). 이 일을 근거로 성경은 에돔과 이스라엘이 형제 나라라는 점을 종종 언급한다(신 2:4; 민 20:14; 옵 10; 말 1:2). 하나님이 리브가에게 야곱뿐만 아니라 에서도 축복하시겠다고 선언하셨던 말씀을 아직도 잊지 않으셨던 것이다(cf. 창 25:23).

이스라엘을 노예로 부렸던 이집트 사람들이 그래도 환대를 받는 것은 이스라엘이 어려웠을 때, 이집트는 그들에게 피난처를 제공했기 때문이다. 요셉 시대 야곱이 온 집안을 이끌고 이집트로 내려갔던 것은 가나안 지역에 임한 생명을 위협하는 혹독한 기근 때문이었다. 이스라엘은 그곳에서 번성하였고, 가나안에 국가를 형성할 수 있는 기반을 나일 델타에서 다졌던 것이다.

비록 이집트를 떠나올 때쯤에는 너무 많은 착취와 학대가 있었지만, 역사적인 관점에서 볼 때 이집트는 이스라엘에게 고마운 나라다. 하나님은 이점을 고려해서 그들에게 호의를 베푸시는 것이다. 우리는 같은 사람에게서 받은 선대와 천대를 구분하여 선대에 대해 감사하는 마음을 잊지 않아야 한다.

Ⅱ. 두 번째 스피치: 여호와의 율법(4:44-29:1[28:69])
3장. 구체적 율법(12:1-26:19)
4. 구분과 순결에 관한 율법(22:9-23:18[19])
(3) 다양한 규례(23:1-18)

② 전쟁 중 청결(23:9-14[10-15])[34]

9 네가 적군을 치러 출진할 때에 모든 악한 일을 스스로 삼갈지니 10 너희 중에 누가 밤에 몽설함으로 부정하거든 진영 밖으로 나가고 진영 안에 들어오지 아니하

34 Brueggemann은 23:9-25의 구조를 세 쌍의 "정결과 정의"가 평행을 이루는 것으로 본다.

진 정결(9-14절)	노예에게 정의를(15-16절)
신전 창녀들에게서 정결(17-18절)	빌리는 자에게 정의를(19-20절)
서원은 지켜야 한다(21-23절)	이웃에게 정의를(24-25절)

다가 11 해 질 때에 목욕하고 해 진 후에 진에 들어올 것이요 12 네 진영 밖에 변소를 마련하고 그리로 나가되 13 네 기구에 작은 삽을 더하여 밖에 나가서 대변을 볼 때에 그것으로 땅을 팔 것이요 몸을 돌려 그 배설물을 덮을지니 14 이는 네 하나님 여호와께서 너를 구원하시고 적군을 네게 넘기시려고 네 진영 중에 행하심이라 그러므로 네 진영을 거룩히 하라 그리하면 네게서 불결한 것을 보시지 않으므로 너를 떠나지 아니하시리라

모세는 이스라엘에게 장막을 드나들거나 주변에 진을 치고 있을 때에도 정결 기준을 지키도록 최선을 다하라고 한 적이 있었다(레 15:31). 그래서 만일 피부병, 유출병, 시체를 만진 일 등으로 인하여 부정하게 되면 진 밖으로 나가 정결해질 때까지 기다렸다가 들어오라고 했다(민 5:1-4; cf. 레 15:18). 이런 요구가 본문에서는 전쟁을 하기 위하여 모인 이스라엘 군대에게 적용된다.

이스라엘 군은 진의 정결을 유지하기 위하여 최선을 다해야 한다. 그 이유는 하나님이 이 진에 거하면서 전쟁을 지휘하시기 때문이다(14절). 물론 이스라엘에게 승리를 주시기 위해서다. 즉, 이스라엘의 전쟁은 성전(聖戰)인 것이다(cf. 20:1-9). 이스라엘 군은 꾸준히 진을 깨끗하게 유지하기 위하여 조치를 취하면서 하나님의 임재를 기념해야 한다. 모세는 만일 진을 청결하게 유지하지 않으면 하나님이 그들 곁을 떠나실 수도 있다고 경고한다(14절). "깨끗함은 성결 다음으로 중요하다"(cleanliness is next to godliness)라는 말이 새롭게 다가오게 하는 말씀이다.

이스라엘은 전쟁을 하는 동안 "어떤 악한 일"을 해서도 안 된다(9절). "어떤 악한 일"(כֹּל דָּבָר רָע)은 문자적으로 "모든 악한 일"을 뜻하며 이 표현은 많은 것을 포함하는 매우 포괄적인 것이기 때문에 본문이 언급하고 있는 두 가지 예 외에도 어떤 것이든 진을 오염시킬 수 있는 것들을 포함한다. 그러므로 민수기 5:1-4를 바탕으로 해석할 때 사람을 부정하게 만드는 피부병이나 유출병을 앓는 자들도 진을 떠나야 했을 것이다. 쿰란 문서들은 부정하게 하는 피부병이나 신체적 결함이 있는 사람들을 군대에서 제외해 주었고(War Scroll), 군인들에게는 성관계뿐만 아니라 사람을 부정하게 할 수 있는 모든 일을 금하도록 했다(Temple Scroll). 다윗도 군인들에게 성관계 금지령을 내린 적이 있다(삼상 21:6).

모세가 첫 번째 예로 드는 것은 밤에 몽설한 사람이다(10절). "밤의 몽설"(מִקְרֵה־לָיְלָה; lit., 밤에 일어난 사고/사건)의 의미가 상당히 모호하지만 레위기 15:16을 감안하면 정액을 유출하는 것을 일컫는 말이 확실하다(Tigay; McConville). 저자가 모호한 표현을 사용하는 것은 정액 유출뿐만 아니라 그 외 모든 부정한 신체적 유출을 포함하기 위해서일 것이다. 그래서 한 주석가는 이 표현이 밤에 소변이 마려워 일어난 군인이 진 밖으로 나가기가 귀찮아서 주변에서 일을 보는 행위도 포함한다고 풀이한다(Craigie).

그러나 소변이 부정하게 하는 것이 있다면 진이지 남자가 아니다. 그러므로 소변 보는 일은 포함하지 않는 것이 바람직하다. 남자들만 모여 있는 진에서 일어난 일이기 때문에 성관계에서 유출된 정액은 포함하지 않는다. 이 사람은 진 밖으로 나가서 하루 종일 그곳에 머물다가 저녁에 목욕을 한 다음에 다시 들어올 수 있다(10절).

두 번째 예는 변이다(12-13절). 진 안에서 용변을 볼 수 없으며, 진 밖에 나가서 보되 항상 구덩이를 파고 일을 본 다음에 흙으로 덮어야 한다. 사람의 변이 냄새가 나고 지저분하기는 하지만, 율법은 그 어디에서도 사람의 변을 부정하다고 하지 않는다. 성경에서 변을 부정한 것으로 취급하는 사람은 에스겔 선지자가 처음이다(겔 4:12-15). 그러므로 이 율법이 강조하고자 하는 것은 청결이지 종교적인 정결이 아니다.

이스라엘은 진 밖에서도 일정한 수준의 청결은 유지해야 한다(McConville). 쿰란 문서들은 군인들이 일을 볼 수 있는 '화장실' 공간을 진에서 2000규빗(900미터) 떨어진 곳에 설치하라고 한다! 위생 개념이 없었던 고대 사회에서는 변을 제대로 처리하지 않아 많은 질병이 파리와 기생충 등을 통하여 전염되었다.

II. 두 번째 스피치: 여호와의 율법(4:44-29:1[28:69])
3장. 구체적 율법(12:1-26:19)
4. 구분과 순결에 관한 율법(22:9-23:18[19])
(3) 다양한 규례(23:1-18)

③ 탈출한 노예(23:15-16[16-27])

15 종이 그의 주인을 피하여 네게로 도망하거든 너는 그의 주인에게 돌려주지 말
고 16 그가 네 성읍 중에서 원하는 곳을 택하는 대로 너와 함께 네 가운데에 거주
하게 하고 그를 압제하지 말지니라

이스라엘 사람들 중 빚 등으로 인하여 노예가 된 사람들에 대한 규례는 이미 15:12-18에서 선포되었다. 15:12-18이 도망한 이스라엘 노예에 관한 규정을 담고 있지는 않지만, 본문은 분명 이스라엘 노예가 아니라 타국에서 도망쳐 온 이방인 노예에 관한 것이다(Braulik; Craigie; McConville; Tigay). 노예 제도가 성행하는 곳에서는 종종 주인으로부터 도망친 노예가 있기 마련이었다.

고대 근동의 법전들은 도망 온 노예를 보호하는 것을 금지했으며, 동맹을 맺은 국가들은 동맹조약에 서로 상대방 국가에서 도망 온 노예들을 반환하는 의무 조항을 포함시켰다(Craigie; McConville). 이러한 고대 근동의 정서를 고려할 때 주인으로부터 도망 온 노예들은 다시 돌려보내지 말며, 어디에서든지 정착하여 살 수 있도록 배려하라는 이 율법은 매우 획기적이다. 이 율법은 이스라엘이 다른 나라들과 동맹조약을 맺을 때 도망쳐 온 노예를 송환하는 일을 포함하는 것을 원천적으로 금하고 있기 때문이다(Block). 또한 이스라엘이 이러한 정책을 주변 국가들과의 외교적 관계에서 펼쳐 나가려면 하나님의 말씀에 대한 신뢰를 확고히 해야 한다(Grisanti). 주변 국가들이 이 정책을 쉽게 수용하려 들지 않을 것이므로 경우에 따라서는 외교적 마찰이 있을 수도 있기 때문이다.

이 말씀은 이스라엘이 이집트에서 혹독한 종살이를 했던 일을 생각하여 주인의 학대를 견디지 못해 도망친 노예에게는 자비를 베풀라는 취지에서 비롯된 율법으로 생각된다. 이 말씀은 비록 노예라 할지라도 혹사해서는 안 되며, 비인간적으로 취급해서도 안 된다는 것을 암시한다. 십계명의 순서에 따라 신명기의 구조를 논하는 학자들은 23:15부터(Braulik), 혹은 23:19부터(Kaufman) 남의 것을 "도둑질하지 말라"는 제8 계명과 연관시킨다.

II. 두 번째 스피치: 여호와의 율법(4:44–29:1[28:69])
3장. 구체적 율법(12:1–26:19)
4. 구분과 순결에 관한 율법(22:9–23:18[19])
(3) 다양한 규례(23:1–18)

④ 창녀와 남창(23:17–18[18–19])

[17] 이스라엘 여자 중에 창기가 있지 못할 것이요 이스라엘 남자 중에 남창이 있지 못할지니 [18] 창기가 번 돈과 개 같은 자의 소득은 어떤 서원하는 일로든지 네 하나님 여호와의 전에 가져오지 말라 이 둘은 다 네 하나님 여호와께 가증한 것임이니라

이스라엘 사람은 결코 창녀나 남창이 될 수 없다(17절; cf. 19:29). 대부분 학자들은 "창녀"(קְדֵשָׁה)와 "남창"(קָדֵשׁ)을 우상숭배와 연관된 신전창녀와 신전남창들을 가리키는 용어들로 간주한다(NIV; NAS; NRS; TNK; Craigie; McConville). 다산(多産) 종교들의 신전에서 신도들을 상대로 돈을 받고 성관계를 가졌던 사람들을 뜻하는 말로 풀이하는 것이다. 이런 행위를 저자가 종교적인 혐오감을 언급할 때 자주 사용하는 "가증한 일"(תּוֹעֵבָה)이라고 하는 것도 이러한 해석의 가능성을 시사한다.

그러나 이 용어들이 종교적인 뉘앙스가 없는 의미로 사용되는 것을 배제할 수 없다(cf. 38:21-22; 호 4:14). 아무런 종교와 연관 없이 몸을 파는 남녀를 뜻한다는 것이다(cf. Tigay). 모세가 이미 13장에서 우상을 숭배하자고 꼬드기는 자들은 가차없이 처형하라는 명령을 내린 점으로 미루어 볼 때, 이스라엘 사람들 중에서 이방 종교를 따라갈 뿐만 아니라 그 종교를 위해 몸까지 파는 사람은 이미 사형에 처해야 하기 때문이다(cf. 13:6-9). 그러므로 이 규정은 특별한 종교와 상관없이 '인류역사상 가장 오래된 직업'에 종사하는 자들을 두고 하는 말로 해석해야 한다.

하나님은 이스라엘 사람이 이런 일을 해서는 안되며, 혹시 이런 일을 해서 얻은 수입을 성소에 들여놓아서도 안 된다고 하신다(18절). 특히 남창이 번 돈을 "개 같은 자의 소득"(מְחִיר כֶּלֶב; lit., 개 값)(개역)이라며 강력한 거부감을 표현하신다(cf. Block). 고대 근동의 정서를 감안할 때, 여자들이 남창을 찾았을 가능성은 그리 많아 보이지 않는다. 그러므로 이 업종은 동성애를 전제한 것일 가능성이 많다(Rashi; Abravanel; Shadal; Tigay). 이런 일은 하나님께 "가증한 일"(תּוֹעֵבָה)이다(18절). 극에 달한 혐오감을 묘사하는 단어다. 이런 의미에서 새번역의 "미워하는 일"은 표현이 너무 미약하다. 하나님은 경건하고 정당한 방법으로 얻은 수익의 일부를 헌금으로 원하시지 부정한 행위를 통해 번 돈은 아예 원하지 않으신다. 우리의 제물보다는 의로운 삶을 원하시는 분이시기 때문이다.

II. 두 번째 스피치: 여호와의 율법(4:44-29:1[28:69])
3장. 구체적 율법(12:1-26:19)

5. 사회 질서에 관한 율법(23:19[20]-25:19)

이 섹션에 나열된 율법들은 너무 다양해서 전체를 하나로 묶을 만한 제목은 없다. 어떤 율법은 어느 정도 자세하게, 어떤 율법은 아무런 설명 없이 아주 간략하게 구성되어 있기도 하다. 전반적으로 주의 백성이 일상에서 종종 접할 수 있는 이슈들에 관한 규례들이 있는가 하면, 평생 한 번도 접하지 않을 이슈들에 관한 것도 있다. 제시된 율법의 범위가 너무 넓고 다양하기 때문에 섹션화하지 않고, 본문에서 이 율법들이 나열된 순서에 따라 주해하고자 한다.

A. 빚과 이자(23:19-20[20-21])
B. 서원(23:21-23[22-24])
C. 이웃의 곡식과 과일(23:24-25[25-26])
D. 이혼과 재혼(24:1-4)
E. 새신랑과 군복무(24:5)
F. 채무와 생계(24:6)
G. 유괴(24:7)
H. 악성 피부병(24:8-9)
I. 전당물(24:10-13)
J. 임금(24:14-15)
K. 연좌(緣坐)(24:16)
L. 약자들 보호(24:17-18)
M. 약자들의 권리(24:19-22)
N. 체벌(25:1-3)
O. 짐승들의 권한(25:4)
P. 계대 결혼(25:5-10)
Q. 싸움을 말릴 때(25:11-12)
R. 되와 저울추(25:13-16)
S. 아말렉 사람들(25:17-19)

Ⅱ. 두 번째 스피치: 여호와의 율법(4:44-29:1[28:69])
3장. 구체적 율법(12:1-26:19)
5. 사회 질서에 관한 율법(23:19[20]-25:19)

(1) 빚과 이자(23:19-20[20-21])

19 네가 형제에게 꾸어주거든 이자를 받지 말지니 곧 돈의 이자, 식물의 이자, 이
자를 낼 만한 모든 것의 이자를 받지 말 것이라 20 타국인에게 네가 꾸어주면 이자
를 받아도 되거니와 네 형제에게 꾸어주거든 이자를 받지 말라 그리하면 네 하나

님 여호와께서 네가 들어가서 차지할 땅에서 네 손으로 하는 범사에 복을 내리시리라

모세는 외국인들에게는 이자를 받고 돈을 빌려 줄 수 있지만, 이스라엘 사람들끼리는 서로 이자를 받지 말고 돈을 빌려 주라고 한다. 여기서 외국인(נָכְרִי)은 이스라엘에 정착해 사는 이방인들이 아니라(이 경우 גֵּר라고 한다), 사업차, 혹은 여행 중 잠시 이스라엘에 머무는 이방인들을 뜻한다(Grisanti; Block). 이 사람들은 가난해서 돈을 빌리는 것이 아니다. 수익을 올리기 위하여 혹은 더 많은 돈을 벌기 위하여 돈을 빌리기 때문에 그들에게 자선을 베풀 필요가 없다.

반면에 이스라엘에 정착해 사는 이방인들도 이 규례에 따라 이스라엘 사람들처럼 동일한 혜택을 받았을 것으로 생각된다. 본문이 제시하는 이자에 관한 법은 고대 근동 법전에서 매우 독특하다. 당시 근동 사회에서는 돈뿐만 아니라 빌려주는 거의 모든 물품에 이자를 받았다. 이자율은 돈을 빌렸을 경우 1년에 20-25퍼센트에 달했고, 곡식을 빌려 주었을 경우에는 33.3-50퍼센트에 달했다(McConville; Tigay).

성경이 주의 백성에게는 이자를 받지 말라는 이유는 크게 두 가지다. 첫째, 본문에서는 정확히 밝히지 않고 있지만, 출애굽기 22:24, 레위기 25:36-37, 신명기 24:12 등은 남에게 돈을 빌리는 사람들은 모두 가난해서 빌리고 있음을 시사한다. 그러므로 이런 사람들에게 이자를 받는다는 것은 그들이 처한 경제적 위기와 어려움을 더 가중시키며, 최악의 경우에는 돈 때문에 자신을 스스로 노예로 파는 일이 생긴다(cf. 15:1-6). 그러므로 가난한 자들에게 이자를 받지 않고 돈을 빌려 주는 것은 인도적인 차원의 배려다(Matthews).

둘째, 어려운 이웃에게 이자를 받지 않고 돈을 빌려 주는 것은 언약 백성의 당연한 의무다(Craigie). 이스라엘은 형제애로 뭉쳐진 민족이기 때문에 서로를 돌보아야 한다. 모세는 이점을 강조하기 위하여 돈을 빌리려는 사람들을 "너의 형제"(אָחִיךָ)라고 부른다(19, 20절). 같은 공동체에 속한 자들은 때로는 개인적인 손실을 감수하면서라도 서로에 대한 경제적인 책임을 져야 한다.

성경이 이처럼 언약 백성들 사이에는 이자를 받는 것을 금하고 있는데, 언제부터 우리는 아무런 거리낌없이 이자를 계산해서 돈을 빌려 주게 된 것일까? 서구 기독교 사회는 종교개혁 시대까지 이자를 받고 돈을 빌려 주는 것을 금했다(Wright). 그러다가 루터와 칼빈 등 종교 개혁자들이 돈을 빌려 주고 이자를 받는 것을 허락했다(Nelson). 이 두 개혁자들 중 칼빈이 이자를 받고 돈을 빌려 주는 일을 정당화하는 데 더 적극적이었으며, 칼빈의 관점은 서구 사회의 경제발전을 저해하는 가장 근본적인 원리를 영구적으로 바꾸어 놓기에 충분했다(Brueggemann).

II. 두 번째 스피치: 여호와의 율법(4:44-29:1[28:69]) 3장. 구체적 율법(12:1-26:19) 5. 사회 질서에 관한 율법(23:19[20]-25:19)

(2) 서원(23:21-23[22-24])

21 네 하나님 여호와께 서원하거든 갚기를 더디하지 말라 네 하나님 여호와께서
반드시 그것을 네게 요구하시리니 더디면 그것이 네게 죄가 될 것이라 22 네가 서
원하지 아니하였으면 무죄하리라 그러나 23 네 입으로 말한 것은 그대로 실행하도
록 유의하라 무릇 자원한 예물은 네 하나님 여호와께 네가 서원하여 입으로 언약
한 대로 행할지니라

사람이 곤경에 처하거나, 건강이 좋지 않을 때, 혹은 무언가를 성취하고자 할 때 하나님께 내놓는 '비장의 카드'가 서원이다. 서원은 대체로 '하나님께서 이렇게 해 주신다면, 저는 이것을 드리겠습니다'의 형태를 취한다. 대부분 사람들의 서원은 제물이지만(cf. 레 7:16-17; 시 22:26), 때로는 사람이나 봉사가 서원되기도 한다(창 28:20; 31:13; 민 6:2, 5, 21; 삼상 1:11). 사람이나 물건을 서원할 경우 레위기 27장은 돈으로 환산하여 성소에 들여놓도록 한다.

서원을 하지 않는 것은 죄가 아니다. 본문도 사람이 서원할 필요는 없다고 한다(22절). 그러나 한 번 서원한 것은 너무 오래 끌지 말고 속히 지켜야 한다(23절; cf. 전 5:3-5). 그러므로 즉흥적으로, 혹은 별생각 없이 지킬 수 없는 서원을 하는 것은 금물이다(cf. 삿 11장; 잠 20:25; 전 5:4-6). 서원은 중앙화된 예배 장소(성막이나 성전이 있는 곳)에서 드리는 예배의 중요한 부분이었다(Grisanti). 이스라엘 사람들은 서원한 것을 매년 세 차례씩 성소에 순례갈 때를 이용해 지켰다(Tigay).

II. 두 번째 스피치: 여호와의 율법(4:44-29:1[28:69])
3장. 구체적 율법(12:1-26:19)
5. 사회 질서에 관한 율법(23:19[20]-25:19)

(3) 이웃의 곡식과 과일(23:24-25)

24 네 이웃의 포도원에 들어갈 때에는 마음대로 그 포도를 배불리 먹어도 되느니
라 그러나 그릇에 담지는 말 것이요 25 네 이웃의 곡식밭에 들어갈 때에는 네가 손
으로 그 이삭을 따도 되느니라 그러나 네 이웃의 곡식밭에 낫을 대지는 말지니라

이 규정은 어떤 한 곳에서 다른 곳으로 여행 중인 이스라엘 사람을 배려한 것이다(Craigie; Grisanti). 당시에는 길을 떠나는 사람이 오랫동안 상하지 않을 음식을 챙겨가는 일이 마땅치 않았고, 도중에 사먹는 것도 쉽지 않았다. 한 성읍에서 다른 성읍으로 여행하자면 남의 밭과 과수원을 통과하는 것이 일반적이었다(Tigay). 지나가는 사람이 과수원이나 밭에 피해를 입힐 경우에만 농경지를 침해한 것으로 간주되었다.

모세는 과수원을 지나가던 사람이 배가 고파서 과일을 따먹으면 죄인으로 취급하지 말라고 한다. 다만 그 자리에서 먹고 가야 하며 자루에 담아 가거나 손에 쥐고 가서는 안 된다. 이런 경우 죄가 된다. 주인은 여행하는 사람이 필요한 만큼은 먹을 수 있도록 배려를 하되, 여행자는 지나치게 많이 취하여 주인에게 피해를 입히는 일이 없도록 하라는 것이다. 이와 같은 배려는 이스라엘이 하나님의 축복을 누리며 사는 백성이며, 그들의 필요를 채우시는 분은 하나님이라는 고백에 근거한 것이다(McConville).

예수님의 제자들이 안식일에 들을 지나다가 배가 고파서 남의 밭에 심겨진 곡식 이삭을 비벼먹었다가 바리새인들과 시비가 붙은 일도 이 규례와 연관이 있다(마 12:1-2). 바리새인들도 이 규례를 의식했기 때문에 남의 밭에 들어가 보리를 딴 것에 대하여는 시비를 걸지 않았다. 다만 안식일에 이런 일을 했다는 것을 문제 삼았다. 세월이 지나면서 이스라엘 사람들은 이 율법을 들판에서 추수하는 인부들과, 과수원 주인을 위하여 일하는 사람들에게만 적용했다. 아마도 이 규례가 주인에게 입힌 손실이 너무 컸기 때문에 보완된 것으로 생각된다.

Ⅱ. 두 번째 스피치: 여호와의 율법(4:44-29:1[28:69])
3장. 구체적 율법(12:1-26:19)
5. 사회 질서에 관한 율법(23:19[20]-25:19)

(4) 이혼과 재혼(24:1-4)

1 사람이 아내를 맞이하여 데려온 후에 그에게 수치되는 일이 있음을 발견하고 그를 기뻐하지 아니하면 이혼 증서를 써서 그의 손에 주고 그를 자기 집에서 내보낼 것이요 2 그 여자는 그의 집에서 나가서 다른 사람의 아내가 되려니와 3 그의 둘째 남편도 그를 미워하여 이혼 증서를 써서 그의 손에 주고 그를 자기 집에서 내보냈거나 또는 그를 아내로 맞이한 둘째 남편이 죽었다 하자 4 그 여자는 이미 몸을 더럽혔은즉 그를 내보낸 전남편이 그를 다시 아내로 맞이하지 말지니 이 일은 여호와 앞에 가증한 것이라 너는 네 하나님 여호와께서 네게 기업으로 주시는 땅을 범죄하게 하지 말지니라

이 문단은 제법 길지만, 4절에서 재혼한 여자가 다시 홀로 되면 전남편에게 돌아갈 수 없다는 단 한 가지 율법만을 제시한다. 나머지는 모두 이 규례가 성립되는 정황을 묘사하는 조건 문구들이다. 그러므로 이 율법은 이혼이 이미 당시 사회의 관습이 되어 있음을 전제하기는 하지만, 이혼을 정당화하는 법으로 간주하는 것은 옳지 않다(Craigie; Wright; McConville). 이혼에 대하여 전반적인 규례를 제시하는 것이 아니라, 딱 한 가지 사례를 금하는 데 말씀의 목적이 있기 때문이다.

본문이 전제하는 사회적 관례는 오직 남자에게 이혼에 대한 모든 권한이 주어졌으며, 그는 언제든지 이혼 증서를 써 주고 아내를 내보낼 수 있었다. 또한 당시 이혼은 오늘날처럼 법정 소송을 통하여 판결을 받는 것이 아니라, 각 개인의 집에서 사적(私的)으로 결정하는 이슈였다(Wright).

구약 성경이 여러 곳에서 이혼을 비유 등으로 언급하기는 하지만, 이혼에 관한 구체적인 규정은 제시하지 않는다(Tigay). 함무라비 법전은 남편이 아내를 싫어하게 될 경우 그녀와 이혼하여 집에서 내보내거나 신분을 노예로 전락시켜 데리고 있을 수 있다고 한다(Code of Hammurabi 141).

모세는 남편이 아내에게서 수치스러운 일을 발견하여 이혼 증서를 써 주고 집에서 내보내는 상황을 가정하면서 말씀을 시작한다(1절). 그는 이혼당한 아내가 "수치되는 일"(עֶרְוַת דָּבָר)을 했다고 하는데, 이 문구가 무엇을 뜻하는지는 더 이상 언급하지 않는다. "수치"(עֶרְוָה)의 문자적인 의미는 "발가벗음/성기"이며, 레위기는 근친상간을 "발가벗음을 벗기는 것"(לְגַלּוֹת עֶרְוָה)으로 표현한다(레 18:6). 그래서 일부 주석가들은 여자가 간통을 포함한 부적절한 성행위를 했다는 것으로 풀이한다(Otto). 그러나 율법은 이런 경우 사형에 처하지 이혼 증서를 써 주고 내보내는 것을 허락하지 않는다(cf. 22:22). 그러므로 별로 설득력이 있어 보이는 해석은 아니다.

저자는 23:14에서 동일한 표현(עֶרְוַת דָּבָר)을 이스라엘 군대의 진에 거하시는 하나님을 떠나게 할 수 있는 "불결한 것"(개정)/"더러운 것"(새번역; 공동)을 뜻하며 사용한다. 그러나 이 해석도 본문의 의미를 파악하는 데 도움이 되지 않는다. 이 표현이 우리에게는 더 이상 알려지지 않았지만, 특정한 행위나 여건을 뜻하는 일종의 법적인 전문용어(technical legal expression)였을 가능성도 배제할 수 없다(Craigie). 한 가지 확실한 것은 이 표현이 본문에서 상당히 포괄적인 개념으로 사용되고 있으며 무엇이 이런 행위에 속하는 것인지는 전적으로 남편의 개인적인 판단에 달려 있다는 것이다.

남자가 아내를 내보낼 것을 결정하면, 그녀에게 이혼 증서를 써 주어야 한다(1절). 아마도 두 사람은 더 이상 남편과 아내가 아니라는 점을 확인하는 문서였을 것이다. 이혼 증서는 남자가 더 이상 여자에 대한 어떠한 법적인 권리를 주장할 수 없다는 것을 뜻하기 때문에 여자를 보호하는 의미를 지니고 있다. 예를 들면, 이혼 증서를 써 주지 않고 내보낸 상태에서 만일 여자가 다른 남자와 재혼하면 간통죄가 적용될 수 있다. 그러므로 여자의 입장에서 이혼 증서를 보관하는 것은 매우 중요하다.

저자는 여자가 다른 남자와 재혼했다가 다시 이혼을 당하거나 남편이 죽어 과부가 되면, 전남편에게 돌아갈 수 없다고 한다(2-4절). 그 여자가 재혼을 하지 않고 홀로 살고 있는 동안에 이혼한 남편이 찾아와 재혼/재결합을 원하는 경우에는 괜찮다. 본문은 재혼에 실패한 여자가 제3의 남자와 다시 결혼하는 것도 금하지 않는다.

다만 다른 남자와 재혼한 후에는 첫 남편에게 돌아갈 수 없음을 규정한다. 그 이유는 여자가 이미 "몸을 더럽혔기 때문"(הֻטַּמָּאָה)이라고 한다(4절). 이 동사의 기본적인 의미는 종교적으로 부정하게 된다는 뜻이다(HALOT). 여자가 재혼을 통해 어떻게 스스로 몸을 더럽히게 된 것일까? 비록 여자의 재혼은 당연한 일이고 법적인 문제가 전혀 없지만, 전남편의 입장에서는 이 여자가 다른 남자와 잠자리를 같이 했다는 것이 간음 내지는 간통으로 간주되어야 하기 때문이다(Craigie; Pressler; Tigay; cf. 마 5:31-32).

이슬람 법은 오히려 거꾸로 말한다. 만일 남자가 여자와 이혼하면,

그 여자가 다른 남자와 재혼했다가 이혼하기 전에는 다시 결합할 수 없다고 한다. 그래서 남자가 이혼한 후 재혼하지 않고 홀로 지내고 있던 전 아내와 다시 결합하고 싶을 경우 거지를 고용해서 그 여자와 하루 동안 결혼하여 성관계를 갖게 한 후에 다시 결혼한 사례들이 있다(Tigay).

이 율법의 근본적인 취지는 무엇인가? 일부 주석가들은 '아내 교환'(wife swapping)을 금지하는 것에 있다고 한다(Ramban; Abravanel; Patrick). 남편들끼리 협의하여 각자의 아내에게 이혼 증서를 써 주어 서로에게 보낸 후 한동안 즐기다가 다시 이혼 증서를 써 주어 원 남편에게로 돌아가게 하는 행위를 뜻한다. 이 경우 이혼 증서가 효력을 발휘하기 때문에 법적으로는 간음으로 취급되지 않는다는 것이다. 실제적으로 일부 이슬람 국가들에서는 이런 행위가 성매매의 활로가 되어 있으며, 이처럼 단순히 성행위를 즐기기 위한 결혼을 그들은 "뭇야 결혼"(mut'a marriage; lit., 쾌락 결혼)이라고 부른다(Levy; cf. Tigay).

본문이 두 차례나 이혼의 이유를 남편이 여자를 미워하게 된 것이라고 하는 점을 감안할 때 별로 설득력이 있어 보이는 추측은 아니다(cf. 1, 3절). 여자의 두 번째 결혼을 보호하기 위해서라는 해석이 있다(Yaron). 그러나 두 번째 남편이 죽은 후에도 전남편에게 돌아갈 수 없음을 감안할 때(3절), 이 해석도 설득력이 없다.

전 남편이 경제적으로 이득을 보는 행위를 금지하기 위해서라는 해석도 있다(Westbrook; Wenham & Heth; McConville). 전 남편이 여자의 재혼에서 다시 이혼한 여자의 위자료를 가로채는 것을 금지하는 데 목적이 있다는 것이다. 오늘날로 말하면 아내를 꽃뱀으로 내보내는 남편과 비슷하다. 이 해석도 역시 별로 설득력 있어 보이지는 않는다.

하나님은 원래 일부일처제를 마음에 두셨고 죽을 때까지 함께 살기를 원하셨지만(cf. 창 2장; 마 19:7-9), 인간의 죄 때문에 다처제와 이혼을 허용하셨다. 그러나 이혼이 당연한 권리로 행사되어서도, 악용되어서도 안되기 때문에 이혼할 때는 그 여자가 다른 남자와 재혼한 후에는 다시 결합할 수 없다는 점을 염두에 두고 매우 신중하게 결정하라는 의도에서 주신 율법으로 생각된다. 선지자들은 이 율법을 회상하며 이스라엘과 하나님의 관계에 대하여 말씀을 전하기도 했다(사 50:1, 렘 3:1, 8).

기독교는 예수님 때부터 이혼을 금지했지만(마 5:31-32), 디아스포라 유태인들은 주후 11세기에 이르러서야 배교나 잠자리를 거부하는 일 외에는 아내의 동의가 없는 이혼을 금하게 되었다. 북유럽(독일, 폴란드 등)에 살던 유태인 공동체에 라베누 게르솜(Rabbenu Gershom, ca. 960-1028)이라는 한 종교 지도자의 법령(rabbinic enactment)이 선포된 후였다. 이 사람이 일부다처제를 금하는 법령도 선포했다(Tigay).

(5) 새신랑과 군복무(24:5)

5 사람이 새로이 아내를 맞이하였으면 그를 군대로 내보내지 말 것이요 아무 직무도 그에게 맡기지 말 것이며 그는 일 년 동안 한가하게 집에 있으면서 그가 맞이한 아내를 즐겁게 할지니라

이 규례는 이미 20:5-8에서 선포된 군대 동원 규정에 대한 보완이다. 모세는 약혼녀를 둔 남자는 전쟁에 동원하지 말고 집으로 돌려보내라고 했다(20:7). 혹시라도 그가 전쟁에서 죽어 그 약혼녀를 다른 남자에게 빼앗기게 될 것을 우려한 규례였다. 여기서는 새로이 결혼한 사람은 1년 동안 전쟁에 참가시키지 말라고 한다. 결혼한 남자는 이 기간에 집에 머물면서 아내를 즐겁게 해야 한다고 한다.

혹시라도 신랑이 죽게 되면 결혼하자마자 과부가 되는 신부를 배려한 법이다. 20:7은 남자를 배려한 차원에서 군 복무에서 제외한 반면에, 이번에는 여자를 위한 배려이다. 그뿐만 아니라 그에게 어떠한 직무도 맡겨서는 안 된다. 본문에서 "직무"(דָּבָר)는 때에 따라 남자들에게서 요구되는 공적인 봉사를 뜻한다. 일상에 필요한 일은 하도록 하되, 사회적인 의무에서는 제해 주라는 것이다. 이 율법은 가족관계를 향상하는 것을 염두에 둔 것이다(Craigie).

II. 두 번째 스피치: 여호와의 율법(4:44-29:1[28:69])
3장. 구체적 율법(12:1-26:19)
5. 사회 질서에 관한 율법(23:19[20]-25:19)

(6) 채무와 생계(24:6)

6 사람이 맷돌이나 그 위짝을 전당 잡지 말지니 이는 그 생명을 전당 잡음이니라

모세는 빚을 낼 때 절대로 맷돌이나 맷돌의 위짝을 담보로 해서는 안 된다고 한다. 저자는 이미 이자를 받고 돈을 빌려주는 일을 금지했다(23:19). 이 율법은 한 걸음 더 나아가 사람이 살아가는 데 필요한 가장 기본적이고 필수적인 것은 담보가 될 수 없음을 강조한다. 또한 본문은 10-13절과 함께 빚쟁이들의 권한을 제한하고자 한다.

맷돌은 이스라엘 가정이 요리를 준비하는 데 사용하는 도구였다. 매일 아침 주부는 맷돌을 이용하여 그날 필요한 밀가루를 만들었다. 그러므로 담보로 혹은 빚을 갚지 않았다 해서 맷돌이나 위짝을 가져간다는 것은 그 가정에 큰 피해를 주는 행위며, 빚쟁이는 자비로워야 한다는 율법 정신을 위배하는 것이다(cf. 23:19).

빚을 얻은 사람들이 대체로 가장 가난한 사회적 약자들이었다는 점을 감안할 때, 이런 행위는 그들의 자존감을 짓누를 뿐만 아니라 생존 자체를 위협하는 행위라 할 수 있다. 하나님이 절대 이런 일을 용납하실 리 없다. 그러므로 빚쟁이는 과부의 외투를 돌려주어야 하듯(cf. 17절), 맷돌을 돌려주어야 한다. 고대 근동에서 사용되던 맷돌은 상판이 보통 2-3kg에 달했지만, 하판은 40kg까지 나갔다(ABD; Tigay).

II. 두 번째 스피치: 여호와의 율법(4:44-29:1[28:69])
3장. 구체적 율법(12:1-26:19)
5. 사회 질서에 관한 율법(23:19[20]-25:19)

(7) 유괴(24:7)

7 사람이 자기 형제 곧 이스라엘 자손 중 한 사람을 유인하여 종으로 삼거나 판 것이 발견되면 그 유인한 자를 죽일지니 이같이 하여 너희 중에서 악을 제할지니라

사람을 납치하여 노예로 삼거나 다른 사람에게 판 일이 발각되면, 그 사람은 사형에 처해야 한다. 거의 비슷한 율법이 출애굽기 21:16에도 등장한다. “사람을 납치한 자가 그 사람을 팔았든지 자기 수하에 두었든지 그를 반드시 죽일지니라”(개역개정). 개역이 “납치하다”로, 새번역과 공동이 “유괴하다”로 번역하고 있는 히브리어 동사(גנב)는 ‘훔치다’라는 뜻이며 신명기에서는 “도적질하지 말라”고 하는 제8계명에서(5:19) 한 번 더 사용되었다.

제8계명은 남의 재산을 훔치는 것을 금하는 것이 아니라, 사람을 훔치는 것을 금한 것이다(cf. 5:19 주해). 저자가 사람을 납치하는 일은 곧 그 사람의 “영혼을 훔치는 것”(גֹּנֵב נֶפֶשׁ)이라고 표현하는 데서 이 범죄에 대한 하나님의 감정을 엿볼 수 있다. 유괴는 곧 사회적인 살인이라는 것이다(Craigie). 그러므로 살인한 사람을 사형에 처하듯, 이와 같은 사회적 살인을 자행한 사람도 사형에 처해야 한다.

사람을 유괴하는 근본적인 이유는 경제적인 이익 때문이다. 저자는 이런 악을 행하여 경제적 이익을 추구하는 행위를 금하고 있다. 오늘날로 말하면 인신매매를 금지하는 법률이다. 모세는 이 율법을 통해 경제적인 이익이 이웃의 안녕에 대한 책임을 앞설 수 없다고 한다(Brueggemann).

본문은 이 율법이 ‘형제 이스라엘’ 사람을 납치할 때만 적용되는 것으로 묘사하는 것에 반해, 출애굽기는 피해자가 누구이든 상관없이 무조건 이런 자는 처형하라고 한다. 이러한 차이는 신명기가 이스라엘 백성들이 이미 출애굽기에 기록된 율법의 절대성에 대하여 알고 있는 상황에서 형제 이스라엘을 예로 듦으로써 이 죄악의 반인륜적인 행위에 대한 청중들의 혐오감을 최대한으로 유도해 내고자 하는 것으로 풀이 된다.

II. 두 번째 스피치: 여호와의 율법(4:44-29:1[28:69])
3장. 구체적 율법(12:1-26:19)
5. 사회 질서에 관한 율법(23:19[20]-25:19)

(8) 악성 피부병(24:8-9)

8 너는 나병에 대하여 삼가서 레위 사람 제사장들이 너희에게 가르치는 대로 네가
힘써 다 지켜 행하되 너희는 내가 그들에게 명령한 대로 지켜 행하라 9 너희는 애굽
에서 나오는 길에서 네 하나님 여호와께서 미리암에게 행하신 일을 기억할지니라

신명기의 구조를 십계명의 순서에 따라 이해하는 학자들은 이 구절에서부터 "네 이웃에 대하여 거짓 증거하지 말라"라는(5:20) 아홉 번째 계명에 대한 강론이 시작되는 것으로 이해한다. 다만 어디에서 아홉 번째 계명에 대한 강론이 끝나는가에 대하여는 조그만 차이를 두고 있다. 한 학자는 24:8-25:3이 제9계명에 관한 것이라고 하는 반면(Braulik), 다른 주석가는 이 계명에 대한 강론은 25:4까지 포함해야 한다고 한다(Kaufman).

개역 성경과 공동 번역이 "문둥병"(개정: "나병")으로 번역하고 있는 병(צָרַעַת)은 전염성이 강한 악성 피부병을 뜻한다(Wright; Grisanti; cf. 새번역; TNK). 이 병은 사람의 피부뿐만 아니라 옷, 건물의 벽 등에도 생긴다. 그러므로 문둥병이나 나병으로 번역하는 것은 이 명사가 지닌 포괄성을 제대로 반영하지 못한다. 레위기 13-14장은 제사장들이 이 악성 피부병에 대하여 어떻게 대처해야 하는가를 지시하고 있으며, 본문은 이 레위기 규정을 전제하며 주어진 것이다.

모세는 이 악성 피부병을 앓은 사람의 예로 미리암을 든다(9절). 미리암은 아론과 함께 모세의 권위에 도전했다가 하나님의 심판을 받아 한 주 동안 이스라엘 진 밖으로 격리된 적이 있었다(민 12:10-15). 그러나 저자가 이곳에서 미리암 사건을 언급하는 이유가 정확하지 않다. 전통적인 해석은 미리암이 모세를 비방하다가 그런 일을 당했다 해서 본문이 이 사건을 언급하는 것은 백성들에게 남을 비방하지 말라고 경고하기 위해서라고 했다. 많은 주석가들은 본문이 악성 피부병이 생기면 예외 없이 제사장을 찾아가라고 권면하기 위해서라고 한다. 미리암도 이 규례에서 예외가 아니었던 것처럼, 그 누구도 예외가 될 수 없다는 것을 강조하기 위해서라는 것이다(Tigay).

Ⅱ. 두 번째 스피치: 여호와의 율법(4:44-29:1[28:69])
3장. 구체적 율법(12:1-26:19)
5. 사회 질서에 관한 율법(23:19[20]-25:19)

(9) 전당물(24:10-13)

[10] 네 이웃에게 무엇을 꾸어줄 때에 너는 그의 집에 들어가서 전당물을 취하지 말고 [11] 너는 밖에 서 있고 네게 꾸는 자가 전당물을 밖으로 가지고 나와서 네게 줄 것이며 [12] 그가 가난한 자이면 너는 그의 전당물을 가지고 자지 말고 [13] 해 질 때에 그 전당물을 반드시 그에게 돌려줄 것이라 그리하면 그가 그 옷을 입고 자며 너를 위하여 축복하리니 그 일이 네 하나님 여호와 앞에서 네 공의로움이 되리라

신명기는 돈을 꾸어줄 때 채권자가 채무자에게 자비와 긍휼을 베풀어야 한다는 것을 누누이 강조해 왔다(cf. 23:19-20; 24:6; cf. 출 22:25-27). 이 율법도 빚쟁이의 권한을 제한함으로써 어떠한 경우에라도 채권자가 채무자의 사생활을 침해하는 것을 예방하고자 한다. 저자는 빚쟁이가 지켜야 할 두 가지 원칙을 제시한다.

첫째, 채권자는 채무자의 집에 들어갈 수 없다(11절). 이 원칙은 두 가지 목적을 두고 있다. 먼저, 남에게 빚을 진 사람이라도 그와 그의 가족들의 사생활은 보호되어야 한다는 것이다. 사람은 모두 남에게 보여 주고 싶지 않은 부분을 가지고 있는데, 이런 부분이 채권자에게 노출되어 온 가족에게 상처나 수치가 되는 일을 막고자 한다. 또한 이 원칙은 빚쟁이가 자기 마음에 내키는 대로 담보/전당물을 취하는 것을 금하고자 한다. 무엇을 전당물로 맡길 것인가는 채무자에게 결정하도록 하라는 것이다.

가난은 사람에게서 많은 것을 앗아간다. 비록 가난한 사람이 가진 것은 없더라도, 그나마 가진 것에 대하여 스스로 결정할 수 있도록 하고, 자신의 집안에서는 존중받을 수 있도록 하는 법이다(Wright). 사실 빚을 얻어야 살 수 있는 가난한 사람의 집에 얼마나 값나가는 것이 있었겠는가? 채권자 입장에서는 별반 차이가 없었을 것이다. 그러나 추억과 기억이 어려있는 어떤 물건들은 가치에 상관없이 매우 소중할 수 있다. 이런 것을 빼앗는 행위는 너무 잔인하다. 그러므로 채권자는 채무자가 스스로 정한 담보를 가지고 나올 때까지 밖에서 기다려야 한다. 이런 것을 바라지 않고, 또 갚을 것도 기대하지 않고 빚을 주는 것이 가장 복되다.

둘째, 빚을 진 자가 정말 가난하여 그의 유일한 담보가 겉옷일 경우, 빚쟁이는 그 담보를 해지기 전에 돌려주어야 한다(12-13절). 겉옷은 외투처럼 입고 다니는 담요와 같았다(Craigie). 가난한 사람들은 낮에는 이것을 외투로 두르고 다니다, 밤에는 담요로 덮고 잤다. 빚쟁이가 담보로 잡은 옷을 밤이면 담요로 덮고 잘 가능성은 별로 없다. 훨씬 더 좋은 이불이 있었을 것이기 때문이다. 아마도 돈을 꾸어간 사람이 빚을 갚을 때까지 집안 어느 곳에 처박아 놓을 것이다. 반면에 돈을 꾸어간 사람은 이 옷이 없으면 춥게 밤을 지새워야 한다. 한 사람에게는 필요 없는 물건이지만, 다른 사람에게는 꼭 필요한 물건이다. 그러므로 이 율법은 날이 저물기 전에 이 옷을 돌려주라고 한다. 유태인들 중에는 저녁이면 겉옷을 돌려주고, 아침이면 다시 겉옷을 담보로 압수하는 일을 매일 반복한 사람들도 있었다(Tigay).

이스라엘은 하나님과의 언약을 바탕으로 형성된 언약 공동체다. 이 공동체에 속한 사람은 서로에게 형제자매다. 그러므로 채권자는 채무자를 형제로 대해야 할 의무가 있으며, 만일 이런 관점에서 생각한다면, 본문이 큰 희생을 요구하는 것은 아니다. 인도적인 차원에서 비롯된 서로에 대한 존중과 배려를 요구하고 있다.

채권자가 손해를 보는 것 같다는 느낌이 들더라도 이 기준을 따라 준다면, 자비의 하나님이 이 일로 인해 그를 축복하실 뿐만 아니라, 하나님 앞에서 그의 의로움이 된다. 이 일은 단순히 절박한 자들을 위한 동정이 아니다. 하나님 앞에서 의롭게 사는 것이다. 하나님은 이웃에게 자비를 베푸는 자를 인정하실 것이다.

Ⅱ. 두 번째 스피치: 여호와의 율법(4:44-29:1[28:69])
3장. 구체적 율법(12:1-26:19)
5. 사회 질서에 관한 율법(23:19[20]-25:19)

(10) 임금(24:14-15)

14 곤궁하고 빈한한 품꾼은 너희 형제든지 네 땅 성문 안에 우거하는 객이든지 그
를 학대하지 말며 15 그 품삯을 당일에 주고 해 진 후까지 미루지 말라 이는 그가
가난하므로 그 품삯을 간절히 바람이라 그가 너를 여호와께 호소하지 않게 하라
그렇지 않으면 그것이 네게 죄가 될 것임이라

사람을 사서 일을 시키면 임금을 지불하는 것은 당연한 일이다. 정기적으로 고용한 사람들이라면 주급, 혹은 월급으로 노동의 대가를 계산해 주는 것이 당연하다. 매일 계산해 주는 일이 번거로울 수 있기 때문이다. 본문은 정말 가난한 사람—하루 벌어서 하루 먹고사는 사람—을 고용했을 때, 그의 어려운 형편을 헤아려 매일 그에게 품삯을 계산해 줄 것을 지시한다.

레위기 19:13도 거의 비슷한 명령을 한다. "네가 품꾼을 쓰면, 그가 받을 품값을 다음날 아침까지, 밤새 네가 가지고 있어서는 안 된다"(새번역). 레위기는 모든 품꾼에게 이 율법을 적용하는 것에 반해, 신명기는 정말 가난한 자들에게만 적용하라는 차이를 두고 있다. 이 규례에 입각하여 말라기 3:5은 "일꾼의 품삯을 떼어먹는 자와, 과부와 고아를 억압하고 나그네를 학대하는 자"(새번역)에 대하여 맹렬한 비난을 퍼붓는다. 하나님은 분명 그의 가난한 백성들의 필요를 채우시는 분이시다. 그러나 특별한 경우를 제외하고, 하나님은 다른 백성들을 통해서 그 가난한 백성들의 필요를 채우시는 분이시다.

이 율법은 경고도 동반하고 있다. 만일 이렇게 하지 않으면 가난한 자가 주인을 상대로 여호와께 호소할 것이고, 이 가난한 자가 울부짖으면 주인은 하나님께 죄를 짓는 것이라고 한다(15절; cf. 출 22:21-23; 신 15:9). 채권자가 채무자를 존중하고 배려하는 것은 하나님 앞에서 의로움이라고 했던 앞 규례(10-13절)와는 대조적으로 고용자가 고용인에게 적절한 품값을 제때에 지불하지 않으면 하나님 앞에서 죄가 된다.

이 규례는 이스라엘 사람들뿐만 아니라 그들 중에 사는 이방인들에게도 동일하게 적용된다(14절). 언약 공동체는 무엇보다도 인간미가 있고, 서로에 대한 배려가 있는 공동체가 되어야 한다. 아무리 은혜가 충만할지라도 서로를 위한 용납과 배려가 없다면 그것은 하나님의 은혜가 아니다.

> II. 두 번째 스피치: 여호와의 율법(4:44-29:1[28:69])
> 3장. 구체적 율법(12:1-26:19)
> 5. 사회 질서에 관한 율법(23:19[20]-25:19)

(11) 연좌(緣坐)(24:16)

16 아버지는 그 자식들로 말미암아 죽임을 당하지 않을 것이요 자식들은 그 아버지로 말미암아 죽임을 당하지 않을 것이니 각 사람은 자기 죄로 말미암아 죽임을 당할 것이니라

이 규례는 구체적인 범죄에 대한 것이 아니라, 법적 절차 전반에 관한 것이다. 모세는 경우에 따라서는 자손이 조상의 죗값을 치르게 된다고 선포하였다(cf. 5:9; 출 20:5-6). 그러나 그 말씀은 아버지의 죄가 다음 세대에게 나쁜 영향을 미치기는 하지만, 결코 그 세대가 아버지가 받아야 할 벌을 대신 받는다고 하는 것은 아니다(McConville; Craigie; cf. 출 22:23). 그 일은 하나님이 알아서 하셔야 하는, 하나님께 속한 일이지, 결코 인간 사회에서 하나의 원리로 적용될 수는 없는 것이다(Tigay).

이 세상에서는 부모의 죄 때문에 자식이 처벌되어서는 안 되며, 자식의 죄 때문에 부모가 벌을 받아서도 안 된다. 모든 사람은 자기가 한 일에 대하여 스스로 책임져야 한다. 훗날 유다의 멸망을 지켜보았던 선지자들도 조상들의 죗값을 자신들이 치른다고 원망했던 사람들을 맹렬히 비난했다(겔 18장; 렘 31:29-30).

고대 근동의 대부분 문화권에서 가족은 각자 개인적인 권리를 가진 독립적인 존재라기보다는 가장(家長)의 일부이거나 연장이라고 생각했다. 그래서 가족 중 한 사람이 다른 가족에 의하여 해를 받으면, 피해를 받은 자의 가족이 가해자가 속한 가족의 일원에게 동일하게 대갚음해 주기도 했다. 예를 들면 만일 한 건축가가 짓던 집이 무너져 집주인의 아들이 죽으면, 그 건축가의 아들을 죽이라고 한다(Code of Hammurabi, 230). 때로는 가해자의 가족 전체가 보복을 당하기도 했다(Code of Hammurabi, 116, 209-210; Middle Assyrian Law 50, 55).

모세는 본문에서 이런 관행을 전적으로 금한다(cf. 출 21:31). 모든 사람은 하나님 앞에 동일하다. 자신의 고난을 남의(조상의) 죄 때문이라고 주장하는 것은 푸념에 불과하다. 이 율법은 또한 복수의 악순환 고리를 끊는 일에도 한몫한다(Brueggemann).

II. 두 번째 스피치: 여호와의 율법(4:44-29:1[28:69])
3장. 구체적 율법(12:1-26:19)
5. 사회 질서에 관한 율법(23:19[20]-25:19)

(12) 약자들 보호(24:17-18)

17 너는 객이나 고아의 송사를 억울하게 하지 말며 과부의 옷을 전당 잡지 말라 18
너는 애굽에서 종 되었던 일과 네 하나님 여호와께서 너를 거기서 속량하신 것을
기억하라 이러므로 내가 네게 이 일을 행하라 명령하노라

성경은 사회의 약자/소외된 자들의 상징으로 이스라엘에 정착하여 사는 이방인 나그네와 고아와 과부를 자주 언급한다. 경작할 땅이 없고, 빈곤에 허덕이던 이들은 경제적-사회적으로 가장 쉽게 착취당하고 부당한 대우를 받을 수 있는 절박한 상황에 놓여 있었다. 구약 성경은 하나님의 백성은 이런 사회적 약자들을 결코 학대해서도, 차별해서도 안 되며 공평과 정의로 보살필 것을 요구한다(출 22:20-23; 23:6; 레 19:33-34; 사 1:17, 23; 렘 7:6; 잠 22:22; 욥 29:12-13; 31:16-17). 신명기는 십일조 중 매 3년째 것은 이들을 위하여 써야 한다고 했고(14:29), 언약 공동체는 이들도 안식일과(5:14) 하나님의 은혜를 기념하는 종교적 축제에(16:11, 14) 참석시켜 기쁨을 함께 나누라고 했다.

저자는 이 규례를 통해 법정이 이러한 약자들을 차별 대우하는 것을 금하고 있다. 다음 섹션(19-22절)에서는 경작할 땅이 없는 그들도 추수철에는 구걸하지 않고 당당하게 추수할 수 있도록 배려하라고 한다. 신명기는 이러한 사회적 약자들의 복지에 매우 관심을 가지고 있는 책인 것이다.

이스라엘에 정착하여 사는 이방인이 법정에 서면 부당한 대우를 받아 불공평한 판결을 받을 확률이 매우 높다. 그는 아직 이스라엘 사회에 완전히 적응한 사람이 아니며, 법에 대하여 잘 알지도 못하기 때문이다. 게다가 그와 분쟁하고 있는 사람이 재판관과 잘 아는 사이라면 더욱더 그렇다. 고아가 법정에 서면 격식 있고 명쾌한 말로 그를 변호해 줄 어른이 없어 부당한 대우를 받을 수 있다.

과부의 옷을 저당 잡아서도 안 된다. 한 주석가는 이 옷을 과부들이 자신의 신분을 알리기 위하여 입었던 '과부복'이며 이 옷을 저당 잡는 것은 여인의 자존심에 상처를 주는 일이므로 금지하는 것으로 해석한다(Tigay). 그러나 저자가 이때까지 논한 것이 가난과 사회적 약자의 상황이라는 점을 감안하면, 단순히 힘없는 여성의 옷을 저당 잡지 말라는 것으로 해석하는 것이 바람직하다(Block).

가뜩이나 살기가 힘들어 빈곤의 벼랑 끝에 서 있는 사람을 밀어 버리는 무자비한 행위를 하지 말라는 것이다. 하나님은 이런 일을 법적으로 막으신다. 법 앞에서 모든 사람이 공평해야 할 뿐만 아니라, 법에는 눈물이 있어야 한다는 것이다. 공평과 정의라는 것이 피고가 한대로 갚아 주는 것만은 아니다. 때로는 정상을 참작해서 그 사람이 살 수 있도록 판결해 주는 것이 정의다.

하나님은 이스라엘 법정이 약자들을 공평과 정의로 대하고, 그들이 살 수 있도록 배려해야 한다고 하시면서 이스라엘의 이집트 생활을 상기시키신다(18절). 이스라엘은 이집트에서 노예 생활을 하던 약자들로서 인권유린이 어떤 것이고, 착취당하는 것이 얼마나 부당하고 원통한 일이라는 것을 확실하게 경험해 보았다. 그러므로 그들은 아픈 과거를 거울삼아 이스라엘 공동체에는 이렇게 부당한 대우를 받는 사람이 없도록 해야 한다. 또한 하나님이 출애굽 사건을 상기시키시는 것은 이스라엘을 해방하신 분으로서 그들에게 이 정도는 요구할 수 있는 권리를 지니셨음을 역설하기 위해서다.

Ⅱ. 두 번째 스피치: 여호와의 율법(4:44-29:1[28:69])
3장. 구체적 율법(12:1-26:19)
5. 사회 질서에 관한 율법(23:19[20]-25:19)

(13) 약자들의 권리(24:19-22)

19 네가 밭에서 곡식을 벨 때에 그 한 뭇을 밭에 잊어버렸거든 다시 가서 가져오지
말고 나그네와 고아와 과부를 위하여 남겨두라 그리하면 네 하나님 여호와께서
네 손으로 하는 모든 일에 복을 내리시리라
20 네가 네 감람나무를 떤 후에 그 가지를 다시 살피지 말고 그 남은 것은 객과 고아와 과부를 위하여 남겨두며
21 네가 네 포도원의 포도를 딴 후에 그 남은 것을 다시 따지 말고 객과 고아와 과부를 위하여 남겨두라
22 너는 애굽 땅에서 종 되었던 것을 기억하라 이러므로 내가 네게 이 일을 행하라 명령하노라

앞 섹션(17-18절)은 이스라엘 사법제도가 이스라엘에 정착하여 사는 외국인 나그네와 고아와 과부 등 사회적-경제적 약자들의 인권을 차별하지 못하도록 했다. 이 섹션은 그들의 추수 권한을 언급한다. 이 약자들이 경작할 땅을 가졌을 리 없다. 그래서 그들은 가난하다. 모세는 이스라엘에게 추수할 때 꼭 이들을 배려하여 너무 철저하게/야박하게 추수하지 말라고 한다. 이 규례와 비슷한 율법을 제시하고 있는 레위기 19:9-10과 23:22은 아예 추수할 때 듬성듬성하게 해서 추수가 끝난 밭에서 이 약자들도 남은 이삭을 줍고, 아직 나무에 매달린 열매들을 따며 추수의 기쁨을 맛볼 수 있도록 배려해야 한다. 출애굽기 23:11과 레위기 25:2-7은 안식년에 자연적으로 생긴 소산은 모두 이들이 먹도록 하라고 한다.

모세는 본문에서 세 가지 정황을 예로 든다. 첫째, 곡식을 거둘 때 잊고 가져오지 않은 묶음은 찾으러 돌아가지 말고 그대로 두어야 한다(19절). 둘째, 올리브 나무를 일차적으로 수확한 다음, 다시 돌아가서 재차 수확해서는 안 된다(20절). 아직 익지 않아서, 혹은 제대로 자라지 않아서 남겨 두었던 것을 다시 가서 따서는 안 된다는 것이다. 셋째, 포도를 수확할 때에도 여러 가지 이유로 따지 않았던 열매들을 훗날 다시 돌아가 수확해서는 안 된다(21절).

이런 것들은 모두 가난한 이방인, 고아, 과부의 몫이다(19, 20, 21절). 이스라엘의 모든 집안과 가족들은 가나안에서 땅을 소유하게 될 것이다. 그들은 그 땅을 경작하게 될 것이며, 수확 철이면 하나님이 허락하신 풍요를 마음껏 누리게 될 것이다. 반면에 이 사회적 약자들은 땅을 소유한 자들이 아니다. 그러므로 정상적인 상황에서는 추수의 기쁨을 맛볼 수 없다. 만일 이스라엘 백성들이 그들이 누리는 풍요로움이 자신들의 노력의 결과가 아니라 하나님의 축복이라고 믿는다면(cf. 22절), 땅을 소유하지 않은 자들에게도 그 축복을 함께 즐길 수 있는 기회가 주어져야 한다.

모세는 이스라엘에게 이런 기회를 약자들에게 만들어 주라고 요구한다. 추수하는 일꾼들이 지나간 자리에 곡식 잎사귀도 조금 떨어뜨려 놓고, 올리브나무와 포도나무에 열매도 조금 남겨 두어 평소에는 남들의 적선으로 먹고사는 자들이 이때만큼은 당당한 농부가 되어 기쁜 마음으로 추수할 수 있도록 하라는 것이다. 추수가 끝난 밭에서 부스러기를 추수하는 것은 사회적 약자들의 권리다. 그러므로 부스러기를 남기지 않고 추수하는 것은 곧 사회적 약자들의 권리를 박탈하는 행위다(Wright).

룻이 추수하는 일꾼들이 남긴 이삭을 줍다가 보아스를 만나게 되었다(룻 2:3). 율법은 묵상하면 할수록 하나님이 우리에게 바라시는 긍휼이 어떤 것인가를 깊이 깨닫게 한다. 율법은 결코 냉정하고 기계적인 원칙들이 아니다. 인간미와 배려가 배어 있는 하나님의 마음이다.

저자는 이스라엘이 이렇게 해야 하는 이유를 앞 섹션에서처럼 출애굽 사건에서 찾는다(22절; cf. 18절). 이스라엘은 이집트 사람들의 혹독한 착취와 학대가 생존을 위협하는 절박한 상황을 하나님의 은혜로 탈출할 수 있었다. 지난 40년의 광야 생활에서도 얼마든지 멸망할 수 있었지만, 그때마다 하나님의 보호와 인도로 이곳 모압평지까지 왔다.

그들의 삶은 처음부터 끝까지 하나님의 은총의 연속이었기에 세상의 그 누구보다도 은혜가 어떤 것인가를 체험해 본 사람들이다. 이 율법은 은혜를 입은 자들에게 은혜 베풀 것을 권면한다. 하나님이 그들에게 자비로우셨던 것처럼, 그들은 서로에게 자비로워야 한다. 신명기 24장은 15장과 함께 하나님과의 언약을 바탕으로 형성된 사회의 성향이 어떠해야 하는가를 가장 잘 보여 주는 율법들로 구성되어 있다 (McConville).

Ⅱ. 두 번째 스피치: 여호와의 율법(4:44-29:1[28:69]) 3장. 구체적 율법(12:1-26:19) 5. 사회 질서에 관한 율법(23:19[20]-25:19)

(14) 체벌(25:1-3)

1 사람들 사이에 시비가 생겨 재판을 청하면 재판장은 그들을 재판하여 의인은 의
롭다 하고 악인은 정죄할 것이며 2 악인에게 태형이 합당하면 재판장은 그를 엎드
리게 하고 그 앞에서 그의 죄에 따라 수를 맞추어 때리게 하라 3 사십까지는 때리
려니와 그것을 넘기지는 못할지니 만일 그것을 넘겨 매를 지나치게 때리면 네가
네 형제를 경히 여기는 것이 될까 하노라

이스라엘의 사법제도에는 범죄자들을 감금해 두는 감옥이 없었다. 그래서 심각한 범죄에 대한 재판은 곧장 사형으로 이어지기 일쑤였다. 그러나 사형에 처할 만큼 흉악한 죄는 아니지만, 동시에 돈으로만 해결할 만큼 가벼운 죄도 아닌 경우에는 어떻게 해야 하는가? 이 섹션은 이런 경우 채찍이나 곤장 등을 사용하여 공개적으로 체벌하라고 한다.

고대 근동 지역에서 체벌은 대체로 노예들과 아이들을 징계하는 수단으로 사용되었다. 그러나 경우에 따라서는 다른 징벌과 함께 범죄자들을 처벌하는 수단으로 사용되었다. 채찍이나 곤장은 추가적인 징벌과 함께 이웃의 집을 훼손한 자, 이웃의 땅을 잠식한 사람, 빚의 담보로 잡은 채무자를 판 자, 빚쟁이를 사취한 사람, 도둑, 양에 새겨진 낙인을 바꾼 자 등에게 내려졌다(Tigay). 구약 성경이 구체적으로 체벌하라고 지시하는 범죄는 남편이 자신의 새 신부가 처녀가 아니라며 비방한 일이었다(22:18).

체벌이 행해지기 전에 먼저 법원은 두 가지를 판단해야 한다. 첫째, 죄질이 공개적인 체벌이 필요할 만큼 나쁜가를 결정해야 한다(1절). 둘째, 체벌이 필요하다면 몇 대를 때릴 것인가를 결정해야 한다(2절). 그러나 채찍질이나 곤장의 수를 최고 40대로 제한해야 하며(3절), 이 형벌을 내린 재판관이 지켜보는 곳에서 행해야 한다. 아시리아 법전은 범죄에 따라 5대에서 100대까지 때리라고 하며 함무라비 법전은 체벌을 사용할 경우 법정이 지켜보는 상황에서 하라고 한다.

본문이 이스라엘 법정에서는 체벌을 최고 40대로 제한하라고 하는 이유는 무엇일까? 체벌로 인해 범죄자가 죽게 될 수 있다는 점을 염려해서가 아니다. 생명보다는 인간의 존엄성이 이슈화되고 있다(McConville). 체벌을 40대로 자제하는 이유는 무엇보다도 범죄자의 품위를 떨어뜨리지 않게 하기 위해서다. 모세는 비록 그가 매를 맞을 짓을 했지만, 아직도 그는 "너의 형제"라며 그의 존엄성을 지나치게 손상해서는 안 된다고 한다(3절). 어른에게 매를 가한다는 자체가 벌써 품위를 떨어뜨리는 행위다. 더군다나 너무 심하게 때려 본인의 의지에 상관없이 몸에서 배설물이 흘러나오거나 겁에 질려 비굴하게 애원한다면, 그의 자존감은 물론이요 인간의 존엄성마저도 훼손된다. 하나님은 이런 일이 결코 있어서는 안 된다고 하시는 것이다.

하나님의 모양에 따라 그분의 형상대로 창조된 인간의 기본적인 품위는 존중되어야 한다. 하나님을 닮았기 때문이다. 유태인 전승은 혹시라도 숫자를 잘못 세어 실수로 40대를 넘을까 봐 최고를 39대로 규정하는 법을 만들어 적용했다(Tigay). 바울이 자신은 다섯 차례나 유태인들로부터 40대에서 한 대를 감한(=39대) 매를 맞았다고 회고하는 것도 이런 유태인들의 전승을 반영하고 있다(고후 11:24).

선지자 중에는 예레미야가 하나님의 말씀을 선포하다가 매를 맞았다(렘 20:2; 37:15). 바울과 실라는 복음을 전하다가 맞았다(행 16:22). 특히 바울은 여러 차례 맞았다(고후 11:24-25). 예수님은 우리의 구원을 이루시기 위하여 맞으셨다(마 27:26). 성경을 읽다가 가장 고통스럽게 느껴지는 부분이다. 도대체 하나님이 왜 이 엄청난 수모를 당하셔야 했는가? 나 같은 인간이 도대체 얼마나 가치가 있다고! 이것이 하나님의 은혜라는 것을 알지만, 아직도 나에게는 복음의 미스터리로 남아 있다.

II. 두 번째 스피치: 여호와의 율법(4:44–29:1[28:69])
3장. 구체적 율법(12:1–26:19)
5. 사회 질서에 관한 율법(23:19[20]–25:19)

(15) 짐승들의 권한(25:4)

4 곡식 떠는 소에게 망을 씌우지 말지니라

곡식을 타작하는 소의 입에 망을 씌우지 말라는 이 율법은 오경의 다른 곳에서 비슷한 것을 찾아볼 수 없는 매우 독특한 것이다. 문맥과도 별로 연관성이 없는 규례다. 고대 근동의 타작 방법은 가축을 이용하는 것이었다. 종종 나귀도 사용되었지만 주로 소들의 발굽이 직접 곡식을 밟게 하거나 이 짐승들이 도리깨를 끌게 하여 줄기로부터 알갱이를 분리했다. 도리깨로는 대체로 날카로운 돌조각들이 박힌 넓적한 나무 판을 사용하였다.

타작하는 짐승들이 배가 고프면 당연히 곡식이나 줄기를 먹고 싶어 할 것이다. 그런데 일부 주인들은 짐승들이 멈추어 서는 것이 싫어서, 혹은 곡식을 아끼기 위하여 짐승의 입에다 망을 씌웠다. 이 율법은 그처럼 잔인하게 굴지 말라고 한다. 의로운 사람은 다른 사람들을 배려할 뿐 아니라, 자기가 부리는 짐승들의 필요를 알고 채워 주는 사람이기 때문이다(cf. 잠 12:10).

저자는 지금까지 꾸준하게 이스라엘은 서로에게 긍휼과 배려를 베풀어야 한다고 했는데, 본문에서는 이 긍휼과 배려를 사람들에게만 베풀지 말고 짐승들에게도 베풀어야 한다고 한다. 또한 짐승에게 일만 시키고 그 노동의 대가를 누리게 하지 못하는 것은 옳지 않다. 바울은 사도의 권리를 논하면서 이 말씀을 이용한다(고전 9:8-12; 딤전 5:17ff.).

> II. 두 번째 스피치: 여호와의 율법(4:44-29:1[28:69])
> 3장. 구체적 율법(12:1-26:19)
> 5. 사회 질서에 관한 율법(23:19[20]-25:19)

(16) 계대결혼(25:5-10)

5 형제들이 함께 사는데 그 중 하나가 죽고 아들이 없거든 그 죽은 자의 아내는 나
가서 타인에게 시집 가지 말 것이요 그의 남편의 형제가 그에게로 들어가서 그를
맞이하여 아내로 삼아 그의 남편의 형제 된 의무를 그에게 다 행할 것이요 6 그 여
인이 낳은 첫 아들이 그 죽은 형제의 이름을 잇게 하여 그 이름이 이스라엘 중에
서 끊어지지 않게 할 것이니라 7 그러나 그 사람이 만일 그 형제의 아내 맞이하기
를 즐겨하지 아니하면 그 형제의 아내는 그 성문으로 장로들에게로 나아가서 말
하기를 내 남편의 형제가 그의 형제의 이름을 이스라엘 중에 잇기를 싫어하여 남
편의 형제 된 의무를 내게 행하지 아니하나이다 할 것이요 8 그 성읍 장로들은 그
를 불러다가 말할 것이며 그가 이미 정한 뜻대로 말하기를 내가 그 여자를 맞이하
기를 즐겨하지 아니하노라 하면 9 그의 형제의 아내가 장로들 앞에서 그에게 나아
가서 그의 발에서 신을 벗기고 그의 얼굴에 침을 뱉으며 이르기를 그의 형제의 집
을 세우기를 즐겨 아니하는 자에게는 이같이 할 것이라 하고 10 이스라엘 중에서
그의 이름을 신 벗김 받은 자의 집이라 부를 것이니라

만일 결혼한 사람이 아들이 없이 죽으면, 그의 형제 중 한 사람이 죽은 사람의 아내(viz., 본인의 형수/제수)와 결혼하여 아들을 낳아 죽은 형제의 이름이 끊이지 않게 해 주어야 한다(6절). 모세는 이렇게 하는 것이 죽은 사람의 형제 된 의무를 다하는 것이라고 한다(5절). 고대 근동

일부 문화권에서도 이런 풍습이 행해졌던 기록이 있다(Craigie).

본문의 규례와 "너는 네 형제의 아내 곧 형수나 제수의 몸을 범하면 안 된다. 그 여자는 네 형제의 몸이기 때문이다"(레 18:16; cf. 레 20:21)라는 말씀의 관계를 설명하기가 쉽지 않다. 형제가 살아 있을 때 형수나 제수의 몸을 범할 리는 없다. 이런 경우 간음이나 간통이 되며 당사자들은 사형에 처해야 한다. 그러므로 레위기 말씀도 분명 형제가 죽은 후에 관한 것이다.

한 유태인 전승은 계대 결혼은 형제가 약혼녀를 두고 미처 결혼식을 치르지 못하고 죽었을 때에만 유효하다고 해석하여 이 문제를 해결했다. 다른 전승은 본문이 "형제들"(אַחִים)이라고 하는 자들이 실제로는 친척들을 두고 하는 말이라며 두 텍스트의 긴장을 해소하려 했다(Tigay). 그러나 생각해 보면 별로 어려운 문제는 아니다.

레위기 말씀은 형제가 죽은 후에라도 형수 혹은 제수와의 성관계를 금하는 일반적인 가이드라인이다. 이 가이드라인은 형제가 자식을 남기고 죽었을 때 적용된다. 반면에 본문은 형제가 자식을 두지 못하고 죽었을 때에만 적용되는 예외적인 규정이다. 이렇게 본다면 별로 어려운 문제로 생각되지는 않는다(cf. Driver; Tigay).

본문과 민수기 27:8-11의 관계도 설명하기가 쉽지 않다. 슬로브핫이라는 사람이 아들이 없이 딸들만 남기고 죽었다. 그의 딸들이 모세를 찾아와 아버지의 땅을 누가 상속하게 되는가에 대하여 판결을 해 달라고 했다. 하나님은 그들에게 아버지의 땅을 주라고 하시면서 이와 같은 규례를 주셨다:

어떤 사람이 아들이 없이 죽으면, 그 유산을 딸에게 상속시켜라. 만일 딸이 없으면, 그 유산을 고인의 형제들에게 주어라. 그에게 형제마저도 없으면, 그 유산을 아버지의 형제들에게 상속시켜라. 아버지의 형제들마저도 없으면, 그 유산을 그의 가문에서 그와 가장 가까운 친족에게 주어서, 그가 그것을 물려받게 하여라(민 27:8-11, 새번역).

민수기가 슬로브핫의 딸들의 상소에 대하여 판결하면서 계대 결혼에 대하여 전혀 언급하지 않고 죽은 사람의 유산을 딸들, 형제들, 아버지의 형제들, 가장 가까운 친족의 순서에 따라 상속시키라고 하는 것이 쉽게 이해가 가지 않는다. 계대 결혼이 의도하는 것은 죽은 사람의 유산이 그 집안을 빠져나가지 않게 하는 것이다(Tigay; Craigie). 고대 근동의 법전들도 이러한 이유에서 계대 결혼을 권장했다(cf. Middle Assyrian Laws, 30, 31, 33; ANET, 182). 그렇다면 슬로브핫의 아내가 계대 결혼을 하는 것도 하나의 옵션인데, 민수기는 이런 가능성을 전혀 언급하지 않는다.

그래서 한 주석가는 슬로브핫의 일 때문에 생겨난 레위기의 율법은 본문이 언급하는 계대 결혼이 거부되거나 죽은 사람의 아내가 나이가 많아 더 이상 아이를 낳을 수 없게 되었거나 아들을 낳지 못하는 등 그 결혼이 실패했을 때에만 적용되는 것이라고 풀이한다(McConville). 이 해석에 대한 대안으로는 딸(들)이라도 남기고 죽으면 민수기의 율법에 따라 그 딸(들)에게 유산을 주되, 딸도 남기지 않고 죽을 경우 이 신명기 규례를 적용하라는 것으로 풀이하는 것이다. 이 해석을 따른다면 저자가 비록 "아들"(בֵּן)(5, 6절)이 없을 경우를 말하고 있지만, 본문에서 "아들"은 딸을 포함한 "자녀"(בָּנִים וּבָנוֹת) "후손"(זֶרַע)을 뜻한다(cf. Tigay). 그러나 본문이 아들을 지속적으로 부각시키는 점과 이 두 규례의 정황을 고려할 때 전자가 더 설득력 있는 추측이다.

계대 결혼에 대한 규례는 죽은 사람의 유산 상속권과 그의 아내가 보호받을 수 있는 법적-경제적 권한에 관한 것만은 아니다. 죽은 사람의 이름(שֵׁם)을 보존하는 것도 중요한 목적이다(6, 7절). 법적으로 생각하면 이미 죽은 사람이 훗날 자기 아내와 다른 남자 사이에 태어난 아이를 양자로 삼는 개념이다. 그러나 성경이 계대 결혼을 통해 태어난 자들의 계보를 정리해 놓은 것을 보면 하나같이 그들의 계보는 그들의 입양자가 아닌 친아버지(biological father) 쪽으로 정리되어 있다.

다말이 시아버지 유다와 관계로 낳은 베레스와 세라는 유다의 아들로 취급되지 다말의 남편인 엘의 자식들로 표기되지 않는다(창 46:12; 마 1:3). 룻이 보아스를 통해 얻은 아들도 계보에는 보아스의 아들로 표기되어 있다(룻 4:12, 21; 마 1:5). 어떻게 된 것일까? 왜 이런지 정확히 알 수는 없지만, 아마도 계대 결혼을 통해 태어난 아들이 살아 있는 동안에는 죽은 사람의 아들로 불림으로써 그[죽은 사람]의 이름을 보존했지만, 그 아들이 죽고 세월이 지나 계보를 정리할 때에는 그 사람의 친아버지의 후손으로 기록되는 것이 관례였던 것으로 생각된다(cf. Tigay).

이 율법이 죽은 자를 위한 배려에서 비롯된 것이지만, 오늘날의 정서에는 도저히 맞지 않는 듯한 일을 강요하고 있다. 아마도 그 당시에도 거부반응을 일으키는 사람들이 많았던 것으로 생각된다. 실제로 다말의 남편 엘이 자식을 남기지 않고 죽자, 시아버지 유다가 둘째 아들이었던 오난이 형수를 맞아들여 계대 결혼을 하도록 했다. 그러나 부모의 강요 때문에 오난이 마음에 없는 일을 하다가 죽음을 맞이했다(cf. 창 38장). 이런 일을 감안하여 모세는 형제들에게 계대 결혼을 거부하는 권한을 주었다.

형제(들)이 형수/제수와 계대 결혼을 거부하는 이유로는 여러 가지 정황을 상상할 수 있다. 이미 결혼한 아내가 남편이 새 아내를 맞아들이는 것을 무척 싫어할 수도 있고, 새 아내와 자식(그것도 법적으로는 자신의 자식도 아닌 자식)을 먹여 살려야 하는 일이 경제적인 부담으로 작용할 수도 있다(cf. 창 38:9). 또한 계대 결혼을 하지 않더라도 형제의 유산이 자기에게 올 가능성이 많은데, 굳이 그렇게 할 필요가 있느냐는 논리를 바탕으로 할 수 있다. 어떤 이유에서든 간에 죽은 사람의 형제는 계대 결혼을 거부할 권리가 있다.[35] 그러나 죽은 사람의 형제로서 의무를 다하지 않았다고 해서 큰 수치를 당한 후에야 비로소 이 계대 결혼에서 자유로울 수 있다. 형제가 형수/제수와의 계대 결혼을 거부하는

---

35 유태인 전승은 만일 형제가 여럿일 경우, 큰 아들부터 시작해서 모든 아들들을 순서적으로 똑같은 절차에 따라 재판하라고 한다.

절차는 다음과 같다.

첫째, 죽은 사람의 아내가 성의 재판관들을 찾아가 형제를 제소해야 한다(7b절). 죽은 남편의 이름을 보존하는 일에 있어서 형제들이 협조하지 않는다는, 형제가 일종의 직무유기를 범하고 있다는 취지의 제소다. 둘째, 재판관들은 형제를 불러다 사실을 확인해야 한다(8절). 셋째, 만일 여인의 제소가 사실로 드러나면, 재판관들은 자신들이 보는 앞에서 여인이 형제의 신발을 벗기고, 그 형제의 얼굴에 침을 뱉으며 "그의 형제의 집을 세우기를 즐겨 아니하는 자에게는 이같이 할 것이라"라고 외쳐야 한다(9절). 넷째, 형제의 집은 "신 벗김 받은 자의 집"이라고 낙인이 찍히게 된다(10절).

여자가 형제의 신발을 벗기는 일이 형제가 법적인 의무를 이행하지 않았다는 것을 뜻하는 것으로 해석될 수도 있지만(Craigie), 형제의 권한을 제한/빼앗는다는 상징적인 의미로 생각된다(cf. 룻 4:8). 형제는 더 이상 형수/제수에게 잠자리 등 결혼 관계의 권한을 요구할 수 없다는 것이다(Hamilton; Frick). 그러므로 과부는 남편과 시가(媤家)에 대한 모든 의무와 책임에서 자유하다(Tigay).

여자가 형제의 얼굴에 침을 뱉는 일이 종종 그 사람 앞에다 뱉는 것으로 풀이되기도 한다. "그의 얼굴"(בְּפָנָיו)이 "그 〔사람〕 앞에서"라는 뜻으로 해석될 수도 있기 때문이다. 얼굴에 직접 침을 뱉든, 그 사람 앞에 뱉든 이 행위의 목적은 형제에게 모멸감을 주는 것이다. 형제의 의무를 저버린 자에 내려지는 불명예스러운 일이다. 이 일 이후로 그의 집은 "신 벗김을 받은 자의 집"(בֵּית חֲלוּץ הַנָּעַל)이라고 낙인이 찍힌다. 그 사람이 사는 집에 이런 팻말을 붙였는지, 아니면 사람들 사이에서만 이렇게 불렸는지는 정확히 알 수 없다.

본문이 이 일이 "형제들이 함께 살다가 일어난 일"(כִּי־יֵשְׁבוּ אַחִים יַחְדָּו)(5절)로 묘사한다 해서 이 율법이 형제들이 같은 집이나 동네에 살았을 때에만 적용되는 것으로 해석되기도 한다(Craigie). 형제들이 함께 산다는 것이 아직 아버지가 돌아가시지 않았거나, 아버지의 유산을 나누기 싫어서 같은 지역에 사는 것을 뜻할 수 있다(Wright; Tigay). 그러나 형제가 한집에 함께 모여 사는 것이 단순히 저자가 꿈꾸는 이상적인 집안의 모습일 수 있다(McConville).

Ⅱ. 두 번째 스피치: 여호와의 율법(4:44-29:1[28:69])
3장. 구체적 율법(12:1-26:19)
5. 사회 질서에 관한 율법(23:19[20]-25:19)

(17) 싸움을 말릴 때(25:11-12)

11 두 사람이 서로 싸울 때에 한 사람의 아내가 그 치는 자의 손에서 그의 남편을
구하려 하여 가까이 가서 손을 벌려 그 사람의 음낭을 잡거든 12 너는 그 여인의
손을 찍어버릴 것이고 네 눈이 그를 불쌍히 여기지 말지니라

이 율법은 출애굽기 21:18-19, 22-25 등에 기록된 싸움에 대한 규례들을 보완한다. 모세는 두 이스라엘 사람(אִישׁ וְאָחִיו; lit, 사람과 그의 형제)이 싸우는 중에 싸우고 있는 한 남자의 아내가 싸움을 말리기 위하여 싸움판에 뛰어드는 일을 정황으로 설정한다. 여자가 맞는 남편을 구하기 위하여 가해자의 음낭을 잡으면 그 여자를 불쌍히 여기지 말고 그의 손을 자르라고 한다.

오경은 악의를 품고 남에게 피해를 입히는 경우에만 동해법(同害法; lex talionis: "이에는 이, 눈에는 눈" 원칙에 입각한 처벌)을 적용한다(cf. 출 21:24-25; 레 24:19-20). 그런데 본문의 경우 좋은 의도가 빚은 불상사에도 이런 원칙을 적용하여 판결하라는 것이 이 율법을 매우 특별하게 한다. 아무리 의도가 좋아도 결과를 정당화할 수는 없다는 것인가? 이 문제를 해결하기 위하여 탈무드는 "손을 자르다"의 의미를 그녀의 "손 값을 계산하여 성소에 들여놓으라"라는 뜻으로 풀이했다.[36] 그러나 본문은 이

36 한 주석가는 본문에서 "손"이 성기를 뜻하는 완곡어법으로 사용하고 있으므로, 이 규례는 여자의 성기를 자르라는 뜻이라고 한다(Eslinger). 별로 가능성이 있어 보이는 해석은 아니다.

처럼 융통성 있는 해석을 가능케 하지 않는다(Tigay).

이 율법이 가해자에게 이처럼 가혹한 판결을 내리는 것은 아무리 다급한 상황이라 할지라도 그녀의 부적절한 행동(유부녀가 남의 남자의 음낭을 만지는 일)은 결코 용서받을 수 있는 성질의 것이 아니기 때문이며, 동시에 피해자에게는 극도의 수치심을 유발하기 때문이라고 생각될 수 있다. 또한 이런 일을 통해 남자가 아이를 낳지 못하게 되는 일이 생길 수도 있다는 우려도 무시할 수 없는 요소로 작용하는 듯하다(Craigie). 아무리 좋은 의도가 빚은 돌발 사고라 할지라도, 그 결과가 항상 정당화될 수는 없다.

II. 두 번째 스피치: 여호와의 율법(4:44-29:1[28:69])
3장. 구체적 율법(12:1-26:19)
5. 사회 질서에 관한 율법(23:19[20]-25:19)

(18) 되와 저울추(25:13-16)

[13] 너는 네 주머니에 두 종류의 저울추 곧 큰 것과 작은 것을 넣지 말 것이며 [14] 네 집에 두 종류의 되 곧 큰 것과 작은 것을 두지 말 것이요 [15] 오직 온전하고 공정한 저울추를 두며 온전하고 공정한 되를 둘 것이라 그리하면 네 하나님 여호와께서 네게 주시는 땅에서 네 날이 길리라 [16] 이런 일들을 행하는 모든 자, 악을 행하는 모든 자는 네 하나님 여호와께 가증하니라

이 율법은 상도(商道)에 관한 것이며 레위기 19:35-37의 내용을 재차 확인하는 것이다. 상인들은 어떠한 경우에라도 정직한 되와 추만을 사용해야 한다. 만일 이 기준이 흔들리면 온 사회와 경제에 파탄이 올 수도 있기 때문에 성경뿐만 아니라 고대 근동의 법전들도 이와 같은 규정들을 강조했다(Craigie). 한 바빌론 텍스트는 이러한 추와 되를 사용하면 신들의 저주를 받게 된다고 경고했다(Tigay). 아모스 선지자도 이러한 행위를 맹렬하게 비난했다(cf. 암 8:5).

본문의 "큰 추와 작은 추"를 문자적으로 풀이하면 "큰 돌과 작은 돌"(אֶבֶן גְּדוֹלָה וּקְטַנָּה)이다. "큰 되와 작은 되"(אֵיפָה גְּדוֹלָה וּקְטַנָּה)는 "큰 에바와 작은 에바"를 뜻한다. 상인들이 물건을 살 때에는 큰 추와 큰 에바를 사용하여 같은 값에 많은 양을 받아서, 일반인들에게 팔 때에는 작은 추와 작은 에바를 사용하여 부당한 수익을 올리는 것을 금하는 것이다. 살 때나 팔 때 동일한 기준을 적용해야 한다. 상인들이 이처럼 추와 되로 장난을 치면 가장 큰 피해자는 서민들이다. 그러므로 모세는 이런 일로 서민들을 괴롭히는 것은 하나님께 가증한 일(תּוֹעֵבָה)이라며 강력하게 금지하고 있다(16절).

II. 두 번째 스피치: 여호와의 율법(4:44-29:1[28:69])
3장. 구체적 율법(12:1-26:19)
5. 사회 질서에 관한 율법(23:19[20]-25:19)

(19) 아말렉 사람들(25:17-19)

17 너희는 애굽에서 나오는 길에 아말렉이 네게 행한 일을 기억하라 18 곧 그들이 너를 길에서 만나 네가 피곤할 때에 네 뒤에 떨어진 약한 자들을 쳤고 하나님을 두려워하지 아니하였느니라 19 그러므로 네 하나님 여호와께서 네게 기업으로 주어 차지하게 하시는 땅에서 네 하나님 여호와께서 사방에 있는 모든 적군으로부터 네게 안식을 주실 때에 너는 천하에서 아말렉에 대한 기억을 지워버리라 너는 잊지 말지니라

모세는 이 섹션을 아말렉 족속을 "기억하라"라는(זָכוֹר) 말로 시작하여(17절), "잊지 말라"(לֹא תִּשְׁכָּח)는 말로 마친다(19절). 앞으로 두루두루 지난 일을 회상하라는 권면일 뿐만 아니라, 그가 죽을 날이 머지않았음을 암시한다(Tigay). 이 말씀은 마치 그의 마지막 유언처럼 들린다.

아말렉 족속은 유목민들로서 이스라엘의 남쪽 지역인 네게브와 시내 반도 등에 살았지만 성경을 벗어나서는 그들에 대하여 알려진 바가 없다. 성경은 아말렉 족속이 야곱의 형 에서에게서 유래된 자들이라고 한다(창 36:12). 사사 시대와 사울과 다윗 시대에 그들은 종종 이스라엘을 습격해 큰 피해를 입혔다(삿 3:13; 6:3, 33; 7:12; 10:12; 삼상 14:48; 30:1). 시편 83:4-9은 이스라엘의 멸망을 바라는 민족들의 목록에 아말렉 사람들을 포함한다.

아말렉 족속과 이스라엘의 악연은 포로 시대에도 계속되었다. 페르시아에서 이스라엘 사람들을 죽음으로 몰아갔던 하만이 아각 사람이라고 하는데, 사무엘상 15:8에 의하면 아각은 아말렉 사람들의 왕이었다. 하만이 이스라엘에게 앙심을 품은 이유가 그의 조상을 죽였기 때문일까? 정확히 알 수는 없지만, 이스라엘과 아말렉 족속의 부정적인 관계가 포로기 시대까지 오랫동안 지속됐다.

그렇다면 이스라엘과 아말렉 족속은 어디서부터 관계적인 첫 단추를 잘못 낀 것일까? 아말렉 족속과 이스라엘의 원수 관계는 출애굽기 17:8-16에 기록된 사건에서 시작되었다. 아말렉 사람들이 이집트를 떠나 르비딤 지역을 지나가던 이스라엘을 습격했다. 이스라엘은 이들을 물리쳤지만, 이 일 이후로 하나님은 이스라엘에게 아말렉 족속이 멸종할 때까지 자손 대대로 그들을 치라고 하셨다.[37]

그렇다면 하나님은 이스라엘을 대적해 온 족속들이 많았는데, 왜 아말렉 족속만 이렇게 특별히 대하신 것일까? 출애굽기는 이렇다 할 힌트를 주지 않는다. 반면에 본문은 출애굽기 17:8-16에 기록된 사건에 세 가지 추가적인 정보를 제공한다. (1) 이스라엘이 피곤할 때 공격해 왔다, (2) 뒤처져 있던 약자들을 쳤다, (3) 하나님을 두려워하지 않았다(18절). 정당한 방법으로 당당하게 싸우러 나온 것이 아니라 게릴라 전을 펴서 이스라엘 행렬 중 가장 약한 자들을 공격했다. 이들은 군대가 아니라 산적처럼 행동했다는 것이다.

전쟁에도 분명 지켜야 할 가이드라인이 있고 준수해야 할 윤리가 있다. 아말렉 사람들은 이런 것을 존중하지 않는 야만인들에 불과했다.

---

37 이스라엘의 승리를 기념하기 위하여 르비딤에 세운 제단의 이름이 "여호와 닛시"(יְהוָה נִסִּי) (lit., "여호와는 나의 깃발"이라는 뜻으로 하나님이 승리를 주신다는 의미)가 되었다(출 17:15).

아말렉이 반(反) 이스라엘이라는 것이 문제가 아니라 반(反) 인륜적인 자들이라는 것이 문제다(Wright). 그러므로 하나님은 인간의 존엄성이나 양심이라는 것은 찾아볼 수 없는—하나님을 두려워하지 않는—아말렉 사람들을 멸종시키라고 하시는 것이다. 아말렉 족속은 히스기야 왕 시대에 가서야 완전히 정체성을 잃게 된 것으로 추정된다(cf. 대상 4:13).

6. 예식에 관한 율법(26:1-15)

오경은 하나님께 여러 가지 다양한 예물을 드리라고 한다. 그러나 성도가 예물을 드리면서 어떤 말이나 기도를 함께 드려야 하는가에 대하여는 전혀 언급하지 않는다. 본문은 이런 면에서 매우 독특하다. 저자는 농부가 햇곡식 예물(1-10절)과 매 3년째 십일조를 드릴 때 하나님 앞에서 어떻게 고백하며 드려야 하는가를 가르쳐 준다(5b-10a절, 13b-15절).

예배자가 하나님 앞에 드리는 기도의 내용을 보면 첫 열매를 드릴 때는 그들을 노예 생활로부터 해방시키신 하나님의 은혜를 기념하는 것을, 3년째 되는 해의 십일조를 드릴 때는 이 예물이 하나님의 말씀에 순종하는 삶을 통해 얻은 순결한 열매라는 점을 강조한다.

이 섹션이 언급하고 있는 예물과 예물을 드리는 사람의 자세가 성도의 삶에서 가장 중요한 두 가지 관계를 의미하는 것으로 풀이될 수 있다(Wright). 농부가 때에 따라 성소로 가져와 하나님께 드리는 햇곡식 예물은(1-11절) 인간과 하나님 사이의 수직적인 관계를, 이웃을 위하여 사용하는 십일조는 인간과 인간 사이의 수평적인 관계를 잘 유지해 가는 방법이다. 본 텍스트는 다음과 같이 두 파트로 구성되어 있다.

A. 햇곡식 예물(26:1-11)

B. 3년째 십일조(26:12-15)

II. 두 번째 스피치: 여호와의 율법(4:44-29:1[28:69])
3장. 구체적 율법(12:1-26:19)
6. 예식에 관한 율법(26:1-15)

(1) 햇곡식 예물(26:1-11)

1 네 하나님 여호와께서 네게 기업으로 주어 차지하게 하실 땅에 네가 들어가서
거기에 거주할 때에 2 네 하나님 여호와께서 네게 주신 땅에서 그 토지의 모든 소
산의 맏물을 거둔 후에 그것을 가져다가 광주리에 담고 네 하나님 여호와께서 그
의 이름을 두시려고 택하신 곳으로 그것을 가지고 가서 3 그 때의 제사장에게 나
아가 그에게 이르기를 내가 오늘 당신의 하나님 여호와께 아뢰나이다 내가 여호
와께서 우리에게 주시겠다고 우리 조상들에게 맹세하신 땅에 이르렀나이다 할 것
이요 4 제사장은 네 손에서 그 광주리를 받아서 네 하나님 여호와의 제단 앞에 놓
을 것이며 5 너는 또 네 하나님 여호와 앞에 아뢰기를 내 조상은 방랑하는 아람 사
람으로서 애굽에 내려가 거기에서 소수로 거류하였더니 거기에서 크고 강하고 번
성한 민족이 되었는데 6 애굽 사람이 우리를 학대하며 우리를 괴롭히며 우리에게
중노동을 시키므로 7 우리가 우리 조상의 하나님 여호와께 부르짖었더니 여호와
께서 우리 음성을 들으시고 우리의 고통과 신고와 압제를 보시고 8 여호와께서 강
한 손과 편 팔과 큰 위엄과 이적과 기사로 우리를 애굽에서 인도하여 내시고 9 이
곳으로 인도하사 이 땅 곧 젖과 꿀이 흐르는 땅을 주셨나이다 10 여호와여 이제 내
가 주께서 내게 주신 토지 소산의 맏물을 가져왔나이다 하고 너는 그것을 네 하나
님 여호와 앞에 두고 네 하나님 여호와 앞에 경배할 것이며 11 네 하나님 여호와께
서 너와 네 집에 주신 모든 복으로 말미암아 너는 레위인과 너희 가운데에 거류하
는 객과 함께 즐거워할지니라

이스라엘 사람이 햇곡식을 하나님께 드린다는 것은 그들 종교의 새로운 예식이 시작되는 것을 의미한다. 가나안 땅에 정착하여 살기 시작하기 전까지 이스라엘은 농부가 아니었으므로 그들에게는 추수와 연관된 절기가 없었다(Craigie). 그러므로 햇곡식을 드리는 예배는 새로운 예식의 시작인 것이다. 추수의 첫 열매를 여호와께 드리는 것은 하나님

이 주의 백성에게 땅의 풍요로움을 주는 분이심을 인정하고 고백하는 행위다(cf. 15:19-23; 18:4). 본문은 이스라엘이 차지할 땅이 하나님이 주신 것이라는 점을 강조하기 위하여 이 섹션에서 "주다"(נתן) 동사를 여섯 차례나 사용한다(1, 2, 3, 9, 10, 11절).

어떤 학자는 본문에 기록된 농부의 고백이 이스라엘이 자신은 여호와의 백성이라고 하는 가장 오래된 신경(Creed)이라고 한다(von Rad).[38] 햇곡식 예물을 드리는 절차에 대하여 지시하고 있는 본문에서도 여호와께서 허락하신 땅의 풍요로움이 언급된다(cf. 9절). 그러나 중심 테마는 아니다. 농부가 하나님께 드리는 기도의 중심 주제는 이집트에서 혹독한 노예 생활을 하던 이스라엘을 압제자들로부터 해방시키시고 가나안 땅으로 인도하신 여호와의 구속하시는 은혜다.

그러므로 첫 열매를 하나님께 드리는 것은 하나님의 구원을 체험한 자들의 당연한 반응이다. 이처럼 농작물의 수확을 기념하며, 자연 만물에서의 하나님의 사역이 아니라 역사 속에서의 하나님의 역할에 초점을 맞추는 것은, 성경의 가장 중요하고 독창적인 성향이다(Tigay).

모세는 백성들에게 가나안 땅에 입성하여 살면서 매년 햇곡식을 얻게 되면 그 햇곡식을 가지고 성소를 찾아가라고 한다(2절). 구체적인 날짜가 제시되지 않는 것으로 보아 농부가 각자 알아서 적절한 때에 성소를 찾아야 하는 것으로 생각된다. 쿰란에서 발견된 성전 두루마리는 보리, 밀, 포도주, 기름을 50일 간격으로 성전에 들여놓으라고 한다.

첫 열매로 가득한 광주리를 들고 성소를 찾은 농부가 먼저 제사장에게 "내가 오늘 당신의 하나님 여호와께 아뢰나이다 내가 여호와께서 우리에게 주시겠다고 우리 조상들에게 맹세하신 땅에 이르렀나이다"라고 말함으로써 예식이 시작된다(3절). 농부는 여호와께서 자신의 선조들에게 약속하신 땅에서 살고 있다고 고백함으로써 하나님의 신실하심을

38 반면에 농부의 고백을 신경이라고 하기에는 신경이 갖추어야 할 요소들이 많은 부분 누락되었다고 보는 학자도 있다(Craigie).

인정한다. 아직 땅을 차지하지 않은 상황에서 이런 고백을 하게 하는 것은 이스라엘이 가나안 땅에 살게 될 것을 확신해서이다(McConville).

농부가 하나님을 제사장에게 "당신의 하나님 여호와"(יְהוָה אֱלֹהֶיךָ)라고 말하는 것이 현대인들에게는 이상하다고 느껴질지 모른다. 여호와는 분명 농부의 하나님도 되시기 때문이다. 성경을 살펴보면 일반인들이 제사장들, 선지자들, 혹은 왕들에게 하나님에 대하여 말할 때 이런 어법을 자주 사용한다는 것을 알 수 있다. 이 직분들은 하나님이 세우신 것들이므로 이 직분들을 수행하고 있는 사람들은 일반인들보다 하나님께 훨씬 더 가까이 있다고 생각했기 때문에 이런 어법을 사용했던 것이다(Tigay).

제사장은 농부의 광주리를 받아 제단 앞에 놓는다(4절). 농부가 이번에는 하나님께 직접 기도한다. 그는 자신의 조상이 땅 한 평 없는 떠돌이 아람 사람이었으며, 이집트로 내려가 정착하여 살며 큰 민족이 되었던 점을 기념하며 고백하기 시작한다(5절). "떠돌며 사는 아람 사람"(אֲרַמִּי אֹבֵד אָבִי)의 의미가 확실하지 않다(Tigay). "떠도는"(אֹבֵד)의 문자적인 의미는 "죽어가는, 길을 잃은"이라는 뜻이다(HALOT). 아마도 야곱이 이집트로 가기 전 몇 년 동안 가나안에서 지내면서 혹독한 기근으로 인해 생존을 위협받은 일, 혹은 야곱이 이집트로 내려갈 때 130세로서 인생의 막바지를 맞이하고 있었음을 뜻하는 것으로 생각된다(Craigie; cf. McConville). 하나님의 은혜가 아니었으면 선조들이 이미 죽었을 것이기 때문에 오늘의 이스라엘은 있을 수 없다는 것을 고백하는 것이다.

농부의 고백은 세월이 지나자 이집트 사람들은 온갖 억압과 학대로 이스라엘 사람들을 괴롭혔고, 견디다 못해 부르짖자 하나님이 이적과 기사로 그들을 이집트의 손에서 구원하셨다는 역사적 회고로 이어진다(6-8절). 그는 또한 출애굽의 역사를 이루신 하나님이 또한 이스라엘을 젖과 꿀이 흐르는 땅으로 인도하신 분이시기에 그 땅에서 얻은 첫 소산을 하나님께 드린다는 고백으로 기도를 마무리한다(9-10절). 농부의 햇곡식 예물은 가나안 땅이 이스라엘이 노력해서 얻은 것이 아니라 하나님이 주신 선물이라는 점을 고백하는 것이다.

많은 학자들이 농부의 고백에서 시내 산에서 하나님과 언약을 맺은 일이 빠져 있는 것에 대하여 의아해한다. 그러나 시내 산 언약에 대한 회고가 농부의 고백에서 빠져 있는 것이 놀라운 일은 아니다. 그의 기도는 이스라엘의 역사를 요약하는 데 목적을 두고 있지 않기 때문이다. 위태로운 시작과 죽을 수밖에 없었던 혹독하게 억압된 노예 생활과 젖과 꿀이 흐르는 가나안 땅에서의 생활을 대조하는 데 그 목적이 있기 때문에 시내 산 사건을 언급할 필요가 없었던 것이다.

또한 농부는 기도에서 집 없이 방황하던 시절과 집에 정착하여 평안히 살고 있는 지금을 대조하고 있을 뿐이다(McConville). 농부의 기도가 신경이 아니라고 주장하는 주석가는 만일 신경이었다면 시내 산 언약에 대한 역사적 회고가 꼭 들어갔을 것이라는 점을 강조한다(Craigie). 신조가 아니기 때문에 시내 산 언약을 언급하지 않는다는 것이다.

이스라엘 사람들은 매년 이 예식을 행해야 한다. 또한 첫 열매 수확의 기쁨을 레위 사람들, 이방인 나그네들 등 사회 약자들과 함께 나누어야 한다(11절). 그들이 누리는 수확의 기쁨은 그들이 수고하여 거둔 열매라기보다는 하나님이 그들에게 내려 주신 축복이기 때문이다. 하나님이 내려 주신 축복은 주변 사람들과 나눌 때 그 진가가 드러난다.

본문은 각자 알아서 형편에 따라 개별적으로 성소를 찾아가라고 하는데, 세월이 지나면서 같은 마을에 사는 사람들끼리 그룹을 형성하여 황소에 첫 열매를 가득 싣고 피리 부는 자를 앞세우고 예루살렘 성전까지 순례 길에 나섰다(Tigay). 유월절 전례서(Passover Haggadah)는 모든 세대가 마치 자신들이 이집트를 떠나온 것으로 생각해야 한다고 한다. 하나님의 구원하시는 은혜는 세대를 초월해서 끊임없이 재현되어야 하는 것이다.

II. 두 번째 스피치: 여호와의 율법(4:44-29:1[28:69])
3장. 구체적 율법(12:1-26:19)
6. 예식에 관한 율법(26:1-15)

(2) 3년째 십일조(26:12-15)

12 셋째 해 곧 십일조를 드리는 해에 네 모든 소산의 십일조 내기를 마친 후에 그
것을 레위인과 객과 고아와 과부에게 주어 네 성읍 안에서 먹고 배부르게 하라
13 그리 할 때에 네 하나님 여호와 앞에 아뢰기를 내가 성물을 내 집에서 내어 레
위인과 객과 고아와 과부에게 주기를 주께서 내게 명령하신 명령대로 하였사오
니 내가 주의 명령을 범하지도 아니하였고 잊지도 아니하였나이다 14 내가 애곡하
는 날에 이 성물을 먹지 아니하였고 부정한 몸으로 이를 떼어두지 아니하였고 죽
은 자를 위하여 이를 쓰지 아니하였고 내 하나님 여호와의 말씀을 청종하여 주께
서 내게 명령하신 대로 다 행하였사오니 15 원하건대 주의 거룩한 처소 하늘에서
보시고 주의 백성 이스라엘에게 복을 주시며 우리 조상들에게 맹세하여 우리에게
주신 젖과 꿀이 흐르는 땅에 복을 내리소서 할지니라

일부 주석가들은 본문이 십일조를 중앙화된 예배 처소인 성막/성전에 들여놓으라고 하는 것으로 풀이하지만(Driver; Mayes), 중앙 예배 처소를 의미하며 사용하는 "여호와께서 지정하여 자기 이름을 두실 곳"이라는 표현이 본문에서는 사용되지 않는 것으로 보아, 성막/성전이 아님을 알 수 있다(Ridderbos; Hall; Thompson; Grisanti). 모세는 매 3년째 되는 해의 십일조는 성소에 들여놓지 말고 각자 사는 곳에서 레위 사람들과 사회 약자들을 위하여 사용하라고 한다(12절; cf. 14:28-29). 성경은 사람이 아무리 신앙이 깊고 종교적 열심을 가지고 있다고 해도 가난한 자들을 돌보지 않는다면 그 사람의 모든 열정과 신앙이 의미가 없다고 한다(Wright). 종교적 예식이 결코 사회적 잘못과 무관심을 대속할 수 없기 때문이다.

이 섹션에서는 사회적 약자들을 위하여 사용될 십일조를 봉헌할 때 함께 드릴 기도를 언급한다. 농부의 고백에서 레위 사람들과 가난한 자

들을 위한 이 십일조는 다른 십일조처럼 모든 사람의 종교적인 의무라는 점을 강조한다. 비록 본문이 3년째 되는 해의 십일조에 대해서 언급하고 있지만, 일부 학자들은 매년 십일조를 드릴 때마다 이렇게 고백한 것으로 간주한다(von Rad; Weinfeld; cf. Wright). 햇곡식 예물은 가나안 땅에 정착한 해부터 드리기 시작했지만, 본문이 언급하고 있는 3년째 되는 해의 십일조는 정착한 지 3년째 되던 해에 가서야 드리기 시작했을 것이다.

모세는 농부가 드리는 십일조를 성물(הַקֹּדֶשׁ)이라고 하는데(13절) 이 용어는 신명기 안에서 세 번 사용된다. 12:26에서는 하나님께 드리는 모든 예물을 통틀어서 성물이라고 하며, 26:15에서는 하나님이 거하시는 하늘의 성소를 뜻하며 사용된다. 이 용어가 구체적인 예물(3년 십일조)과 연관되어 사용되는 사례는 본문이 유일하다. 아마도 사람들이 성소에 들여놓는 다른 십일조와는 달리 가난한 자들에게 가는 십일조는 함부로 취급할 수 있기 때문에 이런 일을 사전에 방지하기 위하여 이 예물의 거룩함(구분됨)을 강조하는 것으로 생각된다.

농부의 고백도 이 예물은 어떠한 우상숭배에서 비롯된 풍습이나 부정한 행위로 오염된 적이 없고 또한 하나님의 말씀에 따라 정결할 때에만 취급했음을 강조한다. 성소에 들여놓는 십일조만큼이나 가난한 자들을 위하여 기부하는 십일조도 거룩한 것이다(Tigay). 레위기 27:30의 말씀도 모든 십일조는 하나님께 속한 것이므로 거룩하다고 한다. 예물을 드리는 일 자체도 중요하지만, 이 예물의 순결성도 결코 등한시할 수 없다.

농부는 예물을 드리며 "주님의 명령을 잊지 않고 어김없이 다 실행하였습니다"라고 고백한다(13b절). 십일조를 계산할 때 변칙적인 방법을 사용하여 조금이라도 덜 가져오지 않았다는 점을 강조한다(Tigay). 농부는 3년 십일조에 대한 하나님의 규례(cf. 14:28-29)를 모두 어김없이 지켰다고 선언하는 것이다. 이 십일조가 가난한 자들을 위한 것이라는 점을 감안할 때, 가난한 자들을 보살피는 일은 하나님이 그의 백성에게 요구하시는 거룩한 의무일 뿐만 아니라 백성들이 하나님께 순종했는지 여부를 판단하는 결정적인 요인이다(Wright).

농부는 자신의 예물이 종교적으로도 오염되지 않은 정결한 것임을 세 가지 예를 들어 증언해야 한다(14절). 첫째, 그는 애곡하는 중에는(בְּאֹנִי) 이 성물을 먹지 않았다. 일부 주석가들은 농부의 고백을 가나안 종교와 연결한다. 일부 가나안 종교는 바알이, 바빌론 종교는 담무스가 초가을이 되면 죽었다가 이듬해 봄에 부활한다고 했다(cf. 호 9:4; 겔 8:14). 이 신들이 죽는 초가을이면 여인들은 죽음을 슬퍼하며 곡을 해야 하는데, 농부는 자신의 예물이 이런 이방종교의 풍습으로 오염되지 않았다고 고백하고 있다는 것이다(Cazelles; Merrill; Craigie).

성경에 의하면 주검을 묻기 위하여 시체를 접하거나 심지어 주검이 있는 텐트 안에 들어가기만 해도 부정하다고 한다(레 22:4; 민 19장). 그러므로 농부의 고백을 이방종교와 연결할 필요 없이, 장례식과 연결하여 설명하는 것이 바람직하다(McConville; Nelson; Grisanti; Tigay). 이 해석이 그가 두 번째로 고백하는 "저는 부정한 몸으로 이 예물을 떼어 두지 않았습니다"와 더 잘 어울린다.

둘째, 농부는 부정한 몸으로 이 예물을 떼어 두지 않았다. 사람이 부정할 때 십일조를 만지면, 그 십일조도 부정하게 된다는 점을 염두에 둔 고백이다(cf. 민 19:22). 성소에 들여놓는 십일조만큼이나 가난한 자들을 위한 십일조도 온갖 정성을 다하여 정결하게 취급했음을 선언하는 것이다. 셋째, 농부는 죽은 자를 위하여 이 예물을 사용하지 않았다. 학자들은 이 고백을 죽었다 부활하는 바알을 배경으로 해석하기도 하고(Cazelles), 어린아이 번제와 연관되어 있는 몰렉을 배경으로 해석하기도 한다(Blenkinsopp; cf. 12:30-31; 18:10-11).

고대 사람들은 죽은 사람들의 무덤에 음식을 부어 주면 그 사람의 내세(스올)에서 도움이 된다고 생각했다. 사마리아에서 발굴된 무덤 중에는 죽은 사람을 눕혀 놓은 자리에 음식과 술 등으로 채운 구멍들이 있다(Tigay). 일부 이스라엘 사람들도 이런 풍습에 따라 죽은 사람들에게 예물을 바쳤던 것이다. 농부의 고백은 자신의 예물이 이런 모든 행위에서 자유하다는 점을 강조한다. 하나님의 말씀에 절대적으로 순종하며 이 예물을 준비했다는 것이다. 이 농부는 참으로 하나님의 말씀을 주야로 묵상한 의인이다(Brueggemann; cf. 시 1편).

농부의 기도는 주님이 거룩하신 처소 하늘에서 내려다 보시고 이스라엘 민족과 허락하신 땅에 앞으로도 더 많은 복을 내려 주시기를 바라며 끝을 맺는다(15절). 예배자가 하나님이 내려 주신 축복의 일부를 주님의 말씀에 따라 예물로 준비했다는 선언으로 시작한 기도가 하나님의 축복 약속이 지속되기를 소원하는 간구로 끝을 맺고 있는 것이다(McConville). 농부는 지금까지 내려주신 하나님의 축복의 일부를 하나님의 말씀에 따라 드림으로써 앞으로도 하나님이 그를 축복하실 것을 확신한다. 공식으로 표현하자면 하나님의 축복→순종→축복의 사이클이 반복되기를 기대하는 것이다(Wright).

하나님이 택하신 곳에 세워진 성소에서 시작한 기도가(cf. 2절), 하늘에 계신 하나님께 드리는 기도로 끝을 맺는다. 성소가 하나님의 임재 혹은 가까이 계심을 상징한다면, 하늘에 있는 처소는 하나님의 초월성을 강조한다. 실제로 하나님의 거처지가 우주 공간에 있다는 뜻은 아니다. 놀라운 것은 이처럼 우리의 모든 영역을 초월하신 하나님이 사람의 기도를 들으신다는 것이다.

7. 결론적인 권면(26:16-19)

[16] 오늘 네 하나님 여호와께서 이 규례와 법도를 행하라고 네게 명령하시나니 그런즉 너는 마음을 다하고 뜻을 다하여 지켜 행하라 [17] 네가 오늘 여호와를 네 하나님으로 인정하고 또 그 도를 행하고 그의 규례와 명령과 법도를 지키며 그의 소리를 들으리라 확언하였고 [18] 여호와께서도 네게 말씀하신 대로 오늘 너를 그의 보배로운 백성이 되게 하시고 그의 모든 명령을 지키라 확언하셨느니라 [19] 그런즉 여호와께서 너를 그 지으신 모든 민족 위에 뛰어나게 하사 찬송과 명예와 영광을 삼으시고 그가 말씀하신 대로 너를 네 하나님 여호와의 성민이 되게 하시리라

모세는 이 텍스트를 통해 그가 12:1에서 시작한 율법 강론을 마무리한다. 그래서 이 섹션을 시작하는 "오늘 주 당신들의 하나님이 이 규례와 법도를 지키라고 당신들에게 명령하시니, 당신들은 마음을 다하고 목숨을 다하여 이 모든 계명을 지키십시오"(16절)는 12:1의 "주 당신들 조상의 하나님이 당신들에게 차지하게 하신 땅에서, 당신들이 지켜야 할 규례와 법도는 다음과 같다"라는 말씀과 쌍을 이룬다. 이 두 구절이 중간에 있는 모든 것을 감싸고 있는 것이다.

이 섹션의 중심 내용은 새로운 율법이 아니라 일종의 서약 확인이다. 이스라엘이 하나님께 충성을 맹세하고, 하나님이 충성하는 이스라엘에게 축복을 약속하시는 내용이다(McConville). 결혼 서약과 비슷하다(Brueggemann). 본문은 정확히 언제 하나님이 이스라엘과 이런 서약식을 거행하셨는지 언급하지 않는다. 본문과 그 외 신명기 텍스트는 이 언약 갱신이 모압 평지에서 있었던 일이라는 점을 간접적으로 지적하거나 암시할 뿐(cf. 27:9; 28:69; 29:9-4), 예식의 전모를 기록하고 있지는 않다(cf. 출 24:1-8; 왕하 23:1-3). 아마도 모세가 이 섹션에 기록된 말씀을 선포할 때를 기해 예식이 행해졌던 것으로 추정된다(Tigay).

모세는 이 결론적인 권면에서 이스라엘은 지금까지 그가 선포한 율법을 온 마음을 다하여 순종할 의무가 있다는 점을 강조한다. 율법은 여러 가지 규정을 법전화한 것이 아니다. 율법은 하나님과 이스라엘이 맺은 관계의 기초다. 또한 하나님과 이스라엘의 관계는 단순히 감정이나 영적인 요소로만 설명될 수 있는 것이 아니다. 이 관계는 쌍방이 준수해야 할 책임과 의무를 근거로 하고 있다(cf. 17-18절). 율법이 바로 이 책임과 의무를 정의해 놓은 것이다.

그러므로 이스라엘이 하나님과의 언약을 맺는다는 것은 곧 지금까지 모세가 선포한 율법에 순종해야 하는 의무를 받아들인다는 뜻이다. 그래서 이스라엘 백성들은 "여호와를 하나님으로 섬기고, 그의 길을 따르며, 그의 규례와 명령과 법도를 지키며, 그에게 순종하겠다"며 네 가지 표현으로 언약의 조항을 준수하겠다고 약속했다(17절).

이스라엘이 언약의 조건에 수긍하자 하나님은 그들을 여호와의 소중한 백성(עַם סְגֻלָּה)으로 받아들이셨다(18절; cf. 7:6). 이스라엘의 순종 약속과 하나님의 축복 약속은 출애굽 1세대가 시내 산에서 하나님과 맺은 언약을 상기시킨다. 시내 산에서도 하나님은 순종을 맹세하는 이스라엘을 제사장의 나라, 거룩한 백성으로 만드시겠다고 약속하셨다(출 19:5-6, 8; 24:3, 7-8). 본문이 모압 평지에서 있었던 일을 시내 산에서 있었던 일과 연관시키는 것은 당연한 일이다. 본문이 묘사하고 있는 이스라엘의 충성 약속과 하나님의 축복 약속은 시내 산 언약을 재확인하는 예식이기 때문이다.

이스라엘을 자신의 소중한 백성으로 받아들이신 하나님은 백성들이 네 가지 표현으로 여호와만을 섬길 것을 약속한 것처럼(cf. 17절), 네 가지로 축복을 약속하신다(19절). 첫째, 하나님은 세상의 모든 백성보다 이스라엘을 더 높이실 것이다. 하나님은 이스라엘을 세상의 여러 민족들로부터 선택하셨을 뿐만 아니라 그들의 지위와 위상을 모든 민족들보다 높이실 것이다. 둘째, 하나님은 이스라엘이 열방의 찬양을 받게 하실 것이다. 모세는 10:21에서 여호와가 너희의 찬양이라고 하였다. 이스라엘이 하나님을 존귀하게 하여야 한다는 의미였다. 여기서 이스라엘이 민족들의 찬양을 받게 된다는 것은 하나님만 그들을 소중하게 여기시는 것이 아니라, 온 세상 사람들도 이스라엘을 존귀하게 여길 것이라는 뜻이다(McConville).

셋째, 하나님은 이스라엘이 명예와 영광을 얻도록 하실 것이다. 이집트에서 종살이 하다가 탈출하고, 하나님을 불신해서 40년 동안 광야 생활을 해야 했던 이스라엘의 시작은 참으로 미약하다. 그러나 이것이 그들의 이야기의 끝이 아니다. 하나님은 이 미약하고 볼품없는 이스라엘을 온 세상이 존경하고 선망하는 백성으로 세우실 것이다. 넷째, 하나님은 이스라엘을 거룩한 백성으로 삼으실 것이다. 이스라엘이 "여호와께 거룩한 백성"(עַם־קָדֹשׁ לַיהוָה)이 된다는 것은 더할 나위 없이 신성한 자들이기에 그 누구도 피해를 보지 않고는 해할 수 없는 백성이라는 뜻이다(Tigay; cf. 28:9-10; 렘 2:3). 하나님의 보호를 보장하는 표현인 것이다.

4장. 축복과 저주(27:1-29:1[28:69])

지금까지 모세는 홀로 율법을 강론해 왔다. 이 섹션에 접어들면서 모세는 장로들과 함께 백성들에게 명령한다(cf. 27:1). 시내 산에서 하나님이 직접 이스라엘 백성들에게 말씀을 시작하셨을 때, 너무 거룩하신 하나님의 말씀에 이스라엘은 생명에 위협을 느끼고 장로들을 모세에게 보내어 모세가 하나님의 말씀을 홀로 듣고 와서 자신들에게 말해 달라고 부탁했다(5:23-27).

이런 정황을 감안할 때, 모세가 이 섹션을 시작하면서 장로들과 함께 백성들에게 명령하고 있다는 것은 그가 시내 산에서 받은 율법에 대한 프레젠테이션은 26장에서 끝이 났음을 뜻한다. 모세는 장로들뿐만 아니라 제사장들과 함께 백성들을 권면하기도 한다(cf. 27:9-10). 이제 남은 것은 백성들이 모세로부터 들은 조항들을 모두 인지하고 하나님과의 언약을 갱신하는(renew) 예식을 행하는 것밖에는 없다.

모세가 언약의 구체적인 조항인 율법을 강론한 섹션(12-26장)은 미래에 있을 언약 갱신 예식에 대한 언급으로 둘러싸여 있다(11:26-32; 27:1-26). 모세는 이스라엘에게 강을 건너면 에발 산과 그리심 산으로 가서 하나님과의 언약을 갱신하는 예식을 행하라고 한다. 본 텍스트는 모압 평지에서 곧 행할 예식에 관한 것이 아니라 가나안 땅에 입성한 후에 행할 일에 대한 규범인 것이다. 언약에 대한 구체적 강론 섹션(12-26장)은 다음과 같은 교차대구법적 구조의 중심에 있다(cf. Craigie; Lohfink;

McConville; Grisanti).

A. 모압에서 선포된 축복과 저주(11:26-28)
B. 그리심 산과 에발 산에서 행할 예식(11:29-31)
C. 율법에 순종하라는 권면(11:32)
D. 강론 섹션(12:1-26:15)
C'. 율법에 순종하라는 권면(26:16-19)
B'. 그리심 산과 에발 산에서 행할 예식(27장)
A'. 모압에서 선포된 축복과 저주(28장)

이와 같은 분석을 바탕으로 많은 주석가들이 본문(27-28장)을 12-26장이 구성하고 있는 섹션의 일부로 간주한다(Biddle; Craigie; Hall; Kalland; Tigay). 그러나 본 텍스트가 앞부분과 구조적인 연관성을 지니고 있다고 해서 일부로 볼 필요는 없다. 내용을 살펴보면 12-26장이 언약을 강론한 것이라면, 본문은 백성들이 지금까지 모세를 통해 들은 언약을 갱신/확인할 것을 요구한다(27장).

더 나아가 이 언약을 준수할 때 그들에게 임할 하나님의 축복과 언약을 지키지 않을 때 임할 재앙에 대하여 경고함으로써(28장) 12-26장에서 강론된 언약 준수의 중요성을 강조한다. 그러므로 본 텍스트를 12-26장에 전개된 내용의 다음 단계로 따로 구분하는 것이 바람직하다(cf. Grisanti; Block). 본 텍스트는 다음과 같이 두 파트로 구분된다.

A. 언약 갱신(27:1-26)
B. 언약적 축복과 저주(28:1-69[29:1])

1. 언약 갱신(27:1-26)

모세는 이 텍스트에서 머지않아 요단 강을 건널 백성들에게 가나안에 입성하면 두 가지 예식을 에발 산과 그리심 산에서 행하라고 지시한다. (1) 에발 산에 율법을 기록한 큰 기념비와 제단을 세우고 제물을 드려야 한다(1-10절), (2) 레위 사람들은 그리심 산과 에발 산에 모인 모든 이스라엘 지파에게 언약이 수반하고 있는 축복과 저주를 선언하고, 백성들은 아멘으로 화답하여 레위 사람들이 선포하는 축복과 저주에 수긍하는 예식을 행해야 한다. 가나안 땅 입성은 이스라엘 역사에서 새로운 장의 시작을 뜻하는데, 이 예식들을 통하여 그들에게 땅을 주신 하나님을 예배할 것과 하나님이 그들과 맺으신 은혜로운 언약의 모든 조항인 율법에 순종하겠다는 의지를 재차 확인하라는 취지가 담겨 있다.

일부 학자들은 본 텍스트가 바빌론에서 영토의 한계선을 정의하면서 사용되었던 기념비(boundary stone) 비문과 같은 구조로 전개된다고 주장한다(Hill; Slanski). 나루(naru) 비문 양식을 바탕으로 본 장을 분석해 보면 다음과 같이 평행을 이룬다. (1) 세운 비문에 대한 언급(2-4, 8절), (2) 신에게 제단을 세움(5-7절), (3) 증인 목록(12-13절), (4) 신의 대리인이 선포한 스피치(14절), (5) 기념비 내용을 어길 때 임할 저주 선포(15-26절)(Block). 그러나 이 양식이 비문에만 사용된 것은 아니며, 상당히 다양한 범위에서 사용된 것으로 알려져 있다(Slanski). 모세는 고대 근동에서 사용되었던 문서 양식과 비슷한 형태를 이용하여 메시지를 선포하고 있다. 본 텍스트는 다음과 같이 두 파트로 구분될 수 있다.

A. 언약 기록과 제물(27:1-10)

B. 언약적 축복과 저주(27:11-26)

II. 두 번째 스피치: 여호와의 율법(4:44-29:1[28:69])
4장. 축복과 저주(27:1-29:1[28:69])
1. 언약 갱신(27:1-26)

(1) 언약 기록과 제물(27:1-10)

[1] 모세와 이스라엘 장로들이 백성에게 명령하여 이르되 내가 오늘 너희에게 명령
하는 이 명령을 너희는 다 지킬지니라 [2] 너희가 요단을 건너 네 하나님 여호와께
서 네게 주시는 땅에 들어가는 날에 큰 돌들을 세우고 석회를 바르라 [3] 요단을 건
넌 후에 이 율법의 모든 말씀을 그 위에 기록하라 그리하면 네 하나님 여호와께서
네게 주시는 땅 곧 젖과 꿀이 흐르는 땅에 네가 들어가기를 네 조상들의 하나님
여호와께서 네게 말씀하신 대로 하리라 [4] 너희가 요단을 건너거든 내가 오늘 너희
에게 명령하는 이 돌들을 에발 산에 세우고 그 위에 석회를 바를 것이며 [5] 또 거기
서 네 하나님 여호와를 위하여 제단 곧 돌단을 쌓되 그것에 쇠 연장을 대지 말지
니라 [6] 너는 다듬지 않은 돌로 네 하나님 여호와의 제단을 쌓고 그 위에 네 하나
님 여호와께 번제를 드릴 것이며 [7] 또 화목제를 드리고 거기에서 먹으며 네 하나
님 여호와 앞에서 즐거워하라 [8] 너는 이 율법의 모든 말씀을 그 돌들 위에 분명하
고 정확하게 기록할지니라 [9] 모세와 레위 제사장들이 온 이스라엘에게 말하여 이
르되 이스라엘아 잠잠하여 들으라 오늘 네가 네 하나님 여호와의 백성이 되었으
니 [10] 그런즉 네 하나님 여호와의 말씀을 청종하여 내가 오늘 네게 명령하는 그 명
령과 규례를 행할지니라

율법 강론을 마친 모세는 장로들 그리고 제사장들과 함께 백성들에게 명령한다(1, 9절). 모세가 이 두 종류의 직분자들과 연관하여 백성들을 권면하는 것은 이들이 이스라엘의 사회적, 종교적 지도자들로서 27장이 명령하고 있는 그리심 산과 에발 산에서 행해야 할 예식을 주도해 나가도록 하기 위함이다. 모세는 강을 건너기 전에 죽게 되기 때문에 에발 산에서 드려질 이스라엘의 예배를 주도할 수 없다. 모세는 백성들에게 그가 지시하는 것들을 기억해 두었다가 강을 건넌 후에 하나도 빠짐없이 모두 실천할 것을 요구한다(1-2a절).

모세는 백성들에게 요단 강을 건너는 날에 큰 돌들을 세우고 이 돌들에 석회를 바르라고 한다(2절). 그러고 나서는 이 돌들에 하나님의 율법을 기록해야 한다(3a절). 일종의 '언약 가구'(furniture of the covenant)를 들여놓으라고 하는 것이다(Brueggemann). 일부 주석가들은 이 기념비가 40년 전 이집트를 떠남으로 시작된 이스라엘의 여정이 끝났음을 상징한다고 한다(Weinfeld). 여호와의 승리를 기념하는 기념비라는 해석도 있다(Richter). 그러나 이스라엘이 가나안 정복을 시작하여, 여리고 성과 아이 성만을 정복한 후 에발 산과 그리심 산에서 이곳에 기록된 예식을 행한 뒤, 다시 정복 전쟁을 시작하는 것을 볼 때, 이 돌들은 단순히 하나님과 이스라엘 사이에 맺어진 언약을 상징하는 것으로 해석하는 것이 바람직하다.

이 돌들의 최종적인 정착지는 에발 산이다(4절). 이스라엘이 "요단 강을 건너는 날"(בַּיּוֹם אֲשֶׁר תַּעַבְרוּ אֶת־הַיַּרְדֵּן)(2절)에 북쪽으로 50-60km나 떨어져 있는 에발 산에 도착할 수는 없다. 그러나 모세는 이 일을 먼저 행하고 나서야 젖과 꿀이 흐르는 땅으로 들어갈 수 있다고 한다(3b절; cf. Tigay). 가나안 땅에 정착하기 전에 먼저 에발 산에 이 기념비들을 세워야 한다는 것이다(cf. Tigay; McConville). 이스라엘이 율법이 기록된 기념비들을 에발 산에 세우는 것은 율법의 두 가지 성향을 강조하는 듯하다(cf. Wright).

첫째, 율법은 영구적이다. 율법이 자손 대대로 준수되려면 잘 보존되어야 한다. 그러므로 영구적으로 서 있을 큰 돌들을 기념비들로 세우는 것은 자손들이 이 기념비들을 볼 때마다 거기에 새겨진 율법을 지켜야 한다는 사명감을 갖게 하기 위한 것이다. 또한 이 돌들은 하나님이 이스라엘에게 은혜로운 언약을 주셨음을 영원히 증언하는 기념비다(Block).

둘째, 율법은 분명하다. 모세는 준비된 돌 위에 모든 율법의 말씀을 분명하게 기록하라고 한다(8절). 구약의 율법은 언약 백성 모두에게 주어진 것이고, 모든 사람이 이해할 수 있는 것이며, 모든 이가 준수할 수 있는 것이다. 일부 소수를 위해 주어진 것이 아니며, 소수가 독점하는 것은 더더욱 아니다.

에발 산은 세겜의 북쪽에 있는 산으로 주변에서 가장 높은 산이다. 에발 산은 해발 940m에 달하며 정상에서 북쪽으로는 헤르몬 산, 동쪽으로는 요단 강과 길르앗, 남쪽으로는 예루살렘, 서쪽으로는 지중해 등 약속의 땅이 거의 한눈에 들어온다. 아마도 이러한 사실이 에발 산이 예식의 장소로 지정되는 데 하나의 요인으로 작용했었을 것으로 생각된다(Tigay).

오늘날에는 방향을 표기할 때 북쪽을 기준으로 하는데, 고대 근동 사람들은 동쪽을 기준으로 했다. 그래서 세겜에서 동쪽을 바라보면, 축복을 선언하는 그리심 산은 오른쪽에, 저주를 선언하는 에발 산은 왼쪽에 있다. 성경에서 오른손/쪽과 축복은 무관하지 않다는 점과 그리심 산은 수풀로 우거진 반면, 에발 산은 나무가 별로 없는 민둥산이라는 점이 이 두 산의 배열에 영향을 미친 것으로 생각된다(Mayes).

에발 산과 그리심 산 사이에 위치한 세겜 역시 매우 중요한 도시였다. 가나안 땅을 동에서 서로 가로지르는 도로와 남에서 북으로 가로지르는 도로가 이곳에서 교차하는 상업적 요충지였다. 세겜은 이스라엘 선조들의 삶과도 연관된 유서 깊은 곳이다. 아브라함이 하란을 떠나 가나안에 입성했을 때 처음으로 머문 땅이 바로 이곳이다. 하나님은 이곳에서 아브라함과 그의 후손들에게 가나안 땅을 주시겠다고 하셨고 아브라함은 세겜에서 처음으로 하나님께 제단을 쌓았다(창 12:6-7). 야곱은 라반 집에서 돌아와 이곳 세겜 땅을 샀다(창 33:18). 훗날 요셉의 뼈가 이곳에 묻히게 되며(수 24:32), 이스라엘이 남왕국 유다와 북왕국 이스라엘로 분열될 때, 세겜은 북왕국 이스라엘의 첫 수도가 된다(왕상 12:25).

일부 고대 번역본들과 사본들은 저주 산인 에발 산에 이 기념비를 세우라는 사실에 대하여 의아해한다. 이 기념비가 축복을 상징하는 그리심 산에 세워져야 한다는 것이다. 그래서 그들은 본문에서 "에발 산"을 "그리심 산"으로 대체할 것을 제안한다(cf. Braulik). 그러나 본문의 초점이 축복보다는 언약 위반에 따른 저주에 맞추어져 있다는 점을 감안할 때, 에발 산을 그대로 두는 것이 바람직하다(McConville; cf. Grisanti). 여호수아는 여리고 성과 아이 성을 정복한 다음에 정복 전쟁을 잠시 멈추고 이 산들을 찾았다(cf. 수 8:30-35).

돌에 석회를 바르는 것은 그 돌에 글을 쓰기 위해서다. 만일 돌에 글을 새기기 위하여 석회를 발랐다면, 석회의 하얀 색이 글자들의 까만 색(돌의 색)을 더 부각시키는 효과를 유발했을 것이다. 반면에 돌에 글을 새기지 않고, 하얀 석회 위에 글을 쓴 것이라면 세월이 지나면서 글씨가 비에 씻겨졌을 것이다. 본문이 언급하고 있는 예식이 이스라엘이 가나안에 입성한 후 딱 한 번 행하는 것임을 감안할 때, 석회를 바른 돌에 잉크로 글을 쓴 것으로 해석해도 별 어려움은 없다. 이집트 사람들은 이런 방법을 사용하여 만든 석비를 많이 세웠다(Craigie; Tigay). 비가 거의 오지 않는 곳이기 때문에 보존에 별 어려움이 없었기 때문이다.

모세는 석회를 발라 준비한 돌들에 지금까지 그가 선포한 율법의 모든 말씀을 기록하라고 한다(3, 8절). 율법을 기록하라는 명령은 하나님이 땅을 선물로 주셨음을 기념하라는 뜻이기도 하다(McConville). 저자가 두 번이나 석회를 바른 돌들에 율법을 기록하라는 것은 에발 산에서 행할 예식의 핵심은 하나님께 제물을 드리는 것에 있지 않고 율법의 조항들을 선포하고 마음에 새기는 것에 있음을 강조한다(Tigay).

"율법의 모든 말씀"(כָּל־דִּבְרֵי הַתּוֹרָה הַזֹּאת)이 주요 핵심 사항들이나 축복과 저주 등 일부만을 뜻할 수도 있지만, 모세가 12-26장에서 강론한 모든 내용을 의미하는 것으로 풀이해도 별 어려움은 없다. 본문이 큰 돌들을 몇 개 사용하라는 규제를 두지 않기 때문이다. 당시 사람들이 돌에 글을 새길 때 사용한 글자 크기를 감안하면 함무라비 법전이 기록된 석비 규모의 돌 둘만 있으면 신명기 전체를 기록할 수 있다(Tigay;

Block). 그동안에는 하나님과 이스라엘의 언약 관계가 둘 사이에만 준수되었지만, 이스라엘이 가나안에 입성하자마자 율법이 새겨진 돌을 그 땅에 세우는 것은 이 일을 통해 가나안 땅도 언약의 일부가 됨을 의미한다(Block). 또한 이곳에서부터 모세가 문서를 기록하는 모습을 자주 보이는 것은, 그의 죽음이 임박했음을 암시한다(Sonnet; cf. 27:8; 31:19).

모세는 율법을 기록한 기념비 옆에다 하나님께 제단을 쌓고 그 위에서 제물을 드리라고 한다(5-6절). 석회를 바르고 그 위에 율법을 기록해야 하는 기념비는 본질적으로 쇠 연장을 사용하여 반반하게 다듬어야 하는 돌덩어리다(Tigay). 반면에 제단은 쇠 연장으로 다듬지 않은 자연석을 사용하라고 한다. 출애굽기 20:25에 기록된 율법을 근거로 한 지시다. 그러나 왜 쇠 연장이 제단을 부정하게 하는지는 알 수 없다.

한 유태인 학자는 정으로 돌을 다듬다 보면 우상을 조각하고 싶은 유혹이 생길 수 있기 때문이라 한다!(Rashbam) 탈무드는 제단이 하나님의 축복으로 인해 사람의 생명을 연장하는 것인 반면, 쇠는 전쟁 등을 통해 사람의 생명을 단축하는 것이기 때문이라 한다. 생명을 연장하는 것을 만드는 일에 생명을 단축하는 기구가 사용될 수 없다는 논리다. 연장으로 돌을 다듬는 것이 가나안 종교의 풍습이었기 때문이라는 추측도 있고(Craigie), 돌을 다듬는 연장은 이스라엘 사람들이 발명한 것이 아니기 때문에 다른 민족에게 의존하지 말라는 의미에서 금한 것이라는 주장도 있다(Hall; Craigie). 가나안 사람들이 다듬은 돌을 제단으로 사용했기 때문이라는 해석도 있다(Childs; Hyatt). 아직까지 그 누구도 설득력 있는 이유는 제시하지 못했다.

이스라엘이 에발 산에 제단을 쌓는 것에 대하여 문제를 제기하는 학자들이 있다. 신명기가 지속적으로 한 곳에서만 예배를 드리라고 하며, 훗날 이 한 곳이 예루살렘으로 밝혀지는데 어떻게 에발 산에 제단을 쌓을 수 있냐는 것이다. 그래서 그들은 이 문제를 해결하기 위하여 다양한 추론들을 제시한다(cf. McConville). 그러나 신명기는 어느 시대에든 하나님이 정하시는 한 곳에서만 예배를 드리라고 명령하고 있지 그 한 곳이 예루살렘이라 하지 않는다. 시대에 따라 이 한 곳은 세겜, 실로, 예루살렘 등이 될 수 있는 것이다. 게다가 에발 산에 세우는 제단은 한 번 예식을 치르기 위하여 세운 임시적인 것이지, 영구적인 예배 터전은 아니다.

이스라엘이 에발 산에 세운 제단 위에서 하나님께 드려야 할 제물은 번제들(6절)과 화목제물들(7절)이다. 이스라엘과 하나님이 시내 산에서 언약을 체결할 때 하나님께 드렸던 제물들이다(출 24:5). 이 제물들이 언약 갱신을 논하는 이 섹션에서 언급되는 것은 당연한 일이다. 번제(עֹלָה)는 짐승의 몸 전체를 불에 태워 하나님께 바치는 제사며, 하나님과의 수직적인 관계를 상징하는 가장 기본적인 제사다(Grisanti). 화목제(שֶׁלֶם)는 짐승의 일부만 불에 태우고 대부분의 살코기는 예배자들이 나누어 먹는 수평적인 관계를 상징하는 대표적인 제사다(Hall; Wright). 하나님과 주의 백성들 사이에 있는 화평의 상징인 것이다(Grisanti).

이 예물들은 축제와 절기에 어울리는 것들이다. 이 예물들은 하나님과 이스라엘 사이에 맺어진 특별한 관계를 재차 확인하고 기뻐하는 목적을 지녔기 때문이다. 하나님과 이스라엘 사이에 맺어진 언약은 좋은 아이디어나 신학적 의지가 아니다. 언약은 관계적이다(Brueggemann). 두 종류의 제물은 시내 산 언약을 체결하고 하나님께 드린 제물들 종류와 동일하다(출 24:5).

장로들과 함께 이스라엘이 가나안에 입성하면 에발 산으로 가 그곳에 율법이 기록된 기념비를 세우고 그 옆에 제단을 쌓고, 그 제단 위에서 하나님께 예물을 드리라고 명령한 모세가 이번에는 제사장들과 함께 백성들에게 하나님의 말씀에 순종하라고 호소한다(9-10절). 모세와 함께 모압 평지에 모여 있는 사람들은 그들의 선조가 시내 산에서 여호와 하나님께 맺은 언약을 재확인함으로써 자신들이 하나님의 백성임을 확인했다(cf. 26:16-19). 모세는 이 사실에 근거하여(9절) 이스라엘에게 순종할 것을 권면한다(10절).

하나님이 주신 율법에 순종하는 것은 그와 언약을 맺은 백성의 가장 기본적이고 중요한 의무다. 이점을 강조하기 위해서 모세는 "잠잠하라! 들으라!"(הַסְכֵּת וּשְׁמַע)라는 두 명령문으로 권면을 시작하여 모든 사람이 그가 하는 말을 경청해 줄 것을 요구했다(9절). 이스라엘이 하나님이 주신 율법을 준수하는 것은 책임이자 특권이다. 남들은 지키고 싶어도 지킬 율법이 없기 때문이다.

이스라엘은 하나님의 매우 특별한 율법을 받았다. 그러므로 이제 그들은 이 율법을 마음껏 지킬 수 있는 특권을 누리게 된다. 그러나 그들의 역사를 살펴보면 어느 순간부터 이 특권이 그들을 짓누르는 짐이 되어버린다. 성도의 삶에서도 비슷한 현상을 목격하고는 한다.

Ⅱ. 두 번째 스피치: 여호와의 율법(4:44-29:1[28:69]) 4장. 축복과 저주(27:1-29:1[28:69]) 1. 언약 갱신(27:1-26)

(2) 언약적 축복과 저주(27:11-26)

11 모세가 그 날 백성에게 명령하여 이르되 12 너희가 요단을 건넌 후에 시므온과
레위와 유다와 잇사갈과 요셉과 베냐민은 백성을 축복하기 위하여 그리심 산에 서
고 13 르우벤과 갓과 아셀과 스불론과 단과 납달리는 저주하기 위하여 에발 산에
서고 14 레위 사람은 큰 소리로 이스라엘 모든 사람에게 말하여 이르기를 15 장색의
손으로 조각하였거나 부어 만든 우상은 여호와께 가증하니 그것을 만들어 은밀히
세우는 자는 저주를 받을 것이라 할 것이요 모든 백성은 응답하여 말하되 아멘 할
지니라 16 그의 부모를 경홀히 여기는 자는 저주를 받을 것이라 할 것이요 모든 백
성은 아멘 할지니라 17 그의 이웃의 경계표를 옮기는 자는 저주를 받을 것이라 할
것이요 모든 백성은 아멘 할지니라 18 맹인에게 길을 잃게 하는 자는 저주를 받을
것이라 할 것이요 모든 백성은 아멘 할지니라 19 객이나 고아나 과부의 송사를 억
울하게 하는 자는 저주를 받을 것이라 할 것이요 모든 백성은 아멘 할지니라 20 그

의 아버지의 아내와 동침하는 자는 그의 아버지의 하체를 드러냈으니 저주를 받을
것이라 할 것이요 모든 백성은 아멘 할지니라 21 짐승과 교합하는 모든 자는 저주
를 받을 것이라 할 것이요 모든 백성은 아멘 할지니라 22 그의 자매 곧 그의 아버지
의 딸이나 어머니의 딸과 동침하는 자는 저주를 받을 것이라 할 것이요 모든 백성
은 아멘 할지니라 23 장모와 동침하는 자는 저주를 받을 것이라 할 것이요 모든 백
성은 아멘 할지니라 24 그의 이웃을 암살하는 자는 저주를 받을 것이라 할 것이요
모든 백성은 아멘 할지니라 25 무죄한 자를 죽이려고 뇌물을 받는 자는 저주를 받
을 것이라 할 것이요 모든 백성은 아멘 할지니라 26 이 율법의 말씀을 실행하지 아
니하는 자는 저주를 받을 것이라 할 것이요 모든 백성은 아멘 할지니라

모세는 에발 산과 그리심 산에 율법을 새긴 돌들을 세운 후 이 섹션에서 지시하는 예식도 행하라고 한다. 세겜을 중심으로 남쪽에 있는 그리심 산에서는 축복을 선언하고, 북쪽에 있는 에발 산에서는 저주를 선포해야 한다(cf. 수 8:33). 이때 축복을 선포하기 위해서 그리심 산 중턱에 설 지파들은 시므온, 레위, 유다, 잇사갈, 요셉, 베냐민 등 여섯 지파다(12절). 요셉에게서 에브라임과 므낫세 지파가 나온 점을 감안할 때 그리심 산에는 실제적으로 일곱 지파가 선다. 저주를 선포하기 위해서 에발 산 중턱에 설 지파들은 르우벤, 갓, 아셀, 스불론, 단, 납달리 등 여섯 지파다(13절). 모든 지파가 각 산에 자리를 잡으면 레위 사람들은 백성들에게 15-26절에 기록된 열두 개의 저주를 외쳐야 한다(14절). 이 저주들은 이스라엘이 결코 해서는 안 될 최소(bottom line) 금지령의 한 버전이다(Brueggemann).

정확히 어떤 기준에 의하여 지파들이 두 산에 배정되었는지는 알 수 없다. 한 가지 가능성은 각 지파가 차지하게 될 지역의 위치 때문이라는 것이다(Mayes). 그리심 산에 배정된 여섯 지파 중 네 지파는 이스르엘 계곡 남쪽에 정착하게 되며, 북쪽에 위치한 에발 산에 배정된 지파들은 하나같이 이스르엘 계곡 북쪽 혹은 요단 강 동편에 정착한 지파들이다. 세겜 주변에 정착하게 되는 지파들이 그리심 산에, 변방에 정착하게 될 지파들이 에발 산에 서는 것을 뜻한다(Cairns; Merrill). 어느 정도는 납득이 가지만, 세겜에서 먼 곳에 있다 해서 저주 산에 선다는 것이 쉽게 납득이 가지 않는다. 특히 축복의 산에 서는 유다 지파가 세겜에서 볼 때는 가장 변방에 위치한다는 점을 감안하면 말이다. 에발 산에 서는 지파들의 땅은 훗날 모두 북 왕국 이스라엘에 속하게 된다.

다른 가능성은 계보에 근거했을 것이라는 점이다(Driver; Mayes; Ridderbos; McConville). 축복이 선포되는 그리심 산에 배정된 지파들은 야곱의 아내 라헬의 아들들과 레아의 네 아들들에서 비롯되었다. 저주가 선포되는 에발 산에 배정된 지파들은 야곱의 첩인 빌하와 실바에서 유래된 자손들과 빌하와 잠자리를 같이 했던 레아의 큰 아들 르우벤과 막내 스불론이다. 이 기준에 의하면 르우벤이 에발 산에 배정되는 것은 어느 정도 납득이 가는 일이지만, 스불론이 왜 저주를 선포하는 산에 배정되었는가는 쉽게 납득할 수 없다(cf. Tigay).

레위 사람들이 선포해야 할 12저주(Dodecalogue)가 지적하는 죄의 반 이상은 이미 신명기가 언급한 것들이다. 특히 처음 두 가지는 십계명에도 언급된 죄들이다. 일부 학자들은 이 섹션이 저주만을 담고 있다는 사실에 대하여 문제를 제기한다. 저주와 함께 축복도 있어야 한다는 것이다. 그래서 본문이 저주만 기록하고 있지만, 원래는 저주를 그대로 반사하는 축복이[39] 실제 예식에서는 사용되었을 것이라고 한다(Craigie). 그러나 이미 언급한 것처럼 저자는 이스라엘이 율법을 지키는 것보다 범하는 일을 택할 것이라는 점을 의식하고 있기 때문에 저주를 더욱더 강조하는 것으로 생각하면 별 문제가 되지 않는다(Keil; cf. Grisanti). 다음 도표를 참고하라.

---

39 예를 들면 "우상을 만드는 자는 저주를 받을 지어다"에서 "우상을 만들지 않는 자는 복을 받으리라"라는 축복을 만들어 내는 것을 뜻한다.

저주가 지적하는 죄	신명기 구절
우상을 만듦(15절)	5:8-10; 4:15-20
부모를 업신여김(16절)	5:16; 21:18-21
경계석을 옮김(17절)	19:14
맹인을 잘못 인도함(18절)	
과부, 고아, 이방인 차별(19절)	14:29; 16:11, 14; 24:19-21; 26:12-13
아버지의 아내와 동침(20절)	22:30
짐승과 교접(21절)	
이복 자매와 동침(22절)	
장모와 동침(23절)	
이웃 암살(24절)	
뇌물 수수(25절)	10:17; 16:19
결론적 저주(26절)	

학자들은 본문이 언급하고 있는 열두 가지 저주를 십계명과 비교한다(Cairns; Mayes; Merrill; Tigay). 또한 이 12저주는 성적 범죄를 중심에 둔 교차대구법적 구조를 지니고 있다. 다음을 참고하라.

A. 하나님에 대한 범죄(15절)

  B. 사회적 범죄(16-19절)

    C. 성적 범죄(21-23절)

  B'. 사회적 범죄(24-25절)

A'. 하나님에 대한 범죄(26절)

이곳에 나열된 범죄들의 공통점은 모두 사형을 받을 수 있는 심각한 것들이라는 점이다(McConville). 그러나 대부분 은밀한 곳에서 행해지는 것들이기 때문에 잘 드러나지 않는 것들이다(Craigie; Tigay; McConville). '비밀' 주제가 이 섹션에 전체적으로 흐르고 있다(Keil; Craigie; Driver). 반면에 우상을 만드는 일과 이웃을 살인하는 일은 쉽게 드러날 수 있는 범죄들이다(15, 24절). 그래서 이 범죄들의 비밀스러움을 일관시키기 위해 저자는 "우상을 만들어 숨겨 놓는 자"와 "남몰래 동족을 쳐죽이는 자"(공동)에게 저주를 선언한다. 이런 일을 행하는 자들이 사람의 눈은 피할 수 있을지 몰라도 결코 하나님의 심판을 피할 수 없다.

"우상을 만드는 일"(15절)은 신명기 안에서 여호와께 등을 돌리는 가장 기본적인 행위로 지적된다(4:16, 23, 25). 범죄자가 다른 신들의 형상으로 우상을 만들었든지, 아니면 하나님의 모습을 표현하려는 목적으로 우상을 만들었든지 중요하지 않다. 이 두 가지 모두 십계명 중 처음 두 계명 중 하나를 범하는 행위이기 때문이다. 이 범죄들은 자연스럽게 하나님의 심판을 초래한다(McConville).

비밀리 우상을 만들어 은밀한 곳에 숨겨두면 사람들은 모르겠지만, 하나님은 아시기 때문에 저주를 피할 수 없다. 이런 범죄는 이미 '저주지역'(curse zone) 안에 있는 것이다(Keller). 숨길 수 있다는 것이 상대적으로 크기가 작은 우상을 만들어 때로는 가지고 다니기도 하는 경우를 뜻하는 듯하다. 라헬은 아버지 라반의 집에서 드라빔을 훔쳐 말 안장에 숨긴 적이 있었다(창 31:34). 성경은 우상이 실제로 존재하는 신들의 현현이 아니라 인간이 만들어 낸 물건에 불과하다는 것을 거듭 강조한다.

부모를 경홀히/업신여기는 자(16절)를 둔 부모는 그 아들을 법정에 세워야 하며 법정은 그를 사형에 처할 수 있다(21:18-21). "경홀히 여기는"(מַקְלֶה)은 법정에서 범죄자를 처벌할 때 그가 경홀히 여겨지지 않도록 40대 이상은 때리지 말라는 말씀(25:3)에서 한 번 더 사용된 단어다. 제5계명에서 사용되는 "공경하다"(כבד)의 반대말이다. 율법은 부모를 저주하는 자도 사형에 처하라고 한다(출 21:17; 레 20:9).

그러나 자식이 아무리 불손하다 해도 어떤 부모가 그 아들을 법정에 고발하여 죽게 할 수 있겠는가? 아무리 부모가 고통스럽다 할지라도 자식을 죽이는 것보다는 낫다고 생각하여 덮고 넘어가려 할 것이다. 비록 부모는 아들의 치부를 덮을지라도 하나님은 그 불손한 아들을 묵인하지 않으실 것이다. 부모를 공경하라는 제5계명은 이스라엘 사회의 질서와 평안의 가장 기본적인 바탕이 되기 때문이다(McConville).

경계석을 옮기는 일(17절)은 비밀리 남의 재산권을 침해하는 행위다. 눈이 먼 사람에게 길을 잘못 인도하는 것(18절; cf. 레 19:14)과 사회적 약자들의 법적 권리를 침해하는 일(19절)을 지적하는 것은 이웃에 대한 책임을 강조하는 것이다. 이웃의 권리를 존중하라는 공통점을 지닌 이 말씀들이 이 섹션의 중심에 위치한 것은 율법이 각 개인의 재산권과 권리를 얼마나 중요시 하는가를 보여 준다. 성경은 우리에게 모든 사람을 공평하고 인간적으로 대하라고 한다(cf. 16:18-20). 특별히 사회의 가장 연약한 자들을 돌보고 존중하는 것은 언약 공동체에 속한 모든 사람의 기본적인 의무다(cf. 출 22:20-23; 레 19:33-34). 이와 같은 배려가 곧 언약의 정신이기 때문이다.

저자가 20-23절에서 지적하고 있는 성적인 범죄들 역시 세상에 드러날 가능성이 희박하다. 율법은 성적인 범죄에 대하여 레위기 18장과 20장에서 더 자세하게 언급한다. 율법은 다른 곳에서도 사람이 아버지의 아내와 동침하는 것을 금한다(레 18:8). 일부다처제가 행해졌던 곳에서는 이런 일이 종종 일어났다(cf. 창 35:22; 삼하 16:22).

성경은 짐승과 교접하는 것을 금하는데(레 18:23, 20:15; 출 22:18), 고대 근동 일부 문화권에서는 특정한 짐승들과 교접하는 것만을 법으로 금하고 나머지 짐승과 교접하는 것은 허용하기도 했고, 일부 종교에서는 짐승과의 교접이 예식 행위의 일부가 되기도 하였다(Tigay; Bellefontaine). 그래서 일부 주석가들은 가나안의 이 같은 문화적-종교적 상황이 이 저주가 선포된 배경이라고 한다(Hoffner; Grisanti). 세상이 창조되었을 때 아담은 짐승들 중에 자신의 배필이 될 만한 것이 있는가를 살펴보고는 하나도 없다고 결론지었다(창 2장). 그 이후 모든 짐승과의 교접이 금지된 것으로 생각된다.

아라비아와 고대 그리스는 이복 누이와의 결혼을 허용했다. 그러나 율법은 이런 일을 일체 금한다. 성경에서는 아브라함이 이복 누이 사라와 결혼했다(창 20:12). 율법이 주어지기 전의 일이기 때문에 문제가 될 수는 없다. 반면에 다윗의 아들 암몬이 이복 누이 다말을 강간했던 일은 분명 율법을 어긴 범죄였다(삼하 13:13). 장모와 동침하는 것도 금지되어 있다.

이웃을 비밀리 죽이는 행위는(24절) 범인을 알 수 없는 살인 사건과 조금은 연관이 있다(cf. 21:1-9). 사람의 눈에 띄지 않아 법의 눈은 피할 수 있었겠지만, 하나님의 심판의 눈은 피할 수 없다. 율법은 부주의로 사람을 죽게 하는 경우는 가해자가 피해자의 친족들을 피해 도피성에서 살게 하지만, 계획한 살인은 어떠한 경우에라도 용납하지 않는다. 법관이 뇌물을 받고 판결을 내리는 행위는 또 다른 유형의 살인이다(25절; cf. 출 23:8). 어떻게 생각하면 실제 살인보다 더 잔인하고 야비하게 사람을 죽이는 행위다. 뇌물을 받고 판결을 흐리는 자들은 사회적 살인을 저지르고 있는 것이다(Wright).

율법 가운데 하나라도 실행하지 않는 자에게 선포되는 마지막 저주는 지금까지 선포된 내용에 대한 총체적인 요약이다. 여기에 아멘으로 화답하는 백성들은 자신들은 무슨 일이 있어도 율법의 모든 것을 지키겠다고 맹세하고 있다(Rashi). 사도 바울은 이 저주를 율법의 행위라고 한다(갈 3:10-14). 여러 율법 중 다 지키고 하나만 어겨도 저주를 피할 수 없는 것이 율법의 성향이기 때문이다.

II. 두 번째 스피치: 여호와의 율법(4:44-29:1[28:69])
4장. 축복과 저주(27:1-29:1[28:69])

2. 언약적 축복과 저주(28:1-69[29:1])

강론을 마무리하는 모세는 지금까지 백성들에게 선포한 모든 말씀의 현실적인 의미를 두 가지 선택을 중심으로 제시한다. (1) 순종을 통해 복된 삶을 택할 것인가(1-14절), (2) 불순종으로 죽음을 자초할 것인가(15-68절). 이 말씀은 훗날 세겜에서 예식을 행할 때 선포할 말씀이(viz., 27장) 아니라 모압 평지에서 이 순간 권면하는 말씀이다(Craigie; McConville). 이스라엘이 말씀에 순종하면 그들은 풍성한 수확, 식량, 다산, 건강, 부, 경제적 지위, 군사적 성공 등의 하나님이 내려 주시는 축복을 누릴 수 있다. 반면에 불순종하면 가뭄, 기근, 갖가지 질병, 농작물 피해, 경제적 붕괴, 전쟁에서 패배, 박해, 식인(食人), 추방 등이 저주로 내려진다.

축복 약속과 저주 협박은 성경뿐만 아니라 고대 근동 문헌에서 쉽게 찾아볼 수 있는 계약 양식의 일부다. 겉에서 볼 때는 첫 번째가 너무나도 당연한 선택이다. 그러나 우리가 잘 알다시피 정착 시대의 시작을 정리하고 있는 사사기로부터 바벨론 포로 생활의 시작을 다루고 있는 열왕기에 이르기까지의 이스라엘의 역사 문헌들은 이들이 오히려 두 번째 옵션을 선택하여 죽음을 자초했던 일을 증언하고 있다. 즉, 신명기 28장은 이스라엘의 불행한 미래를 간접적으로 예언한다. 이스라엘에게 올바른 선택을 권하는 본 텍스트는 다음과 같이 두 파트로 나뉠 수 있다.[40]

A. 축복(28:1-14)

B. 저주(28:15-29:1[28:69])

위에서 보듯, 본문은 축복보다는 다양한 저주를 훨씬 더 자세하게

---

40 블록(Block)은 26:16-19를 서론으로 삼아 28장에 대하여 다음과 같은 구조를 제시한다.

서론: 언약 관계의 특권과 책임(26:16-19)	
축복(28:1-14)	저주(28:15-68)
축복의 전제 조건(28:1-2)	저주의 전제 조건(28:15)
정형화된 축복 선언(28:3-6)	정형화된 저주 선언(28:16-19)
세부적인 축복 설명(28:7-14)	세부적인 저주 설명(28:20-58)
결론(29:1[28:69])	

나열하고 있다. 또한 저주 섹션을 살펴보면 특별한 구조나 통일성이 없는 듯하다. 심지어 일부 주제는 반복되는 느낌이다. 이러한 현상에 대해 학자들의 추측이 분분하다(cf. Grisanti). 가장 설득력 있는 설명은 본문의 불균형은 고대 근동의 축복-저주 양식을 그대로 따르고 있는데, 고대 근동에서 축복-저주 본문의 목적은 "충만함이지 균형이나 논리적인 통일성이 아니다. 저주는 많을수록 좋은 것이며, 입에 가득 찰수록 좋다"(McCarthy). 이러한 고대 근동의 정서를 반영하여 "본 텍스트는 축복과 저주의 불균형, 여러 반복들, 서론들과 결론들, 스타일의 변화들 등을 통해 하나님께 신실하지 않는 삶이 겪게 될 온갖 고통을 부각시키며 불순종의 위험성을 경고하고 있다"(McCarthy). 그러므로 본문이 축복보다는 저주를 훨씬 더 강조하는 것은 당연한 일이다.

Ⅱ. 두 번째 스피치: 여호와의 율법(4:44-29:1[28:69])
4장. 축복과 저주(27:1-29:1[28:69])
2. 언약적 축복과 저주(28:1-69[29:1])

(1) 축복(28:1-14)

이 섹션은 여섯 가지 복(3-6절)과 이 복에 대한 보충 설명이라 할 수 있는 여섯 가지 약속(7-13a절)을 중심으로 구성되어 있다. 이곳에 나열된 복은 이스라엘이 하나님의 말씀에 순종하는 조건을 전제로 한다는 내용이 서론과 결론적인 권면에 첨부되어 있다(1-2절; 13b-14절). 이 모든 복과 약속을 하나로 묶는 공통 주제는 생명, 곧 생동하는 삶이다(Brueggemann).

축복이라는 주제적 통일성 때문에 먼저 1-14절만을 취급하지만, 15-19절도 포함하여 구조를 논하는 것이 바람직하다. 그 이유는 축복 섹션의 골자인 3-6절이 저주 섹션의 골자인 16-19절과 구조적 평행을 이루고 있기 때문이다. 이와 같은 평행적 구조는 16-19절이 3-6절과 함께 취급되어야 함을 암시해 준다.[41] 이점을 감안하여 이 섹션에 대한 구조를 다음과 같이 제시할 수 있다(Christensen).

A. 여섯 가지 복(3쌍으로)(28:1-6)
  B. 복을 보충 설명하는 약속들(28:7-10)
    X. 세 가지 복(태, 가축, 땅의 열매)(28:11)
  B'. 복을 보충 설명하는 약속들(28:12-14)
A'. 여섯 가지 저주(3쌍으로)(28:15-19)

그러나 필자는 이 섹션에서 먼저 1-14절에 나열된 축복만을 논하기를 원하므로 다음과 같은 세분화를 바탕으로 주해해 나가고자 한다.

A. 순종에 대한 서론적 권면(28:1-2)
  B. 여섯 가지 복(28:3-6)
  B'. 여섯 가지 약속(28:7-13)
A'. 순종에 대한 결론적 권면(14절)

---

41 물론 그렇다고 해서 1-14절 내에 통일성 있는 독자적인 구조가 없다는 것은 아니다. 실제로 다양한 세부 구조(micro structure)가 감지되었다(cf. Christensen). 이들 중 가장 인상적인 것은 티게이(Tigay)의 제안이다. 그는 주제의 반복뿐만 아니라 히브리어 단어들의 반복을 근거로 해서 다음과 같은 구조를 제시했다:

A. 경제적 성공(28:3a)
  B. 땅의 풍요로움(28:3b)
    C. 인간과 짐승의 번성(28:4)
      D. 풍부한 양식(28:5)
        E. 군사적 성공(28:6)
        E'. 군사적 성공(28:7)
      D'. 풍부한 양식(28:8)
    C'. 인간과 짐승의 번성(28:11)
  B'. 땅의 풍요로움(28:12a)
A'. 경제적 성공(28:12b-13)

Ⅱ. 두 번째 스피치: 여호와의 율법(4:44-29:1[28:69])
4장. 축복과 저주(27:1-29:1[28:69])
2. 언약적 축복과 저주(28:1-29:1[28:69])
(1) 축복(28:1-14)

① 순종에 대한 서론적 권면(28:1-2)

1 네가 네 하나님 여호와의 말씀을 삼가 듣고 내가 오늘 네게 명령하는 그의 모든 명령을 지켜 행하면 네 하나님 여호와께서 너를 세계 모든 민족 위에 뛰어나게 하실 것이라 2 네가 네 하나님 여호와의 말씀을 청종하면 이 모든 복이 네게 임하며 네게 이르리니

모세는 그의 청중들에게 삶과 죽음의 길을 제시하는 말씀을 조건 문구("만일… 하면…")로 시작함으로써 이곳에 언급된 축복과 저주들 중 어느 것이 그들의 삶에 임하게 될 것인가는 그들의 의지와 행동의 결과로 결정될 것임을 암시해 준다. 이스라엘이 마음을 다하여 여호와의 말씀에 순종하게 된다면 과연 어느 정도의 축복을 기대할 수 있겠는가? 한마디로 상상을 초월하는 축복이다. 이스라엘이 순종의 삶을 산다면, 하나님은 보잘것없는 그들을 세상의 모든 민족 위에 뛰어나게 하실 것이다(1절). 하나님의 축복이 이스라엘 민족의 내부적인 삶뿐만 아니라 국제적인 삶에서도 드러나는 것이다.

이 말씀은 저자가 이미 26:16-19에서 선언한 내용을 재정리한 것으로, 매우 평이하게 들릴지 모른다. 그러나 이스라엘은 가나안 입성에 한 번 실패했고, 아직도 영토를 소유하지 못한 신생 국가라는 점을 감안하면, 이 약속은 매우 파격적이고 미래지향적임을 알 수 있다. 하나님의 말씀대로만 한다면 그들은 영토를 얻게 될 것을 기대할 수 있고, 그 위에 밝고 낙관적인 미래가 보장된다. 게다가 이스라엘이 누리게 될 국제적인 지위의 정도 또한 매우 중요하다. 그는(이스라엘) 세상 모든 나라와 어깨를 나란히 하는 정도의 수준을 초월하여 세상의 으뜸 국가가 될 것이다!

이집트 노예 생활에서 가까스로 탈출, 가나안 입성 좌절 등 연속되는 실패를 경험했던 이들이기에 미래에 대하여 한없는 불안함을 느낄 수밖에 없었다. 그런데 이들에게 여기서 보장되는 축복은 단순한 생존권이 아니라 세상의 그 어느 나라보다도 높고 영광스러운 위치다. 그러므로 이 약속은 다시 가나안 입성을 시도해야 하는 이스라엘 백성들의 모든 불안과 초조를 불식시킬 수 있는 매우 파격적이며 놀라운 은혜다. 물론 하나님의 말씀에 순종할 때만 기대할 수 있는 축복이다. 이 축복의 최종적인 성취는 물론 종말에 있을 것이다(Merrill; cf. 민 24:7; 시 89:28; 사 2:2).

II. 두 번째 스피치: 여호와의 율법(4:44-29:1[28:69])
4장. 축복과 저주(27:1-29:1[28:69])
2. 언약적 축복과 저주(28:1-29:1[28:69])
(1) 축복(28:1-14)

② 여섯 가지 복(28:3-6)

3 성읍에서도 복을 받고 들에서도 복을 받을 것이며 4 네 몸의 자녀와 네 토지의 소산과 네 짐승의 새끼와 소와 양의 새끼가 복을 받을 것이며 5 네 광주리와 떡 반죽 그릇이 복을 받을 것이며 6 네가 들어와도 복을 받고 나가도 복을 받을 것이니라

저자는 1-2절에서 이스라엘이 하나님께 순종하면 세상에서 으뜸 민족이 될 것임을 선언했다. 이스라엘이 세상의 으뜸이 되려면 내부적으로도 탄탄하고 강건해야 함은 당연한 일이다. 이 섹션은 이스라엘이 하나님께 순종하는 삶을 살기만 하면 그들의 국제적인 위상에 걸맞은 내부적인 풍요로움을 각 개인의 일상에서도 누리게 될 것임을 시사한다. 본문이 이스라엘이 누릴 수 있는 복을 얼마나 강조하고 있는 가는 "복/복을 받다"라는 히브리어 단어가 3-6절에서 여섯 차례나 사용되고 있다는 점에서 역력히 드러난다. 특히 3-6절을 구성하고 있는 단어의 수가 겨우 26개라는 점을 감안하면 본문의 복에 대한 집중력이 더욱 확실해진다. 그래서 한 주석가는 이 섹션을 "수훈"(beatitude)이라고 부른다(McConville).

첫 번째("너희는 성읍에서도 복을 받고, 들에서도 복을 받을 것이다")(3절)와 마지막("너희는 들어와도 복을 받고, 나가도 복을 받을 것이다")(6절) 복은 서로 상반되는 개념들(성읍/들; 들어와도/나가도)을 사용하고 있다. 이처럼 서로 대조적인 개념들이 쌍을 이루며 사용될 때는 총체성이 강조된다. 그러므로 3절은 하나님을 순종하는 자는 어디에서 살며, 어떤 직업에 종사하든지 복을 받을 것이라고 한다. 여기에 6절은 순종하는 자는 일상생활에서 무엇을 하든 간에 복을 받을 것이라는 점을 더하고 있다.[42] 이는 하나님의 축복이 때와 장소와 하는 일의 종류를 초월하여 그의 말씀대로 살아가는 백성들에게 임할 것임을 확인하는 표현들이다.

중간에 끼어 있는 4-5절은 자손뿐만 아니라 가축, 농작물의 번성과 양식의 풍요로움을 선언한다. 산모가 아이를 낳다 죽는 일이 허다하고, 굶주림이 끊임없이 삶을 위협했던 근동 사회에서 이러한 것들은 인간이 염원하던 축복 중 가장 기본적이고 필수적인 것들이었다. 이스라엘이 그들의 하나님 여호와를 신뢰하고 그분의 말씀에 따라 살아간다면, 그들은 삶의 가장 필수적이고 기본적인 것인 의식주에 대하여 걱정할 필요가 없을 뿐만 아니라 넘치는 풍요로움을 즐길 수 있다. 여느 문명들처럼 근동의 민족들도 다산과 풍요로움을 얻기 위하여 다양한 다산(多産)의 신들을 숭배했다.

모세는 이 시점에서 이스라엘에게 풍요와 번성은 그들의 하나님 여호와께 속한 것임을 다시 한 번 상기시키고 있다. 천지를 창조하시고 주관하시는 그분만이 이들에게 이른 비와 늦은 비를 내려주셔서 땅을 풍요롭게 하고, 땅의 풍요로움을 통하여 사람과 짐승을 풍요롭게 하실 수 있다. 즉, 그들은 만족스러운 삶을 위하여 이방인들처럼 다른 신들

42 "들어오다/나가다" 쌍은 성경 안에서 "무엇을 하든 간에," "전쟁에 나아갈 때," "성읍에 들어갈 때/나올 때" 등 매우 다양한 의미를 지니며 사용된다. 상당수의 학자들이 "전쟁에 나아갈 때"로 이해하지만(Christensen; Tigay), 여기서는 처음 의미(무엇을 하든 간에)가 가장 적합하다(Craigie).

을 찾아 나설 필요가 없으며, 바알, 아세라 등 다산과 풍요를 가져다 준다는 이방인들의 신들은 모두 사기극에 불과하다. 이 사실은 또한 이스라엘이 하나님의 말씀에 순종하여 복을 누리면, 그들의 삶만 복된 것이 아니라, 그들이 소유한 짐승과 땅도 함께 하나님의 축복 아래 있게 된다는 점을 전제로 한다.

II. 두 번째 스피치: 여호와의 율법(4:44-29:1[28:69])
4장. 축복과 저주(27:1-29:1[28:69])
2. 언약적 축복과 저주(28:1-29:1[28:69])
(1) 축복(28:1-14)

③ 여섯 가지 약속(28:7-13)

7 여호와께서 너를 대적하기 위해 일어난 적군들을 네 앞에서 패하게 하시리라 그
들이 한 길로 너를 치러 들어왔으나 네 앞에서 일곱 길로 도망하리라 8 여호와께
서 명령하사 네 창고와 네 손으로 하는 모든 일에 복을 내리시고 네 하나님 여호
와께서 네게 주시는 땅에서 네게 복을 주실 것이며 9 여호와께서 네게 맹세하신
대로 너를 세워 자기의 성민이 되게 하시리니 이는 네가 네 하나님 여호와의 명령
을 지켜 그 길로 행할 것임이니라 10 땅의 모든 백성이 여호와의 이름이 너를 위하
여 불리는 것을 보고 너를 두려워하리라 11 여호와께서 네게 주리라고 네 조상들
에게 맹세하신 땅에서 네게 복을 주사 네 몸의 소생과 가축의 새끼와 토지의 소산
을 많게 하시며 12 여호와께서 너를 위하여 하늘의 아름다운 보고를 여시사 네 땅
에 때를 따라 비를 내리시고 네 손으로 하는 모든 일에 복을 주시리니 네가 많은
민족에게 꾸어줄지라도 너는 꾸지 아니할 것이요 13 여호와께서 너를 머리가 되고
꼬리가 되지 않게 하시며 위에만 있고 아래에 있지 않게 하시리니 오직 너는 내가
오늘 네게 명령하는 네 하나님 여호와의 명령을 듣고 지켜 행하며

하나님이 순종하는 이스라엘에게 내려 주실 축복에 대하여 추가적인 설명을 더하고 있는 본 텍스트는 다음과 같이 교차대구법적 구조를 지녔다(cf. Grisanti).

A. 국제 관계: 여호와께서 평안을 주실 것이다(28:7)

B. 내정: 여호와께서 황량한 땅에서 번영을 주실 것이다(28:11-12)

C. 언약적 관계: 여호와께서 이스라엘을 거룩한 백성으로 삼으실 것이다(28:9-10)

B'. 내정: 여호와께서 황량한 땅에서 번영을 주실 것이다(28:11-12)

A'. 국제 관계: 여호와께서 평안을 주실 것이다(28:13)

저자는 이 섹션에서 이미 3-6절을 통해 간략하게 언급한 축복에 대하여 설명을 더하거나 연관된 사항들을 논함으로써 이 복들의 중요성을 강조한다. 그러나 차이점도 있다. 앞 섹션(3-6절)은 각 개인의 삶에서 체험하게 될 복을 선포한 반면, 7-13절은 온 이스라엘 공동체가 누릴 복에 초점을 맞춘다(McConville). 이 모든 축복이 하나님의 말씀에 대한 절대적인 순종을 전제로 하고 있다는 사실이 이 섹션 전체를 하나로 묶어 준다. 이스라엘이 누릴 수 있는 축복들은 어떤 것인가?

첫째, 군사적인 성공이다(7절). 어떠한 민족이 주의 백성을 대적해 온다 하더라도, 승리는커녕 오히려 사방으로 흩어지는 수모를 당하게 될 것이다. 저자는 적군이 올 때에는 한 길로 왔다가 도망갈 때는 일곱 길로 달아난다고 한다. 한 길로 온다는 것은 자신들의 숫자가 훨씬 많고 이스라엘에 비할 때 전력이 훨씬 뛰어나다고 생각하여 특별한 전술을 세우지 않고 막무가내로 쳐들어 온다는 것을 뜻한다(Tigay). 마치 6·25사변 때 중공군이 인해전술로 밀고 내려온 것처럼 말이다. 그러나 이스라엘이 하나님께 순종하며 살면 아무리 많은 적군이라도 이스라엘에게 패할 것이다.

패한 그들이 도망갈 때에는 얼마나 절박한지 한 길로 의기양양하여 왔던 자들이 일곱 길(וּבְשִׁבְעָה דְרָכִים)로 뿔뿔이 흩어져 내뺀다. 물론 여기서 '7'은 만수다. 저자는 패한 적군이 길이 보이는 대로, 혹 길이 없으면 길을 만들어서 도망가는 모습을 강조한다(Tigay; Grisanti). 여호와께서 그들을 위해 싸워 주실 것이기 때문이다. 먼 미래에도 이 약속은 약소국가로 존재할 이스라엘에 큰 의미가 있다. 더구나 전쟁을 통한 가나안 정복을 앞두고 있는 이들에게는 특별한 의미를 지닌 말씀이었을 것이다. 이스라엘은 전쟁의 승리와 패배가 여호와께 속한 것이라는 사실을 인정하고 고백해야 한다.

둘째, 풍부한 양식이다(8절). 양식 확보가 결코 만만치 않던 사회에서 그들의 곡식 창고가 가득 찰 것이며, 손으로 하는 모든 일(농사, 목축, 노동 등)에 복이 넘치게 될 것이라는 약속은 이스라엘로 하여금 세상에서 더 이상 바랄 것이 없게 할 것이다. 레위기 25:21은 이스라엘이 하나님께 순종하는 삶을 살면, 한 해의 추수가 얼마나 풍성한지 그것으로 3년은 먹고 살 수 있다고 한다. 이스라엘의 풍요로움은 자연을 창조하시고 다스리시는 여호와께 속했다. 하나님이 그들의 손이 하는 모든 일에 축복이 넘치게 하신다는 것은 노동은 신성한 것임을 전제한다. 하나님은 열심히 일하는 손을 축복하신다.

셋째, 하나님과의 특별한 관계다(9-10절). 이스라엘은 세상 모든 민족들로부터 구별된 하나님의 거룩한 백성으로 택함을 받았다. 그들이 다른 나라들에 비해 큰 민족이거나 특별히 경건한 민족이 아님에도 불구하고 여호와의 선택을 받았다는 것 자체가 영광이며 은혜다. 이스라엘은 순종을 통하여 하나님과의 이 영광스럽고 은혜로운 관계를 유지할 사명을 받았다(9절). 이스라엘이 하나님과의 특별한 관계를 유지하는 한 온 세상이 그들을 두려워하게 될 것이다(10절).

이미 선조시대부터 이방인들은 이스라엘 선조들이 하나님의 특별한 보호와 축복을 받고 있음을 의식했다(창 21:22-23; 26:26-31). 이 관계가 1절에 언급된 열방 중 이스라엘의 지위가 으뜸가는 근본적인 배경이다. 이스라엘이 하나님과의 관계를 잘 유지하는 한, 그들은 열방들 중 으뜸가는 백성으로 존재하는 것이다. 여기에 나열된 여러 약속들 중 가장 의미 있는 약속이다.

넷째, 인간과 짐승의 번성이다(11절). 이 히브리어 문장의 문자적인 의미는 "여호와께서 너희에게 필요 이상의 번영을 주실 것이다"이다(Craigie). 하나님은 말씀에 순종하며 사는 자들에게 지나칠 정도의 번영을 복으로 내리실 것이다. 자손 번성이 끊임없이 위협을 받았던 이스라엘의 선조 시대를 생각하면 이 약속 역시 매우 특별한 축복임을 알 수 있다. 그뿐만 아니라 이들이 소유하고 있는 짐승들도 번성할 것이다. 복의 근원인 아브라함의 자손들이 짐승들에까지도 복을 끼치게 되는 것이다.

다섯째, 땅의 풍요로움이다(12a절). 계절이 건기와 우기로 뚜렷하게 구분되어 있는 가나안 지역에서 풍요로움은 곧 비와 직접적으로 연관되어 있다. 비가 제때 내려 주면 풍작이 기대되지만, 비가 오지 않으면 순식간에 황량한 광야로 변해 버리는 것이 가나안의 농경지였다. 하나님은 이런 곳에서 살아야 하는 백성들에게 순종의 대가로 비를 주실 것이다. 풍부한 양식이 축복으로 약속되는 순간이다. 이 말씀은 또한 가나안 종교가 주장하는 것처럼 바알이 비를 주는 것이 아니라 하나님이 계절과 비를 주관하신다는 것을 암시한다. 가나안 신화에 의하면 바알이 사는 집에는 지붕에 창문이 하나 있는데, 바알이 이 창문을 통해 세상에 비를 내려 주는 것이라고 한다(Craigie). 이스라엘은 오직 그들의 하나님 여호와만이 그들에게 비를 주신다는 사실을 기억해야 한다.

여섯째, 경제적 성공이다(12b-13절). 주의 백성들이 하나님의 말씀대로 살아가기만 한다면, 하나님은 그들에게 엄청난 복을 내리셔서 그들이 다른 백성들에게 꾸어 주게는 하시되 꾸지는 않게 하실 것이며, 열방의 머리가 될지언정 꼬리가 되지는 않게 하시며, 위에만 있게 하시고, 아래에는 있게 하지 않으실 것을 약속하신다(cf. 15:6). 하나님이 이들에게 하늘의 보물 창고를 여시면 땅을 풍성하게 하는 비가 내린다. 비가 오면 땅이 풍성하게 되고, 그 땅을 경작하는 주의 백성들이 덩달아 풍성함을 누리게 된다. 즉, 세 번째(9-10절) 약속이 이스라엘의 정치적, 신분적 지위 향상을 선언했다면, 이번에는 그들의 경제적인 지위가 보장된다.

II. 두 번째 스피치: 여호와의 율법(4:44-29:1[28:69])
4장. 축복과 저주(27:1-29:1[28:69])
2. 언약적 축복과 저주(28:1-29:1[28:69])
(1) 축복(28:1-14)

④ 순종에 대한 결론적 권면(14절)

14 내가 오늘 너희에게 명령하는 그 말씀을 떠나 좌로나 우로나 치우치지 아니하고 다른 신을 따라 섬기지 아니하면 이와 같으리라

여러 가지 축복과 그 축복을 이스라엘의 삶에서 현실화시킬 수 있는 하나님의 약속을 선언한 모세는, 다시 한 번 지금까지 주의 백성에게 약속된 축복들이 조건적임을 선언한다. 그는 이스라엘이 누릴 수 있는 복된 삶의 가능성을 논하고 있는 것이다. 절대적인 순종만이 그들의 삶 속에서 축복을 실현시킬 수 있기 때문이다. 그러므로 그는 다시 한 번 백성들에게 "좌로든지 우로든지 정도에서 벗어나지 말 것"을 당부한다. 하나님의 말씀대로만 살아간다면 지금까지 선포된 모든 복들은 그들의 몫이 될 것이다.

II. 두 번째 스피치: 여호와의 율법(4:44-29:1[28:69])
4장. 축복과 저주(27:1-29:1[28:69])
2. 언약적 축복과 저주(28:1-69[29:1])

(2) 저주(28:15-29:1[28:69])

이미 언급한 것처럼 28장은 계약 위반에 따르는 저주의 심각성을 강력하게 부각시키는 고대 근동의 언약적 축복-저주 양식을 배경으로 구성되어 있다. 실제로 고대 근동에서 발굴된 여러 계약적 저주 문헌들을 본 텍스트와 비교해 보면 다음과 같은 공통의 요소들을 지니고 있다(McCarthy; cf. Weinfeld). 이 문헌들이 공통점을 지닌 것의 의미에 대하여는 크레이기(Craigie)를 참고하라(cf. Grisanti).

주제	신 28장	함무라비 법전	마티일루 (Mati'ilu)	세피레 (Sefire)	에살하돈 종속 계약
빵 만드는 도구	17				444
기근	23-24	xxvii, 68ff.	IV, 13-14		528-31
패배	25	xxvii, 20-21, 90			454
재앙, 질병	27 등	xviii, 55	IV, 5		419-20
눈멂	28				423-24
약탈	29				430
노예	32			I.A, 41	428; 588-90
망명	36 등	xvii, 22-23, 74	IV, 6	I.A, 42	
메뚜기 떼	38		V, 6	I.A, 27	443
성읍 파괴	52		V, 6	I.A, 32	599
식인	53ff.		IV, 10		448; 549-50; 568-72

모세는 순종하는 삶에 임하는 축복들에 대한 약속에서 불순종의 삶에 임할 저주들로 강론의 주제를 바꾸고 있다. 하나님의 말씀에 대한 순종이 가져올 여러 가지 축복을 선언했던 1-14절이 이스라엘이 누릴 수 있는 행복하고 풍요로운 삶을 정의한다면, 불순종이 가져올 환란들을 논하고 있는 15-68절은 머지않아 이스라엘의 현실이 될 것이다(Payne). 구약의 역사서들이 이러한 사실을 입증한다.

축복이 조건적이었던 것처럼 여기에 나열된 저주들도 모두 조건적이다. 훗날 이스라엘이 하나님으로부터 심판을 받게 된 것에는 그들이 피할 수 없는 운명적인 이유는 전혀 없으며, 이스라엘이 자초하고 선택한 결과일 뿐이다. 이 섹션에서도 매우 다양한 세부 구조들(micro structures)이 포착된다(cf. Christensen). 전체적인 내용은 다음과 같이 요약될 수 있다. (1) 첫 번째 저주와 경고 선언(15-44절), (2) 두 번째 저주와 경고 선언(45-57절), (3) 세 번째 저주와 경고 선언(58-68절). 이 세 파트는 각각

1절과 비슷한 유형의 서론으로 시작되고 있으며, 말씀에 순종하지 않을 경우 저주가 내릴 것을 경고한다. 필자는 다음과 같이 구분하여 주해해 나가고자 한다.

A. 첫 번째 저주와 경고(28:15-44)

B. 두 번째 저주와 경고(28:45-57)

C. 세 번째 저주와 경고(28:58-68)

D. 맺는말(29:1[28:69])

II. 두 번째 스피치: 여호와의 율법(4:44-29:1[28:69])
4장. 축복과 저주(27:1-29:1[28:69])
2. 언약적 축복과 저주(28:1-29:1[28:69])
(2) 저주(28:15-29:1[28:69])

① 첫 번째 저주와 경고(28:15-44)

이 섹션은 1-14절과 매우 비슷한 형태와 내용을 취하고 있다. 윗부분의 3-6절이 여섯 가지 축복을 나열했던 것처럼, 섹션을 시작하는 16-19절은 여섯 가지 저주를 간략하게 언급한다. 앞부분에서 7-14절이 축복에 대해 추가적으로 설명했던 것처럼, 나머지 20-44절은 저주에 대해 추가적으로 설명한다.

이미 앞에서 언급했던 것처럼 여섯 가지 저주를 나열하고 있는 16-19절은 구조적으로 1-14절에 속해 있다. 나머지 20-44절에 대하여 다음과 같은 구조가 제시되기도 한다(Christensen).

A. 농업 재해(가뭄과 황무지화)(22:20-24)

B. 인간 고충(패배→피부질환→정신질환→압제와 착취)(28:25-29)

X. 축복 취소(28:30-31)

B'. 인간 고충(압제와 착취→정신질환→피부질환→패배)(28:32-37)

A'. 농업 재해(작물 병충해)(28:38-44)

그러나 농업 재해로 분리된 부분 중 20-22절은 인간에게 임할 질병에 관한 것이다. 23-24절에 가서야 가뭄에 대해 언급한다. 또한 32-37절에 대한 분석도 석연치 않은 점을 지니고 있음을 알 수 있다. 다양한 저주를 선포하고 있는 본 텍스트는 다음과 같이 세분화 될 수 있다.

A. 선포된 축복의 반전(28:15-19)

B. 질병 재해(28:20-22)

C. 기근(28:23-24)

D. 전쟁 패배(28:25-26)

E. 이집트의 재앙(28:27-29)

F. 전쟁 패배의 결과(28:30-34)

G. 온몸을 덮은 질병(28:35)

H. 추방(28:36-37)

I. 생산성 파괴(28:38-44)

Ⅱ. 두 번째 스피치: 여호와의 율법(4:44-29:1[28:69])
4장. 축복과 저주(27:1-29:1[28:69])
2. 언약적 축복과 저주(28:1-29:1[28:69])
(2) 저주(28:15-29:1[28:69])
① 첫 번째 저주와 경고(28:15-44)

i. 선포된 축복의 반전(28:15-19)

15 네가 만일 네 하나님 여호와의 말씀을 순종하지 아니하여 내가 오늘 네게 명령
하는 그의 모든 명령과 규례를 지켜 행하지 아니하면 이 모든 저주가 네게 임하며
네게 이를 것이니 16 네가 성읍에서도 저주를 받으며 들에서도 저주를 받을 것이
요 17 또 네 광주리와 떡 반죽 그릇이 저주를 받을 것이요 18 네 몸의 소생과 네 토
지의 소산과 네 소와 양의 새끼가 저주를 받을 것이며 19 네가 들어와도 저주를 받
고 나가도 저주를 받으리라

이 섹션의 서론 역할을 하고 있는 15-19절의 내용은, 위 섹션의 서론인 3-6절에 기록된 축복의 예들에 대한 완전한 반전이다. 예를 들면, "당신들은 성읍에서도 복을 받고, 들에서도 복을 받을 것이다"(3절)의 내용이 "당신들은 성읍에서도 저주를 받고, 들에서도 저주를 받을 것이다"(16절)로 바뀌어 선언되고 있는 것이다. 앞에 나열된 축복(3-6절)

에 비교해 볼 때 본문이 나열하는 저주(15-19절)의 순서 중 세 번째와 네 번째가 바뀌어 있다. 이러한 변화에 대하여 학자들은 다양한 해석을 내놓았지만 특별한 의미는 없는 듯하다(cf. Nelson; Mayes; Merrill). 다음 도표를 참고하라.

복/저주	3-6절	16-19절
"당신들은 성읍에서도 복/저주를 받을 것이다"	3a절	16a절
"당신들은 들에서도 복/저주를 받을 것이다"	3b절	16b절
"당신들의 태, 땅, 집짐승이 복/저주를 받을 것이다"	4절	18절
"당신들의 곡식 광주리와 반죽 그릇도 복/저주를 받을 것이다"	5절	17절
"당신들은 들어와도 복/저주를 받을 것이다"	6a절	19a절
"당신들은 나가도 복/저주를 받을 것이다"	6b절	19b절

저자는 이미 순종에 약속된 축복을 이처럼 완전히 반전시키는 기법을 통하여 무엇보다도 이스라엘의 운명은 그들의 순종 혹은 불순종에 의하여 결정될 것이라는 사실을 강조한다. 왜냐하면 순종과 불순종은 축복과 저주라는 절대적으로 상반되는 결과를 초래할 것이기 때문이다. 이스라엘이 순종하는데 저주가 내려질 리 없으며, 그들이 불순종하는데 하나님의 축복이 임할 리 없는 것이다. 모세는 다시 한 번 이들 앞에 생명의 길과 죽음의 길이 놓여 있으니 생명의 길을 취하라고 호소하고 있다.

II. 두 번째 스피치: 여호와의 율법(4:44-29:1[28:69])
4장. 축복과 저주(27:1-29:1[28:69])
2. 언약적 축복과 저주(28:1-29:1[28:69])
(2) 저주(28:15-29:1[28:69])
① 첫 번째 저주와 경고(28:15-44)

ii. 질병 재해(28:20-22)

20 네가 악을 행하여 그를 잊으므로 네 손으로 하는 모든 일에 여호와께서 저주와 혼란과 책망을 내리사 망하며 속히 파멸하게 하실 것이며 21 여호와께서 네 몸에

염병이 들게 하사 네가 들어가 차지할 땅에서 마침내 너를 멸하실 것이며 22 여호와께서 폐병과 열병과 염증과 학질과 한재와 풍재와 썩는 재앙으로 너를 치시리니 이 재앙들이 너를 따라서 너를 진멸하게 할 것이라

주의 백성이 하나님께 순종하여 복을 받으면 그들의 손이 하는 모든 일에 복이 임할 것이라고 했다(8절). 이와는 반대로 이스라엘이 불순종하여 저주를 받으면 그들의 손이 하는 모든 일이 실패할 것이라고 한다(20절). 모세는 하나님이 이스라엘에게 축복 대신 세 가지의 고통을 내리실 것이라고 한다. 저주, 혼란, 책망이다(20절).

말라기 선지자는 가뭄과 곡식을 훼손하는 병충해를 "저주"(הַמְּאֵרָה)라는 용어를 사용하여 묘사한다(말 3:9-11). 저주는 혼란을 불러온다(Grisanti). "혼란"(הַמְּהוּמָה)은 전쟁, 사회적 분열, 병충해 등으로 인해 온 사회가 발칵 뒤집힌 상황을 뜻한다(Tigay; McConville). 하나님은 이스라엘의 적들에게 혼란을 주시겠다고 하셨다(7:23). 하나님이 이 혼란을 이스라엘에게 내리신다는 것은 불순종하는 주의 백성이 하나님의 원수나 다름없다는 점을 의미한다(cf. 사 1:24).

성경에서 "책망"(הַמִּגְעֶרֶת)은 이곳에서만 한 번 사용되는 단어다. 단어의 의미는 이 명사의 어원이 되는 동사 "책망하다/제한하다"(גער)에서 추출한 것이다. 말라기 선지자는 하나님이 내리신 저주에 대해 언급하면서 이 동사를 사용하여 하나님이 곡식의 씨앗이 자라는 것을 제한하실 것/막으실 것이라고 한다. 반면에 하나님이 축복하실 때에는 메뚜기 떼의 습격을 제한하실 것/막으실 것이라고 한다(말 3:9-11; cf. 사 30:17). 본문에서는 하나님이 이스라엘의 풍요로움과 평안을 막으실 것을 뜻한다. 이렇게 되면 이스라엘은 속히 파멸하게 될 것이다(20절). 본문에서 이 단어는 이스라엘을 멸망하게 하실 하나님의 강력한 분노를 의미한다(Craigie; Tigay).

하나님이 이스라엘에게 내리시는 저주, 혼란 책망은 이스라엘 사회를 멸망하게 할 뿐만 아니라 각 개인의 건강도 침해한다. 전염병이 돌아 사람들에게 엄청난 피해를 입힐 것이다(21절). 모세는 여기에 일곱 가지 질병을 더함으로써 언약을 어긴 백성들의 고통을 극대화한다: 폐병, 열병, 염증, 학질, 한재, 풍재, 썩는 재앙. 이 일곱 가지 중 네 가지는 사람이 앓는 질병이고, 세 가지는 식물에 관한 것들이다(Craigie). 이 질병들이 오늘날 의학 용어로 무엇을 뜻하는지는 알 수 없다. 다만 한 가지 확실한 것은 이스라엘은 전에 경험해 보지 못했던 온갖 질병에 시달리게 될 것이라는 사실이다.

Ⅱ. 두 번째 스피치: 여호와의 율법(4:44-29:1[28:69])
4장. 축복과 저주(27:1-29:1[28:69])
2. 언약적 축복과 저주(28:1-29:1[28:69])
(2) 저주(28:15-29:1[28:69])
① 첫 번째 저주와 경고(28:15-44)

ⅲ. 기근(28:23-24)

23 네 머리 위의 하늘은 놋이 되고 네 아래의 땅은 철이 될 것이며 24 여호와께서 비 대신에 티끌과 모래를 네 땅에 내리시리니 그것들이 하늘에서 네 위에 내려 마침내 너를 멸하리라

이스라엘이 하나님과의 언약을 잘 준수하면 여호와께서 하늘의 아름다운 보고를 열어 비를 주실 것이라고 했다(12절). 본문의 저주는 이 축복을 극적으로 반전시킨다. 하늘은 마치 놋처럼 강해져 비를 내리지 않을 것이며, 비를 받지 못한 땅은 철처럼 단단해져 생명을 생산하지 못할 것이다. 하늘이 놋처럼 된다는 것은 햇볕이 쨍쨍 내리쬐는 것을 묘사하는 표현이다(Craigie; cf. Grisanti). 비가 오지 않아 땅이 생산성을 잃으면 먹을 것을 얻지 못하는 백성이 망하게 될 것은 당연한 결과다(24절). 레위기 26:19에도 거의 똑같은 저주가 기록되어 있다.

비가 내리지 않는 땅에는 대신 모래와 티끌이 내릴 것이다. 근동과 사막 지역에서 자주 볼 수 있는 모래 폭풍을 두고 하는 말이다(Block). 사막 바람(sirocco)은 작은 모래 가루를 동반하는데, 그 양이 얼마나 많은지 태양을 가릴 정도이며, 얼마나 건조한지 불기 시작하면 얼마 되지 않아 풀들이 말라 누렇게 떠버린다.

II. 두 번째 스피치: 여호와의 율법(4:44-29:1[28:69])
4장. 축복과 저주(27:1-29:1[28:69])
2. 언약적 축복과 저주(28:1-29:1[28:69])
(2) 저주(28:15-29:1[28:69])
① 첫 번째 저주와 경고(28:15-44)

iv. 전쟁 패배(28:25-26)

25 여호와께서 네 적군 앞에서 너를 패하게 하시리니 네가 그들을 치러 한 길로 나
가서 그들 앞에서 일곱 길로 도망할 것이며 네가 또 땅의 모든 나라 중에 흩어지
고 26 네 시체가 공중의 모든 새와 땅의 짐승들의 밥이 될 것이나 그것들을 쫓아줄
자가 없을 것이며

주제가 나라의 내부적인 상황에서 다른 국가들과의 전쟁으로 바뀌고 있다. 하나님은 이스라엘이 순종하면 적군이 한 길로 왔다가 일곱 길로 내뺄 것이라고 했다(7절). 그러나 저주가 임하면, 이스라엘이 한 길로 갔다가(의기양양한 수많은 군사가 행진하는 모습임) 일곱 길로 도망하게 된다(25절). 또한 열방이 두려워했던 백성이(10절) 열방에 짓밟혀 처절한 죽음을 당하고 남은 사람들은 열방에 흩어질 것이다(25절). 심지어 그들의 시체를 치워줄 사람이 없어 짐승들의 밥이 된다(26절).

적에게 죽임을 당하는 것도 안타까운 일인데 그 뒤에 시체가 내팽개쳐진다는 것은 엄청난 수치를 뜻한다(McConville). 게다가 장례식은 고사하고 짐승들을 쫓아줄 사람도 없다. 사람이 죽어서 적절한 장례식이 치러지는 일이 매우 중요한 부분이었던 고대 근동 문화에서 들에 흩어져 짐승들의 밥이 되는 주검의 모습은 최악의 상황을 묘사한다. 하나님이 땅의 소산으로 이스라엘을 먹이려 약속의 땅으로 데려가고 있는데, 본문은 이스라엘이 오히려 짐승들의 먹이가 될 수 있다고 경고한다(Merrill).

II. 두 번째 스피치: 여호와의 율법(4:44-29:1[28:69])
4장. 축복과 저주(27:1-29:1[28:69])
2. 언약적 축복과 저주(28:1-29:1[28:69])
(2) 저주(28:15-29:1[28:69])
① 첫 번째 저주와 경고(28:15-44)

v. 이집트의 재앙(28:27-29)

27 여호와께서 애굽의 종기와 치질과 괴혈병과 피부병으로 너를 치시리니 네가 치
유 받지 못할 것이며 28 여호와께서 또 너를 미치는 것과 눈 머는 것과 정신병으로
치시리니 29 맹인이 어두운 데에서 더듬는 것과 같이 네가 백주에도 더듬고 네 길
이 형통하지 못하여 항상 압제와 노략을 당할 뿐이리니 너를 구원할 자가 없을 것
이며

이 섹션은 이미 언급한 인간들의 고통에 일곱 가지를 더한다. 종기, 치질, 괴혈병, 피부병, 미치는 것, 눈 머는 것, 정신병. 이 중 다섯 가지는 육체적인 질병이며, 두 가지는 정신적인 병이다. 모세는 이집트 사람들에게 임했던 각종 질병이 불순종하는 이스라엘 사람들에게도 내려질 것이라고 경고한다(27절). 하나님께 반역하는 이스라엘은 이집트 사람들과 별반 다를 바가 없다. 그러므로 하나님은 이집트의 질병들로 이스라엘을 치실 것이다.

이집트의 질병으로 언급되는 종기, 치질, 괴혈병, 피부병 등 네 가지가 정확히 무엇인지 알 수는 없지만 대체로 사람의 피부와 연관된 것들로 생각된다(Driver; Craigie). 이집트 질병들은 이집트에 내려진 열 재앙 중 여섯 번째부터 열 번째 재앙에 연관되었던 갖가지 증세를 뜻한다(Tigay; cf. Block).

하나님은 반역한 이스라엘의 정신도 건강하지 못하게 하실 것이다(28절; cf. Merrill). 판단력이 흐려져 대낮에도 앞 못 보는 맹인이 더듬으며 방황하는 것처럼 이스라엘이 적들 앞에 방황할 것이다(29절). 반역한 이스라엘은 적들에게 더욱더 쉬운 먹잇감이 될 것임을 경고하는 것이다.

Ⅱ. 두 번째 스피치: 여호와의 율법(4:44-29:1[28:69])
4장. 축복과 저주(27:1-29:1[28:69])
2. 언약적 축복과 저주(28:1-29:1[28:69])
(2) 저주(28:15-29:1[28:69])
① 첫 번째 저주와 경고(28:15-44)

vi. 전쟁 패배의 결과(28:30-34)

30 네가 여자와 약혼하였으나 다른 사람이 그 여자와 같이 동침할 것이요 집을 건
축하였으나 거기에 거주하지 못할 것이요 포도원을 심었으나 네가 그 열매를 따
지 못할 것이며 31 네 소를 네 목전에서 잡았으나 네가 먹지 못할 것이며 네 나귀
를 네 목전에서 빼앗겨도 도로 찾지 못할 것이며 네 양을 원수에게 빼앗길 것이나
너를 도와 줄 자가 없을 것이며 32 네 자녀를 다른 민족에게 빼앗기고 종일 생각하
고 찾음으로 눈이 피곤하여지나 네 손에 힘이 없을 것이며 33 네 토지 소산과 네
수고로 얻은 것을 네가 알지 못하는 민족이 먹겠고 너는 항상 압제와 학대를 받을
뿐이리니 34 이러므로 네 눈에 보이는 일로 말미암아 네가 미치리라

몸도 정신도 온전하지 못한 이스라엘이 전쟁에 나가면 적의 상대가 될 수 없는 것은 당연한 일이다. 그들은 전쟁에 패할 것이고, 그들이 준비한 모든 것을 적들이 누리게 될 것이다. 전반부의 축복과 연결하면, 이 섹션은 4, 8, 11절에 기록된 축복을 모두 반전시키고 있다. 그래서 본문은 "헛됨/무익 저주"(futility curse)로 구성되어 있다(McConville). "헛됨/무익 저주"는 어떤 것을 원래의 의도에 따라 즐겨야 하는데, 그렇게 하지 못하게 되는 것을 뜻한다(cf. Block).

이스라엘이 전쟁에 나갈 때 약혼한 자와 집을 건축한 후 충분히 누려 보지 못한 자, 포도원을 심었지만 열매를 즐겨 보지 못한 자들은 집으로 돌려 보내라고 했다(20:5-7). 군대는 이 사람들이 집으로 돌아가서 자신들의 수고의 열매를 충분히 누리도록 배려해야 하기 때문이다. 모세는 이러한 배려의 목적이 이루어지지 않을 것이라고 한다. 약혼한 여자는 다른 남자가 즐길 것이요, 지은 집에서 거하지 못할 것이며, 심은 포도나무에서 열매를 누리지 못할 것이다(30절).

소를 잡아도 먹지 못하고 빼앗길 것이며, 양도 빼앗기지만, 아무도 도울 자가 없다(31절). 고대 근동 사회에서 소나 나귀를 빼앗는다는 것은 최악의 억압을 상징했다(Tigay). 자식도 침략자들에게 빼앗긴다(32절). 추수철에 수확을 해도 낙이 없다. 모두 다른 사람들에게 빼앗길 것이기 때문이다. 그들의 삶에는 오직 압제와 학대가 있을 뿐이다(33절). 마치 이집트에서의 노예 생활을 연상케 한다. 모든 것을 빼앗기고 압제와 학대가 지속된다면, 사람의 정신이 온전하지 못할 것은 뻔한 일이다(34절).

II. 두 번째 스피치: 여호와의 율법(4:44-29:1[28:69])
4장. 축복과 저주(27:1-29:1[28:69])
2. 언약적 축복과 저주(28:1-29:1[28:69])
(2) 저주(28:15-29:1[28:69])
① 첫 번째 저주와 경고(28:15-44)

vii. 온몸을 덮은 질병(28:35)

35 여호와께서 네 무릎과 다리를 쳐서 고치지 못할 심한 종기를 생기게 하여 발바닥에서부터 정수리까지 이르게 하시리라

하나님이 온갖 질병을 동원하셔서 이스라엘을 치시고, 이방인들에게 시달리게 하시니 정신도 온전하지 못하다. 그러므로 저자는 이런 이스라엘의 모습을 발바닥에서부터 정수리에 이르기까지 성한 틈이 없는 사람으로 묘사한다. 마치 욥의 모습을 보는 듯하다(욥 2:7).

훗날 이사야 선지자는 죄로 인하여 하나님께 지속적으로 징계를 받은 이스라엘의 모습을 보면서 "발바닥에서 머리까지 성한 곳이 없는 환자"라며 안타까워한다(사 1:6). 문제는 하나님께 얻어터져 이렇게 곪고 썩어 몸을 지체할 수 없게 된 이스라엘이 그래도 하나님께 돌아올 생각을 하지 않는다는 것이다. 죄라는 것은 이처럼 사람의 이성과 판단력마저도 빼앗아 간다.

Ⅱ. 두 번째 스피치: 여호와의 율법(4:44-29:1[28:69])
4장. 축복과 저주(27:1-29:1[28:69])
2. 언약적 축복과 저주(28:1-29:1[28:69])
(2) 저주(28:15-29:1[28:69])
① 첫 번째 저주와 경고(28:15-44)

viii. 추방(28:36-37)

36 여호와께서 너와 네가 세울 네 임금을 너와 네 조상들이 알지 못하던 나라로 끌어 가시리니 네가 거기서 목석으로 만든 다른 신들을 섬길 것이며 37 여호와께서 너를 끌어 가시는 모든 민족 중에서 네가 놀람과 속담과 비방거리가 될 것이라

이스라엘은 곧 요단 강을 건너 가나안 땅을 차지하게 될 것이다. 그러나 그들이 하나님께 순종하지 않으면, 하나님이 그들을 바로 그 젖과 꿀이 흐르는 땅에서 내치실 것이라는 점을 기억해야 한다. 하나님은 범죄한 이스라엘을 그들의 조상들이 알지 못하던 나라로 끌고 가실 것이다(36절). 그들은 거기서 우상들을 실컷 숭배할 수 있는 기회를 얻을 것이다!

성경은 우상숭배를 가장 심각한 죄로 지적한다. 이스라엘이 이처럼 타국으로 끌려가게 되는 일에도 우상숭배가 가장 중요한 원인이다. 그들은 타국에서 그들이 그렇게 원하던 일을 실컷 할 수 있게 될 것이다. 광야에서 이스라엘이 고기 투정을 할 때 하나님이 그들의 '코에서 고기가 새어 나올 때까지' 실컷 먹여 주겠다고 하시던 말씀이 생각난다(cf. 민 11:19-20).

열방에 끌려간 이스라엘은 놀람과 속담과 비방거리가 될 것이다(37절). 한때는 열방의 두려움이 되었던 민족이(10절) 이처럼 몰락하고 처량하게 되어 다른 나라로 끌려온 것에 대하여 놀랄 것이다. 이스라엘은 재수 없고 형편없는 나라를 떠올리게 하는 이름이 되어 이방인들의 속담에 등장하게 될 것이다. 사람들은 이스라엘의 몰락에 대하여 끊임없이 비방할 것이다.

II. 두 번째 스피치: 여호와의 율법(4:44-29:1[28:69])
4장. 축복과 저주(27:1-29:1[28:69])
2. 언약적 축복과 저주(28:1-29:1[28:69])
(2) 저주(28:15-29:1[28:69])
① 첫 번째 저주와 경고(28:15-44)

ix. 생산성 파괴(28:38-44)

38 네가 많은 종자를 들에 뿌릴지라도 메뚜기가 먹으므로 거둘 것이 적을 것이며
39 네가 포도원을 심고 가꿀지라도 벌레가 먹으므로 포도를 따지 못하고 포도주를
마시지 못할 것이며 40 네 모든 경내에 감람나무가 있을지라도 그 열매가 떨어지
므로 그 기름을 네 몸에 바르지 못할 것이며 41 네가 자녀를 낳을지라도 그들이 포
로가 되므로 너와 함께 있지 못할 것이며 42 네 모든 나무와 토지 소산은 메뚜기가
먹을 것이며 43 너의 중에 우거하는 이방인은 점점 높아져서 네 위에 뛰어나고 너
는 점점 낮아질 것이며 44 그는 네게 꾸어줄지라도 너는 그에게 꾸어주지 못하리
니 그는 머리가 되고 너는 꼬리가 될 것이라

이스라엘 농산물 중에서 가장 대표적인 것들은 곡식, 포도주, 기름이었다. 모세는 이 세 가지 모두 저주받은 이스라엘의 땅에서는 생산되지 않을 것이라고 선언한다(38-40절). 곡식을 얻기 위해 씨앗을 뿌리면 메뚜기가 먹고(38절), 포도주를 얻기 위해 가꾼 포도원은 벌레들이 먹을 것이며(39절), 기름을 얻기 위해 심은 감람나무의 열매는 성숙하기 전에 떨어져 버릴 것이다(40절). 큰 메뚜기 떼는 150만 명이 먹을 수 있는 양식을 하루에 먹어 치울 수 있다고 한다(Tigay). 그러므로 이스라엘은 마음껏 먹지 못하며, 포도주를 마시지 못하며, 기름을 바를 수 없다. 건조한 지역에서는 지속적으로 피부에 기름을 발라 주어야 하는데, 당시에는 올리브유를 많이 사용하였다(Tigay). 하나님의 저주를 받으면 몸에 바를 기름조차 부족하게 될 것이다.

자식을 낳아도 인질/노예가 되어 다른 나라로 끌려갈 것이다(41절). 신명기는 짐승의 새끼들과 사람의 자식들을 하나님의 축복과 연관시켰다(4절; 7:13; cf. 시 128:3). 하나님을 거역한 이스라엘은 자식과의 정도 포기해야 한다. 하나님이 그들에게 자식들을 키울 수 있는 기회를 허락하지 않으실 것이기 때문이다.

농작물에 피해가 지속되어 이스라엘의 경제가 어려워질 것이다(cf. 42절).[43] 그래서 하나님의 축복을 받으면 열방에게 꾸어줄 자들이(12-13절), 오히려 그들 중에 거하는 이방인(גֵּר)에게 빌리는 일이 벌어진다(43-44절). 이 이방인은 과부, 고아와 함께 이스라엘이 보호해야 할 사회의 약자로 취급되던 계층이다(cf. 27:19). 하나님의 저주가 임하면 이스라엘의 형편이 얼마나 어려운지 평소에는 적선하던 사람들에게 오히려 꾸게 된다. 자존심이 완전히 상하고 엄청난 수치를 당하는 날이 임하는 것이다(Merrill).

이미 언급한 것처럼 일부 학자들은 신명기 28장을 장식하는 축복 섹션에 비해 저주 섹션이 지나치게 길다는 것에 문제를 제기하고 스스로 해법을 제시하곤 한다(cf. Craigie). 그러나 그것이 문제가 될 수 없는 것은, 오히려 이 두 주제의 비균형적인 비중은 실용적인 기능을 감당하기 때문이다. 모세는 저주에 대하여 상세하고 길게 설명함으로써 불순종의 길보다 순종하는 삶이 얼마나 힘들고 어려운지를 강조하고자 한다. 마치 예수님이 좁은 길과 넓은 길 비유를 통해 하나님을 섬기는 길이 상대적으로 매우 어렵고 힘들다는 것을 강조하신 것처럼 말이다. 또한 축복보다 저주를 훨씬 더 자세하게 설명하는 것은 이스라엘의 비극적인 역사를 예고하는 기능을 지닌다.

사사기-열왕기에 기록된 이스라엘의 역사를 살펴보면, 이곳에 언급된 모든 저주가 낱낱이 현실로 드러났다는 사실을 실감하게 된다. 심지어 이스라엘이 불순종한 결과로 다른 나라에 끌려갈 것을 선언하고 있는 32, 36-37, 41절 말씀은 훗날 북왕국의 경우 주전 722년에 아시리아

---

43 38-42절은 다음과 같은 교차대구법적 구조를 보인다(Grisanti).

A. 메뚜기로 인한 파괴(38절)

B. 네 것을 즐기지 못할 것이다(39-41절)

A'. 메뚜기로 인한 파괴(42절)

로 끌려간 일을 통하여, 남왕국의 경우 주전 586년에 바빌론으로 끌려가는 일을 통하여 현실로 드러났다. 그러므로 모세가 저주에 관해 이처럼 상세하게 언급하는 것은 이스라엘의 필연적인 미래에 대해 경고하기 위함이다.

Ⅱ. 두 번째 스피치: 여호와의 율법(4:44-29:1[28:69])
4장. 축복과 저주(27:1-29:1[28:69])
2. 언약적 축복과 저주(28:1-29:1[28:69])
(2) 저주(28:15-29:1[28:69])

② 두 번째 저주와 경고(28:45-57)

45 네가 네 하나님 여호와의 말씀을 청종하지 아니하고 네게 명령하신 그의 명령
과 규례를 지키지 아니하므로 이 모든 저주가 네게 와서 너를 따르고 네게 이르러
마침내 너를 멸하리니 46 이 모든 저주가 너와 네 자손에게 영원히 있어서 표징과
훈계가 되리라 47 네가 모든 것이 풍족하여도 기쁨과 즐거운 마음으로 네 하나님
여호와를 섬기지 아니함으로 말미암아 48 네가 주리고 목마르고 헐벗고 모든 것이
부족한 중에서 여호와께서 보내사 너를 치게 하실 적군을 섬기게 될 것이니 그가
철 멍에를 네 목에 메워 마침내 너를 멸할 것이라 49 곧 여호와께서 멀리 땅 끝에
서 한 민족을 독수리가 날아오는 것 같이 너를 치러 오게 하시리니 이는 네가 그
언어를 알지 못하는 민족이요 50 그 용모가 흉악한 민족이라 노인을 보살피지 아
니하며 유아를 불쌍히 여기지 아니하며 51 네 가축의 새끼와 네 토지의 소산을 먹
어 마침내 너를 멸망시키며 또 곡식이나 포도주나 기름이나 소의 새끼나 양의 새
끼를 너를 위하여 남기지 아니하고 마침내 너를 멸절시키리라 52 그들이 전국에
서 네 모든 성읍을 에워싸고 네가 의뢰하는 높고 견고한 성벽을 다 헐며 네 하나
님 여호와께서 네게 주시는 땅의 모든 성읍에서 너를 에워싸리니 53 네가 적군에
게 에워싸이고 맹렬한 공격을 받아 곤란을 당하므로 네 하나님 여호와께서 네게
주신 자녀 곧 네 몸의 소생의 살을 먹을 것이라 54 너희 중에 온유하고 연약한 남
자까지도 그의 형제와 그의 품의 아내와 그의 남은 자녀를 미운 눈으로 바라보며
55 자기가 먹는 그 자녀의 살을 그 중 누구에게든지 주지 아니하리니 이는 네 적군

이 네 모든 성읍을 에워싸고 맹렬히 너를 쳐서 곤란하게 하므로 아무것도 그에게 남음이 없는 까닭일 것이며 56 또 너희 중에 온유하고 연약한 부녀 곧 온유하고 연약하여 자기 발바닥으로 땅을 밟아 보지도 아니하던 자라도 자기 품의 남편과 자기 자녀를 미운 눈으로 바라보며 57 자기 다리 사이에서 나온 태와 자기가 낳은 어린 자식을 남몰래 먹으리니 이는 네 적군이 네 생명을 에워싸고 맹렬히 쳐서 곤란하게 하므로 아무것도 얻지 못함이리라

이 섹션은 이스라엘이 하나님의 말씀에 불순종하면 있을 다른 나라들의 침략과 결과들을 경고한다. 먼저 45-47절은 이방인들이 침략해 온 이유를 설명하며, 48절은 침략의 결과를 나열한다: 주림, 목마름, 헐벗음, 속박과 착취. 그 다음 49-57절은 침략자들이 이스라엘을 정복하게 되는 과정과 이때 이스라엘에 있을 일들을 설명하고 있다. 침략, 식량 부족, 포위, 식인이 그것이다.

이스라엘이 이방인들의 침략을 받게 될 가장 기본적인 이유는 하나님으로부터 받은 축복에 대하여 제대로 감사하지 않을 것이기 때문이다(47절). 여호와께서는 이스라엘에게 많은 축복을 내리셔서 그들의 삶을 풍요롭게 하실 것이다. 이스라엘이 이러한 사실을 안다면 당연히 그분께 영광 돌리고 감사하는 삶을 살아야 한다.

훗날 이스라엘의 역사를 살펴보면 그들은 여호와께 받은 축복에 대해 이방 신들에게 감사할 뿐만 아니라, 심지어 그분께서 내려 주신 풍요로 이방 신들을 섬겼다! 정말 황당하고 어이없는 일이다. 결국 분노하신 하나님이 배은망덕한 그들을 심판하시게 된다(cf. 겔 16, 23장). 하나님께 적절한 감사와, 여호와께 합당한 영광 돌림은 그분의 축복을 누리는 자들이 해야 할 당연한 일이다.

배은망덕한 이스라엘은 어떤 대가를 치를 것인가? 모세는 그들이 "굶주리고 목 마르고 헐벗고 모든 것이 부족하게 될 것이며, 그뿐만 아니라 주님께서 보내신 원수들을 당신들이 섬기다가 결국 죽게 될 것이다"라고 경고하고 있다(48절). 굶주림, 가난, 속박만이 하나님의 말씀에 불순종하는 주의 백성들의 삶을 지배하게 될 것이다. 순종이 가져올 축복에 이것들을 비교해 보면 순종을 택하는 것은 당연한 일이다. 그러나 우리는 역사를 통해 잘 알고 있다. 이러한 대조적인 결과에도 불구하고 순종이 결코 쉽지 않다는 것을 말이다.

저자가 48절에서 경고하는 내용이 어떤 과정을 통해서 실현될 것인가가 49-57절을 통해 설명된다. 하나님이 먼 곳으로부터 무시무시한 민족, 언어가 다르고 생김새가 흉악하고 행실이 매우 잔인한 민족을 불러들이실 것이다(49-50절). 그들은 이스라엘이 먹을 양식과 짐승들을 모두 빼앗는다(51절). 그들은 이스라엘이 의지하고 있던 성에 사람들을 가두어 포위할 것이며, 이스라엘은 포위된 성안에서 굶주리며 죽음을 기다리게 된다(52절). 이스라엘은 자신들이 믿었던 것(높은 성)에 발등을 찍힌다.

식량이 바닥난 이스라엘은 자식들까지 잡아먹으며 모든 인간성을 포기한 채 생명을 유지하기에만 급급할 것이다(53-57절). 이스라엘의 들에서 나온 소산물들은 이방인들이 먹고, 이스라엘의 몸에서 나온 소산은 자신들이 먹을 것이다. 물론 이렇게 살기 위하여 노력하고도 그들은 이방인들의 손에 죽게 된다. 이스라엘의 역사를 살펴보면 실제로 이러한 일이 현실로 드러난다(왕하 6-7장). 본문이 언급하고 예언하는 먼 곳으로부터 온 잔인하고 무시무시한 민족은 훗날 바빌론으로 드러난다.

II. 두 번째 스피치: 여호와의 율법(4:44-29:1[28:69])
4장. 축복과 저주(27:1-29:1[28:69])
2. 언약적 축복과 저주(28:1-29:1[28:69])
(2) 저주(28:15-29:1[28:69])

③ 세 번째 저주와 경고(28:58-68)

58 네가 만일 이 책에 기록한 이 율법의 모든 말씀을 지켜 행하지 아니하고 네 하
나님 여호와라 하는 영화롭고 두려운 이름을 경외하지 아니하면 59 여호와께서 네

재앙과 네 자손의 재앙을 극렬하게 하시리니 그 재앙이 크고 오래고 그 질병이 중
하고 오랠 것이라 60 여호와께서 네가 두려워하던 애굽의 모든 질병을 네게로 가
져다가 네 몸에 들어붙게 하실 것이며 61 또 이 율법책에 기록하지 아니한 모든 질
병과 모든 재앙을 네가 멸망하기까지 여호와께서 네게 내리실 것이니 62 너희가
하늘의 별 같이 많을지라도 네 하나님 여호와의 말씀을 청종하지 아니하므로 남
는 자가 얼마 되지 못할 것이라 63 여호와께서 너희에게 선을 행하시고 너희를 번
성하게 하시기를 기뻐하시던 것 같이 이제는 여호와께서 너희를 망하게 하시며
멸하시기를 기뻐하시리니 너희가 들어가 차지할 땅에서 뽑힐 것이요 64 여호와께
서 너를 땅 이 끝에서 저 끝까지 만민 중에 흩으시리니 네가 그 곳에서 너와 네 조
상들이 알지 못하던 목석 우상을 섬길 것이라 65 그 여러 민족 중에서 네가 평안함
을 얻지 못하며 네 발바닥이 쉴 곳도 얻지 못하고 여호와께서 거기에서 네 마음을
떨게 하고 눈을 쇠하게 하고 정신을 산란하게 하시리니 66 네 생명이 위험에 처하
고 주야로 두려워하며 네 생명을 확신할 수 없을 것이라 67 네 마음의 두려움과 눈
이 보는 것으로 말미암아 아침에는 이르기를 아하 저녁이 되었으면 좋겠다 할 것
이요 저녁에는 이르기를 아하 아침이 되었으면 좋겠다 하리라 68 여호와께서 너를
배에 싣고 전에 네게 말씀하여 이르시기를 네가 다시는 그 길을 보지 아니하리라
하시던 그 길로 너를 애굽으로 끌어 가실 것이라 거기서 너희가 너희 몸을 적군에
게 남녀 종으로 팔려 하나 너희를 살 자가 없으리라

저자는 이 섹션에서 지금까지 언급되었던 저주들을 다시 한 번 요약적으로 정리한다. 이집트의 질병들을 포함한 신체적, 정신적 질환들이 이들을 괴롭힐 것이며(59-61, 65절), 이방인들의 손에 괴롭힘을 당할 것이다(63-67절). 심지어 이집트에서의 종살이를 방불케 하는 노예 생활이 이들의 삶에 임할 것이다(68절). 그러므로 이 섹션에 이렇다 할 새로운 것은 등장하지 않는다. 또한 여기에 언급되는 내용은 모두 이집트를 떠날 때 하나님이 이스라엘에게 약속하신 축복을 저주로 반전시킨 것들이다. 다음을 참고하라(Craigie).

	출애굽 축복	언약적 저주
28:60-61	이스라엘의 원수들에게 질병	이스라엘에게 질병
28:62-63	인구 번성	인구 쇠퇴
28:64a	약속의 땅에 대한 기대감	약속의 땅에서 쫓겨남
28:64b	여호와를 섬기는 삶의 풍요로움	우상을 숭배하는 삶의 궁핍함
28:65-67	열방이 이스라엘을 두려워함	이스라엘이 두려움에 사로잡힘
28:66	약속의 땅에서 장수함	타국에서의 불안한 삶
28:68	이집트의 노예 생활에서 자유	이집트의 노예 생활로 돌아감

저자가 지금까지 언급된 저주들을 요약적으로 정리하며 재확인하고자 하는 것은 불순종이 단순히 이스라엘의 평안과 안녕을 위협하는 재앙만을 초래하지 않는다는 사실이다. 그는 하나님의 말씀에 대한 불순종이 이스라엘의 생존 자체를 위협할 수 있다고 경고한다. 하나님의 저주가 얼마나 혹독하게 임할 것인지, 심판을 당하는 자들이 차라리 죽는 것을 선호하게 될 것이다(67절).

신명기 28장은 번영복음(prosperity gospel)이 말하는 것처럼 순종에 대한 축복과 불순종에 대한 저주를 논하는 것이 근본적인 목적은 아니다. 신명기 전체가 이러한 해석에 대하여 항의할 것이다(Wright). 하나님의 가장 큰 축복은 이들이 주의 백성으로 선택된 일이며 이미 이들에게 임했다. 그러므로 여기서 요구되는 순종은 축복을 받는 비법이 아니라, 이미 임한 하나님의 은혜를 입은 자들이 취해야 할 적절한 반응이다.

주의 백성들은 하나님의 말씀에 순종함으로써 이곳에 언급된 추가적인 축복을 자신의 것으로 만들 수 있지만, 불순종하면 스스로 멸망을 초래할 수도 있다. 하나님이 시내 산에서 이스라엘과 언약을 맺으신 후, 하나님과 이스라엘은 하나로 묶이게 되었다. 이스라엘이 하나님과의 언약 조건으로 제시된 율법을 순종해야만 하는 만큼, 하나님은 순종하는 이스라엘은 축복하시고, 불순종하는 이스라엘은 심판하셔야 하는 책임을 떠안게 되었던 것이다.

II. 두 번째 스피치: 여호와의 율법(4:44-29:1[28:69])
4장. 축복과 저주(27:1-29:1[28:69])
2. 언약적 축복과 저주(28:1-29:1[28:69])
(2) 저주(28:15-29:1[28:69])

④ 맺는 말(29:1[28:69])

1 호렙에서 이스라엘 자손과 세우신 언약 외에 여호와께서 모세에게 명령하여 모압 땅에서 그들과 세우신 언약의 말씀은 이러하니라

이 구절이 앞 섹션의 결말인가, 아니면 새 섹션의 서론인가에 대하여 다소 논란이 있다(cf. Craigie; Driver; Hall; McConville). 마소라 사본은 앞 섹션의 결말로 간주한다(cf. BHS). 그래서 유태인 성경은 이 구절을 28:69로 분류했다(TNK). 반면에 우리말 번역본들과 영어 번역본들은 새 섹션의 시작으로 취급한다(NIV; NAS; NRS).

이 말씀이 5:2-3과 한 쌍을 이루고 있음을 감안하면 앞 섹션의 결말로 취급되는 것이 마땅하다. 그러나 동시에 29:1은 뒤따르는 말씀의 서론 역할도 한다(McConville). 그러므로 29:1은 앞 섹션에 대한 결말과 다음 섹션에 대한 서론으로서 이중적인 역할을 하는 것으로 이해하는 것이 바람직하다(Lenchak).

Ⅲ. 세 번째 스피치: 마지막 권면
(29:2[1]-30:20)

모세는 두 번째 스피치(4:44-29:1)에서 이스라엘이 알고 지켜야 할 시내 산 언약의 구체적인 조항이라 할 수 있는 율법에 대하여 강론했다. 언약을 준수할 때 따르는 축복과 위반할 경우 대가로 치러야 하는 저주 조항들도 제시했다(27-28장). 이제 그는 모압 평지에 모여 있는 이스라엘 백성들에게 언약을 인준하도록 한다. 특별히 27-28장에서 강조된 언약을 위반할 경우 그들에게 임할 저주를 감수하고 인준하라고 한다(McConville).

물론 이 언약은 결코 새로운 것이 아니다. 이미 시내 산에서 그들의 조상이 하나님과 맺은 언약이다. 그러므로 모세가 이 백성에게 요구하는 것은 조상들이 하나님과 맺은 언약이 아직도 후손들에게 유효하며, 언약을 물려받은 후손들은 온갖 정성을 다하여 그 언약을 준수할 것을 재차 확인하는 일종의 언약 갱신식이다.

고대 근동의 계약 양식에서 발견되는 요소들이 29-30장에도 등장한다: 역사적 서론(29:2-9), 서약(29:10-15), 조항(29:16-20a), 증인과 저주/축복(30:15-20)(McConville). 모세는 먼저 이스라엘에게 지난날들을 돌아보고 여호와 하나님이 얼마나 많은 은혜를 베푸셨는가를 돌아보라고 한다(29:2-9). 출애굽 이후 이때까지 이스라엘을 보존하시고 지켜주신 끊임없는 여호와의 은혜를 생각하면 하나님과의 언약을 갱신하는 것은 당연한 일이다. 이스라엘이 경험한 하나님의 은총이 언약의 근거가 되는 것이다. 모세는 남녀노소를 가리지 않고 온 이스라엘 백성이 하나님 앞에 모인 이유는 언약에 참여하기 위한 것이며, 이 언약은 모압 평지에 모인 사람들뿐만 아니라 그들의 자손 대대로 계속 유효함을 확인한다(29:10-15).

그는 이어 이스라엘이 언약을 위반하면 어떤 벌을 받게 될 것인가에 대해 경고한다(29:16-29). 아무리 은밀한 곳에서 저지른 위반 행위라도 결코 하나님의 심판을 피할 수는 없다. 이러한 경고에도 불구하고 만일 이스라엘이 계속 언약을 위반하면 하나님이 젖과 꿀이 흐르는 땅에서 그들을 내치실 것이다.

다행히 하나님이 이스라엘을 내치시는 것이 이야기의 끝이 아니다. 만일 이스라엘이 끌려간 곳에서 진심으로 회개하면 하나님이 다시 그들을 약속의 땅으로 인도하실 것이기 때문이다(30:1-10). 또한 이스라엘이 마음만 먹고 열심을 내서 율법을 지키면 타국으로 끌려가는 일은 없을 것이다. 율법을 지키는 것이 그렇게 어려운 일은 아니기 때문이다(30:11-14). 모세는 이스라엘에게 자신들 앞에 놓인 생명의 길과 죽음의 길 중 하나를 선택할 것을 권면하는 것으로 이 섹션을 마무리한다(30:15-30). 본 텍스트는 다음과 같이 두 파트로 구분된다.

A. 언약에 신실할 것(29:2[1]-29)
B. 앞에 놓인 선택(30:1-20)

1장. 언약에 신실할 것(29:2[1]-29)

한참 동안 율법을 강론했던 모세가 다시 한 번 힘을 모아 이스라엘에게 언약에 신실할 것을 호소한다. 물론 이 순간 모압 평지에서 모세의 권면을 듣고 있는 사람들은 시내 산에서 하나님과 언약을 맺은 적이 없다. 그들의 조상이 40년 전에 맺은 언약이다. 그러나 모세는 언약의 성격상 그들의 조상이 하나님과 맺은 언약이 그들에게도 유효하다고 한다. 그러므로 새로이 형성된 출애굽 2세들에게도 언약을 받고 안 받는 선택의 여지가 있는 것은 아니다. 그렇다면 이스라엘은 주저하지 않고 언약 준수를 약속하고 그대로 살아야 한다. 이 섹션은 다음과 같이 구성되어 있다.

A. 역사적 회고(29:2-9[1-8])
B. 언약 갱신의 범위와 중요성(29:10-15[9-14])
C. 언약 배신의 결과(29:16-28[15-27])
D. 신실한 삶에 대한 권면(29:29[28])

Ⅲ. 세 번째 스피치: 마지막 권면(29:2[1]-30:20)
1장. 언약에 신실할 것(29:2[1]-29)

1. 역사적 회고(29:2-9[1-8])

**2 모세가 온 이스라엘을 소집하고 그들에게 이르되 여호와께서 애굽 땅에서 너희의
목전에 바로와 그의 모든 신하와 그의 온 땅에 행하신 모든 일을 너희가 보았나니 3
곧 그 큰 시험과 이적과 큰 기사를 네 눈으로 보았느니라 4 그러나 깨닫는 마음과 보
는 눈과 듣는 귀는 오늘까지 여호와께서 너희에게 주지 아니하셨느니라 5 주께서 사
십 년 동안 너희를 광야에서 인도하게 하셨거니와 너희 몸의 옷이 낡아지지 아니하
였고 너희 발의 신이 해어지지 아니하였으며 6 너희에게 떡도 먹지 못하며 포도주나
독주를 마시지 못하게 하셨음은 주는 너희의 하나님 여호와이신 줄을 알게 하려 하
심이니라 7 너희가 이 곳에 올 때에 헤스본 왕 시혼과 바산 왕 옥이 우리와 싸우러 나
왔으므로 우리가 그들을 치고 8 그 땅을 차지하여 르우벤과 갓과 므낫세 반 지파에게
기업으로 주었나니 9 그런즉 너희는 이 언약의 말씀을 지켜 행하라 그리하면 너희가
하는 모든 일이 형통하리라**

모세는 지금까지 신명기 안에서 여러 차례 이집트-광야 생활-약속의 땅을 순차적으로 회고하며 이스라엘을 권면하는 역사적 근거로 삼았다(cf. 26:5-9). 여기서도 이 유형에 따라 이집트(3절)-광야(5-6절)-요단 강 동편 땅 정복(7-8절)을 순서대로 언급하며 이스라엘이 이 여정에 따라 이곳(모압 평지)까지 오는 지난 수십 년 동안 하나님이 베푸신 온갖 기적을 회고하며 이스라엘 백성에게 호소한다. 특히 하나님이 이 모든 이적과 징표를 행하신 목적은 여호와가 그들의 하나님이심을 알게 하기 위한 일이었다며(6절) 이스라엘 백성이 하나님과의 언약을 재차 확인하고 그 언약에 따라 하나님께 순종하는 것은 당연한 도리라는 점을 강조한다.

오래전에 시내 산에서 이스라엘과 언약을 맺으실 때 하나님은 "너희는 내가 이집트 사람에게 한 일을 보았다"며 말씀을 시작하셨다(출

19:4). 모세도 동일한 내용의 말씀으로 이 섹션을 시작한다(2절). 지금부터 체결할 언약은 새로운 것이 아니라 시내 산 언약의 연장 선상에 있는 것임을 암시하는 것이다.

저자는 이 섹션에서 하나님이 이스라엘을 이집트 사람들의 손에서 구하시기 위해서 행하신 기적들과 출애굽 이후 지난 40년 동안 이스라엘을 보존하기 위하여 베풀어 주셨던 기적들을 간략하게 요약한다. 모세는 이 역사적 상황에 대하여 이미 1-4장에서 자세하게 회고하였기 때문에 여기서는 단순히 이 일을 상기시키는 것으로 만족한다.

이스라엘은 하나님이 이집트에서 행하신 모든 기적과 표적을 직접 목격했다(3절). 물론 모압 평지에 모여 이 말씀을 듣는 사람들 대부분은 이집트에서의 일은 목격하지 못하고 부모를 통해서 들었을 것이다. 이런 일을 직접 목격한 자들은 40세가 넘은 사람들뿐이다. 그러나 이들의 선조가 시내 산에서 맺은 언약이 이들의 것이듯이 선조들이 이집트에서 체험한 것도 이 공동체의 신앙적 유산이자 체험이다. 그러므로 모세는 이 공동체가 직접 경험한 일들을 근거로 백성들에게 권면한다(cf. 16절; 1:19; 4:9; 11:1-9). 사람이 진솔하게 생각한다면 과거에 체험한 하나님의 은혜가 가장 설득력 있는 순종의 근거가 되기 때문이다(cf. Grisanti).

중요한 것은 이들이 하나님이 행하신 이적을 보고도 깨닫지 못했다는 사실이다. 기적은 사람을 변화시키지 못한다는 사실이 다시 한 번 현실로 드러났다. 모세가 이스라엘이 하나님이 베푸신 기적을 보고도 깨닫지 못했다고 하는 것은 이스라엘이 가데스 바네아와 그 외 광야 생활에서 하나님께 반역했던 일들을 마음에 둔 말이다(1:26-43; 9:7-8, 22-24).

저자는 또한 이스라엘의 깨닫지 못하는 어리석음이 지금까지 계속되고 있다고 한다. 하나님이 지금까지 그들에게 "깨닫는 마음과 보는 눈과 듣는 귀를 주지 않으셨기 때문"이다(4절). 이 말씀이 일종의 신적(神的) 작정을 뜻하는 것은 아니다. 어떤 면에서 깨닫는 마음과 보는 눈과 듣는 귀는 하나님이 주시는 것들이다. 그러나 누구든지 구하면 주신다.

다만 사람이 이런 것들을 구하지 않았기 때문에 갖지 못한다. 그러므로 이 말씀은 인간의 의지에 관한 문제이지 하나님의 작정에 관한 것이 아니다. 이 말씀은 아마도 출애굽 사건, 시내 산 사건 외에도 이스라엘이 경험했던 수많은 기적들의 효과가 백성들에게는 매우 미미했을 뿐만 아니라 오래 지속되지 않았음을 모세가 이렇게 표현하는 것으로 생각된다(Tigay).

하나님의 기적이 일구어 낸 출애굽 사건을 직접 목격한 눈은 믿음의 눈이 되지 못했고, 시내 산에서의 하나님의 현현이 동반한 천둥과 우뢰 소리를 들은 귀는 순종하는 귀가 되지 못했다. 또한 이 모든 일을 통하여 오직 여호와만이 참신이시라는 점을 깨달았던 마음 역시 여전히 다른 신들을 숭배할 잠재력을 갖고 있다. 이러한 인간의 변덕스러움이 "너의 눈으로 직접 보았다"(2절)와 "보는 눈이 없다"(4절)라는 모순의 배경이 되고 있다(Wright). 훗날 이사야 선지자는 유다 백성들이 깨닫는 마음과 보는 눈과 듣는 귀를 가지지 않은 것이 심판의 시작임을 깨닫고 탄식한다(cf. 사 6:9-10).

하나님은 깨닫는 눈이 없는 이스라엘이 40년 동안 광야 생활을 하도록 하셨고, 이 기간에 그들이 하나님의 능력을 깨닫게 하셨다(5-6a절). 이 기간에 이스라엘의 옷은 낡아지지 않았으며, 신발은 해어지지 않았다(5절). 그들이 광야 생활 중에 빵과 포도주와 독한 술은 먹지 못했지만, 하나님은 그들의 모든 필요를 채워 주셨다(6절).

이스라엘은 빵 대신 하늘의 양식인 만나와 메추라기를 먹었고, 바위에서 흘러나온 물을 마셨다(cf. 8:3-4). 그러므로 6절의 말씀은 이스라엘이 40년 동안 세상 사람들이 먹고 마시는 것들이 아니라 오직 하나님만이 주실 수 있는 특별한 것들을 먹고 마시며 훈련을 받았음을 강조한다(cf. 8:3). 하나님이 이렇게 훈련하신 것은 이들로 하여금 여호와 하나님을 알게 하기 위해서였다(6b절). 하나님의 능력에 대한 새로운 이해를 갖도록 하신 것이다.

광야에서 40년 동안 훈련을 받은 세대는 기회가 주어지자 곧장 믿음을 실천으로 옮겼다. 그들을 공격한 헤스본 왕 시혼과 바산 왕 옥을 대적하여 싸운 것이다(7-8절). 가데스 바네아에서 싸우기를 거부하여 반역한 세대와 대조적이다. 모압 평지에 모여 있는 세대는 가나안 땅을 차지하는 데 손색이 없는 하나님에 대한 이해와 믿음을 소유한 자들인 것이다. 새로이 형성된 이스라엘은 시혼과 옥을 물리치고 그들이 통치하던 땅을 빼앗아 르우벤, 갓, 그리고 므낫세 반 지파에게 나누어 주었다(8절). 이 일은 이스라엘의 광야 생활의 전환기였을 뿐만 아니라, 하나님의 능력을 믿고 따르면 어떤 결과를 얻게 되는가를 보여주는 사건이었다. 이스라엘이 언약에 순종하면 어떤 복을 누릴 것인가에 대한 가능성을 보여 주었던 것이다. 모세는 이 가능성을 바탕으로 이스라엘에게 하나님과의 언약을 갱신하라고 권면한다.

Ⅲ. 세 번째 스피치: 마지막 권면(29:2[1]–30:20)
1장. 언약에 신실할 것(29:2[1]–29)

2. 언약 갱신의 범위와 중요성(29:10-15[9-14])

**10 오늘 너희 곧 너희의 수령과 너희의 지파와 너희의 장로들과 너희의 지도자가 이
스라엘 모든 남자와 11 너희의 유아들과 너희의 아내와 및 네 진중에 있는 객과 너를
위하여 나무를 패는 자로부터 물 긷는 자까지 다 너희의 하나님 여호와 앞에 서 있는
것은 12 네 하나님 여호와의 언약에 참여하며 또 네 하나님 여호와께서 오늘 네게 하
시는 맹세에 참여하여 13 여호와께서 네게 말씀하신 대로 또 네 조상 아브라함과 이
삭과 야곱에게 맹세하신 대로 오늘 너를 세워 자기 백성을 삼으시고 그는 친히 네 하
나님이 되시려 함이니라 14 내가 이 언약과 맹세를 너희에게만 세우는 것이 아니라 15
오늘 우리 하나님 여호와 앞에서 우리와 함께 여기 서 있는 자와 오늘 우리와 함께
여기 있지 아니한 자에게까지이니**

모세는 이미 이 언약 재확인 예식에 대하여 암시한 적이 있다(26:17-18; 28:69). 그러나 정확히 언제 이 예식이 치러졌는지는 알 수 없다. 모세는 그의 말씀을 듣고자 모여 있는 모든 백성에게 하나님과의 언약에 참여하라고 한다. 지금까지 지속된 반역과 불순종을 버리고 이 순간부터는 하나님의 백성으로서 믿음으로 살아가라는 것이다. 이 언약 갱신 예식은 분명 모세 앞에 서 있는 백성들을 위한 것이다(cf.Merrill). 모세는 이 섹션에서 "오늘"이라는 말을 다섯 차례나 사용하면서 이점을 강조한다. 그러나 동시에 이 언약은 이스라엘의 과거에서 유래된 것이며 또한 미래 세대를 위한 것이기도 하다.

모세는 하나님과의 언약에 대해 다음 몇 가지를 강조한다. 첫째, 언약에 참여할 사람은 이스라엘 땅에 사는 모든 사람이다. 하나님과의 언약을 준수해야 할 사람은 지도자들, 장로들, 관리들을 포함한 온 이스라엘 사람이다(10절). 더 나아가 모세는 어린아이들, 여자들, 함께 사는 이방인들, 장작을 패는 사람들, 물을 길어 오는 사람들도 이 언약에 참여해야 한다고 한다(11절). 장작을 패고 물을 길어 오는 사람은 그들 중에 거하면서 잡일을 하는 이방인을 칭하는 말이다(Tigay).

여호수아를 속여 상호보호 조약을 체결했던 기브온 사람들이 이런 일을 했었다(수 9:21, 23, 27). 심지어 이방인들마저 이스라엘 땅에 정착하여 산다는 이유로 언약에 참여할 수 있다. 언약은 일부 소수를 위한 것이 아니라 모든 사람이 누릴 수 있는 특권이자 의무인 것이다(12절). 이 말씀은 구약이 언약에 참여할 수 있는 사람에 대하여 언급하는 텍스트 중 가장 포괄적이다.

둘째, 언약은 선조들에게 주신 약속의 성취다. 하나님과 이스라엘의 특별한 관계를 뜻하는 언약은 이미 아브라함과 이삭과 야곱에게 주시기로 맹세한 것이다(13a절). 여호와께서는 아브라함에게 그와 그의 자손들의 하나님이 되어 주실 것을 약속하셨다(창 17:7-8; cf. 레 26:12; 출 6:7). 이 언약은 하나님이 아브라함의 자손 이스라엘의 하나님이 되시고, 이스라엘이 하나님의 백성 되심을 확인하는 일이다(13b절). 언약은 하나님이 아브라함과의 약속을 지키시는 일인 것이다. 이점을 강조하기 위해 모세는 이 언약은 분명 이스라엘이 하나님과 세우는 것이지만, 하나님이 먼저 제시하신 것임을 강조한다(Wright; cf. 12절).

셋째, 언약은 자손 대대로 영원히 유효하다. 모세는 두 번째 스피치를 시작하면서 "이 언약은 여호와께서 우리 조상들과 세우신 것이 아니요, 오늘 여기 살아 있는 우리 곧 우리와 세우신 것"이라 한다(5:3) 시내 산 언약은 하나님이 과거 선조들과만 맺은 것이 아니라 바로 그들과도 맺은 것이라는 언약의 연계성을 강조하는 것이다. 이제 그는 지금 체결하는 언약이 모압 평지에 모여 있는 백성에게만 적용되는 것이 아니라고 한다(14절). 이 언약은 아직 태어나지 않은 미래의 이스라엘 공동체에게도 유효하다는 것이다. 시내 산에서 선조들이 맺은 언약을 이 세대가 갱신하는 것처럼 미래 세대들과도 이 언약은 끊임없이 갱신되어야 함을 강조한다(cf. 5:2-3). 신명기는 이처럼 미래지향적인 성향을 지닌 책이다(Brueggemann).

Ⅲ. 세 번째 스피치: 마지막 권면(29:2[1]-30:20)
1장. 언약에 신실할 것(29:2[1]-29)

3. 언약 배신의 결과(29:16-28[15-27])

16 (우리가 애굽 땅에서 살았던 것과 너희가 여러 나라를 통과한 것을 너희가 알며
17 너희가 또 그들 중에 있는 가증한 것과 목석과 은금의 우상을 보았느니라) 18 너희
중에 남자나 여자나 가족이나 지파나 오늘 그 마음이 우리 하나님 여호와를 떠나서
그 모든 민족의 신들에게 가서 섬길까 염려하며 독초와 쑥의 뿌리가 너희 중에 생겨
서 19 이 저주의 말을 듣고도 심중에 스스로 복을 빌어 이르기를 내가 내 마음이 완악
하여 젖은 것과 마른 것이 멸망할지라도 내게는 평안이 있으리라 할까 함이라 20 여

호와는 이런 자를 사하지 않으실 뿐 아니라 그 위에 여호와의 분노와 질투의 불을 부으시며 또 이 책에 기록된 모든 저주를 그에게 더하실 것이라 여호와께서 그의 이름을 천하에서 지워버리시되 21 여호와께서 곧 이스라엘 모든 지파 중에서 그를 구별하시고 이 율법책에 기록된 모든 언약의 저주대로 그에게 화를 더하시리라 22 너희 뒤에 일어나는 너희의 자손과 멀리서 오는 객이 그 땅의 재앙과 여호와께서 그 땅에 유행시키시는 질병을 보며 23 그 온 땅이 유황이 되며 소금이 되며 또 불에 타서 심지도 못하며 결실함도 없으며 거기에는 아무 풀도 나지 아니함이 옛적에 여호와께서 진노와 격분으로 멸하신 소돔과 고모라와 아드마와 스보임의 무너짐과 같음을 보고 물을 것이요 24 여러 나라 사람들도 묻기를 여호와께서 어찌하여 이 땅에 이같이 행하셨느냐 이같이 크고 맹렬하게 노하심은 무슨 뜻이냐 하면 25 그 때에 사람들이 대답하기를 그 무리가 자기 조상의 하나님 여호와께서 그들의 조상을 애굽에서 인도하여 내실 때에 더불어 세우신 언약을 버리고 26 가서 자기들이 알지도 못하고 여호와께서 그들에게 주시지도 아니한 다른 신들을 따라가서 그들을 섬기고 절한 까닭이라 27 이러므로 여호와께서 이 땅에 진노하사 이 책에 기록된 모든 저주대로 재앙을 내리시고 28 여호와께서 또 진노와 격분과 크게 통한하심으로 그들을 이 땅에서 뽑아내사 다른 나라에 내던지심이 오늘과 같다 하리라

모세는 백성 중에서 이스라엘과 하나님이 맺은 언약에 대하여 별로 달가와 하지 않고 우상을 숭배하는 사람이나 집단에게는 하나님이 저주를 내리실 것이라고 경고한다. 저자는 이미 13장에서 이스라엘의 언약에 대한 신실함은 오직 여호와만을 예배하는 일로 드러나야 하기 때문에 언약 공동체에 속한 각 개인이나 집단은 이방 신들을 숭배하는 일을 절대 허용해서는 안 된다고 하였다. 또한 공동체의 건전성을 위해서는 가장 가까운 사람이라도 우상숭배를 부추기면 묵인하지 말라고 했다(21:9, 21; 22:21). 이 섹션에서 모세는 이런 사람에게는 하나님이 이때까지 신명기에서 선포된 모든 저주(특히 28장에 기록된 저주)를 직접 내리실 것이라고 선언한다.

이스라엘이 이집트 생활에서 한 가지 보고 깨달은 것이 있다면 이집트 사람들은 온갖 가증한 것들(שִׁקּוּצִים)과 나무와 돌과 은과 금으로 만든 우상을 숭배한다는 사실이다(16-17절). "가증한 것들"(שִׁקּוּצִים)은 우상들을 비하하는 말이다(Tigay). 이집트는 온갖 우상들의 전시관이었던 것이다. 모세가 이점을 상기시키는 것은 이스라엘은 과거의 체험에서 배워야 한다는 점을 강조하기 위해서다. 생명력이라고는 전혀 없는 이집트의 수많은 우상들을 보면서 이스라엘은 무엇을 깨달았을까? 그들이 이집트에서뿐만 아니라 광야에서도 우상을 버리지 못한 것을 보면(cf. 4:3) 별로 깨달은 바가 없었던 것으로 생각된다. 이집트 생활에서 배웠어야 할 가장 중요한 교훈을 놓친 것이다.

이스라엘이 이집트 생활에서 가장 중요한 교훈을 놓쳤다 해도 그들이 우상을 숭배한다면 결코 용서받을 수 없다. 이미 저자가 우상숭배의 어리석음과 허무함에 대하여 수차례 경고했을 뿐만 아니라, 여기서 다시 한 번 금지령을 내리기 때문이다(18절). 이런 반복적인 경고에도 불구하고 우상을 숭배한다면 그것은 그 사람의 무지에서 비롯된 것이 아니라 완악함 때문에 빚어진 일이다(cf. 17:2-7).

저자는 이스라엘 사람이 하나님을 버리고 우상을 숭배하려는 마음을 품은 것을 독초나 쓴 열매를 맺는 뿌리를 가진 일로 묘사한다(18c절, 새번역). 흔히 "독초"(ראשׁ)는 소크라테스가 마신 독약의 원료인 독미나리(hemlock)를, "쓴 열매"(לַעֲנָה)는 쓴 쑥(wormwood)이라는 매우 씁쓸하지만 독은 품지 않은 식물을 뜻하는 것으로 풀이된다(Tigay). 이러한 비유는 우상숭배가 온 이스라엘 공동체에서 꼭 제거되어야 함을 강조한다. 우상을 숭배하는 자들은 생명을 지향하는 이스라엘 공동체를 독과 쓴 맛으로 파괴할 수 있기 때문이다. 그래서 이런 사람을 그대로 두면 이스라엘 공동체마저 파멸된다(19b절). 모세가 경고한 하나님의 저주가 공동체에 임해서 파멸에 이르지만, 그것은 이스라엘 사람들이 우상 숭배자들을 제거하지 않음으로 생긴 결과다. 이처럼 공동체에 속한 각 개인의 책임과 역할은 막중한 것이다. 우상을 숭배했든 그것을 방치했든 누구라도 온 공동체를 죽음으로 몰아갈 수 있기 때문이다.

하나님은 우상을 숭배하여 이스라엘 공동체를 오염시킨 장본인들을 결코 용서하지 않으실 것이다(20a절). "여호와께서 결코 용서하지 않으실 것이다"(לֹא־יֹאבֶה יְהוָה סְלֹחַ לוֹ)라는 표현에서 "용서하다"(סלח)는 신명기에서는 유일하게 이곳에서만 사용된다. 열왕기하 24:4은 여호와께서 므낫세 왕을 결코 용서하지 않으시고 유다를 멸하셨다고 하는데, 본문과 똑같은 표현을 사용하고 있다. 므낫세의 죄가 되돌릴 수 없는 심판과 저주를 예루살렘에 내리도록 결정지었다. 우상 숭배자들은 혹독한 저주를 받을 것이다. 모세는 하나님의 분노와 질투의 불이 그를 태울 뿐만 아니라, 이 책[신명기]에 기록되어 있는 모든 저주를(cf. 28장) 그에게 내리실 것이라는 말을 반복하며 이 사실을 확인한다(20b, 21절). 하나님은 결코 우상을 숭배하는 자를 묵인하지 않으실 것임을 재차 확인하고 있는 것이다.

앞 섹션(16-21절)에서는 우상숭배로 언약을 위반한 자들에게 임할 저주와 심판에 대하여 경고했다. 모세는 이제 심판 받은 이스라엘이 거하던 땅에 대해서 말한다. 이스라엘이 하나님의 심판을 받아 황폐해진 것 만큼이나 그들의 땅도 황량해진다. 땅에 사는 사람이 하나님께 범죄하면, 그 땅도 하나님의 심판을 피할 수 없다는 것은 성경에 여러 번 등장하는 원리다. 가인의 죄로 인하여 땅이 저주를 받았고(창 4장), 인간의 죄 때문에 홍수가 세상에 임했다(창 9장). 이스라엘이 죄를 범하면 당연히 그들의 땅도 대가를 치러야 했다. 그들의 죄가 땅을 오염시켰기 때문이다. 또한 하나님이 인간을 심판하시는 방법 중에 하나가 그들이 사는 곳을 파괴하고 황폐하게 만들어 고통을 당하게 하는 것이기 때문에 심판받은 사람들이 사는 곳이 황량해지는 것은 피할 수 없는 일이다.

저자는 이스라엘이 곧 입성할 젖과 꿀이 흐르는 땅도 하나님의 심판을 받으면 소돔과 고모라와 별반 다르지 않게 될 것이라고 한다(23절).

인간은 고사하고 풀도 자랄 수 없는 땅으로 변할 것이라고 경고한다. 하나님이 내리신 유황불로 심판을 받은 후의 소돔과 고모라의 모습이 이러했다(cf. 창 19장). 아드마와 스보임 역시 소돔과 고모라와 연관된 성읍들이다(창 10:19; 14:2, 8). 아마도 소돔과 고모라가 황폐해졌을 때 이 성읍들도 함께 망했기 때문에 여기서 함께 언급되는 것으로 생각된다. 이스라엘이 곧 차지할 젖과 꿀이 흐르는 땅도 소돔처럼 될 수 있다는 것은 이스라엘이 누릴 땅의 풍요로움은 하나님께 순종할 때만 가능한 일임을 암시한다. 하나님이 그들의 죄에 대한 대가로 벌을 내리시는 순간 그 땅은 모든 생명력과 생산성을 잃은 황무지로 변할 것이다.

후세대와 이방인들이 하나님의 재앙이 휩쓸고 간 이스라엘 땅을 보고 어떻게 이런 일이 일어났을까라는 질문을 던질 것이다(24절). 언덕 위에 세워진 마을은 숨겨질 수 없듯 온 열방 위에 하나님의 백성으로 세워진 이스라엘의 몰락도 숨겨질 수 없다. 후세대와 이방인들은 이스라엘의 하나님 여호와가 이들의 땅을 황폐하게 하셨다는 것을 알고 있다. 열방은 온 세상에 여호와 같으신 분이 없으며, 이런 하나님이 이스라엘만을 택하여 언약을 맺으셨다는 사실을 잘 알기 때문에(cf. 28:1) 이 재앙이 하나님께로부터 비롯된 것임을 의식하고 있었다. 그들은 자신들이 던진 질문에 스스로 대답한다. "이스라엘이 여호와와 세운 언약을 버리고 우상들을 숭배했기 때문이다"(25-28절). 그들은 이스라엘의 우상숭배를 고발하면서 4개의 능동태 동사를 사용하여 그 책임이 전적으로 이스라엘에게 있음을 강조한다. "그들은 언약을 버렸다(עָזְבוּ); 다른 신들을 따라갔다(וַיֵּלְכוּ); 그들[우상]을 섬겼다(וַיַּעַבְדוּ); 절했다(וַיִּשְׁתַּחֲווּ)"(25-28절). 이스라엘이 벌을 받은 이유가 이 동사들을 통해서 확실히 드러나고 있다. 이 말씀을 통해 모세는 앞으로 이스라엘이 망하게 되는 이유는 오로지 한 가지, 곧 "하나님과의 언약을 버리고 우상을 따르면"이라고 한다. 이스라엘은 지금 이 순간 언약에 순종하는 조건으로 약속의 땅에 들어가려고 한다. 그들이 만약 언약을 버린다면, 그 땅에서 더 이상 살 수 없게 될 것이다. 불순종은 무엇보다도 땅을 빼앗기는 결과를 초래할 것이기 때문이다(Brueggemann).

이 재앙은 하나님의 극에 달한 분노의 표현이다. 저자는 이점을 강조하기 위하여 하나님의 분노를 묘사하는 데 다섯 가지의 단어를 사용하고 있다. "분노"(אַף)가 가장 기본적인 개념이다. 신명기 전체에 이 단어가 열세 차례 사용되는데, 본 텍스트에서 다섯 차례나 등장하고 있다. "질투"(קִנְאָה)(20절), "맹렬한 분노"(חֳרִי)(24절), "격분"(קֶצֶף)(28절) 등은 신명기에서는 이곳에서만 사용된다. "진노"(חֵמָה)(28절)는 신명기에서 한 번 더 사용된다. 하나님이 분노를 쏟아 부으시는 날, 그 누구도 그들을 도울 수 없을 것이다.

Ⅲ. 세 번째 스피치: 마지막 권면(29:2[1]–30:20)
1장. 언약에 신실할 것(29:2[1]–29)

4. 신실한 삶에 대한 권면(29:29[28])

29 감추어진 일은 우리 하나님 여호와께 속하였거니와 나타난 일은 영원히 우리와 우리 자손에게 속하였나니 이는 우리에게 이 율법의 모든 말씀을 행하게 하심이니라

모세는 지금까지 이스라엘이 하나님과의 언약을 위반할 경우 어떤 재앙이 그들을 칠 것인가를 경고한 다음 이 구절에서는 하나님의 말씀인 율법을 결코 이해하지 못해서 혹은 알지 못해서 실천으로 못 옮기는 일은 없을 것이라고 한다. 저자는 본문에서 "감추어진 일"(הַנִּסְתָּרֹת)과 "나타난/드러난 것"(הַנִּגְלֹת)을 대조하는데, 무엇을 의미하는 것일까? 이에 대한 해석이 분분하다.

일부 주석가들은 감추어진 것은 하나님이 율법을 주신 이유며, 나타난 것은 이스라엘이 행동으로 율법을 실천하는 일을 뜻한다고 한다(Maimonides). 감추어진 일은 오직 하나님만 아시는 미래의 일들을, 드러난 것은 인간에 살아가면서 준수해야 할 계시된 것들이라고 풀이하는 사람들도 있다(Driver; Craigie; Merrill). 감추어진 것은 사람들이 비밀리 짓는 죄를, 드러난 것은 세상 사람들을 알고 있는 죄를 뜻한다는 해석도 있다(McConville; Tigay). 그러나 본문이 율법 순종을 강조하는 말씀이라는 점을 감안하면, 감추어진 일은 아직 하나님이 이스라엘에게 주시지 않은 계시와 말씀을, 드러난 것은 이미 이스라엘에게 주신 계시(viz., 율법)를 뜻하는 것으로 생각된다(Wright; Ridderbos; Grisanti). 이스라엘은 이미 받은 율법에 대하여만 염려하면 된다. 아직 받지 않고 오직 하나님만 아시는 것들은 선포된 후에 순종하면 된다. 모든 것을 하나님이 주권적으로 결정하실 것이라는 의미다.

이스라엘의 책임은 아직 하나님이 주시지 않은 계시까지 알아내서 지키는 것이 아니다. 그들의 책임은 지금까지 모세를 통해 주신 율법만을 지키는 것이다. 또한 세상에서 일어나는 일들의 일부는 하나님이 일부러 숨기시기 때문에 인간이 도저히 알 수 없다. 그러나 율법의 경우에는 하나님이 정확히 밝혀 계시해 주셨으므로 인간은 이 율법을 확실히 알 수 있다. 그러므로 만일 이스라엘이 하나님의 말씀에 불순종한다면, 그것은 그들의 의지에 문제가 있는 것이지 율법이 너무 어려워서 혹은 오묘해서는 아닐 것이다. 율법은 모든 사람에게 마음만 먹으면 뜻을 파악하고 행할 수 있는 충분한 접근성(accessibility)을 제시한다.

2장. 이스라엘 앞에 놓인 선택(30:1-20)

모세는 하나님이 반역하는 이스라엘을 다른 나라로 보내실 수도 있다고 경고했다(29:28). 그렇다면 타국으로 귀양살이를 가서 열방에 흩어져 살며 민족성과 정체성을 잃어버리는 것이 이스라엘의 끝인가? 아니면 그 이후에도 이스라엘의 이야기는 계속될 것인가? 저자는 이스라엘이 하나님께 범죄하여 다른 나라로 끌려간 후 일이 어떻게 될 것인가에 대한 말씀을 선포한다. 세월이 지나면 하나님이 이스라엘을 꼭 돌아오게 하실 것이다. 저자는 또한 회중 앞에 생명과 죽음을 제시하며 올바른 선택을 권한다. 이스라엘의 미래는 그들의 선택에 따라 결정되기 때문이다. 이 장은 다음과 같이 세 파트로 구분될 수 있다.

A. 회개와 회복(30:1-10)
B. 율법의 접근성(30:11-14)
C. 생명의 길과 죽음의 길(30:15-20)

Ⅲ. 세 번째 스피치: 마지막 권면(29:2[1]–30:20)
2장. 이스라엘 앞에 놓인 선택(30:1–20)

1. 회개와 회복(30:1-10)

1 내가 네게 진술한 모든 복과 저주가 네게 임하므로 네가 네 하나님 여호와로부터 쫓
겨간 모든 나라 가운데서 이 일이 마음에서 기억이 나거든 2 너와 네 자손이 네 하나
님 여호와께로 돌아와 내가 오늘 네게 명령한 것을 온전히 따라 마음을 다하고 뜻을
다하여 여호와의 말씀을 청종하면 3 네 하나님 여호와께서 마음을 돌이키시고 너를
긍휼히 여기사 포로에서 돌아오게 하시되 네 하나님 여호와께서 흩으신 그 모든 백성
중에서 너를 모으시리니 4 네 쫓겨간 자들이 하늘 가에 있을지라도 네 하나님 여호와
께서 거기서 너를 모으실 것이며 거기서부터 너를 이끄실 것이라 5 네 하나님 여호와
께서 너를 네 조상들이 차지한 땅으로 돌아오게 하사 네게 다시 그것을 차지하게 하
실 것이며 여호와께서 또 네게 선을 행하사 네게 네 조상들보다 더 번성하게 하실 것
이며 6 네 하나님 여호와께서 네 마음과 네 자손의 마음에 할례를 베푸사 너로 마음
을 다하며 뜻을 다하여 네 하나님 여호와를 사랑하게 하사 너로 생명을 얻게 하실 것
이며 7 네 하나님 여호와께서 네 적군과 너를 미워하고 핍박하던 자에게 이 모든 저
주를 내리게 하시리니 8 너는 돌아와 다시 여호와의 말씀을 청종하고 내가 오늘 네게
명령하는 그 모든 명령을 행할 것이라 9–10 네가 네 하나님 여호와의 말씀을 청종하
여 이 율법책에 기록된 그의 명령과 규례를 지키고 네 마음을 다하며 뜻을 다하여 여
호와 네 하나님께 돌아오면 네 하나님 여호와께서 네 손으로 하는 모든 일과 네 몸의
소생과 네 가축의 새끼와 네 토지 소산을 많게 하시고 네게 복을 주시되 곧 여호와께
서 네 조상들을 기뻐하신 것과 같이 너를 다시 기뻐하사 네게 복을 주시리라

끝이 없을 것만 같았던 저주(28:15-68)의 먹구름이 회복에 대한 소망의 빛에게 자리를 내주고 있다. 먼 훗날 이스라엘이 포로로 끌려간 후에 있을 회복을 예고하는 이 섹션은 새로운 출애굽을 예언한 이스라엘의 선지자들에게 지대한 영향을 미친 말씀이다. 본문은 저자가 지금까지 신명기 안에서 선포한 여러 가지 내용을 바탕으로 구성되어 있다. 어떤

경우는 저주로 선포된 것을 반전시켜 축복으로 표현하기도 한다. 다음 도표를 참고하라(Craigie).

본문	책의 다른 구절	
1절	4:29	[cf. 28장]
2절	4:30	
3절	4:31	[cf. 28:64]
4절		
5절	28:62-63	
6절	10:16	
7절	28:60	
8절	28:1	
9절	28:4	
10절	28:58	

많은 학자들이 이 섹션이 교차대구법적 구조를 지닌 것으로 파악한다(Tigay; McConville; Wright; Braulik; Lohfink). 물론 모두 다 동일하게 보는 것은 아니다. 일부 주석가들은 6절을 중심에 두는가 하면(Wright; Braulik),[44] 나머지 학자들은 8절을 중심에 둔 구조를 제시한다(McConville; Lohfink; Tigay).[45] 이 섹션에서 "돌아오다/회개하다"(שׁוב)가 여러 차례 사용되며(1, 2, 3[2x], 8, 9, 10절) 가장 부각되는 개념임을 감안할 때, 본문의 핵심은 회개하고 돌아오는 것이다. 그러므로 8절을 중심으로 두는 구조가 더 설득력 있다. 다음을 참고하라(Lenchak).

---

44 Wright은 다음과 같은 구조를 제시하는데, 이 구조의 장점은 하나님이 이스라엘에게 마음의 할례를 행하신다는 것이 중심에 있다는 것이다(cf. Braulik; Barker).

A. When you and your children return(v. 2a)
  B. and obey… with all your heart and soul(v. 2b)
    C. then you will have restoration to the land and more prosperity than the fathers(vv. 3-5)
      D. God will circumcise your hearts so that you will love him with all your heart and soul(v. 6)
    C'. you will have prosperity in the land, like the fathers(vv. 8-9)
  B'. if you obey the Lord your God(v. 10a)
A'. and turn to the Lord… with all your heart and soul(v. 10b)

A. 조건절(protasis)(1-2절)
　B. 귀결절(apodosis)(3-7절)
　　C. 중심 권면(8절)
　B'. 귀결절(apodosis)(9절)
A'. 조건절(protasis)(10절)

본문이 선언하는 회복과 소망은 언약에 따른 모든 하나님의 축복과 저주가 이스라엘에게 임한 후에 관한 것이다(1절). 그러나 이 회복은 때가 되면 저절로 있을 일이 아니고, 분명한 절차에 따라서 진행될 것이다. 첫째, 끌려간 사람들이 정신을 차려야 한다(1절). 이스라엘이 포로로 끌려가 타국에서 살게 된 후에라도 비로소 그들이 깨달아야 본문이 선언하는 회복이 시작된다. 포로생활이 이스라엘에게 준 가장 큰 교훈은 하나님을 버리고 우상을 숭배하는 일이 얼마나 어리석은 일인가에 대한 깨달음이다. 실제로 바빌론 귀양살이에서 돌아온 이스라엘 사람들은 마음속으로는 우상을 숭배했겠지만, 겉으로는 다시는 우상을 숭배하지 않았다. 바빌론에서 생활하는 동안 오직 여호와만이 하나님이시라는 것을 확실히 깨달았던 것이다.

둘째, 그들이 깨달은 후에는 여호와께 돌아와야 한다(2b절). 모세가 경고한 온갖 저주를 다 경험하고 나서야 돌아오는 것이 안타깝기는 하지만, 그래도 안 돌아오는 것보다는 복되다. 그러나 그들이 돌아오는 것이 쉬운 문제는 아니다. 단순히 여호와가 하나님이심을 시인하는 정도로는 돌아온다 말할 수 없기 때문이다.

---

45 Tigay는 다음과 같은 구조를 제시하는데, 이 구조의 장점은 본문의 중심 주제인 회심을 가운데 두고 있다는 점이다(cf. Lohfink; McConville).

A. you take them to heart… and you return to the Lord… and heed His command(1-2)
　B. then the Lord will restore your fortune… He will again bring you together…(3)
　　C. You will again heed the Lord…(8)
　B'. the Lord will again delight in your well-being(9)
A'. since you will be heeding the Lord… once you return to the Lord…(10)

모세는 온 마음과 뜻과 힘을 다하여 여호와를 사랑하라고 명령한 적이 있다(6:5). 여기서 모세는 이스라엘이 회심하고 하나님께 돌아오는 것을 "마음을 다하고 뜻을 다하여" 돌아와야 한다고 한다. 대충하는 것이 회심이 아니라 전인적(全人的)인 돌이킴을 요구하고 있는 것이다. "돌아오다"(שׁוב)는 가던 길에서 180도 회전하여 반대쪽으로 방향을 바꾼다는 뜻이다(cf. HALOT). 하나님께로부터 멀어져 가기만 하던 그들의 발걸음이 완전히 방향을 전환해서 하나님을 향해서 돌아와야 한다. 그리고 이 일에 있어서 온 마음과 정성을 쏟아야 한다.

셋째, 하나님의 말씀을 청종해야 한다(2c절). 회개는 가던 길에서 돌아서는 것만으로는 부족하다. 한 걸음 더 나아가 새로운 각오로 새로운 삶의 방식을 추구해야 한다. 모세는 회심은 변화된 삶으로 드러나야 하는데, 그 회심의 열매는 온 힘을 다하여 하나님의 말씀에 청종하는 것이라고 한다. 구약에서 "청종하다"(שׁמע)는 곧 순종하는 것을 뜻한다(cf. HALOT). 순종하는 삶은 회심에 필수적인 요소다.

넷째, 하나님이 그들을 회복시키실 것이다(3-4절). 타국에 끌려가서 겪게 되는 포로 생활의 성향은, 이스라엘이 그곳에서 회개한다고 해서 그들을 끌고 간 자들이 스스로 이스라엘에게 자유를 주어 본국으로 돌아가게 하는 것은 아니다. 오직 여호와가 개입하셔야만 이스라엘의 자유가 가능하다. 모세는 하나님이 회심한 이스라엘이 세상 어느 끝에 있다 하더라도 그들을 타국으로부터 직접 이끌어 내실 것이라고 한다. 새로운 출애굽이 있을 것임을 선언하는 것이다. 선지자들이 이스라엘이 바빌론으로부터 돌아올 것을 새로운/제2 출애굽 사건으로 묘사하는 것은 우연이 아니다.

다섯째, 하나님은 약속의 땅으로 돌아온 백성을 그들의 조상보다 더 번성하게 하실 것이다(5절). 하나님의 심판을 받아 타국으로 끌려가게 되는 경우, 많은 사람들이 먼저 적들의 칼에 죽을 것이기 때문에 실제로 끌려가는 숫자는 그리 많지 않을 것이다(cf. 렘 52:28-30). 게다가 돌아오는 숫자는 더 빈약할 수밖에 없다. 그러나 하나님은 돌아오는 백성의 미약함에 상관없이 그들을 축복하셔서 그들의 조상들(첫 번째 출애굽한 사람들)보다 더 번성하도록 하실 것이다. 그뿐만 아니라 하나님이 그들의 조상에게 내려 주셨던 온갖 축복을 그들에게 내려주실 것이며, 조상들을 기뻐하셨던 것처럼 이들을 기뻐하실 것이다(10절).

여섯째, 하나님은 돌아온 백성들에게 마음의 할례를 행하실 것이다(6절). 하나님은 이스라엘에게 자신들의 마음에 할례를 행하라고 말씀하신 적이 있다(10:16). 본문은 하나님이 이 일을 직접 하실 것이라고 한다. 랍비들은 이 말씀을 "사람이 하나님 앞에 정결하면, 하나님이 그를 도와 정결하게 하실 것"으로 풀이했다(Tigay). 사람의 의지가 확고하면 하나님이 그를 도와 그의 마음에 할례를 행하실 것이라는 뜻이다. 그러나 본문은 이 일을 하나님의 일방적인 사역으로 묘사한다.

선지자들은 하나님이 백성들의 마음에 할례를 행하는 때가 다름 아닌 하나님이 백성들과 새 언약을 맺을 때라고 한다(cf. 렘 31:31-34; 겔 36:24-32). 새 언약이 체결되면 더 이상 하나님을 알라고 서로를 가르칠 필요가 없다. 율법이 더 이상 돌에 새겨지는 것이 아니라 마음에 새겨져 하나님을 아는 지식이 충분해질 것이기 때문이다.

마음이 할례를 받으면 어떻게 되는가? 무엇보다도 온 마음과 뜻을 다하여 여호와 하나님을 사랑하게 된다(6b절). 모세가 이스라엘에게 온 마음과 뜻을 다하여 여호와를 사랑하라는 명령(6:5)을 내린 후 과연 이런 일이 어떻게 가능할까 했는데, 본문은 이 일은 하나님의 은혜로운 사역의 결과임을 강조한다. 물론 이스라엘은 열심히 이 말씀대로 살려고 노력하겠지만, 결국 타국으로 끌려가는 것으로 보아 온 마음과 뜻을 다하여 여호와를 사랑하는 것에서 실패했음을 알 수 있다. 드디어 혹독한 대가를 치른 다음에야 비로소 이런 일을 체험하게 될 것이다.

여호와를 전인적(全人的)으로 사랑할 때 하나님이 주시는 축복은 생명이다(6절). 28장에 기록된 저주는 하나같이 백성들을 죽음으로 몰고

간 것에 반해, 마음에 할례를 받아 하나님을 사랑하게 되면 풍요로운 생명을 누리게 될 것이다. 모세는 잠시 후에 이스라엘에게 생명과 죽음을 제시하며 선택하라고 한다(15-20절).

마음에 할례를 받아 하나님을 사랑할 때 누리게 될 또 하나의 축복은, 한때 하나님이 불순종한 언약 백성에게 내리셨던 저주를 그들의 원수들에게 내리실 것이라는 점이다(7절). 하나님의 축복은 이스라엘의 회복에만 집중되는 것이 아니라, 그들이 평안히 살 수 있도록 주변 환경도 정리해주시고, 함부로 이 백성을 넘보는 자들이 없도록 해 주실 것이다. 하나님은 오래전에 아브라함은 복의 근원이라 하시면서, 그를 축복하는 자에게는 축복을, 그를 저주하는 자에게는 저주를 내리실 것이라고 하셨다(창 12:1-3). 본문은 이러한 원리를 다시 한 번 확인해 주고 있다. 하나님의 자녀를 축복하는 것은 자신이 복을 누리는 비결이라는 것이 성경의 가르침이다.

Ⅲ. 세 번째 스피치: 마지막 권면(29:2[1]–30:20)
2장. 이스라엘 앞에 놓인 선택(30:1–20)

2. 율법의 접근성(30:11-14)

11 내가 오늘 네게 명령한 이 명령은 네게 어려운 것도 아니요 먼 것도 아니라 12 하늘에 있는 것이 아니니 네가 이르기를 누가 우리를 위하여 하늘에 올라가 그의 명령을 우리에게로 가지고 와서 우리에게 들려 행하게 하랴 할 것이 아니요 13 이것이 바다 밖에 있는 것이 아니니 네가 이르기를 누가 우리를 위하여 바다를 건너가서 그의 명령을 우리에게로 가지고 와서 우리에게 들려 행하게 하랴 할 것도 아니라 14 오직 그 말씀이 네게 매우 가까워서 네 입에 있으며 네 마음에 있은즉 네가 이를 행할 수 있느니라

먼 미래에 관한 일을 예고한 모세가 대상을 바꿔 모압 평지에 모여 있는 사람들을 권면한다. 학자들은 모세가 무엇이 어렵지 않다고 하는

가에 대하여 율법을 이해하는 일이 어렵지 않다는 것을 의미하는 것으로 해석하기도 하고(Christensen; Hall; McConville; Merrill; Nelson; Ridderbos), 율법에 따라 살아가는 일이 어렵지 않다는 것으로 해석하기도 한다(Craigie; Wright). 그러나 굳이 이 둘을 구분할 필요가 있을까? 특히 30장이 전인(全人)적인 순종을 강조하고 있다는 사실을 감안하면 본문에 이 두 가지 개념이 같이 있다고 생각된다. 하나님은 이해하기에, 혹은 실천하기에 너무 어려운 것을 주시며 순종을 강요하실 분은 아니기 때문이다. 그러므로 저자는 언약의 조항인 율법이 결코 이해하기 어려운 것이 아니며 실천으로 옮기기에 너무 먼 일도 아니라는 점을 동시에 강조하는 것으로 이해되어야 한다(11절). 누구든지 마음만 먹으면 얼마든지 이해할 수 있고 삶에 적용할 수 있는 것이 율법이다. 모세는 이러한 사실을 세 가지로 표현한다.

첫째, 율법은 하늘에 있는 것이 아니다(12절). 비유로 말하자면, 율법은 너무 높은 곳에 있어서 보통 사람들은 도저히 접근할 수 없는 것이 아니라는 것이다. 고대 근동에서 하늘은 사람이 갈 수 없는 곳의 상징이었다(cf. 잠 30:4). 그러므로 무엇이 하늘에 있다는 것은 아주 특별한 사람들만 접근할 수 있는 것을 뜻한다(Craigie). 하나님이 모세를 통해 주신 율법은 이런 영역에 속한 것이 아니라, 누구든지 마음만 먹으면 깨닫고 순종할 수 있다. 그러므로 이스라엘이 율법을 지키지 않는 것은 율법을 모르기 때문이라는 변명이 있을 수 없다.

둘째, 율법은 바다 밖에 있는 것이 아니다(13절). 고대 근동에서 바다를 건넌다는 것은 매우 어려운 일의 상징이었다. 메소포타미아의 신화들은 바다를 건너는 일이 너무 어려워서 오직 신들만이 할 수 있는 일이라고 했다(Tigay). 율법을 준수하며 산다는 것은 이렇게 어려운 일이 아니다. 누구든 마음만 먹으면 얼마든지 할 수 있는 일이다. 하나님이 이스라엘에게 율법을 주시며 준수하라고 하심은 그들로부터 결코 불가능한 일을 요구하신 것이 아니었다.

셋째, 율법은 그들의 입에 있고 마음에 있다(14절). 율법이 가장 가까운 곳에 와 있음을 뜻한다. 하나님을 참으로 사랑하는 것은 우리 마음에 있으며, 이 사랑은 입을 통한 가르침과 배움으로 공급되어야 한다(Braulik). 이런 면에서 이 말씀은 하나님의 말씀을 마음에 새기고 항상 묵상하고 강론하라는 권면(6:6-7)을 연상케 한다(McConville). 잠시 후 모세는 율법이 기록된 책을 제사장들과 장로들에게 줄 것이다(31:9).

율법은 이스라엘의 가장 가까운 곳에 와 있다. 일부 주석가들은 율법이 주어질 때부터 이스라엘이 그 율법을 순종할 능력을 지니지 않았으며, 종말에 하나님이 그들에게 마음의 할례를 행하고 난 후에야 실천이 가능할 것이라고 한다(McConville; Barker; Olson). 그러나 이러한 해석은 인간의 능력을 지나치게 과소평가하는 것이다. 더 나아가 성경은 지속적으로 주의 백성이 율법에 순종할 것을 권면하는데, 만일 그들이 처음부터 율법대로 살 능력이 없다면, 하나님은 인간이 지킬 수도 없는 어려운 것을 주시고 준수하며 살아가라고 강요하시는 폭군이 된다. 모세는 본문을 통해 이스라엘은 마음만 먹으면 율법을 말하고 묵상할 수 있으며 실천할 수도 있다는 점을 강조한다.

3. 생명의 길과 죽음의 길(30:15-20)

**15 보라 내가 오늘 생명과 복과 사망과 화를 네 앞에 두었나니 16 곧 내가 오늘 네게
명령하여 네 하나님 여호와를 사랑하고 그 모든 길로 행하며 그의 명령과 규례와 법
도를 지키라 하는 것이라 그리하면 네가 생존하며 번성할 것이요 또 네 하나님 여호
와께서 네가 가서 차지할 땅에서 네게 복을 주실 것임이니라 17 그러나 네가 만일 마
음을 돌이켜 듣지 아니하고 유혹을 받아 다른 신들에게 절하고 그를 섬기면 18 내가**

오늘 너희에게 선언하노니 너희가 반드시 망할 것이라 너희가 요단을 건너가서 차지
할 땅에서 너희의 날이 길지 못할 것이니라 19 내가 오늘 하늘과 땅을 불러 너희에게
증거를 삼노라 내가 생명과 사망과 복과 저주를 네 앞에 두었은즉 너와 네 자손이 살
기 위하여 생명을 택하고 20 네 하나님 여호와를 사랑하고 그의 말씀을 청종하며 또
그를 의지하라 그는 네 생명이시요 네 장수이시니 여호와께서 네 조상 아브라함과
이삭과 야곱에게 주리라고 맹세하신 땅에 네가 거주하리라

모세는 언약 준수와 연관이 있는 전형적인 동사들("사랑하다", "걷다", "지키다")(16a절)을 사용하여 율법에 따라 사는 것이 곧 언약을 준수하는 행위임을 강조한다. 주의 백성이 율법을 준수하며 살면 언약이 약속한 축복들(생명, 번성, 복)을 누릴 것이다(16b절). 그러므로 모세는 생명과 죽음이라는 두 가지 선택을 제시하며 생명을 선택할 것을 호소한다. 이 섹션에서 "생명/살다"가 네 차례, 죽음/멸망이 네 차례 사용되며 필연적인 선택의 결과를 극적으로 대조한다. 또한 섹션의 시작인 15절과 끝이라고 할 수 있는 19절에서 생명과 죽음이 쌍으로 사용되며 전체 텍스트를 감싸고 있다. 본문이 그만큼 삶과 죽음의 선택을 강조하는 것이다. 실제로 생명을 선택하라는 권면이 모세의 세 번째 스피치(29-30장)뿐만 아니라 신명기 전체의 하이라이트가 된다(Lenchak).

모세는 이스라엘 앞에 "생명과 복," "사망과 화"라는 대조적인 선택을 제시한다(15절). "복"(טוֹב)은 문자적으로 "좋은 것"을, "화"(רָע)는 "나쁜 것"을 뜻한다. 선택의 성향을 대조한다. 생명을 택하는 것은 좋은 일이며, 사망을 택하는 것은 나쁜 일이라는 것이다. 그렇다면 모든 사람이 나쁜 것인 죽음을 버리고, 좋은 것인 생명을 택하는 것은 당연한 일이다. 그러나 이 선택은 단순히 확인하는 것(affirmation)으로 끝나지 않는다. 생명과 복을 선택하는 것은 곧 하나님 여호와를 사랑하고 그 모든 길로 행하며 그의 명령과 규례와 법도를 지키는 것이다(16, 20절; cf. 6:5-7). 생명과 복을 택한다는 것은 삶의 방식을 바꾼다는 것이며,

분명 책임과 의무가 따르는 일이다. 그러나 이렇게 하는 자는 분명 장수와 번성을 누릴 것이다. 하나님이 이런 것들을 복으로 주시기 때문이다(16, 20절).

반면에 하나님과의 언약을 배반하고 우상을 숭배하면 그 사람은 반드시 망할 것이다. 이렇게 될 것을 모세가 장담한다(18절). 그뿐만 아니라 약속의 땅에서도 오래 살지 못하게 될 것이다. 포로가 되어 타국으로 끌려갈 것을 경고하는 대목이다(cf. 4:26; 8:19). 그러므로 만일 이스라엘이 약속의 땅에서 오래 살기를 원한다면 하나님과 맺은 언약을 잘 지켜야 한다(20절). 그렇다면 선택은 분명 하나뿐이다. '사망과 화'를 거부하고 '생명과 복'을 택해야 한다. 이 선택의 기로에서 중요한 것은 '오늘, 당장, 이 자리에서' 마음을 결단하고 생명과 복을 선택하는 것이다. 이점을 강조하기 위하여 모세는 19절에서 "오늘"(הַיּוֹם)을 사용하고 있다. 이 장(章)에서만 이미 세 번이나 강조된다(cf. 15, 18절).

그러나 우리가 잘 알다시피 이스라엘의 현실은 달랐다. 그들이 하나님께 등을 돌리고 우상을 따르는 것이 죽음의 길인 줄 알면서도 그 길을 갔던 사실이 이스라엘의 역사에 기록으로 남아 있다. 피조물 중에 가장 지혜롭다고 자부하는 인간은 이처럼 어이없는 선택을 하곤 한다. 죄인이기 때문이다.

모세는 오직 하나님 여호와만을 사랑하고, 그의 말씀에 순종하며, 그만을 의지하라는 세 가지 권면으로 말씀을 마무리한다(20절). 하나님을 사랑하는 것은 곧 말씀에 순종하고 그분만을 의지하는 것으로 표현되어야 한다. 이렇게 하면 그들의 생명이시요 장수이신 하나님이 그들로 약속의 땅에서 오래 살도록 해 주실 것이다. 이스라엘이 가나안 땅에서 살 수 있는 기간은 하나님께 순종하는 것에 비례하는 것이다. 잘 순종하면 그 땅에서 오래 살 것이요, 불순종하면 오래지 않아 쫓겨날 것이다. 하나님이 그들이 차지할 가나안 땅의 참주인이시기 때문이다.

Ⅳ. 맺는 말: 리더십 계승

(31:1-34:12)

이 섹션은 모세오경 전체를 맺는 말이며 동시에 신명기를 맺는 말이기도 하다. 이런 면에서 신명기를 시작했던 1-3장과 31-34장은 밀접한 연관성이 있다. 실제로 1-3장을 읽고 중간 부분을 뛰어넘어 곧장 31장을 계속 읽어 내려가도 별 어려움은 없다(Wright). 특히 3장 마지막 부분인 3:21-28은 모세를 대신해서 여호수아가 이스라엘을 가나안 땅으로 인도할 것이라고 하는데, 31:1-8 역시 동일한 주제에 대하여 언급한다. 이 두 섹션이 앞뒤 텍스트의 이음새 역할을 하고 있는 것이다. 반면에 차이도 있다. 책을 시작하는 1-3장은 과거에 대한 회상이지만, 책을 마무리하는 이 섹션의 초점은 미래에 맞추어져 있다.

죽음을 눈앞에 둔 모세는 자신의 삶을 정리할 뿐만 아니라 그가 지금까지 인도해 왔던 백성들로 가나안 입성에 꼭 필요한 것들을 준비시킨다. 모세는 제사장과 장로들에게 율법이 기록된 책을 주어 온 공동체의 지표로 삼도록 하며, 여호수아를 새 지도자로 세워 그가 하던 일을 대신하게 한다. 그는 마지막으로 하나님의 신실하심을 찬양하는 노래를 불러 이스라엘을 가르치고, 이스라엘 지파들에게 축복을 선언한 후, 느보 산 어느 골짜기에서 죽음을 맞이한다. 신명기의 마지막을 장식하고 있는 본 텍스트는 다음과 같이 구분될 수 있다.

A. 여호수아 임명과 율법 보존(31:1-29)

B. 모세의 노래(31:30-32:44)

C. 모세의 임박한 죽음(32:45-52)

D. 모세의 축복(33:1-29)

E. 모세의 죽음과 새 리더(34:1-9)

F. 결론(34:10-12)

1장. 여호수아 임명과 율법 보존(31:1-29)

신명기의 맺는 말을 시작하고 있는 31장의 중심 주제는 모세가 여호수아에게 리더십을 넘겨 주는 것과 지금까지 선포된 율법을 기록한 책에 대한 보존이다. 본 텍스트를 묵상하면서 한 가지 주목할 만한 것은 신명기에서는 처음으로 회막이 언급된다는 것이다. 또한 언약궤도 신명기에서는 처음으로 모습을 드러낸다. 많은 학자가 31장 전체 혹은 일부를 사용하여 교차대구법적 구조를 제시한다. 다음 구조를 참고하라(McConville; cf. Tigay; Wright)[46].

A. 모세가 백성들에게-여호수아의 계승에 관하여(1-8절)
  B. 모세가 레위 사람들에게-율법책에 관하여(9-13절)
    C. 여호와께서 모세와 여호수아에게-승계와 노래에 관하여(14-23절)
  B'. 모세가 레위 사람들에게-율법책에 관하여(24-29절)
A'. 모세가 백성들에게-노래에 관하여(30절)

---

46 라이트(Wright)는 9-29절의 구조에 대하여 다음과 같이 분석한다(cf. Tigay).
A. Writing of the law; entrusting to Levites; "Assemble" people for reading of law(9-13)
  B. Commissioning of Joshua(14-15)
    C. Reason for the Song of Moses(16-22)
  B′. Commissioning of Joshua(23)
A′. Writing of the law; entrusting to Levites; "Assemble" elders to hear the law(24-29)

위에 제시된 구조의 아쉬움은 A에 비하여 A'에 할당된 텍스트의 양이 너무 적다는 것이다. 반면에 장점은 하나님이 회막에서 모세와 여호수아에게 리더십 계승과 모세가 32장에서 불러 백성들을 가르칠 노래에 대하여 지시하시는 것이 중심에 있게 된다는 것이다. 신명기 31-32장의 세 가지 핵심 주제인 리더십 계승, 율법책 보존 그리고 노래 중에서, 리더십 계승과 노래의 두 주제가 31장의 중심에서 부각되고 있으며, 율법 보존(9-13, 24-29절)도 충분한 집중을 받고 있는 것이다. 본 텍스트는 다음과 같이 구분될 수 있다.[47]

A. 여호수아의 리더십 계승(31:1-8)
B. 정기적인 율법 낭독(31:9-13)
C. 모세와 여호수아에 대한 마지막 지시(31:14-23)
D. 열방에 대한 경고(31:24-29)

---

47 한 주석가는 31-32장의 구조를 다음과 같이 분석하는데(Block), 통일성이 있는 구조로 보기는 다소 어렵다.

A. 여호수아가 모세의 계승자로 지명됨(31:1-8)
  B. 율법(31:9-13)
A. 여호수아가 모세의 계승자로 지명됨(31:14-15)
    C. 국가(國歌)(31:16-22)
A. 여호수아 임명(31:23)
  B. 율법(31:24-27)
    C. 국가(國歌)(31:28-32:44)
  B. 율법(32:45-47)

Ⅳ. 맺는 말: 리더십 계승(31:1-34:12)
1장. 여호수아 임명과 율법 보존(31:1-29)

1. 여호수아의 리더십 계승(31:1-8)

1 또 모세가 가서 온 이스라엘에게 이 말씀을 전하여 2 그들에게 이르되 이제 내 나이
백이십 세라 내가 더 이상 출입하지 못하겠고 여호와께서도 내게 이르시기를 너는
이 요단을 건너지 못하리라 하셨느니라 3 여호와께서 이미 말씀하신 것과 같이 네 하
나님 여호와께서 너보다 먼저 건너가사 이 민족들을 네 앞에서 멸하시고 네가 그 땅
을 차지하게 할 것이며 여호수아는 네 앞에서 건너갈지라 4 또한 여호와께서 이미 멸
하신 아모리 왕 시혼과 옥과 및 그 땅에 행하신 것과 같이 그들에게도 행하실 것이라
5 또한 여호와께서 그들을 너희 앞에 넘기시리니 너희는 내가 너희에게 명한 모든 명
령대로 그들에게 행할 것이라 6 너희는 강하고 담대하라 두려워하지 말라 그들 앞에
서 떨지 말라 이는 네 하나님 여호와 그가 너와 함께 가시며 결코 너를 떠나지 아니
하시며 버리지 아니하실 것임이라 하고 7 모세가 여호수아를 불러 온 이스라엘의 목
전에서 그에게 이르되 너는 강하고 담대하라 너는 이 백성을 거느리고 여호와께서
그들의 조상에게 주리라고 맹세하신 땅에 들어가서 그들에게 그 땅을 차지하게 하라
8 그리하면 여호와 그가 네 앞에서 가시며 너와 함께 하사 너를 떠나지 아니하시며
버리지 아니하시리니 너는 두려워하지 말라 놀라지 말라

이스라엘이 하나님과 맺은 언약의 축복과 저주에 대해 말하고(27-28장), 생명과 죽음 중 올바른 선택을 하라는 권면(29-30장)을 마친 모세가 계속 말씀을 선포한다. 그러나 이번에는 주제가 이스라엘 공동체가 아니라 그의 개인적 신변에 관한 일이다. 그는 먼저 자신의 나이가 120살이 되었음을 밝힌다(2절). 이집트에서 이스라엘 해방 사역을 시작할 때 80세였으니 어느덧 광야에서 보낸 세월만 40년이 된 것이다. 그는 자신이 이스라엘을 인도하여 요단 강을 건널 수 없음을 선언한다. 그가 너무 늙었거나 병이 들어서가 아니다. 그는 아직도 정정하다(cf. 34:7). 모세도 참으로 백성들을 이끌고 약속의 땅에 입성하고 싶어한다(cf. 3:23-25).

그렇다면 무엇이 문제였는가? 하나님이 허락하지 않으셨다(2b절; cf. 3:26-27). 모세는 그 이유를 이스라엘이 가데스 바네아에서 정탐꾼들의 말을 듣고 가나안 정복에 나서기를 거부해서 일어난 일이라고 하였다(2:34-37). 모세가 백성들을 잘못 지도한 것에 대한 책임을 물으신 것이다. 반면에 이 섹션에서는 모세가 가나안에 들어가지 못하는 이유를 "네[모세와 아론]가 신 광야에 있는 가데스의 므리바 샘에서 물이 터질 때에, 이스라엘 자손이 보는 데서 믿음 없는 행동을 하고, 이스라엘 자손에게 나의 거룩함을 나타내지 않았기 때문"이라고 하신다(32:51; cf. 민 20:1-13). 이 두 가지 이유가 서로 대립하는 것으로 볼 필요는 없다. 두 가지가 복합적으로 작용한 것이다. 모세가 백성들을 이끌고 곧장 가나안에 입성하려고 했을 때 백성들이 먼저 정탐꾼을 보내자고 제안을 했었고 그 제안에 대하여 하나님께 아뢰지도 않고 그냥 허락한 것은 그에게도 조금이나마 가데스 바네아 반역에 대한 책임이 있었음을 암시한다(cf. 1:19-24).

모세가 이스라엘과 함께 요단 강을 건너지 못한다면, 이스라엘은 어떻게 될 것인가? 모세는 걱정하지 말라고 한다. 여호와께서 이스라엘을 앞서 가실 것이며, 직접 가나안 족속들을 멸하시고 그들의 땅을 이스라엘에게 주실 것이기 때문이다(3a절). 또한 여호수아가 모세의 뒤를 이어 지휘관으로 그들을 앞서 갈 것이다(3b절). "여호와 당신들의 하나님이 당신들 앞에서 건너가실 것이다"(יְהוָה אֱלֹהֶיךָ הוּא עֹבֵר לְפָנֶיךָ)와 "여호수아가 당신들 앞에서 건너갈 것이다"(יְהוֹשֻׁעַ הוּא עֹבֵר לְפָנֶיךָ)는 주어만 다르고 나머지는 동일한 문구들이다. 하나님의 섭리와 계획은 인간의 참여를 통해 진행된다는 것을 암시한다(Wright). 그러나 여호와의 앞서 가심이 먼저 언급되는 것은 여호수아의 리더십이 아니라 하나님의 함께하심이 이스라엘의 안정과 승리의 요인이 될 것임을 시사한다(Tigay).

이스라엘의 가나안 입성을 하나님이 진두지휘하시니 그들은 당연히 승리할 것이다(5절). 모세는 모압 평지에 모여 있는 세대가 얼마 전에 치른 전쟁을 예로 들며 이러한 사실을 입증한다. 아모리 왕 시혼과 옥과 그들의 영토가 어떻게 되었는가를 생각해 보라는 것이다(4절; cf. 2:31-3:7). 이미 두 차례나 이스라엘을 앞서 가셔서 적들을 물리치고 승리를 주신 하나님이 앞으로도 계속 그렇게 하실 것이라는 점을 확신을 가지고 믿으라는 것이다. 하나님이 이스라엘을 위하여 싸우시면 누가 감히 그들을 상대하겠는가? 모세는 이스라엘을 대항하는 족속들은 모두 시혼과 옥처럼 될 것임을 확신한다. 그러므로 모세는 이스라엘이 가나안 백성들과의 전쟁에서 승리할 것인가 패할 것인가를 아예 언급하지 않는다. 그는 승리한 다음 단계에 대하여 지시한다. 하나님이 가나안 사람들을 그들의 손에 넘겨 주시면 모세가 명한대로 그들에게 행하라고 하는 것이다(5절). 하나도 살려 두지 말고 모두 진멸하라는 뜻이다(cf. 7:1-5; 12:2-3; 20:16-17).

승리가 보장된 전쟁에 참여하는 이스라엘의 자세는 어떠해야 하는가? 아무것도 걱정하지 말고 믿음과 확신으로 자신있게 전쟁에 임하라고 한다: "마음을 강하게 하고 용기를 내십시오. 그들 앞에서, 두려워하지도 말고 무서워하지도 마십시오"(6a절). 이들의 용기와 담대함은 자신들의 능력에서 비롯된 것이 아니다. 허무맹랑한 착각에서 비롯된 것도 아니다. 그들의 확신과 담대함은 그들과 함께 하시는 하나님으로부터 온 것이다: "주 당신들의 하나님이 당신들과 함께 가시면서, 당신들을 떠나지도 않으시고 버리지도 않으실 것이다"(6b절). 이스라엘 군이 싸울 때, 험상궂은 적군의 얼굴이나 살기가 도는 그들의 무기를 마음에 두어서는 안 된다. 그들과 함께 하시는 하나님께 마음을 두면 승리하게 된다(Craigie).

모세는 하나님의 명령에 따라(cf. 1:38; 3:28) 여호수아를 불러 온 백성들이 보는 앞에서 그들에게 한 권면으로 그를 다시 권면한다(7-8절). 모세는 이 일을 통해 공개적으로 여호수아를 자신의 후계자로 지명한다. 34:9와 민수기 27:18-23에 의하면 모세는 여호수아의 머리에 손을 얹어 안수했다. 지혜의 영과 지도자로서의 권한을 그에게 위임한다는 뜻이다(Tigay). 여호수아는 아무것도 두려워 할 필요가 없다. 하나님의 영이 그에게 지도력의 지혜를 주실 것이며, 여호와께서 그를 앞서 가서 싸우실 것이기 때문이다. 이러한 확신은 모세가 여호수아에게 강요해서 생기는 것이 아니다. 여호수아도 이미 지난 40년 동안 모세의 시종으로 있으면서 이러한 사실을 자신의 두 눈으로 똑똑히 보았을 것이다. 그는 이러한 경험을 바탕으로 모세의 권면에 공감할 수 있었을 것이다.

여호수아의 책임과 위험이 막중한 만큼 그가 누릴 특권도 대단하다. 여호수아는 모세가 그렇게 희망했지만 누리지 못했던 특권을 누리게 될 것이다. 백성들을 이끌고 가나안에 입성하는 일이다(7c절). 아브라함에게 처음 약속하신 후 지난 수백 년 동안 성취되지 않았던 하나님의 땅에 대한 약속—심지어 모세가 그렇게 원했지만 하나님이 허락하시지 않은 일—이 그를 통해서 실현되는 영광스러운 역할을 감당하게 된다.

Ⅳ. 맺는 말: 리더십 계승(31:1-34:12)
1장. 여호수아 임명과 율법 보존(31:1-29)

2. 정기적인 율법 낭독(31:9-13)

9 또 모세가 이 율법을 써서 여호와의 언약궤를 메는 레위 자손 제사장들과 이스라엘
모든 장로에게 주고 10 모세가 그들에게 명령하여 이르기를 매 칠 년 끝 해 곧 면제
년의 초막절에 11 온 이스라엘이 네 하나님 여호와 앞 그가 택하신 곳에 모일 때에 이
율법을 낭독하여 온 이스라엘에게 듣게 할지니 12 곧 백성의 남녀와 어린이와 네 성
읍 안에 거류하는 타국인을 모으고 그들에게 듣고 배우고 네 하나님 여호와를 경외
하며 이 율법의 모든 말씀을 지켜 행하게 하고 13 또 너희가 요단을 건너가서 차지할
땅에 거주할 동안에 이 말씀을 알지 못하는 그들의 자녀에게 듣고 네 하나님 여호와
경외하기를 배우게 할지니라

모세는 가나안 입성을 앞둔 백성들에게 강하고 담대하라고 권면하고 온 백성들이 보는 앞에서 여호수아를 후계자로 인준한 뒤 언약궤를 메는 레위 자손 제사장들과 장로들에게 새로운 사역을 주었다(1절). 율법을 기록하여 그들에게 주며 매 7년째 되는 해 초막절에 온 백성을 모아 놓고 낭독하는 것이었다(10-11절). 모세가 기록한 "이 율법"(הַתּוֹרָה הַזֹּאת)의 범위가 어디까지인지는 정확하지 않지만 주석가들은 대체로 신명기 12-26장(Merrill) 혹은 1-30장을 뜻하는 것으로 간주한다(Tigay; Craigie; McConville).

실제로 신명기 전체를 소리 내어 낭독한다 해도 서너 시간밖에 걸리지 않는다(Tigay). 모세가 자신이 선포한 말씀을 문서화하는 작업은 17:18; 28:58, 61에서도 암시되었지만, 그가 율법을 기록했다는 구체적인 언급은 이곳이 처음이다. 고대 근동에서 법전을 문서화하는 것은 일반적인 일이었다(Walton & Mathews). 하나님이 돌판에 말씀을 새겨 주신 일(10:1-5)과 모세가 책에 율법을 기록하는 일은 서로 유사하다(Sonnet).

하나님이 직접 돌판에 새겨 주신 십계명은 언약궤 안에 보관되었다(cf. 10:8-9). 레위 자손들이 언약궤를 관리하는 임무를 맡았기에 십계명도 그들이 관리했다. 이제 모세는 율법책을 레위 자손들에게 준다. 레위 사람들이 하나님의 말씀을 도맡아 관리하는 특권을 누리게 된 것이다. 장로들이 레위 사람들을 도와야 한다. 그들도 법궤 등 성물을 관리해야 한다는 뜻은 아니다. 장로들은 모세가 만들어 준 율법책에 기록된 규율들이 이스라엘 공동체와 개인의 삶에서 잘 준수되도록 백성들을 설득하고 인도해야 한다.

이 율법책은 매 7년째 되는 해, 곧 모든 빚을 탕감해 주는 해(cf. 15:1)가 되면 초막절(cf. 16:16)에 절기를 지키기 위하여 성소를 찾은 모든 백성에게 공개적으로 읽혀져야 한다. 헷 족속 계약도 공개적인 장소에서 정기적으로 읽혔다는 기록이 있다(Weinfeld). 정기적으로 계약 조항을 읽는 것은 이 계약에 대한 논의와 계약 갱신을 위함이었다(Merrill). 율법을 빚을 면제해 주는 해에 낭독하라는 것은 아마도 율법의 근본적인 정신이 사람을 얽매게 하는 것이 아니라 자유케 하고 해방시키는 것에 있음을 암시하는 듯하다. 이스라엘이 율법대로만 살면 온 공동체와 각 개인이 모든 짓누르는 것으로부터 해방되며 묶임에서 자유하게 된다는 뜻이다.

이스라엘은 추수가 마무리될 때쯤인 티스리월(오늘날의 달력으로는 9월 중순에 시작되는 달) 15일부터 7일 동안 초막절을 지켰다. 그런데 왜 초막절에 성소에서 율법을 읽으라고 하는 것일까? 민수기 29:12-38에 의하면 이스라엘은 이 절기 때 가장 많은 제물을 드렸다. 초막절이 내포하는 여러 가지 의미와 정황이 이스라엘 사람들로 하여금 여러 절기 중 이 절기를 가장 중요한 것으로 간주하도록 했다. 그래서 이 절기는 간단히 "그 절기"(הֶחָג, the Feast)라고 불리기도 했다(왕상 8:2, 65; 12:32-33; 겔 45:25; 느 8:14). 여러 절기 중 가장 으뜸이라는 뜻이다(Tigay). 그러므로 일 년 여러 절기 중 이때 가장 많은 사람이 성소를 찾았던 것은 당연한 일이다. 율법이 최대한으로 많은 사람들에게 들려지게 하기 위해서 초막절에 읽으라고 한 것이다.

언약의 조항인 율법이 정기적으로 공개적인 자리에서 읽힌다는 것은 언약의 유효성이 영구적이라는 점을 암시한다(Tigay). 이 율법이 성소에서 예배 때 읽혀져야 한다는 것은 율법이 이스라엘 예배에 없어서는 안될 요긴한 부분이 되어야 한다는 것을 뜻한다(McConville). 또한 본문은 율법의 교육적 가치를 강조한다(13절). 그래서 절기 때 성소를 찾는 자들은 성인 남자로 제한되는 것이 일반적인데, 저자는 율법이 읽혀지는 매 7년째 되는 해의 초막절에는 모든 백성—남녀와 어린아이뿐 아니라 성안에서 함께 사는 외국 사람들도 불러 모아 함께 듣고 배우도록 하라고 한다(12절). 율법은 소수를 위하여 주신 것이 아니라, 이스라엘의 모든 백성을 위한 것이다(Grisanti). 그러므로 가능한 한 최대한으로 많은 사람이 율법을 배우도록 하라는 것이다.

3. 모세와 여호수아에 대한 마지막 지시(31:14-23)

14 여호와께서 모세에게 이르시되 네가 죽을 기한이 가까웠으니 여호수아를 불러서
함께 회막으로 나아오라 내가 그에게 명령을 내리리라 모세와 여호수아가 나아가서
회막에 서니 15 여호와께서 구름 기둥 가운데에서 장막에 나타나시고 구름 기둥은 장
막 문 위에 머물러 있더라 16 또 여호와께서 모세에게 이르시되 너는 네 조상과 함께
누우려니와 이 백성은 그 땅으로 들어가 음란히 그 땅의 이방 신들을 따르며 일어날
것이요 나를 버리고 내가 그들과 맺은 언약을 어길 것이라 17 내가 그들에게 진노하
여 그들을 버리며 내 얼굴을 숨겨 그들에게 보이지 않게 할 것인즉 그들이 삼킴을 당
하여 허다한 재앙과 환난이 그들에게 임할 그 때에 그들이 말하기를 이 재앙이 우리
에게 내림은 우리 하나님이 우리 가운데에 계시지 않은 까닭이 아니냐 할 것이라 18
또 그들이 돌이켜 다른 신들을 따르는 모든 악행으로 말미암아 내가 그 때에 반드시
내 얼굴을 숨기리라 19 그러므로 이제 너희는 이 노래를 써서 이스라엘 자손들에게
가르쳐 그들의 입으로 부르게 하여 이 노래로 나를 위하여 이스라엘 자손들에게 증
거가 되게 하라 20 내가 그들의 조상들에게 맹세한 바 젖과 꿀이 흐르는 땅으로 그들
을 인도하여 들인 후에 그들이 먹어 배부르고 살찌면 돌이켜 다른 신들을 섬기며 나
를 멸시하여 내 언약을 어기리니 21 그들이 수많은 재앙과 환난을 당할 때에 그들의
자손이 부르기를 잊지 아니한 이 노래가 그들 앞에 증인처럼 되리라 나는 내가 맹세
한 땅으로 그들을 인도하여 들이기 전 오늘 나는 그들이 생각하는 바를 아노라 22 그
러므로 모세가 그 날 이 노래를 써서 이스라엘 자손들에게 가르쳤더라 23 여호와께서
또 눈의 아들 여호수아에게 명령하여 이르시되 너는 이스라엘 자손들을 인도하여 내
가 그들에게 맹세한 땅으로 들어가게 하리니 강하고 담대하라 내가 너와 함께 하리
라 하시니라

하나님은 모세가 죽을 날이 머지않았다 하시며 모세와 여호수아에게 회막으로 나오라고 하신다(14절). 오경에서 장막과 회막은 대체로 동일

한 장소로 묘사된다. 출애굽기, 레위기, 민수기의 텍스트 대부분은 이 장막/회막이 이스라엘 진 중심에 있었던 것으로 회고한다(출 25:22; 29:42; 30:36; 레 16:2; 민 18:1-7). 이곳은 성소와 지성소로 구분되었으며, 지성소에는 법궤가 있었다. 제사장들이 관리하고 지키는 곳이었다. 반면 출애굽기 33:7-11 및 몇몇 텍스트는 회막은 장막과 구분되며 이스라엘 진 밖에 있었던 것으로 기록한다. 이 회막은 여호수아가 지키고 있었으며 하나님은 회막 입구에서 구름 기둥을 통해 말씀하셨다(출 33:9-11). 본문은 후자의 입장을 취한다(Merrill).

모세가 백성들 앞에서 여호수아를 후계자로 지명할 때(7절), 여호수아의 임명에 대하여 조금이라도 유보적인 입장을 취한 사람들이 있었다면, 하나님이 여호수아를 장막으로 부르신 일은 그들의 모든 의구심을 잠재우기게 충분했을 것이다(Tigay). 여호수아는 모세가 지명한 차기 리더일 뿐만 아니라, 하나님이 세우신 자라는 것이 확실해졌기 때문이다. 여호수아와 모세가 회막으로 나아갔을 때 하나님의 임재는 구름 기둥이 장막 어귀 위에 머무는 것으로 가시화되었다(15절).

하나님이 모세에게 그가 죽은 후에 이스라엘이 어떤 악행을 할 것인가를 알려주셨다. 백성들이 이 순간에는 모세에게 "죽도록 충성할 것"을 맹세할지라도 그들이 가나안 땅에 들어서자마자 하나님께 등을 돌리고 우상을 숭배할 것이라고 하신다(16절). 지난 40년 동안 온갖 어려움을 겪으면서 이 백성의 믿음이 굳건하게 서기만을 바랐던 모세에게는 참으로 고통스러운 말씀이었을 것이다. 물론 이스라엘은 우상을 숭배하면서 여호와도 계속 섬길 것이다. 이스라엘이 종교적 혼합주의를 지향할 것임을 뜻하는 것이다(Tigay). 그러나 성경은 이스라엘과 하나님의 관계에서 유일신주의가 얼마나 중요한가를 거듭 강조해 왔다. 그러므로 아무리 하나님을 열심히 섬긴다 해도 이방 신들을 함께 숭배하면 하나님을 떠난 것이나 마찬가지다.

하나님은 간음하는 이스라엘에게서 자신의 얼굴을 숨기시고, 율법이 경고한 온갖 재앙을 그들에게 내리실 것이다(17a절). 하나님이 얼굴을 숨기신다는 것은 더 이상 이스라엘을 보호하시지 않고 위험에 노출되어도 내버려 두실 것이라는 뜻이다. 그래서 제사장의 축도(민 6:24-27, 새번역)가 "주님께서 당신들을 밝은 얼굴로 대하시고… 주님께서 당신들을 고이 보시어서…"라며 두 차례나 하나님의 얼굴이 예배자들을 향할 것을 빌어주는 것이다. 하나님의 얼굴이 주의 백성을 향하고 있는 한 이스라엘은 모든 위험과 재앙에서 안전하다. 그러나 본문은 훗날 하나님이 스스로 이스라엘로부터 얼굴을 숨기실 날이 올 것이라고 경고한다. 하나님이 직접 내리시는 심판이 그들에게 임할 것임을 시사하는 것이다.

이스라엘은 자신들에게 온갖 재앙과 고통이 임하면 "우리 하나님이 우리 가운데 계시지 않기 때문에 이런 재앙이 덮치고 있다"라며 탄식할 것이다(17절). 자신들이 더 이상 하나님의 보호를 받지 않고 있음을 깨닫게 된 것이다(cf. 32:27-32). 그러나 자신들의 죄를 인정하고 회개하지는 않는다. 그들은 오히려 더 이상 자신들을 보호하지 않으시는 하나님께 서운하다며 더 적극적으로 우상들을 찾는다(18절). 하나님은 이스라엘이 돌아오기를 바라시며 그들을 재앙과 고통으로 치셨는데, 그들은 돌아오기는커녕 오히려 하나님으로부터 더 멀리 떠나 더 많은 죄를 짓는 것이다(Tigay). 이것이 징벌의 한계다. 징벌은 죄 문제를 해결할 수 없다. 오히려 죄인을 더 강퍅하게 만들기도 한다.

그렇다면 하나님이 내려주시는 물질적인 축복이 죄인들을 돌이키게 할 수 있을까? 절대 아니다. 하나님은 이스라엘의 선조들에게 약속하신 대로 그들을 젖과 꿀이 흐르는 땅으로 인도하시고, 그들이 그 곳에서 온갖 풍요를 누리게 하실 것이다(20절). 하나님이 이처럼 은혜를 베푸시면 그 은혜를 입은 백성은 당연히 그들에게 은혜를 베푸신 여호와를 더 사랑하고, 더 열심히 섬겨야 한다. 이것이 인간의 도리가 아니겠는가! 그러나 삶에 여유가 생기면 주의 백성들은 우상들에게 눈을 돌리고 하나님과의 언약을 깨뜨릴 것이다(20절; cf 6:10-13; 8:12-20; 11:16).

훗날 에스겔 선지자는 이스라엘이 하나님이 주신 금은보화를 우상들에게 갖다 주며 음행했다고 비난한다(cf. 겔 16, 23장). 잠언에 기록된 아굴의 기도가 생각난다. "주님께 두 가지 간청을 드리니, 제가 죽기 전에 그것을 이루어 주십시오. 허위와 거짓말을 저에게서 멀리하여 주시고, 저를 가난하게도 부유하게도 하지 마시고, 오직 저에게 필요한 양식만을 주십시오. 제가 배가 불러서, 주님을 부인하면서 '주가 누구냐'고 말하지 않게 하시고, 제가 가난해서, 도둑질을 하거나 하나님의 이름을 욕되게 하거나, 하지 않도록 하여 주십시오"(잠 30:7-9, 새번역).

환란과 고통뿐만 아니라 물질적인 축복도 인간의 죄 문제를 해결하지 못한다면, 과연 무엇이 인간을 변화시킬 수 있단 말인가? 예레미야는 새 언약이 체결될 때를 노래한다(cf. 렘 31:31-34). 옛적에는 돌에 새겨졌던 율법이 이때는 마음에 새겨질 것이라고 한다. 에스겔은 같은 시대를 '심장이식 수술을 받는 때'라고 한다(겔 11:19-20). 이사야는 이 때 하나님의 무조건적이고 일방적인 은혜가 인간의 죄를 치료할 것이라고 한다(사 57:14-19). 하나님이 메시아의 죽음을 통해 인간의 죄 문제를 해결하실 시대를 이렇게 표현하는 것이다(사 53장).

하나님은 이스라엘이 주님과의 언약을 어기고 우상을 숭배하는 일에 대하여 한 번 더 생각하게 하기 위하여 그들에게 노래를 주신다(19, 21절). 잠시 후 32장에서 접하게 될 노래다. 모세는 이 노래를 기록하여 이스라엘 백성에게 주어 자손 대대로 부르도록 했다(22절). 이스라엘이 부를 노래의 핵심 내용은 하나님이 반역한 이스라엘에게 벌을 내리실 것이라는 경고다. 그들이 이 노래를 기억하고 부르는 한, 재앙이 임하면 왜 자신들에게 그 재앙이 임했는가를 깨닫게 될 것이다. 사람의 심성을 아시는 하나님이 주신 이 노래는 이스라엘의 죄와 그 죄에 대한 벌에 대하여 예언적으로 기록하고 있는 증언이기 때문이다.

이스라엘이 머지않아 지을 죄와 그들이 자손 대대로 불러야 할 노래에 대하여 말씀을 마치신 하나님이 여호수아를 권면하셨다(23절). 하나님은 여호수아가 이스라엘을 인도하여 약속의 땅으로 들어갈 것이라는 사실을 확인해 주셨다. 모세의 역할은 여기까지라는 것이다. 이스라엘 역사에서 새 시대의 시작을 알리는 요단 강 도하는 새 리더가 지휘해야 한다. 물론 모세와 같은 카리스마적 리더가 40년 동안 해 오던 일을 계승한다는 것은 결코 쉬운 일이 아니다. 두려움과 걱정이 앞서는 일이다. 그래서 하나님은 여호수아에게 마음을 강하게 먹고 용기를 내라고 하신다(23b절). 그렇다면 여호수아는 어디서 혹은 무엇에 근거하여 필요한 모든 용기와 담대함을 얻을 수 있단 말인가? 바로 하나님의 "내가 너와 함께 있겠다"는 약속이다(23c절). 하나님의 함께 하심이 새로이 리더로 세움을 받은 여호수아의 능력이자 용기인 것이다.

Ⅳ. 맺는 말: 리더십 계승(31:1–34:12)
1장. 여호수아 임명과 율법 보존(31:1–29)

4. 열방에 대한 경고(31:24-29)

24 모세가 이 율법의 말씀을 다 책에 써서 마친 후에 25 모세가 여호와의 언약궤를 메
는 레위 사람에게 명령하여 이르되 26 이 율법책을 가져다가 너희 하나님 여호와의
언약궤 곁에 두어 너희에게 증거가 되게 하라 27 내가 너희의 반역함과 목이 곧은 것
을 아나니 오늘 내가 살아서 너희와 함께 있어도 너희가 여호와를 거역하였거든 하
물며 내가 죽은 후의 일이랴 28 너희 지파 모든 장로와 관리들을 내 앞에 모으라 내가
이 말씀을 그들의 귀에 들려주고 그들에게 하늘과 땅을 증거로 삼으리라 29 내가 알
거니와 내가 죽은 후에 너희가 스스로 부패하여 내가 너희에게 명령한 길을 떠나 여
호와의 목전에 악을 행하여 너희의 손으로 하는 일로 그를 격노하게 하므로 너희가
후일에 재앙을 당하리라 하니라

모세는 이 율법의 말씀을 모두 책에 기록한 후에 언약궤를 메는 레위

사람들에게 주어 언약궤 옆에 두어 증거가 되게 하였다(24-26절). 일부 주석가들은 "이 율법"(הַתּוֹרָה־הַזֹּאת)(24, 26절)을 22절이 언급하는 노래로 이해한다(Craigie; Sarna). 그러나 저자는 신명기의 모든 곳에서 이 책을 "율법"이라고 한다(Tigay). 그러므로 이곳에서도 단순히 노래를 뜻하는 것이 아니라, 노래를 포함한 신명기 전체로 보는 것이 바람직하다. 책(סֵפֶר)은 오늘날 우리가 이해하는 책의 개념과는 다르다. 여러 장을 모아 묶은 책 개념은 초대 기독교인들이 활성화한 것이다. 고대 사회에서 책은 단순히 기록된 문서였다. 그러므로 아주 짧은 글이 적힌 편지도 책이라고 불렀다(Tigay). 아마도 본문에서는 양피를 엮어 만든 두루마리를 뜻하는 것으로 생각된다.

레위 사람들은 모세에게서 받은 율법책을 언약궤 안에 넣는 것이 아니라, 옆에 두어야 한다. 십계명을 새긴 두 돌판은 법궤 안에 소장되지만, 율법책은 언약궤 옆에 특별히 준비된 거룩한 공간에 두어야 한다(Baltzer). 이곳에 둔 율법책은 이스라엘 백성에게 자손 대대로 증거가 될 것이다. 그들이 하나님과의 언약을 어길 때마다 저주가 그들을 엄습할 것이며, 그때마다 이 모든 일이 모세를 통해 주신 하나님의 말씀에 따른 것임을 깨닫게 될 것이라는 뜻이다(cf. 21절). 물론 이 깨달음이 회개로 연결될 가능성은 별로 없어 보인다. 모세는 이 사실을 잘 알기 때문에 이렇게 탄식한다. "내가 당신들의 반항심과 센 고집을 알고 있소. 지금 내가 살아 있어서 당신들과 함께 있는데도 당신들이 주님을 거역하거늘, 내가 죽은 다음에야 오죽하겠소!"(27절; cf. 29절, 새번역).

모세는 장로들과 지도자들도 불렀다(28a절). 그들에게 앞으로 될 일(이스라엘이 쉽게 하나님을 떠나 온갖 재앙을 벌로 받을 일; cf. 29절)에 대해 들려 주고 하늘과 땅을 세 번째 증인으로 세웠다(28절; cf. 4:26; 30:19). 모세는 다시 한 번 장로들에게 하나님과의 언약을 승계할 것인지, 아니면 거부할 것인지 선택하도록 권하고 있다(Merrill). 첫 번째 증인/증거는 노래며, 두 번째는 율법 책이고, 세 번째가 하늘과 땅이다.

증인들로서 하늘과 땅의 역할이 어떤 것인가? 증인들로서 하늘과 땅은 두 가지를 수행한다. 첫째는 혹시 훗날 이스라엘이 율법책에 기록된 경고에 대해 "듣지 못했다"며 억지 주장을 펼칠 때 하늘과 땅이 이 날 선포된 경고의 사실성에 대하여 증언한다는 의미다. 둘째는 이스라엘이 언약대로 살지 않아 하나님께로부터 벌을 받을 때, 하늘과 땅이 그들에게 재앙을 내리는 통로 역할을 한다는 의미다. 고대 근동의 계약 체결에서는 대체로 신들과 하늘과 땅이 함께 증인들로 채택되었다 (Craigie; McConville).

2장. 모세의 노래(31:30-32:44)

모세는 하나님이 백성들을 가르쳐 부르게 하라고 하신 노래(cf. 31:19, 22)를 부르기 시작한다(31:30). 노래는 이스라엘이 가나안에 정착한 지 오래되지 않아 하나님을 배반하고 우상을 숭배할 것이며, 이 일로 인하여 하나님의 저주를 받게 될 것을 경고하는 내용으로 구성되어 있으며 교육적인 목적을 지녔다(cf. 31:19). 또한 이 노래는 33장에 기록된 모세의 축복과 함께 신명기의 시적(詩的) 클라이맥스다(McConville). 대체로 학자들은 이 노래를 매우 오래된 히브리 시로 여긴다(Eissfeldt; Albright; Robertson).

오래된 노래라는 것은 그만큼 번역과 해석이 어렵다는 점을 뜻한다. 게다가 이 노래가 내러티브에서는 찾아볼 수 없는 여러 가지 이미지들을 구사하고 있으며, 노래를 구성하고 있는 14개의 단어가 성경 전체에서 이 노래에 딱 한 번 사용되는 것, 그리고 몇 문장은 번역하기가 매우 어렵다는 것 등이 노래를 이해하는 일을 어렵게 하고 있다.

양식과 내용에 있어서 모세의 노래는 예언서와 지혜 문헌과 많은 공통점을 지닌 것으로 생각된다(Driver; Mendenhall). 특히 이 노래와 시편 78편은 비슷한 말로 시작하는 점, 백성들의 만성적 배신을 주제로 한 것, 하나님이 "지극히 높으신 하나님"과 "바위/반석"으로 불리는 점 등 많은 공통점을 지녔다. 이 노래는 군주가 법정에서 계약을 위반한 종속자를 비난하는 고대 근동의 소송 양식과도 비슷하다(Hoffman). 아마도 이 노래는 이스라엘이 하나님과의 언약을 갱신하는 예식을 행할 때마다 그 예식의 일부로 불렸을 가능성이 있다(Craigie). 필자는 다음과 같이 구분하여 이 노래를 주해해 나가고자 한다.

A. 서문(31:30)
B. 증인 부름(32:1-3)
C. 은혜와 배은망덕(32:4-6)
D. 언약 백성 보호(32:7-14)
E. 백성에 대한 여호와의 비난(32:15-18)
F. 백성에 대한 심판 결정(32:19-25)
G. 언약 백성에 대한 심판 재고(32:26-35)
H. 이스라엘과 여호와(32:36-44)

Ⅳ. 맺는 말: 리더십 계승(31:1-34:12)
2장. 모세의 노래(31:30-32:44)

1. 서문(31:30)

30 그리고 모세가 이스라엘 총회에 이 노래의 말씀을 끝까지 읽어 들리니라

신명기의 절정이라고 할 수 있는 모세의 노래가 이와 같이 소개되고 있다. 앞에서 하나님은 모세에게 노래를 지어 이스라엘을 가르치라고 하셨다. 앞으로 선포될 노래의 핵심은 여호와의 영광과 주권이다(Merrill). 이 노래는 이스라엘이 범죄할 때마다 증인 역할을 할 것이다(Grisanti).

Ⅳ. 맺는 말: 리더십 계승(31:1-34:12)
2장. 모세의 노래(31:30-32:44)

2. 증인 부름(32:1-3)

[1] 하늘이여 귀를 기울이라 내가 말하리라
땅은 내 입의 말을 들을지어다
[2] 내 교훈은 비처럼 내리고
내 말은 이슬처럼 맺히나니
연한 풀 위의 가는 비 같고
채소 위의 단비 같도다
[3] 내가 여호와의 이름을 전파하리니
너희는 우리 하나님께 위엄을 돌릴지어다

모세가 자신의 노래를 하늘과 땅에게 귀를 기울이라는 명령으로 시작하는 것은 지혜 문헌(시 49:1-4; 78:1-3; 욥 43:2)과 또한 선지서(사 1:2; 렘 2:12)와도 비슷하다. 선지자들은 법정 소송 양식(רִיב-form)을 자주 사용하여 하나님과의 언약을 위반한 이스라엘을 피고인으로 법정에 세워 놓고 재판을 하는 식으로 말씀을 선포한다(cf. 사 1장). 이때 선지자는 하늘과 땅을 자주 증인석에 세운다. 하늘과 땅이 이스라엘의 모든 행위를 지켜보았던 가장 확실한 증인들로 생각되었기 때문이다.

모세가 자신의 노래를 하늘과 땅을 증인으로 부르는 말로 시작하는 것은 이 노래도 이스라엘을 법정에 피고인으로 세워 놓고 그들의 죄를 고발하는 형태를 띠고 있음을 뜻한다(cf. McConville). 그러나 동시에 모세는 이스라엘에게 가르침을 주는 지혜자로서 말한다. 그는 자신의 노래를 "나의 교훈"(לִקְחִי; lit., 내가 습득한/배운 것)이라고 하는데(2절), 이러한 표현은 잠언에서 경험을 토대로 얻어진 지혜를 뜻하며 사용되는 전문용어이기도 하다(Tigay; cf. 잠 1:5).

모세는 지혜자로서 이스라엘에게 생명의 교훈을 주고자 한다. "나의 교훈은 내리는 비요, 풀밭을 적시는 소나기다. 나의 말은 맺히는 이슬이요, 채소 위에 내리는 가랑비다"(2절). 만물에 생기를 불어 넣고 생물을 자라게 하는 비와 같이 모세의 교훈은 이스라엘에 생기를 더하고 자라게 하는 활력소가 될 것이다. 동시에 이스라엘은 가물은 땅이 단비를 바라고 환영하듯 모세의 가르침을 사모하여야 한다. 안타깝게도 이스라엘은 이러한 열정으로 하나님의 말씀을 받아들이지 못했다.

선지자이자 지혜자로서 모세가 하는 가장 기본적인 사역은 여호와의 이름을 선포하는 일이다(3절). 신명기에서 하나님의 이름은 하나님의 능력과 성품에 대해 여러 가지를 함축하고 있다(cf. 5:11; 12:5; etc.). 저자는 노래를 통해 하나님의 이름이 함축하고 있는 그분의 여러 가지 능력과 성품을 나열할 것이다. 하나님의 이름을 선포한다는 것은 곧 하나님이 어떤 분이신가를 백성들에게 알리는 것을 뜻하는 것이다(Craigie).

저자는 자신이 하나님의 이름을 선포하면 백성들은 "우리의 하나님 위대하시다"라고 응답할 것을 지시한다. 아울러 하나님의 이름을 선포한다는 것은 하나님의 신실하심을 확인한다는 것과(cf. 출 3:14-15), 백성들에게 언약에 순종할 것을 권면하는 일을 뜻한다(McConville). 여호와 하나님은 지난 40년 동안 이스라엘에게 신실하셨으며, 이때까지 자비와 긍휼로 그들을 보호하신 분으로서 이스라엘이 그분을 섬기고 사랑하는 것은 당연하고 자연스러운 일이다.

3. 은혜와 배은망덕(32:4-6)

4 그는 반석이시니
그가 하신 일이 완전하고
그의 모든 길이 정의롭고 진실하고
거짓이 없으신 하나님이시니
공의로우시고 바르시도다
5 그들이 여호와를 향하여 악을 행하니
하나님의 자녀가 아니요 흠이 있고 삐뚤어진 세대로다
6 어리석고 지혜 없는 백성아 여호와께 이같이 보답하느냐
그는 네 아버지시요 너를 지으신 이가 아니시냐
그가 너를 만드시고 너를 세우셨도다

모세는 제일 먼저 하나님을 반석이라고 찬양한다(4절). 그는 하나님이 이스라엘의 반석 되심을 강조하기 위하여 문장을 반석이라는 단어로 시작한다. 앞으로 저자는 노래에서 하나님의 성호로 "반석"(הַצּוּר)을 여러 차례 언급할 것이다(4, 15, 18, 30, 31절). 반석은 영속성(permanence)과 안정성(stability)의 상징이다(Craigie). 또한 매우 뜨거운 햇살이 내리쬐고 위험한 광야에서, 반석은 그늘과 피신처를 제공한다. 그러므로 하나님을 반석이라고 부르는 것은 하나님의 꾸준하심과 보호하시는 능력과 신뢰를 상징한다(McConville).

저자는 이스라엘의 반석이신 하나님의 성품을 여섯 가지로 찬양한다(4절). (1) 그가 하신 일은 완전하다, (2) 그의 모든 길은 정의롭다, (3) 그는 진실하시다, (4) 그는 거짓이 없으신 하나님이시다, (5) 그는 공의로우시다, (6) 그는 바르시다. "반석"이라는 성호를 포함하여 모세는 총

일곱 가지로 하나님의 성품을 노래한다. 여호와는 모든 면에서 완벽하시고 완전하신 하나님으로서 그 어떠한 문제도 지니지 않으신 분이시다. 이스라엘은 참으로 믿고 따를 수 있는 진실하신 하나님의 백성인 것이다. 그러므로 모세는 만일 이스라엘과 하나님 사이에 어떠한 문제가 생긴다면, 그것은 전적으로 이스라엘에게 책임이 있음을 암시한다. 절대 변하지 않는 반석과도 같으신 하나님과는 달리 이스라엘은 매우 변덕스러운 백성이기 때문이다.

이처럼 신실하시고 의로우신 하나님과 언약을 맺은 이스라엘은 어떠한가? 도저히 하나님과 어울리지 않는 파트너라고 한다(5-6절). 저자가 4절에서 하나님의 성품을 일곱 가지로 찬양한 것에 반해 이번에는 일곱 가지로 이스라엘의 신실하지 못함을 비난한다(5-6절). (1) 하나님께 맞섰다, (2) 악한 짓을 했다, (3) 그[하나님]의 자녀가 아니다, (4) 비뚤어진 자들이다, (5) 뒤틀린 세대이다, (6) 어리석은 백성이다, (7) 미련한 민족이다. 이스라엘은 모든 면에서 하나님과는 정반대 성향과 인격을 지닌 자들이다. 특히 하나님의 곧으심에 이스라엘의 뒤틀림은 분명한 대조를 이룬다. 이스라엘은 본능적으로 바른길을 가지 않으려는 성향을 지니고 있다는 것이다(McConville).

구약에서 이스라엘이 하나님의 자녀라는 개념이 자주 등장하지는 않지만, 이미 출애굽기 4:22에서 언급되었다. 또한 호세아 11:1에서도 하나님은 출애굽 사건을 회상하시면서 이스라엘을 아들이라고 부르신다. 그런데 모세는 이스라엘이 "그의 자녀가 아니다"(לֹא בָּנָיו)라고 한다(5b절). 이스라엘은 하나님의 자녀가 될 만한 자격이 없는 자들이라는 것이다. 놀라운 것은 하나님이 이 모든 정황을 아시고도 이스라엘을 자신의 백성으로 삼으셨다는 점이다. 이스라엘과 하나님 사이에 맺어진 언약 관계는 하나님의 자비와 포용성이 일방적으로 이루어낸 일이지, 결코 이스라엘이 그럴 만한 가치나 우수함을 지니고 있어서가 아니다.

이와 같은 사실을 고려할 때, 이스라엘의 반역은 더 기가 막히고 어이없는 일이다. 모세는 이스라엘을 어리석고 미련한 백성이라고 비난하면서 "너희는 어찌하여 주님께 이처럼 갚느냐? 그는 너희를 지으신 아버지가 아니시냐? 너희를 만드시고 일으키신 분이 아니시냐?"라고 다그친다(6절). 상식적으로 생각할 때 도저히 있을 수 없는 일이 일어났다. 거룩하신 하나님이 도저히 파트너 자격이 없는 이스라엘을 택하셨다면, 이스라엘은 그 은혜에 감동하고 감사해서라도 더 잘해야 한다. 이것이 인간의 도리가 아니겠는가? 그런데 그들은 오히려 그 은혜의 하나님을 너무 쉽게 배반할 것이다. 저자는 이스라엘이 배반하는 하나님은 다름 아닌 바로 그들을 지으신 아버지라고 한다(6b절). 이스라엘이 하나님을 배반하는 것은 마치 배은망덕한 아들이 아버지에게 등을 돌리는 것과 같은 것이다. 이사야 선지자도 이스라엘의 배신을 아버지에게 반역한 아들로 묘사한다(사 1:2-4).

> Ⅳ. 맺는 말: 리더십 계승(31:1–34:12)
> 2장. 모세의 노래(31:30–32:44)

4. 언약 백성 보호(32:7-14)

**7 옛날을 기억하라 역대의 연대를 생각하라 네 아버지에게 물으라 그가 네게 설명할
것이요 네 어른들에게 물으라 그들이 네게 말하리로다 8 지극히 높으신 자가 민족들
에게 기업을 주실 때에, 인종을 나누실 때에 이스라엘 자손의 수효대로 백성들의 경
계를 정하셨도다 9 여호와의 분깃은 자기 백성이라 야곱은 그가 택하신 기업이로다
10 여호와께서 그를 황무지에서, 짐승이 부르짖는 광야에서 만나시고 호위하시며 보
호하시며 자기의 눈동자 같이 지키셨도다 11 마치 독수리가 자기의 보금자리를 어지
럽게 하며 자기의 새끼 위에 너풀거리며 그의 날개를 펴서 새끼를 받으며 그의 날개
위에 그것을 업는 것 같이 12 여호와께서 홀로 그를 인도하셨고 그와 함께 한 다른 신
이 없었도다 13 여호와께서 그가 땅의 높은 곳을 타고 다니게 하시며 밭의 소산을 먹**

게 하시며 반석에서 꿀을, 굳은 반석에서 기름을 빨게 하시며 14 소의 엉긴 젖과 양의 젖과 어린 양의 기름과 바산에서 난 숫양과 염소와 지극히 아름다운 밀을 먹이시며 또 포도즙의 붉은 술을 마시게 하셨도다

모세는 하나님께 배반한 이스라엘에게 과거를 회상해 보라고 한다(7절). 하나님이 얼마나 오래전부터 이스라엘에게 특별한 관심을 쏟으시고 그들을 택하셨는가를 묵상해 보라는 것이다. 도움이 필요하면 조상들에게라도 물어 보아 지극히 높으신 분이 언제부터 이스라엘을 사랑하셨는가를 알아보라고 한다. "지극히 높으신 자"(עֶלְיוֹן)(8절)는 성경에서 자주 등장하는 하나님의 성호지만 신명기에서는 이곳에서만 한 번 사용된다. 이 성호는 주로 시에서 많이 사용되며 이스라엘의 하나님은 그 누구와도 비교할 수 없는 특별하신 분이라는 점을 강조한다. 고대 근동의 다신(多神)주의적 정서에서도 여호와는 모든 신의 신이라는 것이다.

그래서 이 성호가 사용될 때에는 하나님은 열방을 다스리시고 그들에게 주권을 행사하시는 분이라는 점을 강조한다(Craigie). 반면에 이스라엘과의 관계에서는 여호와라는 타이틀을 주로 사용하신다. 그래서 열방과의 관계를 언급하는 8절에서는 "지극히 높으신 자"라는 타이틀이, 이스라엘과의 관계를 언급하는 9절에서는 여호와라는 이름이 사용되고 있다.

하나님이 여러 나라에 땅을 나누어 주시고, 인류를 갈라 놓으실 때에 이스라엘 자손의 수효대로 민족들의 경계를 정하셨다는 말씀(8절)은 바벨탑 사건을 배경으로 사람들이 여러 나라와 민족으로 흩어지고 나누어진 일을 회고하고 있는 창세기 10-11장을 배경으로 한 말씀이다. 창세기 10-11장에 기록된 나라와 민족의 숫자를 세어보면 정확히 70이다. 이스라엘(야곱의 자손들)이 요셉의 초청을 받아 이집트로 내려갈 때 남자들의 숫자가 70이었다. 본문은 이 두 사실을 연결하여 하나님이 세상의 민족들을 나누실 때 이스라엘의 자손 수대로 하셨다고 한다.

하나님이 왜 이렇게 하셨는가에 대하여 이해하기 어렵다 해서 많은 주석가는 "이스라엘의 자손"보다는 "하나님의 아들들"(viz., 신들)을 선호한다(Craigie; Tigay; McConville). 사해 사본과 칠십인역(LXX)도 "하나님의 아들들"로 기록하고 있다. 이 대안을 따를 경우 하나님이 세상을 나누실 때 70나라와 민족으로 나누셔서 다른 신들에게 모두 주시고 오직 이스라엘만 자신의 백성으로 삼으셨다는 뜻이 된다. 그러나 저자의 의도는 야곱의 자손들이 이집트로 내려갈 때 그 수가 많았던 것처럼(70은 두 완전수[7, 10]의 곱이다), 하나님이 세상을 나누실 때 많은 민족과 나라로 나누셨지만(70), 이 중 오직 이스라엘만 자신의 백성으로 삼으셨다는 점을 강조하고자 하는 데 있다. 그러므로 굳이 "하나님의 아들들"로 바꿀 필요는 없어 보인다.

이 섹션은 하나님이 어떻게 이스라엘을 광야에서 보호하시고 가나안 땅을 차지하게 하셨는가를 회고한다. 모세는 이스라엘이 지나야 했던 광야는 매우 위험하고 생명을 위협하는 곳이었으며, 하나님이 이 험한 광야에서 이스라엘을 찾으셨다고 한다(10절). 하나님이 그들을 찾으셨다는 것은 이스라엘이 생명을 위협하는 위험에 노출되어 있었음을 뜻한다(Tigay). 하나님의 보호가 이스라엘의 생존에 얼마나 중요했는가를 강조하는 것이다. 모세는 하나님이 이스라엘을 광야에서 보살피신 일을 두 가지 이미지를 사용하여 묘사한다.

첫째, 하나님은 이스라엘을 눈동자처럼 지켜 주셨다(10절). 사람이 눈동자를 찔리면 반사적으로 보호하려 한다. 그래서 성경은 보호를 상징하는 비유로 눈동자를 자주 언급한다. 하나님은 이스라엘을 자신의 눈동자처럼 지켜 주셨다는 것은 즉각적이고 확실한 보호를 꾸준히 베풀어 주셨다는 뜻이다. 둘째, 하나님은 마치 어미 독수리가 새끼를 훈련시키며 보호하는 것처럼 이스라엘을 보살피셨다(11절). 독수리는 새끼에게 나는 법을 가르칠 때 둥지에서 내던진다고 한다(Craigie). 그러나 행여라도 별로 날지도 못하고 땅에 추락할 위험에 처하게 되면 어미가 신속하게 새끼 밑으로 날아가 자신의 등으로 새끼를 받는다(Tigay). 하나님은 광야에서 이스라엘을 보호만 하신 것이 아니라 그들을 훈련시키셨으며, 훈련 도중 이스라엘이 위험에 처하면 신속하게 구원해 주셨다는 의미다. 이스라엘이 광야에서 생활하는 동안 그들을 보호하시고 인도하신 분은 오직 여호와뿐이었다(12절). 이스라엘이 생명을 위협하는 광야에서 살아남을 수 있었던 유일한 이유는 하나님의 보호 때문이었다. 그러므로 이스라엘이 하나님을 더욱더 사랑하고 섬기는 것은 당연한 일이다.

하나님의 돌보심은 광야에서 끝나지 않는다. 이스라엘에게 정착하여 살 땅도 주셨다. 그들은 가나안 산간 지대를 차지했으며, 이 땅은 실로 젖과 꿀이 흐르는 땅이었다. 땅이 기름진 덕분에 이스라엘은 열매, 꿀, 기름, 젖, 고기, 포도주 등을 최고의 것들로 마음껏 즐길 수 있었다(13-14절). 하나님이 이집트에서 시작된 축복을 약속의 땅에서도 계속 주실 것이다. 모세는 이와 같이 하나님의 지속적이고 무한하신 은혜를 반복적으로 강조함으로써 다음 섹션이 언급하는 이스라엘의 반역이 참으로 어이없고 상식 밖의 일임을 더욱더 부각시키고자 한다. 어찌 정상적인 사고를 지닌 사람들이 이런 하나님을 배신할 수 있느냐는 논리다.

Ⅳ. 맺는 말: 리더십 계승(31:1-34:12)
2장. 모세의 노래(31:30-32:44)

5. 백성에 대한 여호와의 비난(32:15-18)

15 그런데 여수룬이 기름지매 발로 찼도다
네가 살찌고 비대하고 윤택하매
자기를 지으신 하나님을 버리고

자기를 구원하신 반석을 업신여겼도다
16 그들이 다른 신으로 그의 질투를 일으키며
가증한 것으로 그의 진노를 격발하였도다
17 그들은 하나님께 제사하지 아니하고
귀신들에게 하였으니 곧 그들이 알지 못하던 신들,
근래에 들어온 새로운 신들
너희의 조상들이 두려워하지 아니하던 것들이로다
18 너를 낳은 반석을 네가 상관하지 아니하고
너를 내신 하나님을 네가 잊었도다

하나님의 보살핌과 축복으로 여수룬은 부유하게 되었다(15절). 여수룬(יְשֻׁרוּן)의 문자적 의미는 '의로운 혹은 정직한 자'라는 뜻이며(Tigay) 이스라엘을 가리키는 애칭이다. 33:5에서는 긍정적인 의미를 가지고 사용되었지만, 이곳에서는 냉소적인 의미가 가득하다. '의로운 자'로 불리는 이스라엘은 결코 의롭지 않았다. 그들에게 은혜를 베푸신 하나님을 배반한 자들을 어떻게 의롭다고 할 수 있겠는가?

이스라엘의 삶은 여호와의 축복으로 풍요로워졌다. 그렇다면 그들은 당연히 하나님께 감사드리며 그분을 더 열심히 섬기려고 노력해야 했다. 그런데 그들은 오히려 풍요로움으로 인하여 하나님을 배반하고 우상들을 찾았다. 풍요로움이 이스라엘에게 덕이 아니라 오히려 해가 된 것이다. 그들이 찾은 우상은 알지도 못하는 신들, 인간에 의하여 새롭게 만들어진 신들, 곧 조상들이 섬기지 않았고 아무런 정통성도 없는 신들이었다(17절). 이스라엘이 이런 엉터리 신들을 숭배하기 위하여 버린 하나님은 어떤 분이신가?

저자는 네 가지로 이스라엘이 버린 하나님을 묘사한다(15, 18절). (1) 이스라엘을 지으신 하나님이시다, (2) 이스라엘의 반석이신 구원자이시다, (3) 이스라엘을 낳은(ילד) 바위이시다, (4) 이스라엘을 낳은(חיל) 하나님이시다. 특히 18절의 마지막 두 비유는 하나님을 강한 모성을 지닌 어머니로 묘사하고 있다. "낳다"(ילד)는 출산을, "낳다"(חיל)는 해산의 고통을 강조하는 동사다(HALOT). 모두 어머니가 아이를 낳는 것과 연관된 일이다. 이스라엘은 해산의 고통을 감수하고 아이를 탄생시킨 어머니와 같은 하나님을 떠난 배은망덕한 자식이다. 이스라엘의 배반을 극적으로 표현하고 있다.

Ⅳ. 맺는 말: 리더십 계승(31:1–34:12)
2장. 모세의 노래(31:30–32:44)

6. 백성에 대한 심판 결정(32:19-25)

19 그러므로 여호와께서 보시고 미워하셨으니
그 자녀가 그를 격노하게 한 까닭이로다
20 그가 말씀하시기를 내가 내 얼굴을 그들에게서 숨겨
그들의 종말이 어떠함을 보리니
그들은 심히 패역한 세대요 진실이 없는 자녀임이로다
21 그들이 하나님이 아닌 것으로 내 질투를 일으키며
허무한 것으로 내 진노를 일으켰으니
나도 백성이 아닌 자로 그들에게 시기가 나게 하며
어리석은 민족으로 그들의 분노를 일으키리로다
22 그러므로 내 분노의 불이 일어나서
스올의 깊은 곳까지 불사르며
땅과 그 소산을 삼키며 산들의 터도 불타게 하는도다
23 내가 재앙을 그들 위에 쌓으며
내 화살이 다할 때까지 그들을 쏘리로다
24 그들이 주리므로 쇠약하며

불 같은 더위와 독한 질병에 삼켜질 것이라
내가 들짐승의 이와 티끌에 기는 것의 독을 그들에게 보내리로다
25 밖으로는 칼에, 방 안에서는 놀람에 멸망하리니
젊은 남자도 처녀도
백발 노인과 함께 젖 먹는 아이까지 그러하리로다

하나님을 배반하는 일에서 이스라엘의 남자와 여자가 한통속이 되었다. 하나님은 배반한 자들을 "자신의 아들들과 딸들"(בָּנָיו וּבְנֹתָיו)이라고 표현하신다(19절; cf. 17:2; 29:17). 원래 이스라엘이 하나님의 아들들과 딸들이라는 것은 매우 긍정적인 표현이며 이스라엘만이 누리는 하나님과의 특별한 관계를 뜻한다(cf. 사 43:6; 민 21:29). 하나님과 특별한 관계에서 특권을 누리는 자들이 하나님을 거역했으니 그들의 반역은 더욱더 나쁜 일이다. 그러므로 하나님이 자기를 낳아 주신 어머니를 배반한 자식처럼 되어 버린 이스라엘에게 참혹한 벌을 내리시는 것은 지극히 정상적이고 당연한 일이다. 하나님은 이스라엘을 "진실이라고는 털끝만큼도 없는 자들"(공동;새번역)/ "무신한 자녀"(개역)라고 비난하시는데(20절) 이스라엘의 신실하지 않음을 묘사하는 이 표현(בָּנִים לֹא־אֵמֻן)은 "신실하신 하나님"(אֵל אֱמוּנָה)(4절)과 극명한 대조를 이룬다.

하나님의 심판은 이스라엘로부터 자신의 얼굴을 숨기시는 것으로 시작한다(20절). 하나님의 보호와 인도하심이 더 이상 이스라엘을 돕지 않으실 것이라는 의미다. 이스라엘이 하나님을 두고 "신이 아닌 것"(לֹא־אֵל)(viz., 우상)을 숭배하여 하나님을 격분시킨 것처럼, 하나님이 "백성이 아닌 것"(לֹא־עָם)(viz., 하나님의 백성이 아닌 민족), 곧 "어리석은 민족"(גּוֹי נָבָל)을 통하여 이스라엘의 질투를 유발하실 것이다. 별 볼 일 없는 나라를 이스라엘을 심판하시는 도구로 사용하실 것을 뜻한다(Craigie; Tigay). 전쟁이 이스라엘을 엄습할 것을 경고하는 것이다. 하나님이 이스라엘이 행한 대로 갚아주시겠다고 선언하시고 있다.

적군의 침략을 받아 고통스러워하는 이스라엘에게 혹독한 가뭄을 더하실 것이다(22절). 하나님의 분노의 불길이 스올까지 타들어 가며 땅 위에 있는 모든 것을 삼킬 것이다. 이스라엘의 죄에 임하는 심판이 온 세상에 영향을 미칠 것이라는 뜻이다(McConville). 하나님의 분노가 멧부리(산들을 지탱하고 있는 기둥들)에까지 임한다는 것은 그의 절대적인 능력에 대한 그림 같은 묘사다(Tigay).

이 위에 신명기가 지금까지 언급한 모든 재앙과 저주를 더하실 것이다(23절). 결과는 참담하다. 하나님을 배신한 백성에 임할 재앙이 23-24절에서 일곱 가지로 묘사되며 완전한 파괴를 예고한다. (1) 굶어 죽고, (2) 병들어 죽고, (3) 짐승에 찢겨 죽고, (4) 독사에 물려 죽고, (5) 칼에 맞아 죽고, (6) 놀라서 죽고, (7) 총각과 처녀, 젖먹이와 노인, 모두다 같은 꼴을 당할 것이다. 이 재앙들은 에스겔이 주전 586년에 유다를 파멸로 몰고 간 것으로 지목한 네 가지 재앙—칼, 기근, 들짐승, 전염병—과 같다(Ibn. Ezra; cf. 겔 14:21). 이런 혹독한 재앙에서 살아 남을 수 있는 자들이 몇이나 될까?

7. 언약 백성에 대한 심판 재고(32:26-35)

26 내가 그들을 흩어서 사람들 사이에서
그들에 대한 기억이 끊어지게 하리라 하였으나
27 혹시 내가 원수를 자극하여
그들의 원수가 잘못 생각할까 걱정하였으니
원수들이 말하기를 우리의 수단이 높으며
여호와가 이 모든 것을 행함이 아니라 할까 염려함이라

28 그들은 모략이 없는 민족이라
그들 중에 분별력이 없도다
29 만일 그들이 지혜가 있어 이것을 깨달았으면
자기들의 종말을 분별하였으리라
30 그들의 반석이 그들을 팔지 아니하였고
여호와께서 그들을 내주지 아니하셨더라면
어찌 하나가 천을 쫓으며 둘이 만을 도망하게 하였으리요
31 진실로 그들의 반석이 우리의 반석과 같지 아니하니
우리의 원수들이 스스로 판단하도다
32 이는 그들의 포도나무는 소돔의 포도나무요
고모라의 밭의 소산이라
그들의 포도는 독이 든 포도이니 그 송이는 쓰며
33 그들의 포도주는 뱀의 독이요 독사의 맹독이라
34 이것이 내게 쌓여 있고
내 곳간에 봉하여 있지 아니한가
35 그들이 실족할 그 때에 내가 보복하리라
그들의 환난날이 가까우니
그들에게 닥칠 그 일이 속히 오리로다

하나님이 이스라엘을 완전히 멸하시려고 했지만(26절), 그렇게 하지 않으시는 이유는 그들의 원수들이 자신들의 능력 때문에 이스라엘을 이긴 것으로 착각할 우려가 있어서다(27절). 그들은 "우리의 손이 높다"(יָדֵינוּ רָמָה)라고 외친다(27절). 이 문구는 군사적인 교만을 표현한다(Craigie). 거기에 덧붙여 말하기를 "이 모든 일은 여호와가 한 일이 아니다"(וְלֹא יְהוָה פָּעַל כָּל־זֹאת)라고 한다. 여호와께서 하신 일에 대하여 여호와의 능력을 인정하기를 거부하며 자신들의 능력이 이루어낸 영광스러운 일처럼 착각하는 것이다.

하나님이 이스라엘을 치시는 데 왜 이스라엘의 원수들이 자화자찬하는가? 하나님이 그 원수들을 사용하여 이스라엘을 치셨기 때문이다. 이것은 마치 사람의 손에 들려 사용되는 도끼가 마치 자신이 나무를 팬 것처럼 착각하는 경우와 같다. 훗날 이사야 선지자는 하나님이 아시리아를 진노의 막대기로 사용하여 이스라엘을 치실 것을 예언한다. 그런데 아시리아가 자신의 능력 때문에 이스라엘을 상대로 승리한 것으로 착각하자, 하나님은 이스라엘을 치실 때 사용하신 진노의 막대기 아시리아를 분질러 버리실 것이라고 선언한다(사 10:5-19). 하나님이 가장 미워하시는 것이 교만이기 때문이다(잠 8:13).

새번역과 개역성경은 28-29절을 번역하는 데 있어서 현저한 차이를 보이고 있다. 히브리어 텍스트가 명확하지 않기 때문이다. 가장 큰 차이는 이 텍스트가 이스라엘에 관한 것인지, 아니면 그들을 친 민족에 관한 것인지다. 공동번역은 개역을 따르고 있다. 다음을 참고하라. 새번역 중 진하게 표시 된 단어들은 원문에는 없는 말이다.

	개역	새번역
28절	그들은 모략이 없는 민족이라 그들 중에 분별력이 없도다	**이스라엘**은 어리석은 백성, 깨닫지도 못하는 백성이다.
29절	그들이 지혜가 있어 이것을 깨달았으며 자기들의 종말을 분별하였으리라	자기들이 **왜 패배를 당하였는지를** 깨달을 지혜라도 있었으면 좋으련만! 그들의 종말이 어떻게 될지, 깨닫기만이라도 했으면 좋으련만!

학자들 사이에도 논란이 분분하다. 본문이 이스라엘에 관한 것이라고 하는 사람들이 있고(Craigie; Merrill; Thompson), 이방인이라고 하는 학자들도 많다(Hall; Ridderbos; Tigay; Wright; McConville). 만일 새번역이 해석하는 것처럼 본문이 이스라엘에 대한 것이라면 이스라엘의 죄에는 어리석음이 추가된다. 그들은 얼마나 어리석은지 자신들이 왜 고통을 당

하고, 별 볼 일 없는 민족에게 당했는지 그 이유를 깨달을 지혜가 없다. 그들은 하나님을 등지고 우상을 따르면 어떤 종말이 기다리고 있는지 알지도 못한다. 그러므로 하나님은 탄식하신다. "이스라엘이 깨닫기만 해도 좋으련만!" 훗날 이사야 선지자는 이스라엘이 지식이 없어서 타국으로 끌려가게 될 것이라고 했다(사 5:13). 깨달을 수 있는 지혜도 결국 하나님이 주시는 은혜다.

반면에 이 말씀이 하나님이 이스라엘을 치기 위해 사용하신 민족에 관한 것이라면, 이 민족은 왜 자신들이 여호와께서 보호하시는 이스라엘을 쳐서 이겼는지에 대한 정확한 판단이 없다. 이스라엘이 하나님께 범죄했기 때문에 하나님이 자신들을 도구로 사용하여 하나님의 백성을 치신 정황을 깨닫지 못하는 것이다(Tigay). 이 두 가지 중 어느 해석이 옳은가를 가늠하기는 쉽지 않다(McConville). 그러나 이 섹션의 주제가 하나님이 이스라엘을 치실 때 진노의 도구로 사용된 민족이 그 전쟁에서의 여호와의 역할을 깨닫지 못하고 있다는 점과, 아직 이스라엘에 대한 언급이 필요하지는 않다는 점을 감안하면, 전자보다는 후자가 문맥에 잘 어울린다. 이 말씀은 어리석은 이방 민족에 대한 것이다.

자신의 힘과 능력으로 이스라엘을 쳐 승리했다고 하는 어리석은 민족의 주장과는 달리, 이스라엘이 그들 앞에 패한 이유는 하나님이 이스라엘을 버리셨기 때문이다. 만일 하나님이 이스라엘을 버리지 않으셨다면, 어리석고 무능한 적군 한 사람이 이스라엘 사람 천 명을 이기고, 적군 둘이 이스라엘 사람 만 명을 도망치게 할 수 없다고 한다(30절). 정상적인 상황이라면 이스라엘이 충분히 이길 수 있는 상대에게 완전히 패해 거의 멸망하는 모습을 그리고 있다. 이렇게 어이없는 패배를 설명할 수 있는 유일한 길은 하나님이 이스라엘을 포기하셨기 때문이라는 것이다. 심지어 이스라엘을 쳐서 이긴 적들도 자신들의 반석이 이스라엘의 반석보다 약하다는 것을 인정한다(31절). 이스라엘의 하나님 여호와가 자신들의 신(들)보다 훨씬 더 능력이 있다는 것을 의식하고 있다는 뜻이다. 저자는 이 말씀을 더함으로써 이스라엘이 적에게 패한 원인이 전적으로 하나님이 그들을 치기로 결정하신 것에서 비롯되었음을 한 번 더 강조하고자 한다.

Ⅳ. 맺는 말: 리더십 계승(31:1–34:12)
2장. 모세의 노래(31:30–32:44)

8. 이스라엘과 여호와(32:36-44)

36 참으로 여호와께서 자기 백성을 판단하시고
그 종들을 불쌍히 여기시리니
곧 그들의 무력함과 갇힌 자나
놓인 자가 없음을 보시는 때에로다
37 또한 그가 말씀하시기를 그들의 신들이 어디 있으며
그들이 피하던 반석이 어디 있느냐
38 그들의 제물의 기름을 먹고
그들의 전제의 제물인 포도주를 마시던 자들이 일어나
너희를 돕게 하고 너희를 위해 피난처가 되게 하라
39 이제는 나 곧 내가 그인 줄 알라
나 외에는 신이 없도다
나는 죽이기도 하며 살리기도 하며
상하게도 하며 낫게도 하나니
내 손에서 능히 빼앗을 자가 없도다
40 이는 내가 하늘을 향하여 내 손을 들고 말하기를
내가 영원히 살리라 하였노라
41 내가 내 번쩍이는 칼을 갈며 내 손이 정의를 붙들고
내 대적들에게 복수하며 나를 미워하는 자들에게 보응할 것이라

42 내 화살이 피에 취하게 하고
내 칼이 그 고기를 삼키게 하리니
곧 피살자와 포로된 자의 피요
대적의 우두머리의 머리로다
43 너희 민족들아 주의 백성과 즐거워하라
주께서 그 종들의 피를 갚으사
그 대적들에게 복수하시고
자기 땅과 자기 백성을 위하여 속죄하시리로다
44 모세와 눈의 아들 호세아가 와서 이 노래의 모든 말씀을 백성에게 말하여 들리니라

저자는 이미 이스라엘을 친 어리석은 원수들이 자신들의 능력으로 이스라엘을 이긴 것처럼 착각에 빠져 있음을 지적했다(27절). 하나님은 그 원수들을 벌하심으로써 그들이 엉뚱한 결론에 도달하는 것을 막으신다. 하나님은 이스라엘에게 승리하여 기쁨에 젖어 있는 원수들에게 소돔과 고모라가 받은 벌과 동일한 재앙을 내리실 것이다(32-33절). 그들은 소돔과 고모라 사람들이 마신 것과 동일한 포도주를 마시게 된다. 똑같은 운명을 맞을 것이라는 비유다.

하나님은 이들에게 먹이시려고 독주(毒酒)를 오래전부터 준비해 두셨다(34절). 하나님이 이미 이들을 심판하시려는 계획을 세운 지 오래 되었다는 뜻이다. 원수 갚는 것은 하나님께 속한 일이기 때문이다(35절). "원수 갚는 것은 내 것이라"(לִי נָקָם)는, 보복은 하나님의 능력에 속한 것이며 하나님의 때(시간)에 맞추어 행해질 것이라는 의미다(McConville). 때로는 하나님이 악의 세력을 사용하여 당신의 백성을 징계하시지만, 그 징계가 끝나면 사용하셨던 악의 세력을 벌하신다는 것이 성경의 가르침이다.

하나님의 심판을 받은 이스라엘이 기진맥진하여 거의 멸망의 위기에 놓여 있다(36절). 그들이 하나님을 화나게 한 대가인 것이다(cf. 19절).

이스라엘의 운명을 결정짓는 위기의 순간에 하나님이 이스라엘에게 자비를 베푸신다. 저자는 여호와께서 이스라엘을 심판하시고, 불쌍히 여기실 것이라고 한다(36절). 원래 "심판하다"(דין)는 부정적인 개념이지만, 본문에서는 이스라엘에게 우호적인 재판을 하실 것이라는 뜻이다(Tigay; McConville). 시편 135:14도 이러한 의미를 가지고 이 동사를 사용한다. "주님께서 당신의 백성을 변호해 주시고(דין), 당신의 종들을 위로하여 주신다."

그러나 하나님이 이스라엘을 구원하시기 전에 그들은 자신들이 한 일에 대하여 하나님께 책망받아야 한다(37-38절). 그들이 피난처로 삼던 '반석'에게 도움을 청해보라는 것이다. 앞에서는 여호와를 반석이라며 이 단어를 긍정적인 의미로 사용했었는데, 여기서는 이스라엘이 숭배하는 무능한 우상들을 비아냥거리는 말로 사용한다. 우상들에게 이스라엘이 바친 수많은 제물을 받아 먹은 답례를 하게 해 보라는 뜻이다(38절). 물론 이스라엘이 숭배한 우상 중 그들을 보호할 신은 없다.

하나님은 이스라엘에게 그들이 우상들에게 쏟은 모든 정성이 헛되었음을 깨달으라고 하신다. 그들은 이스라엘을 구원하실 이는 오직 여호와뿐임을 알아야 한다(39절). 왜냐하면 세상에 하나님은 단 한 분, 여호와뿐이시기 때문이다(cf. 사 41:4; 43:10, 13; 48:12). 그렇다면 이 여호와는 어떠한 하나님이신가? 그분은 죽이기도 하시고 살리기도 하시며(cf. 삼상 2:6-7), 상하게도 하시고 낫게도 하시는 분이시다(cf. 호 6:1-2). 그가 하시는 일은 아무도 못 막는다. 이스라엘의 하나님은 절대적인 주권을 행사하시는 전능자시다. 하나님이 그를 미워하는 모든 원수들을 심판하실 것이다(40-42절). 본문에서 하나님의 '원수'는 그와의 언약을 배반한 이스라엘을 징계하시는 일에 사용한 이방 민족이다(Tigay). 하나님이 그들을 사용하신 것은 사실이지만, 그들은 하나님의 원수인 것이다.

하나님이 원수들을 징벌하시니 세상 나라들이 주의 백성과 함께 기뻐한다(43절). 전에는 이스라엘을 멸시했던 자들이 이제는 이스라엘을 부러워하게 된 것이다. 왜냐하면 하나님이 이스라엘의 원수들에게는 보복하시고, 주의 백성들에게는 죄를 사해 주시기 때문이다. 하나님이 세상 나라들에게 이스라엘과 함께 기뻐하라는 말씀은 곧 하나님이 열방을 초청하시는 것을 암시한다(Rashbam). 만일 그들이 이스라엘처럼 여호와를 경외하면, 하나님이 이스라엘을 대하듯 그들을 대하실 것이라는 뜻이다. 하나님이 처음에 이스라엘을 택하신 이유 중 하나는 주님을 섬기는 자들을 하나님이 어떻게 축복하시는가를 세상에 보여주기 위해서였다(Tigay). 본문은 이와 같은 이스라엘의 소명과 연관이 있다. 모세와 여호수아는 백성들에게 이 노래를 모두 다 들려주었다(44절; cf. 31:30).

3장. 모세의 임박한 죽음(32:45-52)

45 모세가 이 모든 말씀을 온 이스라엘에게 말하기를 마치고 46 그들에게 이르되 내가
오늘 너희에게 증언한 모든 말을 너희의 마음에 두고 너희의 자녀에게 명령하여 이
율법의 모든 말씀을 지켜 행하게 하라 47 이는 너희에게 헛된 일이 아니라 너희의 생
명이니 이 일로 말미암아 너희가 요단을 건너가 차지할 그 땅에서 너희의 날이 장구
하리라 48 바로 그 날에 여호와께서 모세에게 말씀하여 이르시되 49 너는 여리고 맞은
편 모압 땅에 있는 아바림 산에 올라가 느보 산에 이르러 내가 이스라엘 자손에게 기
업으로 주는 가나안 땅을 바라보라 50 네 형 아론이 호르 산에서 죽어 그의 조상에게
로 돌아간 것 같이 너도 올라가는 이 산에서 죽어 네 조상에게로 돌아가리니 51 이는
너희가 신 광야 가데스의 므리바 물 가에서 이스라엘 자손 중 내게 범죄하여 내 거
룩함을 이스라엘 자손 중에서 나타내지 아니한 까닭이라 52 네가 비록 내가 이스라엘
자손에게 주는 땅을 맞은편에서 바라보기는 하려니와 그리로 들어가지는 못하리라
하시니라

노래를 마친 모세가 다시 한 번 백성들에게 율법의 모든 말씀을 잘 지키라고 권면했다(45-46절). 율법에 순종하는 것은 이스라엘의 생존과도 연관이 있다. 그러므로 하나님이 곧 허락하실 땅에서 오래 살려면 율법을 잘 지켜야 한다(47절). 율법은 곧 이스라엘의 생명이기 때문이다.

모세가 백성들에게 노래를 가르치고 율법을 잘 지키라고 권면한 날, 하나님이 모세에게 말씀하셨다(48절). 이스라엘이 자손 대대로 부를 노

래까지 가르쳤으니 이제 죽을 준비를 하라는 것이었다. 하나님은 모세에게 느보 산 꼭대기에 올라가서 이스라엘이 머지않아 차지할 땅을 살펴보라고 하셨다(cf. 3:27). 모세는 하나님께 가나안에 입성할 수 있게 해 달라고 기도했지만, 하나님은 거부하셨다(3:25). 다만 하나님이 모세에게 그가 입성할 수 없는 땅 가나안을 먼발치에서나마 바라보라고 하신다. 아바림 산줄기는 사해 동편에 위치했고, 이 산줄기의 주요 산봉우리 중 하나가 느보였다(Tigay). 느보 산은 여리고 맞은편 모압 땅에 있었다(49절).

모세가 느보 산 꼭대기에서 가나안 땅을 둘러본 후 그는 아론처럼 산에서 죽게 될 것이다(50절). 아론은 약 6개월 전에 죽었다(민 20:23-28; 33:38). 신명기 10:6은 아론이 모세라 지역에서 죽었다고 한다. 아마도 호르 산이 모세라 지역에 위치했던 것으로 생각된다.

하나님이 모세에게 가나안 입성을 허락하지 않으신 것은 므리바에서 바위를 쳐서 물이 터지게 한 사건 때문이다. 하나님은 바위에게 물을 내라고 명령만 하라고 하셨는데, 모세는 자신의 감정을 실어 바위를 내리쳤다(민 20:1-13). 하나님은 이 일로 인하여 아론과 모세가 가나안에 입성할 수 없다고 하셨다. 또한 신명기 1:37은 모세가 가나안에 들어가지 못하게 된 것을 가데스 바네아에서 정탐꾼을 보낸 일 때문이라고 했다(cf. 3:26; 4:21). 이 두 가지 일이 이유가 되어 모세는 가나안에 입성할 수 없었던 것이다. 하나님은 모세에게, 그는 가나안에 들어갈 수 없다는 뼈아픈 사실을 상기시키신다(52절).

어떻게 생각하면 모세가 그렇게 원하는 약속의 땅 입성을 허락하지 않는 하나님이 너무 냉정하고 잔인하게 생각될 수 있다. 아마도 하나님이 모세만 생각하셨다면 그에게 약속의 땅에 들어가는 것을 허락하셨을 것이다. 그러나 여호수아가 있다. 만일 모세가 가나안에 입성하게 된다면 여호수아는 뭐가 되는가? 지난 40년 동안 모세의 시종으로 계속 훈련을 받아온 여호수아에게 백성을 인도할 기회는 주어지지 않는다. 그러므로 하나님은 여호수아를 생각해서라도 모세에게 선을 그어 주셔야 한다. 모세에게 가나안에 입성하지 못하도록 하신 것은 냉혹하다 할 수도 있지만, 여호수아를 위해서는 은혜인 것이다.

4장. 모세의 축복(33:1-29)

모세가 32장에서 장엄한 노래를 부른 다음 곧장 33장에서 또 하나의 노래를 불러 두 시를 앞뒤로 기록한 것은 다윗이 죽기 전에 두 노래를 연속적으로 부른 것과 비슷하다(삼하 22-23장). 32장의 노래에서는 이스라엘에 너무나도 강력한 경고가 연속적으로 선포되어서 이스라엘이 과연 축복받은 민족인지가 의심스러웠다면, 처음부터 끝까지 그들에게 복을 빌어 주는 33장은 모든 의구심을 한방에 날려 버린다(McConville). 이스라엘은 참으로 복받은 민족이다.

이삭이 그랬고(창 27:1-40), 야곱이 그랬던 것처럼(cf. 창 49장), 모세도 죽기 전에 이스라엘 자손들에게 복을 빌어 주었다. 각 지파의 이름을 언급하며 복된 미래가 그들에게 임할 것을 선언했다. 그는 32장에서처럼 미래적인 관점에서 이 말씀을 선포한다. 이 축복장은 세 섹션으로 구성되어 있다. (1) 서론(1-5절), (2) 지파별 축복(6-25절), (3) 결말(26-29절). 서론에서는 "여호와-야곱-여수룬"(2, 4, 5절) 순서로 등장하는 이름이 결말에 가서는 거꾸로 등장한다. "여수룬-야곱-여호와"(26, 28, 29절). 서론에서는 "백성-이스라엘"이 결말에서는 "이스라엘-백성"순서로 언급된다(5, 28, 29절). 하나님이 모세에게 느보 산으로 올라 가라고 명령하신 일(32:44-52)과 그가 실제로 산에 오른 일(34장) 사이에 이 노래가 있는 것으로 보아, 이 노래는 모세가 이스라엘에게 들려준 마지막 말씀이었을 것이다(McConville). 이 노래는 모압 땅에서 행한 언약 갱신 예식에서 선포되었을 가능성이 있다(Craigie).

레위 지파에게 선포된 축복 일부를 제외하고 나머지는 모두 단수를 사용하여 복이 선포된다. 마치 각 지파를 한 사람처럼 취급하는 것이다. 요셉, 갓, 단 지파 등은 싸움을 잘 하는 짐승과 비교되어 축복을 받으며, 일부 지파들은 그들의 이름에 근거한 축복을 받는다. 모세는 이 축복을 "하나님의 사람"(אִישׁ הָאֱלֹהִים)으로서 선포했다(1절). 하나님의 사람은 선지자들에게 흔히 사용되는 표현이다. 모세가 선지자로서 이 축복을 선언했다는 것은 내용의 상당한 부분이 각 지파의 미래에 관한 것임을 암시한다(cf. Tigay).

이 시는 해석하기가 매우 어렵다. 많은 단어가 별로 사용되지 않는 것들이며, 문법이 혼란스럽고 정확하지가 않다. 또한 이 시가 매우 짧은 문구들로 구성되어 있다는 점도 해석에 어려움을 더한다. 모세의 마지막 노래는 다음과 같이 세분화될 수 있다.

A. 서문: 역사적 회고(33:1-5)

B. 지파별 축복(33:6-25)

A'. 말문(33:26-29)

Ⅳ. 맺는 말: 리더십 계승(31:1-34:12)
4장. 모세의 축복(33:1-29)

1. 서문: 역사적 회고(33:1-5)

1 하나님의 사람 모세가 죽기 전에 이스라엘 자손을 위하여 축복함이 이러하니라 2
그가 일렀으되

여호와께서 시내 산에서 오시고
세일 산에서 일어나시고
바란 산에서 비추시고

일만 성도 가운데에 강림하셨고
그의 오른손에는 그들을 위해 번쩍이는 불이 있도다
3 여호와께서 백성을 사랑하시나니
모든 성도가 그의 수중에 있으며
주의 발 아래에 앉아서 주의 말씀을 받는도다
4 모세가 우리에게 율법을 명령하였으니
곧 야곱의 총회의 기업이로다
5 여수룬에 왕이 있었으니
곧 백성의 수령이 모이고
이스라엘 모든 지파가 함께 한 때에로다

학자들은 하나같이 이 섹션의 번역과 해석이 매우 어렵다는 점을 인정하고 주해에 들어간다(Craigie; Tigay; McConville). 본문을 접근할 때 해석의 불확실성을 염두에 두고 해야 하는 것이다. 본문은 여호와의 초월한 능력(시내 산에서 드러남), 언약의 상호관계성(여호와의 사랑과 이스라엘의 충성), 여호와의 왕권(출애굽, 시내 산 율법, 가나안에서 이미 시작된 승리를 중심으로) 등 세 가지 테마를 중심으로 구성되어 있다(Wright; cf Craigie).

텍스트의 기본적인 의미는 여호와께서 이스라엘을 찾아오셨다는 사실이다. 랍비 중에는 하나님이 이스라엘을 선민으로 세우시고 불기둥이 되어 그들을 보호하시기 위하여 오셨다고 해석하는 사람들도 있고(Ibn Ezra) 하나님이 모세가 이스라엘에게 빌어 주는 복이 하나님께로부터 온 것임을 확인하시기 위하여 오셨다고 풀이하는 사람들도 있다(Shadal; cf Tigay). 아마도 이스라엘이 시내 산에서 주님과 언약을 맺을 때 임하셨던 하나님이 모압 평지에서 언약을 갱신하는 이스라엘에게 다시 오셨음을 강조하는 듯하다.

모세는 하나님의 현현을 묘사하며 노래를 시작한다. 그는 하나님이 시내 산, 세일 산, 바란 산에서 오신다고 한다(2절; cf. 1:1-2). 이 산들은 모두 약속의 땅 남쪽 광야에 있는 것들이다. 이스라엘이 40년 동안 방황하던 곳이며, 하나님이 지난 시절 이스라엘을 보호하신 곳이다. 그러므로 하나님이 이스라엘에게 복을 주시려고 광야에서 모압 평지로 오시는 모습을 그리고 있는 것은 광야 생활이 끝나가고 있음을 시사한다.

여기까지는 어느 정도 확실한데, 그 다음 문장이 혼란스럽다. 개역성경이 "일만 성도 가운데 강림하셨고"(cf. NAS; NIV; NRS; cf. 새번역, "수많은 천사들이 그를 옹위하고")로 번역하는 문구(וְאָתָה מֵרִבְבֹת קֹדֶשׁ)의 의미는 정확하지 않다. 그래서 일부 번역본들과 주석가들은 이 문구의 마지막 두 단어를 고유명사로 취급하여 "카데스 므리바에서 나오신다"로 번역한다(공동; TNK). 이 경우 카데스 므리바는 가데스 바네아 지역에 있던 것으로 추정된다(Merrill; McConville; Tigay). 성경과 고대 근동에서 숫자 '4'가 포괄성을 뜻하는 것과 저자가 이스라엘의 광야 생활과 연관된 지명들을 나열하고 있다는 점을 감안할 때, "가데스 므리바"라는 고유명사로 취급하는 것이 바람직해 보인다(cf. Grisanti). 하나님은 이스라엘을 넘치도록 축복하시기 위하여 온 세상에서 오셨다는 것이다.

또 개역성경은 하나님의 오른손에 "불 같은 율법"(cf. KJV)이 들려져 있다고 하는데, 이 번역 역시 문제를 안고 있다. 이 해석은 히브리어 단어(אֵשְׁדָּת)의 의미가 확실하지 않아서 이 단어를 두 단어로(אֵשׁ דָּת) 나눈 다음 두 번째 단어를 '법'으로 해석한 것에서 비롯되었다. 그러나 만일 이 단어(דָּת)가 법을 뜻한다면 이 단어는 페르시아어에서 빌려온 단어가 확실한데, 이 페르시아어 단어는 주전 5세기까지 히브리어에 도입되지 않았다(Tigay). 그러므로 모세가 이 단어를 사용할 리가 없었던 것이다. 그래서 대부분 번역본들이 "활활 타는 불/번개"(새번역; 공동; NAS; TNK)로 번역한다. 이 경우 역시 'אֵשְׁדָּת'를 둘로 나누어 'אֵשׁ דָּת'로 취급하는데, 이 중 두 번째 단어인 'דָּת'는 원래 'דֹּלֶקֶת'이었는데 중간에 있는 두 글자가 빠진 것으로 간주하여 내놓은 번역이다. 모세가 하나님의 현현을 노래하고 있는 점을 감안할 때, 이 해석이 더 바람직한 것으로 생각된다.

3절을 구성하고 있는 히브리어가 얼마나 혼란스럽고 부정확한가는 번역본들을 비교해 보면 쉽게 알 수 있다. 두 버전 모두 의미를 창출하기 위해서 많은 상상력을 사용하였다. 하나님이 이스라엘을 축복하시고 보호하시기 위해서 오셨음을 감안할 때 그 사랑에 대한 반응으로 백성들이 그의 발 아래 엎드려 말씀에 귀를 기울이는 것은 당연한 일이다. 그러므로 개역을 포함한 대부분 번역본들(cf. NAS; NIV; TNK; NRS)의 추측을 따르는 것이 바람직해 보인다. 또한 다음 절(4절)이 모세를 통해 받은 율법의 보배로움을 찬양하는 점도 이러한 결정을 지지한다.

개역(cf. 새번역)	공동
여호와께서 백성을 사랑하시나니 모든 성도가 그의 수중에 있으며 주의 발 아래에 앉아서 주의 말씀을 받는도다	그의 콧김에 만방이 타죽는데 거룩한 무리가 모두 찬양을 올리며 그의 연을 메고 뒤를 따라나온다

시인은 이스라엘을 찾아오신 하나님이 그들에게 주신 율법을 찬양한다(4절). 율법은 하나님이 세상 모든 민족 중 이스라엘에게만 주신 특별한 선물이다. 또한 율법은 이스라엘의 소유물 중 가장 으뜸가는 보물이다. 한 가지 특이한 것은 처음 노래가 시작할 때 이 노래를 부르는 자는 분명 모세였는데, 4절에서는 모세를 3인칭으로 언급한다는 점이다.

그래서 일부 주석가들은 3절 후반부에서 4절까지는 백성들이 모세의 선포에 화답하는 것이라고 하기도 한다(Craigie; cf. Block). 이 부분을 백성들의 반응으로 간주하는 데는 이 섹션에서 사용되고 있는 인칭이 1인칭 복수라는 점도 크게 작용을 한다. 일부 학자들은 원래 여기에 모세라는 이름이 없었고 "그"(하나님)가 있었는데, 훗날 누군가가 독자들의 이해를 돕기 위하여 "모세를 통하여"로 바꾼 것이라고 한다(cf. Tigay). 그러나 모세가 자신에 대하여 3인칭으로 말하고 있다는 점과 자신을 포함하여 1인칭 복수를 사용하여 율법의 중요성을 찬양하는 것이 그다지 어려운 문제는 아니라고 생각된다.

모압 평지의 이스라엘을 찾아오신 하나님은 이스라엘의 왕이시기도 하다(5절). 본문은 단순히 "그가 여수룬의 왕이 되셨다"(וַיְהִי בִישֻׁרוּן מֶלֶךְ) 라고 말하는데 "그"는 모세와 하나님 중 하나님이심이 확실하다. 왕에 대한 규례(17:14-20)가 인간 왕에 대하여 상당히 부정적이었는데, 여기서 우리는 그 이유를 알 수 있다. 이스라엘의 진정한 유일하신 왕은 여호와 하나님이시기 때문이다. 이스라엘의 초기 역사에서 하나님의 왕권은 세 가지에 의하여 정의될 수 있다. (1) 출애굽을 통한 백성 해방, (2) 시내 산에서 주신 율법, (3) 앞으로 주실 가나안에서의 승리(Craigie).

모세가 곧 죽게 되는 시점에서 이스라엘은 모세 이후 시대에 대하여 매우 불안해 할 수 있다. 하나님이 이때 이스라엘의 왕으로 오시는 것은 불안해 하는 백성들에게 매우 큰 위로가 되었을 것이다. 지난 수십 년 동안 이스라엘을 인도했던 지도자가 죽는다 해도 그들은 불안해할 필요가 없다. 하나님이 그들의 왕이시기 때문이다. 훗날 이사야 선지자도 유다를 매우 장기간 안정적으로 통치했던 웃시야 왕이 죽던 해에 왕으로 임하신 하나님을 보았다(사 6:1). 위기와 불안감으로 초조할 때 하나님은 우리에게 가장 큰 위로와 평안을 주시기 위하여 찾아오신다.

Ⅳ. 맺는 말: 리더십 계승(31:1–34:12)
4장. 모세의 축복(33:1–29)

2. 지파별 축복(33:6–25)

모세는 마지막으로 이스라엘의 지파들에게 복을 빌어 준다. 그런데 이 노래에는 시므온 지파가 포함되어 있지 않다는 독특함을 보인다. 그래서 많은 사람이 이 섹션에 대하여 문제를 제기한다. 그러나 구약에 등장하는 지파 목록은 대체로 '12'이라는 숫자를 유지하지만 구체적인 이름 열거에서는 어느 정도의 유동성을 보이고 있다. 민수기 1:5-15은 레위 지파를 배제하고 대신 요셉의 두 아들에서 시작된 므낫세와 에브라임 지파들을 포함한다(cf. 창 48:8-20). 반면에 창세기 49장과 민수기 26장은 므낫세와 에브라임을 언급하지 않고 요셉을 단순히 한 지파로 취급한다.

본문도 12이라는 숫자는 유지하되, 다른 목록에서는 레위 지파가 자주 빠지는 반면, 이 축복에서는 레위 지파가 매우 장엄한 축복 중 하나를 받는다. 오경 중에서도 특별히 신명기가 레위 지파들을 매우 중시하고 있음을 반영한다. 아마도 이스라엘이 가나안 땅에서 여호와를 잘 섬기며 신실하게 살려면 레위 사람들의 역할이 매우 결정적이기 때문일 것이다. 대신 시므온 지파가 빠졌다. 아마도 시므온 지파가 정착한 후 얼마 안 되어서 유다 지파에게 흡수될 것을 암시하는 듯하다. 실제로 시므온 지파가 기업으로 받은 땅은 유다의 기업 가운에 있었으며, 사사시대 초기에 이미 이 지파의 행방이 묘연해진다. 십중팔구 유다 지파에 자연스럽게 흡수되었을 것이다.

이 지파 목록의 또 다른 독특성은 순서와 비중에 있다. 유다 지파의 위치가 르우벤 다음이기 때문에 어느 정도의 비중이 있어 보이지만, 축복 선포에서 유다 지파의 축복은 짧게 묘사될 뿐 아니라 레위 지파와 요셉 자손들이 받는 길고 상세한 축복으로 인하여 완전히 가려졌다. 여러 가지 측면에서 본문에 기록된 축복은 구약의 다른 축복들과 비교할 때 상당한 독특성을 지니고 있는 것이다. 각 지파에 대한 축복을 담고 있는 본 텍스트는 다음과 같이 구분될 수 있다.

A. 르우벤(33:6)

B. 유다(33:7)

C. 레위(33:8-11)

D. 베냐민(33:12)

E. 요셉(33:13-17)

F. 스불론과 잇사갈(33:18-19)

G. 갓(33:20-21)

H. 단(33:22)

I. 납달리(33:23)

J. 아셀(33:24-25)

Ⅳ. 맺는 말: 리더십 계승(31:1-34:12)
4장. 모세의 축복(33:1-29)
2. 지파별 축복(33:6-25)

(1) 르우벤(33:6)

6 르우벤은 죽지 아니하고 살기를 원하며
그 사람 수가 적지 아니하기를 원하나이다

르우벤은 레아가 낳은 야곱의 첫아들이다. 그는 아버지의 첩 빌하와 잠자리를 같이하여 장자권을 박탈당했다(cf. 창 49:3-4). 모세는 그의 후손인 르우벤 지파에게 숫자상으로는 많이 번성하지 않지만, 지파의 명은 지속적으로 유지될 것을 복으로 빌어 준다. 실제로 출애굽 당시와 광야 시절이 마무리되는 당시만 해도 르우벤 지파는 결코 작은 규모가 아니었다(cf. 민 1, 26장).

"수가 적지 않다"(מְתָיו מִסְפָּר)가 르우벤 지파의 숫자가 늘어날 것이라는 뜻으로 해석될 수 있고(Christensen; Hall; Merrill), 반대로 줄어들 수도 있다는 의미로 해석될 수 있다(Wright; Nelson; Thompson). 표현이 정확하지 않으니 확실히 알 수는 없지만, 미래의 르우벤 지파의 모습을 감안하면 모세는 미래에는 이 지파의 규모가 크지 않을 것을 예언하고 있다(Craigie; Driver; McConville; Grisanti). 르우벤 지파는 이미 요단 강 동편에 기업을 받았다(3:12-17; cf. 민 32). 사사 시대 르우벤 지파는 드보라가 주도하는 전쟁에 참여하지 않아 비난을 샀다(삿 5:15-16). 르우벤 지파는 주전 11세기 말쯤에 갓 지파와 므낫세 반지파와 함께 연합군을 형성하여 전쟁을 한 일을 마지막으로(대상 5:18-22) 더 이상 괄목할 만한 활동을 하지 않는다. 북왕국이 아시리아로 끌려갔을 때 이 지파도 함께 갔다.

Ⅳ. 맺는 말: 리더십 계승(31:1-34:12) 4장. 모세의 축복(33:1-29) 2. 지파별 축복(33:6-25)

(2) 유다(33:7)

7 유다에 대한 축복은 이러하니라 일렀으되

여호와여 유다의 음성을 들으시고
그의 백성에게로 인도하시오며
그의 손으로 자기를 위하여 싸우게 하시고
주께서 도우사
그가 그 대적을 치게 하시기를 원하나이다

유다는 가나안 땅 남쪽 대부분을 차지한 지파다. 다윗과 솔로몬 시대에는 온 나라를 지배하던 지파이기도 하다. 모세가 이들에게 빌어 주는 축복이 정확하게 무엇을 의미하는지를 가늠하기는 쉽지 않다. 마지막 문장은 분명 전쟁 중 유다의 기도를 들으사 승리하도록 해 달라는 내용이다. 그래서 온켈로스 탈굼(Targum Onkelos)은 이 내용을 바탕으로 처음 두 문구를 "주여, 유다가 전쟁에 나갈 때 드리는 기도를 들으사 그를 평안히 집으로 돌아오게 하소서!"라고 석의한다.

이 해석은 유다 지파가 온 이스라엘이 전쟁에 참여할 때마다 제일 앞에서 선봉대가 되어 나가라는 민수기 2:9의 말씀과 잘 어울린다. 선봉대로서 가장 큰 위험에 노출되어 있는 지파에게 하나님이 그를 보호하사 전쟁에서 평안히 돌아올 수 있도록 해 달라는 축복이 내려지는 것은 당연하다. 그러므로 유다에게 내려지는 축복은 (1) 하나님이 전쟁에 나가는 유다의 기도를 들으실 것이다(1행), (2) 선봉대인 그들이 하나님의 보호를 받아 안전하게 돌아올 수 있을 것이다(2행), (3) 하나님이 유다가 싸울 때 도움이 되어주실 것이다(3행) 등으로 구성된 것으로 풀이된다(Craigie).

이 축복은 가나안 전쟁이 끝난 후에도 유다가 하나님의 도움을 받아 전쟁에서 승승장구할 것을 예고한다. 훗날 유다는 모세가 여기서 빌어준 하나님의 함께 하심을 바탕으로 가장 유력한 지파가 되어 온 이스라엘을 다스렸을 것이다.

Ⅳ. 맺는 말: 리더십 계승(31:1-34:12)
4장. 모세의 축복(33:1-29)
2. 지파별 축복(33:6-25)

(3) 레위(33:8-11)

8 레위에 대하여는 일렀으되

주의 둠밈과 우림이 주의 경건한 자에게 있도다
주께서 그를 맛사에서 시험하시고
므리바 물 가에서 그와 다투셨도다
9 그는 그의 부모에게 대하여 이르기를
내가 그들을 보지 못하였다 하며
그의 형제들을 인정하지 아니하며
그의 자녀를 알지 아니한 것은
주의 말씀을 준행하고
주의 언약을 지킴으로 말미암음이로다
10 주의 법도를 야곱에게,
주의 율법을 이스라엘에게 가르치며
주 앞에 분향하고

온전한 번제를 주의 제단 위에 드리리로다
11 여호와여 그의 재산을 풍족하게 하시고
그의 손의 일을 받으소서
그를 대적하여 일어나는 자와 미워하는 자의 허리를 꺾으사
다시 일어나지 못하게 하옵소서

레위 지파에 대한 축복이 가장 길다. 요셉 지파의 것도 레위 지파의 축복보다는 짧다. 모세는 레위 지파가 이스라엘의 제사장이 되어 하나님을 섬기는 특권을 누리게 될 것이라고 축복한다. 또한 그들에게 물질적인 풍요와 보호도 빌어 준다.

레위에게는 하나님이 둠밈과 우림을 주셨다(8a절). 둠밈(תֻּמִּים)과 우림(אוּרִים)은 제사장들이 하나님의 뜻을 분별할 때 사용했던 도구며 다른 곳에서는 항상 "우림과 둠밈"으로 언급되는데, 이처럼 순서가 바뀌어 언급되는 것은 이곳이 유일하다. 본문에서 둠밈과 우림은 이스라엘의 모든 종교적 지위를 상징한다(Merrill). 제사장들은 전쟁, 땅 소유권, 직분자를 세울 때 등 매우 다양한 주제에 대하여 하나님의 뜻을 구할 때 우림과 둠밈을 사용하였다.

우림과 둠밈은 대제사장의 흉패에 연결된 주머니와 그 주머니 안에 소장된 제비뽑기(lots)로 구성되어 있었다. 그래서 일부 학자들은 우림과 둠밈이 이 제비뽑기의 이름이었을 것이라는 추측을 내놓는다(Tigay). 우림은 "빛"(אוֹר)이라는 단어에서, 둠밈은 "완성/완결"(תֹּם)에서 유래된 것으로 생각된다.

하나님이 레위 지파에게 우림과 둠밈 같은 영적 유물을 맡기시는 것은 이미 그들은 하나님의 시험을 통과해서 신실함이 입증되었기 때문이다(8b절). 하나님은 레위 지파를 "맛사"(מַסָּה; lit., 시험한 곳)에서 시험하셨고(נִסִּיתוֹ), "므리바"(מְרִיבָה, lit., 다툰 곳)에서 다투셨다(תְּרִיבֵהוּ). 일종의 언어유희가 사용된다.

본문에서 "다투다"는 "신앙의 진실성을 규명하다"라는 뜻으로 이해되어야 한다. 이스라엘이 이 두 곳에서 하나님께 반역할 때 레위 지파는 하나님 편에 서서 신앙을 지키고 경우에 따라서는 배교한 자신의 친척들까지 처형한 열심을 보였다(9절; cf. 출 32:26-29; 민 25:1-13; 신 10:8). 이처럼 흔들리지 않는 레위 사람들의 열정을 보시고 하나님은 그들을 특별히 택하셔서 가장 가까운 곳에서 하나님을 섬기도록 하셨다(10b절).

그들의 사명은 예배를 주관하는 것 외에도 이스라엘에게 하나님의 말씀을 가르치는 일도 포함했다(10a절; cf. 18:1-8). 둠밈과 우림을 맡고, 율법을 가르치고, 하나님께 드리는 제사를 유지하는 등 레위 지파에게 주어진 임무는 그들이 참으로 제사장으로 세움을 입은 지파라는 사실을 강조한다.

모세는 여기에 그들이 더욱더 강해지는 복을 주시고 그들이 하는 일마다 하나님께 기쁨을 드리는 일이 되도록 해 달라고 기도한다(11a절). 그뿐만 아니라 그들을 미워하는 자들은 모두 망하게 해 달라며 복을 빈다(11b절). 유다 지파에게 군사적인 능력을 축복해 준 모세는 레위 지파에게는 자신을 방어할 수 있을 정도의 무력만을 축복한다(Tigay). 제사장들에게는 공격성이 필요하지 않다. 다만 자신들을 방어할 수 있을 정도의 무력만 있으면 된다.

Ⅳ. 맺는 말: 리더십 계승(31:1-34:12)
4장. 모세의 축복(33:1-29)
2. 지파별 축복(33:6-25)

(4) 베냐민(33:12)

12 베냐민에 대하여는 일렀으되

여호와의 사랑을 입은 자는
그 곁에 안전히 살리로다

여호와께서 그를 날이 마치도록 보호하시고
그를 자기 어깨 사이에 있게 하시리로다

야곱은 베냐민에게 매우 용맹스럽고 전사적인 복을 빌어 주었다(창 49:27). 드보라의 노래에서도 이 지파가 군사적으로 매우 막강했음이 보인다(삿 5:14). 그에 반해 모세는 베냐민에게 하나님의 보호 아래 평안한 삶을 빌어 준다. "여호와께서 사랑하시는 베냐민"은 옛적에 야곱이 여러 아들 중에서도 특별히 베냐민을 사랑했던 일을 연상케 한다(창 44:20).

하나님이 베냐민을 꾸준히 지켜 주실 뿐만 아니라, 하나님의 어깨 사이에서 쉬도록 하신다. 이 같은 표현은 하나님의 따뜻한 보살핌과 흔들 수 없는 안전을 의미한다(Merrill). 하나님과 베냐민의 관계를 가장 친밀한 것으로 묘사하고 있다(Hall; Nelson). 우리말 번역본들은 하나님의 어깨 사이에서 쉬는 베냐민을 주님의 등에 업혀 있는 이미지로 번역한다(공동; 새번역). 베냐민의 평안과 안전은 군사력이 가져다 주는 것이 아니라 하나님의 함께 하심이 주시는 복이다.

Ⅳ. 맺는 말: 리더십 계승(31:1-34:12)
4장. 모세의 축복(33:1-29)
2. 지파별 축복(33:6-25)

(5) 요셉(33:13-17)

13 요셉에 대하여는 일렀으되

원하건대 그 땅이 여호와께 복을 받아
하늘의 보물인 이슬과
땅 아래에 저장한 물과
14 태양이 결실하게 하는 선물과

태음이 자라게 하는 선물과
15 옛 산의 좋은 산물과
영원한 작은 언덕의 선물과
16 땅의 선물과
거기 충만한 것과
가시떨기나무 가운데에 계시던 이의 은혜로 말미암아
복이 요셉의 머리에,
그의 형제 중 구별한 자의 정수리에 임할지로다
17 그는 첫 수송아지 같이 위엄이 있으니
그 뿔이 들소의 뿔 같도다
이것으로 민족들을 받아 땅 끝까지 이르리니
곧 에브라임의 자손은 만만이요
므낫세의 자손은 천천이리로다

요셉의 자손들은 가나안 중심에 위치한 매우 넓은 땅을 차지했다. 남쪽으로는 벧엘을, 서쪽으로는 갈멜 산과 지중해 해안을, 그리고 동쪽에는 요단 강 동편까지 요셉의 자손들 몫이 되었다(cf. 수 16-17장). 모세는 요셉의 자손들에게 레위 다음으로 긴 축복을 빌어 준다. 그만큼 지파 중 요셉 자손들의 위치가 막강했음을 시사한다(Craigie).

야곱은 요셉의 두 아들들을 독립적인 지파들로 축복했다(창 48:12-22). 모세는 요셉에서 나온 에브라임과 므낫세 지파를 하나로 취급하다가 마지막에 가서 둘로 구분한다(17b절). 요셉의 자손에게 선포된 축복은 그들이 차지할 땅의 풍요로움(13-16절)과 막강한 전투력(17절)에 초점을 맞춘다. "풍요로움/충분함"(מֶגֶד)이라는 명사가 이 섹션에서 다섯 차례나 사용되는 것을 통해서도 저자가 풍요로움을 강조하고 있음을 알 수 있다. 모세는 요셉(יוֹסֵף; lit., 더하는 자)에게 하나님이 풍요를 더하실 것을 선언하며 일종의 언어유희를 사용한다(Tigay).

풍요로움에 관한 축복은 물의 풍부함으로 시작한다(13절). 하늘에서는 비와 이슬이 내리고, 아래에서는 지하수가 솟아 오를 것이다. 물이 귀한 가나안 지역에서 풍요로움은 곧 물의 풍부함을 전제하기 때문에 당연한 일이다. 그러나 물이 충분하더라도 태양이 협조하지 않으면 과실과 곡식이 제대로 여물리 없다. 그래서 모세는 계절과 기후 변화의 중심에 있는 햇빛과 달빛의 역할을 강조한다. 일부 주석가들은 이 말씀을 문자적으로 해석하여 달빛을 받고 자라는 것으로 오이 등을 지적한다(Rashi). 그러나 본문은 단순히 계절에 따라 천체가 잘 운영되어 요셉 자손들에게 복을 더할 것을 빌어 주는 것뿐이다. 그뿐만 아니라 요셉이 거하는 언덕은 아주 좋은 과일로 뒤덮일 것이다(15절).

요셉에게 이와 같은 풍요로움을 주시는 분은 다름 아닌 "불타는 떨기나무 가운데서 말씀하시는 주님"이시다(16절). 모세가 호렙 산에서 하나님을 처음 만났던 일을 상기시키는 표현이다(출 3:1-6). 이 하나님이 요셉과 함께 하신다는 것이 바로 요셉의 후손들에게 내려지는 이 축복의 절정이다. 하나님이 바로 모든 축복의 근원이 되시기 때문에 하나님이 함께 하시면 더 이상 다른 것을 바랄 필요가 없다.

요셉의 자손에게 이러한 축복이 내려지는 이유에 대하여 새번역은 그가 형제들 가운데 지도자였기 때문이라고 한다(16c절). 이집트에서 형제들을 다스렸던 점을 염두에 둔 해석이다. 그러나 본문의 의미가 이렇게 해석될 수 있는지 확실하지 않다. 본문은 단순히 "그의 형제 중 구별한 자의 정수리에 임할지로다"(개역)를 말할 뿐이기 때문이다. 이렇게 해석할 경우 이 문구는 과거에 근거한 축복이 아니라 과거와 상관없이 앞으로 임할 축복에 초점을 맞추고 있다.

모세는 마지막으로 요셉의 자손 에브라임 지파와 므낫세 지파에게 군사적인 능력을 축복해 준다(17절). 에브라임에게는 만만을, 므낫세 자손에게는 천천을 빌어준다. 원래는 므낫세가 형이기 때문에 그에게 더 큰 축복이 내려지는 것이 당연하지만, 야곱이 므낫세와 에브라임에게 손을 얹어 복을 빌어줄 때 두 손을 바꾸어 안수한 후로(cf. 창 48:8-20) 항상 에브라임이 더 큰 축복을 누리게 되었고, 더 큰 자손이 되었다.

Ⅳ. 맺는 말: 리더십 계승(31:1-34:12)
4장. 모세의 축복(33:1-29)
2. 지파별 축복(33:6-25)

(6) 스불론과 잇사갈(33:18-19)

18 스불론에 대하여는 일렀으되

스불론이여 너는 밖으로 나감을 기뻐하라
잇사갈이여 너는 장막에 있음을 즐거워하라
19 그들이 백성들을 불러 산에 이르게 하고
거기에서 의로운 제사를 드릴 것이며
바다의 풍부한 것과
모래에 감추어진 보배를 흡수하리로다

잇사갈과 스불론은 레아의 다섯 번째와 여섯 번째 아들이다(창 30:17-20). 야곱의 축복과 드보라의 노래에서도 이 두 지파는 같이 언급된다(창 49:13-15; 삿 5:14-15). 그만큼 가까운 사이를 유지했던 지파들이다. 대체로 잇사갈이 먼저 언급되지만, 여기서는 지중해에 근접한 순서에 따라 스불론을 먼저 지명한다. 이들에게 내려 주는 복이 바다를 통한 무역에서 얻어지는 것이 대부분이기 때문이다.

여호수아서에 의하면 스불론과 잇사갈은 갈릴리 남쪽에서 이스르엘 계곡에 이르기까지 주로 내륙지역을 차지했다(cf. 수 19:10-23). 반면에 창세기 49:13에서 야곱은 스불론에게 지중해 해안가를 축복해 준다. "스불론은 해변에 거주하리니 그 곳은 배 매는 해변이라 그의 경계가 시돈까지리로다."(개역) 모세도 스불론에게 바닷가를 축복해 주고 있다. 어떠한 이유에서인지는 모르지만, 아마도 창세기와 신명기가 빌어 주는 바닷가 축복이 가나안 땅 정착 때는 실현되지 않은 것으로 생각된다.

Ⅳ. 맺는 말: 리더십 계승(31:1-34:12)
4장. 모세의 축복(33:1-29)
2. 지파별 축복(33:6-25)

(7) 갓(33:20-21)

20 갓에 대하여는 일렀으되
갓을 광대하게 하시는 이에게 찬송을 부를지어다
갓이 암사자 같이 엎드리고
팔과 정수리를 찢는도다
21 그가 자기를 위하여 먼저 기업을 택하였으니
곧 입법자의 분깃으로 준비된 것이로다
그가 백성의 수령들과 함께 와서
여호와의 공의와 이스라엘과 세우신 법도를 행하도다

갓 지파는 르우벤과 므낫세 반지파와 함께 요단 강 동편에 정착한 지파다(3:12-16). 비록 갓 지파는 이미 땅을 소유하고 있지만, 그들도 정복 전쟁에 나서야 한다. 그래서 그들에게도 군사적인 축복이 선포된다. 그들에게 지도자에 걸맞은 축복이 선포된다(Nelson). 여호수아서에 의하면 갓 지파는 자신들의 임무를 잘 수행하고 정복 전쟁이 끝나자 요단 강 동편에 있는 집으로 돌아갔다(수 22:1-6).

모세의 축복은 앞으로 갓 지파가 정복 전쟁에서 매우 중요한 역할을 할 것이며, 이 일로 인해 "사자의 몫"을 차지할 것을 선언한다. 갓 지파를 사자로 묘사하는 것은 이 지파가 가나안 정복에 결정적인 역할을 할 것을 예고하는 듯하다(Grisanti; cf. 수 22:1-8). 갓 지파는 정복 전쟁에서 전술가 역할도 할 것이다(21절).

Ⅳ. 맺는 말: 리더십 계승(31:1-34:12)
4장. 모세의 축복(33:1-29)
2. 지파별 축복(33:6-25)

(8) 단(33:22)

22 단에 대하여는 일렀으되

단은 바산에서 뛰어나오는 사자의 새끼로다

모세는 단 지파에 대하여 "사자 새끼 같다"고 선언한다. 결코 단 지파의 연약함을 뜻하는 것이 아니다. 야곱은 유다가 훗날 형제들의 지도자가 될 것이라며 사자 새끼 같다고 했다(창 49:9). 이 표현은 아직은 어려서 큰 힘은 못 쓰지만, 나중에 성장하면 매우 큰 위엄을 떨칠 것을 뜻한다(Craigie).

여호수아는 단 지파에게 블레셋 근처의 해안과 평지를 주었지만, 그들은 그곳을 차지하지 못하고 이스라엘 영토의 최북단에 있는 라이스를 차지하여 단이라 이름을 바꾸고 그 곳에 정착했다(삿 18장). 당시 바산은 사자가 살던 곳으로 알려져 있는데, 단 지파가 훗날 차지한 라이스(לַיִשׁ)의 문자적 의미가 '사자'다(Grisanti). 단 지파에 대한 말씀은 사자 이미지로 가득 차 있는 것이다.

Ⅳ. 맺는 말: 리더십 계승(31:1-34:12)
4장. 모세의 축복(33:1-29)
2. 지파별 축복(33:6-25)

(9) 납달리(33:23)

23 납달리에 대하여는 일렀으되

은혜가 풍성하고 여호와의 복이 가득한 납달리여

너는 서쪽과 남쪽을 차지할지로다

납달리 지파는 갈릴리 북쪽에 기업을 받았다(수 19:32-39). 이 지역은 매우 기름진 땅으로 모든 것이 풍요로웠다. 납달리 지파가 차지한 땅의 남쪽과 서쪽은 갈릴리 호숫가를 접하고 있었다. 그래서 본문이 그들에게 서쪽과 남쪽을 차지하라는 것은 그들이 차지한 땅의 중심부에서 볼 때 갈릴리 호숫가가 서쪽과 남쪽에 있음을 뜻한다(Tigay; cf. McConville).

Ⅳ. 맺는 말: 리더십 계승(31:1-34:12)
4장. 모세의 축복(33:1-29)
2. 지파별 축복(33:6-25)

(10) 아셀(33:24-25)

24 아셀에 대하여는 일렀으되
아셀은 아들들 중에 더 복을 받으며
그의 형제에게 기쁨이 되며
그의 발이 기름에 잠길지로다
25 네 문빗장은 철과 놋이 될 것이니
네가 사는 날을 따라서 능력이 있으리로다

아셀은 지중해 해안을 따라 남쪽으로는 갈멜 산에서 북쪽으로는 두로에 이르는 지역을 차지했다(수 19:24-31). 이 기름진 땅을 차지한 것이 그를 "형제들 중 귀여움을 받는 자"로 묘사하고 있는 듯하다(McConville). 모세는 이 지파에게 풍요로움과 안전을 빌어 준다. 그들의 땅이 올리브 나무로 가득하다고 하는데, 올리브 기름은 부유함의 상징이었다. 야곱도 아셀에게 풍요로움을 빌어 주었다(창 49:20). 안전의 축복이 필요한 이유는 아셀의 땅을 통과하는 국제 도로가 있었는데, 이 길을 따라 북쪽에서 침략군이 이 지파의 땅으로 들어올 수 있었기 때문이다(Tigay).

Ⅳ. 맺는 말: 리더십 계승(31:1-34:12)
4장. 모세의 축복(33:1-29)

3. 말문(33:26-29)

**26 여수룬이여 하나님 같은 이가 없도다 그가 너를 도우시려고 하늘을 타고 궁창
에서 위엄을 나타내시는도다 27 영원하신 하나님이 네 처소가 되시니 그의 영원하
신 팔이 네 아래에 있도다 그가 네 앞에서 대적을 쫓으시며 멸하라 하시도다 28 이
스라엘이 안전히 거하며 야곱의 샘은 곡식과 새 포도주의 땅에 홀로 있나니 곧 그
의 하늘이 이슬을 내리는 곳에로다 29 이스라엘이여 너는 행복한 사람이로다 여호
와의 구원을 너 같이 얻은 백성이 누구냐 그는 너를 돕는 방패시요 네 영광의 칼
이시로다 네 대적이 네게 복종하리니 네가 그들의 높은 곳을 밟으리로다**

각 지파에 대하여 구체적인 복을 선포한 다음 모세는 다시 온 이스라엘에게 복을 빌어 주며 여호와 하나님 외에는 그 누구에도 마음을 주지 말 것을 당부한다. 이미 서론에서 언급한 것처럼 이 섹션은 서론적 찬양과 수미쌍관(首尾雙關) 구조를 형성하며 각 지파에게 선포된 구체적인 축복을 감싸고 있다. 모세는 이스라엘의 하나님을 다음과 같이 묘사한다.

여호와는 비교할 자가 없는 하나님이시다(26a절). 세상을 아무리 찾아 보아도 하나님 같으신 분이 없다는 것이다. 이스라엘이 출애굽 때부터 이때까지 겪어 본 하나님을 되돌아 보면 모세의 이런 주장에 전적으로 동의할 수 있다.

여호와는 이스라엘을 돕는 분이시다(26b절). 하나님이 이들을 돕기 위하여 구름을 타고 오셨다. 근동 신화에서는 신들이 구름을 타고 오는 모습이 종종 발견되는데 항상 신들의 군사적 능력을 상징한다(Grisanti). 이러한 정서를 배경으로 성경은 하나님이 때로는 그룹, 바람, 말이 끄는 마차 등을 타고 오신다고 한다. 하나님의 거처지인 하늘을 떠나 이들과 함께 하시기 위하여 찾아오셨다는 뜻이다. 실제로 그들 중에 있는

장막과 법궤가 하나님의 함께 하심을 상징하지 않는가!

여호와는 옛적부터 계신 분이시다(27a절). 결코 새로운 신이 아니며, 태초부터 세상을 창조하시고 다스려 오신 분이라는 뜻이다. 놀라운 것은 이 옛적부터 계셨던 분이 이스라엘의 피난처가 되시고 그들을 팔로 떠받쳐 주신다(27b절). 철저하게 이스라엘의 편이 되어 주시고 지지자가 되어 주신다는 뜻이다. 그래서 이스라엘이 전쟁을 하러 나가면 먼저 가셔서 적들을 물리치시고 이스라엘에게 승리를 주신다(27c절).

여호와는 이스라엘에게 풍요로움을 주신다(28a절). 이스라엘은 곡식과 포도주로 넘쳐날 것이다. 하나님이 적절한 때에 이슬을 주셔서 땅을 적셔주시니 가능한 일이다. 이스라엘의 모든 풍요로움은 하나님이 허락하신 것이다. 이 말씀은 다산 종교들에 대한 경고이기도 한다.

여호와는 이스라엘을 보호하시는 분이시다(28b절). 하나님이 지켜주시기 때문에 이스라엘은 평안할 수 있고, 하나님이 함께 하시기 때문에 그들은 안전하게 살 수 있다. 하나님은 그들의 의식주만 책임져 주시는 것이 아니라 모든 원수와 자연재해로부터도 그들을 보호하시는 분이시다. 그러므로 이러한 하나님을 섬기는 이스라엘은 세상에서 독보적인 백성이다(29a절). 모세는 이 섹션을 시작할 때 세상에 하나님과 비교할 자 없다고 했는데(26절), 이제는 세상에 이스라엘 같은 백성이 없다라는 말로 마무리한다. 특별한 하나님을 섬기는 백성은 그 하나님 때문에 특별하다는 것이다.

모세는 다시 한 번 하나님의 성품을 세 가지로 요약하며 노래를 마무리한다. (1) 하나님은 이스라엘의 방패이시다, (2) 하나님은 이스라엘을 돕는 분이시다, (3) 하나님은 이스라엘의 영광스런 칼이시다(29b절). 하나님은 이스라엘을 보호하시는 분이시지만, 또한 이스라엘을 위하여 싸우시는 전사이시기도 하다는 것이다. 그러므로 세상에 어떤 민족이 이스라엘을 대적하겠는가!(29c절).

5장. 모세의 죽음과 새 리더(34:1-9)

1 모세가 모압 평지에서 느보 산에 올라가 여리고 맞은편 비스가 산꼭대기에 이르매
여호와께서 길르앗 온 땅을 단까지 보이시고 2 또 온 납달리와 에브라임과 므낫세의
땅과 서해까지의 유다 온 땅과 3 네겝과 종려나무의 성읍 여리고 골짜기 평지를 소알
까지 보이시고 4 여호와께서 그에게 이르시되 이는 내가 아브라함과 이삭과 야곱에
게 맹세하여 그의 후손에게 주리라 한 땅이라 내가 네 눈으로 보게 하였거니와 너는
그리로 건너가지 못하리라 하시매 5 이에 여호와의 종 모세가 여호와의 말씀대로 모
압 땅에서 죽어 6 벳브올 맞은편 모압 땅에 있는 골짜기에 장사되었고 오늘까지 그의
묻힌 곳을 아는 자가 없느니라 7 모세가 죽을 때 나이 백이십 세였으나 그의 눈이 흐
리지 아니하였고 기력이 쇠하지 아니하였더라 8 이스라엘 자손이 모압 평지에서 모
세를 위하여 애곡하는 기간이 끝나도록 모세를 위하여 삼십 일을 애곡하니라 9 모세
가 눈의 아들 여호수아에게 안수하였으므로 그에게 지혜의 영이 충만하니 이스라엘
자손이 여호와께서 모세에게 명령하신 대로 여호수아의 말을 순종하였더라

이스라엘의 지파들을 축복하는 노래를 부르느라고 잠시 멈추었던 이야기(32:44-52)가 재개된다. 노래를 마친 모세가 하나님의 말씀에 따라 느보 산 비스가 봉우리에 올라 요단 강 저편에 펼쳐져 있는 약속의 땅을 둘러 보았다. 그동안 신명기에 기록된 모세의 강론은 한결같이 이스라엘이 미래에 차지할 땅을 염두에 둔 스피치였다. 이 순간 모세는 드디어 그 땅을 직접 바라 보고 있다. 매우 감개무량한 순간이다(McConville). 하나님이 먼저 북쪽 지역을 보여 주셨다(1절). 모세는 길

르앗 지방과 단에 이르는 북쪽 땅을 바라 보았다. 단 지파의 땅은 헤르몬 산 밑에 있었다. 길르앗 지방은 이스라엘 자손들이 시혼과 옥을 물리치고 차지한 요단 강 동편을 뜻한다. 원래에는 이 땅이 약속의 땅 범위 밖에 있었지만, 이스라엘이 차지한 후에는 당연히 약속의 땅의 일부가 되었다.

그 다음으로 북서쪽의 땅을 보여주셨다. 납달리, 에브라임, 므낫세 지파들이 차지할 땅과 서해(지중해)에 이르는 땅을 보았다(2절). 모세의 시야가 북쪽에서 시작하여 시계의 반대 방향으로 돌고 있다. 그런 다음에 유다 땅과 네겝과 요단 강 건너에 있는 종려나무 성읍 여리고 골짜기 그리고 사해의 남동쪽 혹은 남쪽에 있던 소알까지의 평지를 보았다(3절). 모세의 시야가 서쪽으로 가장 가까운 곳에 와 있는 것이다. 모세가 모든 땅을 둘러 보고 나자 하나님은 이 땅이 이스라엘의 선조에게 약속된 땅이라고 하신다(4b절). 앞으로 하나님이 선조들과의 약속을 지키셔서 꼭 이스라엘이 그 땅을 차지하게 하시겠다는 것을 암시한다. 다만 모세는 그 땅에 들어갈 수 없다는 사실을 다시 확인하셨다(4c절).

모세는 하나님께 몇 차례나 가나안 땅에 입성하고 싶은 심정을 토로하며 허락해 달라고 했지만, 그때마다 하나님은 단호하셨다. 그래서인지 모세는 더 이상 하나님께 매달리지 않는다. 하나님이 절대 허락하시지 않을 것을 알고 있기 때문이다. 그는 약속의 땅을 밟아보고 싶었지만, 보는 것으로 만족해야 했다. 모세를 생각하면 참 마음이 아프다. 한두 번의 실수가 이렇게 엄청난 결과를 초래할 줄이야!

그러나 여호수아를 생각하면 다행이다. 모세가 살아 있다면, 그의 리더십은 영원히 빛을 보지 못했을 가능성이 많기 때문이다. 세월이 흐르면서 세대가 변하는 것은 그 누구도 막을 수 없다. 개인의 욕심보다는 새로이 형성된 세대의 필요에 따라 리더십도 교체되어야 한다. 누군가가 말하지 않았던가. 낙엽은 떨어질 때 가장 아름답다고!

모세, 여호와의 종 모세는 결국 하나님의 말씀에 따라 모압 땅에서 죽었다(5절). 죽는 순간에도 모세가 "여호와의 종"(עֶבֶד־יְהוָה)으로 불리는 것은 그는 참으로 하나님께 신실한 종이었으며, 그가 약속의 땅에 입성하지 못하는 것이 결코 그와 하나님의 관계를 갈라놓지 않았음을 암시한다(Craigie). 모세는 병들어서 혹은 노환으로 죽은 것이 아니라 하나님의 말씀에 따라 죽었다. "말씀에 따라 죽었다"(עַל־פִּי יְהוָה)라는 말을 문자적으로 해석하면 "하나님의 입에서 죽었다"라는 뜻이다. 그래서 일부 유태인들은 하나님이 모세에게 입맞춤을 하시자 그가 죽었다고 한다(cf. Tigay). 비슷한 표현이 아론의 죽음에도 사용된다.

모세가 죽자 "그가 그를 묻었다"(וַיִּקְבֹּר אֹתוֹ)(6절). 이 문장의 주어가 여호수아인지 아니면 하나님인지 혹은 온 이스라엘 공동체를 단수로 표현한 것인지 정확하지 않다(cf. Ridderbos; McConville; Grisanti). 그러나 5절의 내용을 감안하면, 주어는 하나님이다(Craigie; McConville; Tigay). 하나님이 모세를 묻으신 것이다. 그렇다면 모세의 죽음과 장례는 하나님과 모세 사이에서 진행된 매우 사적(私的)인 일이었다(Craigie). 하나님이 사적으로 하신 일이기 때문에 모세가 어디에 묻혔는지 아무도 모르게 된 것이다(McConville). 저자는 모세가 묻힌 곳을 아무도 모른다는 말에 "이날까지"를 더한다(6절). "이날까지"(עַד הַיּוֹם הַזֶּה)는 모세의 죽음으로부터 이 문장이 더해질 때까지는 많은 세월이 지났음을 뜻한다.

하나님이 직접 모세를 묻으신 것은 모세가 묻힌 묘의 위치가 알려지는 것을 원하지 않으셨기 때문일 것이다. 사람들이 그의 묘가 어디 있는지를 알게 되면 성지 순례랍시고 방문할 것이요, 와서는 그의 영을 달랜답시고 그곳에서 갖가지 제물을 바칠 가능성도 배제할 수 없기 때문이다. 고대 근동에서도 조상들의 영혼을 숭배하고 그들에게 제물을 바치는 풍습이 있었다. 인간의 어리석음을 감안할 때 이스라엘 사람들은 모세를 들어 사용하신 하나님이 아니라 모세를 예배할 가능성이 상당히 높다. 그러므로 하나님은 사람들이 모세의 무덤을 알지 못하게 하신 것이다. 또한 누가 엉뚱한 묘를 모세의 묘로 둔갑시켜 사람들을 현혹시킬까 하여 본문은 "이날까지 아무도 모른다"는 말을 더하며 이런 어리석은 유혹에 빠지지 말라고 경고한다.

모세가 죽을 때에 나이가 120세였다(7절). 이집트에서는 110세가 사람이 살 수 있는 가장 이상적인 나이로 간주되었다. 반면에 이스라엘 사람들은 120을 가장 이상적인 나이로 꼽는다. 그래서 오늘날에도 유태인들은 서로에게 장수의 복을 빌어줄 때 "120세까지 살기를 기원합니다"라고 한다(Tigay). 모세가 120세에 죽었을 때, 그는 아직 정정했다. 그의 눈도 빛을 잃지 않았다고 한다. 그가 병들어 죽거나 노환으로 죽은 것이 아니라는 점을 강조한다. 백성들은 모세의 죽음을 30일 동안 애곡했다(8절). 아론이 죽었을 때에도 백성들은 30일 동안 애곡했다(민 20:29). 오늘날도 유태인들은 사람이 죽으면 30일 동안 애도한다.

이스라엘은 지난 40년 동안 모세라는 카리스마적 리더가 있었다. 그러나 모세는 이스라엘의 곁을 떠났다. 이제 그의 자리를 여호수아가 채워야 한다. 여호수아는 과연 모세의 빈 자리를 채울 수 있을까? 하나님은 걱정하지 말라고 하신다. 여호수아에게 지혜의 영(רוּחַ חָכְמָה)을 부어 주셨기 때문이다. 이 말씀은 이스라엘을 다스릴 수 있는 능력이 여호수아에게 임했음을 시사한다. 훗날 솔로몬도 이런 은사를 구한 적이 있었다(왕상 3:7-12). 민수기 27:15-23도 하나님이 여호수아를 모세의 후계자로 지명하셨을 때 그에게 영이 임했다고 한다.

6장. 결론(34:10-12)

[10] 그 후에는 이스라엘에 모세와 같은 선지자가 일어나지 못하였나니 모세는 여호와
께서 대면하여 아시던 자요 [11] 여호와께서 그를 애굽 땅에 보내사 바로와 그의 모든
신하와 그의 온 땅에 모든 이적과 기사와 [12] 모든 큰 권능과 위엄을 행하게 하시매 온
이스라엘의 목전에서 그것을 행한 자이더라

본문은 마치 모세의 묘비에 새겨진 글과 같다(Craigie). 이 글은 신명기를 마무리할 뿐만 아니라 오경에 대한 적절한 마무리이기도 하다. 모세는 분명 선지자였다(10절). 그러나 이 마지막 텍스트가 강조하는 것은 그가 하나님을 알았다는 것이 아니라, 하나님이 그를 아셨다는 사실이다. 모세가 이런 영광을 누릴 수 있었던 것은 그가 어떠한 개인적인 욕심도 채우려 하지 않고 오직 하나님과 주의 백성을 위해 헌신하고 희생했기 때문일 것이다(cf. McConville). 희생과 헌신 없이는 영원한 영광을 누릴 수 없다.

하나님은 모세와 얼굴과 얼굴을 마주대고 말씀하셨다(10절; cf. 민 12:8은 하나님이 모세와 입과 입을 맞대고 말씀하셨다). 모세는 인간과 하나님 사이에 가능한 최고 수준의 교통을 누렸던 것이다. 하나님이 먼저 모세를 찾아 오셨고, 그를 이집트로 보내 온갖 기적과 기이한 일을 하게 하셨다(11절). 그 후 40년 동안 이 둘의 관계는 깊어졌다. 실제로 모세처럼 큰 권능을 보이면서 이적을 행한 사람은 오랫동안 다시 없었다(12절).

예수님이 이 땅에 오실 때까지 말이다. 참으로 대단한 사람이었다. 그럼에도 불구하고 훗날 히브리서 기자는 모세가 하나님의 종에 불과했으며, 때가 되어 하나님이 자신의 아들을 보내셨다고 한다(히 3:1-6).